AVANÇOS EM

PSICOPATOLOGIA

A946 Avanços em psicopatologia : avaliação e diagnóstico baseados na CID-11 / Organizadores, Sérgio Eduardo Silva de Oliveira, Clarissa Marceli Trentini. – Porto Alegre : Artmed, 2023.
xv, 380 p. ; 25 cm.

ISBN 978-65-5882-101-4

1. Psicopatologia. 2. Saúde e doença. I. Oliveira, Sérgio Eduardo Silva de. II. Trentini, Clarissa Marceli.

CDU 159.97

Catalogação na publicação: Karin Lorien Menoncin – CRB 10/2147

AVANÇOS EM PSICOPATOLOGIA

AVALIAÇÃO E DIAGNÓSTICO BASEADOS NA CID-11

SÉRGIO EDUARDO SILVA DE OLIVEIRA
CLARISSA MARCELI TRENTINI (ORGS.)

artmed

Porto Alegre
2023

Gerente editorial: *Letícia Bispo de Lima*

Colaboraram nesta edição:

Coordenadora editorial: *Cláudia Bittencourt*

Capa: *Tatiana Sperhacke*

Imagem da capa: *©shutterstock.com/best_vector/Abstrato de círculo geométrico moderno vetor AZUL escuro. Modelo de textura pontilhada. Padrão geométrico em estilo de meio-tom com gradiente*

Preparação de originais: *Sandra Helena Milbratz Chelmicki*

Leitura final: *Paola Araújo de Oliveira*

Projeto gráfico e editoração eletrônica: *Tipos – Design editorial e fotografia*

Rua Ernesto Alves, 150 – Bairro Floresta
90220-190 – Porto Alegre – RS
Fone: (51) 3027-7000

SAC 0800 703 3444 – www.grupoa.com.br

IMPRESSO NO BRASIL
PRINTED IN BRAZIL

AUTORES

Sérgio Eduardo Silva de Oliveira (Org.)
Psicólogo. Professor adjunto do Departamento de Psicologia Clínica e do Programa de Pós-graduação (PPG) em Psicologia Clínica e Cultura da Universidade de Brasília (UnB). Coordenador do Núcleo de Estudos em Avaliação Psicológica Clínica (NEAPSIC) e do Serviço de Avaliação Psicológica (SAPsi) da UnB. Especialista em Avaliação Psicológica pela Universidade Federal do Rio Grande do Sul (UFRGS) e pelo Conselho Federal de Psicologia (CFP). Mestre e Doutor em Psicologia pela UFRGS.

Clarissa Marceli Trentini (Org.)
Psicóloga. Professora titular dos Cursos de Graduação e Pós-graduação em Psicologia da UFRGS. Coordenadora do Núcleo de Estudos em Avaliação Psicológica e Psicopatologia (NEAPP) da UFRGS. Especialista em Psicologia Clínica com ênfase em Avaliação Psicológica pela UFRGS. Mestra em Psicologia Clínica pela Pontifícia Universidade Católica do Rio Grande do Sul (PUCRS). Doutora em Ciências Médicas: Psiquiatria pela UFRGS. Bolsista de Produtividade em Pesquisa do Conselho Nacional de Desenvolvimento Científico e Tecnológico (CNPq).

Adriana Mokwa Zanini
Psicóloga e professora universitária. Psicóloga do Grupo Hospitalar Conceição (GHC). Pesquisadora do NEAPP e do Laboratório de Mensuração da UFRGS. Especialista em Psicologia Clínica pelo CFP. Mestra e Doutora em Psicologia pela UFRGS.

Alice Abadi
Psicóloga. Pesquisadora do Grupo de Pesquisa Cognição, Emoção e Comportamento (CEC) do PPG em Psicologia da PUCRS. Mestranda em Cognição Humana na PUCRS.

Alice Einloft Brunnet
Psicóloga. Mestra em Cognição Humana pela PUCRS e em Psychologie Clinique et Psychopathologie Intégrative pela Universidade de Paris 5. Doutora em Psicologia pela Université de Bourgogne, com cotutela na PUCRS.

Aline S. Sampaio
Psiquiatra da infância e da adolescência. Professora adjunta do Departamento de Neurociências e Saúde Mental da Faculdade de Medicina da Universidade Federal da Bahia (FMB/UFBA). Doutora em Ciências pelo Pro-

grama de Psiquiatria da Faculdade de Medicina da Universidade de São Paulo (FMUSP).

Ana Maria Frota Lisbôa Pereira de Souza
Psicóloga. Mestra em Psicologia pela UFRGS. Doutora em Psicologia pela University of Cambridge, Reino Unido.

André Luiz Moreno
Psicólogo. Professor e supervisor de Cursos de Formação e Especialização em Terapia Cognitivo-comportamental e Terapia do Esquema. Especialista em Terapia Cognitivo-comportamental pelo Instituto WP. Formação em Terapia do Esquema pela Wainer Psicologia. Mestre em Psicologia pela UFRGS. Doutor em Saúde Mental pela USP.

André Pereira Gonçalves
Psicólogo. Professor do Curso de Psicologia e do PPG em Psicologia da Saúde da UFBA. Especialista em Avaliação Psicológica pela PUC-Minas. Mestre e Doutor em Psicologia com ênfase em Avaliação Psicológica pela Universidade São Francisco (USF).

Andressa Hermes-Pereira
Psicóloga. Mestra e doutoranda em Ciências Médicas: Medicina na UFRGS. Bolsista da Coordenação de Aperfeiçoamento de Pessoal de Nível Superior (Capes).

Ariela Raissa Lima-Costa
Psicóloga. Professora auxiliar do PPG em Psicologia da USF. Mestra e Doutora em Psicologia com ênfase em Avaliação Psicológica pela USF.

Bárbara Backes
Fonoaudióloga. Especialista em Transtornos do Desenvolvimento pela UFRGS. Mestra e Doutora em Psicologia pela UFRGS.

Bruno Bonfá-Araujo
Psicólogo. Professor do Curso de Psicologia da Universidade de Mogi das Cruzes (UMC). Especialista em Neurociências pela Universidade Federal de São Paulo (Unifesp). Mestre e Doutor em Psicologia com ênfase em Avaliação Psicológica pela USF.

Carolina Blaya Dreher
Psiquiatra. Professora adjunta de Psiquiatria da Universidade Federal de Ciências da Saúde de Porto Alegre (UFCSPA) e da UFRGS. Pesquisadora do Hospital de Clínicas de Porto Alegre (HCPA), da UFRGS. Preceptora da Residência em Psiquiatria da UFCSPA no Hospital Materno-Infantil Presidente Vargas (HMIPV) e da Residência em Psiquiatria do HCPA/UFRGS. Coordenadora do Ambulatório de Terapia Cognitivo-comportamental e preceptora do Ambulatório de Ansiedade do HCPA/UFRGS. Especialista em Psiquiatria pelo HCPA/UFRGS. Mestra e Doutora em Ciências Médicas: Psiquiatria pela UFRGS. *Fellow* de Pesquisa no Massachusetts General Hospital e na Universidade de Leiden, Holanda.

Carolina Palmeiro Lima
Psicóloga. Membro do NEAPP/UFRGS. Mestra e doutoranda em Psicologia na UFRGS.

Chris Evans
Psiquiatra. Professor honorário da Universidade de Roehampton, Reino Unido. Professor visitante na Universidad de las Américas (UDLA) em Quito, Equador. Diretor da PSYCTC.org e curador do CORE System Trust. Mestre em Ciências como Terapeuta Sistêmico pela Tavistock Clinic e University of East London, Reino Unido. Analista de grupo pelo Institute of Group Analysis, Reino Unido. Pesquisador em Psicoterapia.

Christian Haag Kristensen
Psicólogo. Professor titular do PPG em Psicologia da PUCRS. Formação em Terapia Cognitiva pelo Beck Institute, Estados Unidos. Mestre e Doutor em Psicologia do Desenvolvimento pela UFRGS. Bolsista de Produtividade em Pesquisa 1C do CNPq.

Clara Paz
Psicóloga clínica. Pesquisadora da UDLA em Quito, Equador. Coordenadora da área de pes-

quisa relacionada a resultados na Red Latinoamericana de Investigación en Psicoterapia. Mestra em Pesquisa em Comportamento e Cognição e Doutora em Personalidade e Comportamento pela Universitat de Barcelona, Espanha.

Cristiane Flôres Bortoncello
Psicóloga. Professora da Pós-graduação da Wainer Psicologia, da Elo Psicologia e Desenvolvimento e da PUCRS. Especialista em Terapia Cognitivo-comportamental Adulto e da Infância e Adolescência pelo InTCC. Mestra em Psiquiatria pela UFRGS. Doutora em Ciências da Saúde pela UFCSPA.

Daiane Rocha de Oliveira
Psicóloga. Professora dos Cursos de Graduação em Psicologia da Universidade LaSalle e do Centro Universitário Cesuca. Formação em Terapia do Esquema pela Wainer - Psicologia Cognitiva e em Terapia Comportamental Dialética pela ELO – Psicologia e Desenvolvimento. Especialista em Terapias Cognitivo-comportamentais pela Wainer - Psicologia Cognitiva. Mestra e doutoranda em Psicologia Clínica na Universidade do Vale do Rio dos Sinos (Unisinos).

Dayane Santos Martins
Psicóloga. Especialista em Terapia Cognitivo-comportamental pelo Centro de Estudos da Família e do Indivíduo de Porto Alegre (CEFI). Mestra em Psiquiatria e Ciências do Comportamento pela UFRGS.

Fabiano Koich Miguel
Psicólogo. Professor da Graduação e do *Stricto Sensu* da Universidade Federal de São Carlos (UFSCar). Especialista em Psicologia do Trânsito pela Universidade Cruzeiro do Sul. Mestre e Doutor em Psicologia com ênfase em Avaliação Psicológica pela USF.

Felipe Ornell
Psicólogo. Professor do Mestrado Profissional em Saúde Mental e Transtornos Aditivos do HCPA/UFRGS. Pesquisador do Centro de Pesquisa em Álcool e Drogas do HCPA/UFRGS. Especialista em Psicologia Clínica e em Psicologia em Saúde pelo CFP. Especialista em Dependência Química pela Faculdade de Administração, Ciências, Educação e Letras (Facel). Mestre e Doutor em Psiquiatria e Ciências do Comportamento pela UFRGS.

Fernanda Barcellos Serralta
Psicóloga. Membro convidado do Estudos Integrados em Psicoterapia Psicanalítica (ESIPP). Membro fundador e integrante do Comitê Gestor da Red Latinoamericana de Investigación en Psicoterapia. Especialista em Psicologia Clínica pelo CFP. Mestra em Psicologia Clínica pela PUCRS. Doutora em Ciências Médicas: Psiquiatria pela UFRGS. Bolsista de Produtividade em Pesquisa do CNPq.

Fernanda Machado Lopes
Psicóloga. Professora titular dos Cursos de Graduação e Pós-graduação em Psicologia da Universidade Federal de Santa Catarina (UFSC). Coordenadora do Laboratório de Psicologia Cognitiva Básica e Aplicada (LPCog) da UFSC. Especialista em Psicoterapia de Técnicas Integradas pelo Instituto Fernando Pessoa (IFP) e em Terapia Cognitiva pela Federação Brasileira de Terapias Cognitivas (FBTC). Mestra e Doutora em Psicologia do Desenvolvimento pela UFRGS. Pós-doutorado em Neurociências na UFRGS.

Flávia Wagner
Psicóloga. Especialista em Psicologia Clínica: Avaliação Psicológica pela UFRGS. Doutora em Psicologia pela UFRGS.

Gabriela Andrade da Silva
Psicóloga. Professora adjunta e coordenadora do Colegiado do Curso de Graduação em Psicologia da Universidade Federal do Sul da Bahia (UFSB). Professora permanente externa do PPG em Psicologia da Saúde do Instituto Multidisciplinar em Saúde da UFBA. Mestra e Doutora em Psicologia Experimental pela USP.

Gisele Gus Manfro
Psiquiatra. Professora associada de Psiquiatria da UFRGS. Coordenadora do Programa de Transtornos de Ansiedade do HCPA/UFRGS. Doutora em Ciências Biológicas: Bioquímica pela UFRGS.

Gisele Magarotto Machado
Psicóloga. Mestra e doutoranda em Psicologia com ênfase em Avaliação Psicológica na USF.

Glaucia Mitsuko Ataka da Rocha
Psicóloga. Professora adjunta do Curso de Psicologia da Universidade Federal do Tocantins (UFT). Mestra em Psicologia Clínica e Doutora em Psicologia pela PUC-Campinas.

Isabela Sallum
Psicóloga e neuropsicóloga clínica. Professora da Pós-graduação em Neuropsicologia da Universidade da Fundação Mineira de Educação e Cultura (Fumec), do Instituto de Pós-graduação e Graduação (IPOG) e da PUC-Minas. Mestra em Medicina Molecular pela Universidade Federal de Minas Gerais (UFMG). Doutoranda em Psicologia no PPG em Psicologia: Cognição e Comportamento da UFMG.

Jaqueline de Carvalho Rodrigues
Psicóloga. Professora do Departamento de Psicologia dos Cursos de Graduação e Pós-graduação em Psicologia Clínica da PUC-Rio. Especialista em Neuropsicologia pelo CFP. Mestra e Doutora em Psicologia pela UFRGS.

Jaqueline Portella Giordani
Psicóloga do Centro Interdisciplinar de Pesquisa e Atenção à Saúde do Instituto de Psicologia da UFRGS. Especialista em Psicologia Escolar e Educacional pelo CFP. Mestra e Doutora em Psicologia pela UFRGS.

Joana Bücker
Psicóloga. Professora permanente do PPG em Ciências Médicas da Universidade do Vale do Taquari (Univates). Especialista em Terapia Cognitivo-comportamental pelo InTCC. Mestra e Doutora em Psiquiatria e Ciências do Comportamento pela UFRGS. Pós-doutorado em Psiquiatria na UFRGS.

Juliana Bertoletti
Psicóloga clínica. Professora colaboradora do Mestrado Profissional do Instituto de Cardiologia – Fundação Universitária de Cardiologia (IC-FUC). Especialista em Psicologia Clínica pelo CFP. Mestra em Ciências da Saúde pelo IC-FUC. Doutora em Psicologia pela UFRGS.

Kalil Maihub Manara
Psicólogo. Mestre e doutorando em Psicologia na UFRGS. Bolsista de Doutorado da Capes.

Katiane Silva
Psicóloga clínica. Pesquisadora do Programa de Déficit de Atenção/Hiperatividade de Adultos (ProDAH-A) do HCPA/UFRGS. Formação em Psicanálise pelo Centro de Estudos Psicanalíticos de Porto Alegre (CEPdePA). Mestra e Doutora em Psiquiatria e Ciências do Comportamento pela UFRGS. Pós-doutorado em Genética na UFRGS.

Laura Teixeira Bolaséll
Psicóloga. Especialista em Intervenção em Situações de Luto pelo CEFI. Mestra em Cognição Humana pela PUCRS.

Letícia Sanguinetti Czepielewski
Psicóloga. Professora adjunta do Departamento de Psicologia do Desenvolvimento e da Personalidade e do PPG em Psicologia do Instituto de Psicologia da UFRGS. Mestra e Doutora em Psiquiatria e Ciências do Comportamento pela UFRGS.

Lucas de Francisco Carvalho
Psicólogo. Professor do Programa *Stricto Sensu* em Psicologia da USF. Especialista em Revisão Sistemática e Metanálise pela USP. Mestre e Doutor em Avaliação Psicológica pela USF. Bolsista de Produtividade em Pesquisa do CNPq.

Luciana C. Antunes
Nutricionista. Professora adjunta do Departamento de Nutrição do Centro de Ciências da

Saúde da UFSC. Mestra e Doutora em Medicina: Ciências Médicas pela UFRGS. Pós-doutorado em Neurociência Clínica no Laboratório de Dor & Neuromodulação do HCPA/UFRGS.

Maisa dos Santos Rigoni
Psicóloga. Professora adjunta do Curso de Psicologia da Escola de Ciências da Saúde e da Vida da PUCRS. Psicanalista pela Sigmund Freud Associação Psicanalítica. Mestra em Psicologia Clínica pela PUCRS. Doutora em Psicologia pela PUCRS.

Malu Joyce de Amorim Macedo
Psiquiatra. Especialista em Psiquiatria da Infância e Adolescência pela UFCSPA. Especialista em Psicoterapia de Orientação Analítica pelo Centro de Estudos Luis Guedes (Celg).

Marcela Mansur-Alves
Psicóloga. Professora adjunta dos Cursos de Graduação em Psicologia e Pós-graduação em Psicologia: Cognição e Comportamento da UFMG. Coordenadora do Laboratório de Avaliação e Intervenção na Saúde (Lavis) da UFMG. Mestra em Psicologia do Desenvolvimento pela UFMG. Doutora em Neurociências pela UFMG.

Marcelo Pio de Almeida Fleck
Psiquiatra. Professor titular do Departamento de Psiquiatria e Medicina Legal e do PPG em Psiquiatria e Ciências do Comportamento da UFRGS. Mestre e Doutor em Clínica Médica pela UFRGS. Pós-doutorado na Universidade McGill, Canadá. Bolsista de Produtividade em Pesquisa 1B do CNPq.

Marco Antonio Caldieraro
Psiquiatra. Professor do PPG em Ciências do Comportamento da UFRGS. Mestre e Doutor em Psiquiatria pela UFRGS. Pós-doutorado no Massachusetts General Hospital – Harvard Medical School, Estados Unidos.

Maria Alice de Mathis
Psicóloga. Colaboradora do Projeto Transtornos do Espectro Obsessivo-compulsivo (Protoc) do Instituto de Psiquiatria (IPq) do Hospital das Clínicas (HC) da FMUSP. Especialista em Transtorno Obsessivo-compulsivo e Tiques pela FMUSP. Doutora em Ciências pelo IPq-HCFMUSP.

Mariane Bagatin Bermudez
Psiquiatra. Especialista em Psiquiatria da Infância e Adolescência pela UFCSPA. Mestra em Ciências da Saúde pela UFCSPA. Doutoranda em Psiquiatria e Ciências do Comportamento na UFRGS.

Michael de Quadros Duarte
Psicólogo. Integrante do NEAPP/UFRGS. Membro do Grupo de Trabalho de Avaliação Psicológica da Associação Nacional de Pesquisa e Pós-graduação em Psicologia (ANPEPP). Mestre e doutorando em Psicologia na UFRGS.

Mônia Aparecida da Silva
Psicóloga. Professora adjunta do Departamento de Psicologia e do PPG em Psicologia da Universidade Federal de São João del-Rei (UFSJ). Membro associado do Instituto Brasileiro de Avaliação Psicológica (Ibap) e do Grupo de Pesquisa Avaliação e Intervenção no Desenvolvimento Infantil e Adolescente da ANPEPP. Especialista em Avaliação Psicológica pelo Conselho Regional de Psicologia de Minas Gerais (CRP/MG). Mestra em Psicologia pela UFSJ. Doutora em Psicologia pela UFRGS. Pós-doutorado em Psicologia na UFRGS.

Mônica Sanches Yassuda
Psicóloga. Livre docente da USP. Professora titular da Escola de Artes, Ciências e Humanidades (EACH) da USP. Orientadora do PPG em Gerontologia da EACH/USP e da Universidade Estadual de Campinas (Unicamp) e em Neurologia da FMUSP. Mestra e Doutora em Psicologia do Desenvolvimento Humano pela Universidade da Flórida, Estados Unidos.

Murilo R. Zibetti
Psicólogo. Professor dos Cursos de Graduação em Psicologia e Medicina e do PPG em Psicologia da Unisinos. Especialista em Neuropsico-

logia pelo CFP. Mestre e Doutor em Psicologia pela UFRGS.

Nelson Hauck Filho
Psicólogo. Professor do Programa *Stricto Sensu* em Psicologia da USF. Mestre e Doutor em Psicologia pela UFRGS. Bolsista de Produtividade em Pesquisa do CNPq.

Paulo Belmonte-de-Abreu
Psiquiatra. Médico assistente do HCPA/UFRGS. Professor titular da UFRGS. Especialista em Métodos e Técnicas de Ensino (TEM) pela PUCRS. Health Sciences pela The Johns Hopkins University, Estados Unidos. Doutor em Clínica Médica pela UFRGS. Pós-doutorado em Biologia Molecular no Instituto de Ciências Básicas da Saúde (ICBS) da UFRGS.

Priscila Selingardi
Psicóloga. Pesquisadora e colaboradora do Grupo de Neurologia Cognitiva e do Comportamento (GNCC) e do Centro de Referência em Distúrbios Cognitivos (Ceredic) do HCFMUSP. Especialista em Neuropsicologia pelo Instituto Neurológico de São Paulo (INESP). Mestra e doutoranda na USP.

Rafael Wellausen
Psicólogo. Professor e supervisor de Psicoterapia Psicodinâmica do ESIPP. Coordenador técnico no Instituto Psiquiátrico Forense Maurício Cardoso. Mestre e Doutor em Psicologia pela UFRGS.

Regina Basso Zanon
Psicóloga. Professora dos Cursos de Graduação e Pós-graduação em Psicologia da Universidade Federal da Grande Dourados (UFGD). Coordenadora do Núcleo de Atenção a Pessoa com Autismo (NAPA) da UFGD e do Grupo de Avaliação-Intervenção Psicológica e Processos Inclusivos (Geappi/CNPq). Especialista em Transtornos do Desenvolvimento pela UFRGS. Mestra e Doutora em Psicologia pela UFRGS.

Renan P. Monteiro
Psicólogo. Professor adjunto do Departamento de Psicopedagogia e do PPG em Psicologia Social da Universidade Federal da Paraíba (UFPB). Mestre e Doutor em Psicologia Social pela UFPB.

Rodrigo Trapp
Psicólogo clínico. Supervisor e professor de Cursos de Pós-graduação em Terapia Cognitiva e Terapia do Esquema do Insere Psicologia, da Verbo Educacional e da Instituição Evangélica de Novo Hamburgo (IENH). Especialista em Terapia Cognitivo-comportamental. Formação avançada em Terapia do Esquema Individual e em Grupo pela International Society of Schema Therapy (ISST), Estados Unidos. Mestre e doutorando em Psicologia na UFRGS.

Valmir Dorn Vasconcelos
Psicólogo. Professor de Psicologia da Universidade Luterana do Brasil (Ulbra). Membro do NEAPP/UFRGS. Especialista em Psicologia Clínica com ênfase em Avaliação Psicológica pela Faculdade Mario Quintana (Famaqui). Mestre e doutorando em Psicologia na UFRGS.

Ygor Arzeno Ferrão
Psiquiatra. Professor associado de Psiquiatria da UFCSPA. Mestre em Medicina: Ciências Médicas pela UFRGS. Doutor em Psiquiatria pela USP.

PREFÁCIO

A literatura científica tem discutido há muito tempo sobre a possibilidade e os reais ganhos relacionados a uma mudança de paradigma em relação à compreensão dos transtornos mentais, saindo de um modelo categórico para um dimensional. Esperava-se que essa mudança fosse contemplada na quinta edição do *Manual diagnóstico e estatístico de transtornos mentais* (DSM-5), o que de fato não ocorreu. Contudo, a Organização Mundial da Saúde (OMS), na ocasião da 11ª edição da *Classificação internacional de doenças* (CID-11; ainda sem versão oficialmente traduzida para o português brasileiro), fez consideráveis avanços nesse sentido, embora ainda mantenha boa parte da abordagem categórica. Nesse contexto, novas orientações diagnósticas foram feitas, e a OMS implementou oficialmente o sistema no dia 1º de janeiro de 2022. A presente obra tem por objetivo atualizar pesquisadores e profissionais brasileiros envolvidos na área da saúde mental acerca dessas novas orientações e processos diagnósticos dos transtornos mentais.

Este livro foi idealizado pelo Grupo de Trabalho Avaliação Psicológica e Psicopatologia (GT-APP), da Associação Nacional de Pesquisa e Pós-graduação em Psicologia (ANPEPP). A ANPEPP é uma organização que tem por objetivo congregar professores, pesquisadores e estudantes de programas de pós-graduação (PPGs) para fomentar e estimular a formação de profissionais para pesquisa e pós-graduação em psicologia. O GT-APP promove o desenvolvimento de pesquisas voltadas para a construção e a adaptação de modelos de mensuração de diferentes quadros psicopatológicos. Ainda, desenvolve pesquisas básicas e aplicadas no campo da psicopatologia com interface com a psicometria. Partindo, portanto, da identidade desse grupo, os capítulos foram elaborados pelos pesquisadores membros do GT-APP, além de contar com a colaboração de outros pesquisadores da área da psicopatologia, todos doutores ou doutorandos. Destacamos aqui nosso agradecimento especial às pesquisadoras do GT-APP Flávia Wagner, Fernanda Barcellos Serralta, Maisa dos Santos Rigoni e Adriana Mokwa Zanini, que auxiliaram no processo de estruturação inicial desta obra.

O livro está organizado em três partes. A primeira parte é composta por cinco capítulos que visam a apresentar aos leitores as "novas perspectivas na compreensão e no diagnóstico dos transtornos mentais". Para tanto, são incluídas definições e descrições históricas acerca dos sistemas de classificação dos transtornos mentais, incluindo a proposta da CID-11. Também são discutidas questões pertinentes ao uso de instrumentos para a avaliação e o diagnóstico de transtornos mentais, bem como diretrizes para a determinação de níveis não clínicos, subclínicos e clínicos do funcionamento mental. São discutidos, também, os processos envolvendo a tomada de decisão no diagnóstico de transtornos mentais. A segunda parte do livro é composta por 12 capítulos que apresentam "definições e técnicas de avaliação e diagnóstico dos transtornos mentais". Esses capítulos visam à descrição e à discussão dos avanços, das definições, das técnicas de avaliação e das advertências para o diagnóstico de 12 grandes categorias dos transtornos mentais (cada capítulo é voltado para uma categoria). Estão incluídas aqui as principais categorias diagnósticas, como, por exemplo, as relacionadas aos transtornos do humor, de ansiedade, do neurodesenvolvimento, dentre outras. Destaca-se que, nesses capítulos, são feitas indicações de instrumentos e de técnicas de avaliação que podem auxiliar no processo diagnóstico, seja para fins clínicos, seja para fins de pesquisa. Por fim, a terceira parte do livro inclui dois capítulos que discutem "perspectivas dimensionais dos transtornos mentais". Esses capítulos apresentam modelos alternativos de psicopatologia de base dimensional, como o modelo de taxonomia hierárquica de psicopatologia (Hierarchical Taxonomy of Psychopathology – HiTOP) e o projeto de fomento à pesquisa dimensional de psicopatologias (Research Domain Criteria – RDoC).

Conforme mencionado, os capítulos foram elaborados por especialistas da área, os quais têm intimidade científica e profissional com as temáticas abordadas. Todos os capítulos foram cuidadosamente revisados pelos organizadores do livro, e alguns também foram revisados por pesquisadores colaboradores, aos quais demonstramos nossa gratidão. A qualidade técnica e de conteúdo de alguns capítulos desta obra foi aprimorada significativamente por meio da leitura atenta, cuidadosa e competente de Lucas Dannilo Aragão Guimarães, Murilo Ricardo Zibetti, Quésia Fernandes Cataldo e Kalil Maihub Manara.

Esperamos que as contribuições teóricas e técnicas apresentadas promovam o desenvolvimento de conhecimentos, habilidades e competências de profissionais, estudantes e pesquisadores da área da saúde mental acerca da compreensão e da prática diagnóstica dos transtornos mentais. Desejamos a todos boa leitura, bons estudos e boas práticas!

Sérgio Eduardo Silva de Oliveira
Clarissa Marceli Trentini
(Orgs.)

SUMÁRIO

PARTE I

NOVAS PERSPECTIVAS NA COMPREENSÃO E NO DIAGNÓSTICO DOS TRANSTORNOS MENTAIS

1

SISTEMAS DE CLASSIFICAÇÃO DOS TRANSTORNOS MENTAIS: HISTÓRICO E AVANÇOS

CAROLINA PALMEIRO LIMA
MICHAEL DE QUADROS DUARTE
VALMIR DORN VASCONCELOS
CLARISSA MARCELI TRENTINI

Se existe algo inerente ao ser humano é a necessidade de explicar e nomear aquilo que é desconhecido. Para tanto, uma das estratégias científicas empregadas desde antes de Aristóteles é a da classificação dos fenômenos que nossos sentidos podem capturar. O mesmo se aplica a situações que podem gerar adoecimento ou prejuízo a indivíduos e populações, como as doenças e os transtornos mentais. Para isso, foram criados, na história da humanidade, diferentes sistemas de classificação, desde os baseados nas teorias dos humores de Hipócrates até os compêndios de psicopatologia (Millon & Simonsen, 2010). A história das classificações dos transtornos mentais intensificou-se no século XIX, com formulações baseadas especialmente em descrições a partir de sinais e sintomas, sendo que ideias de Pinel, Griesinger e Kraepelin, entre outros (Shorter, 2015), foram de grande influência para a emergência de sistemas como a *Classificação internacional de doenças* (CID) e o *Manual diagnóstico e estatístico de transtornos mentais* (DSM) – os mais utilizados na área da saúde mental, foco deste capítulo.

A CID é a classificação oficial para o diagnóstico e a comunicação acerca dos transtornos mentais da Organização Mundial da Saúde (OMS). Trata-se de um manual que apresenta descrições e orientações diagnósticas voltadas para todos os profissionais da saúde. Contudo, seu texto não estabelece propriamente critérios operacionais, e sim orientações com relação aos diagnósticos. A CID tem como proposta fornecer um registro das doenças e causas de mortalidade, permitindo a análise, o registro, a interpretação e a comparação entre países e culturas. Com esse manual, é possível classificar, monitorar e mapear a prevalência e a incidência não somente de transtornos mentais, mas também de outras doenças e condições de saúde associadas, como as oncológicas e dermatológicas (World Health Organization [WHO], 2004).

Já o DSM, desenvolvido pela American Psychiatric Association (APA), é a classificação oficial estadunidense, embora também seja usado em diversos países. O DSM é utilizado, principalmente, por psiquiatras e psicólogos e possui, desde a sua terceira edição, um sistema baseado em diagnóstico operacional por meio da utilização de critérios diagnósticos específicos para cada categoria (Tyrer et al., 2014).

É evidente que esses sistemas de classificação, por suas propostas generalistas e pragmáticas, são instrumentos construídos e influenciados por um determinado momento histórico, político, econômico e, especialmente, filosófico, os quais não estão isentos de críticas (Millon & Simonsen, 2010). Entretanto, graças a essas críticas, esses sistemas de classificação são ferramentas úteis em diversos contextos, e sua constante revisão visa a atender às demandas da sociedade.

Os sistemas classificatórios, nesse sentido, são úteis a uma série de objetivos:

A Para a formulação de diagnóstico, comunicação e plano de intervenção: os sistemas classificatórios auxiliam na identificação de transtornos mentais, pois descrevem fenômenos que têm uma forma (sinais observáveis, sintomas relatados) que pode ser comum entre pessoas de diferentes nacionalidades. Eles foram construídos com base na experiência clínica e em outras evidências científicas, sinalizando possibilidades para o trabalho dos profissionais da saúde mental. São úteis também para a comunicação entre profissionais de diferentes áreas e facilitam o plano terapêutico integrado.

B Para a garantia e acesso a direitos previstos em lei: a partir do diagnóstico nosológico, em alguns casos, também é possível garantir direitos, possibilitar o acesso a políticas públicas de saúde e assistência e assegurar melhores condições para o tratamento dos transtornos mentais. Por exemplo, um diagnóstico pode ser um ponto de partida para a aquisição do Benefício de Prestação Continuada (BPC), caso um indivíduo sofra de transtorno mental e se encontre em situação de vulnerabilidade financeira. Também pode ser útil para o remanejamento de um trabalhador que se encontre em situação de sofrimento em determinada função ou cargo, ou até mesmo para a garantia de direitos trabalhistas, caso eles sejam violados.

C Para a coleta de estatísticas e formulação de políticas públicas: utilizar categorias previamente delimitadas facilita a materialidade dos acometimentos em saúde mental. A reunião de informações permite à vigilância epidemiológica estabelecer prioridades de intervenção em saúde mental, considerando-se o prejuízo social observado. Por meio dessas técnicas, pode-se constatar que o sofrimento em saúde mental não é um mero evento individual.

Nesse sentido, os sistemas classificatórios têm evidente utilidade e aplicabilidade. Contudo, é válido citar que o adoecimento mental é extremamente multifacetado, e, assim, o entendimento sobre a condição de saúde do indivíduo que recebe um diagnóstico não pode estar dissociado do contexto no qual ele vive, o que envolve não só aspectos biológicos/genéticos, mas também políticos, sociais, econômicos e culturais. Por exemplo, o momento político local e o *status* socioeconômico individual podem contribuir, de forma positiva ou negativa, para o desenvolvimento e o curso de um transtorno mental. Pesquisas recentes têm demonstrado que existem fatores de risco transdiagnósticos (ou seja, associados a variadas categorias diagnósticas) para transtornos mentais, como baixa escolaridade e adversidades no desenvolvimento (Arango et al., 2021). Além disso, indivíduos classificados em uma mesma categoria diagnóstica têm particularidades e necessidades diferentes, que dependem de fatores contextuais: tanto o adolescente em situação de vulnerabilidade social quanto o jovem do bairro de classe média podem sofrer de ansiedade; suas apresentações e necessidades, porém, podem ser muito distintas.

EVOLUÇÃO HISTÓRICO-CONCEITUAL DA CID E DO DSM

O DSM e a CID, em suas respectivas edições, refletem o momento histórico no qual foram desenvolvidos. Compreender tais movimentos históricos pode ser útil para refletir criticamente sobre a evolução dos manuais e discutir sobre o futuro dos sistemas classificatórios, além de formular alternativas ou complementos a esses modelos.

CID E DSM-I

A história da CID remonta ao século XV, com o início dos registros de causas de morte na Itália e, no século seguinte, entre outros eventos, com a proposição de uma classificação de doenças na França. Porém, foi principalmente a partir da segunda metade do século XVII que médicos e outros profissionais passaram a discutir sobre a necessidade de conceber um sistema de classificação internacional para monitorar as causas de mortalidade (Hirsch et al., 2016).

Um dos motivos para a emergência dessa discussão residia nas questões políticas e econômicas do momento. Na Europa, por exemplo, o desenvolvimento das cidades industriais e o número elevado de doenças que assolavam a população, como a epidemia de cólera, trouxe questionamentos sobre as causas de mortalidade e mobilizou parte da sociedade a monitorar o problema (Alharbi et al., 2021). A CID, como é hoje conhecida, foi formulada a partir do trabalho de Jacques Bertillon, chamado de *The Bertillon Classification of Causes of Death*, publicado posteriormente, em 1893, com o nome de Lista Internacional de Causas de Morte (LICM, do inglês *International list of causes of death* [ICLD]) (Alharbi et al., 2021). A LICM teve o objetivo de contribuir para a saúde pública a partir de um manual compreensivo e estatístico, que incluía as causas de mortalidade da época (Kapadia et al., 2020). Esse sistema recebeu cinco alterações até 1938, quando foi publicada a LICM-5, ou ILCD-5, em inglês (Blashfield et al., 2010).

A Segunda Guerra Mundial (1939-1945) foi outro acontecimento que influenciou a discussão sobre a necessidade de uma comunicação diagnóstica mais uniforme. Durante esse período, os profissionais alegaram dificuldades no uso dos manuais, sob a justificativa de que os sistemas não abarcavam suas necessidades, especialmente relacionadas ao contexto de guerra (Widiger, 2019). Além disso, com as mudanças na organização política e econômica mundial, a OMS recebeu *status* de agência especializada em saúde. Assim, uma série de esforços foram realizados pelos países signatários da Organização das Nações Unidas (ONU) com o objetivo de coletar estatísticas acerca das causas de morte e de morbidade conhecidas, incluindo aquelas relacionadas aos transtornos mentais (Regier et al., 2020).

Após a guerra, o manual foi aprimorado, trazendo dados comparativos de saúde de diferentes países, e passou a ser intitulado *Classificação internacional de doenças, lesões e causas de morte* (CID-6) (World Health Organization [WHO], 1948). Nesse período, observou-se a criação de uma seção específica destinada aos transtornos mentais. De início, essa não foi uma seção amplamente aceita, pois inúmeros sistemas classificatórios já vinham sendo utilizados em diversos países (Stengel, 1959). Além disso, havia pouco entendimento a respeito do que seriam os distúrbios psiquiátricos e de como compreendê-los. Entre a sexta e a sétima edição do manual, ocorrida em 1955 (Regier et al., 2020), houve poucas alterações.

A primeira edição do DSM (DSM-I) foi desenvolvida justamente durante o período da Segunda Guerra Mundial por um comitê cujo objetivo era integrar e revisar sistemas classificatórios existentes no que se referia a transtornos psiquiátricos ou outros problemas relacionados. Em especial, a demanda era desenvolver um manual que pudesse ser utilizado pelos psiquiatras estadunidenses (Blashfield et al., 2010). O DSM-I foi publicado em 1952 e era bastante similar a outro sistema da época, desenvolvido pelo psicanalista William Menninger, chamado de *Medical 203* (Blashfield et al., 2010). Adotado pelas forças armadas, tinha por base princípios meyerianos e freudianos, correntes que entendiam as doenças como reações da personalidade a diversas circunstâncias de vida e como produtos de forças mentais inconscientes, respectivamente (Pichot, 1994). Nesse sentido, grande parte do manual era destinada a descrever tais reações, enquanto uma pequena seção apresentava a deficiência mental, os transtornos psicóticos e os transtornos afetivos (Aftab & Ryznar, 2021).

Apesar dessas influências, o DSM-I também refletia interesses particulares dos psiquiatras da época e estava alinhado com a abordagem pragmática compartilhada por eles (Kapadia et al., 2020). Ideias advindas do popular sistema de classificação kraepeliano também tinham espaço na formulação do manual. Emil Kraepelin, ao estudar seus pacientes hospitalizados, investigou os sinais e sintomas essenciais capazes de caracterizar cada transtorno, dando ênfase à etiologia, à história familiar e, principalmente, ao curso clínico para compreender as entidades categóricas (Blashfield et al., 2010). Portanto, o DSM-I tinha por característica o ecletismo em termos de referenciais, embora, na história dos manuais, tenha sido apresentado como essencialmente psicanalítico (Aragona, 2015).

O manual publicado foi organizado em duas grandes categorias (desordens orgânicas e psicogênicas) e em três grandes grupos: as psicoses, as neuroses e as desordens do caráter. Nessa primeira edição, as categorias ainda eram bastante vagas intencionalmente, já que se buscava aumentar a utilidade clínica do sistema classificatório sem que fossem determinados limites estritos para diferenciar os transtornos (Blashfield et al., 2010).

CID-8 E DSM-II

Em 1959, Stengel apontou a necessidade de definições padronizadas e de um sistema unificado de classificação dos transtornos mentais para facilitar e ampliar a utilidade clínica da CID. Isso porque a comunicação entre clínicos e pesquisadores era escassa, e poderia ser ampliada com um sistema de classificação mais uniforme. Embora as sugestões de Stengel tenham sido propostas na década de 1950, foi somente na oitava edição da CID, aprovada em 1965, elas foram incorporadas por meio da publicação de um glossário de termos para auxiliar no aprofundamento de definições (Kramer et al., 1979).

Em razão da aproximação cronológica dos manuais, em 1968 foi publicado o DSM-II (American Psychiatric Association [APA], 1968), considerado uma versão estadunidense da CID-8. O DSM-II pouco se diferenciou da edição anterior, a não ser pelo fato de que houve uma maior aproximação do manual com as perspectivas biológicas acerca dos transtornos mentais, como uma forma de trazer uma abordagem mais "ateórica", apesar de terem sido mantidas as nomenclaturas usuais da psicodinâmica (Kapadia et al., 2020). A literatura aponta, ainda, que o principal objetivo do DSM-II foi sociopolítico, na medida em que era uma tentativa de reunir os psiquiatras a partir de um acordo sobre as nomenclaturas para as doenças investigadas. Naquele período, muitos referiam a dificuldade de estabelecer uma linguagem comum e convergente sobre os diagnósticos de seus pacientes (Blashfield et al., 2010).

Nesse sentido, podem ser observadas muitas semelhanças entre a CID-8 e o DSM-II.

Contudo, o manual da OMS era basicamente uma organização de nomenclaturas, sem definições, enquanto, com o objetivo de tornar o sistema mais prático, definições foram incorporadas ao DSM-II (Blashfield et al., 2010).

CID-9 E DSM-III

A CID-9 foi aprovada em 1975, tendo sua implementação total em 1979. Essa edição continha uma reorganização das classificações para transtornos depressivos, transtornos mentais orgânicos e transtornos da infância, além de um maior aprofundamento, para além das nomenclaturas, sobre os quadros clínicos. O manual apresentava um glossário como uma de suas principais inovações, e o objetivo era encorajar o uso mais uniforme de termos diagnósticos a partir das sugestões de Stengel (Kramer et al., 1979).

O DSM-III, por sua vez, foi publicado em 1980 (American Psychiatric Association [APA], 1980) e foi largamente influenciado pelas ideias de Feighner, as quais incentivaram o uso de critérios diagnósticos operacionalizáveis, resgataram a ênfase no curso clínico e no desfecho dos transtornos e evidenciaram a necessidade de basear esses critérios em evidências empíricas disponíveis (Widiger, 2019). A terceira edição do manual foi desenvolvida com o objetivo de contemplar as questões sociais emergentes das décadas anteriores, produzidas no contexto dos movimentos antipsiquiátricos e de direitos dos homossexuais, e de suportar a perda de espaço que a psiquiatria psicodinâmica vinha sofrendo, bem como o aumento da descrença na psicoterapia (Mayes & Horwitz, 2005). Assim, buscou apresentações descritivas úteis para o reconhecimento dos transtornos pelos psiquiatras, não importando a orientação teórica do profissional. Também passou a apresentar uma categorização com relação à etiologia dos transtornos mentais cujas explicações eram variáveis ou desconhecidas (APA, 1980). A publicação do DSM-III foi considerada revolucionária por muitos. As categorias diagnósticas passaram de 182, no DSM-II, para 265, no DSM-III, e o manual, cinco anos após sua publicação, já havia sido traduzido para mais de 16 idiomas (Blashfield et al., 2010).

No DSM-III, foi instituído um sistema multiaxial para avaliação diagnóstica, já que muitas críticas foram feitas a respeito da organização dos manuais anteriores, que tentavam padronizar as classificações. O sistema multiaxial representava uma mudança no modo como se compreendiam os fatores associados aos transtornos, reforçando uma abordagem ampliada que incluía aspectos biopsicossociais. Portanto, os pacientes passaram a ser avaliados em um sistema de cinco eixos: os dois primeiros eram de transtornos mentais e da personalidade/desenvolvimento e os demais qualificavam outras doenças, fatores estressores e funcionalidade. Assim, cada indivíduo avaliado recebia pelo menos cinco códigos, divididos entre os cinco eixos da avaliação, conforme pode ser visto na Tabela 1.1.

A partir de 1982, a OMS, junto de organizações de outros países e de departamentos de saúde dos Estados Unidos, passou a discutir acerca do estabelecimento de uma maior convergência entre os manuais. Em 1987, foi publicado o DSM-III-R, e, com o acesso a pesquisas atualizadas, incluída uma definição de transtorno mental. Foram realizadas alterações em critérios diagnósticos e nomenclaturas, reorganização de categorias e inclusão de novos transtornos, como os transtornos do sono e a tricotilomania (American Psychiatric Association [APA], 1987). Entre algumas críticas a essa edição, os pesquisadores ressaltam os vieses de gênero na formulação, especialmente dos transtornos da personalidade, a falta de clareza sobre algumas definições e o aumento considerável no número de comorbidades decorrentes da retirada do critério de exclusão de categorias (Kapadia et al., 2020). Além disso, o DSM-III foi criticado por representar a cultura ocidental (e, principalmente, estadunidense).

TABELA 1.1

SISTEMA MULTIAXIAL INAUGURADO NO DSM-III

SISTEMA MULTIAXIAL	TRANSTORNOS	EXEMPLO DE CODIFICAÇÃO (DE UM MESMO INDIVÍDUO)
Eixo I	Transtornos mentais Outras condições de interesse clínico	Transtorno depressivo maior Abuso de substâncias
Eixo II	Transtornos da personalidade "Retardo" mental (transtornos específicos do desenvolvimento)	Transtorno da personalidade paranoide
Eixo III	Desordens ou condições orgânicas/físicas	Diabetes tipo II
Eixo IV	Severidade dos estressores psicossociais	Nível 3: estressor moderado/ mudança na carreira
Eixo V	Nível de funcionamento adaptativo no último ano (social, trabalho e lazer)	Nível 3: Bom/poucos prejuízos ocupacionais

Nota: No DSM-IV e no DSM-IV-TR, os eixos IV e V têm nomenclatura/função diferente das apresentadas aqui. O eixo IV avaliava problemas psicossociais e ambientais e o eixo V referia-se à avaliação global de funcionalidade (AGF). A AGF era constituída de uma escala, que variava de 0 a 100, na qual o clínico pontuava para avaliar funcionalidade. Ela está em desuso desde o lançamento do DSM-5, pois compreendeu-se que não mensurava funcionalidade e tinha baixa utilidade clínica.

Fonte: American Psychiatric Association (1980).

CID-10 E DSM-IV

Na mesma época da publicação do DSM-III-R, iniciou-se o desenvolvimento da décima edição da CID (CID-10). Os esforços iniciais resultaram em uma primeira versão, em 1992, embora a data de aprovação tenha sido anterior. Essa foi a primeira de uma série de publicações referentes ao capítulo V (transtornos mentais e comportamentais), que incluiu critérios diagnósticos para pesquisadores, uma versão para profissionais da saúde e atenção primária, uma apresentação multiaxial e referências cruzadas que informam sobre os códigos de edições anteriores (World Health Organization [WHO], 1992).

Para cada transtorno havia descrições clínicas principais, e para a maioria das categorias existiam orientações para guiar o diagnóstico. Com o intuito de ser útil de forma generalizada, as descrições e orientações eram formuladas de maneira que houvesse flexibilidade para o raciocínio clínico. A CID não se propunha (e não se propõe) a realizar explanações teóricas sobre os diagnósticos nem a apresentar de forma extensiva informações sobre os transtornos mentais. A classificação também apresentava notas explicativas sobre as mudanças de nomenclatura entre uma edição e outra (WHO, 1992).

Entre as principais diferenças entre CID-9 e CID-10, destaca-se o aumento de categorias e o abandono da divisão entre transtornos psicóticos e neuróticos, que ocorria na classificação anterior. Em vez disso, os transtornos foram agrupados por semelhanças temáticas e descritivas, o que ampliou a conveniência no uso do manual. Novas categorias nos transtornos psicóticos foram incluídas, bem como mudanças na estrutura e nomenclatura dos transtornos afetivos (do humor) foram realizadas (WHO, 1992). No geral, a CID-10 foi amplamente aceita e adotada pelos países, tornando-se referência para a comunicação em saúde.

Já o DSM-IV (e o DSM-IV-TR, posteriormente), surgiu com o objetivo de ser mais congruente com o que estava sendo discutido e apresentado na CID-10. A grande mudança do DSM-III para o DSM-IV (e DSM-IV-TR) residiu no maior enfoque em uma classificação baseada em evidências empíricas. Além disso, foram discutidos e incorporados aspectos culturais e étnicos (Aragona, 2015), ainda que esse processo tenha sido mais evidente na edição seguinte. Entre as críticas a essas edições do DSM estão as altas taxas de comorbidades entre os transtornos da personalidade e a falta de clareza nos pontos de corte para os diagnósticos, o que poderia resultar em falso-positivos (Kapadia et al., 2020).

CID-11 E DSM-5

Após a publicação da CID-10 e do DSM-IV-TR, continuaram surgindo algumas críticas sobre os manuais, processo que naturalmente desencadeia a necessidade de alterações futuras. Por exemplo, discutia-se (e ainda se discute) que a maioria dos diagnósticos de transtornos mentais é classificado pelos clínicos em categorias como "outro transtorno não especificado", provavelmente devido à dificuldade de utilização dos critérios e à forma de observação dos fenômenos na prática. Outro problema diz respeito à grande heterogeneidade intragrupo, em que dois indivíduos com o mesmo diagnóstico podem apresentar sinais e sintomas distintos (Reed, 2010). Um mesmo indivíduo pode, ainda, apresentar diversos diagnósticos de transtornos mentais, problemática que se refere à alta comorbidade das entidades categóricas, colocando em questão a suposta independência das categorias diagnósticas. Além disso, as pesquisas demonstraram que um mesmo tratamento pode servir a diversos diagnósticos, bem como as entidades/categorias diagnósticas atuais não são as melhores preditoras de resposta ao tratamento (Insel et al., 2010; Reed, 2010).

Os sistemas classificatórios vigentes (DSM-5 e CID-11) foram aprimorados em razão das fragilidades e inconsistências assinaladas a partir do seu uso, da prática clínica e de pesquisas mais recentes nos mais diversos campos (p. ex., psicopatologia, genética, neurociência e ciência comportamental). Observamos, na formulação do DSM-5 e da CID-11, alguns aspectos importantes, como a preocupação com a utilidade clínica dos sistemas e com a validade dos diagnósticos, que influenciam o campo para maior abertura e discussão sobre a dimensionalidade dos transtornos mentais, e a importância de considerar o funcionamento e o nível de severidade dos transtornos.

Nesse sentido, a construção e posterior publicação do DSM-5 em 2013 (American Psychiatric Association [APA], 2014), pautou-se em ampliar as possibilidades de utilização do manual na prática. Um dos grandes avanços foi a inclusão de uma seção destinada a um modelo alternativo-híbrido dimensional para os transtornos da personalidade, evidenciando a tendência a considerar a dimensionalidade, ainda que de forma complementar e adicional em vez de substituta. Outros indicativos são as conceitualizações do transtorno do espectro autista e os transtornos do espectro da esquizofrenia (Widiger, 2019).

Uma grande mudança no DSM-5 foi o fim do sistema multiaxial, implementado a partir do DSM-III (Tabela 1.1). Para o grupo de trabalho que construiu essa nova versão, a subdivisão entre os eixos de transtornos mentais era pouco fidedigna e tinha baixa utilidade clínica (APA, 2014). Os eixos I, II e III comumente eram confundidos, e por não haver diferenças tão significativas que justificassem sua subdivisão, foram simplificados, bastando, em vez de separar, descrever os transtornos mentais, do neurodesenvolvimento e da personalidade, bem como as outras condições médicas. Além disso, o eixo de avaliação de funcionamento usava um sistema de medida de deficiência/funcionalidade que enumerava um valor conforme os sintomas, quando deveria avaliar os prejuízos na funcionalidade (p. ex., ideação suicida como avaliação de funcionalidade, quando o que importa é o quanto esse sintoma interfere no cotidiano da pessoa). Para avaliar funcionalidade, a APA passou a recomendar o uso da *Classificação internacional de funcionalidade, incapacidade e saúde* (CIF), da OMS (Regier, 2011).

Também houve alterações importantes em grupos de transtornos e inclusão de evidências sobre a natureza de transtornos como esquizofrenia, transtorno esquizoafetivo, transtorno bipolar e transtorno obsessivo-compulsivo, entre outros (Regier, 2011). Além disso, o DSM-5 avançou nas formulações que consideram as diferenças entre culturas, oferecendo até mesmo um apêndice sobre esses aspectos (Widiger, 2019). Atualizações na terminologia e na compreensão dos transtornos também foram implementadas, com o abandono de denominações pejorativas, como retardo mental. Contudo, entre as críticas, encontram-se o aumento das categorias, que poderia não implicar em maior aplicabilidade aos clínicos, e a pouca convergência entre os achados genéticos e neurocientíficos e as entidades diagnósticas formuladas (Kapadia et al., 2020).

A CID-11, por sua vez, aprovada em 2019 e oficialmente vigente em 2022, deu mais um passo na história dos sistemas de classificação. Em comparação à edição anterior, avançou em diversos pontos, com vistas a ampliar sua aplicabilidade global, a fortalecer a validade dos diagnósticos e a aprimorar sua utilidade clínica. A edição é completamente digital e permite aos clínicos a utilização de 17 mil códigos diferentes, com 120 mil termos codificáveis. Foram introduzidos novos diagnósticos, como transtorno de acumulação, transtorno de escoriação e transtorno explosivo intermitente, já incluídos no DSM-5. Novos diagnósticos, não presentes no manual da APA, foram introduzidos na CID-11, como o transtorno de estresse pós-traumático complexo (TEPT complexo) (Gaebel et al., 2020). A CID-11 também refinou critérios diagnósticos existentes, como no caso do transtorno de estresse pós-traumático (TEPT).

Avanços foram observados na ênfase em uma perspectiva dimensional, embora a nova classificação tenha mantido de forma abrangente a perspectiva categórica anterior. Um exemplo dessa mudança de perspectiva refere-se aos transtornos da personalidade, cuja abordagem tornou-se inteiramente dimensional, com foco em níveis de severidade. A dimensionalidade e abordagem que preconiza maior especificidade é observada nos episódios depressivos, que recebem qualificadores em termos de presença de sintomas específicos (Gaebel et al., 2020). Por fim, a CID-11, em sua versão de 2022, incrementa o conhecimento clínico por trazer informações de curso, culturais, de limites e relacionadas à cultura, à severidade dos sintomas, à descrição do quadro e a auxílio no diagnóstico. Essa ferramenta é relativamente recente e não estava presente na CID-10.

Em comparação, os dois manuais atuais (CID-11 e DSM-5) apresentam maior convergência em relação aos seus antecessores e correspondentes. Em estudo de First et al. (2021), comparou-se as 103 categorias diagnósticas que aparecem em ambos os sistemas. Entre elas, apenas 20 entidades nosológicas apresentaram grandes diferenças com relação aos seus critérios e descrições, como é o caso dos transtornos da personalidade e dos transtornos relacionados a trauma e a estressores. Além disso, quase metade das categorias diagnósticas apresentou apenas pequenas diferenças, e 30% das categorias eram essencialmente idênticas. Ou seja, atualmente, os dois manuais são mais semelhantes do que jamais foram e englobam o maior nível possível de evidências em suas formulações.

Em 2022, foi publicada a versão revisada do DSM-5 (DSM-5-TR) (American Psychiatric Association [APA], 2022). Com o intuito de tornar os diagnósticos harmônicos com a CID-11, foram incluídos o transtorno do luto prolongado e o transtorno do humor não especificado (para quem não preenche critérios de depressão ou transtorno bipolar). Em "Outras condições que podem ser foco da atenção clínica", novos códigos foram adicionados para avaliação do comportamento suicida e da autolesão não suicida. Houve mudanças nas terminologias de muitos transtornos, especialmente nos transtornos do desenvolvimento (deficiência intelectual passa a ser transtorno do desenvolvimento intelectual) e no capítulo sobre disforia de gênero (fala-se de gênero experienciado em vez de gênero designado). Também foram considerados os impactos culturais, do racismo e de outras discriminações nos transtornos mentais (APA, 2022).

Por fim, foram modificados critérios para melhor compreensão nos transtornos do espectro autista, transtornos bipolares, transtornos ciclotímicos, transtornos depressivos maiores, transtornos depressivos persistentes, TEPT em crianças, transtorno alimentar restritivo/evitativo, *delirium*, transtornos induzidos por substâncias e síndrome psicótica atenuada, esta última em condições para futuros estudos (Moran, 2022). Dada a publicação recente do DSM-5-TR, seus impactos, bem como as modificações, ainda devem ser mais bem estudados. Contudo, é evidente que há um esforço intelectual para aproximar ao máximo a revisão do DSM-5 com as proposições dos manuais da OMS.

MODELOS ALTERNATIVOS AOS SISTEMAS CLASSIFICATÓRIOS

Embora muitos avanços ainda sejam necessários em relação à consistência interna dos diagnósticos e outras questões pertinentes, observamos que tanto o DSM como a CID constituem-se como ferramentas úteis à pesquisa e à clínica. Os manuais contribuíram, progressivamente, por meio de pesquisa, para a compreensão a respeito dos fatores neurobiológicos envolvidos na etiologia e no desenvolvimento dos transtornos mentais (Insel et al., 2010). Contudo, nas últimas décadas, especialmente com o avanço das neurociências e da genômica, a discussão acerca da distância entre os fenômenos observados na clínica e os mecanismos biológicos envolvi-

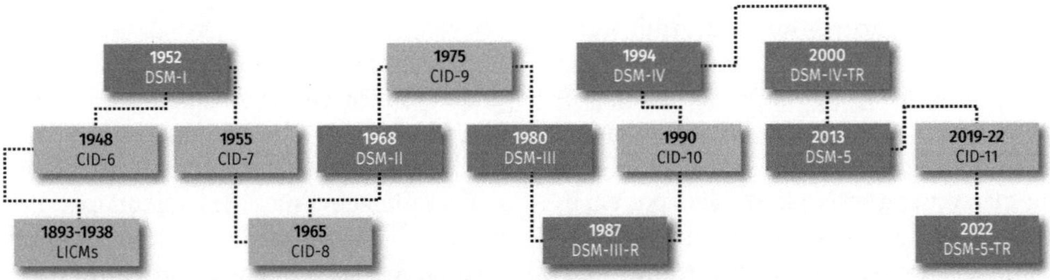

FIGURA 1.1

Linha do tempo CID e DSM.

Nota: LICM = Lista Internacional de Causas de Morte; CID = *Classificação internacional de doenças*; DSM = *Manual diagnóstico e estatístico de transtornos mentais*.

Para melhor compreensão, foram utilizadas as datas de aprovação das classificações pela Organização Mundial da Saúde, em vez da efetiva data de uso ou publicação, em função da variabilidade.

dos tem se intensificado. As pesquisas têm mostrado que não é possível determinar sinais e sintomas específicos e exclusivos de cada transtorno, da mesma forma que diversos mecanismos biológicos são comuns a uma ampla gama de categorias diagnósticas (Insel et al., 2010). Nesse sentido, uma série de modelos alternativos/adicionais a sistemas classificatórios categóricos tem sido propostos.

Um exemplo de sistema alternativo é o *Research Domain Criteria* (RDoC) (Insel et al., 2010). O RDoC não tem o intuito de substituir os sistemas classificatórios vigentes, e sim o de estudar o funcionamento (tanto o normal quanto o patológico) e a saúde mental dos indivíduos por meio de diferentes domínios (p. ex., sistemas cognitivos e processos regulatórios), que incluem diferentes unidades de análise. Um dos objetivos do RDoC é identificar mecanismos cerebrais capazes de colaborar para a compreensão dos transtornos mentais. Nesse caso, especialmente, entende-se que os transtornos mentais são provenientes de alterações em circuitos cerebrais.

Iniciativas pautadas em solucionar velhos problemas dos sistemas classificatórios categóricos, como o da grande heterogeneidade intragrupo e o da alta taxa de comorbidade das categorias, também foram desenvolvidas. Exemplo disso é o consórcio *Hierarchical Taxonomy of Psychopathology* (HiTOP) (Kotov et al., 2017), que busca explicar os transtornos mentais a partir de um modelo dimensional no qual eles são classificados em diversos níveis, em uma complexa hierarquia. A proposta é a de que existe um fator geral comum aos transtornos mentais, que fica no topo da hierarquia e seria responsável por explicar casos difusos de sinais, sintomas e traços psicopatológicos. O segundo nível hierárquico contém os superespectros que são responsáveis por explicar quadros psicopatológicos difusos dentro de um conjunto específico de sinais, sintomas e traços psicopatológicos. O modelo propõe três superespectros: disfunção emocional (Watson et al., 2022), psicose (Kotov et al., 2020) e externalizante (Krueger et al., 2021). Na terceira camada da hierarquia, estão os espectros que compreendem os domínios gerais da estrutura dos transtornos mentais, incluindo as dimensões somatoforme, internalizante, transtornos do pensamento, distanciamento, externalizante desinibido e externalizante antagonista. A quarta camada da hierarquia é caracterizada por fatores específicos dos espectros que agrupam sinais, sintomas e traços específicos (p. ex., os fatores, medo e *distress* do espectro internalizante). O quinto nível da hierarquia, ainda em estudo, consiste de síndromes empíricas, as quais incluem facetas que representam os fatores do nível anterior (quarto nível). Por fim, no sexto nível, estão os sintomas e traços mal-adaptativos específicos, como insônia, tristeza, medo de sair de casa, etc. Essa abordagem permite que médicos e pesquisadores se concentrem nos sintomas mais detalhados ou avaliem problemas mais amplos conforme necessário (Kotov et al., 2017). Os Capítulos 18 e 19 apresentam mais detalhadamente os modelos HiTOP e RDoC, respectivamente.

OS SISTEMAS CLASSIFICATÓRIOS E AS PERSPECTIVAS FUTURAS

Em geral, consideramos que o DSM é um sistema classificatório particularmente útil na prática clínica, em especial para psicólogos e psiquiatras. A CID, por sua vez, pode ser considerada o sistema classificatório atual com maior utilidade clínica para um contexto global de intervenção e comunicação em saúde mental. Ambos os manuais podem fornecer informações e orientações que guiam tratamentos e promovem o planejamento de políticas públicas e de intervenções nas mais diversas esferas. Já modelos taxonômicos alternativos ou neurocientíficos (p. ex., HiTOP e RDoC) são particularmente úteis para o avanço da compreensão acerca de aspectos etiológicos e contextuais dos transtornos mentais, embora tenham, por enquanto, menor aplicabilidade do que os manuais.

Para o futuro, é esperado que os sistemas classificatórios, como a CID e o DSM, se mantenham atualizados, para que possam se aproximar cada vez mais das necessidades da prática, ampliando sua utilidade clínica, especialmente para a previsão e a formulação de tratamentos mais adequados. A manutenção de abordagens categóricas que tenham maior correspondência com os fenômenos reais, associada à utilização de instrumentos, avaliações e abordagens dimensionais para guiar os tratamentos, pode ser uma alternativa para o futuro, e isso tem sido discutido (Gaebel et al., 2020). Também é necessário pensar em classificações psiquiátricas pluralistas, que coexistam e contribuam para o acúmulo de evidências, mas que sejam formuladas de modo a permitir maior entendimento e precisão a respeito dos fundamentos teóricos e metodológicos empregados (Aftab & Ryznar, 2021). Widiger (2019) ressalta que é necessário considerar os transtornos mentais a partir de perspectivas biológicas, psicológicas e culturais, utilizando-se de um conhecimento compreensivo alicerçado em uma série de níveis. Nesse sentido, perspectivas reducionistas podem não capturar a essência e a variabilidade dos fenômenos observados.

Também é válido citar que as chamadas explicações compositivas[1] têm contribuído enormemente para ampliar a compreensão do adoecimento mental, com a melhor exploração etiológica, clínica e dos possíveis tratamentos – causa, composição, contexto e consequências (Hawkins-Elder & Ward, 2021). A abordagem transdiagnóstica, ou seja, aquela que entende sintomas comuns a diferentes transtornos mentais e que, no modelo categórico, leva à adição das comorbidades, também tem sido explorada a partir de modelos já citados.

A tecnologia, sem sombra de dúvidas, será uma grande aliada nesse futuro. Por meio de dados e evidências robustas, ela poderá permitir maior agilidade e assertividade nos diagnósticos, possibilitando, assim, melhor planejamento dos tratamentos e dos sistemas de saúde voltados à saúde mental dos indivíduos. Por exemplo, com o avanço nas áreas da tecnologia da informação, *data analytics* e *machine learning*, os diagnósticos poderão incluir informações clínicas, estatísticas, históricas e contextuais, permitindo maior acurácia. Essas mesmas tecnologias podem ser utilizadas para fins didáticos e educacionais na área, possibilitando aos egressos dos cursos de psicologia, psiquiatria e áreas afins estarem mais bem preparados para a atuação profissional, inclusive aprimorando os modelos preditivos a partir de diferentes perspectivas diagnósticas.

Um exemplo de pesquisa nesse campo é o estudo que buscou a predição de diagnósticos psicopatológicos por meio de análise exploratória de dados e redes neurais (Dolce et al., 2020). Seis especialistas da área de avaliação psicológica criaram um questionário de 260 itens, com resposta dicotômica, para avaliar os sinais e sintomas dos principais transtornos mentais presentes nos manuais diagnósticos internacionais, como a CID e o DSM. A implementação dessa tecnologia permitiu refinar quais perguntas eram mais importantes para avaliar traços psicopatológicos e com 100 questões a menos, foi possível chegar ao mesmo resultado e com uma acurácia maior do que o instrumento original (88,5 *versus* 74,4%) (Dolce et al., 2020).

Outro estudo discutiu a importância do uso de *machine learning* para que a psicologia possa se tornar, além de explicativa, preditiva, ou seja, que possa compreender fenômenos passados e também, com certa acurácia, prever comportamentos futuros (Yarkoni & Westfall, 2017). Isso possibilitaria aos profis-

---

1 Traduzido livremente pelos autores, do inglês *compositional explanations*.

sionais da área da saúde, além de novos métodos e formatos de pesquisa, uma preparação mais eficaz para auxiliar pacientes com comportamentos de risco, como ideação suicida ou tentativas de suicídio. Considerando a baixa acurácia das escalas de detecção de risco, pesquisadores aplicaram a técnica de *machine learning* a uma grande base de dados médica para desenvolver um modelo preditivo desses comportamentos (Walsh et al., 2017). Com o uso de mais de 5 mil casos, que apresentavam a avaliação de profissionais da área para a definição de parâmetros e o registro de autolesão e tentativa de suicídio, foi possível desenvolver um algoritmo com acurácia de 84% na predição de comportamentos de risco e precisão de 79%. Muito mais do que números, são dados que podem salvar vidas, definir e orientar práticas estratégicas no manejo dos casos e possibilitar uma atuação mais eficaz em saúde mental (Walsh et al., 2017).

Esse talvez seja o futuro dos próprios manuais, que receberão atualizações constantes e trabalharão com uma massa de dados viva e mundialmente integrada. A própria ferramenta de avaliação poderá, a partir de dados globais e regionais, sugerir as melhores práticas clínicas e os tratamentos mais aderentes para determinado perfil, levando em conta a minúcia e a especificidade de cada paciente. Vale ressaltar que essas reflexões são apenas um exercício de imaginação acerca do futuro no horizonte da medicina e da psicologia. E para que possamos experimentar todas as possibilidades dos futuros (no plural) possíveis, precisamos agir no agora. Nesse sentido, os sistemas classificatórios tradicionais são, sem dúvida, importantes ferramentas na área da saúde mental. Aliados a maior pluralidade de perspectivas, como os novos modelos e abordagens dimensionais, neurocientíficas e transdiagnósticas, e ao avanço tecnológico e de análise de dados complexos, é possível que os sistemas de classificação avancem no entendimento, na formulação e no tratamento dos transtornos mentais.

Investir em projetos interdisciplinares que possam conjugar o conhecimento técnico das ciências com os avanços digitais é um dos passos nesse caminho. Incentivar a parceria entre laboratórios de pesquisa e aproximar cada vez mais a academia de projetos que busquem soluções para beneficiar a saúde mental é fundamental. Essa aproximação permite que a contribuição social da ciência e da pesquisa chegue em quem mais precisa, de forma mais rápida e ampliada.

O desafio é tornar cada vez mais acessíveis essas novas formas de compreender o adoecimento mental e o funcionamento geral dos indivíduos, seja na pesquisa ou na prática clínica. Isso permitiria o constante avanço na busca da compreensão de toda a complexidade do adoecimento mental e, consequentemente, no desenvolvimento de intervenções mais efetivas na promoção da saúde mental, na prevenção de agravos e nos tratamentos. Dessa forma, nos distanciamos da explicação pura e simples de que "os fenômenos são complexos" e nos aproximamos mais do conhecimento dos múltiplos fatores (individuais, sociais, contextuais) que levam ao adoecimento mental. Esse avanço poderá possibilitar uma prática mais assertiva e uma melhor compreensão por parte do paciente sobre os fatores envolvidos no seu adoecimento, proporcionando maior autonomia e participação no tratamento.

Esses são apenas alguns dos benefícios que podemos alcançar a partir do investimento na pesquisa científica sobre os transtornos mentais. O importante é que, assim como os manuais, sigamos avançando e nos atualizando, preenchendo as lacunas, corrigindo os erros e estando sempre abertos ao novo.

REFERÊNCIAS

Aftab, A., & Ryznar, E. (2021). Conceptual and historical evolution of psychiatric nosology. *International*

Review of Psychiatry (Abingdon, England), *33*(5), 486-499.

Alharbi, M. A., Isouard, G., & Tolchard, B. (2021). Historical development of the statistical classification of causes of death and diseases. *Cogent Medicine*, *8*(1), 1893422.

American Psychiatric Association (APA). (1968). *Diagnostic and statistical manual of mental disorders: DSM-II*.

American Psychiatric Association (APA). (1980). *Diagnostic and statistical manual of mental disorders: DSM-III* (3. ed). Artmed.

American Psychiatric Association (APA). (1987). *Diagnostic and statistical manual of mental disorders: DSM-III-R* (3rd ed., rev.).

American Psychiatric Association (APA). (2014). *Manual diagnóstico e estatístico de transtornos mentais: DSM-5* (5. ed.). Artmed.

American Psychiatric Association (APA). (2022). *Diagnostic and statistical manual of mental disorders: DSM-5-TR* (5th ed., rev.).

Aragona, M. (2015). Rethinking received views on the history of psychiatric nosology: Minor shifts, major continuities. In P. Zachar, D. Stoyanov, M. Aragona, & A. V. Zhablenski (Orgs.), *Alternative perspectives on psychiatric validation: DSM, ICD, RDoC, and beyond* (1st ed., pp. 27-46). Oxford University.

Arango, C., Dragioti, E., Solmi, M., Cortese, S., Domschke, K., Murray, R. M., ... Fusar-Poli, P. (2021). Risk and protective factors for mental disorders beyond genetics: An evidence-based atlas. *World Psychiatry*, *20*(3), 417-436.

Blashfield, R. K., Flanagan, E., & Raley, K. (2010). Themes in the evolution of the 20th-century DSMs. In T. Millon, R. F. Krueger, & E. Simonsen (Eds.), *Contemporary directions in psychopathology: Scientific foundations of the DSM-V and ICD-11* (pp. 53-71). Guilford.

Dolce, P., Marocco, D., Maldonato, M. N., & Sperandeo, R. (2020). Toard a machine learning predictive-oriented approach to complement explanatory modeling. An application for evaluating psychopathological traits based on affective neurosciences and phenomenology. *Frontiers in Psychology*, *11*, 446.

First, M. B., Gaebel, W., Maj, M., Stein, D. J., Kogan, C. S., Saunders, J. B., ... Reed, G. M. (2021). An organization- and category-level comparison of diagnostic requirements for mental disorders in ICD-11 and DSM-5. *World Psychiatry*, *20*(1), 34-51.

Gaebel, W., Stricker, J., & Kerst, A. (2020). Changes from ICD-10 to ICD-11 and future directions in psychiatric classification. *Dialogues in Clinical Neuroscience*, *22*(1), 7-15.

Hawkins-Elder, H., & Ward, T. (2021). Describing disorder: The importance and advancement of compositional explanations in psychopathology. *Theory & Psychology*.

Hirsch, J. A., Nicola, G., McGinty, G., Liu, R. W., Barr, R. M., Chittle, M. D., & Manchikanti, L. (2016). ICD-10: History and context. *American Journal of Neuroradiology*, *37*(4), 596-599.

Insel, T., Cuthbert, B., Garvey, M., Heinssen, R., Pine, D. S., Quinn, K., ... Wang, P. (2010). Research domain criteria (RDoC): Toward a new classification framework for research on mental disorders. *The American Journal of Psychiatry*, *167*(7), 748-751.

Kapadia, N., Moineau, B., & Popovic, M. R. (2020). Functional electrical stimulation therapy for retraining reaching and grasping after spinal cord injury and stroke. *Frontiers in Neuroscience*, *14*, 718.

Kotov, R., Krueger, R. F., Watson, D., Achenbach, T. M., Althoff, R. R., Bagby, R. M., ... Zimmerman, M. (2017). The Hierarchical Taxonomy Of Psychopathology (HiTOP): A dimensional alternative to traditional nosologies. *Journal of Abnormal Psychology*, *126*(4), 454-477.

Kotov, R., Jonas, K. G., Carpenter, W. T., Dretsch, M. N., Eaton, N. R., Forbes, M. K., ... HiTOP Utility Workgroup. (2020). Validity and utility of hierarchical taxonomy of psychopathology (HiTOP): I. Psychosis superspectrum. *World Psychiatry*, *19*(2), 151-172.

Kramer, M., Sartorius, N., Jablensky, A., & Gulbinat, W. (1979). The ICD-9 classification of mental disorders: A review of its develompent and contents. *Acta Psychiatrica Scandinavica*, *59*(3), 241-262.

Krueger, R. F., Hobbs, K. A., Conway, C. C., Dick, D. M., Dretsch, M. N., Eaton, N. R., ... HiTOP Utility Workgroup. (2021). Validity and utility of Hierarchical Taxonomy of Psychopathology (HiTOP): II. Externalizing superspectrum. *World Psychiatry*, *20*(2), 171-193.

Mayes, R., & Horwitz, A. V. (2005). DSM-III and the revolution in the classification of mental illness. *Journal of the History of the Behavioral Sciences*, *41*(3), 249-267.

Millon, T., & Simonsen, E. (2010). A précis of psychopathological history. In T. Millon, R. F. Krueger, & E. Simonsen (Orgs.), *Contemporary directions in psychopathology: Scientific foundations of the DSM-V and ICD-11* (pp. 3-52). Guilford.

Moran, M. (2022). Updated DSM-5 text revisions to be released in march. *Psychiatric News*, *57*(01), appi.pn.2022.1.20.

Pichot, P. (1994). Nosological models in psychiatry. *British Journal of Psychiatry*, *164*(2), 232-240.

Reed, G. M. (2010). Toward ICD-11: Improving the clinical utility of WHO's International Classification of mental disorders. *Professional Psychology: Research and Practice*, *41*(6), 457-464.

Regier, D. A. (Org.). (2011). *The conceptual evolution of DSM-5*. American Psychopathological Association.

Regier, D. A., Goldberg, D. P., Reed, G. M., & Üstün, B. T. (2020). DSM-5 and ICD-11 classifications. In J. R. Geddes, N. C. Andreasen, & G. M. Goodwin (Orgs.), *New Oxford textbook of psychiatry* (pp. 51-61). Oxford University.

Shorter, E. (2015). The history of nosology and the rise of the Diagnostic and Statistical Manual of Mental Disorders. *Dialogues in Clinical Neuroscience*, *17*(1), 59-67.

Stengel, E. (1959). Classification of mental disorders. *Bulletin of the World Health Organization*, *21*, 601-663.

Tyrer, P., Crawford, M., Sanatinia, R., Tyrer, H., Cooper, S., Muller-Pollard, C., Weich, S. (2014). Preliminary studies of the ICD-11 classification of personality disorder in practice. *Personality and Mental Health*, *8*(4), 254-263.

Walsh, C. G., Ribeiro, J. D., & Franklin, J. C. (2017). Predicting risk of suicide attempts over time through machine learning. *Clinical Psychological Science*, 5(3), 4.

Watson, D., Levin-Aspenson, H. F., Waszczuk, M. A., Conway, C. C., Dalgleish, T., Dretsch, M. N., HiTOP Utility Workgroup. (2022). Validity and utility of Hierarchical Taxonomy of Psychopathology (HiTOP): III. Emotional dysfunction superspectrum. *World Psychiatry, 21*(1), 26-54.

Widiger, T. A. (2019). Classification and diagnosis historical development and contemporary issues. In J. E. Maddux, & B. A. Winstead (Orgs.), *Psychopathology: Foundations for a contemporary understanding* (5th ed., pp. 109-124). Routledge.

World Health Organization. (1948). *Manual of the international statistical classification of diseases, injuries, and causes of death: Sixth revision of the international lists of diseases and causes of death, adopted 1948.*

World Health Organization. (1992). *The ICD-10 classification of mental and behavioural disorders: Clinical descriptions and diagnostic guidelines.*

World Health Organization. (2004). *International statistical classification of diseases and related health problems* (10th rev., 2nd ed.).

Yarkoni, T., & Westfall, J. (2017). Choosing prediction over explanation in psychology: Lessons from machine learning. *Perspectives on Psychological Science, 12*(6), 1100-1122.

2

ATUALIZAÇÕES DA *CLASSIFICAÇÃO INTERNACIONAL DE DOENÇAS* (CID-11)

GABRIELA ANDRADE DA SILVA
SÉRGIO EDUARDO SILVA DE OLIVEIRA

A *Classificação internacional de doenças* (CID), é "uma ferramenta para registrar, relatar e agrupar condições e fatores que influenciam a saúde" (tradução nossa; World Health Organization [WHO], 2021a, documento *on-line*). Seu propósito é sistematizar dados para gerar informações acerca de mortalidade, morbidade e epidemiologia e, assim, subsidiar a gestão de serviços de saúde. A principal vantagem de seu uso é permitir a comparabilidade entre dados de diferentes localidades (em nível municipal, regional, estadual, nacional e internacional) ao longo do tempo, via codificação padronizada das condições de saúde. Por meio desse modelo, sistemas de informação em saúde são alimentandos, e sobre esses dados podem ser aplicadas técnicas estatísticas para gerar informações úteis a respeito da saúde de um grupo ou população. Para o sistema de codificação ser eficiente, a classificação deve ser composta por um número limitado de categorias mutuamente excludentes que possam abranger todo o espectro de morbidades, de tal forma que qualquer doença ou condição tenha um código definido. Assim, a estrutura da CID é hierárquica, delineada a partir de grupos e subdivisões que contêm códigos que podem ser combinados para a obtenção do nível desejado de detalhamento da condição clínica observada. O primeiro nível de classificação são os capítulos, criados com base em discussões internacionais periodicamente atualizadas. Entre os capítulos, alguns são de particular interesse para profissionais da área "psi" (psicologia, psiquiatria, neuropsicologia, neurociências, etc.), em especial aquele que descreve os transtornos mentais.

Em 1º de janeiro de 2022, entrou em vigor a 11ª edição da CID (CID-11), 19 anos depois do lançamento da edição anterior (CID-10). A CID-11 é organizada em 26 capítulos (World Health Organization [WHO], 2021b), sendo que o sexto inclui os transtornos mentais, nosso objeto de discussão. É de fundamental importância que os profissionais que atuam na área da saúde mental se atualizem quanto à nova taxonomia dos transtornos mentais e às orientações diagnósticas revisadas propostas pela Organização Mundial da Saúde (OMS). Portanto, neste capítulo, nosso objetivo é apresentar de forma resumida a estrutura do capítulo 6 da CID-11 (Transtornos Mentais, Comportamentais ou do Neurodesenvolvimento), destacando as alterações ocorridas em relação à CID-10. Contudo, antes de compreender as atualizações propostas na CID-11, é importante retomar um pouco da história do sistema de classificação de doenças.

BREVE RELATO HISTÓRICO DO SISTEMA DE CLASSIFICAÇÃO DE DOENÇAS

Atribui-se a origem das classificações de doenças aos registros de causas de óbito iniciados por cientistas do norte da Itália no século XV. Nesse período, buscando combater as grandes epidemias que assolaram a Europa, foram criados os primeiros conselhos médicos, que procuravam formas de prevenir e combater as doenças infecciosas. No século seguinte, esses conselhos se multiplicaram e passaram a ser estabelecidos em outros países. Ainda na perspectiva de enfrentamento das epidemias, várias localidades passaram a exigir atestados de óbito, usados pelos conselhos médicos para criar boletins periódicos, sintetizando dados epidemiológicos (Moriyama et al., 2011).

A troca de informações entre conselhos médicos de diferentes cidades e países levou à necessidade de se padronizar classificações e nomenclaturas (Moriyama et al., 2011; WHO, 2021a). Em 1853, em Bruxelas, o primeiro Congresso Internacional de Estatística reconheceu a importância das classificações de causas de morte, e dois anos depois, em Paris, decidiu-se adotar a classificação do médico e cientista William Farr, baseada em cinco grupos: doenças epidêmicas, constitucionais, locais (agrupadas anatomicamente), do desenvolvimento e diretamente resultantes de violência. As futuras revisões seguiram essa perspectiva, de forma que, atualmente, a estrutura da CID-11 permanece baseada na etiologia, seguida pela anatomia (WHO, 2021a).

A primeira versão do que hoje é a CID foi a *Bertillon classification of causes of death*, publicada em 1891. As revisões realizadas até a quinta edição, publicada em 1938, mantiveram a característica de classificar apenas causas de óbito. A classificação de causas de morbidade paralelamente à mortalidade teve início somente em 1948, com a publicação da sexta revisão, que adotou o nome de *International classification of diseases, injuries, and causes of death*. Nessa edição, transtornos mentais já foram descritos, acompanhando o desenvolvimento da psiquiatria, que vinha ganhando força no início do século XX. Entretanto, o uso dessa classificação em princípio foi bastante restrito, o que se atribui à dificuldade de psiquiatras estabelecerem uma linguagem comum (Stengel, 1959).

A partir da décima edição, publicada em 1989, foi estabelecido o nome atual: *International statistical classification of diseases and related health problems* (WHO, 2021a). O capítulo V dessa edição, codificado com a letra F, foi denominado Transtornos Mentais e Comportamentais. Essa edição destacou-se por estabelecer orientações mais específicas para a classificação dos transtornos mentais, reduzindo a divergência de diagnósticos entre diferentes profissionais (Sartorius et al., 1993). Assim, atendeu-se à necessidade de criar uma linguagem para a identificação de transtornos mentais que fosse compartilhada pela comunidade internacional, elevando a acurácia dos diagnósticos.

É importante mencionar que há controvérsias sobre a estrutura da CID no que diz respeito à classificação dos transtornos mentais. Uma das críticas é com relação às definições, que em alguns casos podem ser arbitrárias, dependendo de aspectos culturais e até mesmo econômicos, já que o direcionamento de verbas para as diferentes áreas de pesquisa e atuação clínica é geralmente orientado para as causas mais frequentes de adoecimento e morte (Sartorious, 2010).

Porém, apesar da reconhecida dificuldade de estabelecer critérios unânimes para classificar transtornos mentais, a CID é uma valiosa ferramenta na área da saúde, atendendo, de forma geral, a três propósitos principais: 1) uso clínico; 2) uso na saúde pública, permitindo uma linguagem comum entre profissionais e entre países, bem como uma base para levantamentos estatísticos; e 3) uso nas pesquisas relacionadas à saúde (First et al., 2015).

TRANSTORNOS MENTAIS, COMPORTAMENTAIS, DO NEURODESENVOLVIMENTO, DO SONO E DA SEXUALIDADE NA CID-11

Na revisão de transtornos mentais e comportamentais realizada na CID-11, ocorreu uma alteração substancial na estrutura da classificação. O capítulo V da CID-10 (Transtornos Mentais e Comportamentais), corresponde parcialmente ao capítulo 6 da CID-11 (Transtornos Mentais, Comportamentais ou do Neurodesenvolvimento). Este, porém, contém novos blocos, que não existiam na CID-10. Ademais, os capítulos 7 (Transtornos do Sono e do Despertar) e 17 (Condições Relacionadas à Saúde Sexual) da CID-11 passaram a abrigar alguns dos transtornos que anteriormente estavam descritos no capítulo V da CID-10. A Tabela 2.1 sintetiza a estrutura da CID-11, apresentando breves descrições de blocos de transtornos mentais, bem como suas equivalências na CID-10.

Vale notar que, na CID-11, o esquema de codificação é formado por um grupo de caracteres (letras ou números) que vai de 1A00.00 a ZZ9Z.ZZ. O primeiro caractere refere-se ao capítulo e pode ser uma letra ou um número. O segundo caractere é sempre uma letra, diferenciando a CID-11 da CID-10. Os blocos podem incluir, ao final, os códigos terminados em ".Y" (outras formas da doença ou condição) ou ".Z" (quando a condição não é especificada); esses códigos, porém, foram omitidos da Tabela 2.1, que pretende ser apenas uma breve síntese da estrutura da CID-11.

TABELA 2.1

TRANSTORNOS MENTAIS, COMPORTAMENTAIS OU DO NEURODESENVOLVIMENTO NA CID-11 E EQUIVALÊNCIAS COM A CID-10

ESTRUTURA NA CID-11	DESCRIÇÃO	EQUIVALÊNCIA NA CID-10
Transtornos do neurodesenvolvimento (6A00-6A06)	Transtornos comportamentais e cognitivos que surgem durante o período de desenvolvimento, envolvendo dificuldades na aquisição e execução de funções intelectuais, motoras, de linguagem ou sociais. Entre outras, inclui: problemas no desenvolvimento intelectual, linguagem e fala, transtornos do espectro autista, problemas de	Existem categorias específicas correlatas como retardo mental (F70-F79), transtornos do desenvolvimento psicológico (F80-F89) e transtornos do movimento estereotipado (F98.4).

▶▶

TABELA 2.1

TRANSTORNOS MENTAIS, COMPORTAMENTAIS OU DO NEURODESENVOLVIMENTO NA CID-11 E EQUIVALÊNCIAS COM A CID-10

ESTRUTURA NA CID-11	DESCRIÇÃO	EQUIVALÊNCIA NA CID-10
	aprendizagem e no desenvolvimento de coordenação motora, déficit de atenção e hiperatividade.	
Esquizofrenia ou outros transtornos psicóticos primários (6A20-6A25)	Prejuízos significativos no contato com a realidade e alterações de comportamento que se manifestam em sintomas positivos (p. ex., delírios e alucinações persistentes, pensamento desorganizado), sintomas negativos (p. ex., embotamento afetivo e avolição) e distúrbios psicomotores.	Os transtornos dessa categoria estão basicamente na categoria esquizofrenia, transtornos esquizotípicos e delirantes (F20-F29).
Catatonia (6A40-6A41)	Síndrome de distúrbios psicomotores primários, caracterizada pela coocorrência de vários sintomas de atividade psicomotora aumentada, diminuída ou atípica.	Existem categorias específicas correlatas, como transtorno catatônico orgânico (F06.1) e esquizofrenia catatônica (F20.2).
Transtornos do humor (6A60-6A80)	Reúnem no mesmo grupo transtornos depressivos e bipolares. Transtornos depressivos caracterizam-se por humor deprimido (sentimentos de tristeza, irritação ou vazio) e perda de prazer acompanhada por outros sintomas cognitivos, comportamentais ou neurovegetativos. Transtornos bipolares são caracterizados pela ocorrência de episódios ou sintomas de mania, hipomania ou episódios mistos, tipicamente alternados com episódios ou períodos de sintomas depressivos.	Os transtornos dessa categoria estão basicamente nos transtornos do humor (afetivos) (F30-F39).
Transtornos de ansiedade ou relacionados ao medo (6B00-6B06)	Caracterizados por medo e ansiedade excessivos e distúrbios de comportamento associados. Embora associados, o medo se refere a uma reação percebida diante de uma ameaça presente, enquanto a ansiedade se refere à antecipação de uma ameaça. Inclui, entre outros: transtorno de ansiedade generalizada, transtorno de pânico, agorafobia, ansiedade social, ansiedade de separação, mutismo seletivo.	Os transtornos dessa categoria são encontrados em transtornos neuróticos, relacionados ao estresse e somatoformes (F40-F48).
Transtornos obsessivo-compulsivos	Caracterizam-se por pensamentos e comportamentos repetitivos,	Existem categorias específicas correlatas,

▶▶

TABELA 2.1

TRANSTORNOS MENTAIS, COMPORTAMENTAIS OU DO NEURODESENVOLVIMENTO NA CID-11 E EQUIVALÊNCIAS COM A CID-10

ESTRUTURA NA CID-11	DESCRIÇÃO	EQUIVALÊNCIA NA CID-10
ou outros relacionados (6B20-6B-25)	com fenômenos cognitivos, como preocupações, comportamentos obsessivos e pensamentos intrusivos. Inclui, entre outros: transtorno obsessivo-compulsivo, transtorno dismórfico corporal, hipocondria, tricotilomania, escoriação.	como transtorno obsessivo-compulsivo (F42), e outras categorias, como transtorno hipocondríaco (F45.2), tricotilomania (F63.3), dermatite factícia (L98.1).
Transtornos especificamente relacionados com estresse (6B40-6B45)	Relacionados com exposição a um evento estressante ou traumático, ou uma série de eventos adversos, que podem ser experiências de vida comuns (divórcio, luto, problemas socioeconômicos) ou de natureza extremamente ameaçadora, como acidentes e violências. Os transtornos são definidos pela natureza, padrão e duração dos sintomas, bem como o prejuízo que causam ao funcionamento da pessoa.	Os transtornos dessa categoria encontram-se em transtornos neuróticos, relacionados ao estresse e somatoformes (F40-F48).
Transtornos dissociativos (6B60-6B66)	Caracterizados por interrupção ou descontinuidade completa ou parcial na integração normal da identidade, sensações, percepções, afetos, pensamentos, memórias, controle sobre movimentos corporais ou comportamentos. Inclui, entre outros: sintomas neurológicos dissociativos, amnésia dissociativa, transtornos de transe com ou sem possessão, transtornos dissociativos de identidade, despersonalização-desrealização.	Uma categoria similar é a de transtornos dissociativos (ou conversivos) (F44).
Transtornos alimentares (6B80-6B85)	Caracterizam-se por anormalidades na alimentação, relacionadas ou não à preocupação com o peso e a forma corporal, podendo envolver ingestão de substâncias não comestíveis ou vômito voluntário. Inclui, entre outras: anorexia ou bulimia nervosa, compulsão alimentar, alimentação evitativa ou restritiva, pica.	Uma categoria similar é a de transtornos alimentares (F50).
Transtornos de eliminação (6C00-6C01)	Caracterizam-se por eliminação de urina ou fezes em locais inapropriados, de maneira repetida, após idade em que é esperada a continência. Inclui enurese e encoprese.	Existem duas categorias específicas correlatas: enurese não orgânica (F98.0) e encoprese não orgânica (F98.1).

▶▶

TABELA 2.1

TRANSTORNOS MENTAIS, COMPORTAMENTAIS OU DO NEURODESENVOLVIMENTO NA CID-11 E EQUIVALÊNCIAS COM A CID-10

ESTRUTURA NA CID-11	DESCRIÇÃO	EQUIVALÊNCIA NA CID-10
Transtornos de experiência ou sofrimento corporal (6C20-6C21)	Inclui transtorno de sofrimento corporal e transtorno de disforia corporal. O primeiro caracteriza-se por distúrbios na experiência da pessoa sobre o próprio corpo, envolvendo sofrimento e direcionamento de excessiva atenção. O segundo caracteriza-se pelo desejo de ter uma deficiência física específica, acompanhado de desconforto persistente ou sentimento de impropriedade por sua configuração corporal sem deficiências.	Existe uma categoria correlata em transtornos somatoformes (F45).
Transtornos por uso de substância ou comportamentos de adição (C640-664H; C650-C651)	Transtornos que se desenvolvem pelo uso repetido de substâncias, incluindo medicamentos, ou por comportamentos repetidos resultando em reforço ou recompensa. Incluem, entre outros: transtornos devido ao uso de substâncias (álcool, *Cannabis*, opioides, cocaína, nicotina, cafeína, etc.), transtorno de jogo compulsivo, transtorno de jogos eletrônicos.	Transtornos mentais e comportamentais devido ao uso de substâncias psicoativas (F10-F19).
Transtornos de controle de impulsos (6C70-6C73)	Caracterizados pela repetida falha em resistir a um impulso, vontade ou urgência em realizar um ato recompensador, a despeito de consequências negativas em longo prazo para o indivíduo ou para outras pessoas. Inclui, entre outros: piromania, cleptomania, comportamento sexual compulsivo.	Existe uma categoria específica correlata: transtornos de hábitos e impulsos (F63).
Transtornos de comportamento disruptivo ou transtornos dissociais (C690-C691)	Comportamentos persistentes caracterizados como desafiadores, desobedientes, provocativos, maldosos ou violadores dos direitos básicos de outras pessoas ou das normas sociais (p. ex., leis e regulamentos). Inclui transtorno opositor-desafiador e transtorno da conduta dissocial.	Existem categorias específicas correlatas, como transtornos da conduta (F91).
Transtornos da personalidade e traços relacionados (C6D10-C6D11)	Transtornos da personalidade caracterizam-se por problemas no funcionamento de aspectos do *self*, como identidade, autoestima e/ou disfunção nos relacionamentos interpessoais, que se manifestam em padrões de cognição, experiência emocional,	Transtornos de personalidade e de comportamento em adultos (F60-F69).

▶▶

TABELA 2.1

TRANSTORNOS MENTAIS, COMPORTAMENTAIS OU DO NEURODESENVOLVIMENTO NA CID-11 E EQUIVALÊNCIAS COM A CID-10

ESTRUTURA NA CID-11	DESCRIÇÃO	EQUIVALÊNCIA NA CID-10
	expressão emocional e comportamento desadaptativo. Traços ou padrões proeminentes de personalidade, descritos pelos códigos C6D11.0 a C6D11.5, podem ser aplicados para descrever as características que mais contribuem para o distúrbio de personalidade, incluindo, entre outras: afetividade negativa, desapego, desinibição, padrão *borderline*.	
Transtornos parafílicos (6D30-6D36)	Caracterizados por padrões intensos e persistentes de excitação sexual atípica, manifestada por pensamentos, fantasias, urgências ou comportamentos que envolvem seres com idade ou *status* que os impedem de manifestar consentimento, ou que impliquem em risco de ferimento ou morte, ou que causem sofrimento à pessoa, desde que este não seja devido somente à rejeição ou medo da rejeição de outras pessoas. Inclui, entre outros: transtorno exibicionista, voyeurista ou pedofílico.	Existe uma categoria específica correlata: transtorno de preferência sexual (F65).
Transtornos factícios (6D50-6D51)	Caracterizados quando a pessoa intencionalmente finge, falsifica, induz ou agrava sinais e sintomas médicos, psicológicos, comportamentais ou de lesão em si mesma ou em outra pessoa.	Existe uma categoria específica correlata: produção deliberada ou simulação de sintomas ou de incapacidades, físicas ou psicológicas (transtorno factício) (F68.1).
Transtornos neurocognitivos (6D70-6D72; 6D80-6D86; 6E67)	Déficits adquiridos no funcionamento cognitivo, ou seja, aqueles que não estão presentes no nascimento ou no desenvolvimento, mas se manifestam na vida adulta, como um declínio de funções cognitivas. Inclui, entre outros: *delirium*, amnésia, demência.	Transtornos mentais orgânicos, incluindo sintomáticos (F00-F09).
Transtornos mentais ou comportamentais relacionados a gravidez, parto e puerpério (6E20-6E21)	Síndromes associadas à gravidez ou ao puerpério, que envolvem questões significativas relacionadas a saúde mental e comportamentos. Pode incluir ou não sintomas psicóticos.	Existe uma categoria específica correlata: transtornos mentais e de comportamento associados ao puerpério, não classificados em outros locais (F53).

▶▶

TABELA 2.1

TRANSTORNOS MENTAIS, COMPORTAMENTAIS OU DO NEURODESENVOLVIMENTO NA CID-11 E EQUIVALÊNCIAS COM A CID-10

ESTRUTURA NA CID-11	DESCRIÇÃO	EQUIVALÊNCIA NA CID-10
Fatores psicológicos ou comportamentais que afetam transtornos ou doenças classificadas em outros locais (6E40)	Indica fatores psicológicos ou comportamentais que afetam de forma adversa sua manifestação, tratamento ou curso de uma condição classificada em outro capítulo da CID.	Não há equivalente.
Síndromes mentais ou comportamentais secundárias associadas com transtornos ou doenças classificadas em outros locais (6E60-6E69)	Indica sintomas possivelmente relacionados a consequências fisiopatológicas de uma condição médica não classificada como transtorno mental ou comportamental.	Não há equivalente.

Fonte: World Health Organization (1993; 2022b).

Algumas questões importantes emergem no novo sistema taxonômico proposto na CID-11. Por exemplo, o transtorno de identidade de gênero passa a não ser mais considerado no capítulo de transtornos mentais, atendendo às reivindicações das comunidades LGBTQIA+ (Stein et al., 2020). O transtorno de jogos eletrônicos, apesar da polêmica gerada em relação à patologização da vida cotidiana (ver, p. ex., van Rooij et al., 2018), entra como uma categoria diagnóstica devido aos inúmeros prejuízos psicossociais observados em pessoas com adição a jogos *on-line* ou *off-line*. O capítulo referente aos transtornos da personalidade apresenta a maior mudança no sistema diagnóstico, passando para uma abordagem fundamentalmente dimensional (Bach & First, 2018; Oliveira et al., 2019). Neste livro, do Capítulo 6 ao 17, são apresentadas as orientações diagnósticas de diversos grupos diagnósticos da CID-11 relacionados aos transtornos mentais, incluindo dados comparativos com a CID-10 e com o DSM-5. Leitores interessados também podem buscar mais informações acerca das modificações observadas entre a 10ª e a 11ª edições da CID em Gaebel et al. (2017), Gaebel, Stricker, e Kerst (2020) e Krawczyk e Święcicki (2020).

CONSIDERAÇÕES FINAIS

O capítulo 6 da CID-11 (Transtornos Mentais, Comportamentais ou do Neurodesenvolvimento) foi elaborado com base em recomendações padronizadas visando à utilidade clínica do sistema. First et al. (2015) apresentam a base na qual foram construídas as orientações diagnósticas do capítulo 6. Assim, com base na literatura contemporânea da área e nos estudos empíricos realizados pelos grupos de pesquisa da OMS, os tópicos desse capítulo foram desenvolvidos considerando categorias e orientações diagnósticas com mais evidências empíricas e alinhadas com a contemporaneidade. Nesse processo, observou-se um importante esforço da equipe de revisão do DSM-5 para que haja uma harmonização com a CID-11 (First et al., 2021), com o objetivo de beneficiar os profissionais da área com um sistema de classificação de transtor-

TABELA 2.2

TRANSTORNOS DO SONO E RELACIONADOS À SAÚDE SEXUAL NA CID-11 E EQUIVALÊNCIAS COM A CID-10

ESTRUTURA NA CID-11	DESCRIÇÃO	EQUIVALÊNCIA NA CID-10
Transtornos do sono (7A00-7A01; 7A20-7A26; 7A40-7A42; 7A60-7A65; 7A80-7A88; 7B00-7B02)	Caracterizados por iniciar ou manter o sono (transtornos de insônia), dormir excessivamente (transtornos de hipersonolência), distúrbios respiratórios durante o sono, transtornos do ritmo do ciclo circadiano do sono, transtornos dos movimentos relacionados ao sono ou comportamentos e eventos fisiológicos problemáticos que ocorrem ao adormecer, durante o sono ou ao acordar (transtornos de parassonia).	Transtornos não orgânicos de sono (F51).
Condições relacionadas à saúde sexual (HA00-HA03; HA20; HA40; HA60-HA61)	Síndromes que compreendem as várias maneiras pelas quais pessoas adultas têm dificuldades ao vivenciar atividades sexuais não coercitivas. Inclui: desejo sexual hipoativo, disfunções da excitação sexual, disfunções orgásmicas, disfunções ejaculatórias, transtornos de dor no ato sexual e incongruência de gênero. Esta última é definida como uma marcada e persistente incongruência entre o gênero vivenciado pelo indivíduo e o sexo a ele atribuído.	Disfunção sexual, não causada por transtorno ou doença orgânica (F52).

Fonte: World Health Organization (1993; 2022b).

nos mentais unificado. De fato, ambos os sistemas possuem muito mais semelhanças do que diferenças.

O grupo de trabalho responsável pela atualização do capítulo 6 da CID-11 buscou o aprimoramento da utilidade clínica das categorias diagnósticas (Reed, 2010). De fato, resultados otimistas foram observados nesse sentido (Reed et al., 2018), indicando que as modificações propostas nas orientações diagnósticas tendem a ser percebidas como clinicamente úteis. Existem, ainda, evidências empíricas de superioridade da CID-11 sobre a CID-10 na acurácia diagnóstica (Gaebel, Stricker, Riesbeck et al., 2020). Assim, as modificações propostas na CID-11 têm se mostrado úteis, do ponto de vista clínico, e também têm apresentado suporte científico de validade, fidedignidade e acurácia.

Apesar dos avanços no diagnóstico dos transtornos mentais, sabe-se que existem limitações, tendo em vista que nenhum sistema de classificação é perfeito e acabado em si. O avanço científico e a evolução histórica, social e cultural tendem a levar a aprimoramentos na forma como a ciência e a sociedade descrevem, identificam e tratam os transtornos mentais. Atualmente, o mundo testemunha os esforços de cientistas e profissionais ao redor do planeta se materializando na 11ª edição da CID. Cabe aos pesquisadores e profissionais da saúde mental estarem em constante atenção aos aspectos que indicam melhorias no cuidado e na atenção às pessoas com transtornos mentais, bem como nas variáveis que impactam a qualidade de vida e o bem-estar delas.

REFERÊNCIAS

Bach, B., & First, M. B. (2018). Application of the ICD-11 classification of personality disorders. *BMC Psychiatry, 18*(1), 351.

First, M. B., Gaebel, W., Maj, M., Stein, D. J., Kogan, C. S., Saunders, J. B., ... Reed, G. M. (2021). An organization- and category-level comparison of diagnostic requirements for mental disorders in ICD-11 and DSM-5. *World Psychiatry, 20*(1), 34-51.

First, M. B., Reed, G. M., Hyman, S. E., & Saxena, S. (2015). The development of the ICD-11 clinical descriptions and diagnostic guidelines for mental and behavioural disorders. *World Psychiatry, 14*(1), 82-90.

Gaebel, W., Stricker, J., & Kerst, A. (2020). Changes from ICD-10 to ICD-11 and future directions in psychiatric classification. *Dialogues in Clinical Neuroscience, 22*(1), 7-15.

Gaebel, W., Stricker, J., Riesbeck, M., Zielasek, J., Kerst, A., Meisenzahl-Lechner, E., Falkai, P. (2020). Accuracy of diagnostic classification and clinical utility assessment of ICD-11 compared to ICD-10 in 10 mental disorders: Findings from a web-based field study. *European Archives of Psychiatry and Clinical Neuroscience, 270*(3), 281-289.

Gaebel, W., Zielasek, J., & Reed, G. M. (2017). Mental and behavioural disorders in the ICD-11: Concepts, methodologies, and current status. *Psychiatria Polska, 51*(2), 169-195.

Krawczyk, P., & Święcicki, Ł. (2020). ICD-11 vs. ICD-10: A review of updates and novelties introduced in the latest version of the WHO international classification of diseases. *Psychiatria Polska, 54*(1), 7-20.

Oliveira, S. E. S., Silva, L. K. C., Pimentel, F. U., & Oliveira, N. P. (2019). Traços patológicos da personalidade e suas implicações para a clínica. In C. Antloga, K. T. Brasil, S. Lordello, M. S. Neubern, & E. Queiroz. (Orgs.), *Psicologia clínica e cultura contemporânea* (Vol. 4, pp. 283-303). Technopolitik.

Moriyama, I. M., Loy, R. M., & Robb-Smith, A. H. T. (2011). *History of the statistical classification of diseases and causes of death*. National Center for Health Statistics. https://www.cdc.gov/nchs/data/misc/classification_diseases2011.pdf

Reed, G. M. (2010). Toward ICD-11: Improving the clinical utility of WHO's international classification of mental disorders. *Professional Psychology: Research and Practice, 41*(6), 457-464.

Reed, G. M., Keeley, J. W., Rebello, T. J., First, M. B., Gureje, O., Ayuso-Mateos, J. L., ... Medina-Mora, M. E. (2018). Clinical utility of ICD-11 diagnostic guidelines for high-burden mental disorders: Results from mental health settings in 13 countries. *World Psychiatry, 17*(3), 306-315.

Sartorius, N. (2010). Revision of the classification of mental disorders in ICD–11 and DSM–V: Work in progress. *Advances in Psychiatric Treatment, 16*(1), 2-9.

Sartorius, N., Kaelber, C. T., Cooper, J. E., Roper, M. T., Rae, D. S., Gulbinat, W., ... Regier, D. A. (1993). Progress toward achieving a common language in psychiatry: Results from the field trial of the clinical guidelines accompanying the WHO classification of mental and behavioral disorders in ICD-10. *Archives of General Psychiatry, 50*(2), 115-124.

Stein, D. J., Szatmari, P., Gaebel, W., Berk, M., Vieta, E., Maj, M., Reed, G. M. (2020). Mental, behavioral and neurodevelopmental disorders in the ICD-11: An international perspective on key changes and controversies. *BMC Medicine, 18*(1),

Stengel, E. (1959). Classification of mental disorders. *Bulletin of the World Health Organization, 21*(4-5), 601-663.

World Health Organization (WHO). (1993). CID-10. *Classificação de transtornos mentais e de comportamento da CID-10: Descrições clínicas e diretrizes diagnósticas*. Artmed.

World Health Organization (WHO). (2021a). *ICD-11 International Classification of Diseases for Mortality and Morbidity Statistics*. https://icd.who.int/icd11refguide/en/index.html

World Health Organization (WHO). (2021b). *ICD-11 for Mortality And Morbidity Statistics*. https://icd.who.int/browse11/l-m/en

van Rooij, A. J., Ferguson, C. J., Carras, M. C., Kardefelt-Winther, D., Shi, J., Aarseth, E., ... Przybylski, A. K. (2018). A weak scientific basis for gaming disorder: Let us err on the side of caution. *Journal of Behavioral Addictions, 7*(1), 1-9.

3

INSTRUMENTOS E MODELOS DE AVALIAÇÃO QUANTITATIVA EM SAÚDE MENTAL

FERNANDA BARCELLOS SERRALTA
CHRIS EVANS
CLARA PAZ
GLAUCIA MITSUKO ATAKA DA ROCHA

Na clínica psicológica, o uso de instrumentos padronizados foi impulsionado pela descoberta (na década 1960) e pela disseminação dos psicofármacos, tendo os ensaios clínicos randomizados (ECRs) como parâmetros de investigação de resultados. O modelo da medicina baseada em evidências foi rapidamente incorporado por outros campos da saúde, incluindo a psicologia. Para buscar a melhor evidência possível de resultados para tratamentos psicológicos, os ECRs passaram, desde a década de 1970, a dominar a literatura de pesquisa em psicoterapia (Evans & Carlyle, 2021; Margison et al., 2000).

São bem conhecidas as controvérsias acerca da supervalorização dos estudos controlados em psicoterapia. A crítica de muitos clínicos e pesquisadores – de que a pesquisa de resultados na área estava se afastando demasiadamente do mundo real da prática, falhando em levar em consideração fatores comuns a diversos tratamentos psicológicos, como os processos compartilhados e os efeitos do terapeuta e da aliança terapêutica, e em examinar mudança em níveis mais complexos e abrangentes do que o meramente sintomático – impulsionou a pesquisa orientada para a prática. Esse novo modelo de investigação tem como premissas fundamentais a colaboração entre pesquisadores e clínicos e a avaliação da mudança como rotina (Castonguay et al., 2015; Evans & Carlyle, 2021). Assim, o paradigma das Evidências Baseadas na Prática (PBE, do inglês *practice-based evidence*) surge como alternativa que expande e complementa o da Prática Baseada em Evidências

(EBP, do inglês *evidence-based practice*), buscando conhecimentos desde os atendimentos realizados no mundo real.[1]

Em países de baixa ou média renda, como é o caso dos países que integram a América Latina, a recente pandemia de covid-19 evidenciou o descompasso entre a oferta de serviços e a necessidade da população: de 76% a 85% das pessoas com transtornos mentais severos não receberam tratamento, e a subnotificação foi um grave problema identificado (COVID-19 Mental Disorders Collaborators, 2021; World Health Organization [WHO], 2013). Entendemos que nesses países os parcos recursos para a saúde mental devem ser dirigidos, mais do que aos ECRs (modelo satisfatório para intervenções com medicamentos, mas bastante limitado para informar a prática nas intervenções psicológicas), à geração de evidências desde a prática por meio do monitoramento de mudanças ao longo do tratamento (Paz et al., 2021). Por suas características, conforme abordaremos mais adiante, esse modelo possui maior potencial para contribuir para a efetividade dos serviços públicos e privados no Brasil, além de ser aplicável a casos individuais nos consultórios psicológicos.

Consoante com a necessidade de integrar pesquisa e prática clínica, este capítulo objetiva apresentar instrumentos e métodos de avaliação quantitativa em saúde mental para nortear o rastreamento de transtornos mentais na população que não busca ajuda e para a avaliar a mudança na população que busca ajuda, ponderando os alcances e limites desse uso. Os instrumentos de medida globais (de rastreamento de transtornos e de avaliação de mudança) mais usados no contexto internacional e disponíveis para uso no Brasil são apresentados brevemente, assim como os métodos de medição de rotina para avaliar a mudança/resultados em nível individual e/ou coletivo. Uma porção significativa das ideias aqui apresentadas, em especial as vinculadas ao modelo PBE, advém da experiência de pesquisa em psicoterapia dos autores. A seção sobre o modelo de PBE e a Medição de Rotina de Resultados[2] (ROM, do inglês *Routine Outcome Measurement*) é, em grande medida, fundamentada em Evans e Carlyle (2021).

EVOLUÇÃO DAS MEDIDAS DE MUDANÇA EM SAÚDE MENTAL

As medidas nas ciências físicas não estão fora do tempo e da história – medidas de massa, de comprimento e de tempo mudaram conforme evoluiu nossa compreensão do mundo físico. No entanto, as medidas em psicopatologia não estão localizadas na história e na cultura da mesma forma que as medidas das ciências físicas, pois não presumimos que as variáveis medidas nas ciências físicas mudem com o tempo, mesmo que nossas formas prescritas de medi-las se alterem. De maneira radicalmente diferente, a psique humana e a situação psicossocial estão sendo alteradas constantemente, então, a medição em nossas áreas muda marcadamente ao longo do tempo (o que pode ser observado especialmente nos últimos 60-70 anos). Em meados do século XX, a maioria das medições da psicopatologia e suas mudanças nas terapias era específica, focada no diagnóstico e realizada por

1 As siglas EBP e BPE são amplamente difundidas na literatura internacional para designar, respectivamente, Prática Baseada em Evidências e Evidências Baseadas na Prática, dois paradigmas distintos e complementares de integração da pesquisa e da prática clínica. Uma vez que a tradução das siglas para a língua portuguesa implicaria em utilizar as mesmas siglas, porém, para designar o modelo inverso, optamos por manter as siglas mais conhecidas, em conformidade com o idioma original.

2 Alguns autores utilizam "Medição de Mudança de Rotina", nossa preferência; porém, o termo predominante na literatura é ROM (Wampold, 2015).

avaliadores profissionais; agora, isso é cada vez mais complementado ou substituído por dados de questionários de medida de autorrelato (Evans & Carlyle, 2021).

No início desse desenvolvimento, os questionários incluíam medidas longas e de cobertura ampla, como o Inventário Multifásico Minnesota de Personalidade (MMPI, do inglês Minnesota Multiphasic Personality Inventory), mas também medidas mais curtas, geralmente ajustadas a diagnósticos específicos, sendo o Inventário de Depressão de Beck (BDI, do inglês Beck Depression Inventory) o exemplo paradigmático. Uma exceção interessante, que surgiu entre meados e fim da década de 1970, foi o Questionário de Saúde Geral de Goldberg (QSG), uma medida geral, relativamente curta (com 60, 30, 28 e até 12 itens), de sofrimento e disfunção psicológica. Mais recentemente, o vasto campo da avaliação da psicopatologia e suas mudanças durante as intervenções, tanto farmacológicas quanto psicológicas, valorizou o desenvolvimento de medidas mais curtas, assim como o uso de medidas pandiagnósticas gerais (Evans & Carlyle, 2021; Margison et al., 2000; Paz et al., 2021). Embora o QSG tenha sido usado para avaliar mudanças em decorrência dos tratamentos, a maior parte dos estudos foi com os sistemas Outcome Questionnaire (OQ) (Lambert et al., 2004), Outcome Rating Scales (ORS) (Miller & Duncan, 2004) e Clinical Outcomes in Routine Evaluation (CORE) (Evans, 2000; Evans et al., 2002). Ver adiante, neste capítulo, mais informações sobre o OQ e o CORE.

Paralelamente a esse desenvolvimento, tem aumentado o interesse de pesquisadores e clínicos em mensurar o construto global da qualidade de vida (QV). Isso começou no âmbito da saúde física, mas também foi reconhecido como desejável no campo da saúde mental (Evans & Carlyle, 2021). As medidas de QV projetadas para a saúde física pareciam ser bastante insensíveis a mudanças na psicopatologia, sendo então o Recovering Quality of Life (ReQoL) (Keetharuth et al., 2018) desenvolvido especificamente como uma medida de QV para questões psicológicas. Por sua vez, uma medida de QV foi desenvolvida usando respostas em seis itens do CORE Outcome Measure (CORE-OM) (Mavranezouli et al., 2011). O CORE-6D é uma regra de pontuação, não uma medida, e fornece o multiplicador de ajuste para avaliar a QV em anos de vida ajustados pela qualidade (QALYs, do inglês *quality adjusted life years*).

Um consenso atual no campo da avaliação da mudança decorrente das intervenções psicológicas é que a psicopatologia precisa ser considerada como um campo multidimensional, isto é, considerada não somente pela apresentação sintomática, mas também pelo sofrimento e disfunções que acarreta. Desse modo, a recomendação é de que, por um lado, se façam (separadamente) medições extremamente focadas em diagnósticos, problemas ou deficiências específicas, enquanto, por outro lado, sejam avaliadas a angústia e a disfunção globais (medidas gerais), sendo a QV a medida mais geral. O uso de medidas globais favorece a comparação entre grupos de pacientes com condições psicopatológicas distintas, tão necessária nos estudos naturalísticos.

ALCANCES E LIMITES DO USO DE INSTRUMENTOS DE MEDIDA NA AVALIAÇÃO EM SAÚDE MENTAL

O uso de instrumentos de medida na avaliação em saúde mental oferece diversas vantagens ao clínico e ao pesquisador, como a otimização de recursos e a replicabilidade e objetividade da avaliação. Medidas que avaliam marcadores (sinais e sintomas) de diagnósticos específicos e medidas mais amplas de saúde mental ou sofrimento psicológico são usadas como indicadores tanto de disfuncionalidade psicológica em indivíduos e grupos quanto de eficácia (resultado na situação experimental) e efetividade (resultado no contexto real) de tratamentos psicológicos. Na clínica, não utilizar tais recursos e basear a avaliação somente na *expertise* pessoal pode levar a distorções ou à perda de informações relevantes (Carvalho & Rueda, 2016). Por exemplo, o terapeuta pode falhar em atentar para comportamentos de risco associados a um quadro clínico supostamente leve relatado ou para a piora ou não melhora de determinado paciente.

Na comunidade ou nos centros de atenção primária à saúde, as escalas de rastreamento visam a detecção rápida de casos que potencialmente se beneficiariam de tratamento, otimizando essa avaliação (Wang, 2016). Medidas de mudança são usadas para avaliar o efeito de intervenções sobre a psicopatologia. Em comparação com as medidas específicas, as medidas globais facilitam as comparações transdiagnóstica e entre tratamentos, além de englobar aspectos da funcionalidade geral e fatores relacionais tradicionalmente excluídos dos modelos centrados no sintoma. São medidas, portanto, coerentes com o modelo abrangente de recuperação adotado pela maioria das abordagens de psicoterapias e com as recomendações da PBE (Paz et al., 2021). Indicamos, portanto, aos clínicos e aos serviços de saúde mental o uso de tais medidas como rotina.

As medidas de mudança servem ao monitoramento sistemático do progresso do paciente no tratamento. A ROM, em nível individual, permite a otimização das decisões clínicas; já no âmbito dos serviços de saúde, a medida, associada ao *feedback*, tem sido adotada para favorecer a modificação do tratamento quando se identifica baixa resposta e, assim, atingir resultado mais satisfatório (Boswell et al., 2016). Uma revisão sistemática com metanálise de 24 estudos de psicoterapia assistida por ROM evidenciou que, em 2/3 dos estudos, a medida foi superior ao tratamento usual, diminuiu índices de piora e praticamente dobrou o índice de mudança clinicamente significativa e confiável de pacientes identificados como em risco de resultado desfavorável (Lambert et al., 2018). As vantagens e limitações da ROM no contexto da PBE serão abordadas adiante.

Há que se considerar, contudo, diversas limitações e riscos na avaliação mediada por instrumentos. A mais evidente, mas nem sempre adequadamente levada em conta, diz respeito à qualidade da medida escolhida. A elaboração de instrumentos deve seguir procedimentos bastante rigorosos para que se obtenha propriedades psicométricas robustas, ou seja, níveis elevados de confiabilidade e de indicadores de validade. A possibilidade de vieses de resposta é outra limitação que precisa ser considerada.

Confiabilidade e validade

Confiabilidade, fidedignidade ou precisão de uma medida diz respeito a sua estabilidade, geralmente examinada em relação aos seguintes critérios: 1) entre avaliadores; 2) teste-reteste (estabilidade temporal); e 3) consistência interna. A fidedignidade, em especial a análise da consistência interna dos itens do instrumento, é condição necessária, mas não suficiente, para a validade. Por esse motivo, o exame das propriedades psicométricas dos instrumentos, em geral, inicia com esse indicador (Zanon & Hauck, 2015).

A validade, por sua vez, refere a quão bem um instrumento mede aquilo que se propõe a medir. Isso significa que os itens de um instrumento válido refletem o traço latente (comportamento ou variável não diretamente observável) que se deseja mensurar, considerando seu conceito, conteúdo e relações com outras variáveis. Existem diferentes formas de compor evidências de validade, incluindo de face, conteúdo, critério, concorrente, preditiva e de construto. A validade de face (validade aparente, conforme julgamento subjetivo de determinadas pessoas sobre o instrumento) e a validade de conteúdo (em que avaliadores examinam sistematicamente a cobertura dos itens em relação ao que se deseja avaliar), em geral, são o ponto de partida na construção do instrumento. A validade de critério envolve o exame da relação entre o instrumento e outra medida, alternativa, do construto. Validade concorrente é quando as duas medidas são examinadas no mesmo momento, e a preditiva é quando se verifica a capacidade de o instrumento predizer os valores futuros de uma medida usada como critério. Já a validade de construto é mais complexa e envolve a extensão em que a medida mede o construto teórico, ou seja, sua relação com ele. Entre as diferentes formas de examinar a validade de construto encontram-se as validades fatorial, convergente e discriminante. A validade fatorial examina as dimensões nas quais os escores do instrumento variam nos sujeitos, e as validades convergente e discriminante examinam, respectivamente, a relação da medida com outras supostamente relacionadas e com outras não relacionadas (Pacico & Hutz, 2015).

Viés de resposta

Apesar da longa trajetória no desenvolvimento dos instrumentos de autorrelato, sabe-se que as respostas a eles podem ser superestimadas ou subestimadas, dependendo das condições de quem responde e do contexto. É importante salientar que o processo de resposta não é algo simples como pode parecer à primeira vista. Aparentemente fáceis de serem respondidos, os instrumentos de autorrelato e de heterorrelato requerem a execução de uma tarefa complexa, que envolve: a compreensão dos itens ou do que se pretende avaliar, a recuperação de informações sobre os comportamentos-alvo, a inferência e estimativa em relação à recuperação de fragmentos desses comportamentos que ocorreram no passado, a acomodação da resposta dentro das possibilidades apresentadas e a "edição" das respostas em função da desejabilidade social (Schwarz & Oyserman, 2001).

Ao realizarem essas tarefas complexas, alguns respondentes tenderão, deliberadamente ou não, ao enviesamento das respostas, ou seja, a responderem sistematicamente aos itens dos instrumentos a partir de outros parâmetros, especialmente quando se trata de instrumentos de autorrelato. A desejabilidade social é um dos aspectos que podem orientar a resposta, mas não é o único. Diferentes tipos de enviesamento de respostas podem ocorrer. A esse grupo específico de vieses denominou-se estilo de resposta. São eles:

1. Escolha de respostas extremas: reflete a tendência sistemática de preferência dos respondentes por certas categorias de resposta, como, por exemplo, o ponto médio em uma escala Likert.
2. Aquiescência: tendência a escolher categorias nas quais o respondente expressa concordância com o item (concordo totalmente). Há respondentes que tenderão à escolha sistemática de respostas que indiquem discordância (discordo totalmente).
3. Desejabilidade social: tendência a distorcer as respostas de modo a torná-las mais alinhadas às normas e às expectativas sociais (Wetzel et al., 2016).

No que tange especificamente à avaliação em psicopatologia, a desejabilidade social pode levar os respondentes a minimizarem sintomas por receio do estigma social em relação às pessoas com transtornos psiquiátricos e dos efeitos adversos da medicação que pode vir a ser prescrita, por exemplo. Em contrapartida, em contextos nos quais o diagnóstico é determinante para a consecução de algum benefício social, trabalhista ou jurídico, o respondente pode amplificar os sintomas a fim de obter o resultado esperado (Pavlova & Uher, 2020).

As respostas de observadores (heterorrelato) para descrever outras pessoas, experiências ou serviços, também podem ser afetadas pelos mesmos vieses do autorrelato, mas há vieses que podem ser considerados únicos para o heterorrelato: o efeito halo e a leniência/severidade. O efeito halo é a tendência a gostar ou a desgostar de todas as características do avaliado, inclusive daquelas que não são alvo da avaliação. A leniência é a tendência a ser tolerante, condescendente, no julgamento; sua contrapartida é a severidade ou rigidez extremada (Wetzel et al., 2016). Os clínicos podem tender a minimizar ou a amplificar os sintomas dependendo do grupo de referência com o qual costumam trabalhar (pacientes mais graves ou menos graves) (Pavlova & Uher, 2020).

Um problema mais específico que pode interferir nas respostas no autorrelato em psicopatologia é a memória, processo cognitivo que pode ser afetado pelas características e curso do transtorno. Um exemplo é o da pessoa que tem transtorno bipolar, está na fase depressiva, e necessita recordar como foi seu último episódio de mania (Pavlova & Uher, 2020).

Para lidar com os vieses de resposta, pode-se recorrer à aplicação de escalas de controle e, no contexto de investigação, a estratégias de análise de dados que visem ao controle desses efeitos. Como uma boa prática, recomenda-se que os resultados obtidos sejam sempre cruzados com outros dados coletados pelo profissional no contexto de intervenção (entrevista, observação clínica, relatórios psicológicos, instrumentos clínicos, instrumentos de personalidade, entre outros), ou seja, que a mudança seja mensurada por mais de um critério (Almiro, 2017). Assim, uma avaliação trará mais confiança e significância clínica se agregar informações sobre sintomas, aspectos relacionais e de personalidade e QV sob múltiplas perspectivas – paciente, clínico, pares. Estudos que objetivam predizer comportamentos futuros a partir de múltiplas fontes de informação sugerem que, se de um lado cada uma apresenta seus próprios vieses de resposta, de outro, todas oferecem alguma contribuição importante para os resultados do processo avaliativo (Pavlova & Uher, 2020).

Destacamos, ainda, que é imprescindível lembrar que instrumentos são ferramentas para a avaliação clínica e não a própria avaliação. O processo de avaliação é muito mais complexo do que o uso de uma ferramenta de suporte e requer habilidades e competências que não se reduzem à escolha da(s) medida(s) a ser(em) usada(s).

TIPOS DE INSTRUMENTOS E USO NO BRASIL

Os instrumentos de avaliação podem ser divididos ou classificados segundo seu objetivo (rastreamento, suporte no diagnóstico, monitoramento do progresso e avaliação do desfecho de tratamento), tipo de medida (psicométrica, ipsativa, projetiva), formato de resposta (escala, escolha forçada, Q-Sort), respondente (autorresposta, heterorresposta, observador) e amplitude da avaliação (globais e específicas). Como nosso propósito é orientar a prática clínica, neste capítulo seguiremos a classificação por objetivo, sem deixar de especificar as características das medidas apresentadas.

Instrumentos de rastreamento de transtornos mentais em geral são curtos e respondidos pela própria pessoa, sem assistência de profissionais especializados, os quais podem auxiliar na realização de pesquisas com grandes amostras. O Self Reporting Questionnaire (SRQ), o Patient Health Questionnaire (PHQ-9) e a Depression and Anxiety and Stress Scale (DAAS-21) são alguns dos principais instrumentos para esse fim disponíveis no Brasil.

O SRQ foi desenvolvido como uma parte do estudo colaborativo coordenado pela Organização Mundial da Saúde (World Health Organization [WHO], 1994) sobre estratégias para ampliar o atendimento em saúde mental no mundo. O SRQ-20, versão em que são usadas as 20 questões para rastreamento de transtornos não psicóticos, vem sendo usado em vários países de culturas diferentes.

Já o PHQ-9 tem um objetivo mais específico que o SRQ e a DASS, uma vez que é destinado a rastrear risco de depressão. Caracteriza-se por ser um instrumento de aplicação relativamente rápida, contendo apenas nove questões (Kroenke et al., 2001).

A DASS-21 é um instrumento de 21 itens desenvolvido por Lovibond e Lovinbond (1995) com o objetivo de avaliar sintomas de ansiedade e depressão. A escala considera que os sintomas apresentados pelos indivíduos nem sempre são característicos apenas da ansiedade ou da depressão, podendo ocorrer de maneira inespecífica e sobreposta. Apesar de não ser tão abrangente como a SRQ-20, a DASS-21 avalia sintomas de dois dos transtornos mais prevalentes na população geral.

Além dos instrumentos de rastreamento, diversas escalas mais específicas de sintomas de transtornos mentais são usadas na clínica e na pesquisa. Considerando os benefícios da avaliação sistemática de resultados em saúde mental, Paz et al. (2021) realizaram uma revisão de escopo da literatura latino-americana que abrangeu 207 estudos conduzidos no Brasil – a maioria –, Chile, México e Argentina. De modo geral, os dados mostram que, desde 1990, houve um significativo aumento desse tipo de produção e que a maioria dos estudos usou medidas específicas (de sintomas), sendo a depressão a condição clínica mais estudada. Utilizando essa base de dados para identificar o uso das medidas no Brasil, analisamos somente os 107 estudos brasileiros. A maioria foi publicada em inglês (89%), 45,79% deles são ECRs e 29,91%, com delineamento pré/pós. O BDI foi a medida mais usada (48 estudos), seguido da Escala Obsessivo-compulsiva de Yale-Brown (Y-BOCS, do inglês Yale-Brown Obsessive-Compulsive Scale) (20 estudos) e da Escala de Depressão de Hamilton (18 estudos). Quanto ao tipo de instrumento, constatamos que 49% dos estudos usaram somente medidas específicas de sintomas, 10% usaram medidas globais de saúde mental e 41% combinaram ambas.

As medidas específicas de psicopatologia são apresentadas nos Capítulos 6 a 17 destinados à avaliação de transtornos específicos. As medidas globais de funcionamento psicológico que foram desenvolvidas no paradigma PBE e são tipicamente usadas na ROM são apresentadas mais adiante neste capítulo.

EVIDÊNCIAS BASEADAS NA PRÁTICA E MEDIÇÃO DE ROTINA DE RESULTADOS

A expressão Evidências Baseadas na Prática (PBE) foi usada pela primeira vez no artigo "Medição e Psicoterapia: Prática Baseada em Evidências e Evidências Baseadas na Prática" (Margison et al., 2000) como um complemento ao modelo então crescente de EBP. Essa última sugere que a prática deve ser orientada por evidências de pesquisa, particularmente por metanálises de revisões sistemáticas de ECRs que comparam uma terapia à outra.

O modelo fundamental para a EBP é o do estudo de medicamentos por meio de ECRs duplo-cegos. No entanto, no contexto farmacêutico e médico, o modelo da PBE floresce como a vigilância contínua e pós-marketing que é vital para identificar os efeitos indesejáveis dos compostos. Esse é um complemento necessário para os testes laboratoriais e ECRs, pois a vigilância pós-comercialização pode detectar eventos raros, que o desenvolvimento do produto não teve o poder estatístico de detectar. No mundo médico/farmacêutico há, portanto, uma polarização: a EBP, por meio dos ECRs, mede os efeitos positivos das intervenções, enquanto a vigilância pós-comercialização da PBE mede os efeitos negativos. Esse aspecto crucial foi, infelizmente, ignorado amplamente quando a EBP foi aplicada às intervenções psicológicas.

Ainda que a noção de EBP não se limite aos ECRs, os toma como padrão-ouro. O modelo ideal EBP de investigação é de "cima para baixo", ou seja, parte de modelos *a priori* de intervenções cujos resultados são comparados entre si considerando as diferenças pré e pós-tratamento. Os controles necessários ao modelo fazem com que as intervenções avaliadas sejam padronizadas e que pacientes incluídos sejam homogêneos quanto às características clínicas de interesse, o que é bastante distanciado da realidade e torna limitada a generalização dos achados para a prática clínica.

Em contrapartida, o modelo PBE emerge da integração da experiência individual com a cultura e as características dos serviços, gerando evidências rigorosas ajustadas ao contexto (Trujillo & Paz, 2020). O modelo é, portanto, culturalmente sensível e naturalístico, baseado na colaboração entre clínicos e pesquisadores para propor e responder questões relevantes à prática (Castanguay et al., 2015). Em outras palavras, na PBE a geração de conhecimentos se dá *desde* e *para a prática*.

Seguindo uma lógica distinta do EBP, a PBE inclui a mensuração quantitativa de mudança, negativa e positiva, em todos os clientes, permitindo a medição frequentemente ignorada dos efeitos negativos das terapias (Crawford et al., 2016; Parry et al., 2016; Strauss et al., 2021). Além disso, inclui métodos mistos e pesquisa qualitativa incorporada na prática de rotina, entendendo ser um tipo de investigação fundamental para compreender os processos de mudança em níveis individual e grupal. A PBE é, portanto, um modelo de pesquisa de "baixo para cima", em que os dados da própria prática real geram evidências para informá-la e orientá-la – por isso, também é conhecida como Pesquisa Orientada para a Prática (ou *Practice Oriented Research*) (Castanguay et al., 2015).

Por questões de foco e limitação de espaço, neste capítulo abordamos somente a PBE quantitativa. E a PBE puramente quantitativa para psicoterapias é praticamente igual à ROM. E o que é ROM? É a medição de rotina de resultados. Ela baseia-se em redes de investigação na prática e conta com a colaboração dos terapeutas para a coleta sistemática (medidas repetidas) de informações sobre o tratamento. Seu objetivo fundamental dentro da PBE é remover os problemas de generalização da evidência da pesquisa e, particularmente, dos ECRs, acumulando o máximo possível de dados da prática de rotina.

Portanto, não pode haver apenas um modelo para a PBE: o delineamento deve ser apropriado para um determinado grupo de clientes, serviço e intervenção. Isso não significa que a PBE quantitativa, a ROM de psicoterapias, não tenha nenhum modelo básico, e sim que ele deve ser cuidadosamente projetado para o serviço e clientela específicos. Por isso, sustentamos que a PBE/ROM, ao obter informações ajustadas às realidades locais, pode contribuir substancialmente para melhorar a qualidade (efetividade e eficiência) dos diversos serviços de saúde mental na América Latina (Trujillo & Paz, 2020).

Um delineamento ajustado é necessário para qualquer serviço específico, porém, em geral, um destes três delineamentos principais funciona:

1. Exame da mudança entre a linha de base e a última sessão, calculada após a terapia por meio de análises de dados agregados.
2. Medição de resultados em intervalos durante a terapia, normalmente por sessões ou semanas, analisados após a terapia, em geral, com foco nos dados agregados, porém, às vezes por meio do exame de casos individuais.
3. Medição do desfecho das sessões e uso dentro da terapia: gerenciamento incorporado de mudança (ECM, do inglês *Embedded Change Management*), também chamado de tratamento informado por *feedback*.

Em alguma medida, os três caminhos representam fases do desenvolvimento da PBE quantitativa em psicoterapia. Contudo, isso não significa que o delineamento 3 seja universalmente aplicável, ou melhor, não é. Tampouco significa que o 1 foi superado, embora suas limitações estejam ficando cada vez mais claras.

COLETA DE DADOS E MUDANÇA CONSIDERANDO A LINHA DE BASE/ÚLTIMA SESSÃO

Esse foi o primeiro modelo de ROM/PBE, e, como nos primeiros ECRs, analisava apenas a mudança antes/depois. Os delineamentos pré/pós são convenientes e acessíveis, e os métodos estatísticos aplicáveis a eles são bastante simples, envolvendo cálculos de diferença entre médias ou proporções (p. ex., os testes t ou qui-quadrado) e estimativas do tamanho da diferença entre dois grupos (p. ex., o d de Cohen). A grande limitação dos dados pré/pós-tratamento é que eles deixam de fornecer qualquer informação sobre a mudança: se, por exemplo, um paciente opta por sair da terapia antes do final planejado, se está muito chateado para responder ao instrumento na última sessão ou se o terapeuta acha que a medida vai ser intrusiva ao término do tratamento. A outra limitação é que o pré/pós-tratamento não fornece rastreamento de como a psicopatologia do paciente muda durante a terapia.

A comparação de medidas pré/pós-tratamento foi a abordagem que levou Jacobson e colaboradores a criar os métodos Mudança Confiável e Mudança Clínica Significativa (RCSC, do inglês *Reliable Change and Clinical Significant Change*), muito influentes (Evans et al., 1998; Jacobson et al., 1984; Jacobson & Truax, 1991). Jacobson e colaboradores (1984) e Jacobson e Traux (1991) apontaram que a maioria dos profissionais estava mais interessada em saber se os pacientes individuais haviam melhorado significativamente do que na informação sobre a mudança média de grupos de pacientes e a significância estatística dessa mudança. Atendendo a essa necessidade da prática, o RCSC reúne dois organizadores da ideia de "mudança significativa" em pacientes individuais. O primeiro é o ponto de corte que indica, em alguma lógica razoável, uma pontuação pós-terapia típica de uma população não clínica (ou que não busca ajuda). Esse ponto de corte é o critério de mudança clinicamente significativa (CSC, do inglês *clinically significant change*). O outro organizador é a estimativa de quão improvável a mudança nas pontuações pré/pós tenha ocorrido por acaso, dada a falta de confiabilidade da medida; este critério é o índice de mudança confiável (RCI, do inglês *reliable change index*).

Ambos os critérios são simplificadores, é claro, assim como são todas as estatísticas. A designação "mudança" no CSC é um pouco errônea, pois o CSC é simplesmente um ponto de corte que diz se a pontuação pós-terapia é de alguém "provavelmente clínico/que busca ajuda" ou "provavelmente não clínico/que não busca ajuda". Isso só classifica a mudança se todos os pré-escores dos pacientes estiverem no lado disfuncional do CSC na pré-terapia, o que nem sempre ocorre. Jacobson, na verdade, ofereceu três definições de CSC: uma para a situação em que apenas dados referenciais de amostras "clínicas/que buscam" ajuda estão disponíveis; uma para a situação em que apenas dados referenciais "não clínicos/que não buscam ajuda" estão disponíveis; e outra, o método C, onde temos dados referenciais de ambas as amostras. Apenas o último tem alguma robustez psicométrica – dessa forma, para usá-lo, precisamos de dados referenciais para ambas as populações. O método C tem a característica interessante de que, se as distribuições das pontuações tiverem distribuição normal (gaussiana), então, as duas taxas de classificação incorreta (de pacientes clínicos como não clínicos e de pacientes não clínicos como clínicos) serão as mesmas (quanto maior o tamanho do efeito, que é a diferença entre as amostras, mais acurada é a classificação).

Com suas raízes na teoria clássica dos testes, o RCI é interessante porque é completamente coerente se os dados são gaussianos (raramente são), mas também, particularmente, porque é um critério a ser aplicado a qualquer conjunto de dados, ou seja, um parâmetro individual, e não um valor de referência da população. Isso quer dizer que quando o RCI é calculado a partir dos dados de linha de base do terapeuta ou do serviço em questão, ele fornece um critério que, se um paciente muda menos do que o RCI, essa mudança da pontuação pré para pós seria esperada para ocorrer em 95% das vezes por mudanças aleatórias devidas apenas à falta de confiabilidade da medida. A formulação original do RCI por Jacobson e colaboradores, em 1984, na verdade, omitiu um fator de $\sqrt{2}$. A fórmula corrigida é simples e só precisa que o desvio padrão dos escores da linha de base da amostra e a confiabilidade da medida sejam calculados.

Para a maioria dos conjuntos de dados de rotina, a proporção de pacientes que mostram deterioração confiável é pequena, frequentemente em torno de 2,5%, porém, o RCI fornece um critério coerente para identificar casos para alguma forma de auditoria de piora. Em geral, a proporção que mostra uma melhora confiável é muito maior do que 2,5%, e aqui é essa proporção que mais importa. A fórmula de Jacobson é, portanto, aplicável para resumir dados agregados, por meio de um critério que provavelmente é muito mais interessante para os pacientes e terapeutas do que qualquer mudança média no conjunto de dados. No nível dos serviços, a auditoria de melhora, importante para contrabalançar uma tendência persecutória na auditoria de piora feita sozinha, deve considerar os primeiros "n" casos melhorados, onde "n" corresponde ao número que mostra uma melhora confiável, ou seja, os casos radicalmente melhorados.

A combinação do CSC com o RCI cria o gráfico de Jacobson (Jacobson et al., 1984). A Figura 3.1 apresenta dados reais de Evans e Carlyle (2021) e que os pares de pontuação pré/pós-tratamento são representados como pontos (com pares de impressão sobreposta mostrados por área do ponto, de acordo com a legenda). A pontuação pré-terapia está no eixo x e a pontuação pós-terapia está no eixo y, de modo que os pacientes cujas pontuações não apresentaram nenhuma mudança estão sobre a linha diagonal principal (linha diagonal que vai do canto inferior esquerdo ao canto superior direito, unindo 0 a 40). Na área cinza mais escura, demarcada pelas linhas diagonais, estão os pacientes que não apresentaram mudança maior do que a probabilidade de 5%, devida ao erro associado à medida. Um paciente naquele grupo mostrou piora confiável (acima da linha superior). A área sombreada em cinza claro no canto inferior direito contém os pacientes que começaram acima do ponto de corte CSC e terminaram abaixo dele (e, portanto, mostraram mudança clinicamente significativa), e, porque eles não estão na área diagonal cinza mais escura, também mostraram mudança confiável: apresentaram RCSC completo, mudança confiável e clinicamente significativa. A ponta da seta indica o paciente que apresentou mais melhoras.

Como em todos os métodos estatísticos, existem muitas advertências sobre o paradigma RCSC. No entanto, ele continua a ser uma forma genuinamente útil para os terapeutas e os serviços avaliarem suas séries de casos. Também fornece um método para comparar as taxas de melhoria e de deterioração entre conjuntos de dados.

Medidas repetidas

Em muitos países, as medições repetidas tornaram-se um delineamento mais comum do que o pré/pós-tratamento. Analisar dados repetidos tem as vantagens de simplicidade e comparabilidade (cautelosa) com dados pré/pós acumulados (e ainda, o RCSC é um paradigma que pode ser aplicado aos primeiros/últimos dados, como em qualquer delineamento pré/pós).

É claro que muito mais pode ser aprendido quando se analisam todas as respostas repetidas, e não apenas a primeira e a última. Acreditamos, entretanto, que se os pacientes forem solicitados a responder a instrumentos de medida com mais frequência do que apenas pré/pós-tratamento, então temos quase uma obrigação ética de analisar todos os seus

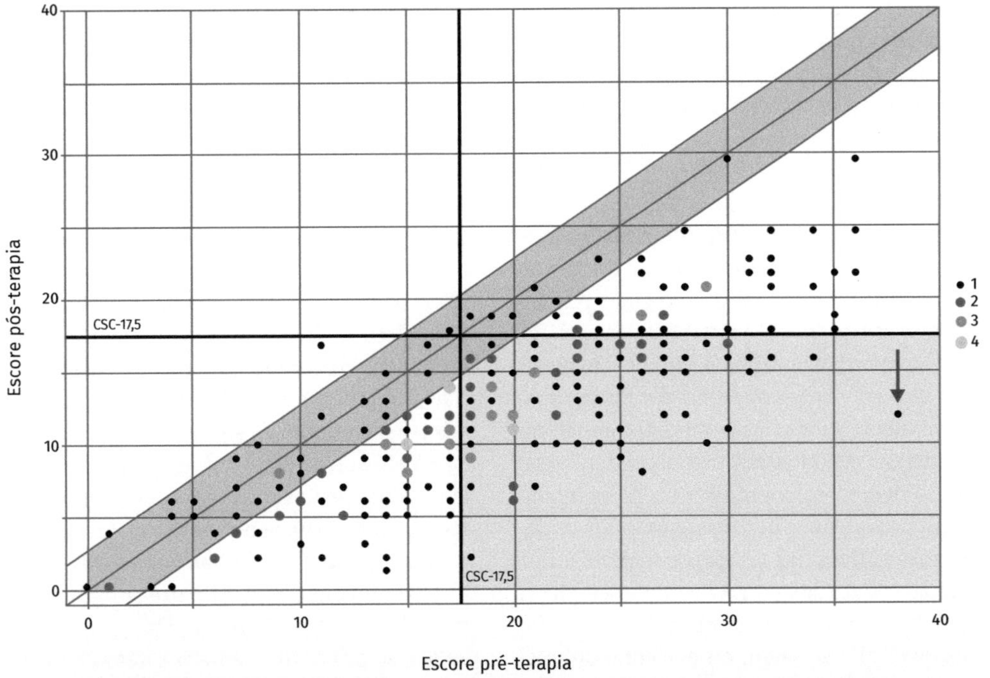

FIGURA 3.1

Gráfico de Jacobson.

Fonte: Evans e Carlyle (2021, p. 71).

dados. Isso abre questões importantes, e diferentes abordagens podem ser adotadas.

As análises mais adequadas para dados agregados que vão além do primeiro/último conjunto de dados são os modelos multiníveis (MLM, do inglês *multilevel modeling*). Eles organizam os dados em níveis hierárquicos, sendo o nível 1 o do paciente (sessão e resposta ao instrumento). Inicialmente examina a forma e a taxa de mudança no indivíduo (intrassujeito), para então investigar essas trajetórias em nível do grupo (entre sujeitos) e a partir das diferenças, identificar os preditores (Tasca & Gallop, 2009). Nos últimos 20 anos, o *software* estatístico para analisar esses modelos deixou de ser um desafio e passou a estar disponível em todos os grandes pacotes estatísticos, sendo que também há uma ampla gama de ferramentas para analisar dados dessa forma no sistema de código aberto R, incluindo os pacotes nlme ou lme4. As análises MLM permitem dois perfis de mudança: linear (com pontuações de psicopatologia caindo continuamente ao longo do tempo, permitindo flutuações aleatórias) ou curvilínea (em geral, se ajustando a uma taxa decrescente de mudança ao longo do tempo). A outra grande vantagem de tais abordagens é que tanto os efeitos fixos quanto os livres podem ser extraídos. Os efeitos fixos são os efeitos médios compartilhados entre todos os pacientes, e os efeitos livres permitem que a taxa de mudança possa ser diferente para pacientes diferentes. Os efeitos livres podem ser estimados com intervalos de confiança, permitindo a detecção de diferenças sistemáticas entre os pacientes. Essas análises, em amostras grandes o suficiente, também podem adicionar um nível para o terapeuta, permitindo a exploração dos efeitos do terapeuta. Elas também podem explorar os impactos de covariáveis/preditores (p. ex., gênero, idade, categorias de psicopatologia, pontuações iniciais) a serem analisados para efeitos sistemáticos. Um exemplo desse tipo de estudo é o de Napoleone e colaboradores (2019).

A estimativa de efeitos livres por paciente aproxima a MLM das análises de "n = 1" de mudança individual de qualquer paciente. As análises "n = 1" puramente quantitativas nos levam a análises de séries temporais e só são realmente aplicáveis em terapias razoavelmente longas com medidas repetidas frequentes. Abordagens menos matematicamente rigorosas podem usar análises mistas quantitativas e qualitativas, nas quais os dados qualitativos das terapias complementam e dão contexto aos perfis de mudança. Essas abordagens mistas ganham muito se os dados qualitativos, sejam do paciente, do terapeuta ou de ambos, forem coletados às cegas em relação às pontuações de resposta à medida que foram realizadas.

Apesar do grande potencial oferecido pelas avaliações repetidas de rotina em psicoterapia, também há riscos dessa abordagem ser adotada ou imposta sem planejamento adequado. A questão principal, nesse caso, é a congruência: a coleta e as análises de dados devem ser razoavelmente congruentes com os objetivos dos pacientes, terapeutas e serviços. Apesar de talvez fornecer longas séries temporais de dados aparentemente rigorosos, o uso da resposta semanal a medidas específicas (com um único foco) de psicopatologia em terapias analíticas de longo prazo provavelmente não irá fornecer muitas informações de interesse, além de poder criar uma confusão para os pacientes entre a mensagem implícita na coleta de dados e a experiência das sessões de terapia. Da mesma forma, nas análises de perfil em serviços de curtíssimo prazo, nos quais os pacientes muitas vezes vêm apenas para duas ou três sessões e podem ter um limite máximo de seis sessões, haverá pouco poder estatístico para testar as diferenças individuais na inclinação de mudança contra o tempo.

Um exemplo de problema de planejamento PBE/ROM com medidas repetidas é o programa Improving Access to Psychological Therapies (IAPT), do Reino Unido (The National Collaborating Centre for Mental Health, 2018), que aplica penalidades financeiras a serviços que não atinjam uma taxa de resposta previamente definida. O IAPT também estabeleceu metas para serviços com base em mudanças clinicamente significativas e confiáveis, ignorando amplamente o tipo de término ou o número de sessões.

Existe outro perigo, talvez particularmente para terapeutas inexperientes e em treinamento, que é o paciente e o terapeuta se concentrarem nos problemas mapeados pelos itens da medida, evitando áreas mais dolorosas ou de risco. De forma mais prosaica, a aplicação muito frequente dos itens de medida torna-se repetitiva e irritante para os pacientes e suscita respostas cada vez mais casuais, desinteressadas e irrefletidas.

Gerenciamento incorporado de mudança

O ECM é o uso de medidas repetidas, quase sempre a cada sessão, para informar a terapia dentro da terapia. Isso está se tornando cada vez mais comum na América do Norte e em algumas partes da Europa. Existem vários modelos, e o trabalho de Lambert e colaboradores (2004), particularmente em torno do OQ, e de Miller e Duncan (2004), em torno do ORS, têm liderado a promoção desses métodos em duas posições ligeiramente diferentes. Existem muitas maneiras de aplicar o ECM, mas todos compartilham o uso de dados de medidas para definir as intervenções.

Às vezes, pode parecer que o ECM constitui uma maneira radicalmente nova de administrar terapias, o que não é verdade. É difícil conceber uma psicoterapia que seja indiferente aos sinais ou "medidas" que o paciente dá, por meio de tudo o que diz e faz nas sessões, ou à "avaliação" que o terapeuta faz, seja consciente ou tacitamente. Da mesma forma, há várias décadas, o uso formal de instrumentos de medida tem sido uma parte fundamental de muitas terapias comportamentais, cognitivo-comportamentais e sistêmicas.

Não obstante, há um sentido importante em que o ECM difere do tradicional uso da observação clínica e dos dados coletados em psicoterapias: quase nenhum uso anterior de dados os compartilhava fora da sessão com outros terapeutas e, em geral, havia apenas orientações simples e não formalizadas de como eles deveriam ser usados, sendo as prescrições moldadas apenas por relatórios qualitativos dos dados de outras terapias.

O que a maioria das formas atuais de ECM compartilha são algumas diretrizes operacionais de como as terapias podem ser alteradas à luz dos dados emergentes do questionário de autorrelato do paciente. Essas diretrizes tendem a envolver informações de diversas terapias, muitas vezes criando a ideia da terapia (neste caso, o progresso individual dos pacientes) estar "no caminho" ou "fora do caminho", bem como categorias de "melhora rápida", que podem ou não levar em conta pontuações da linha de base e alguns dados demográficos. Dados categóricos de psicopatologia de outras terapias também podem ser consideradas para fornecer diferentes indicadores de mudança nas pontuações contra o tempo para as terapias no "caminho certo". Em geral, esses sistemas recomendam considerar a antecipação do término quando os escores de psicopatologia estão melhorando ainda mais rapidamente do que "no caminho" e recomendam uma série de mudanças na terapia quando a mudança parece mais lenta do que "fora do caminho". Essas diretrizes às vezes assumem a forma de semáforos, com marcadores verdes, laranja ou vermelhos.

Esses sistemas ECM são sustentados por evidências em ensaios randomizados de eficácia, embora essa eficácia não seja particularmente consistente nem dramática (de Jong et al., 2012; Lambert et al., 2018). Nesses ECRs, as vantagens estatisticamente significativas são frequentemente apenas para os pacientes "fora do caminho" ou estão na redução clara do número médio de sessões para os pacientes de "melhora rápida".

Uma questão-chave, geralmente ignorada, é avaliar se o ECM é congruente com o modelo de terapia. Por exemplo, é difícil ver que ele seja congruente com as terapias puramente psicanalíticas. Desafios de implementá-lo nas terapias de casal, de família e de grupo foram minimizados, ou a discussão dos métodos muitas vezes parece assumir que os únicos formatos de terapia são "um para um". Outra preocupação é a prescrição de que todas as terapias devem adotar ECM, como a maioria dos proselitistas parece fazer, gerando o risco de marginalizar ainda mais as terapias para pacientes que podem não ser capazes de responder as medidas, seja por causa de questões de alfabetização, dificuldades de aprendizagem formal ou experiências psicóticas. Também corre o risco de desvalorizar formatos de terapias diferentes. Esses desafios foram resumidos em um artigo publicado por um de nós, referindo-se à ECM como "direção assistida para psicoterapias" (Evans, 2012). Acreditamos que a ECM é promissora nas terapias individuais nas quais haja congruência com o modelo de mudança, mas somos muito céticos quanto às grandes afirmações generalistas feitas a seu respeito.

Objetivos e delineamentos em PBE

Até aqui, enfocamos as formas básicas de conjuntos de dados e análises quantitativas em PBE/ROM. Dentro dessa estrutura, a chave para a escolha das medidas para avaliar a mudança em psicopatologia é ter clareza sobre o que se quer saber. Os objetivos sempre devem estar localizados e ser congruentes com o nível dos dados, ou seja, a amostra e a população hipotética para a qual os resultados serão generalizados. O objetivo principal é usar os dados dentro de cada terapia em andamento? Ou é a análise do próprio trabalho pelo terapeuta? O objetivo é comparar a mudança entre terapeutas? Ou entre serviços? O objetivo é político e para todo o país? É possível usar os mesmos dados para explorar objetivos em vários níveis, mas isso exige um cuidado especial.

Há uma tendência de se concentrar na psicometria das medidas, e ela é importante. No entanto, onde quer que tenhamos dados empíricos, as medidas globais estão fortemente correlacionadas umas com as outras e, embora as medidas específicas mostrem, sem dúvida, alguma validade discriminante, muitas vezes mostram correlações positivas entre si e com as medidas globais. Isso é verdadeiro tanto para dados de amostras que buscam ajuda quanto para as que não buscam ajuda em saúde mental. Começar com objetivos claros (predefinidos), alinhar a frequência de coleta de dados e as análises planejadas com esses objetivos, e atender aos aspectos práticos da coleta de dados de rotina são muito mais importantes do que pequenas diferenças entre os coeficientes de confiabilidade da medida ou sua estrutura fatorial.

Desafios na implementação da PBE

Os aspectos práticos que tantas vezes passam despercebidos e impedem o uso rotineiro de medidas que forneçam dados sobre a mudança na psicopatologia são particularmente:

- Custo: pode haver custos não triviais para medidas comerciais, porém, o maior deles é o tempo da equipe, se as medidas forem coletadas. Por exemplo, garantir a coleta de dados de rotina de boa qualidade no estudo *ITA Model of Integrated Treatment of EDs* (ITAMITED) (PBE) (Grau Touriño et al., 2020) exigiu meio dia por semana de um membro da equipe para garantir a qualidade de dados em cada um dos nove (grandes) centros de terapia.
- Aceitabilidade para o terapeuta: isto é vital. A imposição de medidas que possam ser consideradas irrelevantes ou incongruentes com a abordagem do terapeuta abre brechas para dados insuficientes. O envolvimento dos profissionais na escolha de medidas e no desenho de PBE é extremamente útil, embora nem sempre possível. Se isso não for viável, a provisão de treinamento é necessária.
- Aceitabilidade para os pacientes: claramente, a qualidade dos dados de autorrelato será reduzida se os pacientes não gostarem das medidas – não se trata de medição passiva de peso ou altura ou de teste de sangue (Paz et al., 2020) – ou se tiveram dificuldade para compreender o significado dos itens. Nesse sentido, quando se trata de clientela de baixa ou média escolaridade (algo comum no Brasil e no nosso continente), a adequação da medida é crucial. Os pacientes também devem ter acesso a informações suficientes para o processo de consentimento informado.
- Significância/pertinência ao serviço e aos objetivos do paciente: esse ajuste é particularmente necessário ao modelo PBE. Muitas vezes, a coleta de dados é impulsionada por pesquisadores/gestores ou por interesses políticos. Os dados terão baixa qualidade se não forem adequados aos objetivos dos serviços e dos pacientes.
- Frequência de medição: esta é a escolha entre a avaliação pré/pós-tratamento e avaliações mais frequentes. Se a opção for pela última, é crucial ponderar o tipo de psicoterapia para estimar o intervalo da medição. A medição por sessão pode ser boa para terapias relativamente curtas ou muito curtas, mas inadequado para muitas outras, conforme observado anteriormente.
- Manipulação dos dados: quem vai levantar os dados, quem vai vê-los? Como compartilhá-los com o paciente? Como compartilhá-los com o serviço? Estes pontos se sobrepõem aos anteriores, mas sempre devem ser pensados cuidadosamente, para evitar preconceitos, e ser explicados suficientemente ao paciente, para que ele pos-

sa dar consentimento genuinamente informado (ou negá-lo). Isso não requer longas e formais explanações no Termo de Consentimento Livre e Esclarecido da pesquisa, mas o paciente deve ter uma ideia justa das intenções por trás do pedido de resposta ao instrumento de medida.

- Gerenciamento dos dados: frequentemente, os clínicos coletam dados com expectativas louváveis, porém, sem muito planejamento, gerando informações demasiadas e desnecessárias (muitas medidas, medidas muito longas, muitos dados de configuração de contexto). Por vezes, isso leva a um serviço com um grande número de questionários preenchidos e dados armazenados, nunca analisados, que sobrecarregam sistemas e pessoas.
- Coleta de informações suficientes de configuração de contexto: este é o polo oposto ao item anterior. Novamente, com muita frequência, os dados do questionário de mudança são coletados sem contexto, além do sexo do cliente e talvez da idade. Certamente, coletar informações contextuais em demasia leva ao risco de exceder os recursos analíticos, porém, em grande parte das vezes, os dados provêm de pacientes muito diferentes (p. ex., um paciente que busca terapia pela primeira vez por problemas bastante leves e tem situação social privilegiada em termos financeiros e de suporte, em contraste com uma mãe solteira, com filhos pequenos, que cuida de pais deficientes e enfrenta problemas financeiros). Não há conjuntos de dados de configuração de contexto que sejam perfeitos, mas cada serviço deve considerar aquele que acha que distingue melhor os subgrupos importantes de sua clientela.

Medidas globais e sistemas de medida para evidências baseadas na prática

É possível fazer um trabalho importante e valioso dentro do paradigma PBE/ROM usando qualquer medida, ou medidas, desde que as escolhas sejam congruentes com a terapia e com os objetivos gerais dos pacientes. No entanto, começando com o trabalho do National Institute of Mental Health (NIMH), dos Estados Unidos (Waskow, 1975), os argumentos para uma "bateria central" ganharam terreno. Uma das justificativas é que se ganha mais, mesmo em terapias altamente voltadas a grupos de pacientes específicos, se o diagnóstico apropriado ou as medidas com foco no problema forem complementadas com medidas gerais curtas, componentes de uma bateria central amplamente adotada. Esse procedimento garantiria que os resultados pudessem ser comparados da forma mais ampla possível entre os diversos relatórios de pesquisa. Esse argumento se aplica tanto aos ensaios clínicos do modelo da EBP quanto ao modelo da PBE, ainda que a abordagem seja pouco frequente na EBP.

No contexto da PBE de saúde mental e psicopatologia, a abordagem de uma bateria central de resultados foi adotada com sucesso. Isso é realizado, em grande parte, por meio dos sistemas OQ e CORE. Eles são extremamente semelhantes em suas medidas, o que não é surpreendente, pois cada um deles surgiu, de maneira independente, do trabalho do NIMH: o OQ, na América do Norte, e o sistema CORE, no Reino Unido. Eles diferem principalmente em suas filosofias e implementação.

O OQ foi construído em torno do OQ-45 (Lambert et al., 2004), um instrumento de autorrelato de 45 itens, medida de cobertura geral projetada para medir mudanças nas terapias. O sistema CORE foi construído em torno da CORE-OM (Evans, 2000; Evans et al., 2002), um instrumento de autorrelato de 34 itens, de cobertura geral, projetado para medir mudanças em terapias. As semelhanças entre os sistemas são bastante claras.

O sistema OQ tem versões curtas, de 30 e 12 itens, e medidas Y-OQ, de 64 e 12 itens, para uso com jovens. O CORE tem quatro formulários curtos para medição de mudança em terapia (duas versões de 18 itens para uso alternado, uma versão de 10 itens, e outra, com 14 itens, para trabalho de pesquisa da população geral). Há também o YP-CORE (10 itens, para uso com jovens) e o LD-CORE (de 30 e 15 itens, para uso em pessoas com dificuldades de aprendizagem leves a moderadas). Embora exista alguma divergência entre os sistemas, as semelhanças permanecem claras. Cada um deles também possui recomendações de informações a serem registradas para fornecer o contexto, que é vital para a linha de base da terapia e a avaliação das mudanças.

Os dois sistemas diferem ligeiramente na filosofia e mais acentuadamente no modelo financeiro. Em termos de filosofia, o sistema CORE fundamenta-se na experiência (*bottom up*) como parte de suas aspirações: a medida deveria ser idealmente dirigida por terapeutas e serviços, em vez de gestores ou mesmo políticos. O OQ certamente objetiva capacitar terapeutas e serviços, porém, desde o início teve uma visão de que os resultados coletados, necessariamente vindos "de cima" em relação a qualquer terapeuta ou serviço individual, deveriam ser usados para conduzir as terapias – o OQ inclusive desenvolveu sistemas de *feedback* para terapeutas (semáforos de ECM) baseados em conjuntos de dados de grandes proporções coletados na América do Norte. No modelo financeiro, ambos os conjuntos de instrumentos são protegidos por direitos autorais: não podem ser modificados nem traduzidos sem a permissão dos proprietários. No entanto, o sistema OQ é comercial, ou seja, financiado por pagamentos ou taxas de licença de uso, enquanto o sistema CORE é *copyleft*, lançado sob uma licença Creative Commons – desde que o texto das medidas não seja alterado e nenhum lucro seja obtido com a reprodução dos instrumentos, nenhuma taxa de licença será cobrada.

Tanto o OQ-45 quanto o CORE-OM têm traduções aprovadas para o português brasileiro (respectivamente Carvalho & Rocha, 2009; Santana et al., 2015) e europeu. Recomendamos que os leitores interessados em desenvolver PBE/ROM no Brasil acessem os dois sistemas e usem um ou outro.

CONSIDERAÇÕES FINAIS

Medidas respondidas pelos pacientes sobre resultados em saúde são uma tendência geral para orientar a clínica, tanto em nível individual quanto em nível coletivo de serviços e programas de saúde mental. A avaliação quantitativa em saúde mental possui desafios e limitações, mas oferece claras vantagens quando adequadamente implementada. O uso de medidas repetidas como rotina permite a identificação e o exame das flutuações, dinâmicas e padrões de mudança, fornecendo, assim, informações mais relevantes e completas para orientar as pesquisas de efetividade, o tratamento dos indivíduos e as políticas em saúde mental. Instrumentos globais de medida permitem avaliação de mudança abrangente, em diferentes âmbitos da vida, o que é consistente com os objetivos dos diferentes modelos e abordagens terapêuticas em saúde mental: diminuir o sofrimento e aumentar o bem-estar e a adaptação psicossocial. As escalas de autorrelato aqui apresentadas são breves, fáceis de usar e adaptadas ao contexto brasileiro.

Embora tenhamos focalizado a abordagem quantitativa da PBE, é importante lembrar que PBE é muito mais do que ROM. Temos convicção de que para qualificar as psicoterapias e demais intervenções em saúde mental no país precisamos não somente de mais pesquisas quantitativas, mas também de pesquisas qualitativas e mistas e, sobretudo, de mais sinergia genuína entre o qualitativo e o quantitativo. Por fim, recomendamos fortemente que os terapeutas combinem a sua *expertise* com as melhores evidências disponíveis para ajudar seus pacientes – tendo em mente que as melhores evidências são aquelas obtidas a partir das práticas terapêuticas locais. Na PBE, o terapeuta não é um consumidor, mas um agente colaborador na produção das evidências. A união de esforços entre clínicos e pesquisadores é fundamental para aprimorar a assistência em saúde mental nos diferentes contextos clínicos e regiões do Brasil.

REFERÊNCIAS

Almiro, P. A. (2017). Uma nota sobre a desejabilidade social e o enviesamento de respostas. *Avaliação Psicológica, 16*(3).

Boswell, J. F., Constantino, M. J., Kraus, D. R., Bugatti, M., & Oswald, J. M. (2016). The expanding relevance of routinely collected outcome data for mental health care decision making. *Administration and Policy in Mental Health and Mental Health Services Research, 43*(4), 482-491.

Carvalho, L. D. F., & Rocha, G. M. A. D. (2009). Tradução e adaptação cultural do Outcome Questionnaire (OQ-45) para o Brasil. *Psico-USF, 14*(3), 309-316.

Carvalho, F., & Rueda, F. J (2016). Tipos e estratégias de avaliação. In C. Gorenstein, Y. P. Wang, & I. Hungerbühler, *Instrumentos de avaliação em saúde mental* (pp. 17-22). Artmed.

Castonguay, L. G., Youn, S. J., Xiao, H., Muran, J. C., & Barber, J. P. (2015). Building clinicians-researchers partnerships: Lessons from diverse natural settings and practice-oriented initiatives. *Psychotherapy Research, 25*(1), 166-184.

COVID-19 Mental Disorders Collaborators. (2021). Global prevalence and burden of depressive and anxiety disorders in 204 countries and territories in 2020 due to the COVID-19 pandemic. *The Lancet, 398*(10312), 1700-1712.

Crawford, M. J., Thana, L., Farquharson, L., Palmer, L., Hancock, E., Bassett, P., ... Parry, G. D. (2016). Patient experience of negative effects of psychological treatment: Results of a national survey. *British Journal of Psychiatry, 208*(3), 260-265.

de Jong, K., van Sluis, P., Nugter, M. A., Heiser, W. J., & Spinhoven, P. (2012). Understanding the differential impact of outcome monitoring: Therapist variables that moderate feedback effects in a randomized clinical trial. *Psychotherapy Research, 22*(4), 464-474.

Evans, C. (2000). The CORE-OM (Clinical Outcomes in Routine Evaluation) and its derivatives. *Integrating Science and Practice, 2*(2), 12-15.

Evans, C. (2012). Cautionary notes on power steering for psychotherapy. *Canadian Psychology/Psychologie Canadienne, 53*(2), 131-139.

Evans, C., & Carlyle, J. (2021). *Outcome measures and evaluation in counselling and psychotherapy.* Sage.

Evans, C., Connell, J., Barkham, M., Margison, F., McGrath, G., Mellor-Clark, J., & Audin, K. (2002). Towards a standardised brief outcome measure: Psychometric properties and utility of the CORE-OM. *British Journal of Psychiatry, 180*, 51-60.

Evans, C., Margison, F., & Barkham, M. (1998). The contribution of reliable and clinically significant change methods to evidence-based mental health. *Evidence-Based Mental Health, 1*(3), 70-72.

Grau Touriño, A., Feixas, G., Carles, J., Paz, C., & Evans, C. (2020). Using routine outcome monitoring in eating disorders: A practice based evidence study protocol. *BMJ Open*.

Jacobson, N. S., Follette, W. C., & Revenstorf, D. (1984). Psychotherapy outcome research: Methods for reporting variability and evaluating clinical significance. *Behavior Therapy, 15*(4), 336-352.

Jacobson, N. S., & Truax, P. (1991). Clinical significance: A statistical approach to defining meaningful change in psychotherapy research. *Journal of Consulting and Clinical Psychology, 59*(1), 12-19.

Keetharuth, A. D., Brazier, J., Connell, J., Bjorner, J. B., Carlton, J., Buck, E. T., ... Barkham, M. (2018). Recovering Quality of Life (ReQoL): A new generic self-reported outcome measure for use with people experiencing mental health difficulties. The British Journal of Psychiatry, 212(1), 42-49.

Kroenke K., Spitzer R.L., & Williams J.B. (2001). The PHQ-9: Validity of a brief depression severity measure. *Journal of General Internal Medicine, 16*(9), 606-613.

Lambert, M. J., Whipple, J. L., & Kleinstäuber, M. (2018). Collecting and delivering progress feedback: A meta-analysis of routine outcome monitoring. *Psychotherapy, 55*(4), 520-537.

Lambert, M., Morton, M., Hartfield, S., Harmon, C., Shimokawa, K., Christopherson, C., & Burlingame, G. (2004). *Administration and scoring manual for the OQ-45.2 outcome questionnaire.* American Professional Credentialing Services.

Lovibond, P. F., & Lovibond, S. H. (1995). The structure of negative emotional states: Comparison of the Depression Anxiety Stress Scales (DASS) with the Beck depression and anxiety inventories. *Behaviour Research and Therapy, 33*(3), 335-343.

Margison, F. R., Barkham, M., Evans, C., McGrath, G., Clark, J. M., Audin, K., & Connell, J. (2000). Measurement and psychotherapy: Evidence-based practice and practice-based evidence. *British Journal of Psychiatry, 177*(2), 123-130.

Mavranezouli, I., Brazier, J. E., Young, T. A., & Barkham, M. (2011). Using Rasch analysis to form plausible health states amenable to valuation: The development of CORE-6D from a measure of common mental health problems (CORE-OM). *Quality of Life Research, 20*(3), 321-333.

Miller, S. D., & Duncan, B. L. (2004). *The outcome and session rating scales: Administration and scoring manual.* ISTC.

Napoleone, E., Evans, C., Patalay, P., Edbrooke-Childs, J., & Wolpert, M. (2019). Trajectories of change of youth depressive symptoms in routine care: Shape, predictors, and service-use implications. *European Child & Adolescent Psychiatry, 28*(11), 1527-1536.

Pacico, J., & Hutz, C. (2015). Validade. In C. S. Hutz, D. R. Bandeira, & C. M. Trentini (Orgs.), *Psicometria* (1. ed., pp. 71-84). Artmed.

Parry, G. D., Crawford, M. J., & Duggan, C. (2016). Iatrogenic harm from psychological therapies: Time to move on. *British Journal of Psychiatry, 208*(3), 210-212.

Pavlova, B., & Uher, R. (2020). Assessment of psychopathology: Is asking questions good enough? *JAMA Psychiatry, 77*(6), E1-E2.

Paz, C., Adana‐Díaz, L., & Evans, C. (2020). Clients with different problems are different and questionnaires are not blood tests: A template analysis of psychiatric and psychotherapy clients' experiences of the CORE‐OM. *Counselling and Psychotherapy Research, 20*(2), 274-283.

Paz, C., Mascialino, G., Proaño, K., & Evans, C. (2021). Psychological intervention change measurement in Latin America: Where from? Where to? *Psychotherapy Research, 31*(1), 132-141.

Santana, M. R. M., Silva, M. M. D., Moraes, D. S. D., Fukuda, C. C., Freitas, L. H., Ramos, M. E. C., ... Evans, C. (2015). Brazilian Portuguese version of the CORE--OM: Cross-cultural adaptation of an instrument to assess the efficacy and effectiveness of psychotherapy. *Trends in Psychiatry and Psychotherapy, 37*(4), 227-231.

Schwarz, N., & Oyserman, D. (2001). Asking questions about behavior: Cognition, communication, and questionnaire. *American Journal of Evaluation, 22*(2), 127-160.

Strauss, B., Gawlytta, R., Schleu, A., & Frenzl, D. (2021). Negative effects of psychotherapy: Estimating the prevalence in a random national sample. *BJPsych Open, 7*(6), e186.

Tasca, G. A., & Gallop, R. (2009). Multilevel modeling of longitudinal data for psychotherapy researchers: I. The basics. *Psychotherapy Research, 19*(4-5), 429-437.

The National Collaborating Centre for Mental Health. (2018). *The Improving Access to Psychological Therapies Manual.*

Trujillo, A., & Paz, C. (2020). Evidencia basada en la práctica en psicoterapia: El reto en Latinoamérica. *CES Psicología, 13*(3), 1-14.

Wampold, B. E. (2015). Routine outcome monitoring: Coming of age: With the usual developmental challenges. *Psychotherapy, 52*(4), 458-462.

Waskow, I. E. (1975). Selection of a core battery. In I. E. Waskow, & M. B. Parloff, *Psychotherapy change measures* (pp. 245-269). U.S. Government Printing Office.

Wetzel, E., Böhnke, J. R., & Brown, A. (2016). Response biases. In Leong, F. T. L., & Iliescu, D. (Eds.), *The ITC International Handbook of Testing and Assessment.* (pp. 349-363). Oxford University Press.

Wang, Y. P. (2016). Entrevistas diagnósticas e instrumentos de triagem. In C. Gorenstein, Y. P. Wang, & I. Hungerbühler, *Instrumentos de avaliação em saúde mental* (pp. 59-71). Artmed.

World Health Organization (WHO). (1994). *A user´s guiding to the Self Reporting Questionnaire (SRQ).*

World Health Organization (WHO). (2013). *Comprehensive mental health action plan 2013-2030.*

Zanon, C., & Hauck, N., Filho. (2015). Fidedignidade. In C. S. Hutz, D. R. Bandeira, & C. M. Trentini (Orgs.), *Psicometria* (pp. 85-96). Artmed.

4

A QUESTÃO DOS LIMIARES (*THRESHOLDS*): NÃO CLÍNICOS, SUBCLÍNICOS E CLÍNICOS

BRUNO BONFÁ-ARAUJO
ARIELA RAISSA LIMA-COSTA
RENAN P. MONTEIRO

NORMALIDADE E PATOLOGIA

Pessoas com transtornos mentais foram, historicamente, alvo de ostracismo. Tais indivíduos eram, e por vezes ainda são tidos, como loucos, dementes, perigosos e irrecuperáveis. Essa ideia refletia uma condição dicotômica, categorizando pessoas como normais ou doentes. Portanto, compreender, avaliar e diagnosticar doenças tornou-se foco de interesse de diversos profissionais da saúde, e até o momento muito tem-se discutido sobre diferentes maneiras para a realização de tais classificações.

Seguindo um raciocínio social e clínico-médico, a primeira forma de se diagnosticar transtornos mentais foi pela ideia de presença ou ausência de comportamentos patológicos. Esse raciocínio guiou profissionais à construção de diferentes manuais para mapear doenças e transtornos, como a *Classificação internacional de doenças* (CID), desenvolvida pela Organização Mundial da Saúde (OMS), com o enfoque amplo em patologias. Outro exemplo é o *Manual diagnóstico e estatístico de transtornos mentais* (DSM), produzido pela American Psychiatric Association (APA), que enfoca especificamente os transtornos mentais. Tais manuais têm suas primeiras edições datadas em 1893 para a CID e 1952 para o DSM, sendo suas versões mais atuais a CID-11, publicada em 2019, e o DSM-5, publicado em 2013 (American Psychiatric Association [APA], 2013; World Health Organization [WHO], 2019).

Esses manuais seguem o modelo clínico categórico, no qual é estabelecida uma série de critérios que caracterizam cada transtorno, bem como um ponto de corte para que o diagnóstico nosológico seja realizado, isto é, uma quantidade mínima de critérios que devem ser identificados no funcionamento do indivíduo (APA, 2013; WHO, 2019). A obtenção de um diagnóstico, portanto, depende da manifestação de comportamentos listados nos critérios em um intervalo de tempo específico. Todavia, modelos categóricos são criticados por restringir o diagnóstico à presença ou à ausência de um sintoma, desconsiderando os níveis de agravamentos ou prejuízos ocasionados por sintomas não listados, ou insuficientes, para um diagnóstico – ou seja, os limiares para definição da presença ou da ausência de uma psicopatologia são arbitrários, uma vez que a quantidade de critérios não é definida de forma empírica (Widiger & Gore, 2015).

Como apresentado no Capítulo 1, uma segunda forma de pensar o diagnóstico é por meio dos modelos dimensionais. Esse formato considera que os transtornos mentais variam quantitativamente (i.e., intensidade) (Bornstein & Natoli, 2019). Façamos uso de um exemplo: quando medimos a temperatura corporal com um termômetro, valores entre 35,4° C e 37,2° C são considerados normais e dentro do esperado; já valores entre 37,3° C e 37,8° C indicam uma temperatura ligeiramente aumentada (um estado "subfebril" ou febrícula); valores acima de 37,8° C indicam febre; e acima de 39° C, febre alta, o que é considerado uma emergência médica. A ideia da dimensionalidade é parecida, excluindo-se apenas os pontos de corte, uma vez que, para transtornos mentais, estes não são tão específicos. Assim, quanto maior a frequência e a intensidade de alguns comportamentos, maior poderá ser a experiência de sofrimento psíquico e a apresentação de prejuízos sociais e/ou ocupacionais, caracterizando, em níveis mais extremos, o diagnóstico de um transtorno mental. E o que acontece com indivíduos que estão no estado "subfebril" e não recebem tratamento? Quando transpomos a ideia de um estado "subfebril" para a compreensão dos transtornos mentais, temos os chamados casos subclínicos. A perspectiva subclínica compreende que algumas pessoas têm traços de personalidade, manifestações comportamentais, cognitivas e emocionais que não são completamente condizentes com um funcionamento patológico, o que não significa que o sujeito deixe de experienciar algum grau de sofrimento, pelo contrário. Imagine que você está em um estado "subfebril", você sente desconforto, podendo sentir arrepios, tremores e vermelhidão no corpo, você quer receber atenção médica para se sentir bem, certo?

A Figura 4.1 representa um modelo dimensional dos diferentes níveis de depressão. No polo mais extremo da esquerda, temos a ausência de sintomatologia depressiva, ou seja, um indivíduo considerado "saudável", e quanto mais caminhamos para o polo direito, maior é a frequência, a intensidade e a diversidade de sintomas depressivos, ou seja, um indivíduo considerado "doente". Todavia, deve-se ponderar a dificuldade para o estabelecimento de critérios práticos entre esses níveis, dado que alguns sintomas, como tristeza, são funcionais e até considerados sau-

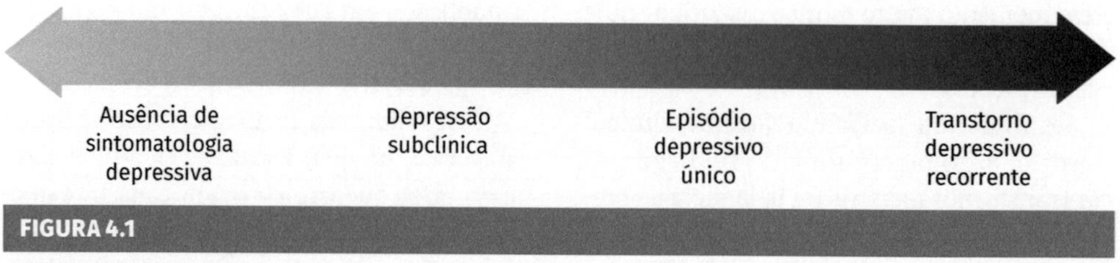

FIGURA 4.1

Modelo dimensional.

dáveis em situações específicas, como a perda de um ente querido, divórcio ou mudança de escola (Widiger & Gore, 2015). Assim, podemos pensar os transtornos mentais a partir de um espectro de severidade dos sintomas, associado ao prejuízo experenciado pelo indivíduo à medida que eles se apresentam de forma mais frequente e intensa. Com base nisso, dependendo do espectro que queremos avaliar – saudável, subclínico ou patológico –, pode-se fazer uso de instrumentos e técnicas específicas.

Neste capítulo, apresentaremos modelos que buscam compreender transtornos mentais e funções psicológicas, do normal ao patológico. Portanto, para facilitar a compreensão, iniciaremos com uma perspectiva não clínica, seguida de perspectivas subclínicas e clínicas.

PERSPECTIVA NÃO CLÍNICA

Ao caracterizarmos a perspectiva não clínica, em geral, estamos referenciando um indivíduo em um estado "saudável". Aqui, essa palavra é apresentada entre aspas dado que diferentes limiares podem ser estabelecidos para a compreensão de saúde no que tange à cultura, ao ambiente e à individualidade, entre outras particularidades. Portanto, a realização de uma avaliação pela perspectiva não clínica está associada a um processo de conhecimento e aprofundamento de atributos dos indivíduos. Em algumas situações, é esse processo que indica fragilidades e potencialidades de uma pessoa, sinalizando comportamentos que, caso sejam persistentes, podem se tornar disfuncionais, acarretando prejuízos nos diferentes contextos nos quais ela está inserida.

Neste cenário, conhecer o desenvolvimento humano é uma peça-chave para compreender o que pode ser considerado funcionalidade e incapacidade ao retratarmos doenças (World Health Organization [WHO], 2006). Durante essa avaliação, são levados em conta fatores hereditários e socioambientais, buscando conceber se o indivíduo atingiu o processo maturacional necessário para cada fase do desenvolvimento, seja este físico, cognitivo ou emocional. Destaca-se que processos avaliativos são permeados por particularidades, em especial no que diz respeito às diferentes fases do desenvolvimento humano, devendo-se estar ciente de que a aquisição ou diminuição de capacidades físicas, cognitivas e emocionais estão em constante modificação. Em geral, para compreender as diferentes habilidades de uma pessoa, avaliam-se diversas características neuropsicológicas. Para tanto, nesta seção, daremos enfoque sobretudo na avaliação da cognição e da personalidade, uma vez que estas são exemplos abrangentes. As citações dos instrumentos originais mencionados ao longo do texto foram omitidas para melhor sintetizarmos as ideias discutidas – tais referências podem ser obtidas no Sistema de Avaliação de Testes Psicológicos (SATEPSI).

Dessa forma, a inteligência pode ser definida como a capacidade de um indivíduo aprender e estabelecer relações, retratando sua habilidade para resolver problemas, planejar e construir associações para uma tomada de decisão. Entre os modelos existentes para a avaliação dessa função, destacam-se aqueles propostos por Spearman (i.e., fator g) e Cattell-Horn-Carroll (i.e., modelo CHC). Ainda que existam diferentes concepções, pode-se considerar os aspectos de inteligência fluida (Gf) e de inteligência cristalizada (Gc), sendo que a primeira define a execução, pouco dependente do conhecimento prévio, de tarefas não automáticas, e a segunda caracteriza o acúmulo de aprendizagem pelas experiências educacionais e culturais (Floyd et al., 2021). No Brasil, há uma miríade de instrumentos para avaliar a inteligência, entre os principais estão a adaptação das Escalas de Inteligência Wechsler (i.e., WISC-IV, WAIS-III e WASI), as Matrizes Progressivas de Raven, e os Testes Não Verbais de Inteligência (i.e., G-36, G-38, R-1, R-2 e Beta-III), todos disponíveis para a avaliação de crianças e adultos.

Além da inteligência, outros componentes cognitivos também devem ser investigados, podendo sinalizar potencialidades ou disfuncionalidades no comportamento humano em uma perspectiva não clínica. Uma avaliação global deve analisar aspectos atencionais, visando compreender a capacidade do indivíduo em se manter alerta para filtrar informações segundo suas necessidades, intenções e amplitude atencional. Além disso, avaliar a percepção e integração de informações a partir de experiências anteriores para emitir uma resposta verbal ou executiva (i.e., habilidade visuoconstrutiva) são outros componentes que devem ser considerados. Algumas sugestões para a avaliação destes aspectos são a Bateria Psicológica para Avaliação da Atenção (BPA), o Teste AC, o Teste d2 – Revisado (d2-R), o Instrumento de Avaliação Neuropsicológica Breve (NEUPSILIN) e as Figuras Complexas de Rey (Malloy-Diniz et al., 2015).

Ademais, no processo avaliativo é preciso estar ciente das diferentes características que envolvem a memória, visando compreender o nível de capacidade do indivíduo para reter, processar e evocar informações de curto e/ou longo prazo, considerando que essas habilidades impactam na aquisição de novos conhecimentos. É preciso considerar, ainda, as funções executivas, dado que são um conjunto de processos cognitivos que apoiam o indivíduo na maior parte das atividades diárias, direcionando respostas e comportamentos. Nesse conjunto, deve-se levar em conta a capacidade de planejamento, memória de trabalho, flexibilidade cognitiva, controle inibitório e autorregulação emocional. Instrumentos para avaliar essas habilidades são as Figuras Complexas de Rey, os Cubos de Corsi, o Teste de Memória de Reconhecimento (TEM-R), o Teste de Aprendizagem Auditivo-Verbal de Rey (RAVLT), o Teste dos Cinco Dígitos (FDT) e o Teste Wisconsin de Classificação de Cartas (WCST). Além disso, é necessário estar atento ao nível de compreensão verbal do indivíduo, considerando seu desempenho nos instrumentos e sua capacidade de argumentação, aspectos que também podem ser avaliados pelo Teste de Token e Teste de Nomeação de Boston (Malloy-Diniz et al., 2015).

Para além dessas características, outra que usualmente tem um papel central no processo avaliativo é a personalidade. Entre os modelos de personalidade existentes, o mais conhecido é o Modelo dos Cinco Grandes Fatores (i.e., *Big Five Model*), replicado em diferentes países e contextos. Por meio dele, compreende-se a personalidade a partir de amplos fatores, conhecidos como extroversão, amabilidade, conscienciosidade, neuroticismo e abertura às experiências. A extroversão retrata o nível de interação social dos indivíduos e o estabelecimento de contato com outros; a amabilidade caracteriza a qualidade das relações construídas, refletindo o nível de confiança, a promoção de bem-estar e a empatia. Por sua vez, a conscienciosidade expressa a persistência de um indivíduo nas tarefas, construção de metas e objetivos; o neuroticismo retrata a tendência das pessoas ao reagirem a experiências e suas emoções. Por fim, a abertura às experiências reflete interesses artísticos, flexibilidade e curiosidade (McCrae & Costa, 2008).

Outro modelo com características similares é o HEXACO (i.e., honestidade-humildade, emocionalidade, extroversão, amabilidade, conscienciosidade e abertura às experiências). Para esse modelo, foi inserida uma sexta dimensão, honestidade-humildade, que caracteriza comportamentos de sinceridade, modéstia e justiça (Ashton & Lee, 2007). Comumente, ambos os modelos refletem comportamentos adaptativos presentes na população geral. Todavia, quando esses traços da personalidade são apresentados em níveis extremos, podem retratar características subclínicas, como a tríade sombria (Paulhus & Williams, 2002), ou clínicas, como os transtornos da personalidade, no modelo dimensional (APA, 2013). Alguns instrumentos existentes para mensurá-los são o Inventário de Personalidade NEO Revisado (NEO PI-R), a Bateria Fatorial de Personalidade (BFP) e o Inventário de Personalidade HEXACO-Revisado (HEXACO PI-R).

Um modelo de personalidade com enfoque nas potencialidades humanas é o das forças de caráter, subsidiado pela psicologia positiva (Peterson & Seligman, 2004). Existem 24 forças de caráter, unidas a partir de seis virtudes: sabedoria (composta pelas forças: criatividade, curiosidade, integridade, amor pelo aprendizado e perspectiva), coragem (forças: bravura, honestidade, perseverança e entusiasmo), humanidade (forças: bondade, amor e inteligência social), justiça (forças: integridade, liderança e trabalho em equipe), temperança (forças: perdão, humildade, prudência e autorregulação) e transcendência (forças: apreciação ao belo, gratidão, esperança, espiritualidade e humor). Tais forças retratam pensamentos, sentimentos e comportamentos presentes em diferentes culturas, e sua proposta surge a partir da compreensão de que as ciências haviam se dedicado unicamente à avaliação de comportamentos mal-adaptativos e doenças mentais. Cabe destacar que esse modelo não nega a presença de transtornos, apenas opta por colocar em foco conceitos que visam ao florescimento humano (Peterson & Seligman, 2004). Há alguns instrumentos que podem ser utilizados para mensurar as forças de caráter mencionadas, como a Escala de Forças de Caráter (EFC) e a Values in Action (VIA) Character Strengths.

Assim, ao retratarmos uma perspectiva não clínica, estamos nos referindo à ausência de sinais e sintomas que causem médios ou grandes prejuízos para os indivíduos e a sua interação com a sociedade. Contudo, quando qualquer um desses aspectos é disfuncional, torna-se necessário realizar avaliações e investigações mais profundas, a fim de verificar a extensão do prejuízo e o nível de funcionalidade, como será abordado a seguir.

PERSPECTIVA SUBCLÍNICA

Ao seguirmos o *continuum* dos comportamentos (i.e., dimensionalidade), existe uma intensidade e frequência que pode fazer o indivíduo experienciar dificuldades que não acarretam um diagnóstico nosológico, caracterizada pela perspectiva subclínica. Ou seja, a pessoa consegue ser funcional e não atingir a quantidade mínima de critérios estabelecidos nos manuais para que seja determinado algum transtorno, ainda que apresente prejuízos moderados em alguns aspectos da vida. Considerando aspectos cognitivos com manifestação subclínica, a obtenção de níveis significativamente abaixo da média é um importante sinalizador para dificuldades adaptativas (p. ex., dificuldades de aprendizagem e nas relações interpessoais), ou possíveis transtornos do neurodesenvolvimento e transtornos neurocognitivos.

Aspectos emocionais e relacionados ao humor podem ser facilmente percebidos em suas manifestações subclínicas. Relembre situações em que você teve medo de algo, sentiu seu coração disparar, teve tremores e dificuldade para dormir – é possível que alguém tenha dito que você estava com ansiedade. Mesmo apresentando todos esses sinais e sintomas, não significa necessariamente que você tem um transtorno de ansiedade generalizada, porém, ainda assim, você sente desconforto, e isso pode prejudicar seu desempenho em atividades cotidianas, diminuindo sua funcionalidade em alguns aspectos da vida. Ou seja, você apresentou uma manifestação subclínica de ansiedade (Besteher et al., 2017). Esse raciocínio pode e deve ser extrapolado para outros transtornos mentais, em especial quando determinados sinais e sintomas ocasionarem prejuízos aos indivíduos, devendo ser considerados e tratados por profissionais.

Em relação a manifestações subclínicas de traços de personalidade, as propostas vigentes ressaltam sua natureza sombria e aversiva. Essas teorias consideram que esse aspecto "negativo" da personalidade não é restrito a amostras específicas (p. ex., amostras clínicas e encarcerados), estando presente também na população geral. Especificamente, um traço de personalidade é sombrio se, independentemente do contexto ou da sua magnitude, estiver associado aos mais variados problemas interpessoais e o indivíduo o manifestar em uma intensidade que represente ameaça aos demais (Zeigler-Hill & Marcus, 2016).

Um dos traços sombrios mais conhecidos é a psicopatia. Uma pessoa que a apresente, mesmo em níveis subclínicos, é mais propensa a uma série de problemas, a exemplo de maior envolvimento em acidentes de trânsito (Monteiro et al., 2020), prática de pequenos furtos (Lyons & Jonason, 2015) e comportamento agressivo (Jones & Paulhus, 2010). Tendo em vista as consequências associadas a traços de natureza sombria, nos últimos 20 anos houve um crescimento substancial dos estudos nesta área, com o objetivo de medi-los conjuntamente, conhecer os seus antecedentes e consequentes e sistematizar o número de traços que formam o lado obscuro da natureza humana.

Um dos precursores foram Paulhus e Williams (2002), que indicaram três traços que descreveriam o lado sombrio da personalidade humana: o maquiavelismo, a variação subclínica do psicopatia e a variação subclínica do narcisismo. Esse modelo é conhecido como tríade sombria da personalidade, e estudos empíricos de natureza taxométrica indicam que tais traços têm estrutura latente dimensional, ou seja, as pessoas se diferenciam em razão da magnitude com a qual os apresentam (Tran et al., 2018). Assim, ao longo de um contínuo, existirão pessoas com baixos níveis nestas variáveis e outras com níveis moderados e mais intensos, sendo as diferenças quantitativas.

Em termos gerais, maquiavélicos são estratégicos, oportunistas, hábeis em enganar e manipular os demais para obter benefícios próprios (Christie & Geis, 1970). Pessoas com traços psicopáticos são insensíveis, não têm remorso ou empatia e apresentam pobre controle dos impulsos e dificuldades em retardar gratificações (Brislin et al., 2015). Por fim, pessoas com traços narcisistas da personalidade apresentam aspectos como grandiosidade, necessidade de admiração e senso de direitos (Wetzel & Robins, 2016).

O modelo da tríade sombria representou um avanço importante na área, conferindo visibilidade para esse tópico de estudo e incentivando novas investigações sobre características socialmente aversivas da personalidade. Nessa direção, extensões têm sido propostas, como a tétrade sombria, que sugere a inclusão do sadismo (Chabrol et al., 2009) – caracterizado pelo sentimento de prazer ao ver ou fazer os demais sofrerem (Monteiro et al., 2020). Junto a esses quatro fatores, o construto despeito – que envolve tendências para prejudicar os outros, mesmo que isso implique em danos a si mesmo (Marcus et al., 2014) –, formaria a pêntade sombria (Hyatt et al., 2019). Possíveis instrumentos para a mensuração da tríade sombria são a Dirty Dozen e a Short Dark Triad. Além disso, existem ferramentas destinadas à avaliação de traços sombrios da personalidade, como no caso do sadismo – que pode ser avaliado pela Short Sadistic Impulse Scale e pela Comprehensive Assessment of Sadistic Tendencies –, ou do despeito, mensurado pela Spitefulness Scale. Todos esses instrumentos já têm adaptações e acúmulo de evidências para a população brasileira.

Após ler a descrição desses traços, faça um pequeno exercício. Tente lembrar se você já se deparou com pessoas com essas características e se já foi prejudicado por elas. É provável que você tenha se lembrado de alguém que "puxou o seu tapete" para conseguir uma promoção, ou alguém que bajulou o chefe para receber um aumento, ou mesmo alguém que possa ter agredido você. De fato, em diversas situações corriqueiras, percebemos que algumas pessoas apresentam um padrão consistente de comportamento malévolo (Zettler et al., 2020), indicando que essas tendências não são exclusivas a determinados grupos e que podem ser encontradas facilmente na população geral. Isso sugere a centralidade dessa perspectiva dimensional, uma vez que tais traços da personalidade podem predizer uma série de desfechos negativos.

PERSPECTIVA CLÍNICA

Na perspectiva clínica, em que o indivíduo experencia prejuízo frequente e crônico em diversos aspectos da vida, os manuais classificatórios mais utilizados são a CID-11 e o DSM-5. Conforme explicado anteriormente, a CID-11, que engloba todos os tipos de doenças, passou por diversas reformulações para se adequar ao avanço do conhecimento médico e às mudanças culturais e para tornar a utilização da classificação mais fácil (Stein et al., 2020). A sua mais recente versão incluiu os transtornos por jogos, e os transtornos mentais são apresentados na seção seis (Transtornos mentais, comportamentais ou de desenvolvimento neurológico), que descreve 21 grupos de diagnóstico (WHO, 2019). Já o DSM-5, manual específico para transtornos mentais, apresenta, além dos critérios diagnósticos, sintomas associados, taxas de prevalência, fatores de risco, desenvolvimento e curso de cada transtorno, questões relacionadas ao diagnóstico, diagnósticos diferenciais, comorbidades e consequências funcionais do prolongamento dos sintomas. Na sua 5ª versão, são listados 22 grupos de transtornos mentais, totalizando a descrição de critérios para 157 grupos diagnósticos (APA, 2013). Para um uso apropriado dos manuais, é necessário treinamento clínico, pois um olhar leigo pode gerar diagnósticos excessivos e equivocados, o que impacta na proposta de tratamentos (para mais detalhes, ver o Capítulo 1).

Façamos novamente uso de um exemplo para o diagnóstico de transtorno depressivo maior, considerando os manuais mais utilizados no Brasil. Na CID-11, os transtornos depressivos recebem os códigos 6A70 (episódio único) e 6A71 (episódio recorrente), estando classificados como um subtipo dos transtornos de humor, caracterizados por humor deprimido e perda de prazer, com sintomas cognitivos, comportamentais ou neurovegetativos que afetam de forma significativa o funcionamento do indivíduo (WHO, 2019). No DSM-5, são descritos nove critérios diagnósticos (APA, 2013). Desses, a pessoa precisa apresentar comportamentos relacionados a pelo menos cinco critérios, sendo que um deles precisa ser, obrigatoriamente, a presença de humor deprimido ou a perda de interesse ou prazer. Assim, várias pessoas com sintomas diferentes podem receber o mesmo diagnóstico, tendo a possibilidade de 277 perfis de sintomas (Baptista, 2018). Destes sintomas devem estar presentes por pelo menos duas semanas consecutivas e indicar uma mudança significativa com relação ao funcionamento anterior do indivíduo. Além disso, a pessoa precisa apresentar prejuízos no funcionamento intra ou interpessoal (i.e., relações sociais e ocupacionais), e seus sintomas não podem ser consequência de outra condição médica.

Além desses manuais, existem outros menos explorados para categorizações clínicas. A *Classificação francesa dos transtornos mentais da criança e adolescente* (CFTMEA) (Misès & Silva, 2018) tem a psicanálise como sua principal base teórica, não deixando de dialogar com a CID-11 e autores clássicos como Piaget e Kanner. A *Classificação chinesa dos transtornos mentais* (CCMD) possui versões em mandarim e inglês, e é um guia organizado pela Sociedade Chinesa de Psiquiatria, atualmente na sua 3ª versão (Chinese Psychiatric Society, 2001), que foca no diagnóstico de transtornos mentais (Lee, 2001). O *Terceiro glossário cubano de psiquiatria* (GC-3) é uma adaptação da CID-10 para a realidade cubana

(Otero-Ojeda, 2002). O *Guia latino-americano de diagnósticos psiquiátricos* (GLDP) (Berganza et al., 2001) foi desenvolvido pela Associação Psiquiátrica da América Latina para ser uma adaptação cultural da CID-10 (Razzouk et al., 2011). Já o *Manual de diagnóstico psicodinâmico* (MDP) (Lingiardi & McWilliams, 2017) apresenta uma série de diagnósticos baseados na teoria psicodinâmica e foca na utilidade clínica, por meio de uma caracterização do funcionamento de personalidade e perfis de funcionamento mental.

Além dos diversos manuais, vale ressaltar que o DSM-5 apresenta diferentes modelos diagnósticos clínicos. O modelo diagnóstico alternativo é específico para transtornos da personalidade e é chamado de modelo híbrido por incluir características dimensionais (APA, 2013). Nesse modelo, é necessária a avaliação em duas partes. Na primeira, critério A, é verificado o nível de prejuízo funcional do interpessoal e do *self*, assim, a pessoa precisa apresentar dificuldades em pelo menos duas de quatro áreas, a saber (identidade, autodirecionamento, empatia e intimidade). Na segunda parte, critério B, são apresentados traços de personalidade patológica em cinco domínios: afetividade negativa, distanciamento, antagonismo, desinibição e psicoticismo. Esses domínios são manifestações mal-adaptativas do modelo dos cinco grandes fatores da personalidade. Nessa seção do DSM-5 (Instrumentos de Avaliação e Modelos Emergentes, Seção III), foram removidos os transtornos paranoide, esquizoide, histriônico e dependente, ainda presentes na Seção II.

Outra forma de se pensar o diagnóstico de psicopatologia, para além dos critérios, é por meio de modelos dimensionais. Recentemente, um grupo de pesquisadores desenvolveu o consórcio *Hierarchical Taxonomy of Psychopathology* (HiTOP) (Kotov et al., 2018). Eles propuseram a apresentação de uma alternativa ao modelo diagnóstico clínico tradicional, baseando-se em evidências empíricas sobre a estrutura das psicopatologias (i.e., estruturas de relações entre diferentes manifestações patológicas e/ou diagnósticos). Dessa forma, estabeleceram uma hierarquia dos sinais e sintomas, partindo do agrupamento de aspectos específicos, passando pela formação de transtornos e, por fim, agrupando-os em grandes blocos (*spectra*). Assim, esse modelo, por enfatizar a utilidade clínica do diagnóstico, dá mais importância às manifestações sintomáticas do que ao diagnóstico em si (ver o Capítulo 18, específico sobre HiTOP).

Para auxiliar no processo diagnóstico clínico, algumas ferramentas estão disponíveis. O método de avaliação mais usado é a Structured Clinical Interview for DSM-5 (SCID-5). Trata-se de uma entrevista diagnóstica que avalia os transtornos mentais relatados no DSM-5, também disponível na versão que avalia os transtornos da personalidade (SCID-PD), na versão clínica (SCID-CV) e na versão para ensaios clínicos (SCID-CT) (First, 2014). Considerando o modelo híbrido de diagnóstico de transtornos da personalidade, estão disponíveis o Inventário de Personalidade para o DSM-5 (PID-5, do inglês Personality Inventory for DSM-5) (Krueger et al., 2012) e a Entrevista Diagnóstica para Transtornos da Personalidade (E-TRAP) (Carvalho et al., 2020), desenvolvida no contexto brasileiro.

O PID-5 é um instrumento de autorrelato que avalia os cinco domínios do modelo híbrido do DSM-5. Nele, a pessoa assinala o quanto considera como verdadeira a afirmativa em relação aos seus comportamentos e sentimentos. O inventário é composto por 220 itens, respondidos em uma escala de quatro pontos (0 = "totalmente ou quase sempre falso"; 3 = "totalmente ou quase sempre verdadeiro"). Outras versões do PID-5 são a de heterorrelato (PID-5-IRT) (Markon et al., 2013), a versão com 100 itens (PID-5-SF) (Maples et al., 2015) e a versão breve com 25 itens (PID-5-BF). O PID-5 também pode ser usado para auxiliar no diagnóstico, considerando o modelo HiTOP, para identificar quais *spectra* de sintomas são predominantes em uma pessoa (Ruggero et al., 2019). Já a E-TRAP é uma entrevista semiestruturada, aplicada de forma *on-line* pelo profissional. Inicialmente, as perguntas são direcionadas para que o profissional avalie o critério A, com 12 perguntas principais e 12 perguntas-prova que servem para comprovar a presença e intensidade de um sinal/sintoma psiquiátrico específico. Em seguida, são apresentadas perguntas relacionadas ao critério B, sendo que para cada aspecto são apresentadas uma pergunta principal e uma pergunta-prova. Trata-se de uma entrevista semiadaptativa, pois permite ao profissional escolher entre aplicar apenas um dos critérios ou os dois, além de apresentá-los conforme o modelo categórico do DSM-5. Essa ferramenta é indicada para ser aplicada em adultos com 18 anos ou mais, de forma individual. Ao final, é gerado um relatório personalizado sobre os níveis do indivíduo em todos os aspectos avaliados (Carvalho et al., 2020).

CONSIDERAÇÕES FINAIS

Espera-se que, por meio da leitura deste capítulo, seja possível compreender algumas das diferentes perspectivas científicas existentes para o entendimento dos comportamentos humanos. Os construtos descritos não são um fim em si mesmos, devendo ser considerados indicadores em constante evolução. A concepção de limiares torna-se, portanto, menos passível de determinações arbitrárias e mais sujeita a complexidades – condição que pode ser percebida ao analisarmos como um mesmo comportamento pode diferir em intensidade, bem como em relação a suas consequências. Assim, durante a realização de um processo avaliativo, deve-se estar ciente dos potenciais e prejuízos que acometem um indivíduo, nas diferentes esferas, antes de qualquer atribuição diagnóstica.

REFERÊNCIAS

American Psychiatric Association (APA). (2013). *Diagnostic and Statistical Manual of Mental Disorders* (5th ed.).

Ashton, M. C., & Lee, K. (2007). Empirical, theoretical, and practical advantages of the HEXACO model of personality structure. *Personality and Social Psychology Review, 11*(2), 150-166.

Baptista, M. N. (2018). Avaliando "depressões": dos critérios diagnósticos às escalas psicométricas. *Avaliação Psicológica, 17*(3), 301-310.

Berganza, C. E., Mezzich, J. E., Otero-Ojeda, A. A., Jorge, M. R., Villaseñor-Bayardo, S. J., & Rojas-Malpica, C. (2001). The Latin American Guide for psychiatric diagnosis: A cultural overview. *Psychiatric Clinics of North America, 24*(3), 433-446.

Besteher, B., Gaser, C., Langbein, K., Dietzek, M., Sauer, H., & Nenadić, I. (2017). Effects of subclinical depression, anxiety and somatization on brain structure in healthy subjects. *Journal of Affective Disorders, 215*, 111-117.

Bornstein, R. F., & Natoli, A. P. (2019). Clinical utility of categorical and dimensional perspectives on personality pathology: A meta-analytic review. *Personality Disorders: Theory, Research, and Treatment, 10*(6), 479-490.

Brislin, S. J., Drislane, L. E., Smith, S. T., Edens, J. F., & Patrick, C. J. (2015). Development and validation of triarchic psychopathy scales from the Multidimensional Personality Questionnaire. *Psychological Assessment, 27*(3), 838-851.

Carvalho, L. F., Oliveira, S. E. S., & Pianowski, G. (2020). *E-TRAP: Entrevista diagnóstica para transtornos de personalidade*. Vetor.

Chabrol, H., Van Leeuwen, N., Rodgers, R., & Séjourné, N. (2009). Contributions of psychopathic, narcissistic, Machiavellian, and sadistic personality traits to juvenile delinquency. *Personality and Individual Differences, 47*(7), 734-739.

Chinese Psychiatric Society. (2001). *The Chinese Classification of Mental Disorders (CCMD-3)* (3rd ed.). Shandong Publishing House of Science and Technology.

Christie, R., & Geis, F. L. (1970). *Studies in Machiavellianism*. Academic Press.

First, M. B. (2014). Structured clinical interview for the DSM (SCID). In S. Lilienfeld, R. L. Cautin (Eds.), *The encyclopedia of clinical psychology*. John Wiley & Sons.

Floyd, R. G., Farmer, R. L., Schneider, W. J., & McGrew, K. S. (2021). Theories and measurement of intelligence. In L. M. Glidden, L. Abbeduto, L. L. McIntyre, & M. J. Tassé (Eds.), *APA handbook of intellectual and developmental disabilities: Foundations* (pp. 385-424). American Psychological Association.

Jones, D. N., & Paulhus, D. L. (2010). Different provocations trigger aggression in narcissists and psychopaths. *Social Psychology & Personality Science, 1*(1), 12-18.

Hyatt, C. S., Maples-Keller, J. L., Sleep, C. E., Lynam, D. R., & Miller, J. D. (2019). The anatomy of an insult: Popular derogatory terms connote important individual differences in Agreeableness/Antagonism. *Journal of Research in Personality, 78*, 61-75.

Kotov, R., Krueger, R. F., & Watson, D. (2018). A paradigm shift in psychiatric classification: The Hierarchical Taxonomy of Psychopathology (HiTOP). *World Psychiatry, 17*(1), 24-25.

Krueger, R. F., Derringer, J., Markon, K. E., Watson, D., & Skodol, A. E. (2012). Initial construction of a maladaptive personality trait model and inventory for DSM-5. *Psychological Medicine, 42*(9), 1879-1890.

Lee, S. (2001). From diversity to unity: The classification of mental disorders in 21st-century China. *Psychiatric Clinics of North America, 24*(3), 421-431.

Lingiardi, V., & McWilliams, N. (Eds.). (2017). *Psychodynamic diagnostic manual: PDM-2*. Guilford.

Lyons, M., & Jonason, P. K. (2015). Dark Triad, tramps, and thieves: Psychopathy predicts a diverse range of theft-related attitudes and behavior. *Journal of Individual Differences, 36*(4), 215-220.

Malloy-Diniz, L., Mattos, P., Abreu, N., & Fuentes, D. (Eds.). (2015). *Neuropsicologia: Aplicações clínicas*. Artmed.

Maples, J. L., Carter, N. T., Few, L. R., Crego, C., Gore, W. L., Samuel, D. B., ... Miller, J. D. (2015). Testing whether the DSM-5 personality disorder trait model can be measured with a reduced set of items: An item response theory investigation of the Personality Inventory for DSM-5. *Psychological Assessment, 27*(4), 1195-1210.

Marcus, D. K., Zeigler-Hill, V., Mercer, S. H., & Norris, A. L. (2014). The psychology of spite and the measurement of spitefulness. *Psychological Assessment, 26*(2), 563-574.

Markon, K. E., Quilty, L. C., Bagby, R. M., & Krueger, R. F. (2013). The development and psychometric properties of an informant-report form of the personality inventory for DSM-5 (PID-5). *Assessment, 20*(3), 370-383.

McCrae, R. R., & Costa, P. T., Jr. (2008). Empirical and theoretical status of the five-factor model of personality traits. In G. J. Boyle, G. Matthews, & D. H. Saklofske (Eds.), *The SAGE handbook of personality theory and assessment* (pp. 273-294). Sage.

Misès, R., & Silva, P., Jr. (2018). *Classificação francesa dos transtornos mentais da criança e do adolescente*. Instituto Langage.

Monteiro, R. P., Medeiros, E. D. D., Silva, C. L. D., Melo, I. M. D., Figueiredo, F. A. D., & Dorileo, B. B. (2020). Propriedades Psicométricas da Comprehensive Assessment of Sadistic Tendencies (CAST) no Brasil. *Psico-USF, 25*(4), 725-736.

Otero-Ojeda, A. A. (2002). Third Cuban glossary of psychiatry (GC-3): Key features and contributions. *Psychopathology, 35*(2-3), 181-184.

Paulhus, D. L., & Williams, K. M. (2002). The Dark Triad of personality: Narcissism, Machiavellianism, and psychopathy. *Journal of Research in Personality, 36*(6), 556-563.

Peterson, C., & Seligman, M. E. (2004). *Character strengths and virtues: A handbook and classification*. Oxford University.

Razzouk, D., Nogueira, B., & Mari, J. D. J. (2011). A contribuição dos estudos transculturais dos países latino-americanos e caribenhos para a revisão da CID-10: Resultados preliminares. *Brazilian Journal of Psychiatry, 33*, s5-s12.

Ruggero, C. J., Kotov, R., Hopwood, C. J., First, M., Clark, L. A., Skodol, A. E., ... Zimmermann, J. (2019). Integrating the Hierarchical Taxonomy of Psychopathology (HiTOP) into clinical practice. *Journal of Consulting and Clinical Psychology, 87*(12), 1069.

Stein, D. J., Szatmari, P., Gaebel, W., Berk, M., Vieta, E., Maj, M., ... Reed, G. M. (2020). Mental, behavioral and neurodevelopmental disorders in the ICD-11: An international perspective on key changes and controversies. *BMC Medicine, 18*(1), 21.

Tran, U. S., Bertl, B., Kossmeier, M., Pietschnig, J., Stieger, S., & Voracek, M. (2018). "I'll teach you differences": Taxometric analysis of the Dark Triad, trait sadism, and the Dark Core of personality. *Personality and Individual Differences, 126*, 19-24.

Wetzel, E., & Robins, R. W. (2016). Are parenting practices associated with the development of narcissism? Findings from a longitudinal study of Mexican-origin youth. *Journal of Research in Personality, 63*, 84-94.

Widiger, T. A., & Gore, W. L. (2015). Dimensional versus categorical models of psychopathology. In S. Lilienfeld, R. L. Cautin (Eds.), *The encyclopedia of clinical psychology*. John Wiley & Sons.

World Health Organization [WHO]. (2006). *The international classification of functioning disability and health (IFC). https://icd.who.int/dev11/l-icf/en*

World Health Organization [WHO]. (2019). *International classification of diseases (ICD-11)* (11th ed.). https://icd.who.int/en

Zeigler-Hill, V., & Marcus, D. K. (2016). Introduction: A bright future for dark personality features? In V. Zeigler-Hill, & D. K. Marcus (Eds.), *The dark side of personality: Science and practice in social, personality, and clinical psychology* (pp. 3-22). American Psychological Association.

Zettler, I., Moshagen, M., & Hilbig, B. E. (2020). Stability and change: The dark factor of personality shapes dark traits. *Social Psychological and Personality Science, 12*(6), 974-983.

5

O PROCESSO DE TOMADA DE DECISÃO NO DIAGNÓSTICO DE TRANSTORNOS MENTAIS

KALIL MAIHUB MANARA
CLARISSA MARCELI TRENTINI

O diagnóstico de transtornos mentais com base em sistemas como a *Classificação internacional de doenças* (CID) envolve a avaliação da presença, da intensidade e da duração dos sinais e sintomas que definem cada transtorno (Butcher et al., 2014). Essa avaliação também deve levar em conta os prejuízos causados por esses sinais e sintomas e investigar a existência de outras etiologias (uso de substâncias, outros transtornos mentais e/ou outras condições médicas) que possam explicá-los (First, 2014).

Esse tipo de diagnóstico é fundamental para a comunicação entre profissionais e para a prescrição de tratamentos baseados em evidências. Idealmente, essa tarefa envolve a integração de diversas fontes de informação, assim como a seleção das melhores ferramentas disponíveis e a correta interpretação dos dados por elas fornecidos (Youngstrom et al., 2017). Diante dessa complexidade, mesmo os mais experientes profissionais podem cometer erros diagnósticos com eventuais implicações negativas para o tratamento (Garb, 1998, 2005). Compreender os aspectos cognitivos envolvidos no julgamento clínico pode ampliar a capacidade crítica dos profissionais sobre o seu próprio processo de trabalho, sendo uma boa forma de prevenir erros (Croskerry, 2013a).

Neste capítulo, discute-se um modelo teórico, conhecido como modelo dual (Kahneman & Frederick, 2002), que sintetiza diferentes achados empíricos no campo do julgamento e tomada de decisão e fornece *insights* relevantes sobre o diagnóstico de transtornos mentais. Também são apresentados dois métodos estruturados de diagnóstico diferencial (First, 2014; Youngstrom et al., 2017) que podem ser utilizados para guiar o julgamento clínico, contribuindo para a precisão do diagnóstico, e um grupo mais geral de métodos para melhorar julgamentos e decisões, conhecido como estratégias de desenviesamento (em inglês, *debiasing*) (Croskerry et al., 2013a, 2013b).

O MODELO DUAL DE JULGAMENTO E TOMADA DE DECISÃO

Os termos *julgamento* e *decisão* muitas vezes são tratados como sinônimos na literatura; entretanto, é possível diferenciá-los. O julgamento é a "avaliação de uma ou mais possibilidades com relação a um conjunto de evidências e objetivos" (Baron, 2007, p. 8), enquanto as decisões (ou tomadas de decisão) são as "escolhas de ação" (Baron, 2007, p. 6). Assim, os julgamentos fazem parte do processo de tomada de decisão, embora não necessariamente levem a ações (configurando decisões). Porém, essa diferenciação não será fundamental para o presente contexto, uma vez que os julgamentos diagnósticos geralmente tornam-se ações (de diagnosticar), com importantes consequências práticas (Blumenthal-Barby & Krieger, 2014).

O campo de estudos em julgamento e tomada de decisão é extremamente amplo e abarca em si uma enorme diversidade teórica e metodológica (Keren & Wu, 2015). Isso reflete, em parte, a complexidade do processo de pensamento, que pode se dar em diferentes condições, com diferentes objetivos e, consequentemente, tomar diferentes formas (Kahneman & Klein, 2009). Uma maneira de integrar os achados empíricos do campo de maneira coerente é a proposição da existência de dois tipos diferentes de processos de pensamento, com características próprias que serão detalhadas mais adiante. Essa proposta, chamada modelo dual, foi feita de forma mais ou menos independente por diversos autores na psicologia moderna (Frankish & Evans, 2009; Smith & Collins, 2009), como Wason e Evans (1974) na psicologia cognitiva e Petty e Cacciopo (1981) na psicologia social.

A popularização do modelo dual no campo das pesquisas em julgamento e tomada de decisão é atribuída a Kahneman e Frederick (2002). Esses autores descreveram dois conjuntos de processos cognitivos, denominados sistema 1 (processos intuitivos) e sistema 2 (processos analíticos). Cabe enfatizar que, no sentido utilizado aqui (Kahneman, 2012), os sistemas não se referem a entidades em si, e sim a conjuntos de processos que compartilham determinadas características. O sistema 1 é automático, rápido, associativo, não exige esforço deliberado e envolve processos que, em grande parte, não são percebidos pelo próprio indivíduo. Já o sistema 2 é controlado, lento, dedutivo, exige esforço deliberado e é percebido conscientemente pelo indivíduo. Em termos gerais, entende-se que eles operam conjuntamente, embora o sistema 1 seja responsável pela maioria dos julgamentos e decisões que as pessoas tomam no dia a dia, sem perceber. Esse sistema reúne as informações disponíveis por meio dos sentidos e da memória e usa métodos simples para chegar a conclusões sobre como interpretá-las ou o que fazer em seguida (Kahneman, 2012). Porém, às vezes, o sistema 1 não consegue interpretar coerentemente uma informação ou resolver um problema, e a atenção é atraída para a tarefa de decisão. Em outros casos, o indivíduo pode estar motivado para decidir cuidadosamente (p. ex., em decisões muito importantes). Quando isso ocorre, o sistema 2 entra em ação: partindo das primeiras impressões produzidas pelo sistema 1, ele supervisiona o processo de decisão e utiliza métodos deliberados para julgar e decidir.

O funcionamento dos dois sistemas pode ser ilustrado por meio de uma breve reflexão sobre um caso hipotético de um indivíduo com alguns sintomas bem familiares para a maioria dos profissionais da saúde mental. Por exemplo, imagine um paciente que tem experimentado um período incomum de tristeza, perda de prazer em atividades do dia a dia, aumento de peso e apetite, sensação de fadiga e insônia. Para psiquiatras e psicólogos (especialmente, talvez, os que lerem o Capítulo 7 deste livro), esse conjunto de sintomas tende a remeter, espontaneamente, a algo como "depressão". Essa é uma operação do sistema 1: as informações apresentadas são reunidas rapidamente e interpretadas da maneira mais coerente possível de acordo com as expectativas e experiências prévias. Para profissionais que gostam de testar hipóteses, um diagnóstico provável pode ter surgido diretamente: "episódio depressivo". Para ilustrar o funcionamento do sistema 2, pode-se fazer uma pergunta que chamaria atenção da maioria dos profissionais para um processo de deliberação mais cuidadoso: "O paciente recém descrito tem um transtorno depressivo recorrente?" (no *Manual diagnóstico e estatístico de transtornos mentais* [DSM-5], transtorno depressivo maior, com episódio recorrente) (American Psychiatric Association [APA], 2013). Diante dessa pergunta, espera-se que os profissionais empreendam um esforço consciente para verificar se o paciente em questão deve receber esse diagnóstico, aderindo aos critérios estabelecidos para tanto (Garb, 1998).

Como se discute mais adiante neste capítulo, diferentes métodos poderiam ser empregados para isso, dependendo, entre outros fatores, das informações disponíveis e do treinamento do profissional. Porém, também é possível que, diante dessa pergunta sobre o diagnóstico, o profissional aderisse a critérios menos rígidos, seguindo a sua intuição a respeito do quanto aquele "parece" ser um caso de depressão. Ao proceder dessa forma, como será visto a seguir, o comportamento do profissional provavelmente poderia ser descrito como uma heurística de representatividade (Garb, 2005). Apesar desse procedimento ser mais rápido e demandar menor esforço, a acurácia do diagnóstico poderia ser comprometida.

INTUIÇÃO NO PROCESSO DIAGNÓSTICO

Como mencionado anteriormente, no modelo dual de tomada de decisão, um conjunto de processos cognitivos é chamado de sistema 1, ou intuitivo (Croskerry, 2009), por compartilhar algumas características (p. ex., automaticidade, involuntariedade, funcionamento associativo). Estão incluídas nesse conjunto as tendências cognitivas evolutivamente selecionadas, os processos regulados pelas emoções, as associações tornadas automáticas por meio da repetição e os processos de aprendizado implícito (Croskerry et al., 2013b). A seguir, discute-se a influência desses diversos conjuntos de fenômenos no processo de diagnóstico.

A "MAGIA" DA *EXPERTISE*

Uma forma de intuição envolve o uso inconsciente de pistas ambientais, isto é, julgamentos feitos com base em evidências que o indivíduo não percebe que está considerando. Alguns exemplos descritos na literatura incluem a habilidade de comandantes de bombeiros para detectar que um prédio vai desabar (Klein, 2017), e a de enfermeiras em UTIs neonatais para detectar infecções em bebês (Crandall & Getchell-Reiter, 1993). Os profissionais entrevistados nesses estudos, embora tivessem a sensação de que algo não estava certo (com o prédio ou com o bebê), não conseguiam explicar o porquê ou definir exatamente quais pistas os levaram a essa inferência.

Em outras circunstâncias, os profissionais conseguem verbalizar quais são as pistas envolvidas em suas conclusões; porém, o processo de reconhecimento continua sendo bastante automático, não dependendo de raciocínio deliberado. Isso ocorre, por exemplo, com os médicos que reconhecem rapidamente as erupções cutâneas derivadas do herpes-zóster (Richardson & Wilson, 2015): eles podem descrever quais características das lesões são usadas no reconhecimento da doença (região e distribuição na pele, etc.), mas não precisam pensar a respeito para reconhecê-las. Esse também é o caso do exemplo tratado anteriormente, do reconhecimento de um episódio depressivo. Não é necessário um esforço para reconhecê-lo – as pistas (os sintomas) são acessadas conscientemente e é possível explicar a sua relevância (são critérios para o diagnóstico).

Apesar de impressionantes, essas formas "intuitivas" de conhecimento são entendidas como processos simples, derivados da percepção e da memória, consistindo no reconhecimento de padrões aprendidos por meio de experiência e/ou treinamento (Croskerry, 2009; Kahneman & Klein, 2009). Processos que inicialmente demandam esforço consciente (sistema 2) tornam-se automáticos (sistema 1) pela prática. Além disso, padrões reconhecidos nas situações podem ser imediatamente associados às ações mais adequadas de acordo com a experiência. Por exemplo, no caso do comandante de bombeiros, o reconhecimento de que um prédio vai desabar o leva a ordenar a saída imediata de um batalhão (Klein, 2017). Assim, em vez de examinar todas as alternativas possíveis, o indivíduo acessa rapidamente, em sua memória, as inferências e decisões que foram úteis no passado.

De fato, esse mecanismo simplifica as tarefas de decisão do dia a dia. Pode-se ilustrar isso retornando ao exemplo do reconhecimento de episódio depressivo: caso o episódio (ou o campo dos transtornos de humor) não fosse rapidamente identificado como hipótese, como seria possível proceder? Provavelmente, seria necessário consultar livros de psicopatologia e/ou manuais diagnósticos e checar a correspondência entre o caso em questão e cada uma das síndromes descritas. É provável, ainda, que os pacientes deixassem o consultório antes que fosse possível chegar à metade desse processo.

É importante considerar, porém, que tempo de experiência e *expertise* não são sinônimos (Croskerry et al., 2013a; Kahneman & Klein, 2009), sendo que o tempo de experiência pode ou não levar à *expertise*, dependendo das características da atividade em questão. O aprendizado por meio da experiência pode ser impulsionado por tarefas nas quais há pistas objetivas e úteis para a tomada de decisão. Da mesma forma, quando os resultados das decisões podem ser observados de forma rápida e explícita, há um ganho nesse sentido, como ocorre em grande parte das tarefas de diagnóstico médico (Kahneman & Klein, 2009). Já no caso do diagnóstico de transtornos mentais, a possibilidade de aprendizado dependerá da disponibilidade de *feedback* sobre a acurácia diagnóstica, o que pode ser mais comum em *settings* nos quais são observados efeitos terapêuticos de curto prazo (p. ex., resposta a determinados tratamentos farmacológicos).

Mesmo quando a "magia" da *expertise* existe, ela pode "voltar-se contra o feiticeiro" caso regras automatizadas ou oriundas da experiência sejam aplicadas fora do contexto em que são válidas (Croskerry et al., 2013b). A automaticidade do pensamento intuitivo torna-o suscetível a falhar na detecção de aspectos situacionais que invalidam as regras aplicadas. Por exemplo, um clínico pode ter aprendido a interpretar comportamentos de isolamento (p. ex., ficar o dia inteiro dentro de casa, sem interagir com ninguém) como indicativos de anedonia, utilizando-os com sucesso no diagnóstico de episódios depressivos em sua prática clínica. Todavia, ao deparar-se com um paciente imigrante que esteja exibindo esses mesmos comportamentos, interpretá-los rapidamente como anedonia poderia ser equivocado, pois sua origem pode ser distinta. É possível que um nível maior de isolamento seja comum no país de origem desse paciente, refletindo uma norma cultural, ou mesmo que seja consequência da ausência de vínculos no novo país, e não fruto do estado de humor do indivíduo.

Assim, uma associação intuitiva aprendida com a prática clínica, válida em um determinado contexto, pode ser automática e equivocadamente generalizada para contextos nos quais ela não é válida. No exemplo da anedonia, uma característica cultural ou situacional acabaria sendo interpretada como uma alteração de humor, o que poderia contribuir para um erro de diagnóstico. Porém, como será visto a seguir, as associações a partir da experiência não são a única forma pela qual o pensamento intuitivo opera, e a sua generalização apressada é apenas uma das fontes de erro em julgamentos intuitivos.

HEURÍSTICAS E VIESES

A pesquisa em julgamento e tomada de decisão identificou que, muitas vezes, os indivíduos involuntariamente substituem a questão que pretendem responder por outra "mais fácil" (Kahneman, 2012; Kahneman & Frederick, 2002; Tversky & Kahneman, 1974). Esse é o mecanismo geral do chamado *pensamento heurístico*, observado inicialmente em julgamentos sob condições de incerteza e posteriormente identificado, também, em outros tipos de julgamento (p. ex., na avaliação sobre o quanto uma experiência foi dolorosa) (Fredrickson & Kahneman, 1993). Diversos casos de pensamento heurístico também foram identificados no campo do diagnóstico médico (Blumenthal-Barby & Krieger, 2014; Croskerry, 2009), e, alguns, nos diagnósticos de transtornos mentais feitos por psicólogos (Garb, 2005).

O pensamento heurístico pode ser descrito como uma substituição de atributos, em que uma propriedade de fácil acesso na memória é utilizada como substituta para fazer um julgamento a respeito de outra que não está diretamente disponível (Kahneman & Frederick, 2002). Essa forma de pensamento aparece de diferentes maneiras, descritas como heurísticas de representatividade, de disponibilidade, de afeto, entre outras, dependendo dos atributos utilizados na substituição. Acredita-se que, na maioria dos casos, essas heurísticas são benéficas para os indivíduos, auxiliando-os na tomada de decisões suficientemente adequadas no dia a dia e dispensando-os da necessidade de realizar processos intricados de deliberação (Kahneman & Klein, 2009). Porém, especialmente em situações mais complexas (Croskerry et al., 2013b), as heurísticas também podem se desviar sistematicamente de padrões racionais (chamados normativos), constituindo umas das causas de vieses em processos diagnósticos.

Um exemplo clássico é a heurística de representatividade (Kahneman & Frederick, 2002; Tversky & Kahneman, 1974). Ela ocorre quando, para estimar uma probabilidade a respeito de um caso, substitui-se a estimativa em si pelo grau de semelhança que o caso parece ter com um protótipo imaginado (Kahneman & Frederick, 2002). Garb (1996, 1998) diferencia os termos *estereótipo* e *protótipo*: o primeiro corresponde a como o clínico imagina que seja o paciente "típico", enquanto o segundo corresponde a um paciente com todas as características que se supõe pertencer ao transtorno. Aqui, como em Kahneman e Frederick (2002), utiliza-se o termo protótipo para referir-se mais amplamente ao representante com o qual os casos são comparados em uma heurística de protótipo qualquer (incluindo ambas as definições dadas por Garb).

Em dois experimentos, Garb (1996) identificou que essa heurística estava presente no diagnóstico de transtornos mentais feito por psicólogos estadunidenses. No primeiro experimento, os clínicos eram apresentados a um caso hipotético e solicitados a julgar a probabilidade de que ele apresentasse diferentes transtornos da personalidade. Após, os participantes avaliavam o grau de similaridade entre o caso apresentado e a "típica" pessoa com o transtorno. Entre os 67 clínicos que participaram do estudo, apenas 18 fizeram o diagnóstico correto segundo os critérios vigentes na época (DSM-III-R). Além disso, observou-se uma correlação de 0,92 entre a probabilidade estimada pelos clínicos e a similaridade que eles julgaram haver entre o caso da vinheta e o protótipo. Esse é um forte indício de que o julgamento de probabilidade estava sendo substituído por um julgamento de similaridade com o protótipo (pessoa "típica" com o transtorno).

Em um segundo experimento (Garb, 1996), utilizou-se uma vinheta com sintomas ambíguos, e os clínicos foram solicitados a avaliar a probabilidade da presença de transtornos psicóticos e de depressão maior. Na semana seguinte, os clínicos releram o caso e avaliaram a similaridade do paciente com um caso típico do transtorno. Dessa vez, observou-se uma correlação um pouco menor (0,77) entre os julgamentos de probabilidade e similaridade. Porém, essa correlação está muito próxima da fidedignidade teste-reteste para esses diagnósticos (Garb, 1998) e indica a utilização de uma heurística de representatividade. A correlação entre os julgamentos de similaridade com o protótipo e os julgamentos de probabilidade foi alta mesmo entre os profissionais que fizeram diagnósticos corretos (Garb, 1996). Isso indica que a heurística de representatividade também estava sendo utilizada por esses profissionais, porém, o protótipo que eles tinham em mente correspondia aos critérios diagnósticos vigentes. Contudo, uma vez que a maioria dos clínicos não fez o diagnóstico correto, depreende-se que a maioria dos protótipos utilizados não correspondia aos critérios diagnósticos estabelecidos. Essa discrepância é corroborada por outras evidências na literatura (Garb, 2005).

Além das heurísticas, diversos outros fenômenos característicos do pensamento intuitivo podem levar a erros diagnósticos. Por exemplo, muitas vezes os clínicos falham em revisar suas hipóteses diagnósticas iniciais (Jenkins & Youngstrom, 2016), atribuindo diagnósticos antes de verificá-los adequadamente ou deixando de buscar por hipóteses alternativas (Croskerry et al., 2013a). Erros diagnósticos também podem estar associados a reações enviesadas, percebidas ou não pelo clínico, em relação a características do paciente, incluindo identidade de gênero, orientação sexual, raça e classe social (Garb, 1998). A ocorrência desses fenômenos depende não apenas de falhas das formas intuitivas do pensamento, mas também das limitações inerentes ao pensamento analítico (sistema 2), responsável por supervisioná-las (Kahneman, 2012). Esse processo também pode ser prejudicado na presença de fatores como fadiga, sobrecarga cognitiva e falta de sono (Croskerry et al., 2013b).

A seguir, descreve-se mais detalhadamente o papel dos processos do sistema 2 nos julgamentos e decisões diagnósticas. Alguns métodos sistematizados para o diagnóstico de transtornos mentais são discutidos, bem como estratégias deliberadas para evitar vieses no processo de tomada de decisão.

ANÁLISE NO PROCESSO DIAGNÓSTICO

Como mencionado anteriormente, o sistema 2 envolve aspectos voluntários e conscientes do processo de julgamento e tomada de decisão, cuja execução demanda esforço do indivíduo (Croskerry, 2009; Kahneman, 2012). Uma característica colateral desse sistema de pensamento é a sua "preguiça": devido à capacidade limitada, o sistema 2 opera somente quando há um bom nível de motivação e pode não entrar em ação a menos que algo "salte aos olhos". Por exemplo, quando os clínicos fazem apenas um dos diagnósticos pertinentes para um dado caso clínico no qual há comorbidade entre dois transtornos mentais (Jenkins & Youngstrom, 2016), não foi apenas o seu pensamento intuitivo que falhou, houve também uma falha do sistema 2 em detectar e/ou corrigir esses erros. Em contrapartida, esse sistema tende a entrar em ação quando o indivíduo está motivado para dar atenção e/ou pensar analiticamente sobre uma tarefa, quando características aberrantes quebram as expectativas iniciais a respeito de um fenômeno (Klein, 2017) ou quando o sistema 1 não reconhece o que está diante de si (Croskerry, 2009).

Uma vez que o sistema 2 é voluntário, o que ele faz depende amplamente dos conhecimentos do indivíduo a respeito de como tomar uma decisão. Por exemplo, ao ser solicitada a resolver uma operação matemática de multiplicação, uma pessoa que tenha concluído os anos iniciais do ensino fundamental passará a aplicar os métodos que conhece para chegar ao resultado, mentalmente ou com o auxílio de papel e caneta, e provavelmente chegará à resposta correta. Esse processo não ocorrerá caso a mesma tarefa seja dada a uma pessoa que jamais teve acesso à aritmética, embora sua capacidade para julgar de maneira cuidadosa esteja presumivelmente intacta.

Nesse sentido, os procedimentos sistemáticos que psicólogos e psiquiatras aprendem para realizar diagnósticos são, em termos gerais, desempenhados pelo sistema 2. Isso pode ser exemplificado com o retorno, mais uma vez, ao caso mencionado do diagnóstico de depressão. Após verificar os sintomas de um paciente e suspeitar de um episódio depressivo (sistema 1), o clínico motivado a aderir à classificação da CID-11 poderia consultar (ou evocar por meio de um mnemônico) as orientações fornecidas pelas Descrições Clínicas e Requisitos Diagnósticos (DCRD) da CID-11. Entre outros aspectos, as DCRD (World Health Organization [WHO], 2022) orientariam o profissional a verificar a presença de uma série de sintomas, bem como seu período de duração. O clínico, então, checaria a presença de cada sintoma de maneira atenta e voluntária (não automática). Trata-se, portanto, de um processo de pensamento típico do sistema 2.

Pela sua característica voluntária, o sistema 2 é altamente suscetível à instrução: o que ele faz depende do que o tomador de decisões pretende fazer e, geralmente, do que ele foi ensinado a fazer. Nesse sentido, os profissionais da saúde mental costumam ser ensinados a aderir às orientações diagnósticas estabelecidas em classificações como a CID-11. Porém, além de checar os sintomas a partir de um manual, os clínicos podem aplicar métodos gerais de diagnóstico (ou diagnóstico diferencial), que oferecem orientações mais amplas sobre o processo de julgamento. Isso pode ser vantajoso, uma vez que a confirmação do diagnóstico não é o único processo afetado por heurísticas e vieses – como já mencionado, a formulação de hipóteses também é afetada.

A seguir, serão abordados dois modelos gerais para a estruturação do diagnóstico diferencial. Um deles (aqui chamado de diagnóstico diferencial baseado em regras) foi elaborado por First (2014) no contexto do DSM-5, e o outro (diagnóstico diferencial baseado em probabilidade) é oriundo da perspectiva das práticas baseadas em evidências no campo da medicina (Richardson & Wilson, 2015) e da avaliação psicológica (Youngstrom et al., 2017).

DIAGNÓSTICO DIFERENCIAL BASEADO EM REGRAS

O manual de diagnóstico diferencial do DSM-5 (First, 2014) oferece um modelo útil para considerar hipóteses relevantes diante de um problema clínico e para aderir aos critérios diagnósticos estabelecidos. Devido à grande correspondência entre a maioria dos critérios das versões contemporâneas das classificações de transtornos mentais, esse modelo pode ser útil mesmo quando o objetivo é aderir aos requisitos das DCRD (CID-11) (WHO, 2022).

O modelo está dividido em duas estratégias que podem ser usadas de maneira complementar. A primeira delas utiliza algoritmos de decisão, que, nesse caso, consistem em representações esquemáticas do processo de classificação diagnóstica pela aplicação de regras sucessivas. O manual oferece 29 algoritmos de decisão, cada qual partindo de um problema clínico que um paciente pode apresentar. Iniciando-se por humor deprimido, por exemplo, investiga-se passo a passo a presença de características (p. ex., devido aos efeitos fisiológicos de uma substância) que levam à distinção entre possíveis diagnósticos.

De maneira geral, os algoritmos de decisão distinguem, inicialmente, se a condição do paciente pode ser mais bem explicada pelo efeito de substâncias ou por outra condição médica e, a seguir, investigam os sintomas até a definição de um diagnóstico primário. Quando necessário, os algoritmos auxiliam na diferenciação entre transtorno de adaptação e categorias residuais (outro transtorno especificado ou transtorno não especificado). Também são mencionados alguns sinais de alerta que demandam revisar, em casos específicos, a premissa de que o relato do paciente a respeito de seus sintomas é confiável (First, 2014). Além disso, é preciso distinguir se os sintomas do paciente causam prejuízo e/ou sofrimento significativos, o que é essencial para que sejam classificados como um ou mais transtornos mentais. Para exemplificar, a Figura 5.1 mostra o trecho inicial do algoritmo de decisão para humor deprimido.

A segunda estratégia do modelo de First (2014) é usar tabelas para comparar uma hipótese diagnóstica com hipóteses alternativas plausíveis. O transtorno depressivo maior, por exemplo, é comparado com transtorno bipolar tipo I ou tipo II, descrevendo-se a principal característica que os diferencia (presença de episódios maníacos ou hipomaníacos). Essa estratégia de comparação direta pode ser empregada após o uso de um algoritmo de decisão, para confirmar a adequação do diagnóstico (First, 2014).

Cabe destacar que, embora formas de julgamento clínico estruturado demonstrem,

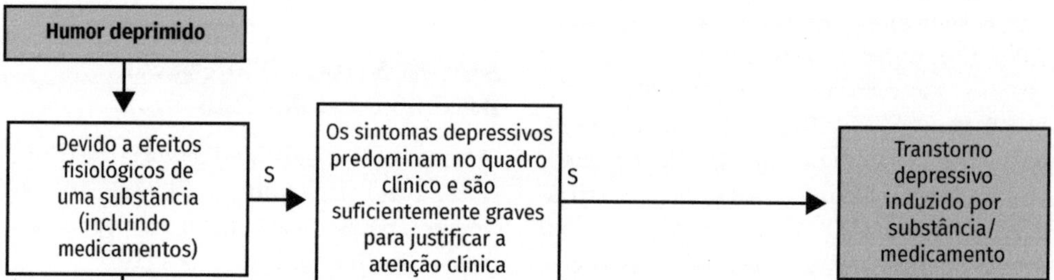

FIGURA 5.1

Parte inicial do algoritmo de decisão para humor deprimido.

Nota: Observar que o processo inicia no topo, à esquerda, e pode terminar nos quadros mais à direita. Caso a resposta ao passo "Devido a efeitos fisiológicos de uma substância (incluindo medicamentos)" seja negativa, prossegue-se para os passos seguintes, na direção das reticências.

Fonte: Adaptada de First (2014).

em geral, bons resultados (Garb & Wood, 2019), a eficácia específica da abordagem proposta por First (2014) não foi empiricamente investigada. Porém, um estudo (Morgan et al., 2000) abordou diretamente a eficácia dos algoritmos de decisão do DSM-III-R (uma versão anterior da abordagem de First) e indicou que ela auxilia a melhorar a acurácia dos diagnósticos.

DIAGNÓSTICO DIFERENCIAL BASEADO EM PROBABILIDADE

Outra abordagem ao diagnóstico diferencial vem sendo proposta por representantes da escola das Práticas Baseadas em Evidências (PBE). Em diversas áreas, incluindo a psicologia e a medicina, a PBE se refere à tomada de decisões a partir das melhores evidências de pesquisa disponíveis, considerando a *expertise* clínica do profissional e as características e preferências do paciente (American Psychological Association Presidential Task Force on Evidence-Based Practice, 2006; Spring, 2007; ver também Leonardi & Meyer, 2015).

Para implementar essa proposta no campo do diagnóstico, foi desenvolvida uma abordagem probabilística que pode ser usada para lidar não só com testes diagnósticos na área médica (Richardson & Wilson, 2015), mas também com dados obtidos em avaliação psicológica (Youngstrom et al., 2017). Nessa abordagem, as probabilidades associadas às hipóteses diagnósticas relevantes são estimadas quantitativamente, utilizando-se dados do serviço e do paciente, bem como informações presentes na literatura científica. Essa estimativa é obtida por meio da aplicação da regra (ou teorema) de Bayes, que é uma forma de calcular probabilidades condicionais, isto é, a probabilidade de uma hipótese considerando um conjunto de dados (Joyce, 2019).

O objetivo desse processo não é chegar a 100% de probabilidade para fazer o diagnóstico (o que seria uma tarefa impossível), e sim coletar dados clínicos que permitam tomar decisões importantes para o caso (Youngstrom, 2013; Youngstrom et al., 2017). Nesse sentido, busca-se levar as probabilidades associadas a cada diagnóstico a um nível tão baixo que não valha a pena seguir avaliando (limite esperar-testar) ou tão alto que o tratamento seja claramente aconselhável (limite testar-tratar). O posicionamento exato desses limites depende de avaliações de riscos e benefícios, bem como das preferências dos usuários (em geral, são representados em 10% e 90%, respectivamente). O uso desses limites ficará mais claro com um exemplo que será apresentado mais adiante nesta seção. Antes, porém, descreve-se o processo geral da abordagem probabilística ao diagnóstico.

Inicialmente, constrói-se uma lista de hipóteses diagnósticas relevantes. Prioriza-se as condições mais prevalentes (critério probabilístico), além daquelas que, embora raras, podem causar prejuízos mais sérios se não diagnosticadas (critério prognóstico) (Richardson & Wilson, 2015; Youngstrom et al., 2017). Pode-se também incluir um critério pragmático, isto é, priorizar as condições que respondem melhor aos tratamentos disponíveis (Richardson & Wilson, 2015).

Ter em mente a prevalência dos diagnósticos favorece a consideração de hipóteses alternativas relevantes, evitando a tendência a confirmar hipóteses iniciais geradas intuitivamente (Youngstrom et al., 2017). Mais do que isso, porém, a prevalência pode ser utilizada diretamente no cálculo da probabilidade de um diagnóstico por meio da regra de Bayes. Nesse caso, a prevalência do diagnóstico é considerada a probabilidade inicial (ou pré-teste), isto é, a probabilidade de que um dado paciente tenha o diagnóstico, caso não se saiba nada a seu respeito. Para se chegar à probabilidade posterior (ou pós-teste), ou seja, a probabilidade de que o paciente tenha o diagnóstico considerando o que sabemos a seu respeito, a prevalência é combinada com um índice chamado razão de verossimilhança (RV) (LR, do inglês *likelihood ratio*). Na aplicação aqui descrita, a RV representa o grau em que determinada evidência a respeito de um caso (como um resultado positivo em um teste) afeta a probabilidade de que o paciente tenha o diagnóstico. Por exemplo, um resultado positivo em um questionário com grande acurácia tem mais peso do que o mesmo resultado em um teste com uma elevada taxa de falso-positivos (isto é, muitos casos de pessoas sem o diagnóstico que obtêm resultados positivos no teste). Embora o exemplo mais intuitivo para a RV seja o poder de predição de um teste, ela pode representar o poder preditivo de qualquer variável, mesmo variáveis sociodemográficas (p. ex., a presença de um transtorno específico em familiares de primeiro grau) (ver Youngstrom, [2013]). Além disso, RVs oriundas de diferentes fontes de evidência podem ser multiplicadas, de maneira a somar seus pesos na predição do diagnóstico, desde que as fontes de evidência sejam suficientemente independentes umas das outras. Embora não haja padrões bem definidos para demarcar o nível de independência necessário entre elas, Youngstrom et al. (2018) sugerem que as variáveis utilizadas devem ter coeficientes de correlação inferiores a 0,3 entre si. Ignorar o pressuposto de independência entre os preditores seria como considerar várias vezes as mesmas evidências, enviesando os resultados. Assim, caso haja correlações importantes entre os preditores, é melhor utilizar apenas o preditor mais forte para o cálculo da RV.

Como mencionado, a probabilidade de um diagnóstico pode ser calculada por meio de uma combinação entre a prevalência e a RV. Antes de tratar diretamente desse cálculo, é importante distinguir quais os dados de prevalência relevantes e como obter a RV de interesse. Em relação à prevalência, pode-se iniciar observando que a proporção de um dado transtorno mental entre as pessoas que buscam tratamento em um serviço (prevalência local) tende a ser muito superior à prevalência populacional. Assim, fazer uso das prevalências populacionais levaria a uma subestimação sistemática da probabilidade de um diagnóstico. Por sua vez, a prevalência local de um serviço pode ser enviesada por padrões idiossincráticos de diagnóstico utilizados por diferentes profissionais (Youngstrom, 2013). Assim, recomenda-se calibrar a prevalência local por meio da comparação com estimativas de prevalência disponíveis na literatura para o mesmo tipo de serviço (p. ex., centros de atenção psicossocial, serviços ambulatoriais de saúde mental, clínicas privadas), observando se há justificativas plausíveis para eventuais discrepâncias. É importante considerar que, embora a identificação dessas diferenças possa auxiliar a refletir criticamente sobre as práticas diagnósticas em um serviço, a ausência de disparidades não é prova de acurácia dos diagnósticos feitos no local e, tampouco, das estimativas de prevalência computadas com base neles (Youngstrom et al., 2017). Isso levou alguns autores a sugerirem o uso de prevalências computadas a partir de dados de um grande número de serviços de diferentes regiões (Reynolds, 2016), como forma de amenizar vieses inerentes a serviços e/ou profissionais específicos.

No caso da RV, ela só pode ser obtida por meio de uma consulta à literatura científica relevante, incluindo manuais de testes e artigos científicos. Embora a RV raramente seja fornecida de forma direta, é possível computá-la por meio de outras estatísticas comumente encontradas na literatura (Youngstrom, 2013), sendo que os índices de sensibilidade e especificidade são os mais facilmente conversíveis. *Sensibilidade* é a capacidade do teste para identificar corretamente os casos positivos (indivíduos que têm o diagnóstico), e *especificidade* é a capacidade para identificar corretamente os casos negativos (indivíduos que não têm o diagnóstico). Em estudos do poder de predição de testes, a sensibilidade corresponde à proporção, entre as pessoas que tinham a condição, que foi corretamente identificada (recebendo resultado positivo), e a especificidade corresponde à proporção, entre as pessoas que não tinham a condição, que foi corretamente identificada (recebendo resultado negativo) (Furukawa et al., 2015). A Tabela 5.1 contém as fórmulas para a conversão desses índices para a RV correspondente.

Uma vez munido de uma estimativa de prevalência local e da(s) RV(s), o profissional pode combiná-las para calcular a probabilidade posterior do diagnóstico para um dado paciente. Existem diferentes formas de fazer essa combinação (Furukawa et al., 2015; Youngstrom, 2013), sendo a mais simples o nomograma de probabilidades (conforme mostra a Figura 5.2), um esquema que permite chegar a ótimas aproximações da probabilidade posterior sem a necessidade de calculá-la.

O uso do nomograma consiste em traçar uma reta entre a probabilidade inicial, localizada na linha da esquerda, e a RV, localizada na linha do meio, de maneira que o fim dessa reta atinja a terceira coluna. Ao fazer isso, o ponto em que a reta encontra a terceira coluna corresponde a uma aproximação da probabilidade posterior que combina a probabilidade inicial e a RV utilizadas (ver a linha pontilhada na Figura 5.2).

Para profissionais que tenham afinidade com a matemática (ou a informática) é possível aplicar a regra de Bayes diretamente, obtendo-se uma estimativa mais precisa da probabilidade posterior do diagnóstico. As fórmulas para esse cálculo (Furukawa et al., 2015; Triola, 2017) são mostradas na Tabela 5.2, e estão disponíveis também em formato de planilhas digitais, na plataforma Open Science Framework (https://osf.io/pu3tw/).

Para ilustrar a abordagem descrita sobre RV, retoma-se o exemplo do paciente com sintomas depressivos, mencionado anteriormente. Imagine que o paciente, cujos sintomas depressivos já foram descritos, tenha sido encaminhado a um Centro de Atenção Psicossocial (CAPS). A partir da queixa do paciente, a profissional que realiza o seu acolhimento teria em mente um conjunto de hipóteses plausíveis e altamente prevalentes no serviço. Para fins didáticos, consideremos apenas duas hipóteses: transtorno depressivo (episódio único ou recorrente) e transtorno bipolar (tipo I ou tipo II). A partir dos registros do serviço, e tendo-os comparado com algumas estimativas da literatura (p. ex., Mangualde et al., 2013), a profissional estima as respectivas prevalências para esses transtornos/grupos de transtornos em 15% e 12%. Considerando a importância desses diagnós-

TABELA 5.1

FÓRMULAS PARA O CÁLCULO DA RAZÃO DE VEROSSIMILHANÇA (RV)

RESULTADO DO INSTRUMENTO	FÓRMULA
Positivo	$RV^{+} = \dfrac{\text{sensibilidade}}{1 - \text{especificidade}}$
Negativo	$RV^{-} = \dfrac{1 - \text{sensibilidade}}{\text{especificidade}}$

Nota: Aplica-se a RV^{+} quando o resultado é positivo, e a RV^{-}, quando é negativo (Furukawa et al., 2015; Youngstrom et al., 2018). Porém, pode-se também obter a RV de acordo com múltiplos pontos de corte, aproveitando a informação fornecida pelo teste da melhor forma. Assim, por exemplo, um escore de 11 no Mood Disorder Questionnaire (MDQ) corresponderia a um RV maior do que o escore 9, embora ambos estejam acima do ponto de corte (> 7) otimizado para interpretação binária (Castelo et al., 2010).

Fonte: Elaborada com base em Furukawa et al. (2015) e Youngstrom et al. (2018).

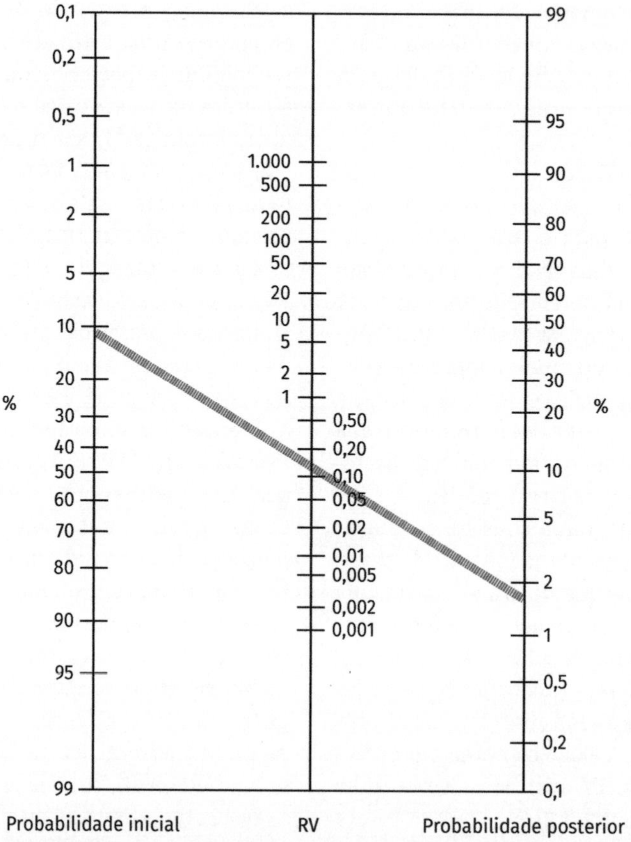

FIGURA 5.2

Nomograma de probabilidade.

Nota: Para descobrir a probabilidade posterior, basta conectar, com uma régua, a probabilidade inicial (ou prevalência, à esquerda) à verossimilhança associada à variável em questão (linha do centro). A porção final da régua deve tocar a terceira linha (à direita), apontando a probabilidade posterior correspondente. Na linha pontilhada, um exemplo de aplicação do nomograma, partindo da prevalência 12% e da razão de verossimilhança 0,13. A probabilidade posterior indicada pelo nomograma foi aproximadamente 1,7%, muito próxima daquela que derivaria da aplicação da fórmula da regra de Bayes mostrada na Tabela 5.2 (1,74%).

Fonte: Elaborada com base em Furukawa et al. (2015) e Youngstrom (2013).

ticos para a adequada definição do tratamento e sua probabilidade inicial relativamente alta, a profissional decide utilizar instrumentos de autorrelato. Ela aplica instrumentos com boas qualidades psicométricas: o Patient Health Questionnaire-9 (PHQ-9) (Santos et al., 2013) é utilizado como *screening* para transtornos depressivos e o Mood Disorder Questionnaire (MDQ) (Castelo et al., 2010), para avaliar a possível presença de um transtorno bipolar. A Tabela 5.3 mostra os índices de sensibilidade e especificidade publicados para esses instrumentos e a RV correspondente, calculada a partir das fórmulas (apresentadas na Tabela 5.1).

Seguindo com o exemplo, imaginando que o paciente tenha obtido resultado positivo no PHQ-9 e resultado negativo no MDQ, a pro-

TABELA 5.2

FÓRMULAS PARA O CÁLCULO DA PROBABILIDADE POSTERIOR A PARTIR DA RAZÃO DE VEROSSIMILHANÇA

FINALIDADE	FÓRMULA
Conversão da prevalência em chances iniciais	$\text{Chances iniciais} = \frac{\text{prevalência}}{1 - \text{prevalência}}$
Aplicação da regra de Bayes	Chances posteriores = chances iniciais × RV
Conversão das chances posteriores em probabilidade	$\text{Probabilidade posterior} = \frac{\text{chances posteriores}}{1 + \text{chances posteriores}}$

Nota: A aplicação do teorema de Bayes, em si, está na segunda linha. Observar que as operações nas linhas 1 e 3 só são necessárias porque essa forma do teorema, embora permita multiplicar diretamente a RV, utiliza chances ao invés de probabilidades. Assim, a fórmula na linha 1 é usada para converter a prevalência (usada como probabilidade inicial) para chances, e a na linha 3 para converter as chances posteriores (*posterior odds*) em probabilidade posterior.

Fonte: Elaborada com base em Furukawa et al. (2015).

TABELA 5.3

ÍNDICES DE RAZÃO DE VEROSSIMILHANÇA ASSOCIADOS AOS INSTRUMENTOS USADOS NO EXEMPLO

INSTRUMENTO	SENSIBILIDADE	ESPECIFICIDADE	RV^+ / RV^-
PHQ-9	0,78	0,87	6,00 / 0,25
MDQ	0,91	0,70	3,03 / 0,13

Nota: Os índices de sensibilidade e especificidade foram estimados por Santos et al. (2013) e Castelo et al. (2010). Cabe observar que o estudo de Santos et al. (2013) não utilizou amostras clínicas. Isso pode levar à superestimação da acurácia do teste, uma vez que, na população geral, a maioria dos verdadeiro-negativos corresponde a pessoas com poucos sintomas, enquanto os verdadeiro-negativos em populações clínicas têm outros sintomas que tendem a se confundir com os do transtorno-alvo, diminuindo a acurácia do teste (Youngstrom et al., 2018).

fissional poderia utilizar o nomograma para ligar suas probabilidades iniciais às RVs e obter probabilidades posteriores. De fato, a linha pontilhada na Figura 5.2 mostra o resultado que seria obtido ao ligar a prevalência estimada de transtorno bipolar no serviço (12%) à RV associada a um resultado negativo na MDQ (0,13). Como se vê, a probabilidade estimada por meio do nomograma está um pouco abaixo de 2% (talvez em 1,7%), muito próxima daquela que seria obtida se fosse aplicada diretamente a regra de Bayes (1,74%).

O importante, porém, é que a probabilidade de um transtorno bipolar agora está abaixo do limite esperar-testar (considerando-se que tenha sido estabelecido em 10%), e a profissional então descarta essa hipótese, pelo menos até que novas evidências a levem a revisar essa decisão. Atente-se para o fato de que, nas RVs negativas (isto é, para resultados negativos em uma variável), a acurácia é maior quando o índice é menor. Isso pode ser entendido mais intuitivamente tendo-se em mente que a RV é multiplicada pelas chances iniciais associadas a um diagnóstico. Assim, para que um resultado negativo diminua essas probabilidades, é preciso que a RV^- seja menor do que 1, e seu impacto será tão maior quanto mais ela se aproximar de zero. O oposto se aplica à RV^+: quanto maior o índice, maior a acurácia preditiva e maior o impacto positivo sobre a probabilidade do diagnóstico.

Voltando ao exemplo, ao combinar, por meio da regra de Bayes (ou do nomograma), a prevalência de transtornos depressivos no serviço (15%) e a RV associada ao resultado positivo no PHQ-9, obtém-se uma probabilidade posterior de 51% para um transtorno depressivo. Observa-se que a probabilidade desse diagnóstico aumentou substancialmente; porém, ainda não ultrapassou o limite testar-tratar (o que é esperado, uma vez que foram utilizados apenas instrumentos breves para *screening*). Nesse ponto, passa-se para o estágio final para completar o diagnóstico diferencial com base em probabilidade, que é a utilização de métodos mais intensivos de avaliação (em geral, entrevistas estruturadas ou semiestruturadas), cruzando-se o limite testar-tratar.

Cabe destacar que o exemplo apresentado é resumido, buscando apresentar os fundamentos da abordagem proposta por Youngstrom (2013) e Youngstrom et al. (2017). Esses autores propõem alguns outros passos no processo, como a utilização de instrumentos que cubram uma gama de transtornos mentais. Isso permite que, inicialmente, uma quantidade maior de hipóteses diagnósticas seja investigada, antes de se "afunilar" para hipóteses (e escalas) mais específicas, como as de nosso exemplo. Além disso, a proposta desses autores contempla outras áreas da avaliação psicológica, para além do diagnóstico, como a avaliação do processo terapêutico e de mediadores e moderadores de resposta ao tratamento. Incentiva-se, assim, o acesso aos artigos mencionados, bem como aos materiais disponibilizados gratuitamente na Wikiversity da Avaliação Baseada em Evidências (https://en.wikiversity.org/wiki/Evidence-based_assessment).

Apesar de sua maior complexidade, a abordagem probabilística tem a vantagem de fornecer diretrizes objetivas para a interpretação de dados preditivos quantitativos. Em um experimento utilizando vinhetas de pacientes hipotéticos (Jenkins & Youngstrom, 2016), essa abordagem obteve bons resultados quando utilizada conjuntamente com outras estratégias para reduzir vieses no diagnóstico de transtornos bipolares em crianças. Ela também obteve bons resultados na predição de diagnósticos reais estabelecidos por meio do método *Longitudinal Expert All Data* (LEAD), considerado o melhor padrão-ouro disponível para o diagnóstico de transtornos mentais (Jenkins et al., 2012).

Os dois modelos estruturados para o diagnóstico de transtornos mentais, em geral, fornecem diretrizes interessantes que favorecem a adesão aos critérios estabelecidos para o diagnóstico e têm diferentes níveis de evidência de eficácia nesse sentido (Jenkins et al., 2012; Jenkins & Youngstrom, 2016; Morgan et al., 2000). Entretanto, pelo que foi possível averiguar até a finalização deste capítulo, nenhuma das abordagens foi comparada com métodos usuais de avaliação em ensaios clínicos randomizados com pacientes reais. Além disso, os métodos descritos neste capítulo não são os únicos disponíveis para estruturar o processo diagnóstico, havendo, por exemplo, diretrizes elaboradas para o diagnóstico de transtornos mentais específicos (Reynolds, 2016). Essas diretrizes podem apresentar vantagens ao considerar aspectos inerentes ao diagnóstico desses transtornos, que tendem a não ser abordados em métodos mais gerais.

Outras estratégias de desenviesamento

Na seção anterior, foram abordados métodos utilizados para estruturar o processo de diagnóstico como um todo, isto é, conjuntos coerentes de regras e princípios usados para a tomada de decisões diagnósticas. Nesta seção, apresenta-se um grupo mais abrangente de estratégias projetadas para reduzir vieses em diferentes processos de julgamento e tomada de decisão, as chamadas *estratégias de desenviesamento*. Croskerry et al. (2013a) propôs uma interessante sistematização dessas estratégias, focada na sua aplicação em processos de diagnóstico. Embora as categorias auxiliem a compreender a diversidade de estratégias disponíveis para promover o desenviesamento, entende-se que elas apresentam alguma sobreposição entre si e são mais bem entendidas como variações ao longo de um espectro.

Um primeiro conjunto de intervenções de desenviesamento são as educacionais, voltadas para preparar os clínicos para realizar e detectar a necessidade de realizar desenviesamento no futuro. Exemplos desse tipo de intervenção incluem, entre outras, a inserção de disciplinas sobre tomada de decisão nos currículos de graduação de profissionais da saúde, o ensino de estratégias de desenviesamento para aplicação na prática (descritas a seguir) e o uso de simulações computadorizadas. Este capítulo, por exemplo, poderia ser incluído em um conjunto de estratégias de desenviesamento.

O segundo conjunto descrito por Croskerry et al. (2013a) são as intervenções em local de trabalho, que incluem tanto alterações planejadas no ambiente para melhorar os processos de julgamento e decisão quanto estratégias implementadas pelo próprio clínico para evitar vieses. Como exemplos dessas intervenções podemos citar o uso da padronização de processos de coleta de dados dos pacientes na tentativa de evitar encerramentos prematuros de investigações diagnósticas (favorecendo o aparecimento de dados contraditórios) e a reflexão deliberada a respeito das primeiras hipóteses diagnósticas. A inserção de pausas em meio ao processo de decisão pode auxiliar a desencadear sequências analíticas de pensamento (uma vez que os processos do sistema 2 são suscetíveis à fadiga). Buscar a opinião de colegas ou ter de justificar decisões para outras pessoas também pode melhorar a acurácia das decisões, motivando o pensamento analítico.

Outras intervenções, chamadas funções de força (*forcing functions*), induzem o profissional a decidir de acordo com determinados padrões normativos. Intervenções nessa categoria podem variar muito, incluindo propostas mais restritivas (p. ex., rejeitar o uso de testes com propriedades psicométricas de baixa qualidade em uma clínica), uso de regras explícitas ("se isso, então aquilo") – como são os próprios critérios diagnósticos – e mesmo formas implícitas de estímulo a determinadas práticas (os chamados *nudges*). Essa categoria de estratégias de desenviesamento também inclui o uso de *checklists* e de regras estatísticas de predição, como as apresentadas na seção anterior.

Embora raramente sejam abordadas de maneira formal, as estratégias de desenviesamento são informalmente aplicadas por diversos profissionais e organizações (Croskerry et al., 2013a) e podem assumir a forma de pequenos macetes, sendo ensinadas durante supervisões, discussões de equipe e outros momentos de comunicação entre os profissionais. As pesquisas sobre a efetividade desse tipo de estratégia ainda têm muito a avançar no campo do diagnóstico de transtornos mentais; porém, os resultados na área médica são promissores (Ludolph & Shulz, 2018). Tanto por esses resultados quanto pela simplicidade da maioria dessas intervenções, a promoção de estratégias de desenviesamento tem grande potencial para contribuir para as práticas diagnósticas em saúde mental.

CONSIDERAÇÕES FINAIS

Neste capítulo, o processo de julgamento e tomada de decisão no diagnóstico de transtornos mentais foi discutido a partir do modelo dual, que permite uma apreciação integrada dos achados empíricos da área. Espera-se que essa discussão possa auxiliar a promover reflexões críticas nos *settings* em que os profissionais atuam e/ou venham a atuar, contribuindo para melhorar a qualidade dessas práticas. Os métodos estruturados de diagnóstico diferencial e as estratégias de desenviesamento apresentadas constituem alguns dos caminhos possíveis para esse aprimoramento, fornecendo estratégias robustas para guiar o pensamento analítico (sistema 2) envolvido nessa complexa tarefa.

Para os que desejam aprofundamento na literatura em julgamento e tomada de decisão, que envolve uma grande diversidade de abordagens e polêmicas que este capítulo não pôde abarcar, recomenda-se a obra de Kahneman (2012), bem como o capítulo de Keren e Wu (2015). Para aprofundar-se a respeito da abordagem probabilística ao diagnóstico proposta pela Avaliação Baseada em Evidências, recomenda-se o artigo de Youngstrom et al. (2017) e a página da Wikiversity que vem sendo alimentada pelo professor Eric Youngstrom (https://en.wikiversity.org/wiki/Evidence-based_assessment).

REFERÊNCIAS

American Psychological Association Presidential Task Force on Evidence-Based Practice. (2006). Evidence-based practice in psychology. *American Psychologist, 61*(4), 271-285.

American Psychiatric Association [APA]. (2013). Manual diagnóstico e estatístico de transtornos mentais (DSM-5). Artmed.

Baron, J. (2007). *Thinking and deciding* (4th ed.). Cambridge University Press

Blumenthal-Barby, J. S., & Krieger, H. (2014). Cognitive biases and heuristics in medical decision making: A critical review using a systematic search strategy. *Medical Decision Making, 35*(4), 539-557.

Butcher, J. N., Mineka, S., & Hooley, J. M. (2014). *Abnormal psychology* (16th ed.). Pearson.

Castelo, M. S., Carvalho, E. R., Gerhard, E. S., Costa, C. M. C., Ferreira, E. D., & Carvalho, A. F. (2010). Validity of the Mood Disorder Questionnaire in a Brazilian psychiatric population. *Brazilian Journal of Psychiatry, 32*, 424-428.

Crandall, B., & Getchell-Reiter, K. (1993). Critical decision method: A technique for eliciting concrete assessment indicators from the intuition of NICU nurses. *Advances in Nursing Science, 16*(1), 42-51.

Croskerry, P. (2009). A universal model of diagnostic reasoning. *Academic Medicine, 84*(8), 1022-1028.

Croskerry, P., Singhal, G., & Mamede, S. (2013a). Cognitive debiasing 2: Impediments to and strategies for change. *BMJ Quality & Safety, 22*, ii65-ii72.

Croskerry, P., Singhal, G., & Mamede, S. (2013b). Cognitive debiasing 1: Origins of bias and theory of debiasing. *BMJ Quality & Safety, 22*, ii58-ii64.

First, M. B. (2014). *Manual de diagnóstico diferencial do DSM-5*. Artmed.

Frankish, K., & Evans, J. S. B. T (2009). The duality of mind: An historical perspective. In J. S. B. T. Evans, & K. Frankish (Eds.), *In two minds: Dual processes and beyond* (pp. 1-33). Oxford University Press.

Fredrickson, B. L., & Kahneman, D. (1993). Duration neglect in retrospective evaluations of affective episodes. *Journal of Personality and Social Psychology, 65*(1), 45-55.

Furukawa, T. A., Strauss, S. E., Bucher, H. C., Thomas, A., & Guyatt, G. (2015). Diagnostic tests. In G. Guyatt, D. Rennie, M. O. Meade, & D. J. Cook (Eds.), *Users' guides to the medical literature: A manual for evidence-based clinical practice* (3rd ed). McGraw-Hill.

Garb, H. N. (1996). The representativeness and past-behavior heuristics in clinical judgment. *Professional Psychology:* Research and Practice, 27(3), 272-277.

Garb, H. N. (1998). *Studying the clinician: Judgment research and psychological assessment.* American Psychological Association.

Garb, H. N. (2005). Clinical judgment and decision making. *Annual Review of Clinical Psychology, 1*, 67-89.

Garb, H. N., & Wood, J. M. (2019). Methodological advances in statistical prediction. Psychological Assessment, 31(12), 1456-1466.

Jenkins, M. M., Youngstrom, E. A., Youngstrom, J. K., Feeny, N. C., & Findling, R. L. (2012). Generalizability of evidence-based assessment recommendations for pediatric bipolar disorder. *Psychological Assessment, 24*(2), 269.

Jenkins, M. M., & Youngstrom, E. A. (2016). A randomized controlled trial of cognitive debiasing improves assessment and treatment selection for pediatric bipolar disorder. *Journal of Consulting and Clinical Psychology, 84*(4), 323-333.

Joyce, J. (2019). Bayes' theorem. In *Stanford encyclopedia of philosophy archive*. https://plato.stanford.edu/archives/spr2019/entries/bayes-theorem/

Kahneman, D., & Frederick, S. (2002). Representativeness revisited: Attribute substitution. In T. Gilovich, D. W. Griffin, & D. Kahneman (Eds.), *Heuristics and biases: The psychology of intuitive judgment* (pp. 49-81). Cambridge University Press.

Kahneman, D., & Klein, G. (2009). Conditions for intuitive *expertise*: A failure to disagree. *American psychologist, 64*(6), 515-526.

Kahneman, D. (2012). *Rápido e devagar: Duas formas de pensar*. Objetiva.

Keren, G., & Wu, G. (2015). A Bird's eye view of the history of judgement and decision making. In G. Keren, & G. Wu (Eds.), *The Wiley Blackwell handbook of judgment and decisionmaking* (pp. 1-41). Wiley Bleckwell.

Klein, G. A. (2017). *Sources of power: How people make decisions* (20th anniversary edition). MIT.

Leonardi, J. L., & Meyer, S. B. (2015). Prática baseada em evidências em psicologia e a história da busca pelas provas empíricas da eficácia das psicoterapias. *Psicologia: Ciência e Profissão, 35*(4), 1139-1156.

Ludolph, R., & Schulz, P. J. (2018). Debiasing health-related judgments and decision making: A systematic review. *Medical Decision Making, 38*(1), 3-13.

Mangualde, A. A. S., Botelho, C. C., Soares, M. R., Costa, J. F., Junqueira, A. C. M., & Vidal, C. E. L. (2013). Perfil epidemiológico dos pacientes atendidos em um Centro de Atenção Psicossocial. Mental, 10(19), 235-248.

Morgan, R. D., Olson, K. R., Krueger, R. M., Schellenberg, R. P., & Jackson, T. T. (2000). Do the DSM decision trees improve diagnostic ability? *Journal of Clinical Psychology, 56*(1), 73-88.

Petty R. E., & Cacioppo, J. T. (1981). *Attitudes and persuasion: Classic and contemporary approaches*. D. W. Brown.

Reynolds, C. R. (2016). Contextualized evidence and empirically based testing and assessment. *Clinical Psychology: Science and Practice, 23*, 410-416.

Richardson, W., & Wilson, M. C. (2015). The process of diagnosis. In G. Guyatt, D. Rennie, M.O. Meade, & D. J. Cook (Eds.), *Users' guides to the medical literature: A manual for evidence-based clinical practice* (3rd ed.). McGraw-Hill.

Santos, I. S., Tavares, B. F., Munhoz, T. N., Almeida, L. S. P. D., Silva, N. T. B. D., Tams, B. D., ... Matijasevich, A. (2013). Sensitivity and specificity of the Patient Health Questionnaire-9 (PHQ-9) among adults from the general population. *Cadernos de Saúde Pública, 29*(8), 1533-1543.

Smith, E. R., & Collins, E. C. (2009). Dual-process models: A social psychological perspective. In J. S. B. T. Evans, & K. Frankish (Eds.), *In two minds: Dual processes and beyond* (pp. 197-216). Oxford University Press.

Spring, B. (2007). Evidence-based practice in clinical psychology: What it is, why it matters; What you need to know. *Journal of Clinical Psychology, 63*(7), 611-631.

Triola, M. F. (2017). *Introdução à estatística* (12. ed.). LTC.

Tversky, A., & Kahneman, D. (1974). Judgment under uncertainty: Heuristics and biases. *Science, 185*(4157), 1124-1131.

Wason, P. C., & Evans, J. S. B. (1974). Dual processes in reasoning? *Cognition, 3*(2), 141-154.

World Health Organization (WHO). (2022). *International statistical classification of diseases and related health problems (ICD-11)* (11th ed.). https://icd.who.int/browse11/l-m/en

Youngstrom, E. A. (2013). Future directions in psychological assessment: Combining evidence-based medicine innovations with psychology's historical strengths to enhance utility. *Journal of Clinical Child & Adolescent Psychology, 42*(1), 139-159.

Youngstrom, E. A., Van Meter, A., Frazier, T. W., Hunsley, J., Prinstein, M. J., Ong, M.-L., & Youngstrom, J. K. (2017). Evidence-based assessment as an integrative model for applying psychological science to guide the voyage of treatment. *Clinical Psychology: Science and Practice, 24*(4), 331-363.

Youngstrom, E. A., Halverson, T. F., Youngstrom, J. K., Lindhiem, O., & Findling, R. L. (2018). Evidence-based assessment from simple clinical judgments to statistical learning: Evaluating a range of options using pediatric bipolar disorder as a diagnostic challenge. *Clinical Psychological Science, 6*, 243-265.

Youngstrom, E. (2019). Probability nomogram: Useful for combining probability and new information that changes odds, as used in evidence-based medicine and evidence-based assessment. https://upload.wikimedia.org/wikipedia/commons/0/08/Probability_nomogram_--_useful_for_combining_probability_and_new_information_that_changes_odds%2C_as_used_in_Evidence-Based_Medicine_and_Evidence-Based_Assessment_01.pdf. Licenciada sob a Creative Commons Attribution-Share Alike 4.0 International.

PARTE II

DEFINIÇÕES E TÉCNICAS DE AVALIAÇÃO E DIAGNÓSTICO DOS TRANSTORNOS MENTAIS

6

TÉCNICAS DE AVALIAÇÃO EM CASOS DE SUSPEITA DE TRANSTORNOS DO NEURODESENVOLVIMENTO

REGINA BASSO ZANON
BÁRBARA BACKES
FLÁVIA WAGNER
MÔNIA APARECIDA DA SILVA

Conforme descrito na 11ª edição da *Classificação internacional de doenças* (CID-11), os transtornos do neurodesenvolvimento (códigos 6A00 a 6A06.Z) são marcados por prejuízos comportamentais e cognitivos que surgem durante o período de desenvolvimento (antes dos 18 anos) e incluem dificuldades significativas na aquisição e no desempenho de funções intelectuais, motoras, de linguagem ou sociais específicas. Nesses transtornos, os déficits comportamentais e cognitivos são as características centrais, e não condições associadas, como em outros transtornos mentais e comportamentais (p. ex., esquizofrenia ou transtorno bipolar). Em relação à provável etiologia, sabe-se que é complexa – na maioria dos casos é multifatorial, e para muitos casos individuais, desconhecida (World Health Organization [WHO], 2021).

Na CID-11 (WHO, 2021), foram incluídas sete categorias no grupo dos transtornos do neurodesenvolvimento: transtornos do desenvolvimento intelectual (6A00), transtornos do desenvolvimento da fala ou linguagem (6A01), transtorno do espectro autista (6A02), transtorno do desenvolvimento da aprendizagem (6A03), transtorno do desenvolvimento da coordenação motora (6A04), transtorno de déficit de atenção/hiperatividade (6A05) e transtorno do movimento estereotipado (6A06) (WHO, 2021).

A CID-11 (WHO, 2021) propôs alguns reagrupamentos em relação à 10ª edição (CID-10) (World Health Organization [WHO], 2019). O grupo dos transtornos do neurodesenvolvimento na 11ª edição do manual passou a incluir estas categorias da CID-10 (WHO, 2019): retardo mental (F70 a F79), transtornos do desenvolvimento psicológico (F80 a F89) e transtornos emocionais e comportamentais com surgimento na infância e adolescência (F90 a F98). O termo *retardo mental*, ainda vigente na CID-10, passou a ser substituído por transtorno do desenvolvimento intelectual.

Este capítulo tem como objetivo principal discutir os critérios diagnósticos para os transtornos do neurodesenvolvimento de acordo com as atualizações da CID-11 (WHO, 2021). Será apresentada uma breve definição e caracterização do grupo diagnóstico, bem como apresentadas comparações com outros manuais classificatórios e perspectivas de avaliação, seguidas de recomendações práticas para cada grupo de transtornos.

TRANSTORNOS DO DESENVOLVIMENTO INTELECTUAL (6A00)

Os transtornos do desenvolvimento intelectual (TDIs) envolvem um grupo de condições clínicas caracterizadas por comprometimento significativo das funções cognitivas, associadas a limitações na aprendizagem, no comportamento e nas habilidades adaptativas. São um grupo de condições etiologicamente diversas, originadas antes dos 18 anos (WHO, 2021).

Na CID-11 (WHO, 2021), há a classificação do TDI (6A00) e diferentes códigos para gravidade clínica: leve (6A00.0), moderada (6A00.1), grave (6A00.2) ou profunda (6A00.3). Há também a classificação de TDI provisório (6A00.4), aplicada aos casos em que há evidências do transtorno, porém, o indivíduo é um bebê ou criança com menos de 4 anos, ou aos casos em que ainda não é possível realizar uma avaliação cognitiva ou do comportamento adaptativo devido a deficiências sensoriais ou físicas (p. ex., cegueira, surdez, deficiência locomotora) ou a comorbidades com outros transtornos mentais ou comportamentais (Girimaji & Pradeep, 2018; WHO, 2021). Por fim, há a classificação de TDI não especificado (6A00.Z), aplicada quando o nível de gravidade é de difícil definição quanto às condições comórbidas dos indivíduos com o transtorno, o que dificulta a avaliação. Orienta-se que este último seja utilizado para indivíduos maiores de 4 anos (Girimaji & Pradeep, 2018; WHO, 2021).

Os níveis de gravidade da deficiência são definidos em relação à independência e ao suporte necessário para diferentes indivíduos com o transtorno. Para a gravidade leve, as dificuldades mais marcantes são na aquisição e compreensão de conceitos complexos de linguagem e habilidades acadêmicas. Entretanto, a maioria dos indivíduos com gravidade leve do transtorno realiza atividades básicas de autocuidado, domésticas e práticas e pode trabalhar e ser relativamente independente na vida adulta, necessitando de pouco suporte. Já na gravidade moderada, há dificuldades mais acentuadas na aquisição de habilidades acadêmicas e de linguagem. Alguns indivíduos realizam atividades básicas de autocuidado, domésticas e práticas, mas requerem apoio considerável e consistente para alcançar uma vida adulta independente. No nível grave, os indivíduos apresentam linguagem e capacidade de aquisição de habilidades acadêmicas muito limitadas. Eles também podem ter deficiências motoras e sensoriais e em geral requerem suporte diário em um ambiente supervisionado para cuidados adequados. Habilidades básicas de autocuidado podem ser adquiridas com treinamento intensivo. No nível profundo, as habilidades de comunicação e a capacidade de aquisição de habilidades acadêmicas são muito limitadas, normalmente restritas às habilidades básicas concretas. Na CID-11 (WHO, 2021), são apresentados níveis de classificação da gravidade com base em testes padronizados, o que será apresentado mais adiante (ver seção Métodos e técnicas de avaliação dos transtornos do desenvolvimento intelectual).

A CID-11 consolidou a mudança do termo "retardo mental", ainda vigente na CID-10, para TDI. A palavra "mental" foi substituída por "intelectual" e "retardo", por "transtorno do desenvolvimento". Outra modificação importante na CID-11 foi a remoção da característica "comprometimento do comportamento" nas definições de gravidade (WHO, 2021). A nova nomenclatura é semelhante à usada pelo *Manual diagnóstico e estatístico de transtornos mentais* (DSM-5) (American Psychiatric Association [APA], 2014): transtorno do desenvolvimento intelectual (deficiência intelectual). A mudança da terminologia destaca o desenvolvimento intelectual como a característica central do diagnóstico. A alteração também tem o caráter de romper com nomenclaturas pejorativas e negativas em referência ao transtorno, como deficiência mental e retardo mental ainda presentes na CID-10 (Girimaji & Pradeep, 2018). O uso do termo "intelectual" também está em consonância com os modelos teóricos da inteligência, como os baseados na teoria dos três estratos de Cattell-Horn-Carroll (CHC). Esse modelo compreende a inteligência como uma ampla gama de habilidades cognitivas, funções adaptativas e capacidade para aprendizagem (Flores-Mendoza & Saraiva, 2018).

A CID-11 também incluiu o TDI em uma classificação ampla de transtornos do neurodesenvolvimento, reconhecendo que ele tem origem no período inicial do desenvolvimento cerebral (WHO, 2021). Tal mudança tem correspondência com o DSM-5 (APA, 2014), que fez a mesma modificação. Na CID-10, a classificação da deficiência intelectual era apresentada na categoria de transtornos mentais e comportamentais (F00-F99), subcategoria retardo mental (F70- F79).

Em correspondência com o DSM-5, a CID-11 também classifica o TDI por meio da avaliação das funções cognitivas e dos comportamentos adaptativos com testes padronizados. Destaca-se que os instrumentos devem ser apropriados em termos de qualidades psicométricas, e quando não há instrumentos ou não é possível utilizá-los, a classificação deve ser realizada com base no julgamento clínico especializado. Há maior ênfase nas propriedades psicométricas dos instrumentos usados, bem como nas condições de realização dos testes, com atenção para o nível de alfabetização, deficiências sensoriais, privação psicossocial e consideração de fatores culturais para avaliação do quociente intelectual (QI). Para a avaliação do funcionamento adaptativo, foram definidos os domínios de habilidades conceituais, sociais e práticas, com base nos indicadores comportamentais esperados. A classificação do nível de prejuízo destas funções passa a ser a característica central para a definição da gravidade (ver seção Métodos e técnicas de avaliação dos transtornos do desenvolvimento intelectual).

Por fim, a CID-11 conceitua o TDI como uma condição de saúde ou transtorno, em vez de focar na abordagem centrada na deficiência. Essa decisão tem impacto nas prioridades de atendimento aos pacientes na rede pública de saúde, bem como destaca a importância de se considerar os transtornos associados, uma vez que os pacientes com TDI têm uma prevalência de comorbidades psiquiátricas maior do que a população geral, permitindo o diagnóstico duplo (Girimaji & Pradeep, 2018).

A prevalência de TDI na população é estimada entre 1% e 2% (APA, 2014; Einfeld et al., 2011), com algumas evidências para um risco genético e ambiental compartilhado para explicar seu desenvolvimento (Owen, 2012). Em relação à utilidade clínica, ou seja, à confiabilidade, à validade e à utilidade dos critérios da CID-11 para o diagnóstico, algumas dificuldades foram destacadas por Cooray et al. (2015). Por meio de um estudo com especialistas, os autores argumentaram sobre a dificuldade de diferenciação entre os níveis moderado e grave. Eles recomendam que a observação de sinais do TDI seja priorizada em relação aos sintomas relatados por cuidadores ou familiares. Além disso, Cooray et al. (2015) destacam que os comportamentos problemáticos são o motivo mais comum para encaminhamento de pacientes com TDI para serviços de saúde – muitos deles sendo medicados com antipsicóticos para atenuar os sintomas externalizantes. Portanto, outros indicadores, para além dos critérios diagnósticos, devem ser considerados pelos clínicos durante a avaliação.

MÉTODOS E TÉCNICAS DE AVALIAÇÃO DOS TRANSTORNOS DO DESENVOLVIMENTO INTELECTUAL

Para o diagnóstico dos TDIs, o funcionamento cognitivo e o comportamento adaptativo devem estar situados significativamente abaixo da média normativa padrão para a idade e a escolaridade. Os critérios consideram dois ou mais desvios padrão abaixo da média, com base em testes padronizados e administrados individualmente. Quando os testes normatizados e padronizados não estão disponíveis, o diagnóstico de TDI requer maior confiança no julgamento clínico, com base na avaliação apropriada de indicadores comportamentais comparáveis. A Tabela 6.1 apresenta uma proposta de classificação da gravidade de acordo com a CID-11.

A avaliação diagnóstica requer o uso de instrumentos e procedimentos específicos, ou instrumentos correlatos padrão-ouro, para definir a presença e a gravidade do transtorno. Em relação às funções cognitivas, a Tabela 6.2 apresenta alguns dos principais instrumentos utilizados no Brasil, que têm propriedades psicométricas e normas para a população nacional. Têm destaque os testes de inteligência e desenvolvimento cognitivo, embora a análise de outras funções, como memória, atenção, funções executivas, linguagem, etc., também seja importante. Como há um grande número de instrumentos para esse tipo de avaliação no contexto brasileiro, optou-se por apresentar aqueles com parecer favorável para uso de acordo com consulta realizada no Sistema de Avaliação de Testes Psicológicos (SATEPSI), em maio de 2022, tendo em vista que esse tipo de avaliação é privativa de profissionais da psicologia. Existem outros instrumentos, porém, como o assunto é muito abrangente, não poderá ser tratado em detalhes neste capítulo. Sugere-se ao leitor interessado a busca de materiais complementares sobre o tema, como capítulos de avaliação do TDI em manuais de avaliação psicológica.

Baterias de avaliação da inteligência, como as Escalas Weschler, em geral fornecem uma avaliação mais abrangente, gerando escores que permitem comparar diferentes funções, bem como identificar facilidades e dificuldades relativas ao desempenho do avaliando. Entretanto, são mais suscetíveis a in-

TABELA 6.1

CLASSIFICAÇÃO DA GRAVIDADE DO TRANSTORNO DO DESENVOLVIMENTO INTELECTUAL DE ACORDO COM OS RESULTADOS DE FUNCIONAMENTO INTELECTUAL E FUNCIONAMENTO ADAPTATIVO EM INSTRUMENTOS PADRONIZADOS SEGUNDO COM A CID-11

LEVE	MODERADA	SEVERA	PROFUNDA
Dois ou três desvios padrão abaixo da média (aproximadamente percentis 0,1 a 2,3)	Três a quatro desvios padrão abaixo da média (aproximadamente percentis 0,003 a 0,1)	Quatro ou mais desvios padrão abaixo da média (abaixo do percentil 0,003)	Quatro ou mais desvios padrão abaixo da média (abaixo do percentil 0,003)

Nota: Em relação às gravidades severa e profunda, as diferenças no comportamento adaptativo em testes padronizados geralmente não distinguem de maneira válida o funcionamento abaixo do percentil 0,003.

TABELA 6.2

TESTES PSICOLÓGICOS DISPONÍVEIS E COM EVIDÊNCIAS PSICOMÉTRICAS SATISFATÓRIAS PARA AVALIAR INTELIGÊNCIA E/OU DESENVOLVIMENTO COGNITIVO

TESTE	FUNÇÕES OU HABILIDADES AVALIADAS	POPULAÇÃO-ALVO	EDITORA
Desenho da Figura Humana (DFH IV) (Wechsler, 2018)	Desenvolvimento cognitivo	Crianças de 5 a 12 anos	Lamp e PUC-Campinas
Desenho da Figura Humana Escala Sisto (DFH – Escala Sisto) (Sisto, 2005)	Desenvolvimento cognitivo	Crianças de 5 a 10 anos	Vetor
Escala Wechsler de Inteligência para Crianças – 4ª Edição (WISC-IV) (Rueda et al., 2013)	Inteligência e seus subcomponentes	Crianças e adolescentes de 6 a 16 anos	Pearson
Escala Wechsler Abreviada de Inteligência (WASI) (Trentini et al., 2014)	Inteligência e seus subcomponentes	Indivíduos entre 6 e 89 anos	Pearson
Escala de Inteligência Wechsler para Adultos (WAIS III) (Wechsler, 2004)	Inteligência e seus subcomponentes	Indivíduos entre 16 e 89 anos	Casa do Psicólogo
Escala de Maturidade Mental Colúmbia – Edição Brasileira Revisada (CMMS-3) (Malloy-Diniz & Schlottfeldt, 2018)	Desenvolvimento cognitivo de acordo com a idade (maturidade mental)	Crianças de 3 a 10 anos de idade	Pearson
G-36 Teste Não Verbal de Inteligência (Boccalandro, 2018)	Inteligência fluida	A partir de 18 anos	Vetor
G-38 Teste Não Verbal de Inteligência (Boccalandro, 2003)	Inteligência fluida	A partir de 18 anos	Vetor
Matrizes Progressivas Coloridas de Raven (CPM) (Paula et al., 2018)	Inteligência fluida não verbal	Crianças de 5 anos a 11 anos e 11 meses	Casapsi
R-1 Teste Não Verbal de Inteligência e R-1 Forma B (Alves, 2004, 2009)	Inteligência não verbal	A partir de 18 anos	Vetor
R-2 Teste Não Verbal de Inteligência para Criança (Oliveira et al., 2000)	Inteligência não verbal	Crianças de 5 a 12 anos	Vetor
Teste de Desenvolvimento do Raciocínio Indutivo (TDRI) (Golino, & Gomes, 2019)	Raciocínio indutivo	Indivíduos entre 5 e 89 anos	Hogrefe

▶▶

TABELA 6.2

TESTES PSICOLÓGICOS DISPONÍVEIS E COM EVIDÊNCIAS PSICOMÉTRICAS SATISFATÓRIAS PARA AVALIAR INTELIGÊNCIA E/OU DESENVOLVIMENTO COGNITIVO

TESTE	FUNÇÕES OU HABILIDADES AVALIADAS	POPULAÇÃO-ALVO	EDITORA
Teste de Inteligência Geral Não Verbal (TIG-NV) (Tosi, 2006).	Inteligência não verbal	Indivíduos entre 10 e 79 anos	Casa do Psicólogo
Teste de Inteligência Não Verbal (TONI-3) (Santos et al., 2006)	Inteligência não verbal	Crianças de 6 a 10 anos	Vetor
Teste Não Verbal de Inteligência (SON-R 2 ½-7[a]) (Laros et al., 2015)	Inteligência não verbal	Crianças de 2 anos e 6 meses a 7 anos e 11 meses	Hogrefe
Teste Não Verbal de Raciocínio para Crianças (TNVRI) (Pasquali, 2005)	Raciocínio não verbal	Crianças de 5 anos e 9 meses a 13 anos e 3 meses	Vetor

fluências ambientais, como qualidade do ensino e da estimulação, e mais afetados por dificuldades sensoriais, que são comuns nos casos de deficiências. Além disso, por serem mais extensas, demandam maior esforço por parte do avaliando. Já os instrumentos de raciocínio ou desenvolvimento cognitivo, são mais breves e fornecem menos informações sobre o funcionamento intelectual. Por vezes, o fato de serem não verbais constituem uma vantagem, por minimizar vieses decorrentes do aprendizado verbal. Assim, a escolha do clínico sobre qual instrumento utilizar deve considerar o indivíduo avaliado e suas características, bem como as influências contextuais as quais está exposto.

Em relação ao funcionamento adaptativo, há escassez de instrumentos de avaliação no Brasil (Mecca et al., 2018). Assim, a realização de entrevistas abrangentes e detalhadas, especialmente de anamnese, com os familiares ou cuidadores principais, mostra-se fundamental. Essas entrevistas devem focar em habilidades e competências esperadas para a idade, de acordo com os domínios conceitual, social e prático previstos pela CID-11 (WHO, 2021) e pelo DSM-5 (APA, 2014). Recursos como observação do indivíduo em ambiente natural (como observação ecológica) ou análise de vídeos também podem ser úteis.

Em relação aos instrumentos, as Escalas de Comportamento Adaptativo Víneland (Víneland-3) (Sparrow et al., 2019) são comercializadas no Brasil, mas não há estudos específicos de normatização para o contexto brasileiro, o que é considerado uma limitação. Alguns esforços nacionais têm sido feitos para desenvolver instrumentos nessa área. A Escala de Funcionamento Adaptativo para Deficiência Intelectual (EFA-DI) (Selau et al., 2020) foi construída por pesquisadores brasileiros, e algumas evidências de validade e fidedignidade foram estudadas. Trata-se de um instrumento de heterorrelato dos cuidadores para o público de 6 a 15 anos, baseado nos domínios do funcionamento adaptativo indicados pelo DSM-5. Estudos de normatização e de evidências de validade em relação ao grupo clínico de transtorno do espectro autista com diferentes níveis de gravidade estão em andamento. A EFA-DI tem contrato para ser publicada pela editora Vetor em 2023.

Outro instrumento de avaliação do funcionamento adaptativo, a Diagnostic Adaptive Behavior Scale (DABS), de autoria da American Association on Intellectual and Developmental Disabilities (AAIDD), também está sendo adaptado e analisado em termos psicométricos para o Brasil por Hallberg (2019), sob orientação da professora Denise Ruschel Bandeira. A escala objetiva verificar se o avaliando apresenta limitações em comportamento adaptativo significativas e coerentes com os critérios diagnósticos do TDI. A DABS é administrada por meio de uma entrevista semiestruturada, entre um profissional examinador e um respondente, geralmente cuidador do paciente. É composta por 75 itens, para cada um dos três grupos etários avaliados (4-8, 9-15 e 16-21 anos), que são pontuados pelo profissional com base na entrevista realizada.

Instrumentos que oferecem resultados comportamentais associados com resultados referentes a prejuízos no comportamento adaptativo também podem auxiliar nessa avaliação (Mecca et al., 2018). Destacam-se o Questionário de Capacidades e Dificuldades, adaptado para o Brasil do Strenght and Difficulties Questionnaire (SDQ) por Fleitlich et al. (2000), a Achenbach System of Empirically Based Assessment (ASEBA) (Bordin et al., 2013), os Inventários de Habilidades Sociais (IHS) para diferentes faixas etárias (Bandeira et al., 2015; Quiterio et al., 2020) e o Teste de Habilidades e Conhecimento Pré-alfabetização (THCP) (Silva et al., 2013).

Observações importantes para a avaliação e o diagnóstico dos transtornos do desenvolvimento intelectual

Os diferentes níveis de gravidade dos TDIs, bem como o grande número de comorbidades psiquiátricas associadas, constituem um desafio para a avaliação e o diagnóstico. Muitas vezes, isso faz esses transtornos serem mal interpretados, não reconhecidos e subnotificados, resultando em barreiras no acesso aos recursos de tratamento e saúde (Cooray et al., 2015). Além disso, a prevalência de comportamento problemáticos é alta nessa população (Cooper et al., 2007), podendo desafiar clínicos em situações de avaliação e, especialmente, testagem.

O nível de gravidade do TDI tem impacto direto na sua identificação. Geralmente, a idade em que as dificuldades cognitivas são mais bem identificadas é no início dos anos escolares formais, especialmente após o período esperado para a conclusão da alfabetização. Em crianças com nível de gravidade leve, as dificuldades podem não ser percebidas, dependendo das características da escola e do contexto em que a criança vive. Algumas vezes, as pessoas com deficiência leve podem chegar na vida adulta sem um diagnóstico, inclusive podendo haver um padrão familiar de dificuldades cognitivas.

Cooray et al. (2015) destacaram a dificuldade de diferenciar os níveis de gravidade, em especial entre moderada e grave. Essa diferenciação, atualmente baseada no comportamento adaptativo em testes padronizados, muitas vezes é difícil de ser realizada. Conforme a CID-11 (WHO, 2021), os testes geralmente não distinguem de maneira válida o funcionamento abaixo do percentil 0,003. Além disso, testar pessoas com níveis tão graves de comprometimento nem sempre é possível, e muitas avaliações são feitas por meio de observação e relato de terceiros. Informações oriundas de familiares nem sempre podem ser confiáveis (Cooper et al., 2007), cabendo ao clínico decidir o quanto elas corroboram suas impressões clínicas.

Assim, destaca-se como fundamental na avaliação dos TDIs a utilização de diferentes técnicas de avaliação, baseadas na observação do paciente em consultório, em vídeos e, idealmente, em contexto natural. Além disso, a avaliação deve incluir diferentes informantes, especialmente aqueles com maior convívio com o paciente. Quando é possível usar instrumentos padronizados, a integração de dados qualitativos e quantitativos é fundamental para estabelecer a validade dos escores encontrados (Oliveira & Silva, 2019). Observações qualitativas feitas durante a situação padronizada de avaliação permitem definir o quanto é possível confiar nos procedimentos quantitativos, bem como as ressalvas ou adaptações que devem ser feitas no uso e na interpretação dos testes. Quando as observações demonstram que há problemas que comprometem a validade do dado quantitativo, novas medidas são necessárias para garantir a qualidade do processo de avaliação. Algumas alternativas possíveis são repetir a testagem em outro momento ou buscar outras formas de obter a informação. A *expertise* clínica é responsável por definir o alcance e as limitações de todas as técnicas de avaliação.

Também é preciso ressaltar a importância de uma avaliação multiprofissional, idealmente com discussões interdisciplinares, para definição do diagnóstico de TDI. Tratamentos realizados, exames (p. ex., genéticos), pareceres especializados e discussão em equipe podem aprimorar muito o raciocínio clínico, especialmente nos casos mais difíceis. Isso é ainda mais importante no Brasil, onde há escassez de instrumentos padronizados para a avaliação do funcionamento adaptativo. Considerando que a avaliação descritiva e aprofundada norteia e qualifica as intervenções, o investimento em processos avaliativos abrangentes é visto como fundamental para esses transtornos.

TRANSTORNOS DO DESENVOLVIMENTO DA FALA OU DA LINGUAGEM (6A01)

Conforme a CID-11 (WHO, 2021), os transtornos do desenvolvimento da fala ou da linguagem (TDF/L; 6A01) emergem no período inicial do desenvolvimento humano. São caracterizados por dificuldades nos componentes compreensivos ou expressivos da fala e da linguagem e no uso contextualizado e comunicativo da linguagem, que está fora dos limites da variação normal esperada para a idade e do nível de funcionamento intelectual. Ainda, os TDF/L não se devem a variações socioculturais da linguagem e não podem ser totalmente explicados por alterações anatômicas ou neurológicas. Sua etiologia é complexa e, em muitos casos, desconhecida (WHO, 2021).

Na CID-11 (WHO, 2021), essa categoria diagnóstica inclui os seguintes subtipos: transtorno do desenvolvimento dos sons da fala (6A01.0), transtorno do desenvolvimento da fluência da fala (6A01.1), transtorno do desenvolvimento da linguagem (6A01.2), outros transtornos específicos do desenvolvimento da fala ou da linguagem (6A01.Y) e TDF/L não especificados (6A01.Z).

O transtorno do desenvolvimento dos sons da fala (6A01.0) caracteriza-se por dificuldades na aquisição, produção e percepção da fala que geram erros de pronúncia, seja no número ou tipos de erros de fala cometidos ou na qualidade geral da produção da fala. Resulta em inteligibilidade reduzida da fala e afeta significativamente a comunicação. Os erros de fala não são totalmente explicados por deficiência auditiva ou alterações estruturais ou neurológicas. Essa subcategoria inclui o transtorno funcional da articulação da fala. É importante diferenciar o transtorno do desenvolvimento dos sons da fala (6A01.0) de surdez não especificada (AB52), doenças do sistema nervoso (8A00-8E7Z), disartria (MA80.2) e apraxia verbal (MB4A) (WHO, 2021).

O transtorno do desenvolvimento da fluência da fala (6A01.1) é caracterizado por interrupção frequente ou generalizada do fluxo rítmico normal e da velocidade da fala, por repetições e prolongamentos em sons, sílabas, palavras e frases, bem como por bloqueio e evitação de palavras ou substituições. A fluência da fala está marcadamente abaixo do esperado para a idade. A disfluência da fala é persistente ao longo do tempo e resulta em prejuízo significativo na comunicação social, pessoal, familiar, educacional, ocupacional ou de outras áreas importantes do funcionamento. A disfluência da fala não é mais bem explicada por TDI, doença do sistema nervoso, deficiência sensorial ou alteração estrutural ou outro transtorno da fala ou da voz. Além disso, é importante diferenciar o transtorno do desenvolvimento da fluência da fala (6A01.1) de transtornos de tique (8A05) (WHO, 2021).

Já o transtorno do desenvolvimento da linguagem (6A01.2) caracteriza-se por comprometimentos persistentes na aquisição, compreensão, produção ou uso da linguagem (falada ou sinalizada), que causam limitações significativas na capacidade de comunicação do indivíduo – a habilidade de compreender, produzir ou usar a linguagem está claramente abaixo do esperado para a idade. Os déficits de linguagem não são explicados por outro transtorno do neurodesenvolvimento ou deficiência sensorial ou condição neurológica, incluindo efeitos de lesão ou infecção cerebral. É importante diferenciar o transtorno do desenvolvimento da linguagem (6A01.2) do transtorno do espectro autista (6A02), doenças do sistema nervoso (8A00-8E7Z), surdez não especificada (AB52) e mutismo seletivo (6B06). Essa categoria inclui os seguintes subtipos: transtorno do desenvolvimento da linguagem com comprometimento da linguagem receptiva e expressiva (6A01.20), transtorno do desenvolvimento da linguagem com comprometimento majoritariamente da linguagem expressiva (6A01.21), transtorno do desenvolvimento da linguagem com comprometimento majoritariamente da linguagem pragmática (6A01.22) e transtorno do desenvolvimento da linguagem com outra deficiência de linguagem especificada (6A01.23) (WHO, 2021).

No caso do transtorno do desenvolvimento da linguagem com comprometimento da linguagem receptiva e expressiva (6A01.20), há dificuldades persistentes na aquisição, compreensão, produção e uso da linguagem. A capacidade de compreender a língua falada ou de sinais (ou seja, linguagem receptiva) está marcadamente abaixo do nível esperado, dada a idade do indivíduo e o nível de funcionamento intelectual, e é acompanhada por deficiência persistente na capacidade de produzir e usar a língua falada ou de sinais (ou seja, linguagem expressiva). Esse qualificador inclui disfasia ou afasia do desenvolvimento, do tipo receptivo. É importante diferenciar de afasia adquirida com epilepsia (Landau-Kleffner) (8A62.2), transtorno do espectro autista (6A02), mutismo seletivo (6B06), disfasia NOS[1] (MA80.1), doenças do sistema nervoso (8A00-8E7Z) e surdez não especificada (AB52) (WHO, 2021).

O transtorno do desenvolvimento da linguagem com comprometimento majoritariamente da linguagem expressiva (6A01.21) caracteriza-se por dificuldades persistentes na aquisição, produção e uso da linguagem que causam limitações significativas na capacidade de comunicação do indivíduo. Nesses casos, a habilidade de produzir e usar língua falada ou de sinais (ou seja, linguagem expressiva) está nitidamente abaixo do nível esperado para a idade do indivíduo e do nível de funcionamento intelectual, mas a capacidade de entender a língua falada ou de sinais (ou seja, linguagem receptiva) está relativamente intacta. Esse qualificador inclui disfasia ou afasia do desenvolvimento, do tipo expressivo. É importante diferenciar de afasia epiléptica adquirida (Landau-Kleffner) (8A62.2), mutismo seletivo (6B06), disfasia e afasia do desenvolvimento, do tipo receptivo, de desenvolvimento (6A01.20), disfasia NOS (MA80.1), afasia NOS (MA80.0), doenças do sistema nervoso (8A00-8E7Z) e surdez não especificada (AB52) (WHO, 2021).

Já o transtorno do desenvolvimento da linguagem com comprometimento majoritariamente da linguagem pragmática (6A01.22) é tipificado por dificuldades persistentes e

[1] NOS, do inglês *not otherwise specified*.

marcantes na compreensão e uso da linguagem em contextos sociais (p. ex., realização de inferências, compreensão do humor verbal e resolução de significados ambíguos). As habilidades de linguagem pragmática estão marcadamente abaixo do nível esperado, dada a idade do indivíduo e o nível de funcionamento intelectual, porém, os outros componentes da linguagem receptiva e expressiva estão relativamente intactos. Esse qualificador não deve ser usado se o comprometimento pragmático da linguagem for mais bem explicado pelo transtorno do espectro autista ou por deficiências em outros componentes da linguagem receptiva ou expressiva. É importante diferenciar o transtorno do desenvolvimento da linguagem com comprometimento majoritariamente da linguagem pragmática (6A01.22) de doenças do sistema nervoso (8A00-8E7Z) e mutismo seletivo (6B06) (WHO, 2021).

O transtorno do desenvolvimento da linguagem com outro comprometimento da linguagem especificado (6A01.23) caracteriza-se por dificuldades persistentes na aquisição, compreensão, produção ou uso da linguagem (falada ou sinalizada). O padrão de déficits específicos nas habilidades de linguagem não é mais bem explicado por nenhuma das outras categorias de transtorno do desenvolvimento da linguagem. É importante diferenciar de transtorno do espectro autista (6A02), doenças do sistema nervoso (8A00-8E7Z), TDI (6A00) e mutismo seletivo (6B06). A CID-11 não contempla descrições acerca dos subtipos outros TDF/L (6A01.Y) e TDF/L não especificados (6A01.Z) – que constituem categorias residuais (WHO, 2021).

Na CID-10 (WHO, 2019), os transtornos da fala e da linguagem eram contemplados na categoria de transtornos mentais e comportamentais, que conta com a subcategoria transtornos do desenvolvimento psicológico, na qual se encontram os transtornos específicos do desenvolvimento da fala e da linguagem (F80.0 a F80.9). Assim como na CID-11, a CID-10 assinala que esses transtornos iniciam-se na infância e não se relacionam, diretamente, a alterações neurológicas e sensoriais, nem a condições ambientais (WHO, 2019). Por sua vez, na CID-11 é destacado que as dificuldades ligadas aos transtornos da fala e da linguagem encontram-se fora dos limites da variação normal esperada para a idade e do nível de funcionamento intelectual (WHO, 2021). Além disso, na CID-11, os transtornos referentes à fala e à linguagem passaram a ser entendidos como condições de base neurodesenvolvimental, enquanto na CID-10 esses quadros pertenciam à categoria de transtornos do desenvolvimento psicológico (WHO, 2021).

Na CID-10 (WHO, 2019), os transtornos específicos do desenvolvimento da fala e da linguagem incluíam o transtorno específico da articulação da fala (F80.0), o transtorno expressivo de linguagem (F80.1), o transtorno receptivo de linguagem (F80.2), a afasia adquirida com epilepsia (F80.3), outros TDF/L (F80.8) e TDF/L não especificado (F80.9).

Em comparação à CID-10, o transtorno específico da articulação da fala (F80.0) foi substituído pelo transtorno do desenvolvimento dos sons da fala (6A01.0) na CID-11 (WHO, 2021), ampliando a noção de que os erros de produção da fala podem estar relacionados a dificuldades na aquisição, produção e percepção da fala e incluir déficits articulatórios (transtorno funcional da articulação da fala). Já os transtornos expressivos e receptivos de linguagem, respectivamente, F80.1 e F80.2, são contemplados na subcategoria transtorno do desenvolvimento da linguagem (6A01.2) na CID-11, mais especificamente no transtorno do desenvolvimento da linguagem com comprometimento da linguagem receptiva e expressiva (6A01.20) e no transtorno do desenvolvimento da linguagem com comprometimento majoritariamente da linguagem expressiva (6A01.21). Portanto, na CID-11, déficits coocorrentes dos componentes receptivo e expressivo da linguagem constituem um único subtipo (6A01.20), e dificuldades majoritariamente da linguagem expressiva compõem um subtipo específico (6A01.21).

Salienta-se que a CID-11 inclui, dentro da subcategoria transtorno do desenvolvimento da linguagem (6A01.2), o transtorno do desenvolvimento da linguagem com comprometimento majoritariamente da linguagem pragmática (6A01.22), referente a dificuldades na compreensão e uso da linguagem no contexto social, bem como o transtorno do desenvolvimento da linguagem, com outro comprometimento da linguagem especificado (6A01.23), condições não contempladas na CID-10 (WHO, 2021). Além disso, na CID-11, dentro da categoria TDF/L (6A01) encontra-se o transtorno do desenvolvimento da fluência da fala (6A01.1), condição denominada gagueira/tartamudez (F98.5) na CID-10, pertencente à categoria outros transtornos comportamentais e emocionais com início habitualmente durante a infância ou a adolescência (F98) (WHO, 2021).

Outros TDF/L (F80.8) e TDF/L não especificado (F80.9) são contemplados na CID-11 nos códigos 6A01.Y e 6A01.Z, respectivamente. Já a afasia adquirida com epilepsia (F80.3) não pertence aos transtornos do neurodesenvolvimento na CID-11, sendo considerada na categoria encefalopatias epilépticas (8A62), subcategoria afasia adquirida com epilepsia (Landau-Kleffner) (8A62.2) (WHO, 2021).

Em relação ao DSM-5 (APA, 2014), os TDF/L são contemplados no eixo transtornos do neurodesenvolvimento, na categoria transtornos da comunicação, contendo as seguintes subcategorias: transtorno da linguagem (315.32), transtorno da fala (315.39), transtorno da fluência com início na infância (gagueira) (315.35), transtorno da comunicação social (pragmática) (315.39) e transtorno da comunicação não especificado (307.9). Assim como a CID-11, o DSM-5 destaca que os transtornos da comunicação têm início precoce e causam prejuízos funcionais na comunicação, além de não serem atribuíveis a condições médicas ou neurológicas específicas, nem a alterações sensoriais.

Dessa forma, levando-se em consideração a CID-11, o transtorno da linguagem (315.32), presente no DSM-5, refere-se ao transtorno do desenvolvimento da linguagem com comprometimento da linguagem receptiva e expressiva (6A01.20) e ao transtorno do desenvolvimento da linguagem com comprometimento majoritariamente da linguagem expressiva (6A01.21). Já o transtorno da fala (315.39), no DSM-5, relaciona-se ao transtorno do desenvolvimento dos sons da fala (6A01.0), e o transtorno da fluência com início na infância (gagueira) (315.35), no DSM-5, ao transtorno do desenvolvimento da fluência da fala (6A01.1). Embora tanto o transtorno da comunicação social (pragmática) (315.39), no DSM-5, quanto o transtorno do desenvolvimento da linguagem com comprometimento majoritariamente da linguagem pragmática (6A01.22), na CID-11, enfatizem, em suas definições, o comprometimento da compreensão e uso da linguagem em sua função social, o DSM-5 abrange alterações comunicativas verbais e não verbais, enquanto a CID-11 foca na linguagem oral. Por fim, o transtorno da comunicação não especificado (307.9), no DSM-5, é contemplado nos TDF/L não especificados (6A01.Z) na CID-11. Percebe-se, portanto, uma aproximação entre as subcategorias diagnósticas da CID-11 (WHO, 2021) e do DSM-5 (APA, 2014), tanto em relação à definição dos transtornos quanto à terminologia utilizada, ainda que diferenças pontuais possam ser identificadas.

O lançamento da CID-11, e as mudanças em relação à versão anterior, bem como as comparações com o DSM-5, gerou discussões importantes entre pesquisadores, estudiosos e clínicos envolvidos no campo dos transtornos mentais (First et al., 2021; Gaebel et al., 2017; Krawczyk & Święcicki, 2020; Pajević et al., 2020; Reed et al., 2019; Stein et al., 2020). Especificamente quanto aos TDF/L (6A01), alguns estudos, ainda em número limitado, têm discutido as principais alterações da classificação, seus impactos e desdobramentos na prática clínica (Freitag et al., 2021; Jastrzębowska, 2019). Tais investigações tornam-se relevantes tendo em vista o caráter complexo e multifacetado do desenvolvimento da fala e da linguagem, o que torna o processo de estabelecimento de critérios e definições diagnósticas desafiador.

Uma análise da CID-11 permite identificar a ampliação dos subtipos diagnósticos relacionados ao desenvolvimento da fala e da linguagem, em comparação à CID-10 e ao DSM-5, bem como a atualização dos critérios diagnósticos com base em pesquisas e estudos recentes. Nesse sentido, destaca-se a inclusão do transtorno do desenvolvimento da linguagem com comprometimento majoritariamente da linguagem pragmática (6A01.22), embora os critérios para o diagnóstico diferencial entre desordens do componente pragmático e transtorno do espectro autista ainda sejam pouco claros e um número maior de pesquisas seja necessário (Baird & Norbury, 2016; Gibson et al., 2013; Mandy et al., 2017; Topal et al., 2018; Weismer et al., 2021). Outro ponto de destaque refere-se à inserção do transtorno do desenvolvimento da fluência da fala (6A01.1) na subcategoria dos TDF/L (6A01), entendida, portanto, como uma condição de base neurodesenvolvimental, corroborando estudos recentes (Chang et al., 2019; Qiao et al., 2017; Smith & Weber, 2017). Finalmente, o transtorno do desenvolvimento da linguagem com comprometimento da linguagem receptiva e expressiva (6A01.20) e o transtorno do desenvolvimento da linguagem com comprometimento majoritariamente da linguagem expressiva (6A01.21) denotam a importância da investigação integrada dos componentes receptivos e expressivos da linguagem e seus possíveis déficits.

Outra questão relevante a ser abordada refere-se ao fato de as condições pertencentes à subcategoria TDF/L (6A01) constituírem alterações de nível primário, sendo importante diferenciá-las de outros quadros que possam causar comprometimentos, secundários, na fala ou na linguagem, como transtorno do espectro autista (6A02), mutismo seletivo (6B06), doenças do sistema nervoso (8A00-8E7Z) e surdez não especificada (AB52), conforme especificado em cada um dos subtipos diagnósticos na CID-11. Portanto, o diagnóstico diferencial entre os TDF/L e condições de ordem neurológica, genética e sensorial, bem como outros quadros neurodesenvolvimentais, torna-se peça-chave no processo de avaliação. Entretanto, a possível existência de comorbidade entre essas condições tem sido apontada por alguns pesquisadores, associada a algumas críticas e ponderações (Bishop, 2017; Freitag et al., 2021; Georgiou & Spanoudis, 2021; Plug et al., 2021). Uma discussão abrangente acerca dos TDF/L a partir da perspectiva da CID-11 pode ser acessada no estudo de Freitag et al. (2021).

Embora constantemente presentes em manuais e classificações diagnósticas, os TDF/L ainda representam uma temática pouco explorada do ponto de vista empírico (McGregor, 2020). Nessa assertiva, destaca-se que há uma carência significativa de dados epidemiológicos referentes a essas condições, já que grande parte dos estudos é desenvolvida em regiões específicas, impossibilitando o entendimento sobre a distribuição desse fenômeno clínico na população (Raghavan et al., 2018). Conforme destacam Raghavan et al. (2018), essa lacuna dificulta o estabelecimento de dados confiáveis referentes à incidência e à prevalência dos transtornos que envolvem a fala e a linguagem, realidade também identificada no Brasil. Para fins de parâmetro, de acordo com a National Academies of Science, Engineering, and Medicine ([NASEM], 2016), dos Estados Unidos, a prevalência de TDF/L é de 4% em crianças de 3 a 5 anos, 3,6% em crianças de 6 a 8 anos, 5,2% em crianças de 9 a 11 anos, 2,1% em crianças de 12 a 14 anos e 1,5% em crianças entre 15 e 17 anos.

MÉTODOS E TÉCNICAS DE AVALIAÇÃO DOS TRANSTORNOS DO DESENVOLVIMENTO DA FALA OU DA LINGUAGEM

A avaliação dos TDF/L configura um processo complexo e minucioso, tendo em vista a variabilidade de habilidades que necessitam ser investigadas, a heterogeneidade de sinais e sintomas dessas condições e a carência de evidências psicométricas dos instrumentos de avaliação (Denman et al., 2017; Fisher, 2017; Sansavini, et al., 2021 Shahmahmoodet et al., 2016; Vehkavuori & Stolt, 2018). Diferentemente do que ocorre com outros transtornos do neurodesenvolvimento (p. ex., transtorno do espectro austista, TDI), não há consenso, entre estudiosos e pesquisadores, acerca de instrumentos considerados padrão-ouro para a avaliação dos TDF/L (Betz et al., 2013; Denman et al., 2017).

No Brasil, há uma limitação de instrumentos padronizados e normatizados para a avaliação dessas condições em crianças pequenas, disponíveis para uso no contexto clínico, em comparação a outros países (Carbonieri & Lúcio, 2020; Lindau et al., 2015). A Tabela 6.3 apresenta alguns dos principais instrumentos disponíveis para uso no País para avaliar TDF/L em crianças pré-escolares. Foram incluídos instrumentos desenvolvidos no Brasil, bem como medidas internacionais comercializadas por editoras nacionais, tendo em vista a detenção de direitos autorais e o processo de adaptação e evidências de validade, bem como sua acessibilidade/comercialização.

Além dos recursos citados na Tabela 6.3, a avaliação dos TDF/L pode ser complementada pela administração de escalas de desenvolvimento, principalmente no que se refere ao transtorno do desenvolvimento da linguagem com comprometimento da linguagem receptiva e expressiva (6A01.20) e ao transtorno do desenvolvimento da linguagem com comprometimento majoritariamente da linguagem expressiva (6A01.21). Entre as medidas disponíveis para uso no Brasil, destacam-se as Escalas Bayley de Desenvolvimento do Bebê e da Criança Pequena (Bayley III) (Bayley, 2017), o Teste de Triagem do Desenvolvimento (DENVER II) (Frankenburg et al., 2017) e o Inventário Dimensional de Avaliação do Desenvolvimento Infantil (IDADI) (Silva et al., 2020).

As Escalas Bayley III (Bayley, 2017) avaliam possíveis problemas de desenvolvimento infantil a partir de cinco domínios: cognitivo, linguístico (compreensão e expressão), motor (amplo e fino), socioemocional e comportamento adaptativo. Podem ser administradas em bebês e crianças de 1 a 42 meses. Já o teste DENVER II (Frankenburg et al., 2017) avalia o desenvolvimento infantil com base em quatro áreas: pessoal-social, motor fino-adaptativo, motor grosso e linguagem. Pode ser utilizado em bebês e crianças dos 0 aos 6 anos. O IDADI (Silva et al., 2020) é um instrumento multidimensional de avaliação do desenvolvimento infantil construído no Brasil que pode ser administrado em bebês e crianças entre 4 e 72 meses. Investiga sete domínios, com base na perspectiva do relato parental ou de cuidadores próximos: cognitivo, socioemocional, comunicação e linguagem receptiva, comunicação e linguagem expressiva, motricidade ampla, motricidade fina e comportamento adaptativo.

Observações importantes para a avaliação e o diagnóstico dos transtornos do desenvolvimento da fala ou da linguagem

A carência de estudos epidemiológicos e a limitação de instrumentos específicos para a avaliação dos TDF/L no Brasil são obstáculos importantes para os profissionais que trabalham com o público infantil. Além disso, o caráter complexo do desenvolvimento da fala e da linguagem e sua inter-relação com os diferentes domínios e habilidades tornam o processo de elucidação diagnóstica, por vezes, desafiador. Logo, é imperativo que avaliações dessa natureza sejam realizadas por uma equipe interdisciplinar.

No Brasil, o fonoaudiólogo costuma ser o profissional de referência para investigações acerca de alterações da fala, linguagem e comunicação (Lei nº 6.965, de 9 de dezembro de 1981). Não obstante, é fundamental que investigações complementares sejam realiza-

TABELA 6.3

INSTRUMENTOS DE AVALIAÇÃO DOS TRANSTORNO DO DESENVOLVIMENTO DA FALA OU DA LINGUAGEM DISPONÍVEIS PARA USO NO BRASIL

INSTRUMENTO	CÓDIGO DO TRANSTORNO AVALIADO	OBJETIVO	POPULAÇÃO-ALVO	ESTUDOS PSICOMÉTRICOS BRASILEIROS
Avaliação Fonológica da Criança (Yavas et al., 2002)	6A01.0	Avaliar o sistema fonológico, com base em 5 figuras temáticas, totalizando 125 palavras-alvo	A partir de 3 anos	Não
Instrumento de Avaliação de Fala para Análise Acústica (IAFAC) (Berti et al., 2009)	6A01.0	Avaliar a produção da fala, possibilitando a realização de análise acústica, com base em 96 palavras-alvo	A partir de 3 anos	Não
Instrumento de Avaliação Fonológica (INFONO) (Ceron, 2015)	6A01.0	Avaliar o inventário fonológico da língua portuguesa (Brasil), por meio da repetição, nomeação espontânea e fala encadeada	A partir de 3 anos	Ceron et al. (2018)
Teste de Linguagem Infantil (ABFW) – Fonologia (Andrade et al., 2004)	6A01.0	Investigar o inventário fonético e as regras fonológicas utilizadas pela criança, com base em provas de imitação (39 palavras-alvo) e nomeação (34 palavras-alvo)	Crianças de 3 a 12 anos	Não
Teste de Linguagem Infantil (ABFW) – Fluência (Andrade et al., 2004)	6A01.1	Analisar a fluência da fala a partir de uma amostra de 200 sílabas, eliciadas a partir do estímulo visual de uma figura de ação	Crianças de 2 a 12 anos	Em andamento (Costa, 2021)
Avaliação do Desenvolvimento da Linguagem 2 (ADL2) (Menezes, 2019)	6A01.20 6A01.21	Avaliar os domínios receptivos e compreensivos da linguagem, com base na codificação de duas escalas	Crianças de 1 ano a 6 anos e 11 meses	Menezes (2003)

▶▶

TABELA 6.3

INSTRUMENTOS DE AVALIAÇÃO DOS TRANSTORNO DO DESENVOLVIMENTO DA FALA OU DA LINGUAGEM DISPONÍVEIS PARA USO NO BRASIL

INSTRUMENTO	CÓDIGO DO TRANSTORNO AVALIADO	OBJETIVO	POPULAÇÃO-ALVO	ESTUDOS PSICOMÉTRICOS BRASILEIROS
Protocolo de Observação Comportamental (PROC) (Zorzi & Hage, 2004)	6A01.20 6A01.21 6A01.22	Sistematizar a avaliação do desenvolvimento das habilidades comunicativas e cognitivas, a partir de cenas de interação entre criança e avaliador	Crianças de 12 a 48 meses	Não
Teste de Linguagem Infantil (ABFW) - Vocabulário (Andrade et al., 2004)	6A01.20 6A01.21	Avaliar a competência lexical por meio da investigação do vocabulário expressivo, com base na apresentação de 118 figuras pertencentes a 9 campos conceituais	Crianças de 2 a 6 anos	Não
Teste de Vocabulário Auditivo e Teste de Vocabulário Expressivo (Capovilla et al., 2011)	6A01.20 6A01.21	Avaliar o vocabulário auditivo e expressivo	Crianças de 18 meses a 6 anos	Capovilla & Prudêncio (2006)
Teste de Linguagem Infantil (ABFW) - Pragmática (Andrade et al., 2004)	6A01.22	Avaliar os aspectos funcionais da comunicação, analisando atos, meios e funções comunicativas utilizadas pela criança	Crianças de 2 a 12 anos	Não

das, inclusive para fins de diagnóstico diferencial, com o intuito de determinar a presença ou não de condições de base, e posterior definição diagnóstica. Nesse sentido, o encaminhamento para avaliações genética, auditiva, neurológica, neuropsicológica, entre outras, podem ser úteis para o adequado andamento do processo diagnóstico.

TRANSTORNO DO ESPECTRO AUTISTA (6A02)

O transtorno do espectro autista (TEA) é caracterizado por alterações persistentes na interação social recíproca e na comunicação, bem como por padrões de comportamentos, interesses e atividades restritas, repetitivas e inflexíveis. Suas manifestações sintomáticas incluem déficits na reciprocidade socioemocional, como comportamentos verbais e não verbais de comunicação e habilidades para desenvolver, manter e compreender relacionamentos sociais. Indivíduos com TEA podem apresentar também estereotipias motoras simples, uso repetitivo de objetos e fala repetitiva, resistência a mudanças e interesses altamente limitados e fixos. Os sintomas do TEA emergem durante o período inicial do desenvolvimento, embora alguns possam se manifestar somente mais tarde, a depender das características do indivíduo e de seu ambiente (demandas sociais) (APA, 2014; WHO, 2021).

Estudos mostram um aumento na prevalência do TEA nos últimos anos nos Estados Unidos e em outros países, com estimativas similares em amostras de crianças e de adultos (APA, 2014; Centers for Disease Control and Prevention [CDC], 2021). De acordo com o relatório do CDC, publicado em dezembro de 2021, uma a cada 44 crianças aos 8 anos foi diagnosticada com TEA nos Estados Unidos, sendo que esse número representa um aumento de 22% em relação ao ano anterior, que era de um a cada 54 nascimentos. Ainda não está claro se o aumento nas taxas reflete a expansão dos critérios diagnósticos contemplada no DSM-5, a maior conscientização sobre as características da doença, as diferenças na metodologia dos estudos ou o aumento real na frequência do transtorno (APA, 2014).

Indivíduos que se encontram dentro do espectro autista apresentam dificuldades que interferem nos funcionamentos pessoal, familiar, educacional e ocupacional, exibindo uma alta variabilidade no desenvolvimento intelectual e nas habilidades de linguagem (WHO, 2021). A CID-11 considera essa variabilidade ao apresentar diferentes perfis desenvolvimentais de indivíduos com TEA, descrevendo-os, em combinação ou não, com comprometimentos da linguagem funcional e nas competências intelectuais. Na CID-11 (WHO, 2021), essa categoria diagnóstica inclui os subtipos listados na Tabela 6.4.

TABELA 6.4

SUBTIPOS DO TRANSTORNO DO ESPECTRO AUTISTA (TEA)

DIAGNÓSTICO	CÓDIGO
TEA sem deficiência intelectual e com comprometimento leve ou ausente da linguagem funcional	6A02.0
TEA com deficiência intelectual e com comprometimento leve ou ausente da linguagem funcional	6A02.1
TEA sem deficiência intelectual e com linguagem funcional prejudicada	6A02.2
TEA com deficiência intelectual e com linguagem funcional prejudicada	6A02.3
TEA com deficiência intelectual e com ausência de linguagem funcional	6A02.5
Outro TEA especificado	6A02.Y
TEA não especificado	6A02.Z

Fonte: World Health Organization (2021).

No TEA sem deficiência intelectual e com comprometimento leve ou ausente da linguagem funcional (6A02.0), todos os critérios diagnósticos para o transtorno são atendidos, sendo que o funcionamento intelectual e o comportamento adaptativo estão, pelo menos, dentro da faixa média (aproximadamente acima do percentil 2,3). No TEA com deficiência intelectual e com comprometimento leve ou ausente na linguagem funcional (6A02.1), além dos critérios diagnósticos para TEA, também são atendidos todos os critérios para TDI. Esse quadro caracteriza-se ainda por ausência ou leve comprometimento da capacidade do indivíduo de usar a linguagem funcionalmente (falada ou sinalizada) para expressar suas necessidades e desejos (WHO, 2021).

O TEA sem deficiência intelectual e com linguagem funcional prejudicada (6A02.2) caracteriza-se por atender a todos os critérios diagnósticos para TEA, por apresentar funcionamento intelectual e comportamento adaptativo, pelo menos, dentro da faixa média (aproximadamente maior que o percentil 2,3), e prejuízo acentuado na linguagem funcional (falada ou sinalizada) em relação à idade. Já no TEA com deficiência intelectual e com linguagem funcional prejudicada (6A02.3), todos os critérios diagnósticos para TEA e para TDI são atendidos e há prejuízo acentuado na linguagem funcional (falada ou sinalizada) em relação à idade do indivíduo. Em ambos os quadros, o indivíduo não usa mais do que palavras isoladas ou frases simples para expressar suas necessidades e desejos (WHO, 2021).

Por fim, no TEA com comprometimento intelectual e com ausência de linguagem funcional (6A02.5), todos os critérios diagnósticos para TEA e TDI são atendidos e há ausência completa, ou quase completa, de capacidade do indivíduo usar a linguagem funcional (falada ou sinalizada) para expressar necessidades e desejos. A CID-11 não contempla descrições acerca dos seguintes subtipos, que constituem categorias residuais: outro TEA especificado (6A02.Y) e TEA não especificado (6A02.Z) (WHO, 2021).

Na CID-10 (WHO, 2019), o autismo é classificado como um transtorno do desenvolvimento psicológico, apresentado no capítulo V do manual, denominado Transtornos mentais e comportamentais (F80-89). Os transtornos desse capítulo são descritos como tendo as seguintes características em comum: (a) início invariavelmente durante a primeira infância ou infância; (b) comprometimento ou atraso em desenvolvimento de funções que estão fortemente relacionadas com maturação biológica do sistema nervoso central; e (c) presença de um curso estável sem remissão ou recaídas (Doernberg & Hollander, 2016). O autismo está listado na subcategoria de transtornos invasivos do desenvolvimento (F84), sendo definido a partir dos mesmos critérios empregados no DSM-IV-TR. Existem 8 diferentes quadros clínicos listados na CID-10: autismo infantil (F84.0); autismo atípico (F84.1); síndrome de Rett (F84.2); outro transtorno desintegrativo da infância (F84.3); transtorno de hiperatividade associado a retardo mental e a movimentos estereotipados (F84.4); síndrome de Asperger (F84.5); outros transtornos invasivos do desenvolvimento (F84.8); e transtorno invasivo do desenvolvimento, não especificado (F84.9). Essa maneira de apresentar os diagnósticos separadamente é semelhante a do DSM-IV-TR (American Psychiatric Association [APA], 2002), e difere significativamente das versões atuais do DSM-5 e da CID-11.

Diferentemente da CID-10 e do DSM-IV-TR, a CID-11 une todos os diagnósticos no termo TEA, sendo as subdivisões consideradas apenas em relação aos prejuízos na linguagem funcional e deficiência intelectual. A única exceção foi em relação à síndrome de Rett (antigo F84.2), que assumiu uma categoria sozinha na CID-11 (LD90.4). A intenção principal foi facilitar o diagnóstico por parte dos profissionais e simplificar a codificação para acesso aos serviços de saúde. Assim, de modo geral, os critérios diagnósticos estabelecidos na CID-11 para o TEA acompanham as mudanças apresentadas no DSM-5 (APA, 2014; WHO, 2021). Entre as principais alterações estão: a remoção de algumas condições, como a síndrome de Asperger e o autismo atípico; o agrupamento dos critérios relacionados à comunicação e à sociabilidade em uma única categoria; e a inclusão de sintomas sensoriais. Por exemplo, muitos indivíduos que anteriormente, de acordo com os critérios do DSM-IV-TR (APA, 2002) e da CID-10 (WHO, 2019), eram diagnosticados com síndrome de Asperger, passaram a receber um diagnóstico de TEA sem comprometimento linguístico ou intelectual (DSM-5) ou TEA sem deficiência intelectual e com comprometimento leve ou ausente da linguagem funcional (CID-11).

Como complemento ao diagnóstico, o DSM-5 incluiu a especificação sobre a existência ou não de comprometimento intelectual e/ou da linguagem concomitante ao TEA, como complementos ao diagnóstico. Já a CID-11 fornece instruções detalhadas e códigos distintos para diferenciação entre TEA com e sem deficiência intelectual e comprometimento de linguagem funcional.

Dada a variabilidade fenotípica das habilidades linguísticas e intelectuais de indivíduos com TEA, compreender sua natureza e avaliá-las não é uma tarefa simples (Silleresi et al., 2020). No que diz respeito às habilidades de linguagem, além de dificuldades no seu uso para fins comunicativos, ou seja, na pragmática (Boucher, 2003), estudos mostram que muitos indivíduos com TEA também apresentam déficits nos aspectos estruturais de linguagem, denominados de fonologia e morfossintaxe (Boucher, 2012; Wittke et al., 2017). De fato, a literatura aponta que cerca da metade das crianças verbais com TEA apresenta deficiência de linguagem estrutural mista (expressiva e receptiva), enquanto o restante possui habilidades típicas de linguagem (Loucas et al., 2008; Tager-Flusberg, 2006).

Como vimos, a definição de linguagem funcional é um importante especificador dos diagnósticos de TEA na CID-11, sendo considerado o uso de palavras isoladas e/ou frases simples para fins instrumentais um critério que diferencia as categorias diagnósticas que compõem o espectro autista. Sobre esse aspecto, Silleresi et al. (2020) destacam que, para apresentar linguagem funcional, o indivíduo precisa ser capaz de produzir sílabas (habilidades fonológicas) e construções sintáticas (habilidades morfossintáticas). Por essas razões, alguns autores propõem a interpretação de "linguagem funcional prejudicada" como um déficit nas habilidades estruturais da linguagem, contemplando a estrutura do som (fonologia) e a estrutura palavra/frase (morfossintaxe) (Silleresi et al., 2020).

No que tange às habilidades intelectuais, que também são importantes especificadores para os subtipos diagnósticos que compõem o espectro autista na CID-11, destaca-se que os atuais estudos epidemiológicos reportam uma taxa média de crianças com TEA e com deficiência intelectual de 33% (QI < 70), enquanto o restante delas apresenta habilidades intelectuais preservadas – 24% das crianças na faixa limítrofe (QI = 71-85) e 42% com QI médio ou acima da média (> 85) (Maenner et al., 2020). Porém, devido à grande variabilidade nos perfis linguísticos e intelectuais apresentados por indivíduos com TEA, entende-se que esses dados precisam ser interpretados com cautela, considerando sempre as características dos indivíduos e dos seus contextos (p. ex., acessibilidade dos instrumentos e dos processos avaliativos).

Há evidências de que as crianças com TEA, quando comparadas com crianças com desenvolvimento neurotípico da mesma faixa etária, tendem a apresentar comprometimento em tarefas que avaliam atenção, habilidades motoras, processamento de habilidades verbais e de velocidade e, especialmente, aquelas que envolvem medidas sociais e práticas, habilidades de compreensão e/ou pragmáticas (Mottron, 2004). Todavia, estudos mostram que o raciocínio não verbal pode ser considerado uma potencialidade de indivíduos com TEA, especialmente em tarefas baseadas na percepção abstrata e em habilidades visuoespaciais (Barbeau et al., 2013; Mottron et al., 2006).

Na CID-11, as características clínicas individuais de indivíduos com TEA são contempladas a partir de diferentes subtipos diagnósticos. Já no DSM-5, a variabilidade dos quadros é compreendida por meio do uso de especificadores (com ou sem comprometimento intelectual concomitante; com ou sem comprometimento da linguagem concomitante; associado a alguma condição médica ou genética conhecida ou a fator ambiental), bem como especificadores que descrevem os sintomas autistas (idade da primeira preocupação; com ou sem perda de habilidades estabelecidas; gravidade) (APA, 2014). Especificadores de gravidade também são adotados no DSM-5 para descrever a sintomatologia atual em cada uma das áreas de comprometimento, considerando que a gravidade pode variar de acordo com o contexto e com o tempo. Ainda, conforme o DSM-5, o especificador "associado a alguma condição médica ou genética conhecida ou a fator ambiental" deve ser empregado quando os indivíduos com TEA também apresentarem doenças genéticas conhecidas (p. ex., síndrome de Rett, síndrome do X-frágil, síndrome de Down), condição médica (p. ex., epilepsia) ou história de exposição ambiental (p. ex., ácido valproico, sindrome alcoólica fetal) (APA, 2014). Outras condições do neurodesenvolvimento, mentais ou comportamentais, também devem ser observadas (p. ex., transtorno de déficit de atenção/hiperatividade).

MÉTODOS E TÉCNICAS DE AVALIAÇÃO DO TRANSTORNO DO ESPECTRO AUTISTA

O processo avaliativo do TEA deve ser conduzido por profissionais da saúde como neuropediatras, psiquiatras infantis, psicólogos, fonoaudiólogos e neuropsicólogos com *expertise* em áreas do desenvolvimento infantil (p. ex., linguagem, inteligência, alimentação, sono, comportamentos desadaptativos, habilidades motoras) e com familiaridade nos processos de avaliação diagnóstica (incluindo a administração de instrumentos) (Duvall et al., 2022). É fundamental que a investigação reúna informações de diferentes contextos, incluindo entrevistas com os responsáveis, sessões lúdicas, aplicação de instrumentos e testes padronizados e dados oriundos da escola e de avaliações de outros profissionais.

Esse processo de avaliação deve construir uma descrição compreensiva do funcionamento da criança ou do adulto, e, para tanto, o clínico deve conhecer seu paciente em sua totalidade, planejando e percorrendo diferentes etapas e procedimentos. Algumas ferramentas podem contribuir na sistematização e triangulação das diferentes informações reunidas durante um processo avaliativo de TEA. Um dos aspectos que deve nortear a escolha do profissional em relação ao uso (ou não) de algum instrumento durante o processo avaliativo da suspeita do TEA consiste no conhecimento acerca das evidências psicométricas disponíveis e das suas competências clínicas.

No Brasil, nas últimas duas décadas, alguns instrumentos de rastreamento e diagnóstico do TEA foram desenvolvidos ou estudados (traduzidos e pesquisados em termos de evidências de validade e fidedignidade). Na Tabela 6.5 são disponibilizadas informações relevantes sobre algumas ferramentas disponíveis para rastreamento e diagnóstico do TEA no Brasil.

Cabe mencionar que, no Brasil, em 2017, entrou em vigor o Projeto de Lei do Senado (PLS) 451/2011 determinando que o Sistema Único de Saúde (SUS) avalie, de forma obrigatória, os riscos ao desenvolvimento psíquico de crianças com até 18 meses (Lei nº 13.438, de 26 de abril de 2017), empregando-se ferramentas específicas para tal fim. Entretanto, reconhece-se que a avaliação precoce persiste como um desafio em nosso contexto sociocultural, sendo o diagnóstico do TEA ainda tardio no Brasil (Zanon et al., 2017).

Dos instrumentos citados na Tabela 6.5, há aqueles que se destinam ao rastreamento de sinais de TEA e os que se destinam à avaliação. Os de rastreio são breves e geralmente têm alta sensibilidade para identificar casos positivos do transtorno entre aqueles que o apresentam, mas são menos específicos, ou seja, têm mais dificuldades em distinguir o TEA de outros transtornos do desenvolvimento e outras condições clínicas. Entre eles, destacam-se o M-CHAT, uma das escalas mais utilizadas para esta finalidade no mundo, e o IRDI, desenvolvido no Brasil. Também atuam no rastreio, o Sistema PROTEA-R, também desenvolvido no Brasil, o Inventário de Comportamentos Autísticos (ICA, ou ABC, do inglês Autism Behavior Checklist), a ATA, o ASQ (um dos primeiros instrumentos traduzidos, adaptados e com evidências de validade para o rastreio de casos de TEA) e a SRS-2.

TABELA 6.5

INSTRUMENTOS DE RASTREAMENTO E DIAGNÓSTICO DO TRANSTORNO DO ESPECTRO AUTISTA DISPONÍVEIS PARA USO NO BRASIL

INSTRUMENTO	OBJETIVO	POPULAÇÃO-ALVO	ESTUDOS PSICOMÉTRICOS BRASILEIROS
Modified Checklist for Autism in Toddlers (M-CHAT)	Inventário composto por 23 itens respondidos por profissionais da saúde ou cuidadores da criança para fins de rastreamento	Crianças entre 16 e 30 meses	Tradução e adaptação (Losapio & Pondé, 2008) Adaptação e evidências de validade (Castro-Souza, 2011)
Indicadores Clínicos de Risco para o Desenvolvimento Infantil (IRDI)	Lista de 31 indicadores observáveis respondidos por profissionais da saúde para fins de rastreamento	Crianças de até 18 meses	Adaptação IRDI-Questionário (Machado & Novaes, 2013; Machado et al., 2014) Evidências de validade (Barros, 2016)
Sistema PROTEA-R de Avaliação da Suspeita de Transtorno do Espectro Autista – Revisado (PROTEA-R)	Entrevista de anamnese, protocolo de avaliação comportamental e entrevista devolutiva, todas conduzidas por profissionais habilitados para fins de rastreamento	Crianças entre 24 e 60 meses	Construção e estudo-piloto (Bosa et al., 2016) Manual brasileiro (Bosa & Salles, 2018) Evidências de validade e fidedignidade (Zanon et al., 2018) Evidências de validade (Steigleder et al., 2021)
Inventário de Comportamentos Autísticos (ICA)	Inventário constituído por 57 itens respondidos pelo professor ou profissional da saúde para fins de rastreamento	Crianças a partir de 2 anos	Evidências de validade (Marteleto & Pedromônico, 2005) Evidências de validade (Marteleto et al., 2008)

▶▶

TABELA 6.5

INSTRUMENTOS DE RASTREAMENTO E DIAGNÓSTICO DO TRANSTORNO DO ESPECTRO AUTISTA DISPONÍVEIS PARA USO NO BRASIL

INSTRUMENTO	OBJETIVO	POPULAÇÃO-ALVO	ESTUDOS PSICOMÉTRICOS BRASILEIROS
Escala de Avaliação de Traços Autísticos (ATA)	Inventário constituído por 23 subescalas, respondido com base na observação direta da criança para fins de rastreamento	Crianças a partir de 2 anos	Tradução, adaptação e evidências de validade (Assumpção et al., 1999) Evidências de validade (Assumpção et al., 2008)
Autism Screening Questionnaire (ASQ)	Questionário com 40 itens, respondido pelos pais para fins de rastreamento	Crianças a partir de 4 anos	Tradução, adaptação e evidências de validade (Sato et al., 2009)
Social Responsiveness Scale (SRS)	Escalas respondidas pelos pais ou responsáveis para fins de rastreamento	Entre 4 e 18 anos (SRS); crianças a partir de 2 anos e meio (SRS-2)	Tradução, adaptação (Barbosa et al., 2015) Manual brasileiro (Constantino & Gruber, 2021)
Childhood Autism Rating Scale (CARS)	Escala composta por 15 itens, respondida por profissionais com base na observação direta da criança para fins de diagnóstico	Crianças a partir de 2 anos	Evidências de validade (Matteo et al., 2009)
Autism Diagnostic Interview-Revised (ADI-R)	Entrevista composta por 93 itens e administrada aos pais ou responsáveis para fins de diagnóstico	Crianças a partir de 2 anos	Tradução (Aguiar, 2005) Tradução e evidências de validade (Becker et al., 2012)

Fonte: Adaptada de Backes et al. (2014).

No caso de instrumentos com fins diagnósticos do TEA, ou seja, aqueles mais específicos e voltados à conclusão clínica, destacam-se a CARS e o ADI-R. A CARS é uma das principais fontes de informação para a avaliação diagnóstica do TEA no mundo, e inclui itens que refletem a dimensionalidade dos sintomas do transtorno, com sensibilidade para diferenciar crianças (a partir de 2 anos) com TEA daquelas com outras condições clínicas e prejuízos no desenvolvimento (sem TEA). Por sua vez, a ADI-R é uma entrevista padronizada, semiestruturada e aplicada aos pais e/ou responsáveis de crianças, adolescentes e adultos com suspeitas de TEA, sendo considerada padrão-ouro para o diagnóstico na literatura internacional. Reúne itens que investigam tanto o desenvolvimento atual quanto a história de desenvolvimento pregresso do indivíduo. Esses instrumentos exigem treinamento do profissional que os utiliza e amplo conhecimento sobre o TEA. Embora no Brasil existam estudos de tradução e evidências de validade da CARS e da ADI-R, o processo de normas não foi concluído. Esses instrumentos têm direitos autorais da editora original (WPS) e seu uso tem sido restrito para contexto de pesquisa, mediante autorização formal da editora para projetos específicos (Aguiar, 2005; Becker et al., 2012).

Observações importantes para a avaliação e o diagnóstico do transtorno do espectro autista

Por se tratar de um transtorno do neurodesenvolvimento, a avaliação dos sinais e sintomas do TEA deve considerar aspectos quantitativos e qualitativos do desenvolvimento inicial e atual do indivíduo. Os primeiros sinais do TEA frequentemente envolvem atraso no desenvolvimento da linguagem, muitas vezes acompanhado por ausência de interesse social ou interações sociais incomuns, padrões estranhos de brincadeiras e padrões incomuns de comunicação. Tendo em vista que crianças pequenas neurotípicas costumam ter preferências e gostar de repetições (p. ex., assistir muitas vezes ao mesmo desenho animado), a avaliação clínica da suspeita de TEA deve se basear no tipo, frequência, consistência, abrangência, convencionalidade e intensidade dos comportamentos apresentados (APA, 2014; Duvall et al., 2022). Cabe mencionar que, no momento de avaliação inicial, é comum a suspeita de um diagnóstico de deficiência auditiva, o que costuma ser descartado mediante avaliação específica.

O conhecimento sobre os indicadores precoces do TEA pode contribuir no direcionamento da avaliação realizada pelo clínico, guiando tanto a entrevista de anamnese com os pais quanto as sessões de observação da criança. Informações detalhadas sobre os sinais precoces do TEA podem ser consultadas nas Diretrizes de Atenção à Reabilitação da Pessoa com Transtorno do Espectro Autista (Brasil, 2014), disponível para *download* no *site* do Ministério da Saúde, ou em artigos científicos que sistematizam as *red flags* ou *pink flags* que podem contribuir para o diagnóstico diferencial (p. ex., Duvall et al., 2022).

Cabe registrar que tem crescido o número de adultos que buscam por uma avaliação de suspeita de TEA, muitas vezes levados pelo diagnóstico de alguma criança da família ou por dificuldades enfrentadas nas relações profissionais ou familiares (APA, 2014). Nesse contexto, obter uma história detalhada do desenvolvimento inicial (primeiros anos de vida) a partir de uma fonte secundária (p. ex., dos pais) pode ser difícil; dificuldades autorrelatadas podem ser consideradas durante a avaliação. De acordo com o DSM-5 (APA, 2014), nesses casos, quando a observação clínica sugerir que os critérios para TEA são preenchidos no presente, e desde que não haja evidências de boas habilidades sociais e de comunicação na infância, o diagnóstico pode ser feito.

TRANSTORNO DO DESENVOLVIMENTO DA APRENDIZAGEM (6A03)

De acordo com a CID-11 (WHO, 2021), o transtorno do desenvolvimento da aprendizagem (TDA) emerge durante os primeiros anos escolares e é caracterizado por dificuldades significativas e persistentes no aprendizado de habilidades acadêmicas, que podem incluir leitura, escrita ou aritmética. O desempenho do indivíduo nas habilidades afetadas está nitidamente abaixo do esperado para a idade cronológica e o nível geral de funcionamento intelectual, e resulta em prejuízo acadêmico ou ocupacional significativo. Ainda, o TDA não se deve ao TDI, à deficiência sensorial (visão ou audição), ao distúrbio neurológico ou motor, à ausência de disponibilidade de educação, à falta de proficiência na língua de instrução acadêmica ou à adversidade psicossocial. É importante diferenciar o TDA do TDI (WHO, 2021).

Na CID-11, a categoria inclui os subtipos: TDA com deficiência na leitura (6A03.0), TDA com comprometimento da expressão escrita (6A03.1), TDA com deficiência em matemática (6A03.2), TDA com outro comprometimento específico da aprendizagem (6A03.3) e TDA não especificado (6A03.Z) (WHO, 2021).

O TDA com deficiência na leitura (6A03.0) é caracterizado por dificuldades significativas e persistentes no aprendizado de habilidades acadêmicas relacionadas à leitura, como precisão na leitura de palavras, fluência e compreensão de leitura (WHO, 2021). O TDA com comprometimento da expressão escrita (6A03.1) caracteriza-se por dificuldades significativas e persistentes no aprendizado de habilidades acadêmicas relacionadas à escrita, como precisão ortográfica, gramatical e de pontuação e organização e coerência de ideias na escrita (WHO, 2021). O TDA com deficiência em matemática (6A03.2) é caracterizado por dificuldades significativas e persistentes no aprendizado de habilidades acadêmicas relacionadas à matemática ou aritmética, como senso numérico, memorização de fatos numéricos, precisão ou fluência de cálculo e raciocínio matemático preciso (WHO, 2021). O TDA com outro comprometimento específico da aprendizagem (6A03.3) é caracterizado por dificuldades significativas e persistentes no aprendizado de outras habilidades acadêmicas além de leitura, matemática e expressão escrita (WHO, 2021). A CID-11 não contempla descrição acerca do subtipo TDA não especificado (6A03.Z), constituindo-se uma categoria residual (WHO, 2021).

Na CID-10 (WHO, 2019), os transtornos relacionados à aprendizagem são contemplados na categoria de transtornos mentais e comportamentais, que conta com a subcategoria transtornos do desenvolvimento psicológico, no qual se encontram os transtornos específicos do desenvolvimento das habilidades escolares (F81.0 a F81.9). De forma geral, assim como na CID-10, a CID-11 assinala que eles iniciam na infância e não se relacionam, diretamente, à falta de oportunidades de aprendizagem, a alterações visuais, à traumatismo cranioencefálico ou à doença adquirida (WHO, 2019, 2021). Da mesma forma, na CID-11 as dificuldades ligadas ao TDA não estão relacionadas à falta de proficiência na língua de instrução acadêmica, adversidade psicossocial ou alterações auditivas (WHO, 2021). Além disso, na CID-11, o diagnóstico de TDA não deve ser considerado na presença de TDI (WHO, 2021). Outro aspecto relevante refere-se ao fato de que, na CID-11, os transtornos relativos à aprendizagem passaram a ser entendidos como condições de base neurodesenvolvimental (WHO, 2021), enquanto na CID-10 esses quadros pertenciam à categoria de transtornos do desenvolvimento psicológico (WHO, 2019).

No DSM-5 (APA, 2014), os transtornos da aprendizagem são contemplados no eixo transtornos do neurodesenvolvimento, na categoria transtorno específico da aprendizagem, contendo os seguintes especificadores: com prejuízo na leitura (315.00), com prejuízo na expressão escrita (315.2) e com prejuízo na matemática (315.1). Assim como a CID-11, o DSM-5 destaca que o transtorno específico da aprendizagem emerge nos anos escolares e não ocorre devido a deficiências intelectuais, alterações visuais ou auditivas não corrigidas, falta de proficiência na língua de instrução acadêmica, adversidade psicossocial ou instrução acadêmica inadequada (APA, 2014). Os termos dislexia, para descrever dificuldades específicas em leitura, e discalculia, para matemática, presentes na CID-10, perderam espaço tanto no DSM-5 quanto na CID-11. Entretanto, esses termos continuam sendo utilizados em publicações da área e pela comunidade científica.

Salienta-se que, de forma geral, a classificação e a definição dos transtornos da aprendizagem na CID-11 assemelham-se àquelas utilizadas no DSM-5 (First et al., 2021). A Tabela 6.6 sumariza a classificação desses transtornos na CID-11, DSM-5 e CID-10.

Conforme já mencionado, as mudanças apresentadas na CID-11 têm sido foco de discussões relevantes entre pesquisadores de di-

TABELA 6.6

CLASSIFICAÇÃO DOS TRANSTORNOS RELACIONADOS À APRENDIZAGEM NA CID-11, DSM-5 E CID-10

	CID-11	DSM-5	CID-10
Categoria	Transtorno do desenvolvimento da aprendizagem	Transtorno específico da aprendizagem	Transtornos específicos do desenvolvimento das habilidades escolares
Subcategorias	Transtorno do desenvolvimento da aprendizagem com deficiência na leitura (6A03.0)	Transtorno específico da aprendizagem com prejuízo na leitura (315.00)	Transtorno específico de leitura (F81.0)
	Transtorno do desenvolvimento da aprendizagem com comprometimento da expressão escrita (6A03.1)	Transtorno específico da aprendizagem com prejuízo na expressão escrita (315.2)	Transtorno específico da soletração (F81.1)
	Transtorno do desenvolvimento da aprendizagem com deficiência em matemática (6A03.2)	Transtorno específico da aprendizagem com prejuízo na matemática (315.1)	Transtorno específico da habilidade em aritmética (F81.2)
	Transtorno do desenvolvimento da aprendizagem com outro comprometimento específico da aprendizagem (6A03.3)	–	–
	–	–	Transtorno misto de habilidades escolares (F81.3)
	Transtorno do desenvolvimento da aprendizagem, não especificado (6A03.Z)	–	Transtorno não especificado do desenvolvimento das habilidades escolares (F81.9)

ferentes países (First et al., 2021; Gaebel et al., 2017; Krawczyk & Święcicki, 2020; Pajević et al., 2020; Reed et al., 2019; Stein et al., 2020). No que se refere aos TDA (6A03), alguns apontamentos importantes foram feitos, como a possível influência da classificação utilizada para o desfecho diagnóstico (Folco et al., 2021) e a manutenção do critério de discrepância de QI na CID-11, não mais apoiado por achados empíricos recentes, conforme estudo de Schulte-Körne (2021). Contudo, de forma geral, as mudanças na classificação e na definição dos transtornos relacionados à aprendizagem na CID-11 se mostraram sutis, principalmente levando-se em consideração o DSM-5 (First et al., 2021).

Do ponto de vista epidemiológico, conforme a American Psychiatric Association ([APA], 2013), a prevalência estimada do transtorno específico da aprendizagem situa-se entre 5% e 15% em crianças de diferentes línguas e culturas – a prevalência de distúrbios de leitura varia entre 4% e 9%, e a de distúrbios matemáticos, entre 3% e 7%. No Brasil, o estudo de Fortes (2014), realizado com 1.618 crianças e adolescentes das regiões Norte, Nordeste, Centro-Oeste e Sudeste, identificou taxas de prevalência de transtorno específico da aprendizagem de 7,6% para comprometimento global, de 5,4% para comprometimento na escrita, de 6,0% para comprometimento na área da aritmética e de 7,5% para comprometimento da leitura. Entretanto, investigações dessa natureza ainda são pouco recorrentes no País.

MÉTODOS E TÉCNICAS DE AVALIAÇÃO DO TRANSTORNO DO DESENVOLVIMENTO DA APRENDIZAGEM

A avaliação dos TDA exige uma abordagem multimétodo e multiprofissional para o diagnóstico abrangente. Especificamente nessa categoria de transtornos, é importante uma avaliação longitudinal de forma a descartar explicações concorrentes para as dificuldades do avaliando (p. ex., deficiências intelectuais, alterações visuais ou auditivas não corrigidas, falta de proficiência na língua de instrução acadêmica, adversidade psicossocial ou instrução acadêmica inadequada), conforme destacam o DSM-5 (APA, 2014) e a CID-11 (WHO, 2021). Assim, após indicada a hipótese diagnóstica de TDA, intervenções especializadas e específicas para as dificuldades devem ser realizadas; caso os problemas persistam, e apenas nesse caso, o diagnóstico pode ser formulado em uma reavaliação.

Os métodos e técnicas empregados para confirmação dos TDA devem envolver três resultados principais: 1) baixo desempenho nas habilidades específicas que definem o transtorno (p. ex., leitura, escrita, matemática); 2) exclusão de dificuldades cognitivas acentuadas ou de TDI; e 3) resposta inadequada a uma intervenção específica para as dificuldades de aprendizagem. Em todos os casos, é importante fazer uma avaliação das diferenças intraindividuais, tendo em vista que o TDA é marcado por um perfil discrepante de desempenho em funções cognitivas, com potencialidades e dificuldades. Por exemplo, há estudos que indicam uma maior dificuldade de pessoas com TDA em fatores como memória de trabalho e velocidade de processamento nas baterias de avaliação da inteligência como a WISC-IV (Cornoldi et al., 2014), provavelmente relacionados a dificuldades em representação fonológica (Snowling, 2001).

Para alcançar esses resultados, entrevistas com pais e professores são recursos muito importantes, bem como o acesso a avaliações e documentos de outros profissionais. Idealmente, quando é realizado o diagnóstico de TDA, é importante envolver a avaliação e o acompanhamento de diferentes especialidades, como fonoaudiólogo, psicólogo, neurologista e/ou psiquiatra, neuropsicólogo e educadores. Exames e avaliações multiprofissionais podem auxiliar a descartar déficits sensoriais ou outras comorbidades que afetam a aprendizagem de habilidades específicas.

Para descartar o TDI, que não pode ser comórbido ao TDA, destaca-se a importância da avaliação do QI (a Tabela 6.2 reune um conjunto de testes que podem ser usados nessa avaliação). Também é importante mensurar atenção, funções executivas, memória e linguagem de maneira ampla. Sobre a segunda categoria de avaliação, envolvendo as habilidades específicas de aprendizagem, é fundamental identificar os subprocessos preservados, bem como os deficitários, ligando os resultados a hipóteses específicas. Por exemplo, para um avaliando com dificuldades de leitura, é necessário investigar processamento de palavras e de textos, em termos de acurácia, fluência e compreensão. Para alguém com dificuldades em matemática, é necessário explorar dimensões como processamento numérico, habilidades aritméticas e resolução de problemas. Existem diferentes instrumentos disponíveis no Brasil para essa avaliação. A Tabela 6.7 apresenta alguns deles, destinados a avaliar diferentes processos cognitivo-linguísticos de aprendizagem. Trata-se de uma apresentação resumida de instrumentos para crianças e adolescentes, tendo em vista que, geralmente, o diagnóstico é mais investigado nessas fases da vida. Os leitores interessados podem buscar mais informações em publicações específicas sobre esta categoria de transtornos.

TABELA 6.7

ALGUNS INSTRUMENTOS BRASILEIROS PARA AVALIAÇÃO DE HABILIDADES COGNITIVO-LINGUÍSTICAS E ACADÊMICAS PARA CRIANÇAS E ADOLESCENTES COM SUSPEITAS DE DIFICULDADES DE APRENDIZAGEM

TESTE/TAREFA	OBJETIVO	POPULAÇÃO-ALVO	EDITORA
Bateria Neuropsicológica NEPSY-II (Korkman et al., 2018)	Avaliação neuropsicológica breve, incluindo linguagem, processamento visuoespacial, memória e aprendizagem, atenção/ funções executivas e percepção social	Crianças e adolescentes de 3 a 16 anos	Casa do Psicólogo
Coleção ANELE – Volume 1: Avaliação de Leitura de Palavras e Pseudopalavras (LPI) (Salles et al., 2017)	Leitura de palavras regulares, irregulares e pseudopalavras	Crianças de 6 a 12 anos	Vetor
Coleção ANELE – Volume 2: Avaliação da Compreensão e Leitura Textual (COMTEXT) (Corso et al., 2017)	Compreensão de leitura textual	Crianças do 4º ao 6º ano do ensino fundamental	Vetor
Coleção ANELE – Volume 5: Avaliação da Fluência de Leitura Textual (AFLeT) (Basso et al., 2018)	Fluência de leitura textual	Crianças do 2º ao 4º ano do ensino fundamental	Vetor
Consciência Fonológica, Instrumento de Avaliação Sequencial (CONFIAS) (Moojen et al., 2015)	Consciência silábica e consciência fonêmica	Crianças de 4 a 7 anos	Pearson
Instrumento de Avaliação Neuropsicológica Breve Infantil (NEUPSILIN-INF) (Salles et al., 2016)	Avaliação neuropsicológica breve, incluindo orientação, atenção, percepção visual, memórias (de	Crianças de 6 a 12 anos	Vetor

▶▶

TABELA 6.7

ALGUNS INSTRUMENTOS BRASILEIROS PARA AVALIAÇÃO DE HABILIDADES COGNITIVO-LINGUÍSTICAS E ACADÊMICAS PARA CRIANÇAS E ADOLESCENTES COM SUSPEITAS DE DIFICULDADES DE APRENDIZAGEM

TESTE/TAREFA	OBJETIVO	POPULAÇÃO-ALVO	EDITORA
	trabalho, episódica, semântica), habilidades aritméticas, linguagem oral e escrita, habilidades visuoconstrutivas e funções executivas		
Protocolo de Identificação Precoce dos Problemas de Leitura (IPPL) (Capellini et al., 2017)	Leitura, incluindo conhecimento do alfabeto, memória operacional fonológica, nomeação automática rápida, leitura silenciosa, leitura de palavras e pseudopalavras e compreensão auditiva de sentenças	Crianças do 1º ao 2º ano do ensino fundamental	Book Toy
Provas de Avaliação dos Processos de Leitura (PROLEC) (Cuetos et al., 1998)	Identificação de letras, processo léxico, processo sintático e processo semântico	Crianças do 2º ao 5º ano do ensino fundamental	Casa do Psicólogo
Tarefas do livro *Avaliação Neuropsicológica Cognitiva* – volume 2 Linguagem oral (Seabra & Dias, 2012a)	Teste de discriminação fonológica, teste infantil de nomeação, teste de repetição de palavras e pseudopalavras, provas de consciência fonológica por produção oral e por escolha de figuras	Crianças de 4 a 7 anos	Memnon
Tarefas do livro *Avaliação neuropsicológica cognitiva* – volume 3 Leitura, escrita e aritmética (Seabra et al., 2012)	Tarefas de compreensão auditiva e de leitura, escrita sob ditado e aritmética	Crianças de 7 a 11 anos, dependendo da tarefa	Memnon
Tarefas do livro *Avaliação neuropsicológica: avaliação de linguagem e funções executivas em crianças* (Fonseca et al., 2016)	Tarefas de fluência verbal, análise das estratégias de evocação da fluência verbal, geração aleatória de números, teste Hayling, discurso narrativo oral e discurso narrativo escrito	Crianças de 6 a 12 anos, dependendo da tarefa	Memnon
Teste de Desempenho Escolar – II (TDE II) Stein et al., 2019)	Desempenho escolar em leitura, escrita e matemática	Crianças do 1º ao 9º ano do ensino fundamental	Vetor

Com o intuito de confirmar se, mesmo diante de uma intervenção específica, as dificuldades de aprendizagem persistem, uma reavaliação abrangente dos mesmos processos deve ser realizada após um período de intervenção. Esse período deverá ser especificado pelo profissional especializado, levando em conta as características individuais do avaliando e do seu contexto, bem como dos componentes da intervenção. A recomendação geral é de que a intervenção ou instrução formal ocorra por, no mínimo, seis meses (APA, 2014), mas esse tempo pode ser reconsiderado de acordo com os fatores citados. Nesse contexto, a Resposta à Intervenção (RTI, do inglês *Response to Intervention*) (Fletcher et al., 2018), tem sido testada em diferentes países. Nessa abordagem, é recomendado que o diagnóstico de TDA ocorra depois de um período de intervenção sistemática baseada em evidências científicas.

Observações importantes para a avaliação e o diagnóstico do transtorno do desenvolvimento da aprendizagem

Os transtornos específicos de aprendizagem envolvem uma variedade de manifestações de dificuldades acadêmicas, que surgem a partir de déficits em diferentes componentes cognitivos, mas não a partir de uma deficiência intelectual global (Melby-Lervåg et al., 2012). Assim, a avaliação requer que se considere um conjunto de habilidades (leitura/escrita/matemática) em seus subprocessos, já que as dificuldades podem ser mais generalizadas ou específicas de alguns deles (p. ex., fluência leitora, compreensão). Além disso, descartar o TDI é fundamental, tendo em vista que ele não pode coexistir com um TDA.

O clínico deve ter especial atenção na escolha das medidas, tendo em vista que a inteligência é um construto com múltiplos componentes, podendo alguns deles estarem mais afetados pelas dificuldades específicas do paciente. Para o diagnóstico do TDA, tais dificuldades devem ser persistentes, ou seja, permanecerem por, no mínimo, seis meses, mesmo em face de algum tipo de intervenção ou instrução formal (APA, 2014). Essa inclusão do período de persistência dos sintomas é muito importante, e destaca a necessidade de uma avaliação longitudinal dos sintomas após um período de intervenção específica e com profissional especializado na área da dificuldade. Estudos recentes têm enfatizado o uso de abordagens específicas para esse acompanhamento, como a RTI (Fletcher et al., 2018; Vaughn et al., 2010) para identificação dos TDAs.

As dificuldades de aprendizagem podem estar relacionadas a vários fatores, como exposição deficitária a estímulos linguísticos no ambiente familiar e métodos de aprendizagem pouco eficazes, além de um conjunto de dificuldades sensoriais. A variedade de aspectos contribui para uma grande oscilação nas estimativas do transtorno, conforme descrito, e dificulta a avaliação. Os clínicos devem ter cuidado para descartar potenciais fatores confundidores. Outro complicador ao diagnóstico é a coocorrência de diferentes TDAs e a presença de comorbidades. As coocorrências entre as dificuldades específicas de leitura e escrita de palavras são as mais prevalentes, variando de 30% (Cortiella & Horowitz, 2014) a 60% dos casos (Willcutt et al., 2007). As coocorrências entre dificuldades específicas de leitura e matemática são estimadas em 30% a 50% das crianças (Willcutt et al., 2013).

Em relação a comorbidades, 24% a 30% das crianças com TDA da leitura também preenchem critérios diagnósticos para o transtorno de déficit de atenção/hiperatividade (Peterson et al., 2017). Comorbidades comuns também envolvem depressão e ansiedade. Assim, uma abordagem multidisciplinar que considere o caráter integral das dificuldades de aprendizagem é crucial. Profissionais como fonoaudiólogo, psicólogo, neurologista e/ou psiquiatra, neuropsicólogo e educadores idealmente devem estar envolvidos na avaliação e intervenção.

TRANSTORNO DO DESENVOLVIMENTO DA COORDENAÇÃO MOTORA (6A04)

O transtorno do desenvolvimento da coordenação motora (TDCM) (WHO, 2021), ou transtorno do desenvolvimento da coordenação (TDC) – nomenclatura adotada pelo DSM-5 (APA, 2014) –, ocorre em diferentes culturas, etnias e condições socioeconômicas, e há estudos que evidenciam sua validade como categoria diagnóstica distinta de outros transtornos do neurodesenvolvimento (Blank et al., 2019).

Segundo a descrição da CID-11, o TDCM é caracterizado por um atraso significativo na aquisição de habilidades motoras fina e grossa, além de um prejuízo na execução de habilidades motoras coordenadas, resultando em um comportamento motor desajeitado, lento ou impreciso. Tais habilidades motoras estão significativamente abaixo das esperadas para a idade cronológica e para o nível de funcionamento intelectual, sendo os primeiros sintomas manifestados durante o período de desenvolvimento (WHO, 2021).

A prevalência do TDCM em crianças de 5 a 11 anos varia de 5% a 6%, sendo mais comum em meninos (APA, 2014). O curso do transtorno é crônico e resulta em prejuízos consideráveis na vida diária e no desempenho escolar, além de influenciar na participação social e na saúde física e mental, resultando em uma pior qualidade de vida (Blank et al., 2019; Caçola & Lage, 2019). Assim, outro critério para o diagnóstico do TDCM, conforme descrito na CID-11, são as limitações persistentes e significativas no funcionamento causadas pelas dificuldades motoras (p. ex., atividades de vida diária, tarefas escolares e atividades vocacionais e de lazer) (WHO, 2021). Além disso, para que o diagnóstico seja considerado, as dificuldades motoras não podem ser unicamente atribuíveis a uma doença do sistema musculoesquelético ou tecido conjuntivo ou do sistema nervoso. Também não são devidas a prejuízo sensorial e não são mais bem explicadas por um TDI. Por fim, está incluído nesse diagnóstico o transtorno da coordenação motora orofacial (WHO, 2021).

Na CID-10, a nomenclatura utilizada para o atual TDCM (WHO, 2021) era transtorno específico do desenvolvimento motor (F82), fazendo parte do grupo de transtornos do desenvolvimento psicológico (F80-F89). A característica desse transtorno, de acordo com a CID-10 (WHO, 2019), é um comprometimento grave do desenvolvimento da coordenação motora, não atribuível exclusivamente a um déficit intelectual ou a uma condição neurológica congênita ou adquirida. A descrição ainda sugere que, na maioria dos casos, um exame clínico evidencia perturbações da coordenação motora fina e grossa, além de sinais que indicam imaturidade acentuada do desenvolvimento neurológico, como movimentos coreiformes dos membros, sincinesias e outros. O papel desses sinais motores no diagnóstico, conforme a literatura atual e a experiência clínica, é considerado incerto e precisa ser melhor investigado (Blank et al., 2019), tanto que na CID-11 (WHO, 2021) essa característica não está mais presente na descrição do transtorno. Por fim, a definição da CID-10 exclui anomalias da marcha e da mobilidade (R26.-), falta de coordenação (R27.-) e falta de coordenação secundária a retardo mental (F70-F79). A CID-11 (WHO, 2021) mantém a exclusão na presença de anormalidades da marcha e mobilidade (MB44), adicionando doenças do sistema musculoesquelético ou tecido conjuntivo (FA00-FC0Z) e doenças do sistema nervoso (8A00-8E7Z). Além disso, a falta de coordenação secundária a retardo mental (F70-F79), apresentada na CID-10, passa a ser parte da descrição do transtorno na CID-11, indicando que as dificuldades observadas não devem ser mais bem explicadas por um TDI.

Já no DSM-5, o TDCM, denominado TDC, está classificado em uma subseção dos transtornos do neurodesenvolvimento chamada transtornos motores (APA, 2014). Quatro critérios são propostos para o diagnóstico: 1) a aquisição e a execução de habilidades motoras coordenadas estão substancialmente abaixo do esperado considerando-se a idade cronológica e a oportunidade de aprender a usar tal habilidade; 2) as dificuldades no comportamento motor interferem significativamente nas atividades de vida diária esperadas para a idade, impactando em diferentes contextos; 3) o início dos sintomas ocorre precocemente no período do desenvolvimento; e 4) as dificuldades motoras não são mais bem explicadas por atraso intelectual, deficiência visual ou outra condição neurológica que afete o movimento. Ao contrário do DSM-IV-TR, o DSM-5 inclui a possibilidade de coocorrência do TDCM e do TEA (Blank et al., 2019).

MÉTODOS E TÉCNICAS DE AVALIAÇÃO DO TRANSTORNO DO DESENVOLVIMENTO DA COORDENAÇÃO MOTORA

A identificação e a avaliação das dificuldades motoras e dos critérios diagnósticos do TDCM geralmente envolvem uma equipe de profissionais, incluindo médicos (principalmente neurologistas e pediatras), professores, psicólogos, terapeutas ocupacionais, fisioterapeutas, educadores físicos, entre outros. Múltiplos métodos de avaliação podem e devem ser utilizados, entre eles entrevistas, avaliação do desenvolvimento e do histórico médico, questionários, exame clínico e testes motores (Caçola & Lage, 2019). As avaliações neurológica, médica e sensorial devem analisar aspectos como disfunções neurológicas, síndromes genéticas, problemas articulares, visão, audição, percepção tátil, entre outras condições que poderiam explicar as dificuldades motoras (Blank et al., 2019). Também é possível utilizar instrumentos que medem outros domínios que podem estar relacionados aos prejuízos do TDCM ou interferir no desenvolvimento das habilidades motoras, como habilidade cognitiva, atividades de vida diária, participação social, questões emocionais, entre outros (Caçola & Lage, 2019). Outro aspecto que deve ser foco de atenção na avaliação da criança ou adolescente é a presença de comorbidades, já que a coocorrência do TDCM, principalmente com outros transtornos do desenvolvimento, é bastante expressiva (Blank et al., 2019). Os transtornos comórbidos mais comuns incluem transtornos da fala e da linguagem, transtorno específico da aprendizagem (especialmente leitura e escrita), problemas de desatenção (incluindo transtorno de déficit de atenção/hiperatividade), TEA e problemas comportamentais disruptivos e emocionais (APA, 2014). A observação de atividades motoras, como brincadeiras, habilidades de desenho e ato de vestir-se, também é uma fonte importante de informação complementar, embora o ideal seja a utilização de testes motores com adequadas propriedades psicométricas e referenciados em normas (Blank et al., 2019).

A Bateria de Avaliação de Movimento para Crianças-2 (MABC-2, do inglês Movement Assessment Battery for Children-2) (Henderson et al., 2019) é um instrumento utilizado em vários países, comercializado no Brasil, e que permite fazer essa avaliação motora. Trata-se de uma bateria de avaliação do movimento para crianças e adolescentes de 3 a 16 anos que tem por objetivo identificar atrasos ou comprometimento do desenvolvimento motor, além de auxiliar no planejamento de programas de intervenção. É dividido em duas partes: a lista de checagem e o teste, que propõe uma série de tarefas motoras.

A Lista de Checagem do MABC-2 (LC-MABC-2) foi adaptada para o português brasileiro e apresenta adequadas propriedades psicométricas. A lista é um instrumento de triagem, que pode ser respondida, por adultos familiarizados com a criança, em aproximadamente 10 minutos. Tem por objetivo identificar crianças com dificuldades motoras, mais especificamente com suspeita de TDCM, que podem se beneficiar de uma avaliação mais detalhada (Ramalho et al., 2013).

A LC-MABC-2 também foi adaptada para o português brasileiro, e evidências de validade e fidedignidade sugerem a adequação dessa versão. A avaliação leva em torno de 30 minutos, e as tarefas abrangem três áreas: destreza manual, mirar e pegar, e equilíbrio (estático e dinâmico). Embora os dados não sejam representativos de todas as regiões do Brasil, há um estudo que demonstra que os escores padronizados do instrumento original são válidos para a população de crianças brasileiras (Valentini et al., 2014).

Outro instrumento que tem sido amplamente utilizado e tem seu uso recomendado (Blank et al., 2019) é o Developmental Coordination Disorder Questionnaire (DCDQ) (Wilson et al., 2009). É um questionário composto por 15 itens, preenchido pelos pais ou responsáveis de crianças e adolescentes de 5 a 15 anos, que leva em torno de 10 minutos para ser completado. O DCDQ foi adaptado para o português brasileiro, e estudos de fidedignidade indicam uma boa consistência interna, porém, ainda há necessidade de desenvolver estudos evidenciando sua validade e propondo pontos de corte apropriados para o Brasil (Prado et al., 2009). O questionário está disponível sem custos no *site* https://www.dcdq.ca, onde também é possível consultar como utilizar e interpretar os escores a partir de pontos de corte do instrumento original.

Além da MABC-2 e do DCDQ, há inúmeros instrumentos propostos em pesquisas, incluindo questionários e protocolos de observação, que podem ser preenchidos por pais, por professores ou pelas próprias crianças. No entanto, muitas dessas medidas são pouco utilizadas, administradas somente em contexto de pesquisa e/ou têm poucas evidências de validade, o que não impede que sejam utilizadas como fontes de informação complementares (Blank et al., 2019).

Observações importantes para a avaliação e o diagnóstico do transtorno do desenvolvimento da coordenação motora

Com relação ao diagnóstico, destaca-se a importância do trabalho multidisciplinar para identificar as dificuldades do paciente e excluir outras possíveis explicações para os sintomas, como condições neurológicas, falta de estimulação, limitação da capacidade cognitiva, etc. Com relação ao papel da psicologia, a avaliação de múltiplos aspectos pode auxiliar nesse diagnóstico diferencial. A análise do comportamento e da cognição é recomendada para todas as crianças com TDCM, já que a comorbidade com outros transtornos do neurodesenvolvimento, que incluem dificuldades atencionais e de aprendizagem, ou mesmo o TEA, é bastante frequente. A avaliação cognitiva é especialmente importante se há histórico de dificuldades de aprendizagem. Além disso, uma avaliação mais compreensiva deve investigar aspectos psicossociais, analisando a presença de negligência ou maus-tratos, que podem interferir no desenvolvimento das habilidades motoras. Por fim, quando são avaliadas atividades de vida diária, é importante levar em consideração o contexto cultural da criança e se ela tem as oportunidades apropriadas para aprender e praticar diferentes habilidades consideradas típicas na sua comunidade (Blank et al., 2019).

O diagnóstico do TDCM em crianças com baixo nível intelectual é outro desafio, já que as dificuldades motoras podem ser explicadas pelas dificuldades cognitivas. Não há um ponto de corte ou especificação de discrepância de QI para auxiliar na identificação de casos de TDCM na presença de TDI (APA, 2014). Assim, disfunções motoras só devem ser diagnosticadas como TDCM se os demais critérios do diagnóstico estiverem presentes e se a história e o exame clínicos não explicarem os sintomas e seu impacto no funcionamento pelo nível cognitivo. Há cada vez mais evidências de que o TDCM é um construto com bases neurobiológicas e neurofisiológicas específicas, não estritamente vinculado a habilidades intelectuais (Blank et al., 2019).

Outra questão que merece atenção é a idade de início dos sintomas, que já estão presentes, geralmente, nos primeiros anos de vida. No entanto, não é comum o diagnóstico ser realizado antes dos 5 anos, pois existe uma variabilidade importante na idade de aquisição das habilidades motoras (APA, 2014). Porém, ao avaliar adolescentes e adultos, pode ser mais complicado identificar se alguns dos sintomas estavam presentes na infância. Isso pode ocorrer porque as exigências do contexto e as oportunidades que a criança tem de demonstrar certas habilidades não são suficientes para que as dificuldades se manifestem (Blank et al., 2019).

Por fim, um dos principais desafios em relação ao diagnóstico do TDCM é a falta de conhecimento dos profissionais da saúde e da educação sobre o diagnóstico, que não é tão frequentemente identificado quanto outros transtornos do neurodesenvolvimento. Assim, tendo em vista a alta prevalência e os prejuízos decorrentes, a disseminação da informação sobre esse transtorno deve ser ampliada, atingindo todos os profissionais envolvidos na educação e no acompanhamento da saúde física e mental de crianças e adolescentes (Caçola & Lage, 2019).

TRANSTORNO DE DÉFICIT DE ATENÇÃO/ HIPERATIVIDADE (6A05)

De acordo com a descrição proposta pela CID-11 (WHO, 2021), o transtorno de déficit de atenção/hiperatividade (TDAH) é caracterizado por um padrão de desatenção e/ou hiperatividade-impulsividade que persiste por pelo menos seis meses e causa prejuízo no funcionamento acadêmico, ocupacional ou social dos indivíduos acometidos. Há evidências clínicas e biológicas robustas de que o TDAH é uma entidade diagnóstica válida, sendo caracterizado por alta herdabilidade e associado a prejuízos funcionais importantes (Posner et al., 2020; Thapar & Cooper, 2016). Além disso, é considerado um transtorno bastante prevalente, acometendo cerca de 5% das crianças e adolescentes e 2,5% dos adultos (APA, 2014).

O TDAH tem início ainda na infância, portanto, entende-se que vários sintomas devem estar presentes antes dos 12 anos (APA, 2014; WHO, 2021). Além disso, os sintomas são mais exacerbados do que aqueles esperados para a idade e o nível de funcionamento intelectual do indivíduo, embora deva-se considerar que as manifestações clínicas variam de pessoa para pessoa e podem mudar ao longo do desenvolvimento. Outra questão importante refere-se à necessidade de os sintomas estarem evidentes em múltiplas situações e ambientes (p. ex., casa, escola, trabalho, com amigos ou familiares), o que pode variar de acordo com a estrutura e as demandas de cada local. Por fim, para que o diagnóstico seja firmado, os sinais e os sintomas não devem ser mais bem explicados por outro transtorno mental, comportamental ou do neurodesenvolvimento, nem podem ser decorrentes de uso de medicação ou outra substância (WHO, 2021).

Ao contrário do DSM-5 (APA, 2014), a CID-11 (WHO, 2021) não apresenta uma lista de sintomas que devem estar presentes para caracterizar o diagnóstico, mas inclui uma breve descrição dos sintomas que fazem parte do quadro do TDAH. Assim, em tradução livre, conceitualiza a desatenção como "uma dificuldade significativa em sustentar a atenção em tarefas que não proporcionam um alto nível de estimulação ou recompensas frequentes, distratibilidade e problemas com organização". Já a hiperatividade é caracterizada por "atividade motora excessiva e dificuldades em permanecer quieto, mais evidente em situações estruturadas que requerem autocontrole do comportamento". Por fim, a impulsividade é "a tendência a agir em resposta a estímulos imediatos, sem deliberação ou consideração dos riscos e consequências".

Assim como o DSM-5 (APA, 2014), a CID-11 (WHO, 2021) possibilita a codificação com base na apresentação dos sintomas. O TDAH com apresentação predominantemente desatenta (6A05.0) é codificado quando todos os critérios necessários para o diagnóstico estão presentes e os sintomas de desatenção são predominantes na apresentação clínica. Sintomas de hiperatividade-impulsividade podem estar presentes, mas não são clinicamente significativos em relação aos sintomas de desatenção. Já o TDAH com apresentação predominantemente hiperativa-impulsiva (6A05.1) é caracterizado pelo predomínio dos sintomas de hiperatividade-impulsividade. Da mesma forma, sintomas de desatenção podem estar presentes, mas não são clinicamente significativos quando comparados à hiperatividade-impulsividade. Por fim, no TDAH com apresentação combinada (6A05.2), sintomas de desatenção e hiperatividade-impulsividade estão presentes de forma clinicamente significativa, e nenhum deles predomina na apresentação clínica. As categorias TDAH, outra apresentação especificada (6A05.Y) e TDAH, apresentação não especificada (6A05.Z) são consideradas residuais e não apresentam uma descrição na CID-11.

A CID-11 (WHO, 2021) adota a nomenclatura proposta pelo DSM-5 para o TDAH. Na CID-10 (WHO, 2019), chamava-se transtorno hipercinético e fazia parte da categoria transtornos do comportamento e transtornos emocionais que aparecem habitualmente durante a infância ou a adolescência (F90-F98). Assim como no DSM-5 (APA, 2014), o TDAH passou a fazer parte do grupo dos transtornos do neurodesenvolvimento na CID-11. Tal modificação está relacionada ao fato de o início ocorrer ainda na infância, além de haver disfunções características nas funções intelectuais, motoras e sociais, bem como frequente comorbidade com outros transtornos do neurodesenvolvimento (Reed et al., 2019).

Na CID-10 (WHO, 2019), os transtornos hipercinéticos eram descritos como um grupo de transtornos caracterizados por início ainda na infância, falta de persistência em atividades que exigem esforço cognitivo, dificuldade para finalizar tarefas e atividade excessiva, desorganizada e desregulada. Comportamento imprudente e impulsivo, maior probabilidade de acidentes e problemas disciplinares relacionados a atitudes irrefletidas também poderiam estar presentes. O relacionamento com adultos seria frequentemente marcado por ausência de inibição social, e haveria tendência à impopularidade na relação com outras crianças. Também poderiam estar presentes prejuízos nas funções cognitivas e atrasos no desenvolvimento motor e da linguagem. Por fim, poderiam ser desenvolvidas características secundárias de comportamento dissocial e baixa autoestima (WHO, 2019). Dessa forma, a mudança de categoria na CID-11, incluindo o TDAH entre os transtornos do neurodesenvolvimento, também está relacionada a limitações conceituais em relação a compreendê-lo como um transtorno mais relacionado a um comportamento disruptivo e a transtornos dissociais, já que, em geral, os indivíduos com TDAH não são disruptivos intencionalmente (Reed et al., 2019). Além disso, a definição da CID-10 (WHO, 2019) contemplava um grupo de pacientes considerados mais graves, o que pode ser observado a partir de estimativas menores de prevalência do transtorno hipercinético quando comparado ao TDAH proposto pelo DSM-IV (Thapar & Cooper, 2016).

Com relação aos especificadores, a CID-10 (WHO, 2019) contemplava perturbações da atividade e da atenção (F90.0), que incluem a síndrome de déficit da atenção com hiperatividade, o transtorno de déficit da atenção com hiperatividade e o transtorno de déficit de atenção e hiperatividade. O transtorno da conduta hipercinética (F90.1) correspondia ao transtorno hipercinético associado a transtorno de conduta, enquanto outros transtornos hipercinéticos (F90.8) e transtorno hipercinético não especificado (F90.9) eram categorias residuais, incluindo a reação hipercinética da infância ou da adolescência sem outra especificação e a síndrome hipercinética sem outra especificação. Destaca-se aqui a ausência de subtipos ou apresentações, como as propostas pelo DSM-IV-TR e pelo DSM-5 e incorporadas à CID-11, que incluem as apresentações predominantemente desatenta, predominantemente hiperativo-impulsiva e combinada.

Por fim, destaca-se o alinhamento da CID-11 e do DSM-5 em relação ao entendimento do TDAH, pois ambos enfatizam sintomas relacionados a desatenção, hiperatividade e impulsividade. Além disso, ambos consideram o transtorno em adultos, compreendendo o diagnóstico ao longo do ciclo vital, e possibilitam a inclusão do TEA como um transtorno comórbido ao TDAH.

MÉTODOS E TÉCNICAS DE AVALIAÇÃO DO TRANSTORNO DE DÉFICIT DE ATENÇÃO/ HIPERATIVIDADE

Em geral, as técnicas mais utilizadas na avaliação do TDAH são baseadas em listas de sintomas, nas quais os próprios pacientes, seus familiares ou professores (no caso de crianças e adolescentes) identificam a frequência de cada comportamento. Nesse sentido, dois questionários amplamente utilizados mundialmente foram adaptados para o português brasileiro. Para crianças e adolescentes, o SNAP-IV, questionário de domínio público, inclui os 18 itens correspondentes aos sintomas do critério A do DSM-IV para TDAH, além de 8 itens referentes aos sintomas de transtorno desafiante-opositor (TDO). Como não houve mudanças estruturais nos sintomas do TDAH no DSM-5, o SNAP-IV continua sendo utilizado nos contextos nacional e internacional. Cada sintoma deve ser avaliado considerando-se a gravidade de sua apresentação, sendo qualificado em "nem um pouco", "só um pouco", "bastante" e "demais". No Brasil, não existem estudos acerca das propriedades psicométricas do SNAP-IV nem escores padronizados para a nossa população (Mattos, Serra-Pinheiro et al., 2006). Na prática clínica, há consenso de que ao menos seis sintomas de desatenção (itens 1 a 9) e/ou ao menos seis sintomas de hiperatividade-impulsividade (itens 10 a 18) devem estar qualificados como "bastante" ou "demais" para que o diagnóstico seja considerado. Tal prática deve ser utilizada com muita cautela, uma vez que o diagnóstico em si depende de inúmeros outros dados, e alguns informantes podem ter dificuldade para analisar alguns comportamentos, ou não percebê-los de forma acurada.

Os sintomas listados no DSM-IV para o diagnóstico de crianças e adolescentes foram adaptados para adultos na Adult Self Report Scale (ASRS), também traduzida para o português brasileiro. Assim como o SNAP-IV, a ASRS possui 18 itens que contemplam os sintomas do critério A do DSM-IV-TR (APA, 2002) e oferece cinco opções de resposta de frequência: "nunca", "raramente", "algumas vezes", "frequentemente" e "muito frequentemente". Até o momento, não há estudos de validação ou de normatização para a população brasileira (Mattos, Segenreich et al., 2006). O mesmo procedimento utilizado para o SNAP tem sido adotado na clínica com a ASRS, seguindo o critério proposto pelo DSM-5 (APA, 2014) para adultos: pelo menos cinco dos nove sintomas de desatenção e/ou cinco dos nove sintomas de hiperatividade-impulsividade avaliados como "frequentemente" ou "muito frequentemente" sugerem a presença do TDAH. Embora seja um instrumento de autorrelato, também tem sido utilizado como instrumento de heterorrelato. Novamente, ressalta-se a necessidade de utilizar as informações com cautela, pois além de estarem avaliando apenas o critério A entre os critérios propostos pelo DSM-5, e também adotados pela CID-11, ainda há o viés de resposta dos informantes.

Uma opção que minimiza o viés de compreensão dos informantes é a Entrevista Clínica Estruturada para os Transtornos do DSM-5 (SCID-5-CV) (First et al., 2017). A SCID-5-CV é um guia de entrevista para a realização do diagnóstico dos transtornos psiquiátricos mais comuns, entre eles o TDAH. Trata-se de uma entrevista conduzida pelo clínico que permite avaliar todos os critérios propostos pelo DSM-5 para esse transtorno, incluindo a presença dos sintomas de desatenção e hiperatividade-impulsividade. A versão disponível atualmente, publicada no Brasil, é mais adequada para adultos, mas há planos de desenvolver uma versão para crianças e adolescentes. Assim como os demais instrumentos, não deve ser utilizada de forma isolada para um diagnóstico clínico, mas é bastante útil ao possibilitar diferentes formas de questionar sobre a presença de sintomas e outros critérios que devem ser analisados.

Outros dois instrumentos de uso não restrito ao psicólogo são a Escala de Transtorno do Déficit de Atenção e Hiperatividade (ETDAH-AD) (Benczik, 2013) e a Escala de Déficit de Atenção/Hiperatividade em Contexto Escolar – Versão Para Professores (ETDAH-II) (Benczik, 2021). A ETDAH-AD permite avaliar não apenas os sintomas considerados nucleares ou primários, mas também os vários sintomas envolvidos no TDAH. É uma escala de autorrelato para adolescentes e adultos de 12 a 87 anos, e os escores são avaliados a partir de uma amostra de normatização. Já a ETDAH-II, auxilia a identificar sintomas do TDAH no contexto escolar em crianças e adolescentes de 6 a 18 anos, a partir da percepção do professor. Também avalia problemas de aprendizagem e comportamento antissocial. Possui estudos com grupo clínico e normas atualizadas.

Observações importantes para a avaliação e o diagnóstico do transtorno de déficit de atenção/hiperatividade

É importante lembrar que o TDAH é um transtorno complexo e heterogêneo. Pessoas com o mesmo diagnóstico frequentemente são diferentes entre si em múltiplos aspectos, refletindo diferentes perfis genéticos e exposição a condições ambientais distintas, bem como diferenças nas estruturas cerebrais, perfis cognitivos e motivacionais (Posner et al., 2020). Diante disso, é necessário abandonar o estereótipo de que o TDAH só está presente em crianças irrequietas ou extremamente desatentas em consultório, que em geral é um ambiente bastante estruturado e com o qual o paciente não está habituado. Na maioria dos casos, o clínico não terá oportunidade de observar no paciente os comportamentos que fazem parte do quadro diagnóstico. Terá, portanto, que se basear em relatos do próprio paciente e de pessoas com as quais ele convive. As escalas de avaliação são importantes por isso, pois permitem investigar o quanto o paciente, seus familiares e/ou professores acreditam que determinado sintoma ou comportamento está presente. Da mesma forma, existe a possibilidade de utilizar entrevistas estruturadas, como a SCID, que é conduzida pelo próprio clínico e permite esclarecer eventuais dúvidas ou interpretações incorretas das perguntas. Apesar de ser muito valiosa, a entrevista semiestruturada não deve ser utilizada como único recurso, pois não contempla aspectos e informações relevantes para o diagnóstico.

Assim, a avaliação clínica deve sempre ser considerada soberana, enquanto as técnicas aqui apresentadas devem ser consideradas fontes de informação complementares ao diagnóstico clínico. Fazem parte da avaliação clínica a compreensão do histórico da sintomatologia do paciente, bem como aspectos desenvolvimentais e condições médicas. Circunstâncias sociais e familiares também devem ser avaliadas, assim como comorbidades psiquiátricas, bastante comuns no TDAH (Thapar & Cooper, 2016). O diagnóstico do transtorno, portanto, deve ser baseado em múltiplas fontes de informação e no julgamento clínico do profissional, que não levará em conta apenas em uma *checklist* de sintomas presentes ou ausentes, mas analisará de forma detalhada as informações coletadas ao longo de todo o processo de avaliação.

TRANSTORNO DO MOVIMENTO ESTEREOTIPADO (6A06)

O transtorno do movimento estereotipado (TME) é caracterizado pela presença duradoura e persistente de movimentos voluntários, repetitivos e estereotipados, que emergem durante o período inicial do desenvolvimento. Tratam-se de movimentos, muitas vezes rítmicos, sem um motivo ou propósito aparente, que podem gerar lesões corporais autoinfligidas, não podem ser justificados pelos efeitos fisiológicos diretos de uma substância ou medicação (incluindo abstinência) e interferem nas atividades do indivíduo. Os movimentos estereotipados podem incluir balanço do corpo, balanço da cabeça e maneirismos de agitar os dedos (*flappings*) e agitar as mãos. Já os comportamentos autolesivos estereotipados podem incluir bater a cabeça de maneira repetitiva, dar tapas no rosto, cutucar os olhos e morder as mãos, os lábios ou outras partes do corpo (WHO, 2021).

Os movimentos estereotipados podem durar de alguns segundos a vários minutos, ou mais, com frequência que pode variar de diversas ocorrências em um único dia até intervalos de semanas entre os episódios. Eles podem se diferenciar também em relação aos contextos que surgem, ocorrendo em situações em que o indivíduo esteja excitado, estressado, cansado ou chateado (APA, 2014). Os comportamentos motores estereotipados costumam emergir por volta dos 3 anos e persistem até a fase adulta, com alguns relatos de que podem aparecer antes mesmo dos 24 meses (MacDonald et al., 2007). Durante a avaliação do TME, faz-se necessário realizar o diagnóstico diferencial em relação aos transtornos de tique (8A05), que inclui movimentos rápidos, recorrentes e não ritmados, à tricotilomania (6B25.0), que envolve o impulso de arrancar o próprio cabelo ou pelos do corpo, e aos movimentos involuntários anormais (MB46), que podem envolver movimentos anormais da cabeça, tremor, cãibras e espasmos.

Na CID-11 (WHO, 2021), essa categoria diagnóstica inclui os subtipos: transtorno de movimento estereotipado sem autolesão (6A06.0), transtorno de movimento estereotipado com autolesão (6A06.1) e transtorno de movimento estereotipado não especificado (6A06.Z). O subtipo TME sem autolesão (6A06.0) deve ser considerado quando os comportamentos estereotipados apresentados pelo indivíduo interferem marcadamente nas suas atividades, porém, não resultam em lesões corporais autoinfligidas (p. ex., balanço do corpo, *flapping*). Por sua vez, o TME com autolesão (6A06.1) envolve comportamentos estereotipados que resultam em lesões corporais autoinfligidas significativas, demandando tratamento médico (p. ex., bater a cabeça, dar tapas no rosto, cutucar os olhos, morder-se). No caso dessas lesões, medidas de proteção podem ser necessárias, como o uso de capacete e/ou de luvas para evitar ferimentos na cabeça e/ou mãos. Cabe mencionar que cutucar os olhos, um comportamento que ocorre com maior frequência em crianças com deficiência visual, costuma causar preocupação especial aos clínicos e cuidadores, necessitando de medidas protetivas (APA, 2014). A CID-11 não contempla descrições acerca do subtipo TME não especificado (6A06.Z), constituindo-se uma categoria residual (WHO, 2021).

Na CID-10 (WHO, 2019), o TME era apresentado dentro do grupo de transtornos mentais e comportamentais com início geralmente na infância ou adolescência, sendo caracterizado por movimentos voluntários, repetitivos, estereotipados e não funcionais que não se atrelam a nenhuma outra condição neurológica e psiquiátrica (Stein & Woods, 2014). Essa versão do manual preconizava que quando o TME ocorre junto com o TDI ou com o TEA ambos os diagnósticos devem ser codificados.

Contudo, tanto na CID-11 (WHO, 2021) quanto no DSM-5 (APA, 2014), o TME está incluido na seção dos transtornos do neurodesenvolvimento (F98.4), sugerindo seu início precoce. Enquanto na CID-11 são apresentados subtipos de TME, no DSM-5 aparecem os seguintes especificadores: com ou sem comportamento autolesivo (ou comportamento que resulte em lesão, quando não usadas medidas preventivas); associado a alguma condição médica ou genética conhecida, transtorno do neurodesenvolvimento ou fator ambiental (p. ex., síndrome de Lesch-Nyhan, TDI, exposição intrauterina ao álcool); e nível de gravidade atual (leve, quando os sintomas são facilmente suprimidos por estímulos sensoriais ou distratores; moderada, quando os sintomas exigem medidas protetivas ou modificação comportamental explícita; ou grave, quando há monitoramento contínuo e medidas de proteção são necessárias para prevenir lesão grave). Cabe também mencionar que os comportamentos autolesivos variam em gravidade ao longo de muitas dimensões, incluindo frequência, impacto no funcionamento adaptativo e gravidade da lesão corporal, que pode variar, por exemplo, de hematoma leve ou eritema até lacerações ou amputação de dedos da mão – em casos graves de indivíduos com o comportamento repetitivo de bater a cabeça, pode haver descolamento da retina (APA, 2014).

O DSM-5 tece considerações sobre o TME também em capítulos que abordam outras condições clínicas, como no caso do transtorno obsessivo-compulsivo (TOC) e transtornos relacionados e na seção sobre outras condições que podem ser foco da atenção clínica, que inclui a autolesão não suicida. Em ambos os casos, o diagnóstico diferencial precisa ser construído. No caso do TOC, o processo baseia-se na avaliação dos comportamentos repetitivos recorrentes (p. ex., roer unhas, morder os lábios, bochechas), sendo que o paciente apresenta tentativas repetidas de diminuí-los ou interrompê-los, gerando sofrimento substancial. Já os critérios para diagnóstico da autolesão não suicida incluem envolvimento em dano autoinfligido intencional à superfície do corpo, podendo induzir sangramento, hematomas ou dor. A ausência de intenção suicida é relatada pelo paciente ou pode ser deduzida pelo uso frequente de métodos cujo potencial não letal é reconhecido pelo paciente. Conforme o DSM-5, a autolesão intencional visa a obter alívio de sentimentos ou pensamentos negativos, resolver uma dificuldade interpessoal ou gerar um sentimento positivo (APA, 2014).

MÉTODOS E TÉCNICAS DE AVALIAÇÃO DO TRANSTORNO DO MOVIMENTO ESTEREOTIPADO

Embora alguns critérios tenham sido estabelecidos para auxiliar na diferenciação das estereotipias de outras possíveis condições clínicas, ainda são comuns confusões, diagnósticos equivocados ou até mesmo precipitados (Arvigo & Schwartzman, 2021). Por tal razão, durante o processo de avaliação da suspeita do TME, é fundamental que o clínico atente para esses critérios e realize com cautela o diagnóstico diferencial em relação a outras condições.

De fato, a literatura aponta que cerca de 90% dos casos de TME ocorrem com algum tipo de comorbidade, sendo a mais comum o TEA (Mackenzie, 2018). Como já visto, estereotipias como movimentos ritmados de cabeça ou movimentos de mãos e braços (*flapping*) são comuns em crianças com TEA.

Assim, o diagnóstico diferencial nesses casos deve considerar as alterações no desenvolvimento sociocomunicativo, características específicas do TEA, enquanto que no TME não há relatos de atrasos no desenvolvimento da linguagem ou de alterações motoras na fala (p. ex., dispraxia ou apraxia). Outro aspecto importante a ser considerado durante a avaliação do TME é o tipo de sensação que o movimento estereotipado gera no indivíduo. Uma sensação prazerosa, que pode inclusive deixar a criança frustrada quando o movimento é interrompido, é um indicador importante para o diagnóstico diferencial entre TME e o transtorno de tique.

Estudos mostram relações entre o TME e o transtorno da coordenação motora (Lemiere, 2014; Valente et al., 2019), assim como apontam que crianças com TME podem apresentar dificuldades atencionais e de concentração (Lemiere, 2014). Tais associações e alterações podem ser investigadas a partir de instrumentos específicos, tendo em vista a realização do diagnóstico diferencial ou de uma possível comorbidade. Para tanto, o clínico pode lançar mão de estratégias e instrumentos elencados nas seções anteriores deste capítulo, no que se refere ao TDCM, ao TDAH e ao TEA.

Durante a avaliação das estereotipias e dos comportamentos autolesivos (que podem ou não estar presentes nos casos de TME), é importante que o clínico registre a frequência e a duração dos comportamentos investigados, compare esses aspectos em relação aos diferentes contextos em que eles ocorrem, bem como crie hipóteses sobre suas funções para o desenvolvimento do indivíduo em avaliação. Tais informações podem ser obtidas a partir de fontes diretas (p. ex., observação, testagem) e indiretas (p. ex., entrevistas, laudos de outros profissionais), sendo que as conclusões do processo avaliativo devem derivar de uma síntese compreensiva e integradora das diferentes informações coletadas.

Tanto as estereotipias motoras quanto os comportamentos autolesivos (que caracterizam o TME com autolesão) podem ser avaliados a partir de uma análise funcional, na qual são identificados os seus antecedentes e consequentes (Britto et al., 2020). Nessa metodologia, os estímulos discriminativos, as operações motivadoras e os potenciais reforçadores de um comportamento-alvo são apresentados de forma controlada, durante a avaliação (Britto & Marcon, 2019). Por exemplo, Souza-Portilho (2014) realizou um processo de avaliação funcional incluindo os seguintes procedimentos: 1) entrevista; 2) observação direta; e 3) análise funcional com quatro condições experimentais (atenção, demanda, sozinho e controle).

As mesmas condições experimentais (atenção, demanda, sozinho e controle) foram empregadas por Iwata et al. (1994) para identificar as propriedades funcionais do comportamento autolesivo. Nesse estudo, na condição "atenção", o experimentador disponibilizava brinquedos para a criança enquanto fazia outra atividade (p. ex., lia um livro), e, ao identificar comportamentos autolesivos, apresentava atenção social na forma de desaprovação (p. ex., dizendo: "Não faça isso, você vai se machucar"), juntamente com um breve contato físico não punitivo. Já na condição "demanda", tarefas acadêmicas difíceis e com baixa probabilidade de execução eram apresentadas (p. ex., montagem de um quebra-cabeça), e caso houvesse emissão de comportamentos autolesivos, o experimentador encerrava a tentativa e se afastava por 30 segundos. Na condição "sozinho", a criança ficava na sala de espera, sem acesso a brinquedos e materiais, ou seja, em um contexto pobre do ponto de vista social e físico. Por fim, na condição "controle", eram disponibilizados brinquedos para as crianças, e o experimentador mostrava atenção social na forma de elogios e de contato físico a cada 30 segundos, não contingente aos autolesivos. Essa modalidade avaliativa permite identificar os contextos principais e a frequência com que os comportamentos autolesivos aparecem, além de contribuir para a construção de estratégias interventivas.

São escassos os instrumentos para avaliar especificamente os comportamentos característicos do TME, embora itens ou dimensões que investiguem as estereotipias motoras e/ou os comportamentos autolesivos sejam comuns em materiais desenvolvidos para avaliar outras condições clínicas. Esse é o caso, por exemplo, do PROTEA-R (Bosa et al., 2016; Bosa & Salles, 2018; Steigleder et al., 2021; Zanon et al., 2018) e da ADI-R (Aguiar, 2005; Becker et al., 2012), que, com o propósito de avaliar o TEA, investigam também os comportamentos estereotipados e autolesivos. Considerando que algumas das manifestações sintomáticas são comuns entre os diagnósticos, tais instrumentos podem ser úteis tanto para a compreensão de ambos os quadros quanto para a realização do diagnóstico diferencial entre eles. Um instrumento importante utilizado internacionalmente para avaliar os comportamentos estereotipados é a The Repetitive Behavior Scale-Revised (Lam & Aman, 2007), constituída pelas seguintes dimensões: comportamento ritualístico/semelhança, comportamento estereotipado, comportamento autolesivo, comportamento compulsivo e interesses restritos. A escala, porém, ainda não foi estudada por pesquisadores brasileiros. Assim, demarca-se a necessidade de investimento em pesquisas que desenvolvam materiais padronizados para a avaliação específica do TME, em especial no contexto brasileiro.

Observações importantes para a avaliação e o diagnóstico do transtorno do movimento estereotipado

Tendo em vista as características sintomatológicas do TME descritas nesta seção, entende-se que a sua avaliação deve considerar prioritariamente a heterogeneidade da condição (que pode ser visualizada em seus subtipos) e os impactos dos comportamentos característicos na vida dos indivíduos. Ressalta-se que as estereotipias motoras e os comportamentos autolesivos podem impedir ou reduzir a integração da criança em seu ambiente familiar, escolar e social. Por tal razão, é fundamental que o clínico investigue de forma detalhada os contextos em que eles comumente emergem. Observações em contexto escolar, conversas com outros profissionais ou entrevistas com pais podem auxiliar nesse processo. Da mesma forma, faz-se necessário avaliar as estratégias que podem amenizar os impactos do TME para os indivíduos, o que pode ser realizado, por exemplo, a partir de uma análise funcional, conforme abordado.

Cabe mencionar também que, durante o processo avaliativo de crianças pequenas, é importante que o clínico tenha cuidado em relação às estereotipias primárias (fisiológicas), que são transitórias e podem aparecer no desenvolvimento típico, quando as crianças ainda estão em fase de aprendizagem em relação a alguns comportamentos motores. Bebês e crianças pré-escolares, por exemplo, comumente chupam o dedo e/ou balançam o corpo, enquanto crianças escolares podem apresentar comportamentos de roer as unhas, enrolar o cabelo e/ou bater os dedos das mãos e dos pés. Por tal razão, para avaliar os desvios no desenvolvimento motor que podem indicar um possível diagnóstico de TME, o profissional antes precisa conhecer sobre o desenvolvimento típico, sobre o que é esperado para cada faixa etária. Instrumentos como o DENVER II (Frankenburg et al., 2017) e o IDADI (Silva et al., 2020) também podem ser úteis nesses contextos.

CONSIDERAÇÕES FINAIS

Neste capítulo, foram apresentadas as atualizações das definições e das categorias dos transtornos do neurodesenvolvimento conforme as últimas versões da CID e do DSM. Também foram discutidas orientações e técnicas de avaliação em casos de suspeita dos diagnósticos incluídos nessa categoria. De modo geral, entende-se que a CID-11 acompanha a maioria das mudanças já postas no DSM-5, como é o caso de se considerar os aspectos dimensionais do desenvolvimento, estabelecer os diferentes níveis de gravidade considerando as áreas alteradas em cada um dos diagnósticos e demarcar a importância de se atentar para os critérios que determinam o diagnóstico diferencial ou as comorbidades. Sobre esse último ponto, ressalta-se que é fundamental que o clínico, durante o processo avaliativo, considere as informações aqui sumarizadas, mas que também esteja atento para os critérios de outras categorias correlatas ou residuais – citadas mas não exploradas com profundidade neste capítulo.

No que tange às técnicas de avaliação, destaca-se que a escolha do clínico pelo uso (ou não) de instrumentos padronizados durante a avaliação dos sinais (rastreamento) ou sintomas (diagnóstico) dos transtornos descritos neste capítulo deve respeitar algumas questões importantes, como as suas evidências psicométricas, o fato do seu uso ser restrito a especialistas e os possíveis direitos autorais envolvidos nas versões brasileiras dos materiais. Cabe destacar que os instrumentos citados aqui para a avaliação de cada um dos diagnósticos descritos não representam a totalidade dos materiais disponíveis para tal fim, não sendo essa uma pretensão das autoras. O propósito é auxiliar o clínico com informações sobre os critérios, as técnicas e as competências necessárias para a realização da avaliação de cada um dos diagnósticos, o que envolve conhecimentos específicos sobre a variação nos sintomas apresentados, o manejo do paciente e da família e sobre os instrumentos disponíveis.

Por fim, destacamos que, em todos os casos, o raciocínio e a *expertise* clínicos são as principais ferramentas para a melhor compreensão do diagnóstico, bem como das dificuldades e potencialidades do paciente (Oliveira & Silva, 2019). Assim, um raciocínio clínico crítico, teórica e empiricamente embasado, é capaz de direcionar um processo avaliativo de qualidade, voltado às crianças e suas famílias, para intervenções adequadas e pertinentes, beneficiando e potencializando seu desenvolvimento e suas interações.

REFERÊNCIAS

Aguiar C. L. C. (2005). *A tradução da ADI-R, Entrevista Diagnóstica de Autismo-Revisada, "Autism Diagnostic Interview"* [Tese de Doutorado não publicada]. Universidade Presbiteriana Mackenzie.

Alves, I. C. B. (2004). *R-1 Forma B Teste não Verbal de Inteligência.* Vetor.

Alves, I. C. B. (2009). *R-1: Teste Não Verbal de Inteligência: Manual* (3. ed. ampl.). Vetor.

American Psychiatric Association (APA). (2013). *Diagnostic and statistical manual of mental disorders: DSM-5.*

American Psychiatric Association (APA). (2014). *DSM-5: Manual diagnóstico e estatístico de transtornos mentais* (5. ed.). Artmed.

American Psychiatric Association (APA). (2002). *DSM-IV-TR: Manual diagnóstico e estatístico de transtornos mentais* (4. ed). Artmed.

Andrade, C. D., Befi-Lopes, D. M., Fernandes, F. D. M., & Wertzner, H. F. (2004). *ABFW: Teste de linguagem infantil nas áreas de fonologia, vocabulário, fluência e pragmática.* Pró-Fono.

Arvigo, M. C., & Schwartzman, J. S. (2021). Transtorno do movimento estereotipado associado ao atraso da linguagem: Dados de estudos de caso que contribuem para o diagnóstico diferencial. *Distúrbios da Comunicação, 33*(3), 462-472.

Assumpção, F. B., Jr., Gonçalves, J. D. M., Cuccolichio, S., Amorim, L. C. D., Rego, F., Gomes, C., & Falcão, M. S. (2008). Escala de Avaliação de Traços Autísticos (ATA): segundo estudo de validade. *Medicina de Reabilitação, 27*(2), 41-44.

Assumpção, F. B., Jr., Kuczynski, E., Gabriel, M. R., & Rocca, C. C. (1999). Escala de Avaliação de Traços Autísticos (ATA): Validade e confiabilidade de uma escala para a detecção de condutas autísticas. *Arquivos de Neuro-Psiquiatria, 57*(1), 23-29.

Backes, B., Mônego, B. G., Bosa, C. A., & Bandeira, D. R. (2014). Psychometric properties of assessment instruments for autism spectrum disorder: A systematic review of Brazilian studies. *Jornal Brasileiro de Psiquiatria, 63*(2),154-164.

Baird, G., & Norbury, C. F. (2016). Social (pragmatic) communication disorders and autism spectrum disorder. *Archives of Disease in Childhood, 101*(8), 745-751.

Bandeira, M., Costa, M. N., Del Prette, Z. A. P., Del Prette, A., & Gerk-Carneiro, E. (2000). Qualidades psicométricas do Inventário de Habilidades Sociais (IHS): Estudo sobre a estabilidade temporal e a validade concomitante. *Estudos de Psicologia (Natal), 5*(2), 401-419.

Barbeau, E. B., Soulières, I., Dawson, M., Zeffiro, T. A., & Mottron, L. (2013). The level and nature of autistic intelligence III: Inspection time. *Journal of Abnormal Psychology, 122*(1), 295- 301.

Barbosa, I. G., Rodrigues, D. H., Rocha, N. P., Simões-e--Silva, A. C., Teixeira, A. L., & Kummer, A. (2015). Propriedades psicométricas da Escala de Responsividade Social-2 para Transtornos do Espectro Autista. *Jornal Brasileiro de Psiquiatria, 64*(3), 230-237.

Barros, C. V. (2016). *Estudo de sensibilidade do IRDI-Questionário para TEA (transtorno do espectro de autismo: Possibilidades de utilização para detecção de sinais iniciais e para rastreamento* [Tese de doutorado]. Universidade de São Paulo). https://www.teses.usp.br/teses/disponiveis/47/47131/tde-20102016-154844/en.php

Basso, F. P., Miná, C. S., Piccolo, L. R., & Salles, J. F. (2018). *AFLET: Avaliação da fluência de leitura textual: Livro de instruções.* Vetor.

Bayley N. (2017). *Escalas de desenvolvimento do bebê e da criança pequena* (3. ed.). Pearson.

Becker, M. M., Wagner, M. B., Bosa, C. A., Schmidt, C., Longo, D., Papaleo, C., & Riesgo, R. S. (2012). Translation and validation of Autism Diagnostic Interview-Revised (ADI-R) for autism diagnosis in Brazil. *Arquivos de Neuro-Psiquiatria, 70*(3), 185-190.

Benczik, E. B. P (2013). *ETDAH-AD: Escala de transtorno do deficit de atenção e hiperatividade.* Pearson

Benczik, E. B. P. (2021). *ETDAH II: Escala do Transtorno de Déficit Atenção/hiperatividade em contexto escolar.* Pearson.

Berti, L. C., Pagliuso, A., & Lacava, F. (2009). Instrumento de Avaliação de Fala para Análise Acústica (IAFAC) baseado em critérios linguísticos. *Revista da Sociedade Brasileira de Fonoaudiologia, 14*(3), 305-314.

Betz, S. K., Eickhoff, J. K., & Sullivan, S. F. (2013). Factors influencing the selection of standardized tests for the diagnosis of Specific Language Impairment. *Language, Speech, and Hearing Services in Schools, 44*, 133-143.

Bishop, D. (2017). Why is it so hard to reach agreement on terminology? The case of developmental language disorder (DLD). *International Journal of Language & Communication Disorders, 52*(6), 671-680.

Blank, R., Barnett, A. L., Cairney, J., Green, D., Kirby, A., Polatajko, H., ... Vinçon, S. (2019). International clinical practice recommendations on the definition, diagnosis, assessment, intervention, and psychosocial aspects developmental coordination disorder. *Developmental Medicine & Child Neurology, 61*(3), 242-285.

Boccalandro, E. R. (2003). *G38: Teste não-verbal de inteligência: Manual.* Vetor.

Boccalandro, E. R. (2018). *G36: Teste não-verbal de inteligência: Manual* (5. ed. rev. e ampl.). Vetor.

Bordin, I. A., Rocha, M. M., Paula, C. S., Teixeira, M. C. T., Achenbach, T. M., Rescorla, L. A., & Silvares, E. F. (2013). Child Behavior Checklist (CBCL), Youth Self-Report (YSR) and Teacher's Report Form (TRF): an overview of the development of the original and Brazilian versions. *Cadernos de Saúde Pública, 29*(5), 13-28.

Bosa, C. A., & Salles, J. F. (2018.). *Protea-R: Sistema PROTEA-R de Avaliação do Transtorno do Espectro Autista.* Vetor.

Bosa, C. A., Zanon, R. B., & Backes, B. (2016). Autismo: Construção de um protocolo de avaliação do comportamento da criança: Protea-R. *Psicologia: Teoria e Prática, 18*(1), 194-205.

Boucher, J. (2003). Language development in autism. *International Journal of Pediatric Otorhinolaryngology, 67*, S159–S163.

Boucher, J. (2012). Research review: Structural language in autistic spectrum disorder characteristics and causes: Structural language in ASD. *Journal of Child Psychology and Psychiatry, 53*(3), 219-233.

Brasil. Ministério da Saúde. (2014). Diretrizes de atenção à reabilitação da pessoa com Transtornos do Espectro do Autismo (TEA).

Britto, I. A. G. D. S., & Marcon, R. M. (2019). Estudios descriptivos y experimentales en contextos aplicados. *Estudos de Psicologia (Natal), 24*(2), 204-214.

Britto, I. A. G. S., Alves, J. C., & Marcon, R. M. (2020). Avaliação e tratamento de comportamentos autolesivos em pessoas com transtorno do neurodesenvolvimento: Uma revisão narrativa. *Revista Brasileira de Terapia Comportamental e Cognitiva, 22*(1), 1-13.

Caçola, P., & Lage, G. (2019). Developmental coordination disorder (DCD): An overview of the condition and research evidence. *Motriz: Revista de Educação Física, 25*(2), e101923.

Capovilla, F. C., Negrão, V. B., & Damázio, M. (2011). *Teste de vocabulário auditivo e teste de vocabulário expressivo.* Memnon.

Capovilla, F. C., & Prudêncio, E. R. (2006). Teste de vocabulário auditivo por figuras: Normatização e validação preliminares. *Avaliação Psicológica, 5*(2), 189-203.

Capellini, S. A., Cesar, A. B. P. C., & Germano, G. D. (2017). *Protocolo de identificação precoce dos problemas de leitura – IPPL.* Book Toy.

Carbonieri, J. L., & Lúcio, P. S. (2020). Avaliação do vocabulário em crianças brasileiras: Revisão sistemática de estudos com três instrumentos. *CoDAS, 32*(3), 1-11.

Castro-Souza, R. M. D. (2011). Adaptação brasileira do M-CHAT (Modified Checklist for autism in toddlers [Dissertação de mestrado não publicada]. Universidade de Brasilia.

Centers for Disease Control and Prevention (CDC). (2021). Prevalence and characteristics of Autism Spectrum Disorder among children aged 8 years: Autism and developmental disabilities monitoring network, 11 sites, United States, 2018. *Morbidity and Mortality Weekly Report, 11*(70), 1-16.

Ceron, M. I. (2015). *Instrumento de Avaliação Fonológica (INFONO): Desenvolvimento e estudos psicométricos* [Tese de doutorado]. Universidade Federal de Santa Maria.

Ceron, M. I., Gubiani, M. B., Oliveira, C. R. D., & Keske-Soares, M. (2018). Evidências de validade e fidedignidade de um instrumento de avaliação fonológica. *CoDAS, 30*(3), e20170180.

Chang, S. E., Garnett, E. O., Etchell, A., & Chow, H. M. (2019). Functional and neuroanatomical bases of developmental stuttering: Current insights. *The Neuroscientist, 25*(6), 566-582.

Constantino, J., & Gruber, C. (2021). *SRS-2: Escala de Responsividade Social: Manual* (2. ed.). Hogrefe.

Cooper, S. A., Smiley, E., Morrison, J., Williamson, A., & Allan, L. (2007). Mental ill-health in adults with intellectual disabilities: prevalence and associated factors. *The British Journal of Psychiatry, 190*(1), 27-35.

Cooray, S. E., Bhaumik, S., Roy, A., Devapriam, J., Rai, R., & Alexander, R. (2015). Intellectual disability and the ICD-11: Towards clinical utility? *Advances in Mental Health and Intellectual Disabilities, 9*(1), 3-8.

Cornoldi, C., Giofrè, D., Orsini, A., & Pezzuti, L. (2014). Differences in the intellectual profile of children with intellectual vs. learning disability. *Research in Developmental Disabilities, 35*(9), 2224-2230.

Corso, H. V., Piccolo, L. R., Miná, C., & Salles, J. F. (2017). *Coleção Anele: Avaliação da compreensão de leitura textual – COMTEXT: Manual.* Vetor.

Cortiella, C., & Horowitz, S. H. (2014). The state of learning disabilities: Facts, trends and emerging issues (3rd ed.). National Center for Learning Disabilities. https://www.ncld.org/wp-content/uploads/2014/11/2014-State-of-LD.pdf

Costa, J. B. (2021). *Perfil da fluência da fala: Validação de teste diagnóstico fonoaudiológico* [Tese de doutorado]. Universidade de São Paulo. https://www.teses.usp.br/teses/disponiveis/5/5170/tde-08092021-162705/pt-br.php

Cuetos, F., Rodrigues, B., & Ruano, E. (1998). *Provas de avaliação dos processos de leitura – PROLEC: Manual.* Casa do Psicólogo.

Denman, D., Speyer, R., Munro, N., Pearce, W. M., Chen, Y. W., & Cordier, R. (2017). Psychometric properties of language assessments for children aged 4-12 years: A systematic review. *Frontiers in Psychology, 8*, 1515.

Doernberg, E., & Hollander, E. (2016). Neurodevelopmental disorders (asd and adhd): DSM-5, ICD-10, and ICD-11. *CNS Spectrums, 21*(4), 295-299.

Duvall, S., Armstrong, K., Shahabuddin, A., Grantz, C., Fein, D., & Lord, C. (2022). A road map for identifying autism spectrum disorder: Recognizing and evaluating characteristics that should raise red or "pink" flags to guide accurate differential diagnosis. *The Clinical Neuropsychologist, 36*(5), 1172-1207.

Einfeld, S. L., Ellis, L., & Emerson, E. (2011).Comorbidity of intellectual disability and mental disorder in children and adolescents: A systematic review. *Journal of Intellectual & Developmental Disability, 36*(2), 137-143.

First, M. B., Gaebel, W., Maj, M., Stein, D. J., Kogan, C. S., Saunders, J. B., ... Reed, G. M. (2021). An organization and category-level comparison of diagnostic requirements for mental disorders in ICD-11 and DSM-5. *World Psychiatry, 20*(1), 34-51.

First, M. B., Williams, J. B. W., Karg, R. S., & Spitzer, R. L. (2017) *Entrevista clínica estruturada para os transtornos do DSM-5: SCID-5-CV versão clínica.* Artmed.

Fisher E. L. (2017). A systematic review and meta-analysis of predictors of expressive-language outcomes among late talkers. *Journal of Speech, Language, and Hearing Research, 60*(10), 2935-2948.

Fleitlich, B., Cortázar, P. G., & Goodman, R. (2000). Questionário de capacidades e dificuldades (SDQ). *Infanto: Revista de Neuropsiquiatria da Infância e Adolescência, 8*(1), 44-50.

Fletcher, J. M., Lyon, G. R., Fuchs, L. S., & Barnes, M. (Eds.). (2018). *Learning disabilities: From identification to intervention* (2. ed.). Guilford.

Flores-Mendoza, C. Saraiva, R. (2018). Avaliação da inteligência: uma introdução. In C. S. Hutz, D. R. Bandeira, & C. M. Trentini (Orgs.), *Avaliação psicológica da inteligência e da personalidade* (pp. 17-33). Artmed.

Folco, C., Guez, A., Peyre, H., & Ramus, F. (2021). Epidemiology of reading disability: A comparison of DSM-5 and ICD-11 criteria. *Scientific Studies of Reading, 26*(4), 337-355.

Fonseca, R. P., Prandro, L. M., & Zimmermann, N. (2016). *Avaliação neuropsicológica: Avaliação de linguagem e funções executivas em crianças.* Memnon.

Fortes, I. S. (2014). *Prevalência de transtornos específicos de aprendizagem e sua associação com transtornos mentais da infância e adolescência do Estudo Epidemiológico de Saúde Mental do Escolar Brasileiro – INPD* [Dissertação de mestrado] Universidade de São Paulo. https://teses.usp.br/teses/disponiveis/5/5142/tde-11052015-144445/pt-br.php

Frankenburg, W. K., Dodds, J., Archer, P., Bresnick, B., Maschka, P., Edelman, N., & Shapiro, H. (2017). *Denver II: Teste de triagem do desenvolvimento: manual de treinamento.* Hogrefe.

Freitag, C. M., Noterdaeme, M., Snippe, K., Schulz, P., Kim, Z., & Teufel, K. (2021). Entwicklungsstörungen des sprechens oder der sprache nach ICD-11. *Zeitschrift fur Kinder- und Jugendpsychiatrie und Psychotherapie, 49*(6), 468-479.

Gaebel, W., Zielasek, J., & Reed, G. M. (2017). Mental and behavioural disorders in the ICD-11: concepts, methodologies, and current status. *Psychiatria Polska, 51*(2), 169-195.

Georgiou, N., & Spanoudis, G. (2021). Developmental language disorder and autism: Commonalities and differences on language. *Brain Sciences, 11*(5), 589.

Gibson, J., Adams, C., Lockton, E., & Green, J. (2013). Social communication disorder outside autism? A diagnostic classification approach to delineating pragmatic language impairment, high functioning autism and specific language impairment. *Journal of Child Psychology and Psychiatry, and Allied Disciplines, 54*(11), 1186-1197.

Girimaji, S. C., & Pradeep, A. J. V. (2018). Intellectual disability in international classification of Diseases-11: A developmental perspective. *Indian Journal of Social Psychiatry, 34*(5), 68. 18

Golino, H. F., & Gomes, C. M. A. (2019). *TDRI: Teste de Desenvolvimento do Raciocínio Indutivo.* Hogrefe.

Hallberg, S. C. M. (2019). *Adaptação transcultural para o português brasileiro, evidências de validade e estimativa de fidedignidade da Diagnostic Adaptive Behavior Scale (DABS)* [Projeto de tese de doutorado não publicado]. Instituto de Psicologia da Universidade Federal do Rio Grande do Sul.

Henderson, S. E., Sugden, D. A., & Barnett, A. L. (2019) *Movement ABC-2: Bateria de avaliação de movimento para crianças* (2. ed.). Pearson.

Iwata, B. A., Dorsey, M. F., Slifer, K. J., Bauman, K. E., & Richman, G. S. (1994). Toward a functional analysis of self-injury. *Journal of Applied Behavior Analysis, 27*(2), 197-209.

Jastrzębowska, G. (2019). Neurodevelopmental disorders. Changes in the theoretical and diagnostic approach. *Logopedia, 48*(1), 5-21.

Korkman, M., Kirk, U., & Kemp, S. (2018). *NEPSY II: Manual clínico e interpretativo.* Pearson.

Krawczyk, P., & Święcicki, Ł. (2020). ICD-11 vs. ICD-10: A review of updates and novelties introduced in the latest version of the WHO International Classification of Diseases. *Psychiatria Polska, 54*(1), 7-20.

Lam, K. S., & Aman, M. G. (2007). The repetitive behavior scale-revised: Independent validation in individuals with autism spectrum disorders. *Journal of Autism and Developmental Disorders, 37*(5), 855-866. Laros, J. A., Tellegen, P. J., Jesus, G. R., & Karino, C. A. (2015). *SON-R 2½-7[a]: Manual: Teste não- verbal de inteligência.* Hogrefe.

Lei nº 6.965, de 9 de dezembro de 1981. (1981). Dispõe sobre a regulamentação da profissão de Fonoaudiólogo, e determina outras providências. http://www.planalto.gov.br/ccivil_03/leis/l6965.htm

Lei nº 13.438, de 26 de abril de 2017. (2017). Altera a Lei nº 8.069, de 13 de julho de 1990 (Estatuto da Criança e do Adolescente). https://www2.camara.leg.br/legin/fed/lei/2017/lei-13438-26-abril-2017-784640-publicacaooriginal-152405-pl.html

Lemiere, J. (2014). Do children with primary complex motor stereotypies only have movement problems? *Developmental Medicine & Child Neurology,* 56(10), 923-924. https://doi.org/10.1111/dmcn.12506

Lindau, T. A., Lucchesi, F. M., Rossi, N. F., & Giacheti, C. M. (2015). Instrumentos sistemáticos e formais de avaliação da linguagem de pré-escolares no brasil: Uma revisão de literatura. *Revista CEFAC, 17*(2), 656-662.

Losapio, M. F., & Pondé, M. P. (2008). Tradução para o português da escala M-CHAT para rastreamento precoce de autismo. *Revista de Psiquiatria do Rio Grande do Sul, 30*(3), 221-229.

Loucas, T., Charman, T., Pickles, A., Simonoff, E., Chandler, S., Meldrum, D., & Baird, G. (2008). Autistic symptomatology and language ability in Autism Spectrum Disorder and specific language impairment. *Journal of Child Psychology and Psychiatry, 49*(11), 1184-1192.

MacDonald, R., Green, G., Mansfield, R., Geckeler, A., Gardenier, N., Anderson, J., ... Sanchez, J. (2007). Stereotypy in young children with autism and typically developing children. *Research in Developmental Disabilities, 28(3)*, 266-277.

Machado, F. P., & Novaes, C. A. C. (2013). Proposta de adaptação dos Indicadores Clínicos de Risco para o Desenvolvimento Infantil (IRDI) para questionário para pais e sua aplicabilidade [Dissertação de mestrado não publicada]. Pontifícia Universidade Católica de São Paulo.

Machado, F. P., Palladino, R. R. R., & Cunha, M. C. (2014). Adaptação do instrumento Indicadores Clínicos de Risco para o Desenvolvimento Infantil para questionário retrospectivo para pais. *CoDAS, 26*(2), 138-147.

Mackenzie, K. (2018). Stereotypic movement disorders. *Seminars in Pediatric Neurology, 25*, 19-24.

Maenner, M. J., Shaw, K. A., Baio, J., Washington, A., Patrick, M., DiRienzo, M., ... Dietz, P. M. (2020). Prevalence of Autism Spectrum Disorder among children aged 8 years: Autism and developmental disabilities monitoring network, 11 Sites, United States, 2016. *Morbidity and Mortality Weekly Report Surveillance Summaries, 69*(4), 1-12.

Malloy-Diniz, L. F., & Schlottfeldt, C. G. M. F. (2018). *CMMS-3: Escala de maturidade mental Colúmbia 3: Manual.* Pearson.

Mandy, W., Wang, R., Lee, I., & Skuse, D. (2017). Evaluating social (pragmatic) communication disorder. *Journal of Child Psychology and Psychiatry, 58*(10), 1166-1175.

Marteleto, M. R. F., Menezes, C. G. D. L., Tamanaha, A. C., Chiari, B. M., & Perissinoto, J. (2008). Administration of the Autism Behavior Checklist: agreement between parents and professionals' observations in two intervention contexts. *Brazilian Journal of Psychiatry, 30*(3), 203-208.

Marteleto, M. R. F., & Pedromônico, M. R. M. (2005). Validade do inventário de comportamentos autísticos (ICA): Estudo preliminar. *Brazilian Journal of Psychiatry, 27*(4), 295-301.

Matteo, J. D., Cucolicchio, S., Paicheco, R., Gomes, C., Simone, M. F., & Assumpção Júnior, F. B. (2009). Childhood Autism Rating Scale (CARS): Um estudo de validade. *Medicina de Reabilitação, 28*(2), 34-37.

Mattos, P., Segenreich, D., Saboya, E., Louzã, M., Dias, G., & Romano, M. (2006). Adaptação transcultural para o português da escala Adult Self-Report Scale para avaliação do transtorno de déficit de atenção/hiperatividade (TDAH) em adultos. *Revista Psiquiatria Clínica, 33*(4), 188-194.

Mattos, P., Serra-Pinheiro, M. A., Rohde, L. A., & Pinto, D. (2006) Apresentação de uma versão em português para uso no Brasil do instrumento MTA-SNAP-IV de avaliação de sintomas de transtorno do déficit de atenção/hiperatividade e sintomas de transtorno desafiador e de oposição. *Revista de Psiquiatria do Rio Grande do Sul, 28*(3), 290-297.

Mecca, T. P., Carreiro, L. R. R., & Macedo, E. C. (2018). Avaliação neuropsicológica de crianças com transtornos do neurodesenvolvimento. In M. Lins, M. Muniz, & L. Cardoso (Orgs.), *Avaliação psicológica infantil (pp. 283-310)*. Hogrefe.

McGregor, K. K. (2020). How we fail children with developmental language disorder. *Language, Speech, and Hearing Services in Schools, 51*(4), 981-992.

Melby-Lervåg, M., Lyster, S.-A. H., & Hulme, C. (2012). Phonological skills and their role in learning to read: A meta-analytic review. *Psychological Bulletin, 138*(2), 322-352.

Menezes, M. L. N. (2003). *A construção de um instrumento para avaliação do desenvolvimento da linguagem: Idealização, estudo piloto para padronização e validação* [Tese de doutorado não publicada]. Instituto Fernandes Figueira.

Menezes, M. L. N. (2019). *ADL 2: Avaliação do desenvolvimento da linguagem*. Book Toy.

Moojen, S., Lamprecht, R., Santos, R. M., Freitas, G. M., Siqueira, M., Costa, A. C., & Guarda. E. (2015). *CONFIAS: Consciência fonológica, instrumento de avaliação sequencial*. Pearson.

Mottron, L. (2004). Matching strategies in cognitive research with individuals with high-functioning autism: Current practices, instrument biases, and recommendations. *Journal of Autism and Developmental Disorders, 34*(1), 19-27.

Mottron, L., Dawson, M., Soulières, I., Hubert, B., & Burack, J. (2006). Enhanced perceptual functioning in autism: An update, and eight principles of autistic perception. *Journal of Autism and Developmental Disorders, 36*(1), 27-43.

National Academies of Sciences, Engineering, and Medicine (NASEM). (2016). *Speech and language disorders in children: Implications for the social security administration's supplemental security insurance program*. The National Academies Press.

Oliveira, R., Rosa, H. R., & Alves, I. C. B. (2000). *R-2: Teste não verbal de inteligência para crianças: Manual*. Vetor.

Oliveira, S. E. S., & Silva, M. A. (2019). Integração de resultados qualitativos e quantitativos. In M. N. Baptista et al. (Orgs.), *Compêndio de avaliação psicológica* (pp. 98-108). Vozes.

Owen, M. J. (2012). Intellectual disability and major psychiatric disorders: A continuum of neurodevelopmental causality. *The British Journal of Psychiatry, 200*(4), 268-269.

Pajević, I., Žigić, N., Bećirović, E., & Pajević, A. (2020). Psychological disorders in childhood and adolescent age: New classifications. *Psychiatria Danubina, 32*(3), 311-315.

Pasquali, L. (2005). *Manual técnico e de aplicação do teste não-verbal de raciocínio para crianças: TNVRI*. Vetor.

Paula, J. J., Schlottfeldt, C. G. M. F., Malloy-Diniz, L. F., & Mizuta, G. A. A. (2018). *CPM RAVEN: Matrizes progressivas coloridas de Raven: Manual*. Pearson.

Peterson, R. L., Boada, R., McGrath, L. M., Willcutt, E. G., Olson, R. K., & Pennington, B. F. (2017). Cognitive prediction of reading, math, and attention: Shared and unique influences. *Journal of Learning Disabilities, 50*(4), 408-421.

Plug, M. B., van Wijngaarden, V., de Wilde, H., van Binsbergen, E., Stegeman, I., van den Boogaard, M. H., & Smit, A. L. (2021). Clinical characteristics and genetic etiology of children with developmental language disorder. *Frontiers in Pediatrics, 9*, 651995.

Posner, J., Polanczyk, G. V., Sonuga-Barke, E. (2020). Attention-deficit hyperactivity disorder. *The Lancet, 395*(10222), 450-462.

Prado, M. S. S., Magalhães, L. C., & Wilson, B. N. (2009). Cross-cultural adaptation of the developmental coordination disorder questionnaire for brazilian children. *Brazilian Journal of Physical Therapy, 13*(3), 236-243.

Qiao, J., Wang, Z., Zhao, G., Huo, Y., Herder, C. L., Sikora, C. O., & Peterson, B. S. (2017). Functional neural circuits that underlie developmental stuttering. *PLoS One, 12*(7), e0179255.

Quiterio, P. L., Paula, L. R. D. O., & Gerk, E. (2020). Estudo preliminar: Construção do inventário de habilidades sociais para alunos sem fala articulada. *Revista Educação Especial*, 33, 1-26.

Raghavan, R., Camarata, S., White, K., Barbaresi, W., Parish, S., & Krahn, G. (2018). Population health in pediatric speech and language disorders: Available data sources and a research agenda for the field. *Journal of Speech, Language, and Hearing Research, 61*(5), 1279-1291.

Ramalho, M. H. S., Valentini N. C., Muraro, C. F., Gadens, R., & Nobre, G. C. (2013). Validação para língua portuguesa: Lista de checagem da movement assessment battery for children. *Motriz: Revista de Educação Física, 19*(2), 423-431.

Reed, G. M., First, M. B., Kogan, C. S., Hyman, S. E., Gureje, O., Gaebel, W., ... Saxena, S. (2019). Innovations and changes in the ICD-11 classification of mental, behavioural and neurodevelopmental disorders. *World Psychiatry, 18*(1), 3-19.

Rueda, F. J. M., Noronha, A. P. P., Sisto, F. F., Santos, A. A. A., & Castro, N. R. (2013). *Escala Wechsler de Inteligência para Crianças: WISC-IV* (4. ed.). Pearson.

Salles, J. F., Fonseca, R. P., Parente, M. A. M. P., Rodrigues, C. C., Berlin, C. M., Barbosa, T., & Miranda, M. C. (2016). *Instrumento de avaliação neuropsicológica breve infantil: NEUPSILIN INF: Manual*. Vetor.

Salles, J. F., Piccolo, L. R., & Miná, C. (2017). *Coleção Anele: Avaliação de Leitura de Palavras e Pseudopalavras Isoladas – LPI: Manual*. Vetor.

Sansavini, A., Favilla, M. E., Guasti, M. T., Marini, A., Millepiedi. S., Di Martino, M. V., ... Lorusso, M. L.

(2021). Developmental language disorder: Early predictors, age for the diagnosis, and diagnostic tools. A scoping review. *Brain Sciences, 11*(5), 654.

Santos, A. A. A., Noronha, A. P. P., & Sisto, F. F. (2006). *Toni-3 (Forma A): Forma não verbal de inteligência.* Vetor.

Sato, F. P., Paula, C. S., Lowenthal, R., Nakano, E. Y., Brunoni, D., Schwartzman, J. S., & Mercadante, M. T. (2009). Instrument to screen cases of pervasive developmental disorder: A preliminary indication of validity. *Brazilian Journal of Psychiatry, 31*(1), 30-33.

Schulte-Körne, G. (2021). Verpasste chancen: Die neuen diagnostischen leitlinien zur lese-, rechtschreib- und rechenstörung der ICD-11. *Zeitschrift fur Kinder- und Jugendpsychiatrie und Psychotherapie, 49*(6), 463-467.

Seabra, A. G., & Dias, N. M. (2012a). *Avaliação neuropsicológica cognitiva: Linguagem oral* (Vol. 2). Memnon.

Seabra, A. G., & Dias, N. M. (2012b). *Avaliação neuropsicológica cognitiva: Atenção e funções executivas* (Vol. 1). Memnon.

Seabra, A. G., Dias, N. M., Capovilla, F. C. (2012). *Avaliação neuropsicológica cognitiva: Leitura, escrita e aritmética.* Memnon.

Selau, T., Silva, M. A., & Bandeira, D. R. (2020). Construção e evidências de validade de conteúdo da Escala de Funcionamento Adaptativo para Deficiência Intelectual (EFA-DI). *Avaliação Psicológica, 19*(3), 333-341.

Shahmahmood, T. M., Jalaie, S., Soleymani, Z., Haresabadi, F., & Nemati, P. (2016). A systematic review on diagnostic procedures for specific language impairment: The sensitivity and specificity issues. *Journal of Research in Medical Sciences, 21*, 67.

Silleresi, S., Prevost, P., Zebib, R., Bonnet-Brilhault, F., Conte, D., & Tuller, L. (2020). Identifying language and cognitive profiles in children with ASD via a cluster analysis exploration: Implications for the new ICD-11. *Autism Research, 13*(7), 1155-1167.

Silva, R. S., Flores-Mendonza, C., & Telles, M. (2013). *Teste de Habilidades e Conhecimentos Pré-Alfabetização (THCP).* Vetor.

Silva, M. A., Mendonça Filho, E. J., & Bandeira, D. R. (2020). *Inventário Dimensional de Avaliação do Desenvolvimento Infantil (IDADI).* Vetor.

Sisto, F. F. (2005). *Desenho da figura humana: Escala Sisto (DFH – Escala Sisto): Manual.* Vetor.

Smith, A., & Weber, C. (2017). How stuttering develops: The multifactorial dynamic pathways theory. *Journal of Speech, Language, and Hearing Research, 60*(9), 2483-2505.

Snowling, M. J. (2001). From language to reading and dyslexia. *Dyslexia, 7*(1), 37-46.

Souza-Portilho, E. (2014). *Análise funcional de comportamentos autolesivos em uma pessoa com desenvolvimento atípico* [Dissertação de mestrado não publicada]. Pontifícia Universidade Católica de Goiás.

Sparrow, S. S., Cicchetti, D. V., & Saulnier, C. A. (2019). *Víneland-3: Escalas de comportamento adaptativo.* Pearson.

Steigleder, B. G., Bosa, C. A., & Sbicigo, J. B. (2021). Sinais de alerta para Transtorno do Espectro Autista: Evidências de validade do PROTEA-R-NV. *Avaliação Psicológica, 20*(3), 331-340.

Stein, M. L., Giacomoni, C. H., & Fonseca, R. P. (2019). *Teste de desempenho escolar:TDE-II (Manual)* (2. ed.). Vetor.

Stein, D. J., Szatmari, P., Gaebel, W., Berk, M., Vieta, E., Maj, M. ... Reed, G. M. (2020). Mental, behavioral and neurodevelopmental disorders in the ICD-11: An international perspective on key changes and controversies. *BMC Medicine, 18*(1), 21.

Stein, D. J., & Woods, D. W. (2014). Stereotyped movement disorder in ICD-11. *Brazilian Journal of Psychiatry, 36*, 65-68.

Tager-Flusberg, H. (2006). Defining language phenotypes in autism. *Clinical Neuroscience Research, 6*(3-4), 219-224.

Thapar, A., & Cooper, M. (2016). Attention deficit hyperactivity disorder. *The Lancet, 387*(10024), 1240-1250.

Topal, Z., Demir Samurcu, N., Taskiran, S., Tufan, A. E., & Semerci, B. (2018). Social communication disorder: A narrative review on current insights. *Neuropsychiatric Disease and Treatment, 14*, 2039-2046.

Tosi, S. (2006). *Teste de inteligência geral não-verbal (TIG-NV): Instrumento para avaliação psicológica e neuropsicológica.* Casa do Psicólogo.

Trentini, C. M., Yates, D. B., & Heck, V. S. (2014). *Escala Weschler abreviada de inteligência – WASI: Manual.* Pearson.

Valente, F., Pesola, C., Baglioni, V., Teresa Giannini, M., Chiarotti, F., Caravale, B., & Cardona, F. (2019). Developmental motor profile in preschool children with primary stereotypic movement disorder. *BioMed Research International, 2019*, 1427294.

Valentini, N. C., Ramalho, M. H., & Oliveira, M. A. (2014). Movement assessment battery for children-2: Translation, reliability, and validity for brazilian children. *Research in Developmental Disabilities, 35*(3), 733-740.

Vaughn, S., Denton, C. A., Fletcher, J. M. (2010). Why intensive interventions are necessary for students with severe reading difficulties. *Psychology in the Schools, 47*(5), 432-444.

Vehkavuori, S. M., & Stolt, S. (2018). Screening language skills at 2;0. *Infant Behavior & Development, 50*, 174-179.

Wechsler, S. M. (2018). *DFH IV: O desenho da figura humana: avaliação do desenvolvimento cognitivo infantil.* Lamp/PUC-Campinas.

Weismer, S. E., Rubenstein, E., Wiggins, L., & Durkin, M. S. (2021). A preliminary epidemiologic study of social (pragmatic) communication disorder relative to autism spectrum disorder and developmental disability without social communication Deficits. *Journal of Autism and Developmental Disorders, 51*(8), 2686-2696.

Wechsler, D. (2004). *WAIS III :Escala de inteligência Wechsler para adultos: Manual para avaliação e administração.* Casa do Psicólogo.

Willcutt, E. G., Betjemann, R. S., Pennington, B. F., Olson, R. K., DeFries, J. C., & Wadsworth, S. J. (2007). Longitudinal study of reading disability and attention-deficit/hyperactivity disorder: Implications for education. *Mind, Brain, and Education*, *1*(4), 181-192.

Willcutt, E. G., Petrill, S. A., Wu, S., Boada, R., Defries, J. C., Olson, R. K., ... Willcutt, E. (2013). Comorbidity between reading disability and math disability: Concurrent psychopathology, functional impairment, and neuropsychological functioning NIH Public Access. *Journal of Learning Disabilities*, *46*(6), 500-516.

Wilson, B. N., Crawford, S. G., Green, D., Roberts, G., Aylott, A., & Kaplan, B. J. (2009). Psychometric properties of the revised developmental coordination disorder questionnaire. *Physical & Occupational Therapy in Pediatrics*, *29*(2), 182-202.

Wittke, K., Mastergeorge, A. M., Ozonoff, S., Rogers, S. J., & Naigles, L. R. (2017). Grammatical language impairment in autism spectrum disorder: Exploring language phenotypes beyond standardized testing. *Frontiers in Psychology*, *8*, 532.

World Health Organization (WHO). (2019). *International classification of diseases for mortality and morbidity statistics* (10th ed.). https://icd.who.int/browse10/2019/en

World Health Organization (WHO). (2021). *International classification of diseases for mortality and morbidity statistics* (11th ed.). https://icd.who.int/en

Yavas, M., Hernandorena, C. L. M., & Lamprecht, R. R. (2002). *Avaliação fonológica da criança*. Artes Médicas.

Zanon, R. B., Backes, B., & Bosa, C. A. (2017). Diagnóstico do autismo: Relação entre fatores contextuais, familiares e da criança. *Psicologia: Teoria e Prática*, *19*(1), 152-163.

Zanon, R. B., Cortez, T., Backes, B., Romeira, G., Faro, K. C. A., Esteves, C., ... Bosa, C. (2018). Algumas propriedades psicométricas do PROTEA-R-NV: Evidências de validade e fidedignidade (clínicas). In C. A. Bosa, J. F. Salles (Orgs.), *Protea-R: Sistema PROTEA-R de avaliação do Transtorno do Espectro Autista* (pp. 3-4). Vetor.

Zorzi, J. L., & Hage, S. R. V. (2004). *PROC: Protocolo de observação comportamental*. Pulso.

7

TÉCNICAS DE AVALIAÇÃO EM CASOS DE SUSPEITA DE ESQUIZOFRENIA E OUTROS TRANSTORNOS PSICÓTICOS PRIMÁRIOS

KATIANE SILVA
LETÍCIA SANGUINETTI CZEPIELEWSKI
PAULO BELMONTE-DE-ABREU

Avaliar casos de suspeita de esquizofrenia e outros transtornos psicóticos pode ser um grande desafio clínico, pois se trata de quadros com sintomatologia heterogênea, que variam em intensidade, duração e impacto na funcionalidade dos indivíduos. As diferentes perspectivas diagnósticas, que incluem a análise categórica e dimensional dos transtornos, tornam a tarefa mais complexa. Enquanto as classificações utilizam um sistema categórico para definição de caso (com tipos definidos de transtornos), a vivência de contato direto com os pacientes aliada a evidências de estudos genéticos, moleculares, bioquímicos, neurofisiológicos e de neuroimagem mostram um conjunto discreto, contínuo e dimensional de transtornos mentais – desfazendo a crença de limites bem definidos entre eles e apontando para o compartilhamento de sintomas em diferentes quadros psicopatológicos. Tendo em vista esse cenário, este capítulo tem como objetivo apresentar as descrições da esquizofrenia e de outros transtornos psicóticos na nova edição da *Classificação internacional de doenças* (CID-11), em comparação à décima edição (CID-10) e o *Manual diagnóstico e estatístico de transtornos mentais* (DSM-5), e discutir os métodos de avaliação utilizados, a fim de instrumentalizar o clínico para uma maior especificidade na identificação dos sintomas e na realização do diagnóstico diferencial, uma vez que sintomas tidos como específicos, como de psicose, também são encontrados em diferentes quadros psiquiátricos e neurológicos.

ESQUIZOFRENIA E OUTROS TRANSTORNOS PSICÓTICOS PRIMÁRIOS

Os transtornos psicóticos primários são um conjunto de transtornos mentais que fazem parte de uma mesma dimensão psicopatológica que inclui sintomas denominados como positivos e negativos, os quais não são decorrentes do uso de substâncias/medicações com efeito no sistema nervoso central, de uma condição médica (p. ex., um tumor cerebral) ou de um transtorno de humor (p. ex., depressão ou mania) (Maj et al., 2021). Os sintomas positivos, apresentados na Tabela 7.1, são pensamento e comportamentos que alteram a percepção e o contato com a realidade (delírios, alucinações, pensamento e comportamento desorganizados), enquanto os sintomas negativos são caracterizados por uma síndrome amotivacional (anedonia, avolia, alogia, embotamento afetivo).

A esquizofrenia e outros transtornos psicóticos primários são potencialmente incapacitantes (GBD 2017 Disease and Injury Incidence and Prevalence Collaborators, 2018), e sua prevalência na população geral encontra-se ao redor de 2%. A esquizofrenia é responsável por cerca de 40% dos casos; já os transtornos esquizoafetivo, delirante e psicótico agudo e transitório têm menor prevalência ao longo da vida (0,32%, 0,18% e 0,05%, respectivamente) (Maj et al., 2021; Perälä et al., 2007). Em alguns estudos, a esquizofrenia é estimada entre 0,40% (Saha et al., 2005) e 0,48% (Simeone et al., 2015) na população geral. Apesar de afetar uma menor porção da população geral quando comparada a transtornos depressivos e ansiosos, a esquizofrenia está associada a uma maior carga de doença, independentemente da faixa etária (GBD 2019 Mental Disorders Collaborators, 2022), o que impacta em sua caracterização como um transtorno mental crônico e grave.

Em geral, os sintomas positivos surgem no fim da adolescência e início da vida adulta, perto dos 20 anos, quando também é realizado o diagnóstico (Solmi et al., 2021). Contudo, os sintomas podem ser entendidos como consequência de alterações ocorridas no neurodesenvolvimento, decorrentes do impacto e da interação de aspectos genéticos e ambientais. Os transtornos psicóticos primários têm etiologia multifatorial, com um forte componente genético (Sullivan et al., 2012) e alta herdabilidade (Hilker et al., 2018), que interagem com fatores ambientais desfavoráveis, como uso de *Cannabis* na adolescência e exposição a eventos adversos na infância (van Os et al., 2010). Estudos epidemiológicos indicam que não existe diferença entre gêneros masculino e feminino na prevalência da esquizofrenia (GBD 2019 Mental Disorders Collaborators, 2022), ainda que possam existir diferenças no curso e na apresentação de sintomas.

A busca de marcadores biológicos que caracterizem e distingam a esquizofrenia de outros transtornos maiores (psicótico ou de humor, de comportamento repetitivo ou autista e cognitivo) tornou-se o "santo graal" da neurociência, recebendo verbas vultosas em diferentes áreas, como nas de sequenciamento genômico, análise proteômica, eletrofisiologia, bioquímica e neuroimagem estrutural e funcional. Simultaneamente, vários grupos e instituições comprometeram-se com a aplicabilidade dos marcadores biológicos na identificação de doenças mentais graves, com a expectativa de incorporação nos novos sistemas classificatórios, seja no DSM, na CID ou alternativos, como o *Hierarchical Taxonomy of Psychopathology* (HiTOP) e o *Research Domain Criteria* (RDoC). Entre novas evidências e dúvidas, ficou claro que existe uma superposição de alterações de genes, expressão gênica e marcadores bioquímicos, proteômicos, neurorradiológicos e eletrofisiológicos entre os grandes transtornos mentais, o que reforça uma noção de continuidade entre esquizofrenia, transtorno esquizoafetivo, transtorno

TABELA 7.1

DESCRIÇÃO DOS SINTOMAS POSITIVOS E NEGATIVOS ASSOCIADOS AOS TRANSTORNOS PSICÓTICOS

SINTOMAS POSITIVOS	
Delírios	Crenças falsas persistentes, e firmemente mantidas, baseadas em uma inferência incorreta sobre a realidade, apesar de evidências contrárias óbvias, e não compartilhadas por outros com uma formação cultural semelhante.
Alucinações	Experiências semelhantes à percepção, com a clareza e o impacto de uma percepção verdadeira, porém sem a estimulação externa do órgão sensorial relevante.
Desorganização	Desorganização do pensamento, comportamento bizarro e afeto inapropriado.
SINTOMAS NEGATIVOS	
Embotamento afetivo	Redução na expressão de emoção e na reatividade a eventos.
Alogia	Redução na quantidade de palavras faladas e na quantidade de informações fornecidas espontaneamente ao responder a uma pergunta.
Associalidade	Redução nas interações sociais e na iniciativa, devido à indiferença ou à falta de desejo por elas.
Anedonia	Redução na experiência de prazer durante atividades prazerosas e redução na antecipação do prazer para atividades prazerosas futuras.
Avolia/apatia	Baixo envolvimento em qualquer atividade devido à falta de interesse e motivação.

Fonte: Elaborada com base em Maj et al. (2021).

bipolar com e sem psicose e transtornos obsessivo-compulsivos, bem como uma maior distância com o transtorno depressivo maior e os transtornos de ansiedade. Além disso, as evidências demonstram que a psicose tem marcadores neurorradiológicos e neurofisiológicos similares às psicoses claramente orgânicas (p. ex., encefalopatias, tumores localizados e sequelas de isquemia e hemorragia localizadas), o que gradualmente permite a montagem de um quadro detalhado do "local" das psicoses no cérebro, circuitos e moléculas envolvidas, com dados importantes para o desenvolvimento de novos tratamentos baseados na alteração física de grupos de sintomas e comportamentos. Entretanto, ainda não existem evidências suficientes para a modificação das classificações categóricas. Ao mesmo tempo, essa investigação permite buscar e excluir fatores modificáveis que podem realmente alterar o curso das doenças psicóticas (Enwright & Lewis, 2021; Wu et al., 2020).

Na CID-11 (World Health Organization [WHO], 2021), a categoria esquizofrenia e outros transtornos psicóticos primários inclui as seguintes entidades diagnósticas: esquizofrenia (6A20), transtorno esquizoafetivo (6A21), transtorno esquizotípico (6A22), transtorno psicótico agudo e transitório (6A23) e transtorno delirante (6A24). A CID-11 também inclui manifestações sintomáticas de transtornos psicóticos primários (6A25), entidade que pode ser utilizada para caracterizar a apresentação clínica atual de indivíduos diagnosticados com esquizofrenia ou outro transtorno psicótico primário, não devendo ser utilizada como codificação primária, além da síndrome psicótica secundária (6E61). Uma evolução importante na CID-11 foi a mudança do termo "não orgânico" para "primário" para caracterizar os transtornos que fazem parte dessa categoria, o que é apoiado pelas extensas evidências de alterações neurobiológicas associadas encontradas na literatura. Síndromes psicóticas secundárias seriam as decorrentes de outras condições de saúde (p. ex., tumor cerebral) ou do uso de substâncias ou medicamentos com ação no sistema nervoso central (p. ex., corticosteroides).

A estabilidade temporal diagnóstica dos transtornos psicóticos primários tende a ser bastante alta, especialmente para esquizofrenia e transtorno esquizoafetivo, porém, é menos evidente para o transtorno psicótico agudo e transitório (Fusar-Poli et al., 2016). Contudo, as evidências existentes seguem classificações diagnósticas anteriores, e mais estudos são necessários para avaliar as repercussões da CID-11, considerando as suas diferenças classificatórias. A seguir, são apresentadas as definições da CID-11 acerca dos transtornos psicóticos primários e suas comparações com outros sistemas classificatórios, com destaque para a esquizofrenia, por ser o transtorno psicótico primário mais prevalente.

ESQUIZOFRENIA (6A20)

A esquizofrenia é caracterizada por distúrbios em várias funções mentais, incluindo alterações de pensamento (delírios, desorganização formal do pensamento), de percepção (alucinações) e na autoexperiência (experiência de que os próprios sentimentos, impulsos, pensamentos ou comportamentos estão sendo controlados por uma força externa), bem como alterações na cognição (atenção, memória e cognição social prejudicadas), na volição (perda de motivação), no afeto (embotamento da expressão emocional) e no comportamento (excêntrico ou sem propósito, respostas emocionais imprevisíveis ou inapropriadas que interferem na organização do pensamento). Também podem estar presentes distúrbios psicomotores, como a catatonia (WHO, 2021). São considerados sintomas centrais da esquizofrenia a presença de delírios e alucinações persistentes, desorganização de pensamento e distorções na autoexperiência (experiências de influência, passividade ou controle). Contudo, a CID-11 não estabelece critérios mínimos que devam estar presentes, mas propõe orientações diagnósticas gerais (WHO, 2021). Os sintomas devem durar pelo menos um mês e não podem ser uma manifestação de outra condição de saúde ou devidos ao efeito de uma substância ou medicamento no sistema nervoso central, incluindo abstinência (p. ex., abstinência de álcool). Além disso, deve ser descartada a presença de transtorno esquizotípico, reação esquizofrênica e transtorno psicótico agudo e transitório para realização do diagnóstico (WHO, 2021).

Existem seis elementos que podem ser adicionados à entidade diagnóstica para melhor detalhar as atuais manifestações sintomáticas de transtornos psicóticos primários (6A25). Os seis domínios de sintomas que podem ser qualificados são: positivos (6A25.0), negativos (6A25.1), humor depressivo (6A25.2), humor maníaco (6A25.3), psicomotores (6A25.4) e cognitivos (6A25.5). Eles são pontuados de acordo com intensidades leve, moderada e severa, com a finalidade de fornecer uma visão geral do comprometimento do indivíduo de forma ampla e, ao mesmo tempo, mais precisa (WHO, 2021).

Comparações entre CID-11, CID-10 e DSM-5

Na CID-10 (Organização Mundial da Saúde [OMS], 1993), a esquizofrenia é definida como um transtorno caracterizado por pensamentos e percepções distorcidos e afetos inapropriados ou embotados. Dessa forma, a CID-11 amplia a perspectiva do transtorno, caracterizando-o com alterações em múltiplas modalidades, o que corresponde à apresentação clínica de grande heterogeneidade. Além disso, uma mudança notável nos sistemas mais recentes, tanto na CID-11 quanto no DSM-5, é o abandono dos subtipos e a inclusão de especificadores. Essa mudança foi fundamentada na evidência de que os subtipos (p. ex., paranoide) se sobrepunham e tinham baixa estabilidade temporal, modificando-se ao longo do curso. Os subtipos clínicos não pareciam contribuir para o prognóstico ou abordagem terapêutica. Essa mudança para geração de dados mais específicos sobre os sintomas e gravidade visou gerar mais informações para tratamento e manutenção de confiabilidade e comparabilidade de diagnósticos (WHO, 2021).

Ambos, CID-11 e DSM-5, ainda que mantendo uma abordagem categórica, buscam se aproximar de uma avaliação mais dimensional de psicopatologia, o que é observado nos especificadores de curso da esquizofrenia. Contudo, os sistemas se diferenciam nos domínios de sintomas e na avaliação do seu nível de gravidade (First et al., 2021), especialmente no que se refere à introdução dos sintomas cognitivos como orientação diagnóstica na CID-11. Esse ponto é amplamente apoiado pela literatura, que indica a diminuição do desempenho cognitivo de forma generalizada em diversos domínios, como atenção, memória e funções executivas (Czepielewski et al., 2021; Fioravanti et al., 2012).

Outra mudança importante foi na classificação da catatonia, que na CID-10 era descrita como um dos subtipos de esquizofrenia (esquizofrenia catatônica) e também como um dos distúrbios orgânicos (distúrbio catatônico orgânico). Já na CID-11, a catatonia passa a ser uma categoria diagnóstica distinta, uma vez que pode ocorrer em associação a outros transtornos mentais. Além disso, foram incluídas três condições nesse novo diagnóstico: catatonia associada a outro transtorno mental, catatonia induzida por substâncias psicoativas (incluindo medicamentos) e catatonia secundária (causada por outra condição de saúde) (WHO, 2021).

Uma diferença entre CID-11 e DSM-5, que se manteve das edições anteriores, é a duração mínima de sintomas para estabelecimento do diagnóstico. No DSM-5, é indicada a necessidade de pelo menos um mês de sintomas positivos e/ou negativos, precedido de seis meses de sintomas prodrômicos, geralmente caracterizados por sintomas positivos atenuados ou sintomas negativos e depressivos. Já a CID-11 sinaliza apenas a necessidade de pelo menos um mês de sintomas agudos. Dessa forma, o transtorno categorizado como esquizofreniforme no DSM-5 deverá ser classificado como esquizofrenia de acordo com a CID-11 (American Psychiatric Association [APA], 2014; WHO, 2021). Outra alteração marcante é o padrão de sintomas requerido para estabelecimento de diagnóstico. Enquanto no DSM-5 existe a necessidade da presença de sintomas de primeira ordem (positivos), a CID-11 admite uma possibilidade de apresentação mais variada de sintomas, ainda que os considere centrais. Além disso, diferentemente do DSM-5, não há necessidade da deterioração marcante no funcionamento psicossocial para diagnóstico de esquizofrenia na CID-11, ainda que essa característica esteja comumente associada ao curso do transtorno (First et al., 2021). Na Tabela 7.2, sistematizamos os principais aspectos do diagnóstico de esquizofrenia, comparando os diferentes sistemas classificatórios.

TABELA 7.2

COMPARAÇÃO DOS CRITÉRIOS DIAGNÓSTICOS DA ESQUIZOFRENIA ENTRE CID-10, DSM-5 E CID-11

SISTEMA CLASSIFICATÓRIO	CID-10	DSM-5	CID-11
Diretrizes/critérios diagnósticos	• Eco, inserção, roubo ou difusão do pensamento • Delírios • Alucinações • Discurso desorganizado • Comportamento catatônico • Sintomas negativos • Alterações significativas no comportamento	• Delírios • Alucinações • Discurso desorganizado • Comportamento grosseiramente desorganizado ou catatônico • Sintomas negativos	• Delírios • Alucinações • Distorções da autoexperiência • Alterações cognitivas • Sintomas negativos • Comportamento desorganizado
Tempo fase ativa (em meses)	1	1 + 5 (pródromo/ residual)	1
Episódio	• Contínuo • Episódico: progressivo/ persistente/ em remissão • Remissão (incompleta/ completa)	• 1º episódio: agudo, remissão parcial/completa • Múltiplo: agudo/ remissão parcial/ completa • Contínuo • Não especificado	• 1º episódio • Múltiplo • Contínuo • Remissão (sintomática, parcial ou completa)
Subtipo	• Paranoide • Hebefrênica • Catatônica • Indiferenciada • Depressão pós-esquizofrênica • Residual • Simples • Outras esquizofrenias • Não especificada	• Gravidade atual	• De gravidade (leve, moderada ou grave)
Exclusão	• Outra condição médica • Efeito de substância ou medicamento • Transtorno esquizotípico	• Outra condição médica • Efeito de substância • Transtorno esquizoafetivo • Transtorno depressivo/bipolar	• Outra condição médica • Efeito de substância ou medicamento • Transtorno esquizotípico

▶▶

TABELA 7.2

COMPARAÇÃO DOS CRITÉRIOS DIAGNÓSTICOS DA ESQUIZOFRENIA ENTRE CID-10, DSM-5 E CID-11

SISTEMA CLASSIFICATÓRIO	CID-10	DSM-5	CID-11
	• Reação esquizofrênica	com sintomas psicóticos	• Reação esquizofrênica • Transtorno psicótico agudo e transitório

Fonte: American Psychiatric Association (2014); World Health Organization (1992, 2021).

TRANSTORNO ESQUIZOAFETIVO (6A21)

O diagnóstico de transtorno esquizoafetivo apresenta os requisitos diagnósticos da esquizofrenia concomitantes com alterações de humor (episódio maníaco, misto ou depressivo), que podem ocorrer no mesmo episódio da doença ou com poucos dias de intervalo. Distúrbios psicomotores, incluindo catatonia, podem estar presentes. Os sintomas devem durar pelo menos um mês e não devem ser uma manifestação de outra condição de saúde ou devidos ao efeito de uma substância ou medicamento no sistema nervoso central, incluindo abstinência. Assim como na esquizofrenia, os sintomas podem ser qualificados em seis domínios (positivos, negativos, depressivos, maníacos, psicomotores e cognitivos), que são pontuados de acordo com a intensidade (WHO, 2021).

Comparações entre CID-11, CID-10 e DSM-5

Tanto a CID-10 quanto a CID-11 estabelecem a ocorrência simultânea de sintomas psicóticos e de humor para o diagnóstico de transtorno esquizoafetivo. A CID-10, porém, não estipula uma duração mínima; já a CID-11 indica a necessidade de pelo menos um mês de sintomas. O transtorno esquizoafetivo tem definição de certa forma diferente comparando os dois sistemas diagnósticos mais atuais. Conforme o DSM-5, é necessário que os sintomas psicóticos positivos se mantenham ativos por pelo menos duas semanas sem um episódio de humor, enquanto a CID-11 apenas estabelece que é necessário apresentar, concomitantemente, por pelo menos um mês, as diretrizes diagnósticas para esquizofrenia e para um episódio de humor depressivo, maníaco ou misto, sendo os sintomas de esquizofrenia mais proeminentes. Dessa forma, alguns indivíduos podem ter diagnósticos distintos, dependendo do sistema de classificação utilizado (Maj et al., 2021).

TRANSTORNO ESQUIZOTÍPICO (6A22)

O transtorno esquizotípico é caracterizado por um padrão persistente de excentricidade no comportamento, aparência e fala, acompanhado por distorções cognitivas e perceptivas, crenças incomuns e dificuldade nos relacionamentos interpessoais. Os sintomas podem incluir embotamento afetivo e anedonia. Pensamentos paranoides, ideias de referência ou outros sintomas psicóticos, como alucinações, também podem estar presentes, mas não apresentam intensidade ou duração suficientes para atender aos requisitos da esquizofrenia, transtorno esquizoafetivo ou transtorno delirante. Além disso, é importante que os sintomas não sejam mais bem explicados pela presença do transtorno do espectro autista ou de transtorno da personalidade. Por fim, os sintomas podem ser qualificados em seis domínios (positivos, negativos, depressivos, maníacos, psicomotores e cognitivos), pontuados de acordo com a intensidade (WHO, 2021).

Comparações entre CID-11, CID-10 e DSM-5

Na CID-10, o transtorno esquizotípico é classificado como um transtorno que se parece com a esquizofrenia, porém sem as "anomalias esquizofrênicas características", o que difere da descrição mais atual da CID-11 que indica um padrão de funcionamento de excentricidades que inclui sintomas psicóticos atenuados. Uma importante diferença entre os sistemas classificatórios mais atuais é que a CID-11 considera que o transtorno esquizotípico apresenta um padrão persistente de sintomas disfuncionais sem, contudo, caracterizar-se como um transtorno da personalidade, como é descrito no DSM-5. Além disso, a CID-11 não estabelece uma quantidade mínima de sintomas para confirmar o diagnóstico, e propõe para o transtorno esquizotípico as mesmas dimensões de manifestações de sintomas dos outros transtornos psicóticos primários (APA, 2014; WHO, 2021).

TRANSTORNO PSICÓTICO AGUDO E TRANSITÓRIO (6A23)

O transtorno psicótico agudo e transitório é caracterizado pelo início agudo de sintomas psicóticos que surgem sem um pródromo e atingem sua gravidade máxima em duas semanas. Os sintomas podem incluir delírios, alucinações, desorganização dos processos de pensamento, perplexidade ou confusão mental e alterações do afeto e do humor. Distúrbios psicomotores semelhantes à catatonia podem estar presentes. Em geral os sintomas mudam rapidamente, tanto em natureza quanto em intensidade (de um dia para o outro, ou mesmo em um único dia). A duração do episódio não excede três meses e, mais comumente, dura de alguns dias a um mês. Os sintomas não são uma manifestação de outra condição de saúde ou devidos ao efeito de uma substância ou medicamento no sistema nervoso central, incluindo abstinência. Além disso, podem ser qualificados em seis domínios (positivos, negativos, depressivos, maníacos, psicomotores e cognitivos) que são pontuados de acordo com a intensidade (WHO, 2021).

Comparações entre CID-11, CID-10 e DSM-5

A CID-10 classificava este transtorno como um grupo heterogêneo de transtornos nos quais ocorria o início agudo de sintomas psicóticos, indicando ainda alguns subtipos, sem estabelecer uma duração, o que difere da descrição da CID-11. Em comparação com o DSM-5, há diferenças significativas em sua caracterização. Ao contrário do DSM-5, a CID-11 exclui a presença de sintomas negativos para o diagnóstico. Em relação à duração dos sintomas, no DSM-5 eles devem estar presentes por menos de um mês, enquanto na CID-11 é exigido que não excedam três meses. Além disso, os sintomas devem mudar rapidamente, tanto em natureza quanto em intensidade, de um dia para o outro ou até mesmo em um único dia (Maj et al., 2021).

TRANSTORNO DELIRANTE (6A24)

O transtorno delirante é caracterizado pelo desenvolvimento de um delírio ou conjunto de delírios associados entre si, geralmente persistindo por pelo menos três meses (muitas vezes, por muito mais tempo), que ocorrem na ausência de um episódio de humor depressivo, maníaco ou misto. Os delírios geralmente são estáveis, embora possam evoluir ao longo do tempo. Outros sintomas característicos da esquizofrenia (p. ex., alucinações persistentes, sintomas negativos, pensamento desorganizado, experiências de influência, passividade ou controle) não estão presentes, embora várias formas de distúrbios perceptivos (p. ex., alucinações, ilusões, identificação errônea de pessoas) estejam relacionadas tematicamente ao delírio e sejam consistentes com o diagnóstico. Apesar das ações e atitudes diretamente relacionadas ao delírio ou sistema delirante, o afeto, a fala e o comportamento normalmente não são afetados. Os sintomas não são uma manifestação de outra condição de saúde (p. ex., tumor cerebral) ou devidos ao efeito de uma substância ou medicamento no sistema nervoso central (p. ex., corticosteroides), incluindo abstinência (p. ex., abstinência de álcool). Assim como nos demais transtornos, os sintomas podem ser qualificados em seis domínios (positivos, negativos, depressivos, maníacos, psicomotores e cognitivos) pontuados de acordo com a intensidade (WHO, 2021).

Comparações entre CID-11, CID-10 e DSM-5

Uma mudança significativa na CID-11 é a unificação de três categorias referentes a transtornos delirantes da CID-10 (transtorno delirante persistente, transtorno delirante induzido e outros transtornos delirantes persistentes) na categoria de transtorno delirante, apontando para a unidade clínica entre eles. Uma diferença considerável entre o DSM-5 e a CID-11 diz respeito à duração dos sintomas: enquanto no DSM-5 devem se estender por um mês ou mais, na CID-11 devem persistir por mais de três meses e serem estáveis ao longo do tempo (Gaebel et al., 2020).

MÉTODOS E TÉCNICAS DE AVALIAÇÃO DA ESQUIZOFRENIA E OUTROS TRANSTORNOS PSICÓTICOS PRIMÁRIOS

ENTREVISTA

A entrevista é uma importante fonte de informações e, juntamente com a observação, apresenta-se como uma técnica extremamente útil na caracterização clínica dos pacientes com transtornos psicóticos. O tipo de alteração apresentada (sintomas positivos, negativos, etc.), assim como sua intensidade (indícios sutis ou muito evidentes), podem ser detectados a partir da entrevista e contribuirão para a formulação diagnóstica. Por se tratar de pacientes que podem apresentar alterações na percepção e no julgamento, a presença de um informante é fundamental para que os dados obtidos sejam claros e precisos. Além disso, o informante pode auxiliar na identificação de possíveis alterações relacionadas ao neurodesenvolvimento e na obtenção de detalhes sobre a história da psicopatologia familiar, que são essenciais para o diagnóstico. Na Tabela 7.3, listamos os principais focos de atenção que podem orientar a condução da entrevista para aspectos relevantes ao curso dos transtornos psicóticos.

Além da entrevista, é importante que o clínico também busque informações de fontes complementares relevantes, como familiares e outros profissionais que atendem o paciente ou o atenderam em outros momentos da vida. Registros anteriores de exames clínicos e avaliações psicológicas, produções do paciente (p. ex., textos, desenhos), caderneta da criança (do Ministério da Saúde) e registros escolares podem trazer informações adicionais sobre o desenvolvimento do paciente e são capazes de ajudar a esclarecer trajetórias patológicas do neurodesenvolvimento.

TABELA 7.3

ASPECTOS CARACTERÍSTICOS DE TRANSTORNOS PSICÓTICOS PRIMÁRIOS PARA CONSIDERAÇÃO NA ENTREVISTA CLÍNICA

ÁREAS	CARACTERÍSTICAS
Observação dos comportamentos verbal e não verbal e impressão geral transmitida	• Aparência/autocuidado reduzido • Agitação/lentificação motora • Redução do contato visual • Redução das expressões faciais, gestuais e de voz • Retraimento afetivo • Desconfiança • Desorganização de pensamento e fala • Juízo crítico reduzido
Aspectos pré-natais e perinatais	• Hipoxia fetal ou sofrimento fetal • Infecções virais maternas durante a gravidez (ativação imunológica materna) • Complicações obstétricas (p. ex., sangramentos, diabetes gestacional, incompatibilidade de Rh, pré-eclâmpsia) • Desenvolvimento e crescimento anormal fetal (p. ex., menor peso ao nascer, malformações congênitas, redução da circunferência da cabeça) • Complicações no parto (p. ex., hipoxia, atonia uterina, cesariana de emergência)
Desenvolvimento infantil	• Atrasos no desenvolvimento motor, cognitivo e/ou social (que podem ser sutis) • Dificuldades comportamentais ou emocionais • Adversidades na infância (p. ex., morte de pais ou cuidadores, abuso, negligência ou *bullying*) • Eventos estressores (p. ex., migração, traumas, minorias étnicas, densidade urbana)
Adolescência	• Uso de substâncias, especialmente *Cannabis* • Diminuição da sociabilidade ou isolamento social • Dificuldades interpessoais • Eventos estressores • Sinais neurológicos sutis
Desempenho escolar	• Dificuldades de aprendizagem • Desempenho inferior ao esperado • Repetência escolar
Histórico pessoal ou familiar de transtornos mentais	• Diagnóstico pessoal prévio de transtornos de aprendizagem, de comunicação, de neurodesenvolvimento e de humor (p. ex., transtorno de déficit de atenção/hiperatividade, transtorno depressivo maior) • Diagnóstico familiar de transtornos mentais (não apenas de esquizofrenia, considerando a sobreposição genética dos diversos transtornos) • Histórico familiar de suicídio

▶▶

TABELA 7.3

ASPECTOS CARACTERÍSTICOS DE TRANSTORNOS PSICÓTICOS PRIMÁRIOS PARA CONSIDERAÇÃO NA ENTREVISTA CLÍNICA

ÁREAS	CARACTERÍSTICAS
História clínica	• Histórico de experiências tipo-psicóticas na infância e adolescência (delírios e alucinações subclínicos) • Existência de pródromo (alterações de percepção, crenças, cognição, afeto, comportamento) • Início dos sintomas positivos: agudo (até 1 mês das alterações comportamentais observáveis), gradual (entre 1 e 6 meses), insidioso (mais de 6 meses) • Histórico e duração de hospitalizações psiquiátricas prévias • Uso de fármacos (efeitos sedativos/níveis de concentração/confusão mental) • Dificuldades cognitivas
Momento atual	• Evento estressor significativo recente • Diminuição da funcionalidade psicossocial e laboral • Dificuldades de interação social • Alterações de saúde geral • Uso de substâncias psicoativas (especialmente *Cannabis*)

INSTRUMENTOS COMPLEMENTARES À ENTREVISTA DE ACORDO COM OS DOMÍNIOS DA CID-11

Para avaliar os transtornos psicóticos de acordo com a CID-11, é importante considerar as diferentes dimensões de sintomas. Para isso, alguns instrumentos disponíveis e validados para a população brasileira podem fornecer informações mais objetivas acerca da presença e intensidade dos sintomas. Os clínicos deverão integrar as informações a partir de diferentes fontes para avaliar os sintomas: autorrelato, observação clínica, relatos de outros profissionais da saúde, familiares e cuidadores.

Uma escala amplamente utilizada para avaliar a intensidade geral de sintomas nos transtornos psicóticos é a Brief Psychiatric Rating Scale (BPRS) (Zuardi et al., 1994) e sua versão ancorada BPRS-A (Elkis et al., 1999). Outros instrumentos para avaliar dimensões de sintomas específicos estão descritos na Tabela 7.4 e podem ser utilizados para complementar a entrevista clínica.

Em muitos casos, além da entrevista e dos instrumentos citados na Tabela 7.4, é indicada a realização de uma avaliação psicológica ampla (englobando avaliação cognitiva e da personalidade), que poderá contribuir para uma melhor caracterização do paciente (para revisão mais específica sobre psicodiagnóstico em pacientes com transtornos psicóticos, consultar Silva & Abreu, 2016).

OBSERVAÇÕES IMPORTANTES PARA A AVALIAÇÃO E O DIAGNÓSTICO DA ESQUIZOFRENIA E DE OUTROS TRANSTORNOS PSICÓTICOS PRIMÁRIOS

Comorbidades e diagnóstico diferencial

A esquizofrenia e outros transtornos psicóticos primários, ao mesmo tempo que fazem

TABELA 7.4

INSTRUMENTOS COMPLEMENTARES À AVALIAÇÃO DIAGNÓSTICA PARA TRANSTORNOS PSICÓTICOS

DIMENSÕES DE SINTOMAS	INSTRUMENTOS SUGERIDOS (COM TRADUÇÃO, ADAPTAÇÃO E/OU VALIDAÇÃO BRASILEIRA)
Positivos	• Subescala de sintomas positivos da Positive and Negative Syndrome Scale (PANSS) (Higuchi et al., 2014)
Negativos	• Brief Negative Symptom Scale (BNSS) (Medeiros et al., 2018, 2019) • Subescala de sintomas negativos da Positive and Negative Syndrome Scale (PANSS) (Higuchi et al., 2014) • Scale for the Assessment of Negative Symptoms (SANS) (Dantas, 2011)
Depressivos	• Calgary Depression Scale for Schizophrenia (CDSS) (Bressan et al., 1998) • Patient Health Questionnaire-9 (PHQ-9) (Lamela et al., 2020)
Maníacos	• Young Mania Rating Scale (YMRS) (Vilela et al., 2005) • Mood Disorder Questionnaire (MDQ) (Gurgel et al., 2012)
Psicomotores	• Bush-Francis Catatonia Rating Scale (Nunes et al., 2017)
Cognitivos	• MATRICS Consensus Cognitive Battery (MCCB) (Fonseca et al., 2017) • Brief Assessment in Cognition in Schizophrenia (BACS) (Araújo et al., 2015) • Schizophrenia Cognition Rating Scale (SCoRS) (Ferreira et al., 2010)
OUTRAS DIMENSÕES RELEVANTES	
Insight	• Scale to Assess Unawareness of Mental Disorder (SUMD) (Fiss & Chaves, 2005)
Funcionalidade psicossocial e qualidade de vida	• Escala Personal and Social Performance (PSP) (Menezes et al., 2012) • Independent Living Skills Survey (ILSS) (Martini et al., 2012) • UCSD Performance-Based Skills Assessment (UPSA) (Mantovani et al., 2015) • The World Health Organization Quality of Life (WHOQOL) (World Health Organization [WHO], 2012)
Capacidade de superação (*recovery*)	• Recovery Assessment Scale (RAS) (Silva et al., 2017)

Nota: Instrumentos indicados para complementar entrevista clínicas.
Fonte: Elaborada com base em Maj et al. (2021).

parte do mesmo espectro, têm especificidades relacionadas à sintomatologia e ao curso da doença, o que torna a avaliação complexa, exigindo do clínico habilidade para o diagnóstico diferencial. Na Tabela 7.5, apresentamos uma breve descrição dos transtornos psicóticos, com o objetivo de auxiliar na compreensão das suas particularidades.

TABELA 7.5

BREVE DESCRIÇÃO DA ESQUIZOFRENIA E DE OUTROS TRANSTORNOS PSICÓTICOS PRIMÁRIOS DE ACORDO COM A CID-11

	ESQUIZOFRENIA	TRANSTORNO ESQUIZOAFETIVO	TRANSTORNO ESQUIZOTÍPICO	TRANSTORNO PSICÓTICO AGUDO E TRANSITÓRIO	TRANSTORNO DELIRANTE
Caracterização	Sintomas psicóticos mais proeminentes; alterações em diferentes domínios	Sintomas psicóticos + sintomas de humor	Excentricidade; dificuldades nas relações sociais; sintomas psicóticos mais leves	Sem pródromo; início agudo	Delírio não bizarro; afeto, fala e comportamento não afetados
Tempo	> 1 mês	> 1 dia e < 13 meses	Vários anos	> 1 dia e < 13 meses	> 3 meses
Exclusão	Transtorno esquizotípico; reação esquizofrênica; transtorno psicótico agudo e transitório; outra condição médica; efeito de substância ou medicamento	Esquizofrenia e transtorno de humor isolados; outra condição médica; efeito de substância ou medicamento	Transtorno do espectro autista; transtorno da personalidade	Outra condição médica; efeito de substância ou medicamento	Outra condição médica; efeito de substância ou medicamento

Fonte: World Health Organization (2021).

A maioria dos indivíduos com psicose primária apresenta outros transtornos psiquiátricos antecedentes, concomitantes ou condições subliminares, dada à sobreposição de variantes genéticas e de adversidades sociais presentes nos diferentes quadros clínicos. No que se refere aos antecedentes, a presença de traços ou do transtorno obsessivo-compulsivo (TOC) merece atenção, pois os sintomas psicóticos nesses indivíduos iniciam mais cedo e são mais intensos. Essa comorbidade também está associada ao aumento de sintomas depressivos, tentativas de suicídio e, consequentemente, pior prognóstico geral (Maj et al., 2021).

A sobreposição de sintomas psicóticos com sintomas do transtorno do estresse pós-traumático (TEPT) também é recorrente e, por vezes, subdiagnosticada. Na identificação de evento traumático ao longo da vida, deve-se avaliar a possível comorbidade com TEPT, que potencializa os sintomas, contribuindo para o agravamento da doença (OConghaile & DeLisi, 2015). A ansiedade social apresenta alta prevalência nos transtornos psicóticos e pode ser confundida com os sintomas negativos. Por se tratar de uma comorbidade que prediz prejuízo funcional e tem tratamento específico, não deve ser negligenciada (Maj et al., 2021).

Sintomas depressivos são comuns nos transtornos psicóticos (mesmo quando não se trata do transtorno esquizoafetivo) e são facilmente confundidos com sintomas negativos, como retraimento social, anedonia, avolição e embotamento afetivo. Para diferenciar os sintomas depressivos dos negativos, é importante atentar para a sua duração (se mais duradouros ou episódicos), as alterações no apetite, sono e concentração e a presença de culpa e desesperança, que são característicos de um quadro depressivo e, no caso de coocorrência, deve ser diagnosticado e tratado (Maj et al., 2021). No que concerne à presença de sintomas maníacos, o desafio será distinguir o transtorno bipolar dos transtornos psicóticos. Para tanto, é importante ponderar que, embora os sintomas psicóticos possam estar presentes nos dois transtornos, no indivíduo com transtorno bipolar a mania deverá ser mais proeminente, enquanto nos psicóticos os sintomas negativos são mais salientes. A entrevista clínica é de extrema importância para compreender os períodos de ocorrência de sintomas de humor e psicóticos. É importante lembrar que nos quadros em que há sintomas psicóticos e de humor, deve-se atentar para o diagnóstico diferencial com o transtorno esquizoafetivo, no qual ambos os tipos de sintomas estão presentes, ainda que de forma mais sutil (van Os & Kapur, 2009). Contudo, se os sintomas psicóticos emergem apenas no curso de episódios graves de humor, deve-se ponderar a existência de transtornos psicóticos.

Frequentemente, os transtornos psicóticos estão associados ao uso de substâncias, incluindo abuso crônico de *Cannabis*, anfetaminas, cocaína, alucinógenos, opioides, fenciclidina, sedativos/hipnóticos e álcool. Considerando esse cenário, para a confirmação diagnóstica, é importante distinguir se as alucinações e delírios são mais intensos do que o esperado em quadros de intoxicação e abstinência. A presença de sintomas anteriores ao abuso de substâncias pode auxiliar na diferenciação entre psicose induzida por substâncias e psicose primária. Ainda, a persistência dos sintomas psicóticos após a interrupção da intoxicação e abstinência é um indicativo de transtorno psicótico primário (Maj et al., 2021). Portanto, é importante priorizar a confirmação do diagnóstico após a cessação do uso.

Os transtornos do espectro autista (TEA) e os transtornos psicóticos, apesar de distintos, compartilham semelhanças fenotípicas e fatores de risco, o que torna o diagnóstico diferencial complexo. A sobreposição de sintomas entre os dois transtornos é mais visível nos sintomas negativos que incluem déficits na comunicação social e na reciprocidade socioemocional. Já nos sintomas positivos, é possível identificar diferenças importantes, visto que nas psicoses eles abrangem alucinações, delírios e pensamento desorganizado, enquanto no TEA relacionam-se a alterações na fala, comportamento social atípico, rotineiro, estereotipias e interesses circunscritos. Dessa forma, avaliar os sintomas positivos pode ser útil para a realização de um diagnóstico diferencial nesse contexto (Trevisan et al., 2020).

Além das comorbidades psiquiátricas, também é importante avaliar condições clínicas gerais associadas a sintomas psicóticos (p. ex., quadros de infecção e disfunção hormonal) que podem caracterizar um transtorno psicótico secundário (6E61). Nesse transtorno, a presença de alucinações ou delírios é considerada consequência de uma condição de saúde, não relacionada a transtornos mentais e comportamentais, com base em evidência da história e exames físicos ou laboratoriais. Esses sintomas não são mais bem explicados por *delirium* ou por outro transtorno mental e também não são uma reação psicológica a uma condição médica grave (p. ex., uma reação de estresse em resposta a um diagnóstico de risco de vida) (WHO, 2021). Nesse caso, é necessário encaminhamento para avaliação médica, que contará com avaliação clínica e exames laboratoriais para verificação de perfil inflamatório (neutrófilos, linfócitos e proteína C), possível lesão hepática, entre outras condições médicas que podem contribuir para a compreensão do quadro de saúde geral do paciente e para a identificação do transtorno psicótico secundário.

Aspectos clínicos

No que se refere à história clínica, destaca-se a importância da investigação do desenvolvimento fetal e do nascimento, pois dados epidemiológicos apontam para a ligação entre complicações obstétricas e aumento do risco de desenvolver esquizofrenia (Kahn et al., 2015). A atenção aos indicadores do neurodesenvolvimento auxilia na caracterização mais completa do paciente com psicose primária. Esses indicadores podem ser vistos como precursores diretos dos sintomas negativos e cognitivos, contribuindo não só para o diagnóstico diferencial, mas também para o planejamento de intervenções mais específicas. É importante atentar, ainda, para adversidades sociais na infância, incluindo abuso físico, abuso sexual, maus-tratos e *bullying*, que são frequentes nos quadros psicóticos. Com relação a esses dados, recomenda-se cautela com relatos subjetivos, visto que os indivíduos podem apresentar prejuízos na capacidade de *insight* e julgamento, reforçando-se a necessidade de um informante a fim de aumentar a confiabilidade dos dados (Maj et al., 2021).

Acrescenta-se também a relevância de considerar os fatores de proteção, que, para os transtornos psicóticos primários, englobam estratégias de enfrentamento e habilidade de resolução de problemas, apoio emocional e social, participação em atividades comunitárias e segurança financeira. A presença desses componentes minimiza o impacto dos fatores de risco e está associada a desfechos mais positivos. Também é importante, durante a avaliação, ter cautela com relação à exposição do paciente ao estigma social, uma vez que a internalização desse estigma resulta em mitos e crenças negativas que influenciam sua percepção da doença e obstaculizam seu enfrentamento. Ao ser identificado, o estigma deve ser alvo de intervenção a partir de psicoeducação que favoreça a compreensão do transtorno e a adesão ao tratamento (Maj et al., 2021).

Por fim, é importante levar em conta aspectos culturais relacionados à etnia e à religiosidade, pois eles determinam uma série de comportamentos que podem ser confundidos com sintomas psicóticos, especialmente quando o clínico não tem os mesmos antecedentes culturais do paciente. Em alguns contextos, alucinações visuais e auditivas de conteúdo religioso (p. ex., ouvir a voz de Deus) fazem parte da experiência religiosa e, quando restritas a esse contexto, não caracterizam psicose. Um discurso desorganizado pode refletir um estilo narrativo de uma cultura específica. Ainda, a forma de expressão emocional, a linguagem corporal e o contato visual variam entre diferentes grupos e devem ser considerados na avaliação (APA, 2014).

CONSIDERAÇÕES FINAIS

A revisão realizada a partir da CID-11 no grupo da esquizofrenia e outros transtornos psicóticos primários resultou em uma abordagem mais ampla, que adota a avaliação dimensional tanto na qualificação de sintomas quanto de curso (Gaebel et al., 2020). Essa mudança tem reflexos importantes na forma de avaliação, pois fornece um número maior de elementos que, em múltiplas combinações, poderão tornar o diagnóstico mais específico e personalizado. É importante lembrar que as orientações fundamentais para a avaliação diagnóstica oferecidas pelos sistemas classificatórios não constituem um saber absoluto, e sua utilização exige treinamento, experiência e raciocínio clínico a fim de evitar a simplificação na compreensão psicopatológica (Maj et al., 2021).

Cabe ressaltar que todo o esforço envolvido na avaliação em casos de suspeita de transtornos psicóticos deve convergir para a identificação precoce de sintomas, evitando a progressão da doença a partir do acesso ao diagnóstico e tratamento precoce. Para que isso aconteça, é preciso considerar a perspectiva dimensional em psicopatologia e estar atento a fatores de risco e à história de transtornos mentais na família, pois podem auxiliar a identificar a presença de sintomas tipo-psicótico, como formas atenuadas do espectro psicótico (Barch et al., 2021). A compreensão de que cada paciente apresenta uma combinação única de sintomas, aliada ao trabalho minucioso no diagnóstico diferencial, poderá contribuir para uma maior especificidade na avaliação e, consequentemente, no manejo e tratamento. Nesse sentido, a instrumentalização dos clínicos para a detecção precoce é extremamente relevante, uma vez que uma maior duração de psicose não tratada está associada a pior prognóstico e desfecho (Howes et al., 2021). Por fim, a avaliação e o tratamento das psicoses requerem uma relação terapêutica centrada na confiança e no cuidado, na qual as decisões sejam compartilhadas e favoreçam a saúde, a dignidade e o bem-estar dos indivíduos (Maj et al., 2021).

REFERÊNCIAS

American Psychiatric Association (APA). (2014). *Manual diagnóstico e estatístico de transtornos mentais (DSM-5)*. Artmed.

Araújo, G. E., Resende, C. B., Cardoso, A. C., Teixeira, A. L., Keefe, R. S., & Salgado, J. V. (2015). Validity and reliability of the Brazilian Portuguese version of the BACS (Brief Assessment of Cognition in Schizophrenia). *Clinics (Sao Paulo, Brazil), 70*(4), 278-282.

Barch, D. M., Karcher, N., & Moran, E. (2021). Reinventing schizophrenia: Embracing complexity and complication. *Schizophrenia Research, 242*, 7-11.

Bressan, R. A., Chaves, A. C., Shirakawa, I., & de Mari, J. (1998). Validity study of the Brazilian version of the Calgary Depression Scale for Schizophrenia. *Schizophrenia Research, 32*(1), 41–49.

Czepielewski, L. S., Alliende, L. M., Castañeda, C. P., Castro, M., Guinjoan, S. M., Massuda, R., ... Gama, C. S. (2021). Effects of socioeconomic status in cognition of people with schizophrenia: Results from a Latin American collaboration network with 1175 subjects. *Psychological Medicine*, 1-12.

Dantas, C. R. (2011). *Psicopatologia dos sintomas negativos da esquizofrenia: Síndromes deficitária e não-deficitária* [Tese de doutorado]. Universidade Estadual de Campinas.

Elkis, H., Alves, T. M., Eizenman I. B. (1999). Reliability of the Brazilian version of the BPRS anchored. *Schizophrenia Research, 36*(1-3), 7-8.

Enwright, J. F., & Lewis, D. A. (2021). Similarities in cortical transcriptome alterations between schizophrenia and bipolar disorder are related to the presence of psychosis. *Schizophrenia Bulletin, 47*(5), 1442-1451.

Ferreira, B. C., Jr., Barbosa, M. A., Barbosa, I. G., Borges, A., Hara, C., & Rocha, F. L. (2010). Versão brasileira da escala de avaliação da cognição em esquizofrenia (SCoRS-Br): Validação em contextos clínicos sem informantes. *Jornal Brasileiro de Psiquiatria, 59*(4), 271-278.

Fioravanti, M., Bianchi, V., & Cinti, M. E. (2012). Cognitive deficits in schizophrenia: An updated metanalysis of the scientific evidence. *BMC Psychiatry, 12,* 64.

First, M. B., Gaebel, W., Maj, M., Stein, D. J., Kogan, C. S., Saunders, J. B., ... Reed, G. (2021). An organization- and category-level comparison of diagnostic requirements for mental disorders in ICD-11 and DSM-5. *World Psychiatry, 20*(1), 34-51.

Fiss, N., & Chaves, A. C. (2005). Translation, adaptation and reliability study of the Scale to Assess Unawareness of Mental Disorder: SUMD. *Revista Brasileira de Psiquiatria, 27*(2), 143-145.

Fonseca, A. O., Berberian, A. A., Meneses-Gaya, C., Gadelha, A., Vicente, M. O., Nuechterlein, K. H., ... Lacerda, A. (2017). The Brazilian standardization of the MATRICS consensus cognitive battery (MCCB): Psychometric study. *Schizophrenia Research, 185,* 148-153.

Fusar-Poli, P., Cappucciati, M., Rutigliano, G., Heslin, M., Stahl, D., Brittenden, Z., ... Carpenter, W. T. (2016). Diagnostic stability of ICD/DSM first episode psychosis diagnoses: Meta-analysis. *Schizophrenia Bulletin, 42(6),* 1395-1406.

Gaebel, W., Kerst, A., & Stricker, J. (2020). Classification and diagnosis of schizophrenia or other primary psychotic disorders: Changes from ICD-10 to ICD-11 and implementation in clinical practice. *Psychiatria Danubina, 32*(3-4), 320-324.

GBD 2017 Disease and Injury Incidence and Prevalence Collaborators. (2018). Global, regional, and national incidence, prevalence, and years lived with disability for 354 diseases and injuries for 195 countries and territories, 1990-2017: A systematic analysis for the Global Burden of Disease Study 2017. *Lancet (London, England), 392*(10159), 1789-1858.

GBD 2019 Mental Disorders Collaborators. (2022). Global, regional, and national burden of 12 mental disorders in 204 countries and territories, 1990-2019: A systematic analysis for the Global Burden of Disease Study 2019. *The Lancet Psychiatry, 9*(2), 137-150.

Gurgel, W. S., Rebouças, D. B., Matos, K. J. N., Carneiro, A. H., Souza, F. G. M., & Grupo de Estudos em Transtornos Afetivos Affective Disorders Study Group. (2012). Brazilian Portuguese validation of Mood Disorder Questionnaire. *Comprehensive Psychiatry, 53*(3), 308-312.

Higuchi, C. H., Ortiz, B., Berberian, A. A., Noto, C., Cordeiro, Q., Belangero, S. I., ... Bressan, R. A. (2014). Factor structure of the Positive and Negative Syndrome Scale (PANSS) in Brazil: Convergent validation of the Brazilian version. *Revista Brasileira de Psiquiatria, 36*(4), 336-339.

Hilker, R., Helenius, D., Fagerlund, B., Skytthe, A., Christensen, K., Werge, T. M., ... Glenthøj, B. (2018). Heritability of schizophrenia and schizophrenia spectrum based on the nationwide Danish Twin Register. *Biological Psychiatry, 83*(6), 492-498.

Howes, O. D., Whitehurst, T., Shatalina, E., Townsend, L., Onwordi, E. C., Mak, T., ... Osugo, M. (2021). The clinical significance of duration of untreated psychosis: An umbrella review and random-effects meta-analysis. *World Psychiatry, 20(1),* 75-95.

Kahn, R. S., Sommer, I. E., Murray, R. M., Meyer-Lindenberg, A., Weinberger, D. R., Cannon, T. D., ... Insel, T. R. (2015). Schizophrenia. *Nature Reviews Disease Primers, 1,* 15067.

Lamela, D., Soreira, C., Matos, P., & Morais, A. (2020). Systematic review of the factor structure and measurement invariance of the patient health questionnaire-9 (PHQ-9) and validation of the Portuguese version in community settings. *Journal of Affective Disorders, 276,* 220-233.

Maj, M., van Os, J., De Hert, M., Gaebel, W., Galderisi, S., Green, M. F., ... Ventura, J. (2021). The clinical characterization of the patient with primary psychosis aimed at personalization of management. *World Psychiatry, 20(1),* 4-33.

Mantovani, L. M., Machado-de-Sousa, J. P., & Salgado, J. V. (2015). UCSD Performance-Based Skills Assessment (UPSA): Validation of a Brazilian version in patients with schizophrenia. *Schizophrenia Research. Cognition, 2*(1), 20-25.

Martini, L. C., Attux, C., Bressan, R. A., & Mari, J. D. J. (2012). Cultural adaptation, reliability and validity of the Brazilian version Independent Living Skills Survey (ILSS-BR/P) with schizophrenic patients for schizophrenia. *Archives of Clinical Psychiatry, 39*(1), 12-18.

Medeiros, H., Vasconcelos, S. C., Elkis, H., Martins, D. R., Leite, R. M. A., Albuquerque, A., ... Lima, M. D. C. (2018). The Brief Negative Symptom Scale: Validation in a multicenter Brazilian study. *Comprehensive Psychiatry, 85,* 42-47.

Medeiros, H. L. V. D., Silva, A. M. P. D., Rodig, R. M. E., Souza, S. L. D., Sougey, E. B., Vasconcelos, S. C., & Lima, M. D. D. C. (2019). Cross-cultural adaptation, reliability, and content validity of the Brief Negative Symptom Scale (BNSS) for use in Brazil. *Archives of Clinical Psychiatry, 46,* 132-136.

Menezes, A. K. P. M., Macedo, G., Mattos, P., Sá, A. R. D., Jr., & Louzã, M. R. (2012). Personal and Social Performance (PSP) scale for patients with schizophrenia: Translation to Portuguese, cross-cultural adaptation and interrater reliability. *Jornal Brasileiro de Psiquiatria, 61*(3), 176-180.

Nunes, A. L., Filgueiras, A., Nicolato, R., Alvarenga, J. M., Silveira, L. A., Silva, R. A., & Cheniaux, E. (2017). Development and validation of the Bush-Francis Catatonia Rating Scale: Brazilian version. *Arquivos de Neuro-Psiquiatria, 75*(1), 44-49.

OConghaile, A., & DeLisi, L. E. (2015). Distinguishing schizophrenia from posttraumatic stress disorder with psychosis. *Current Opinion in Psychiatry, 28(3),* 249-255.

Organização Mundial de Saúde (OMS). (1993). *Classificação dos transtornos mentais e de comportamento: CID-10.* Artes Médicas.

Perälä, J., Suvisaari, J., Saarni, S. I., Kuoppasalmi, K., Isometsä, E., Pirkola, S., ... Lönnqvist, J. (2007). Lifetime prevalence of psychotic and bipolar I disorders in a general population. *Archives of General Psychiatry, 64*(1), 19-28.

Saha, S., Chant, D., Welham, J., & McGrath, J. (2005). A systematic review of the prevalence of schizophrenia. *PLoS Medicine, 2*(5), e141.

Silva, K., & Abreu, P. B. (2016). Psicodiagnóstico nas psicoses. In Hutz, C. S., Bandeira, D. R., Trentini, C. M., Krug, J. S. (Orgs.), *Psicodiagnóstico* (pp. 349-364). Artmed.

Silva, T. R., Berberian, A. A., Gadelha, A., Villares, C. C., Martini, L. C., & Bressan, R. A. (2017). Validação da Recovery Assessment Scale (RAS) no Brasil para avaliar a capacidade de superação das pessoas com esquizofrenia. *Jornal Brasileiro de Psiquiatria, 66*(1), 1-8.

Simeone, J. C., Ward, A. J., Rotella, P., Collins, J., & Windisch, R. (2015). An evaluation of variation in published estimates of schizophrenia prevalence from 1990-2013: A systematic literature review. *BMC Psychiatry, 15*, 193.

Solmi, M., Radua, J., Olivola, M., Croce, E., Soardo, L., Salazar de Pablo, G., ... Fusar-Poli, P. (2021). Age at onset of mental disorders worldwide: Large-scale meta-analysis of 192 epidemiological studies. *Molecular Psychiatry, 27*(1), 281-295.

Sullivan, P. F., Daly, M. J., & O'Donovan, M. (2012). Genetic architectures of psychiatric disorders: The emerging picture and its implications. *Nature Reviews Genetics, 13*(8), 537-551.

Trevisan, D. A., Foss-Feig, J. H., Naples, A. J., Srihari, V., Anticevic, A., & McPartland, J. C. (2020). Autism spectrum disorder and schizophrenia are better differentiated by positive symptoms than negative symptoms. *Frontiers in Psychiatry, 11*, 548.

van Os, J., & Kapur, S. (2009). Schizophrenia. *The Lancet, 374(9690)*, 635-645.

van Os, J., Kenis, G., & Rutten, B. P. (2010). The environment and schizophrenia. *Nature, 468*(7321), 203-212.

Vilela, J. A., Crippa, J. A., Del-Ben, C. M., & Loureiro, S. R. (2005). Reliability and validity of a Portuguese version of the Young Mania Rating Scale. *Brazilian Journal of Medical and Biological Research, 38*(9), 1429-1439.

World Health Organization (WHO). (1992). *Classification of mental and behavioral disorders* (10th ed.).

World Health Organization (WHO). (2012). *Tools and toolkits/WHOQOL*. https://www.who.int/tools/whoqol

World Health Organization (WHO). (2021). International classification of diseases for mortality and morbidity statistics (11th ed.). https://icd.who.int/en

Wu, Y., Cao, H., Baranova, A., Huang, H., Li, S., Cai, L., ... Wang, Q. (2020). Multi-trait analysis for genome-wide association study of five psychiatric disorders. *Translational Psychiatry, 10*(1), 209.

Zuardi, A. W., Loureiro, S. R., Rodrigues, C. R., & Correa, A. J. (1994). Estudo da estrutura fatorial, fidedignidade e validade da tradução e adaptação para o português da Escala de Avaliação Psiquiátrica Breve (BPRS) modificada. *Revista ABP-APAL, 16(2)*, 63-68.

8

TÉCNICAS DE AVALIAÇÃO EM CASOS DE SUSPEITA DE TRANSTORNOS DO HUMOR

JOANA BÜCKER
MARCELO PIO DE ALMEIDA FLECK
MARCO ANTONIO CALDIERARO
RODRIGO TRAPP

O grupo de transtornos do humor na *Classificação internacional de doenças* (CID-11) (World Health Organization [WHO], 2019) inclui os transtornos depressivos e os transtornos bipolares e relacionados (ver Tabela 8.1). Neste capítulo, são abordadas as características e diferenças entre os principais sistemas de classificação e instrumentos de avaliação desses transtornos. Com isso, espera-se auxiliar profissionais e estudantes da área da saúde mental.

Algumas mudanças importantes ocorreram na classificação desses transtornos na CID-11 em comparação à versão anterior, a CID-10 (World Health Organization [WHO], 1992). Anteriormente, o atual grupo dos transtornos do humor era denominado transtornos do humor (afetivos). Na nova edição, essa seção, além de renomeada, foi reorganizada, sendo definida pelo tipo específico de episódios de humor e seus padrões ao longo do tempo. Os principais tipos de episódios de humor são: depressivo, maníaco, misto e hipomaníaco, que por si só não são entidades diagnósticas, mas são os componentes centrais dos transtornos do humor. Outra novidade da nova classificação é que os transtornos distímico e ciclotímico aparecem no mesmo nível dos transtornos depressivos e bipolares, respectivamente, e não em um subgrupo de transtornos do humor persistentes, como na CID-10.

Outro ponto importante é que na CID-11 a presença de humor deprimido ou de interesse ou prazer em atividades marcadamente diminuído deve estar presente na maior parte do dia, quase todos os dias, por pelo menos duas semanas para ser considerado um episódio depressivo. Além disso, pelo menos cinco sintomas adicionais (p. ex., fadiga) de-

TABELA 8.1

TRANSTORNOS DO HUMOR E CÓDIGOS DE ACORDO COM A CID-11

TRANSTORNOS DO HUMOR	
TRANSTORNO BIPOLAR E TRANSTORNOS RELACIONADOS	**TRANSTORNOS DEPRESSIVOS**
Transtorno bipolar tipo I (6A60)	Transtorno depressivo de episódio único (6A70)
Transtorno bipolar tipo II (6A61)	Transtorno depressivo recorrente (6A71)
Transtorno ciclotímico (6A62)	Transtorno distímico (6A72)
	Transtorno misto de ansiedade e depressão (6A73)

Fonte: Elaborada com base em World Health Organization (2019).

vem estar presentes – em contraste com os quatro preconizados pela CID-10. A definição da gravidade para episódio depressivo também foi revista, de forma que seja determinada não por tipos de sintomas específicos, mas pelo seu impacto funcional.

O teste de campo das diretrizes diagnósticas para transtornos do humor da nova edição (Kogan et al., 2021) mostrou níveis semelhantes de acurácia diagnóstica entre os médicos que utilizaram a CID-10 e a CID-11. Por exemplo, não houve diferença detectada na identificação de transtorno distímico ou ciclotímico. No entanto, aqueles que usaram a CID-11 foram mais precisos na identificação de episódios depressivos em transtornos depressivos recorrentes. Problemas circunscritos às diretrizes propostas na CID-11 foram identificados, incluindo dificuldades na diferenciação entre o transtorno bipolar tipo I e o transtorno bipolar tipo II.

Outro sistema classificatório amplamente utilizado para os diagnósticos em saúde mental é o *Manual diagnóstico e estatístico de transtornos mentais* (DSM), atualmente em sua quinta edição (American Psychiatric Association [APA], 2014). Esse sistema é amplamente usado por estudantes, clínicos e pesquisadores, e traz diretrizes de classificação e diagnóstico na área da saúde mental de acordo com a American Psychiatric Association.

First et al. (2021) realizaram um trabalho cujo objetivo foi descrever as diferenças e as similaridades entre o DSM-5 e a CID-11. Segundo os autores, esses dois sistemas classificatórios foram desenvolvidos em um período muito próximo, oportunizando esforços da APA e da Organização Mundial da Saúde (OMS) para harmonizar os critérios diagnósticos dos transtornos mentais. No entanto, algumas diferenças substanciais foram encontradas com relação ao grupo dos transtornos do humor, por exemplo:

- Na CID-11, existe um agrupamento abrangente denominado transtornos do humor; já no DSM-5, existem dois capítulos distintos, um referente ao transtorno bipolar e transtornos relacionados e o outro aos transtornos depressivos.
- Na CID-11, existe o episódio misto, caracterizado pela presença de vários sintomas maníacos e depressivos proeminentes, que ocorrem simultaneamente ou se alternam muito rapidamente. Já no DSM-5, o diagnóstico do episódio baseia-se no polo dos

sintomas predominantes, e as características mistas são consideradas um especificador do episódio de humor. Ou seja, o paciente pode apresentar um episódio maníaco, hipomaníaco ou depressivo com características mistas, mas não pode apresentar um episódio misto.

- A CID-11 tem uma categoria separada para transtorno distímico; o DSM-5, por sua vez, combina transtorno distímico e transtorno depressivo maior crônico em uma única categoria, o transtorno depressivo persistente.

Essas, bem como as anteriormente apontadas, são as principais diferenças encontradas quando se compara a CID-11, a CID-10 e o DSM-5, sugerindo a contínua evolução desses modelos. No entanto, o diagnóstico acurado dos transtornos do humor ainda é um desafio. Sabe-se que grande parte dos pacientes com esses transtornos visitam mais de um especialista e levam em torno de 10 anos para receber o diagnóstico correto (Hirschfeld et al., 2003). Assim, a detecção precisa e precoce desses transtornos, a fim de diminuir os prejuízos da doença e melhorar a qualidade de vida dos pacientes, é essencial.

Por fim, é importante frisar que o diagnóstico de um transtorno do humor é realizado clinicamente. No entanto, é possível utilizar ferramentas que auxiliem na realização de um diagnóstico mais preciso, como o uso de instrumentos psicométricos que avaliam sintomas específicos dos transtornos. Existem instrumentos distintos para cada finalidade, como rastreio, diagnóstico, avaliação da gravidade dos sintomas e avaliação de outros domínios associados ao transtorno. Também é importante salientar que métodos e técnicas de avaliação não substituem uma boa e profunda entrevista clínica para o diagnóstico de transtornos do humor, eles apenas somam-se às entrevistas, já que sua sensibilidade, em geral, é alta, mas sua especificidade é baixa. Essas entrevistas devem sempre incluir questionamentos sobre a história psiquiátrica, familiar, social, da doença atual, do uso de substâncias, além de revisão psiquiátrica dos sintomas e exame do estado mental.

TRANSTORNO BIPOLAR E TRANSTORNOS RELACIONADOS

O transtorno bipolar (TB) é um transtorno mental grave e crônico, relacionado a um grande prejuízo funcional ao longo da vida. É considerado um dos mais incapacitantes e está associado a uma morbidade e mortalidade aumentada quando comparado à população geral (Walker et al., 2015). O TB tipo I acomete em torno de 1,06% da população mundial, e o TB tipo II, 1,57%, produzindo um grande fardo econômico associado (Clemente et al., 2015).

Segundo a CID-11 (WHO, 2019), são transtornos definidos pela ocorrência de episódios ou sintomas maníacos, mistos ou hipomaníacos, os quais geralmente se alternam ao longo do tempo, com episódios depressivos ou períodos de sintomas depressivos. São considerados transtornos bipolares e relacionados o TB tipo I (6A60), o TB tipo II (6A61) e o transtorno ciclotímico (6A62) – agrupamento que está de acordo com o DSM-5 (APA, 2014). Já em relação à CID-10 (WHO, 1992), a CID-11 apresenta algumas importantes modificações. Os transtornos afetivos bipolares, como eram descritos na CID-10, foram separados em duas condições, o TB tipo I e o TB tipo II, sendo definidos de acordo com o tipo e o padrão de humor nos episódios. A CID-11 também traz alguns diferentes subtipos dentro dessas categorias, que fazem distinção entre o tipo e a severidade dos sintomas.

Um importante estudo de Angst et al. (2020) mostrou as principais semelhanças e diferenças entre a CID-10, a CID-11 e o DSM-5 nos transtornos bipolares. Entre as diferenças, está o tempo mínimo de duração dos sintomas para caracterizar um episódio hipomaníaco. No DSM-5, ele é de quatro dias ou mais, já na CID-11, exige-se a presença de "vários dias" de sintomas, sem um número mínimo especificado. Também, o DSM-5 define episódios maníacos e hipomaníacos de forma mais restritiva, solicitando a presença de quatro critérios diagnósticos em casos de irritabilidade. A CID-11 não destaca a irritabilidade dessa forma.

Outro ponto relevante é que as diferenças nos critérios diagnósticos não impactam de forma significativa as medidas de prevalência do TB ao longo da vida, quando comparadas as versões da CID-10 e CID-11. Contudo, a utilização dos critérios da CID-11 resulta em um aumento considerável no diagnóstico de episódios hipomaníacos e, portanto, no diagnóstico de TB tipo II em relação à sua prevalência quando o diagnóstico é feito de acordo com o DSM-5. Além disso, os episódios hipomaníacos podem ser até duas vezes mais diagnosticados do que os episódios maníacos, pois as condições mais brandas de transtornos mentais ocorrem com mais frequência do que as graves (Angst et al., 2020).

TRANSTORNO BIPOLAR TIPO I (6A60)

De acordo com a CID-11 (WHO, 2019), o TB tipo I é um transtorno do humor episódico definido pela ocorrência de um ou mais episódios maníacos ou mistos. Embora o diagnóstico possa ser feito com base na evidência de um único episódio maníaco ou misto, esses se alternam com episódios depressivos ao longo do curso do transtorno.

Um episódio maníaco é definido como um estado de humor extremo que dura pelo menos uma semana, a menos que seja encurtado por uma intervenção de tratamento. Ele é caracterizado por euforia, irritabilidade ou expansividade e por atividade aumentada ou uma experiência subjetiva de aumento de energia. Outros sintomas característicos tendem a estar presentes, como pressão por falar, fuga de ideias, aumento da autoestima ou grandiosidade, diminuição da necessidade de sono, distração, comportamento impulsivo ou imprudente e mudanças rápidas entre os diferentes estados de humor (isto é, instabilidade do humor).

Já um episódio misto é caracterizado pela presença de vários sintomas maníacos e depressivos proeminentes, consistentes com aqueles observados em episódios maníacos e episódios depressivos, que ocorrem simultaneamente ou se alternam muito rapidamente (de um dia para o outro ou no mesmo dia). Os sintomas devem estar presentes na maior parte do dia, quase todos os dias, durante um período de pelo menos duas semanas, a menos que seja encurtado por uma intervenção de tratamento.

A principal diferença da CID-11, em relação à CID-10, é a necessidade da presença de pelo menos um episódio maníaco ou misto para que se faça o diagnóstico de TB tipo I. Já na versão anterior, o transtorno afetivo bipolar era dividido em três níveis de gravidade, definidos como hipomania, mania sem sintomas psicóticos e mania com sintomas psicóticos (Kogan, et al., 2021), sem distinção entre os tipos I e II.

Métodos e técnicas de avaliação do transtorno bipolar tipo I

Existem diferentes instrumentos que podem ser utilizados para auxiliar na avaliação do TB tipo I, e que variam de acordo com a finalidade (rastreio, diagnóstico, gravidade dos sintomas e domínios associados). A seguir, são apresentados alguns instrumentos para cada uma delas.

Rastreio

O Mood Disorder Questionnaire (MDQ) (Hirschfeld et al., 2000) é um questionário utilizado para rastreio de TB em populações clínicas adultas e leva em média cinco minutos para ser respondido. Pode ser aplicado por qualquer profissional da saúde e está dividido em três sessões: a primeira inclui 13 perguntas que investigam sintomas maníacos e hipomaníacos no passado; a segunda parte examina se esses sintomas foram experimentados no mesmo período de tempo; e a terceira avalia o comprometimento psicossocial classificado em ausente, leve, moderado ou grave. A triagem positiva para TB ocorre quando sete ou mais sintomas positivos são relatados na primeira parte, que tenham ocorrido no mesmo período de tempo e causaram prejuízo de nível moderado a grave na vida do paciente. A versão brasileira desse instrumento foi validada por Gurgel et al. (2012), mostrando consistência interna adequada com um coeficiente alfa de Cronbach de 0,87. No entanto, deve-se tomar cuidado no seu uso, já que é um instrumento de autorrelato, e o *insight* sobre a doença pode ser pobre no momento da aplicação. Ele também não substitui uma boa avaliação clínica, mas pode identificar, entre pacientes psiquiátricos, aqueles que necessitam de uma investigação mais detalhada para o diagnóstico de TB.

Diagnóstico

Entrevistas estruturadas ou semiestruturadas podem ser utilizadas para diagnosticar transtornos mentais, incluindo os transtornos do humor, de acordo com os critérios da CID e do DSM. Entretanto, os principais instrumentos desse tipo ainda não foram atualizados para a CID-11. A Composite International Diagnostic Interview 2.1 (CIDI 2.1) é uma entrevista estruturada desenvolvida pela OMS para ser utilizada por entrevistadores leigos treinados na avaliação de transtornos mentais de acordo com as definições e critérios da CID-10 e do DSM-IV. Sua versão brasileira foi testada em relação à confiabilidade e à validade (Quintana et al., 2004). A Mini-International Neuropsychiatric Interview (MINI) é uma entrevista diagnóstica estruturada breve para os principais transtornos psiquiátricos do DSM-5 e da CID-10, traduzida para mais de 70 idiomas, inclusive o português (Brasil) (Sheehan et al., 1998).

Gravidade dos sintomas

A Young Mania Rating Scale (YMRS), que avalia a severidade dos sintomas maníacos (p. ex., humor elevado, fala, conteúdo do pensamento) por meio de uma entrevista clínica, é bastante utilizada. A pontuação da YMRS é feita em escala tipo Likert, aplicada por um avaliador, com 11 itens no total, sendo que quanto maior o escore, maior a gravidade dos sintomas (Young et al., 1978). Em geral, a escala é aplicada em um intervalo de 10 a 20 minutos e pode ser utilizada com adultos e adolescentes com sintomas maníacos (as perguntas avaliam os sintomas referentes aos últimos sete dias). A versão brasileira foi adaptada por Vilela et al. (2005), mostrando propriedades psicométricas satisfatórias, com um alfa de Cronbach de 0,67. Além disso, os autores fizeram importantes mudanças na escala original, que aperfeiçoaram a versão brasileira, adicionando, por exemplo, um roteiro de entrevista semiestruturada para auxiliar o avaliador, já que os pacientes em estado maníaco apresentam, em muitos casos, agitação psicomotora. Apesar de ser uma escala de fácil aplicação, a YMRS tem algumas limitações, como a pouca valorização dos sintomas psicóticos e as diferentes pontuações nos itens.

Também é importante frisar o quanto é crucial diferenciar a depressão bipolar da unipolar, já que muitos pacientes com TB só buscam auxílio quando estão experimentando sintomas depressivos. Escalas desenvolvidas para avaliar a gravidade dos sintomas da depressão unipolar (descritas mais adiante, na seção Instrumentos para a avaliação dos transtornos depressivos) podem ser usadas nos episódios depressivos do TB. No entanto, elas podem falhar na avaliação de aspectos fenomenológicos específicos da depressão bipolar, particularmente sintomas atípicos e estados mistos, tornando seu uso problemático (Berk et al., 2004). Assim, pode ser interessante utilizar uma escala de gravidade da depressão que seja adaptada ao perfil clínico da depressão bipolar.

A Bipolar Depression Rating Scale (BDRS), desenvolvida por Berk et al. (2007) para avaliar sintomas depressivos e estados mistos em pacientes com TB, pode ser uma alternativa. A versão em língua portuguesa foi adaptada por Magalhães et al. (2010) com uma excelente confiabilidade, tendo apresentado um alfa de Cronbach de 0,90 para a escala como um todo, de 0,89 para a subescala de depressão e de 0,74 para a subescala de sintomas mistos. A BDRS é composta por 20 itens, pontuados em uma escala de quatro pontos (0 = nenhum sintoma presente; 1 = leve; 2 = moderado; 3 = grave), e avalia muitos eventos fenomenológicos da depressão bipolar (p. ex., hiperfagia e hipersonia). Ela foi desenvolvida para ser aplicada por psiquiatras ou outros profissionais treinados e leva em consideração a avaliação objetiva do clínico e o autorrelato do paciente. Um manual, que inclui exemplos que auxiliam na padronização e confiabilidade das respostas, foi desenvolvido para auxiliar os avaliadores no preenchimento da escala.

Domínios associados

Outros aspectos importantes e que devem ser levados em consideração na avaliação de pacientes com TB são as características neuropsicológicas. Existe uma gama de estudos mostrando o prejuízo cognitivo e a consequente contribuição para o prejuízo na funcionalidade desses pacientes. Uma recente metanálise mostrou que história de psicose e de episódio maníaco estão associados a maiores prejuízos cognitivos no TB (Bora, 2018).

A MATRICS Consensus Cognitive Battery (MCCB) foi desenvolvida inicialmente para avaliar o prejuízo cognitivo de pacientes com esquizofrenia. No entanto, baseado na evidência de que o padrão dos déficits cognitivos encontrados em pacientes com TB é bastante similar, porém menos grave, ao encontrado em pacientes com esquizofrenia, a International Society for Bipolar Disorders (ISBD) sugeriu essa bateria como um instrumento adequado para avaliação de indivíduos com TB (Yatham et al., 2010). Além disso, ela já foi traduzida, adaptada e validada para a população brasileira (Fonseca et al., 2017). A bateria cognitiva proposta por Yatham et al. (2010) inclui nove subtestes essenciais, dois subtestes substitutos e um opcional, além de um escore composto geral (ver Tabela 8.2).

A ISBD também aconselha a inclusão de medidas de aprendizagem verbal e funções executivas mais complexas, como o Stroop Test e a parte B do Trail Making Test. O uso do Teste Wisconsin de Classificação de Cartas (WCST), apesar de representar uma boa medida de funções executivas, é sugerido como opcional, já que demanda um longo tempo para ser administrado, o que pode prejudicar a avaliação. Outra questão apontada pelos autores é a possibilidade de o psicólogo escolher entre a Hopkins Verbal Learning Test–Revised (HVLT-R) e o California Verbal Learning Test (CVLT) para avaliar a memória e a aprendizagem verbal. Essa escolha vai depender dos objetivos da avaliação, porém, uma das principais vantagens do HVLT-R é apresentação de seis formas alternativas de listas, o que pode ser bastante útil quando é necessário avaliar o mesmo paciente em dois momentos diferentes (Yatham et al., 2010).

As limitações gerais relacionadas ao uso de toda a bateria são a necessidade de um computador e a compra de materiais específicos, o que pode aumentar o custo da avaliação. Além disso, os autores estimam uma duração de 45 minutos a 1 hora para a aplicação de todos os subtestes, o que pode ser um complicador, já que é possível que os pacientes tenham dificuldade para realizar tarefas prolongadas.

Observações importantes para a avaliação e o diagnóstico do transtorno bipolar tipo I

Alguns pontos importantes sobre a avaliação e o diagnóstico do TB tipo I devem ser levados em consideração pelo clínico. Por exemplo, como os pacientes podem estar em episódio maníaco, deve-se buscar sempre a melhor informação possível. Assim, recomenda-se também entrevistar familiares ou pessoas

TABELA 8.2

BATERIA COGNITIVA PROPOSTA PELA BATERIA COGNITIVA PARA AVALIAR PACIENTES COM TRANSTORNO BIPOLAR

DOMÍNIO COGNITIVO	SUBTESTE	TIPO DO SUBTESTE
Velocidade de processamento	• Trail Making Test (parte A) • Brief Assessment of Cognition in Schizophrenia: Symbol Coding • Category Fluency Test: Animal Naming	Essencial
Atenção/vigilância	• Continuous Performance Test – Identical Pairs (CPT-IP)	Essencial
Memória de trabalho	• Wechsler Memory Scale-3: Letter-Number Sequencing • Wechsler Memory Scale-3: Spatial Span	Essencial
Memória e aprendizagem verbal	• Hopkins Verbal Learning Test-Revised (HVLT-R) • California Verbal Learning Test (CVLT)	Substituto
Aprendizagem visual	• Brief Visuospatial Memory Test-Revised	Essencial
Funções executivas	• Stroop Test	Essencial
	• Trail Making Test (parte B)	Essencial
	• Teste Wisconsin de Classificação de Cartas (WCST)	Opcional

Fonte: Elaborada com base em Yatham et al. (2010).

próximas ao paciente, a fim de averiguar a informação mais precisa possível. Outro ponto relevante é que escalas como a YMRS não têm finalidade diagnóstica por si só, sendo consideradas ferramentas auxiliares – elas apenas quantificam a intensidade dos sintomas em pacientes que já têm o diagnóstico. Por isso, é de extrema importância realizar uma entrevista clínica detalhada a fim de auxiliar no processo avaliativo, frisando também a importância do diagnóstico diferencial.

TRANSTORNO BIPOLAR TIPO II (6A61)

Segundo a CID-11 (WHO, 2019), o TB tipo II é um transtorno do humor episódico definido pela ocorrência de um ou mais episódios hipomaníacos e pelo menos um episódio depressivo. Um episódio hipomaníaco é um estado de humor persistente com duração de vários dias, caracterizado por elevação persistente do humor ou aumento da irritabilidade, bem como aumento da atividade ou uma experiência subjetiva de aumento de energia. É acompanhado também por outros sintomas característicos, como aumento na quantidade e velocidade da fala, pensamentos rápidos ou acelerados, aumento da autoestima, diminuição da necessidade de sono, distração e comportamento impulsivo ou imprudente. Os sintomas representam uma mudança do humor, nível de energia e comportamento em relação aos padrões típicos do indivíduo, mas não são graves o suficiente para causar prejuízo acentuado no funcionamento psicossocial. Um episódio depressivo é caracterizado por um período de humor deprimido ou diminuição do interesse em atividades que ocorrem na maior parte do dia, quase todos os dias, durante um período de pelo menos duas semanas, acompanhado por outros sintomas, como alterações no apetite ou no sono, agitação ou retardo psicomotor, fadiga, sentimentos de inutilidade ou culpa excessiva ou inadequada, desesperança, dificuldade de concentração, ideação suicida e tentativa de suicídio. Para caracterizar esse diagnóstico, não existe a presença de episódios maníacos ou mistos na vida do paciente, que são indicativos do TB tipo I.

O TB tipo II é oficialmente reconhecido como um transtorno mental no DSM-5, o que não ocorria na CID-10, porém, foi incorporado na CID-11. Ainda existem discussões na literatura acerca da validade desse diagnóstico. Por suas características clínicas e pelos longos períodos de depressão, ele é muitas vezes subdiagnosticado como transtorno depressivo ou algum transtorno da personalidade.

A dificuldade na distinção entre o TB tipo I e o TB tipo II e a falta de exames mais específicos que auxiliem no diagnóstico também são um ponto importante de discussão na comunidade científica. No entanto, Vieta (2019) lembra que a falta de especificidade nos exames genéticos, de biomarcadores e de neuroimagem se aplica a todos os transtornos mentais, devido às suas características dimensionais. Em contrapartida, o modelo categórico que temos hoje se mostra fundamental para estabelecer um prognóstico e escolha terapêutica eficaz, já que os tratamentos do TB tipo I e do tipo II são bastante distintos. O autor também ressalta a importância clínica de identificar indivíduos com depressão recorrente e que possam apresentar sintomas hipomaníacos, reforçando as diferenças entre os diagnósticos.

Métodos e técnicas de avaliação do transtorno bipolar tipo II

Existem alguns instrumentos que podem ser utilizados para avaliar sintomas hipomaníacos, como o Hypomania/Mania Symptom Checklist (HCL-32) (Angst et al., 2005). Trata-se de um questionário autoaplicável de 32 itens, utilizado para rastreamento de sintomas hipomaníacos em pacientes deprimidos. É um instrumento breve e fácil de ser aplicado e interpretado. Foi traduzido e validado para a população brasileira por Soares et al. (2010), mostrando uma boa consistência interna, com alfa de Cronbach de 0,86, e auxiliando na discriminação entre o TB e o transtorno depressivo maior (porém, não entre TB tipos I e II). Seu ponto de corte foi estabelecido em um escore de 18 pontos.

No HCL-32, os participantes são solicitados a se concentrarem nos "períodos altos" e a indicar se pensamentos ou emoções específicas estavam presentes durante esses estados. Além disso, o questionário inclui alguns itens de gravidade e de impacto funcional relacionados à duração dos episódios e às consequências positivas e negativas em diferentes áreas, como vida familiar, social, escolar e de lazer. Além disso, as reações e comentários de outras pessoas sobre esses episódios também são levados em consideração. As perguntas sobre os sintomas hipomaníacos são retrospectivas, pois o objetivo é auxiliar no diagnóstico correto de TB em pacientes deprimidos, o que contribuirá para seu tratamento (Soares et al., 2010).

Apesar desse instrumento não auxiliar na distinção entre TB tipos I e II, pois a hipomania pode estar presente nas duas condições, optamos por incluí-lo nesta seção, já que, na CID-11, a presença de um episódio hipomaníaco é característica fundamental do TB tipo II, mas não é obrigatória no TB tipo I. Ainda, destaca-se que esse instrumento pode ser utilizado em uma gama maior de pacientes com suspeita de transtornos do humor. Para diagnóstico do TB tipo II e avaliação da gravidade dos sintomas e dos domínios associados, pode-se utilizar os mesmos instrumentos indicados para TB tipo 1, descritos anteriormente.

Observações importantes para a avaliação e o diagnóstico do transtorno bipolar tipo II

O reconhecimento da hipomania para o diagnóstico do TB tipo II é fundamental, porém, nem sempre é fácil. Por apresentar sintomas que muitas vezes não são identificados pelos pacientes como prejudiciais, muitos acabam não relatando esses episódios para o profissional da saúde que está avaliando o caso. Por isso, mostra-se necessário uma investigação mais detalhada desses sintomas, com o uso de ferramentas específicas que exigem questionamentos mais sutis do que aqueles presentes nos manuais diagnósticos. Assim, é muito importante o uso de instrumentos específicos para auxílio clínico durante a investigação de TB tipo II.

TRANSTORNO CICLOTÍMICO (6A62)

O transtorno ciclotímico, segundo a CID-11 (WHO, 2019), é caracterizado por uma instabilidade persistente do humor por pelo menos dois anos, envolvendo vários períodos de hipomania e depressão – esses sintomas devem estar presentes durante a maior parte do tempo. Pode haver a presença de um episódio hipomaníaco, mas não há história de episódios maníacos ou mistos. Os sintomas depressivos não podem ser suficientemente graves ou prolongados para caracterizar um episódio depressivo. Os sintomas resultam em sofrimento ou prejuízo significativos nas áreas pessoal, familiar, social, educacional e ocupacional, entre outros âmbitos importantes do funcionamento.

É importante ressaltar as mudanças dessa categoria diagnóstica na CID-11, já que na versão anterior a ciclotimia estava dentro de um subgrupo denominado transtorno persistente do humor, assim como a distimia. Na versão mais recente, esse subgrupo foi eliminado, e o transtorno ciclotímico está agrupado com o TB (Kogan et al., 2021).

Métodos e técnicas de avaliação do transtorno ciclotímico

O diagnóstico de transtorno ciclotímico, assim como o dos demais transtornos já abordados neste capítulo, também é clínico, sem nenhum exame que possa confirmá-lo. Assim, é de fundamental importância o conhecimento extensivo das características clínicas desta condição. Investigar o histórico, a frequência e a duração dos sintomas, bem como a gravidade e os prejuízos relacionados, faz-se necessário para avaliar a possibilidade do diagnóstico.

Observações importantes para a avaliação e o diagnóstico do transtorno ciclotímico

Devido as suas características específicas, como a cronicidade e generalização dos sintomas e a sobreposição dos critérios diagnósticos, o transtorno ciclotímico pode ser avaliado incorretamente. Em alguns casos, o paciente nem mesmo é conduzido a um tratamento médico ou psicológico. A condição também pode ser confundida com um transtorno da personalidade, principalmente pela reatividade e desregulação emocional presentes. Uma avaliação detalhada, apesar de ser difícil, é fundamental para o diagnóstico correto. Assim, quando um profissional da saúde estiver avaliando um paciente com desregulação emocional, a ciclotimia também deve ser considerada. Além disso, aspectos como níveis oscilantes de atividade psicomotora, hipersensibilidade, hiper-reatividade e disfunção interpessoal também devem ser analisados para um diagnóstico de transtorno ciclotímico (Bielecki & Gupta, 2021).

TRANSTORNOS DEPRESSIVOS

A depressão é o transtorno mental de maior prevalência em todo o mundo (Whiteford et al., 2013), com um índice de ocorrência global de 16,2% (Kessler et al., 2003). Dados de 2019 estimam que mais de 300 milhões de pessoas sofram com a depressão (Liu, 2020). A OMS lista o transtorno como a segunda maior causa de anos vividos com incapacidade (YLDs, do inglês *years lived with disability*) e o principal fator contribuinte para o número de "anos perdidos" devido a incapacitação (DALYs, do inglês *disability-adjusted life years*) (Lopez et al., 2006; Whiteford et al., 2013). Ainda, a depressão está diretamente associada ao aumento do risco de desenvolvimento de comorbidades como diabetes, doenças do coração ou infartos (Otte et al., 2016).

A heterogeneidade da depressão é um fator importante a se considerar em relação ao seu entendimento, diagnóstico, prognóstico e tratamento. A diferença entre as classificações dos tipos de transtornos depressivos está relacionada à duração, ao momento de ocorrência e à etiologia presumida (APA, 2014; WHO, 2019). Em cerca de 20% dos pacientes deprimidos, o episódio tem duração de dois anos ou mais, caracterizando a depressão crônica (Gilmer et al., 2005), com média de duração em torno dos 20 anos (Gilmer et al., 2005; Kocsis et al., 2008). As formas crônicas de depressão estão associadas a diversos prejuízos, como aumento na utilização dos serviços públicos de saúde, mais tentativas de suicídio, maior número de hospitalizações, menos horas trabalhadas, maior absenteísmo no emprego e menor funcionalidade social (Berndt et al., 2000; McFarland & Klein, 2009).

Na CID-11 (WHO, 2019), os transtornos depressivos são diagnosticados a partir do padrão de ocorrência e da duração dos sintomas. São divididos em quatro categorias distintas: transtorno depressivo de episódio único, transtorno depressivo recorrente, transtorno distímico e transtorno misto de depressão e ansiedade. Algumas das principais diferenças em relação ao DSM-5 são:

- A CID-11 diferencia o transtorno com episódio único do transtorno com mais episódios (transtorno depressivo recorrente); o DSM-5 conta com o diagnóstico de transtorno depressivo maior, independentemente do número de episódios.
- O transtorno depressivo persistente (distimia) na CID-11 é chamado somente de transtorno distímico.
- O transtorno disfórico pré-menstrual ainda é citado na categoria dos transtornos do humor, porém sua localização primária agora está no capítulo sobre doenças do sistema geniturinário.

TRANSTORNO DEPRESSIVO COM EPISÓDIO ÚNICO (6A70) E TRANSTORNO DEPRESSIVO RECORRENTE (6A71)

Segundo a CID-11, um episódio depressivo é caracterizado por um período de humor deprimido ou interesse diminuído em atividades, que ocorre na maior parte do dia, quase todos os dias, e se prolonga por no mínimo duas semanas. Esse período é acompanhado por outros sintomas, como dificuldade de concentração, sentimentos de desvalia, culpa excessiva ou inapropriada, falta de esperança, pensamentos recorrentes de morte e suicídio, mudanças no apetite ou no sono, agitação ou retardo psicomotor e energia reduzida ou fadiga. Pelo menos cinco dos dez sintomas listados são necessários para que se preencha o diagnóstico, diferentemente da CID-10, a qual indicava que, de nove sintomas listados, pelo menos quatro deveriam ser preenchidos (Reed et al., 2019).

O transtorno depressivo com episódio único é caracterizado pela presença atual ou prévia de um único episódio depressivo, sem histórico de outros episódios. Já o transtorno depressivo recorrente é caracterizado pela ocorrência de pelo menos dois episódios depressivos, separados por alguns meses, durante os quais o indivíduo não preenche o critério para um episódio depressivo. Em ambos os diagnósticos, não podem ter ocorrido episódios maníacos, hipomaníacos ou mistos.

TRANSTORNO DISTÍMICO (6A72)

O transtorno distímico é caracterizado por um humor depressivo persistente (com duração de dois anos ou mais), ocorrendo na maior parte do dia, sendo que os sintomas estão presentes em mais dias do que ausentes. O humor deprimido deve ser acompanhado por sintomas adicionais (que diferem um pouco em sua descrição em relação aos transtornos episódicos), como interesse ou prazer acentuadamente diminuído em atividades, concentração ou atenção reduzidas, indecisão, baixa autoestima, culpa excessiva ou inapropriada, falta de esperança em relação ao futuro, sono perturbado ou aumentado, apetite aumentado ou diminuído, energia diminuída ou fadiga. Durante os primeiros dois anos do transtorno, não pode haver um período de duas semanas ou mais durante o qual os sintomas sejam suficientes para atender aos critérios diagnósticos de um episódio depressivo. Quando isso ocorre, os sintomas crônicos são considerados sintomas residuais de um transtorno depressivo maior. Também não pode haver histórico de episódio maníaco, hipomaníaco ou misto.

Os diagnósticos de distimia (transtorno distímico) e de depressão crônica, que estavam presentes no DSM-IV, foram unidos em um único diagnóstico no DSM-5, chamado de transtorno depressivo persistente. Estudos anteriores (Dunn et al., 2005; Klein et al., 2003; Hazell, 2011) demonstram que não há diferenças significativas entre esses transtornos e que, portanto, ambos podem ser considerados uma ampla categoria, na qual seus subtipos apresentam mais semelhanças do que diferenças (Hazell, 2011). Herts e Evans (2021) também apontam que os cinco possíveis diagnósticos de transtornos depressivos com características crônicas (transtorno depressivo persistente, transtorno distímico ou distimia, depressão crônica maior, depressão dupla e depressão recorrente sem remissão completa) podem ser utilizados de forma análoga, sugerindo a utilização do termo *depressão crônica* como expressão guarda-chuva para englobar os diversos subtipos.

TRANSTORNO MISTO DE DEPRESSÃO E ANSIEDADE (6A73)

Muitos indivíduos com diagnóstico de depressão também apresentam quadros de ansiedade (Goldberg et al., 2012), e diferenças importantes entre a depressão com e sem sintomas de ansiedade têm sido encontradas em diversos estudos (Goldberg et al., 2017). A CID-11 considera o transtorno misto de depressão e ansiedade uma forma distinta de episódio depressivo, que ocorre quando o paciente apresenta uma série de sintomas depressivos e de ansiedade, mas não preenche os critérios para outro transtorno depressivo ou outro transtorno de ansiedade. Ou seja, nenhum conjunto de sintomas, considerados separadamente, deve ser suficientemente severo, numeroso ou persistente para justificar um diagnóstico único de transtorno depressivo ou transtorno relacionado à ansiedade. Para que esse diagnóstico seja feito, os sintomas devem estar presentes por duas semanas ou mais.

TRANSTORNO DISFÓRICO PRÉ-MENSTRUAL (GA34.41)

O transtorno disfórico pré-menstrual é caracterizado por sintomas de humor (humor deprimido, irritabilidade), cognitivos (dificuldade de concentração, esquecimento) e somáticos (letargia, dores nas articulações). Esses sintomas ocorrem repetidamente durante a fase pré-menstrual, atenuam-se em alguns dias e tornam-se mínimos ou inexistentes por volta do início da menstruação ou logo depois. Devem ocorrer na maioria dos ciclos menstruais durante o último ano e ser severos o suficiente para causar prejuízos nas áreas pessoal, social, familiar, educacional e ocupacional, entre outros âmbitos importantes do funcionamento.

No DSM-5 (APA, 2014), esse transtorno encontra-se na sessão de transtornos do humor, junto aos transtornos depressivos. Na CID-11 (WHO, 2019), também é listado como um subgrupo dos transtornos depressivos, devido aos sintomas primariamente ligados ao humor. Contudo, sua localização primária fica no capítulo sobre doenças do sistema geniturinário.

Instrumentos para a avaliação dos transtornos depressivos

Os instrumentos utilizados para a avaliação dos transtornos depressivos podem ser divididos em duas grandes categorias: instrumentos de avaliação específicos, que buscam avaliar única e exclusivamente sintomas de transtornos depressivos (p. ex., o Beck Depression Inventory [BDI-II] e a Escala de Depressão de Hamilton), e instrumentos genéricos, como as entrevistas de *screening*, que avaliam transtornos mentais de forma geral, incluindo itens referentes a sintomas de depressão (De Beurs et al., 2019). Os instrumentos genéricos aplicáveis aos transtornos depressivos foram descritos anteriormente, na seção Transtorno bipolar e transtornos relacionados.

Escala de Depressão de Hamilton

A Escala de Depressão de Hamilton é considerada padrão-ouro para a avaliação da severidade dos episódios depressivos. É composta por 21 itens que investigam como o paciente se sentiu nos últimos sete dias, incluindo o dia da aplicação. A maioria é pontuada em uma escala Likert: nove itens de cinco pontos, variando entre 0 e 4, e oito itens de três pontos, variando entre 0 e 2, conforme a intensidade do sintoma. Os outros quatro itens, referentes à variação diurna, despersonalização/desrealização, sintomas paranoides e sintomas obsessivo-compulsivos, não são contabilizados para o escore total, pois, apesar de proverem informações clínicas adicionais importantes, são considerados itens que avaliam características qualitativas dos episódios depressivos, sem, no entanto, indicar diferenças na gravidade da depressão (Hamilton, 1960). Obtém-se o escore total pelo resultado da soma dos escores dos 17 itens, variando entre 0 e 52 pontos, e divididos em quatro níveis de gravidade: subclínico (0-7), leve (8-16), moderado (17-23) e grave (24 ou maior) (Obeid et al., 2018).

Beck Depression Inventory II

O Beck Depression Inventory II (BDI-II) é um instrumento de autorrelato composto por 21 itens, utilizado para identificar os episódios depressivos, a gravidade do quadro e os sintomas conforme os critérios do DSM-IV (American Psychiatric Association [APA], 1994) em indivíduos a partir de 13 anos (Beck et al., 1996). Os pacientes respondem sobre os sintomas presentes nas últimas duas semanas a partir de uma escala Likert de quatro pontos, que varia de 0 a 3. O escore total varia entre 0 e 63 e é dividido em quatro níveis de gravidade: subclínico (0-13), leve (14-19), moderada (20-28) e grave (29-63). Os autores sugerem que esses pontos de corte sejam ajustados com base nas características da amostra e no propósito do uso do BDI-II. Estudos atestam boa confiabilidade, com um alfa de Cronbach de 0,90 (Brouwer et al., 2013). O BDI-II substitui o BDI e o BDI-1A, incluindo itens extras que identificam sintomas de depressão grave e alterando/substituindo itens que na versão anterior avaliavam aumento ou diminuição do sono e apetite, imagem corporal, dificuldades no trabalho, perda de peso e questões somáticas por itens que avaliam agitação psicomotora, dificuldade de concentração e perda de energia.

Maudsley Staging Method

O Maudsley Staging Method (MSM) é o primeiro modelo multidimensional desenvolvido para definir e classificar os níveis de resistência ao tratamento na depressão unipolar. É um método de mensuração da gravidade do episódio depressivo por meio da avaliação de cinco fatores: número de sintomas, tempo de duração do quadro clínico, número de medicamentos utilizados, utilização ou não de medicamentos de potencialização (*augmentation*) e utilização ou não de eletroconvulsoterapia. O escore total varia de 3 a 15 pontos, e quanto mais alto, mais grave o quadro (Fekadu et al., 2009). Os resultados também podem ser apresentados de forma mais específica, divididos em três categorias de gravidade: leve (3-6), moderado (7-10) e grave (11-15). Por fim, pode ser apresentado de forma descritiva, especificando a duração, a gravidade e o número de tentativas de tratamento anteriores.

Ao longo de seu desenvolvimento, o MSM mostrou resultados promissores em relação à validade preditiva, tanto para resultados de curto quanto para resultados de longo prazo no que se refere à depressão resistente ao tratamento (Fekadu et al., 2009, 2012; Icick et al., 2014; Li et al., 2014). Além disso, o MSM também foi utilizado como instrumento de triagem em estudos clínicos e estudos de determinantes do resultado de tratamentos, além de indicações de validade de construto baseadas em uma avaliação mais elaborada (Loo et al., 2012; Martin et al., 2011). Apesar de não haver um método padronizado de classificação dos itens descrito adequadamente, o modelo vem sendo utilizado cada vez mais nos tratamentos e estudos epidemiológicos para depressão resistente ao tratamento (Fekadu et al., 2018).

Mood and Anxiety Symptom Questionnaire

Instrumentos que também avaliam sintomas de ansiedade podem ser importantes, principalmente em relação ao diagnóstico de transtorno misto de ansiedade e depressão. Em uma revisão compreensiva, Clark e Watson (1991) apontam que há maior especificidade dos sintomas e melhor compreensão sobre o nível de prejuízo quando os sintomas de ansiedade e depressão dos pacientes são avaliados de forma conjunta. Gotlib e Cane (1989) ressaltam o fato de que diversos sintomas, como insônia, fadiga, irritabilidade e dificuldade de concentração, são critérios diagnósticos encontrados nos instrumentos para avaliação tanto de transtornos de ansiedade quanto de transtornos depressivos, podendo haver sobreposição com a utilização de diversos instrumentos. Além disso, algumas escalas podem conter itens relacionados mais apropriadamente com outro construto, como escalas de ansiedade avaliando o sentimento de "fracasso", item que seria mais apropriado à depressão (Gotlib & Cane, 1989).

Nesse sentido, o Mood and Anxiety Symptom Questionnaire (MASQ) (Watson et al., 1995) foi desenvolvido para avaliar de forma conjunta sintomas de depressão e ansiedade. Possui 90 itens, respondidos a partir de uma escala Likert de 5 pontos, que variam de 0 (nunca) a 4 (muito). Conta com escore total e subescalas que podem ser calculadas separadamente para avaliar somente transtornos do humor, de ansiedade ou sintomas não específicos ou exclusivos de um ou outro diagnóstico.

Observações importantes para a avaliação e o diagnóstico dos transtornos depressivos

Como já visto neste capítulo, os sintomas depressivos não ocorrem exclusivamente em transtornos depressivos. Assim, é de extrema importância que o profissional fique atento a sintomas que possam auxiliar no diagnóstico diferencial, como episódios anteriores de mania ou hipomania. Uma entrevista criteriosa, a observação do comportamento do paciente e o uso de instrumentos adequados têm o potencial de contribuir para um diagnóstico mais preciso, possibilitando tratamento mais efetivo. Outro aspecto importante é que, assim como no diagnóstico do TB, as escalas que avaliam sintomas depressivos, como a BDI-II e a Escala de Depressão de Hamilton, não têm finalidade diagnóstica por si só – desse modo, devem ser utilizadas somente para quantificar a gravidade dos sintomas em pacientes já diagnosticados.

CONSIDERAÇÕES FINAIS

As modernas classificações de transtornos mentais (CID-11 e DSM-5) estão em constante revisão, no sentido de incorporar avanços oriundos da pesquisa clínica e da visão de especialistas, buscando um aprimoramento na avaliação de casos de suspeita de transtornos do humor. As escalas de avaliação e os instrumentos diagnósticos são ferramentas que contribuem para fornecer subsídios ao profissional da saúde mental no embasamento do diagnóstico e no monitoramento da evolução do tratamento do paciente. No entanto, a entrevista clínica cuidadosa, aliada à anamnese obtida com familiares e pessoas próximas ao paciente, segue sendo a grande ferramenta para avaliação de casos com suspeita de transtornos do humor.

REFERÊNCIAS

American Psychiatric Association (APA). (1994). *Diagnostic and statistical manual of mental disorders (DSM--IV)* (4th ed.). APA.

American Psychiatric Association (APA). (2014). *Manual diagnóstico e estatístico de transtornos mentais: DSM-5.* (5. ed.). Artmed.

Angst, J., Adolfsson, R., Benazzi, F., Gamma, A., Hantouche, E., Meyer, T. D., ... Scott, J. (2005). The HCL-32: Towards a self-assessment tool for hypomanic symptoms in outpatients. *Journal of Affective Disorders, 88*(2), 217-233.

Angst, J., Ajdacic-Gross, V., & Rössler, W. (2020). Bipolar disorders in ICD-11: current status and strengths. *International Journal of Bipolar Disorders, 8*(1), 3.

Beck, A., Steer, R., & Brown, G. (1996). *BDI-II, Beck depression inventory: Manual.* Psychological Corporation.

Berk, M., Malhi, G. S., Mitchell, P. B., Cahill, C. M., Carman, A. C., Hadzi-Pavlovic, D., ... Tohen, M. (2004). Scale matters: The need for a Bipolar Depression Rating Scale (BDRS). *Acta Psychiatrica Scandinavica Supplementum*, (422), 39-45.

Berk, M., Malhi, G. S., Cahill, C., Carman, A. C., Hadzi-Pavlovic, D., Hawkins, M. T., ... Mitchell, P. B. (2007). The Bipolar Depression Rating Scale (BDRS): Its development, validation and utility. *Bipolar Disorders, 9*(6), 571-579.

Berndt, E. R., Koran, L. M., Finkelstein, S. N., Gelenberg, A. J., Kornstein, S. G., Miller, I. M., ... Keller, M. B. (2000). Lost human capital from early-onset chronic depression. *The American Journal of Psychiatry, 157*(6), 940-947.

Bielecki, J. E., & Gupta, V. (2021). Cyclothymic disorder. In StatPearls. https://www.ncbi.nlm.nih.gov/books/NBK557877/

Bora E. (2018). Neurocognitive features in clinical subgroups of bipolar disorder: A meta-analysis. *Journal of Affective Disorders, 229*, 125-134.

Brouwer, D., Meijer, R. R., & Zevalkink, J. (2013). On the factor structure of the Beck Depression Inventory-II: G is the key. *Psychological Assessment, 25*(1), 136-145.

Clark, L. A., & Watson, D. (1991). Tripartite model of anxiety and depression: Psychometric evidence and taxonomic implications. *Journal of Abnormal Psychology, 100*(3), 316-336.

Clemente, A. S., Diniz, B. S., Nicolato, R., Kapczinski, F. P., Soares, J. C., Firmo, J. O., & Castro-Costa, É. (2015). Bipolar disorder prevalence: A systematic review and meta-analysis of the literature. *Revista Brasileira de Psiquiatria, 37*(2), 155-161.

de Beurs, E., Vissers, E., Schoevers, R., Carlier, I., van Hemert, A. M., & Meesters, Y. (2019). Comparative responsiveness of generic versus disorder-specific instruments for depression: An assessment in three longitudinal datasets. *Depression and Anxiety, 36*(1), 93-102.

Dunn, A. L., Trivedi, M. H., Kampert, J. B., Clark, C. G., & Chambliss, H. O. (2005). Exercise treatment for depression: Efficacy and dose response. *American Journal of Preventive Medicine, 28*(1), 1-8.

Fekadu, A., Wooderson, S., Donaldson, C., Markopoulou, K., Masterson, B., Poon, L., & Cleare, A. J. (2009). A multidimensional tool to quantify treatment resistance in depression: The Maudsley staging method. *The Journal of Clinical Psychiatry, 70*(2), 177-184.

Fekadu, A., Rane, L. J., Wooderson, S. C., Markopoulou, K., Poon, L., & Cleare, A. J. (2012). Prediction of longer-term outcome of treatment-resistant depression in tertiary care. *The British Journal of Psychiatry: The Journal of Mental Science, 201*(5), 369-375.

Fekadu, A., Donocik, J. G., & Cleare, A. J. (2018). Standardisation framework for the Maudsley staging method for treatment resistance in depression. *BMC Psychiatry, 18*(1), 100.

First, M. B., Gaebel, W., Maj, M., Stein, D. J., Kogan, C. S., Saunders, J. B., ... Reed, G. M. (2021). An organizationand category-level comparison of diagnostic requirements for mental disorders in ICD-11 and DSM-5. *World Psychiatry, 20*(1), 34-51.

Fonseca, A. O., Berberian, A. A., Meneses-Gaya, C., Gadelha, A., Vicente, M. O., Nuechterlein, K. H., ... Lacerda, A. (2017). The Brazilian standardization of the MATRICS consensus cognitive battery (MCCB): Psychometric study. *Schizophrenia Research, 185*, 148-153.

Gilmer, W. S., Trivedi, M. H., Rush, A. J., Wisniewski, S. R., Luther, J., Howland, R. H., ... Alpert, J. (2005). Factors associated with chronic depressive episodes: A preliminary report from the STAR-D project. *Acta Psychiatrica Scandinavica, 112*(6), 425-433.

Goldberg, D. P., Prisciandaro, J. J., & Williams, P. (2012). The primary health care version of ICD-11: The detection of common mental disorders in general medical settings. *General Hospital Psychiatry, 34*(6), 665-670.

Goldberg, D. P., Reed, G. M., Robles, R., Minhas, F., Razzaque, B., Fortes, S., ... Saxena, S. (2017). Screening for anxiety, depression, and anxious depression in primary care: A field study for ICD-11 PHC. *Journal of Affective Disorders, 213*, 199-206.

Gotlib, I. H., & Cane, D. B. (1989). Self-report assessment of depression and anxiety. In P. C. Kendall, & D. Watson (Eds.), *Anxiety and depression: Distinctive and overlapping features* (pp. 131-169). Academic Press

Gurgel, W. S., Rebouças, D. B., Matos, K. J. N., Carneiro, A. H., Souza, F. G. M., & Grupo de Estudos em Transtornos Afetivos Affective Disorders Study Group. (2012). Brazilian Portuguese validation of Mood Disorder Questionnaire. *Comprehensive Psychiatry, 53*(3), 308-312.

Hamilton, M. (1960). A rating scale for depression. *Journal of Neurology, Neurosurgery, and Psychiatry, 23*(1), 56-62.

Hazell, P. (2011). Depression in children and adolescents. *BMJ Clinical Evidence, 2011*, 1008.

Herts K., & Evans S. (2021). Schema therapy for chronic depression associated with childhood trauma: A case study. *Clinical Case Studies, 20*(1), 22-38.

Hirschfeld, R. M., Williams, J. B., Spitzer, R. L., Calabrese, J. R., Flynn, L., Keck, P. E., Jr., ... Zajecka, J. (2000). Development and validation of a screening instrument for bipolar spectrum disorder: The Mood Disorder Questionnaire. *The American Journal of Psychiatry, 157*(11), 1873-1875.

Hirschfeld, R. M., Lewis, L., & Vornik, L. A. (2003). Perceptions and impact of bipolar disorder: How far have we really come? Results of the national depressive and manic-depressive association 2000 survey of individuals with bipolar disorder. *The Journal of Clinical Psychiatry, 64*(2), 161-174.

Icick, R., Millet, É., Curis, E., Bellivier, F., & Lépine, J. P. (2014). Predictive value of baseline resistance in early response to antidepressants. *Journal of Affective Disorders, 161*, 127-135.

Kessler, R. C., Berglund, P., Demler, O., Jin, R., Koretz, D., Merikangas, K. R., ... National Comorbidity Survey Replication. (2003). The epidemiology of major depressive disorder: Results from the National Comorbidity Survey Replication (NCS-R). *JAMA, 289*(23), 3095-3105.

Klein, D. N., Schwartz, J. E., Santiago, N. J., Vivian, D., Vocisano, C., Castonguay, L. G., ... Keller, M. B. (2003). Therapeutic alliance in depression treatment: Controlling for prior change and patient characteristics. *Journal of Consulting and Clinical Psychology, 71*(6), 997-1006.

Kocsis, J. H., Gelenberg, A. J., Rothbaum, B., Klein, D. N., Trivedi, M. H., Manber, R., ... Thase, M. E. (2008). Chronic forms of major depression are still undertreated in the 21st century: Systematic assessment of 801 patients presenting for treatment. *Journal of Affective Disorders, 110*(1-2), 55-61.

Kogan, C. S., Maj, M., Rebello, T. J., Keeley, J. W., Kulygina, M., Matsumoto, C., ... Reed, G. M. (2021). A global field study of the international classification of diseases (ICD-11) mood disorders clinical descriptions and diagnostic guidelines. *Journal of Affective Disorders, 295*, 1138-1150.

Li, C. T., Chen, M. H., Juan, C. H., Huang, H. H., Chen, L. F., Hsieh, J. C., ... Su, T. P. (2014). Efficacy of prefrontal theta-burst stimulation in refractory depression: A randomized sham-controlled study. *Brain: A Journal of Neurology, 137*(Pt 7), 2088-2098.

Liu, Q., He, H., Yang, J., Feng, X., Zhao, F., & Lyu, J. (2020). Changes in the global burden of depression from 1990 to 2017: Findings from the Global Burden of Disease study. *Journal of Psychiatric Research, 126*, 134-140.

Loo, C. K., Alonzo, A., Martin, D., Mitchell, P. B., Galvez, V., & Sachdev, P. (2012). Transcranial direct current stimulation for depression: 3-week, randomised, sham-controlled trial. *The British Journal of Psychiatry: The Journal of Mental Science, 200*(1), 52-59.

Lopez, A. D., Mathers, C. D., Ezzati, M., Jamison, D. T., & Murray, C. J. (2006). Global and regional burden of disease and risk factors, 2001: Systematic analysis of population health data. *Lancet (London, England), 367*(9524), 1747-1757.

Magalhães, P. V. S., Berk, M., Cereser, K. M., Kunz, M., Gomes, F. A., Fernandes, B. S., ... Gama, C. S. (2010). Validity of the Portuguese version of the Bipolar Depression Rating Scale. *Acta Neuropsychiatrica, 22*, 100-101.

Martin, D. M., Alonzo, A., Mitchell, P. B., Sachdev, P., Gálvez, V., & Loo, C. K. (2011). Fronto-extracephalic transcranial direct current stimulation as a treatment for major depression: An open-label pilot study. *Journal of Affective Disorders, 134*(1-3), 459-463.

McFarland, B. R., & Klein, D. N. (2009). Emotional reactivity in depression: Diminished responsiveness to anticipated reward but not to anticipated punishment or to nonreward or avoidance. *Depression and Anxiety, 26*(2), 117-122.

Obeid, S., Abi Elias Hallit, C., Haddad, C., Hany, Z., & Hallit, S. (2018). Validation of the Hamilton Depression Rating Scale (HDRS) and sociodemographic factors associated with Lebanese depressed patients. *L'Encephale, 44*(5), 397-402.

Otte, C., Gold, S. M., Penninx, B. W., Pariante, C. M., Etkin, A., Fava, M., ... Schatzberg, A. F. (2016). Major depressive disorder. *Nature Reviews Disease Primers, 2*, 16065.

Quintana, M. I., Andreoli, S. B., Jorge, M. R., Gastal, F. L., & Miranda, C. T. (2004). The reliability of the Brazilian version of the Composite International Diagnostic Interview (CIDI 2.1). *Brazilian Journal of Medical and Biological Research, 37*(11), 1739-1745.

Reed, G. M., First, M. B., Kogan, C. S., Hyman, S. E., Gureje, O., Gaebel, W., ... Saxena, S. (2019). Innovations and changes in the ICD-11 classification of mental, behavioural and neurodevelopmental disorders. *World Psychiatry, 18*(1), 3-19.

Sheehan, D. V., Lecrubier, Y., Sheehan, K. H., Amorim, P., Janavs, J., Weiller, E., ... Dunbar, G. C. (1998). The Mini-International Neuropsychiatric Interview (M.I.N.I.): The development and validation of a structured diagnostic psychiatric interview for DSM-IV and ICD-10. *The Journal of Clinical Psychiatry, 59 Suppl 20*, 22-57.

Soares, O. T., Moreno, D. H., Moura, E. C., Angst, J., & Moreno, R. A. (2010). Reliability and validity of a Brazilian version of the Hypomania Checklist (HCL-32) compared to the Mood Disorder Questionnaire (MDQ). *Revista Brasileira de Psiquiatria, 32*(4), 416-423.

Vieta E. (2019). Bipolar II disorder: Frequent, valid, and reliable. *Canadian Journal of Psychiatry. Revue Canadienne de Psychiatrie, 64*(8), 541-543.

Vilela, J. A., Crippa, J. A., Del-Ben, C. M., & Loureiro, S. R. (2005). Reliability and validity of a Portuguese version of the Young Mania Rating Scale. *Brazilian Journal of Medical and Biological Research, 38*(9), 1429-1439.

Watson, D., Weber, K., Assenheimer, J. S., Clark, L. A., Strauss, M. E., & McCormick, R. A. (1995). Testing a tripartite model: I. Evaluating the convergent and discriminant validity of anxiety and depression symptom scales. *Journal of Abnormal Psychology, 104*(1), 3-14.

Walker, E. R., McGee, R. E., & Druss, B. G. (2015). Mortality in mental disorders and global disease burden implications: A systematic review and meta-analysis. *JAMA Psychiatry, 72*(4), 334-341.

Whiteford, H. A., Degenhardt, L., Rehm, J., Baxter, A. J., Ferrari, A. J., Erskine, H. E., ... Vos, T. (2013). Global burden of disease attributable to mental and substance use disorders: Findings from the Global Burden of Disease Study 2010. *Lancet, 382*(9904), 1575-1586.

World Health Organization (WHO). (1992). The ICD-10 classification of mental and behavioral disorders: Diagnostic criteria for research. WHO.

World Health Organization (WHO). (2019). *ICD-11: International statistical classification of diseases and related health problems* (11th ed.). https://icd.who.int/dev11/l-m/en.

Yatham, L. N., Torres, I. J., Malhi, G. S., Frangou, S., Glahn, D. C., Bearden, C. E., ... Chengappa, K. N. (2010). The International Society for Bipolar Disorders-Battery for Assessment of Neurocognition (ISBD-BANC). *Bipolar Disorders, 12*(4), 351-363.

Young, R. C., Biggs, J. T., Ziegler, V. E., & Meyer, D. A. (1978). A rating scale for mania: Reliability, validity and sensitivity. *The British Journal of Psychiatry: The Journal of Mental Science, 133*, 429-435.

9

TÉCNICAS DE AVALIAÇÃO EM CASOS DE SUSPEITA DE TRANSTORNOS DE ANSIEDADE OU RELACIONADOS AO MEDO

DAYANE SANTOS MARTINS
MALU JOYCE DE AMORIM MACEDO
MARIANE BAGATIN BERMUDEZ
GISELE GUS MANFRO
CAROLINA BLAYA DREHER

Medo e ansiedade são emoções comuns durante a vida e fazem parte do desenvolvimento humano. O medo é o resultado de ameaça iminente percebida, enquanto a ansiedade está relacionada à antecipação de possíveis ameaças. Na primeira infância, observamos o medo de se afastar dos pais ou de outras figuras de afeto, receio de pessoas desconhecidas e timidez; mais tarde, aparecem os medos da morte, dos pesadelos, de animais e de criaturas imaginárias; na vida escolar, costuma haver o início da ansiedade pelo desempenho nos estudos, e, na adolescência, a preocupação passa a ser o medo de ser rejeitado entre os pares (Craske & Stein, 2016). Dessa forma, a definição de ansiedade patológica deve ser baseada na gravidade dos sintomas frente aos estímulos ameaçadores, frequência de ocorrência, persistência ao longo do tempo e grau de prejuízo no funcionamento. Os transtornos de ansiedade caracterizam-se por medo e ansiedade desproporcionais à ameaça real, persistentes e associados a prejuízos sociais, ocupacionais ou em outras áreas do funcionamento. Indivíduos com transtornos de ansiedade com frequência são excessivamente medrosos e evitativos ante as ameaças percebidas no ambiente (p. ex., em situações sociais pouco familiares) ou em si mesmos (p. ex., sensações corporais incomuns).

Os transtornos de ansiedade podem ocorrer ao longo do ciclo vital. Na infância, tendem a ocorrer os transtornos de ansiedade de separação e de fobia específica; na adolescência, a ansiedade social e o transtorno de pânico; e, na vida adulta, agorafobia e transtorno de ansiedade generalizada (Kessler et al., 2009). Os principais fatores de risco para o desenvolvimento de um transtorno de ansiedade são violência física e sexual na infância, psicopatologia parental e história familiar de transtorno mental, baixo nível socioeconômico, doença crônica e estilo parental superprotetor ou excessivamente severo (Craske & Stein, 2016; Katzman et al., 2014).

Os transtornos de ansiedade são o grupo mais prevalente entre os transtornos mentais (Kessler et al., 2009), com prevalência global estimada de 7,3% (Baxter et al., 2013). Os transtornos de ansiedade e os sintomas ansiosos subclínicos são a sexta principal causa de incapacidade funcional em países de alta e baixa rendas, com maior prejuízo para a população entre 15 e 34 anos, principalmente mulheres (Baxter et al., 2014). Esse grupo de transtornos é dividido nos seguintes diagnósticos: transtorno de ansiedade generalizada, transtorno de pânico, agorafobia, fobia específica, transtorno de ansiedade social, transtorno de ansiedade de separação e mutismo seletivo. Entre eles, os mais encontrados na população são fobia específica e ansiedade social, e o menos comum é o mutismo seletivo (Craske & Stein, 2016).

Embora os critérios e categorias diagnósticas sejam úteis clinicamente, a ansiedade deve ser vista como uma construção dimensional, na qual dimensões de diferentes transtornos de ansiedade podem coexistir (Craske & Stein, 2016), produzindo comportamentos muito semelhantes. Esse fator pode explicar a frequente ocorrência de comorbidade entre eles, apresentada por cerca de metade dos indivíduos (Kessler et al., 2005). Por isso, é importante uma avaliação clínica detalhada acerca das cognições subjacentes aos episódios e experiências ansiosos. Por exemplo, alguém que evita sair de casa para comprar verduras em uma feira movimentada pode ter esse comportamento devido ao medo relacionado ao ambiente (agorafobia), de falar com desconhecidos (ansiedade social), de passar mal (transtorno de pânico), de se distanciar de alguém (ansiedade de separação) ou de se deparar com insetos (fobia específica). Porém, a investigação nem sempre é tão simples, requerendo tempo, vínculo e maior ciência dos sintomas por parte do paciente.

O tratamento para transtornos de ansiedade pode incluir intervenções psicológicas, farmacológicas ou uma combinação dessas modalidades. Para a maioria dos transtornos, quando leves, considera-se o tratamento apenas com a terapia cognitivo-comportamental (TCC); para os casos moderados, pode ser indicada a TCC, medicações psiquiátricas ou a associação entre elas; para os quadros graves, a recomendação é que seja feito o tratamento psicoterápico (TCC) juntamente com o farmacológico (Andrews et al., 2018). Quanto ao tratamento psicológico, a TCC é a modalidade de psicoterapia com maior evidência científica para o tratamento de transtornos de ansiedade, tanto no modelo individual quanto em grupo (Hofman & Smits, 2008). A TCC é uma terapia de curto prazo, orientada para objetivos e baseada na aquisição de habilidades cognitivas para interpretações mais reais perante os estímulos considerados ameaçadores, assim como de habilidades comportamentais para o enfrentamento das evitações e de relaxamento para a atenuação da excitação autonômica excessiva. Além disso, intervenções autodirigidas, como a biblioterapia e a *internet-based cognitive-behavioral therapy* (iCBT), também demonstraram eficácia para alívio dos sintomas (Katzman et al., 2014).

Os medicamentos, ao reduzirem os sintomas de ansiedade, produzem uma melhora significativa na qualidade de vida do paciente (Wilson et al., 2015). O tratamento de escolha são os antidepressivos, sendo as classes dos inibidores seletivos da recaptação de serotonina (ISRS) e dos inibidores da recaptação de serotonina e noradrenalina (IRSN) consideradas de primeira linha no tratamento da ansiedade em crianças, adolescentes, adultos e idosos (Ravindran & Stein, 2010). Como a resposta ao tratamento com ambas as classes é semelhante, a escolha será baseada na resposta anterior (se houver), na idade do paciente, no perfil de possíveis efeitos adversos, no custo do medicamento, nas possíveis interações medicamentosas com outras substâncias usadas, na preferência e tolerabilidade do paciente e na familiaridade do médico com o medicamento (Gosmann, 2021; National Institute for Health and Care Excellence [NICE], 2019).

TRANSTORNOS DE ANSIEDADE E RELACIONADOS AO MEDO E SUAS ATUALIZAÇÕES: CARACTERÍSTICAS E PRINCIPAIS MUDANÇAS

Uma das principais mudanças entre a 10ª edição e a 11ª versão da *Classificação internacional de doenças* (CID) em relação aos transtornos de ansiedade foi na sua categoria de inserção. Na CID-10, encontravam-se em um capítulo intitulado Transtornos neuróticos, relacionados ao estresse e somatoformes. Na CID-11, esses transtornos pertencem a um novo capítulo, denominado Transtornos de ansiedade e relacionados ao medo, e englobam as seguintes psicopatologias: transtorno de ansiedade generalizada, transtorno de pânico e agorafobia (que surgem como categorias distintas), fobia específica, transtorno de ansiedade social, transtorno de ansiedade de separação e mutismo seletivo. Foram ampliados os diagnósticos de ansiedade de separação e mutismo seletivo, que podem ser realizados ao longo da vida e não somente na infância e adolescência (Krawczyk & Święcicki, 2020; Rebello et al., 2019; Stein et al., 2020).

Foram retiradas as regras de exclusão hierárquicas que, muitas vezes, podiam confundir o claro diagnóstico de transtornos de ansiedade em indivíduos que, por exemplo, também apresentavam um transtorno do humor (Stein et al., 2020). Na versão anterior, existiam categorias distintas para transtorno de ansiedade fóbica e outros transtornos de ansiedade, o que foi eliminado na atualização (Rebello et al., 2019). A CID-11 dá mais ênfase à apreensão/preocupação, ao estímulo ou à situação que origina a ansiedade como ponto de partida para o diagnóstico diferencial entre os transtornos de ansiedade. Além disso, há a orientação de que todos os transtornos de ansiedade devem causar sofrimento ou prejuízo significativo para os pacientes (El Khoury et al., 2020; Rebello et al., 2019; Stein et al., 2020).

A seguir, será apresentada uma breve caracterização das categorias diagnósticas incluídas nessa classe de transtornos mentais, assim como as principais atualizações da CID-11.

TRANSTORNO DE ANSIEDADE GENERALIZADA (6B00)

O transtorno de ansiedade generalizada (TAG) caracteriza-se por ansiedade e preocupações recorrentes e exacerbadas em diferentes domínios da vida, como trabalho, família e saúde. Os primeiros relatos desse transtorno surgiram na terceira edição do *Manual diagnóstico e estatístico de transtornos mentais* (DSM-III), em 1980 (Showraki et al., 2020). Atualmente, o TAG atinge cerca de 3% da população, com maior prevalência no sexo feminino (American Psychiatric Association [APA], 2014; Mohammadi et al., 2020). O diagnóstico de TAG envolve a presença de preocupações recorrentes com temáticas da vida diária (p. ex., família, trabalho/estudos e saúde). Além das preocupações, do humor ansioso e de um estado apreensivo geral, também estão presentes sintomas como tensão muscular, inquietação, problemas no sono (p. ex., adormecer ou manter-se dormindo), hiperatividade autonômica simpática, dificuldade de concentração e irritabilidade. O indivíduo deve apresentar dificuldades em controlar essas preocupações, e os sintomas devem persistir por vários meses, na maior parte do tempo, e precisam causar prejuízos clinicamente significativos, além de não serem explicados por outra condição clínica e/ou efeito de substâncias (APA, 2014; World Health Organization [WHO], 2021).

O diagnóstico de TAG teve poucas mudanças na atual edição da CID-11. As preocupações, que são peças-chave nesse transtorno, agora contemplam também preocupações recorrentes com eventos negativos que acontecem em diferentes aspectos da vida e não somente ansiedade flutuante, como na caracterização da CID-10 (First et al., 2021; Kogan et al., 2016; Rebello et al., 2019). O critério diagnóstico de fadiga presente no DSM-5 (APA, 2014) não é incluído nas orientações da CID-11 – em vez disso, ela contempla a hiperatividade autonômica simpática, para facilitar a distinção entre TAG e um episódio depressivo (First et al., 2021). O tempo de manifestação dos sintomas, que no DSM-5 é requerido por pelo menos seis meses, não tem especificação de duração na CID-11 (apenas determina que se manifestem por vários meses). Tal mudança deve-se à observação de que a sintomatologia apresentada por indivíduos ao longo de seis meses ou mais assemelha-se à daqueles com duração menor de seis meses. As outras características, como início dos sintomas, comprometimento da funcionalidade, histórico familiar de TAG e comorbidades são semelhantes (First et al., 2021).

Embora a média de idade de início do TAG seja por volta dos 30 anos, estudos demonstram que o transtorno pode surgir ainda na infância e persistir ao longo da vida, devido ao seu caráter crônico (APA, 2014; Mohammadi et al., 2020; Showraki et al., 2020). Comorbidades, como transtorno depressivo maior, transtorno de déficit de atenção/hiperatividade, transtornos da personalidade e uso de substâncias, podem ser comuns (Mohammadi et al., 2020).

O tratamento do TAG encontra embasamento científico na TCC. Os protocolos de TCC para TAG são focados nas variáveis de intolerância à incerteza, de pouca confiança na resolução de problemas e nas crenças distorcidas acerca das preocupações, sendo centrais no tratamento as técnicas de relaxamento e de aceitação (Katzman et al., 2014). As intervenções farmacológicas devem ser oferecidas aos pacientes que não se beneficiaram com as intervenções psicológicas (Katzman et al., 2014; NICE, 2019). Quanto aos fármacos indicados, são considerados agentes de primeira linha: escitalopram, sertralina, duloxetina, venlafaxina, paroxetina, quetiapina, agomelatina e pregabalina (Andrews et al., 2018; Katzman et al., 2014).

Métodos e técnicas de avaliação do transtorno de ansiedade generalizada

A avaliação do TAG é clínica, sendo realizada por meio de entrevista com o paciente, na qual é importante interrogar sobre sintomas somáticos e mentais de ansiedade, pois é comum que um indivíduo adaptado a alto grau de ansiedade não reconheça os sintomas ansiosos ou mesmo os considere banais. Na entrevista clínica é importante:

- Identificar o padrão de ansiedade.
- Encontrar fatores desencadeantes dos sintomas.
- Considerar sintomas, sinais, curso e intensidade.
- Pesquisar condições clínicas que possam gerar ansiedade como sintoma.
- Avaliar situações na evolução clínica, como piora ou descompensação.
- Questionar sobre o uso de substâncias que causam ansiedade.

Embora não substituam a avaliação clínica, há alguns instrumentos comumente utilizados em pesquisa e na prática para rastreio e avaliação de TAG. Essas ferramentas variam em número de itens e duração, e muitas incluem triagem para outros transtornos psiquiátricos, como as entrevistas clínicas estruturadas Composite International Diagnostic Interview (CIDI), Mini-International Neuropsychiatric Interview (MINI) e Entrevista Clínica Estruturada para os Transtornos do DSM-5 (Craske & Stein, 2016). Com base na CID-11, estão sendo desenvolvidas a versão 3 da Schedules for Clinical Assessment in Neuropsychiatry (SCAN) e a Entrevista Clínica Estruturada para a CID-11 (SCII-11), a fim de garantir a máxima consistência na aplicação das diretrizes (Reed et al., 2021). A Tabela 9.1 mostra alguns dos instrumentos de rastreio e avaliação do TAG comumente utilizados na população brasileira.

Observações importantes para a avaliação e o diagnóstico do transtorno de ansiedade generalizada

Por ser comum a presença de sintomas físicos variados, recomenda-se atenção para o diagnóstico diferencial com condições médicas gerais, intoxicação ou abstinência de substâncias, efeitos colaterais de medicamentos, interações medicamentosas ou para o somatório de mais de um desses fatores. Deve ser realizada uma revisão cuidadosa, com exames clínicos e laboratoriais, avaliação dos medicamentos em uso, interações farmacológicas e história de uso de substâncias psicoativas (com a caracterização de seu uso).

TRANSTORNO DE PÂNICO (6B01)

Assim como o TAG, o transtorno de pânico (TP) surgiu a partir da terceira edição do DSM. Desde então, a condição vem sendo amplamente estudada, e estima-se que sua prevalência seja em torno de 4% ao longo da vida (Roy-Byrne et al., 2006). O TP caracteriza-se pela presença de ataques de pânico recorrentes – ou seja, medo desproporcional e intenso, que surge de forma abrupta, sem a necessidade de um estímulo específico –, e é acompanhado de sintomas físicos e cognitivos. Além disso, os sintomas incluem medo de sofrer novos ataques e comportamento evitativo de lugares e/ou situações que possam desencadear um novo ataque (p. ex., um lugar des-

TABELA 9.1
INSTRUMENTOS DE RASTREIO E AVALIAÇÃO DO TRANSTORNO DE ANSIEDADE GENERALIZADA

INSTRUMENTO	DESCRIÇÃO	ADMINISTRAÇÃO	QUANTIDADE DE ITENS
Escala de Ansiedade de Hamilton	Avalia a gravidade dos sintomas ansiosos. Não se destina exclusivamente ao transtorno de ansiedade generalizada.	Aplicada por entrevistador	14
Escala de Transtorno de Ansiedade Generalizada (GAD-7, do inglês General Anxiety Disorder)	Usada como uma ferramenta de triagem e medida de gravidade para o transtorno de ansiedade generalizada.	Autoaplicável	7
Inventário de Ansiedade de Beck (BAI, do inglês Beck Anxiety Inventory)	Avalia sintomas como nervosismo, tontura, incapacidade de relaxar, etc. Uso exclusivo por psicólogos.	Autoaplicável	21
Escala Hospitalar de Ansiedade e Depressão (HADS, do inglês Hospital Anxiety and Depression Scale)	Rastreia ansiedade clinicamente significativa e sintomas depressivos em pacientes internados.	Autoaplicável ou aplicado por entrevistador	14

conhecido ou a prática de atividades físicas). O ataque de pânico, especificamente, é uma reação de medo ou apreensão exacerbada, juntamente com sintomas físicos, como taquicardia, falta de ar, sudorese, dor no peito, sensação de tontura ou desmaio, parestesias e medo de morrer. Portanto, para ser considerado TP, além da presença de ataques de pânico e da preocupação com novos ataques, os sintomas também devem estar ligados a prejuízos em diferentes áreas da vida (APA, 2014; Roy-Byrne et al., 2006; WHO, 2021).

Conforme descrito na CID-11 (WHO, 2021), os ataques de pânico podem surgir tanto no contexto do TP (sendo, dessa forma, inesperados) quanto em outros transtornos de ansiedade (o que os caracterizaria como esperados, uma vez que estão ligados a estímulos específicos); a CID-10 considerava somente a presença dos ataques inesperados. Além disso, a versão atual da classificação enfatiza que sejam levadas em consideração as preocupações persistentes, assim como os comportamentos que buscam evitar a ocorrência de novos ataques (Rebello et al., 2019; Stein et al., 2020). Quando os ataques de pânico são desencadeados por contextos específicos (ou seja, esperados), como, por exemplo, na apresentação de um trabalho por um indivíduo com transtorno de ansiedade social (TAS), o diagnóstico seria TAS com o especificador de ataque de pânico. Essa mudança também foi observada entre o DSM-IV-TR e o DSM-5, considerando o ataque de pânico um especificador aplicável em todos os transtornos mentais. No entanto, quando esses ataques não estão ligados a um estímulo específico, e outros critérios para TP estão presentes, faz-se o diagnóstico de TP, que também pode se apresentar em comorbidade a outro transtorno (p. ex., no indivíduo com TAS, os ataques de pânico surgem não somente no contexto da exposição) (Rebello et al., 2019; Reed et al., 2019).

Na CID-11, o TP também pode se manifestar concomitantemente à agorafobia, e ambos não são mais considerados diagnósticos excludentes. Vale ressaltar que, conforme o exemplo anterior, é necessário que as orientações diagnósticas para ambas as condições estejam presentes para que se considere a comorbidade em vez do diagnóstico diferencial (Rebello et al., 2019). A CID-11 também buscou enfatizar a importância das influências culturais na avaliação dos sintomas de TP (Reed et al., 2019), indicando, por exemplo, que dor na nuca, cefaleia e choro incontrolável devem ser considerados em determinadas sociedades ou grupos. Já o DSM-5 ressalta que sintomas desse tipo não podem ser um dos quatro exigidos para determinar o diagnóstico (APA, 2014).

Métodos e técnicas de avaliação do transtorno de pânico

A avaliação do TP é embasada em uma boa história clínica, no exame do estado mental e no diagnóstico diferencial (especialmente com relação a outros transtornos de ansiedade e problemas clínicos). Na avaliação inicial, o objetivo é caracterizar o quadro clínico, considerando a intensidade, a duração e a frequência dos sintomas, assim como o grau de prejuízo na vida do indivíduo. No exame do estado mental é comum verificar a presença de humor ansioso e hipervigilância em relação a sintomas físicos e estímulos ambientais. Além disso, a realização de entrevista complementar da história clínica com familiares pode ser muito útil, considerando que os pacientes podem subvalorizar prejuízos decorrentes dos sintomas.

Entre os instrumentos que auxiliam na formulação diagnóstica e avaliação do TP estão as entrevistas clínicas semiestruturadas, como a Structured Clinical Interview Diagnostic (SCID-I), a MINI (Lecrubier et al., 1997; Sheehan et al., 1997), a Escala de Severidade do Transtorno de Pânico (Panic Disorder Severity Scale [PDSS]; Shear et al., 1997) e a Medida de Gravidade para Transtorno de Pânico, esta última desenvolvida e publicada pela APA no DSM-5 (APA, 2014).

Observações importantes para a avaliação e o diagnóstico do transtorno de pânico

Ao avaliar um paciente com suspeita de TP, é importante excluir condições médicas com apresentações semelhantes (p. ex., condições endocrinológicas como hipertireoidismo, feocromocitoma ou hiperparatireoidismo; condições cardiopulmonares, como arritmia ou doenças pulmonares obstrutivas; doenças neurológicas, como epilepsia do lobo temporal ou ataques isquêmicos conscientes) e o uso de substâncias, como cafeína, salbutamol, levotiroxina ou descongestionantes. A abstinência de substâncias também pode provocar sintomas semelhantes e deve ser descartada.

O diagnóstico diferencial do TP é amplo, pois sua característica fundamental é a presença de ataques de pânico, que podem ocorrer no contexto de vários outros transtornos. Conforme descrito anteriormente, se os ataques de pânico ocorrem apenas com relação a sintomas de outro transtorno de ansiedade, então o outro transtorno assume a prioridade diagnóstica, como nos casos de TAS, transtorno de ansiedade de separação e fobias específicas. Assim, os ataques de pânico podem ser usados como um especificador, e o diagnóstico de TP não deve ser registrado.

O diagnóstico de TP em comorbidade a outro transtorno psiquiátrico é possível, mas, para isso, deve-se buscar evidências de que pelo menos alguns ataques de pânico não estejam restritos ao contexto do outro transtorno (ou seja, é preciso confirmar que alguns ataques são inesperados/atribuíveis unicamente ao TP). Esse padrão é importante porque, em geral, o TP se apresenta em comorbidade a vários outros transtornos, como os de ansiedade, o depressivo maior e o bipolar.

AGORAFOBIA (6B02)

A agorafobia acomete cerca de 1,7% da população mundial e costuma se manifestar no início da vida adulta, antes dos 35 anos (Balaram & Marwaha, 2020). Sua ocorrência é caracterizada por medo e/ou ansiedade intensa de estar em diferentes situações – como locais públicos ou lotados, onde, além das dificuldades de uma possível fuga, um eventual auxílio necessário também poderia ser escasso (APA, 2014; Asmundson, et al., 2014; Balaram & Marwaha, 2020; WHO, 2021). Do mesmo modo, é característico do transtorno a evitação de situações em que pode ser difícil conseguir ajuda ou escapar, bem como uma avaliação desproporcional sobre o risco envolvido (APA, 2014; Balaram & Marwaha, 2020).

Na versão anterior da CID, a agorafobia fazia parte do mesmo grupo do TP, e a ênfase era no medo de locais abertos e na possível dificuldade de fuga. No entanto, embora ainda se considere o medo de locais abertos/públicos e situações relacionadas, o foco na CID-11 passou a ser não conseguir ajuda ou escapar (WHO, 2021). Também foi adicionado um componente cognitivo, que é a preocupação com consequências negativas de estar nessas situações, que poderiam ser incapacitantes ou constrangedoras (El Khoury et al., 2020; First et al., 2021; Reed et al., 2019). Além disso, assim como em outros transtornos de ansiedade, foi adicionado o qualificador de que os sintomas devem persistir por pelo menos vários meses (Stein et al., 2020) – já no DSM-5, a duração dos sintomas deve ser de pelo menos seis meses. Em relação ao número de locais evitados pelo indivíduo para que lhe seja conferido o diagnóstico, no DSM-5 consta o mínimo de dois (p. ex., transporte público e locais fechados), porém, a CID-11 parece não utilizar um número específico, considerando a necessidade de várias situações (APA, 2014; Reed et al., 2019).

Conforme citado anteriormente (seção Transtorno de pânico), o especificador de ataque de pânico poderá ser utilizado somente se os ataques acontecerem no contexto de situações agorafóbicas (El Khoury et al., 2020; Krawczyk & Święcicki , 2020; Rebello et al., 2019). Os especificadores que indicavam a presença e a ausência do TP, usados na CID-10, foram eliminados nesse novo sistema (Rebello et al., 2019), o que requer a descrição da comorbidade quando o TP estiver associado.

Indivíduos com agorafobia e TP comórbidos parecem ser, em sua maioria, do sexo feminino. Costumam apresentar sintomatologia mais grave, idade de início mais precoce e presença mais frequente de sintomas afetivos (p. ex., depressão) em comparação com indivíduos que apresentam somente o TP (Shin et al., 2020). Portanto, considera-se que a agorafobia pode ser um marcador de gravidade no TP.

Para ambos, TP e agorafobia, a TCC é considerada o tratamento de escolha pelas principais diretrizes (Katzman et al., 2014; NICE, 2019). A reestruturação cognitiva, exposição interoceptiva e *in vivo*, respiração diafragmática e ferramentas de realidade virtual são descritas como as técnicas mais eficazes para o manejo de sintomas (Katzman et al., 2014). Transtorno de pânico grave, início precoce, fobia de sangue e ansiedade social comórbida são preditores de pior resposta à psicoterapia (Katzman et al., 2014). Nesses casos, a associação com tratamento farmacológico pode ser benéfica. As substâncias consideradas de primeira linha são escitalopram, sertralina, citalopram, paroxetina e venlafaxina (NICE, 2019). Os benzodiazepínicos estão associados a um pior resultado em longo prazo e devem ser evitados no tratamento (NICE, 2019). A terapia de dessensibilização e reprocessamento por meio dos movimentos oculares (EMDR, do inglês *eye movement desensitization and reprocessing*) e as substâncias buspirona, propanolol, tiagabina, trazodona e carbamazepina não são recomendadas, por não haver evidência científica para o tratamento desses transtornos (Andrews et al., 2018; Katzman et al., 2014).

Métodos e técnicas de avaliação da agorafobia

A avaliação é realizada por meio do exame do estado mental e de entrevista, na qual devem ser investigadas detalhadamente as situações agorafóbicas. Além disso, alguns instrumentos, como o Inventário de Mobilidade para Avaliar Agorafobia e a Medida de Gravidade para Agorafobia (APA, 2014), podem ser utilizados para complementar a avaliação. Outras ferramentas de avaliação de TP incluem sintomas agorafóbicos e podem ser úteis, como a Escala de Sintomas Associados ao Pânico (Panic-Associated Symptom Scale; Argyle et al.,1991).

Observações importantes para a avaliação e o diagnóstico da agorafobia

A fobia específica situacional pode se parecer com a agorafobia na sua apresentação clínica, dada a sobreposição nas situações temidas (p. ex., voar, estar em locais fechados, usar elevadores). Se um indivíduo teme apenas uma das situações da agorafobia, então a fobia específica, situacional, pode ser diagnosticada. Se duas ou mais situações agorafóbicas são temidas, um diagnóstico de agorafobia provavelmente é justificado (APA, 2014).

FOBIAS ESPECÍFICAS (6B03)

Pessoas que vivem com fobias específicas são ansiosas e comumente evitam circunstâncias em que estariam expostas àquilo que lhes causa medo. Esse transtorno tem prevalência de cerca de 7,2% ao longo da vida, atinge mais o sexo feminino e pode funcionar como um preditor para outros transtornos de ansiedade, do humor e de uso de substâncias (Eaton et al., 2018). O diagnóstico requer a presença de medo ou ansiedade ligados a um estímulo específico (p. ex., sangue, altura ou animais). A ansiedade pode surgir tanto na presença do estímulo quanto na antecipação de uma possível exposição. O medo não está de acordo com o risco real que o estímulo causa e inclui, consequentemente, a esquiva aos objetos ou situações (APA, 2014; Eaton et al., 2018; WHO, 2021).

A CID-11 sugere omitir os subtipos de fobias específicas com o intuito de não criar especificações em demasia, que não seriam relevantes para o tratamento. Assim como o DSM-5, a CID-11 considera o componente cultural para avaliação do estímulo fóbico (El Khoury et al., 2020). Na CID-10, considerava-se como orientação diagnóstica a evitação ativa do estímulo; na atual versão da CID, o objeto ou a situação podem até ser enfrentados, porém, com medo ou ansiedade intensos (Kogan et al., 2016; Rebello et al., 2019). A CID-11 também estabelece uma descrição mais completa das fobias específicas – embora as orientações não tenham diferença significativa em relação à CID-10 –, com o objetivo de diferenciá-las com maior facilidade de outros transtornos que incluem o medo e a ansiedade na sua manifestação. Agorafobia e fobias espefíficas, por exemplo, apresentam de forma muito semelhante em sua caracterização o medo, a ansiedade e a evitação de situações. No entanto, para o diagnóstico de fobias específicas, o foco da apreensão está ligado ao estímulo temido e não envolve o medo de não conseguir ajuda ou não ter como fugir, como na agorafobia (Kogan et al., 2016).

A fobia específica tem o seu tratamento focado nas intervenções psicoterápicas da TCC, por meio de técnicas de exposição (*in vivo* e realidade virtual), com alto grau de remissão. Resultados mais satisfatórios são obtidos quando a exposição ocorre de modo real (não imaginada), por tempo prolongado e em ambientes variados. O tratamento farmacológico não é indicado, já que existe pouco embasamento científico (Katzman et al., 2014).

Métodos e técnicas de avaliação das fobias específicas

A avaliação é realizada por meio de anamnese, exame do estado mental e, no caso de crianças, entrevista com os pais/cuidadores. Alguns instrumentos são úteis para a caracterização das situações e objetos fóbicos, principalmente com crianças. Alguns dos mais utilizados são o Inventário de Medos para Crianças – Revisado e o Termômetro do Medo (Silva & Figueiredo, 2005).

Observações importantes para a avaliação e o diagnóstico das fobias específicas

A CID-10 trazia no capítulo de transtornos de ansiedade a hipocondria (6B23) (também conhecida como transtorno de ansiedade de doença) e o transtorno dismórfico corporal (6B21). Na CID-11, ambos os transtornos passam a integrar o capítulo de transtornos obsessivos-compulsivos e relacionados (Reed et al., 2019).

TRANSTORNO DE ANSIEDADE SOCIAL (6B04)

O transtorno de ansiedade social (TAS) caracteriza-se pelo medo exacerbado de estar em situações sociais onde o indivíduo acredita que poderá ser julgado negativamente por outras pessoas. O transtorno pode ter uma prevalência de cerca de 13% ao longo da vida e é comum manifestar-se ainda na adolescência (Leichsenring & Leweke, 2017). As dificuldades de interação social podem impactar de forma significativa o funcionamento do indivíduo, afetando relações interpessoais, trabalho e estudos (Stein et al., 2017). As orientações diagnósticas envolvem medo ou ansiedade de estar em uma ou mais situações sociais nas quais a pessoa precise interagir socialmente e possa ser julgada, observada ou ter seu desempenho avaliado. Somado a isso, também há um temor sobre a possibilidade de sua ansiedade ser percebida e avaliada de forma negativa. Quando podem, os indivíduos acometidos costumam evitar situações, porém, quando se expõem, sentem muito medo ou ansiedade. Todos esses sintomas precisam estar presentes por vários meses e impactar negativamente a vida do indivíduo (APA, 2014; Leichsenring & Leweke, 2017; WHO, 2021).

Tanto na CID-10 quanto no DSM-IV-TR, o TAS era denominado fobia social. Nas atualizações do DSM-5 e da CID-11, passou-se a usar a terminologia transtorno de ansiedade social (Reed et al., 2019). Assim como na agorafobia, no TAG e nas fobias específicas, a CID-11 acrescentou ao TAS o especificador de que os sintomas devem persistir por pelo menos vários meses; já o DSM-5 estipula que a duração dos sintomas deve ser de no mínimo seis meses (Stein et al., 2020).

A TCC, por meio de técnicas de psicoeducação, reestruturação cognitiva, exposição *in vivo* e treinamento de habilidades sociais, é considerada o tratamento de escolha para a ansiedade social (Andrews et al., 2018; National Institute for Health and Care Excellence [NICE], 2013), com bons resultados no formato individual, em grupo e também virtual (Katzman et al., 2014). O tratamento farmacológico apresenta bom respaldo científico, e os medicamentos mais indicados são escitalopram, fluvoxamina, paroxetina, sertralina e venlafaxina (Katzman et al., 2014).

Métodos e técnicas de avaliação do transtorno de ansiedade social

A avaliação do TAS é clínica, realizada por meio de anamnese e exame do estado mental. Pessoas com TAS podem falar em tom de voz baixo ou oferecer apenas respostas superficiais para perguntas. O contato visual é muitas vezes reduzido, e, com mais frequência, os problemas com ansiedade somente são revelados mediante questionamento direto. Assim, perguntar "Você acha que pode ter problemas com timidez excessiva ou ansiedade social?" pode facilitar o acesso à informação e levar ao diagnóstico. Questionários de triagem autoadministráveis podem ajudar nesse processo (ver Tabela 9.2).

Observações importantes para a avaliação e o diagnóstico do transtorno de ansiedade social

O TAS deve ser diferenciado de vários transtornos psiquiátricos que têm impacto sobre a sociabilidade e distinguido da timidez normal e do transtorno da personalidade evitativa.

TRANSTORNO DE ANSIEDADE DE SEPARAÇÃO (6B05)

Indivíduos com transtorno de ansiedade de separação experimentam intensa apreensão e ansiedade com a separação de suas figuras de apego. Esse transtorno costumava ser diagnosticado apenas na infância e adolescência até o DSM-IV-TR, porém, a partir do DSM-5, passou a ser incluído no capítulo de Transtornos de ansiedade, ampliando a possibilidade de diagnóstico na vida adulta. Pessoas com esse transtorno podem ter dificuldade de se separar de figuras importantes, como pais, irmãos, filhos ou cônjuges, por exemplo (APA, 2014; Baldwin et al., 2016; Bögels et al., 2013; WHO, 2021). Na CID-11, a mudança foi semelhante, visto que passou a compor o capítulo de Transtornos de ansiedade e do medo e não mais o de Transtornos da infância, como era na CID-10 (Krawczyk & Święcicki, 2020; Reed et al., 2019).

Em crianças e adolescentes, a prevalência desse transtorno é em torno de 5,3%, podendo chegar a até 7% em crianças com idades entre 6 e 9 anos (Mohammadi et al., 2020). Embora muitas vezes os sintomas entrem em remissão na vida adulta, estima-se que haja uma prevalência de 6% ao longo da vida (Baldwin et al., 2016; Bögels et al., 2013). Cerca de 65% dos indivíduos com transtorno de ansiedade de separação apresentam comorbidades com outros transtornos mentais. Os mais comuns são transtorno depressivo, transtornos da personalidade e outros transtornos de ansiedade, como TP, fobias específicas, TAS e TAG (Bögels et al., 2013; Mohammadi et al., 2020).

Além do medo desproporcional da separação das figuras de apego, o diagnóstico do transtorno também inclui o sofrimento com a possibilidade de uma separação, preocupações persistentes e distorções cognitivas envolvendo a figura de apego (p. ex., doença ou morte), comportamentos para evitar a sepa-

TABELA 9.2

INSTRUMENTOS DE RASTREIO E AVALIAÇÃO DO TRANSTORNO DE ANSIEDADE SOCIAL

INSTRUMENTO	DESCRIÇÃO	ADMINISTRAÇÃO	QUANTIDADE DE ITENS
Escala de Ansiedade Social de Liebowitz (LSAS, do inglês Liebowitz Social Anxiety Scale)	Avalia como a ansiedade social desempenha um papel em uma variedade de situações.	Autoaplicável	24
Escala de Ansiedade Social – Reduzida (SPS-6, do inglês Social Phobia Scale)	Mensura e rastreia o transtorno de ansiedade social.	Autoaplicável	6
Inventário de Ansiedade e Fobia Social (SPAI, do inglês Social Phobia and Anxiety Inventory)	Avalia os aspectos somáticos, comportamentais e cognitivos do transtorno de ansiedade social.	Autoaplicável	45
Escala Breve de Fobia Social (BSPS, do inglês Brief Social Phobia Scale)	Avalia os diferentes sintomas característicos do transtorno de ansiedade social.	Aplicado por entrevistador	18
Inventário de Fobia Social (SPIN, do inglês Social Phobia Inventory)	Avalia três importantes dimensões que definem a fobia social: medo, esquiva das situações e sintomas de desconforto físico.	Autoaplicável	17

ração (p. ex., não ir à escola ou ao trabalho), sintomas somáticos na iminência de separação e/ou pesadelos que envolvem a separação. Os sintomas precisam ser avaliados em relação ao nível de desenvolvimento do indivíduo. De acordo com o DSM-5, a duração dos sintomas deve ser de pelo menos quatro semanas em crianças e de seis meses ou mais em adultos. A CID-11 orienta, assim como nos outros transtornos, que os sintomas estejam presentes por pelo menos vários meses (Kogan et al., 2016; Rebello et al., 2019; WHO, 2021).

O tratamento de escolha é a TCC, principalmente quando o transtorno ocorre em crianças e adolescentes. Quanto ao tratamento farmacológico, existe evidência científica para o uso de fluoxetina, sertralina e fluvoxamina (Katzman et al., 2014).

Métodos e técnicas de avaliação do transtorno de ansiedade de separação

A avaliação diagnóstica do transtorno de ansiedade de separação requer uma abordagem que muitas vezes envolve o indivíduo e os familiares – no caso de crianças e adolescentes, pode incluir os pais e, se apropriado, os professores ou outros cuidadores relevantes. É necessário questionar explicitamente sobre a presença dos sintomas no presente e no passado, sua duração e frequência e sua interferência nas atividades diárias, bem como as funções que podem exercer na vida do indivíduo. Também é importante reunir informações sobre o desenvolvimento dos primeiros sintomas do transtorno de ansiedade de separação ao longo do tempo e avaliar suas possíveis associações com transições maiores na vida ou eventos estressores.

Os instrumentos de avaliação utilizados na prática clínica ou em pesquisa são preenchidos pelo paciente, pais e/ou professores e são úteis para confirmar o diagnóstico, quantificar a severidade dos sintomas e monitorar a resposta ao tratamento.

Observações importantes para a avaliação e o diagnóstico do transtorno de ansiedade de separação

É necessário discriminar se os sintomas são mais bem explicados por outro transtorno mental. A recusa em sair de casa, por exemplo, talvez seja consequência de resistência excessiva à mudança, característica do transtorno do espectro autista; o isolamento social, dos quadros de transtornos do humor; os delírios ou alucinações envolvendo a separação podem ser sintoma de transtornos psicóticos; a recusa em sair sem um acompanhante confiável pode ser indicativo de agorafobia, e assim por diante (APA, 2014; WHO, 2021).

MUTISMO SELETIVO (6B06)

O mutismo seletivo é um transtorno em que o indivíduo apresenta dificuldade de se comunicar em algumas situações, embora consiga fazê-lo em outras. Essas falhas na comunicação podem acarretar prejuízos importantes nos âmbitos social, acadêmico e profissional. Até o DSM-III, o mutismo era considerado no contexto do transtorno de oposição desafiante (TOD), e utilizava-se o termo eletivo em vez de seletivo. Porém, a partir do DSM-IV, ele foi separado do TOD, com a compreensão de que a ausência da fala não se daria de forma intencional, assim como só se apresentaria em algumas situações (Hua & Major, 2016; Rozenek et al., 2020). Da mesma forma, a partir da CID-11, também houve a mudança de terminologia para mutismo seletivo – na CID-10 ainda constava mutismo eletivo (Kogan et al., 2016). Os fatores de risco para o desenvolvimento são sexo feminino, timidez, famílias com tendência ao comportamento evitativo e superproteção parental (Rozenek et al., 2020).

Os sintomas do mutismo seletivo caracterizam-se pelo fracasso na comunicação apenas em situações sociais específicas. Por exemplo, é comum que em crianças apareça na interação com pares ou em situações em que é esperado que elas falem, embora no núcleo familiar não apresentem nenhuma dificuldade de fala. Soma-se a isso, como sintoma, o prejuízo social ou educacional, assim como a duração dos sintomas, que devem persistir por pelo menos um mês, desconsiderando-se o período inicial de adaptação de uma criança na escola. No entanto, é importante atentar que para haver o diagnóstico de mutismo seletivo os sintomas não devem ser mais bem explicados por outro transtorno (p. ex., transtornos da comunicação ou do neurodesenvolvimento) (APA, 2014; Rozenek et al., 2020; WHO, 2021).

Tanto na CID-10 quanto no DSM-IV, o mutismo seletivo fazia parte dos transtornos da infância. No DSM-5, o mutismo seletivo integra o capítulo dos transtornos de ansiedade; já na CID-11, compõe o capítulo dos transtornos de ansiedade ou relacionados ao medo (Krawczyk & Święcicki, 2020; Rozenek et al., 2020). Os estudos apontam baixa prevalência do transtorno, variando de 0,11% (Hua & Major, 2016) a 0,7% (Rozenek et al., 2020). É comum que indivíduos com mutismo seletivo apresentem comorbidades com outros transtornos de ansiedade (p. ex., TAS, TAG e fobias específicas) e do neurodesenvolvimento (Hua & Major, 2016; Rozenek et al., 2020).

Métodos e técnicas de avaliação do mutismo seletivo

A avaliação do mutismo seletivo geralmente inclui uma combinação de entrevistas diagnósticas, preenchimento de questionários pelos pais e professores e observação do comportamento da criança pequena. À criança maior, pode-se pedir para responder questionários escritos e responder perguntas com sinais ou movimentando a cabeça.

Na anamnese, é necessário investigar a história geral de desenvolvimento da criança (oral, motor, linguagem), para excluir mutismo agudo devido a trauma psicológico ou lesão cerebral adquirida, além de certificar-se de que a criança não tem problemas de audição. Também é essencial coletar informações sobre o funcionamento acadêmico no jardim de infância ou escola, e recomenda-se realizar uma avaliação da linguagem não verbal e do raciocínio (inteligência).

Para propiciar uma maior colaboração da criança na avaliação, Oerbeck et al. (2019) citam algumas estratégias úteis:

- Realizar a avaliação com a participação dos pais e ajuda dos responsáveis com a apresentação dos elementos da avaliação se a criança desejar.
- Antes de iniciar a avaliação, explicar à criança que ela não precisa falar com o entrevistador.
- Mostrar os materiais de avaliação e explicar os formatos alternativos de resposta, como apontar, acenar com a cabeça ou responder por escrito (no caso de crianças mais velhas).
- A criança deve se sentar ao lado do profissional, como é habitual nas avaliações, para evitar o contato visual direto que muitas vezes deixa o paciente desconfortável. Dessa forma, a criança e o profissional concentram-se no material de avaliação que está em sua frente.
- Dar preferência para testes de vocabulário receptivo, em vez de medir o tempo, pois as crianças com mutismo seletivo podem demorar mais para responder devido ao medo de cometer erros.

Um teste interessante é o Peabody Picture Vocabulary Test (Dunn & Dunn, 2007), no qual o clínico fala uma palavra, e a criança aponta para a figura correspondente entre algumas alternativas. Outros testes não verbais, que promovam uma rápida estimativa da habilidade verbal, da aptidão escolar e da inteligência, também podem ser usados.

Observações importantes para a avaliação e o diagnóstico do mutismo seletivo

O diagnóstico só pode ser realizado se os sintomas não puderem ser mais bem explicados por outros transtornos, como os da comunicação (p. ex., transtorno da fluência com início na infância ou gagueira), não ocorrerem exclusivamente durante o curso do transtorno do espectro autista, esquizofrenia ou outro transtorno psicótico, nem estiverem relacionados a um desconhecimento ou desconforto com a língua falada necessária na situação social. Também é importante atentar para a possibilidade de mutismo transitório associado aos quadros de transtorno de ansiedade de separação (Rozenek et al., 2020).

CONSIDERAÇÕES FINAIS

Apesar da alta prevalência, muitos indivíduos com transtornos de ansiedade não são diagnosticados e não recebem cuidados básicos importantes, como psicoeducação. Em parte, isso pode ser devido às múltiplas apresentações clínicas existentes e à falta de segurança dos profissionais em diagnosticar e tratar com precisão essas condições, especialmente em ambientes não psiquiátricos. Assim, alguns pontos são importantes ao se avaliar um paciente com suspeita de transtorno de ansiedade ou relacionado ao medo:

- Questionar sobre sintomas somáticos e mentais de ansiedade, pois o paciente adaptado a alto grau de ansiedade, apesar de ter prejuízos, pode não reconhecer os sintomas ansiosos ou considerá-los parte de sua personalidade ou rotina.

- Investigar a ansiedade ou o medo de acordo com o foco de apreensão do paciente; ou seja, concentrar-se no estímulo relatado pelo indivíduo como desencadeador de sua ansiedade, excitação fisiológica excessiva e respostas comportamentais desadaptativas.
- Avaliar e descartar condições médicas, uso de substâncias/medicamentos ou abstinência como causa dos sintomas.
- Considerar os contextos social e cultural. Existem alguns conceitos culturais notáveis de sofrimento associado ao transtorno de pânico, que vinculam o pânico, o medo ou a ansiedade a atribuições etiológicas relacionadas a influências sociais e ambientais específicas (p. ex., ataque de nervos entre pessoas latino-americanas).

As mudanças no diagnóstico dos transtornos de ansiedade na CID-11 tornaram-na um sistema diagnóstico ainda mais próximo do DSM-5. Existe uma compreensão geral de que os transtornos de ansiedade fazem parte de um grupo comum que é diferente dos transtornos obsessivo-compulsivos e dos transtornos ligados ao estresse. Embora haja um componente ansioso importante no diagnóstico de hipocondria, por exemplo, há uma breve diferença na CID-11, que entende a hipocondria como um transtorno obsessivo-compulsivo, em relação ao DSM-5, que inclui a hipocondria entre os transtornos somatoformes (APA, 2014; First et al., 2021). A grande distinção dos dois sistemas diagnósticos reside na especificação temporal mais rígida do DSM-5 na duração dos sintomas – enquanto o DSM-5 especifica a duração de seis meses, na CID-11 a duração é de alguns meses. A CID-11 parece ser mais condizente com a apresentação clínica dos pacientes, que raramente especificam com tamanha precisão a duração dos sintomas ansiosos.

REFERÊNCIAS

American Psychiatric Association (APA). (2014). *Manual diagnóstico e estatístico de transtornos mentais: DSM-5* (5. ed.). Artmed.

Andrews, G., Bell, C., Boyce, P., Gale C., Lampe, L., Marwat, O., ... Wilkins, G. (2018). Royal Australian and New Zealand College of Psychiatrists clinical practice guidelines for the treatment of panic disorder, social anxiety disorder and generalized anxiety disorder. *Australian and New Zealand Journal of Psychiatry, 52*(12), 1109-1172.

Argyle, N., Deltito, J., Allerup, P., Maier, W., Albus, M., Nutzinger, D., Rasmussen, S., Ayuso, J. L., & Bech, P. (1991). The Panic-Associated Symptom Scale: measuring the severity of panic disorder. *Acta Psychiatrica Scandinavica,* 83(1), 2026. https://doi.org/10.1111/j.1600-0447.1991.tb05506.x

Asmundson, G. J., Taylor, S., & Smits, J. A. J. (2014). Panic disorder and agoraphobia: An overview and commentary on DSM-5 changes. *Depression and Anxiety, 31*(6), 480-486.

Balaram, K., & Marwaha, R. (2020). Agoraphobia. In *StatPearls.* https://europepmc.org/article/NBK/nbk554387

Baldwin, D., Gordon, R., Abelli, M., & Pini, S. (2016). The separation of adult separation anxiety disorder. *CNS Spectrums, 21*(4), 289-294.

Baxter, A., Scott, K., Vos, T., & Whiteford, H. (2013). Global prevalence of anxiety disorders: A systematic review and meta-regression. *Psychological Medicine, 43*(5), 897-910.

Baxter, A., Vos, T., Scott, K., Ferrari, A., & Whiteford, H. (2014). The global burden of anxiety disorders in 2010. *Psychological Medicine, 44*(11), 2363-2374.

Bögels, S. M., Knappe, S., & Clark, L. A. (2013). Adult separation anxiety disorder in DSM-5. *Clinical Psychology Review, 33*(5), 663-674.

Craske, M. G., & Stein, M. B. (2016). Anxiety. *Lancet, 388*(10063), 3048-3059.

Dunn, L. M., & Dunn, D. M. (2007). *PPVT-4: Peabody picture vocabulary test.* Pearson Assessments.

Eaton, W. W., Bienvenu, O. J., & Miloyan, B. (2018). Specific phobias. *The Lancet Psychiatry,* 5(8), 678-686.

El Khoury, J. R., Baroud, E. A., & Khoury, B. A. (2020). The revision of the categories of mood, anxiety and stress-related disorders in the ICD-11: A perspective from the Arab region. *Middle East Current Psychiatry* 27(1), 7.

First, M. B., Gaebel, W., Maj, M., Stein, D. J., Kogan, C. S., Saunders, J. B., ... Reed, G. M. (2021). An organization-and category-level comparison of diagnostic requirements for mental disorders in ICD-11 and DSM-5. *World Psychiatry, 20*(1), 34-51.

Hofmann, S. G., & Smits, J. A. (2008). Cognitive-behavioral therapy for adult anxiety disorders: A meta-analysis of randomized placebo-controlled trials. *The Journal of Clinical Psychiatry, 69*(4), 621-632.

Hua, A., & Major, N. (2016). Selective mutism. *Current Opinion in Pediatrics, 28*(1), 114-120.

Kessler, R. C., Chiu, W. T., Demler, O., Merikangas, K. R., & Walters., E. E. (2005). Prevalence, severity, and comorbidity of 12-month DSM disorders in the National Comorbidity Survey Replication. *Archives of General Psychiatry, 62*(6), 617-627.

Kessler R. C., Ruscio A. M., Shear, K., Wittchen, H. U. (2009). Epidemiology of anxiety disorders. In Stein M., Steckler T. (Eds.), *Behavioral neurobiology of anxiety and its treatment* (Vol. 2). Springer.

Kogan, C. S., Stein, D. J., Maj, M., First, M. B., Emmelkamp, P. M., & Reed, G. M. (2016). The classification of anxiety and fear-related disorders in the ICD-11. *Depression and Anxiety, 33*(12), 1141-1154.

Krawczyk, P., & Święcicki, Ł. (2020). ICD-11 vs. ICD-10: A a review of updates and novelties introduced in the latest version of the WHO International Classification of Diseases. *Psychiatria Polska, 54*(1), 7-20.

Lecrubier, Y., Sheehan, D., Weiller, E., Amorim, P., Bonora, I., & Sheehan, K. et al. (1997). The Mini international neuropsychiatric interview (MINI). A short diagnostic structured interview: reliability and validity according to the CIDI. *Eur Psychiatry*, 12, 224-231.

Leichsenring, F., & Leweke, F. (2017). Social anxiety disorder. *New England Journal of Medicine, 376*(23), 2255-2264.

Katzman M. A., Bleau P., Blier P., Chokka P., Kjernisted K., Van Ameringen M. ... Walker, J. R. (2014). Canadian clinical practice guidelines for the management of anxiety, posttraumatic stress and obsessive-compulsive disorders. *BMC Psychiatry, 14 Suppl 1*, S1.

Mohammadi, M. R., Pourdehghan, P., Mostafavi, S. A., Hooshyari, Z., Ahmadi, N., & Khaleghi, A. (2020). Generalized anxiety disorder: Prevalence, predictors, and comorbidity in children and adolescents. *Journal of Anxiety Disorders*, 73, 102234.

National Institute for Health and Care Excellence (NICE). (2013). *Social anxiety disorder: Recognition, assessment and treatment.* https://www.nice.org.uk/guidance/cg159/chapter/Recommendations

National Institute for Health and Care Excellence (NICE). (2019). Generalized anxiety disorder and panic disorder in adults: Management. https://www.nice.org.uk/guidance/cg113

Oerbeck, B., Manassis, K., Overgaard, K. R., & Kristensen, H. (2019). Mutismo seletivo. In J. M. Rey, A. Martin (Eds.), *JM Rey's IACAPAP e-textbook of child and adolescent mental health.* International Association for Child and Adolescent Psychiatry and Allied Professions. https://iacapap.org/_Resources/Persistent/257ef345b01138db5e53572d65510504bbddc342/F.5-MUTISMO-SELETIVO-ATUALIZADO-2019-PORTUGUES.pdf

Ravindran, L. N., & Stein, M. B. (2010). The pharmacologic treatment of anxiety disorders: A review of progress. *The Journal of Clinical Psychiatry, 71*(7), 839–54.

Rebello, T. J., Keeley, J. W., Kogan, C. S., Sharan, P., Matsumoto, C., Kuligyna, M., ... Reed, G. M. (2019). Anxiety and fear-related disorders in the ICD-11: Results from a global case-controlled field study. *Archives of Medical Research, 50*(8), 490-501.

Reed, G. M., First, M. B., Kogan, C. S., Hyman, S. E., Gureje, O., Gaebel, W., ... Saxena, S. (2019). Innovations and changes in the ICD-11 classification of mental, behavioural and neurodevelopmental disorders. *World Psychiatry, 18*(1), 3-19.

Rozenek, E. B., Orlof, W., Nowicka, Z. M., Wilczyńska, K., & Waszkiewicz, N. (2020). Selective mutism-an overview of the condition and etiology: Is the absence of speech just the tip of the iceberg? *Psychiatria Polska, 54*(2), 333-349.

Roy-Byrne, P. P., Craske, M. G., & Stein, M. B. (2006). Panic disorder. *The Lancet, 368*(9540), 1023-1032.

Shear, M.K. et al. (1997). Multicenter collaborative panic disorder severity scale. *Am. J.Psychiatry, Arlington*, 154(11), 1571-1575, 1997.

Sheehan, D., Lecrubier, Y., Sheehan, K.H., Janavs, J., Weiller, E., Keskiner, A. et al. (1997). The validity of the mini international neuropsychiatric interview (MINI) according to the SCID-P and its reliability. *Eur Psychiatry*, 12, p.232-241.

Shin, J., Park, D. H., Ryu, S. H., Ha, J. H., Kim, S. M., & Jeon, H. J. (2020). Clinical implications of agoraphobia in patients with panic disorder. *Medicine, 99*(30), e21414.

Showraki, M., Showraki, T., & Brown, K. (2020). Generalized anxiety disorder: revisited. *The Psychiatric Quarterly, 91*(3), 905-914.

Silva, W. V., & Figueiredo, V. L. M. (2005). Ansiedade infantil e instrumentos de avaliação: uma revisão sistemática. *Brazilian Journal of Psychiatry, 27*(4), 329-335.

Stein, D. J., Lim, C. C., Roest, A. M., De Jonge, P., Aguilar-Gaxiola, S., Al-Hamzawi, A., ... Scott, K. M. (2017). The cross-national epidemiology of social anxiety disorder: Data from the World Mental Health Survey Initiative. *BMC Medicine, 15*(1), 1-21.

Stein, D. J., Szatmari, P., Gaebel, W., Berk, M., Vieta, E., Maj, M., ... Reed, G. M. (2020). Mental, behavioral and neurodevelopmental disorders in the ICD-11: An international perspective on key changes and controversies. *BMC Medicine, 18*(1), 1-24.

Wilson, H., Mannix, S., Oko-osi, H., & Revicki, D. A. (2015). The impact of medication on health-related quality of life in patients with generalized anxiety disorder. *CNS Drugs, 29*(1), 29-40.

World Health Organization (WHO). (2021). *ICD-11 for mortality and morbidity statistics (ICD-11 MMS).* https://icd.who.int/browse11/l-m/en.

10

TÉCNICAS DE AVALIAÇÃO EM CASOS DE SUSPEITA DE TRANSTORNOS OBSESSIVOS OU RELACIONADOS

YGOR ARZENO FERRÃO
MARIA ALICE DE MATHIS
ALINE S. SAMPAIO
CRISTIANE FLÔRES BORTONCELLO

A avaliação de pacientes com transtorno obsessivo-compulsivo (TOC) ou com transtornos relacionados, aqui denominados transtornos do espectro obsessivo-compulsivo (TEOC) ainda é clínica, não havendo exames patognomônicos que a façam com adequada acurácia. Assim, a reunião de diversos conhecimentos clínicos auxilia tanto na diagnose quanto na escolha das ferramentas terapêuticas apropriadas.

O TOC é uma doença heterogênea, apresentando diversas formas de manifestação. Há uma variação nos conteúdos sintomáticos ou nos sintomas corolários (p. ex., ansiedade, depressão, fenômenos sensoriais, capacidade de *insight*) e na idade de início. Alguns sintomas podem estar presentes ou ausentes e oscilar em termos qualitativos e quantitativos ao longo da vida. A heterogeneidade do TOC também é observada nas distribuições familiares/genéticas distintas e na presença de diferentes comorbidades psiquiátricas ou clínicas, entre outros fatores. Assim, o refinamento diagnóstico de cada caso possibilita a instituição precoce de estratégias interventivas ou terapêuticas personalizadas e otimizadas para cada sujeito, incrementando as chances de sucesso dos tratamentos, como já ocorre em outras áreas da psiquiatria.

A evidência para a validade do agrupamento de outros transtornos (ditos relacionados ao TOC) inclui alto grau de coocorrência familiar, herdabilidade genética e aspectos neurobiológicos, bem como de resposta a tratamentos semelhantes. O transtorno de acumulação, por exemplo, considerado uma nova entidade nosológica na *Classificação internacional de doenças* (CID-11) (World Health Organization [WHO], 2021), também é caracterizado por impulsos repetitivos e comportamentos relacionados à aquisição e tem sido historicamente associado ao TOC. Outras condições, como tricotilomania, transtorno de cutucar a pele e transtorno de Tourette, são caracterizadas por comportamentos repetitivos focados no corpo e parecem ser mais comuns em familiares de pacientes com TOC. Embora continue a haver controvérsia relacionada à separação de algumas dessas condições – particularmente TOC e hipocondria – dos transtornos de ansiedade, seu agrupamento em um capítulo separado pode ser clinicamente útil, devido a suas altas taxas de comorbidade e semelhança de abordagens terapêuticas.

O grupo de trabalho sobre transtornos obsessivo-compulsivos e relacionados da CID-11 avaliou evidências sobre a validade desse agrupamento, bem como sua utilidade clínica, justificando a mudança de modo consistente (Reed et al., 2013). Uma observação interessante é que esse grupo de trabalho recomendou que o novo capítulo da CID-11 fosse mais amplo do que o do *Manual diagnóstico e estatístico de transtornos mentais* (DSM-5) (American Psychiatric Association [APA], 2013). A síndrome de referência olfativa, por exemplo, foi relatada em todo o mundo e parece ter muito em comum com o transtorno dismórfico corporal – portanto, sua inclusão foi recomendada na CID-11 (Reed et al., 2013). Enquanto o DSM-5 mantém o transtorno de ansiedade de doença na seção sobre transtornos de sintomas somáticos, a hipocondria parece apresentar sintomas que lembram tanto o TOC quanto os transtornos de ansiedade. Além disso, enquanto o DSM-5 inclui a síndrome de Tourette na seção sobre transtornos do neurodesenvolvimento, a CID-11 a inclui no capítulo sobre doenças do sistema nervoso. Ao mesmo tempo, o grupo de trabalho não recomendou a inclusão de outros transtornos de controle de impulsos como no DSM-5; foi sugerida, por exemplo, que a classificação do jogo patológico e do transtorno de comportamento sexual compulsivo ficasse em outros capítulos (Reed et al., 2013).

Ao permitir a noção de referência cruzada de certos transtornos (ou o que poderíamos chamar de características transdiagnósticas) em diferentes partes da nomenclatura nosológica, a CID-11 enfatiza que condições particulares podem ser vistas igualmente, de forma apropriada, sob diferentes pontos de vista. Por exemplo, por um lado, é importante que os neurologistas conceituem os transtornos de tique como uma das muitas condições caracterizadas por movimentos involuntários. Por outro, é necessário que os médicos e psiquiatras lembrem-se de avaliar tiques em indivíduos com TOC e transtornos relacionados, pois pacientes com e sem tiques têm diferenças clínicas importantes e podem exigir abordagens de tratamento um pouco diferentes. Isso apenas reflete o que já ocorre na prática clínica, quando tais pacientes, muitas vezes, são tratados por múltiplas especialidades médicas.

A Organização Mundial da Saúde (OMS) está particularmente preocupada com a utilidade da CID-11 em países de baixa e média renda, onde vivem 85% da população mundial. Dessa forma, este capítulo pretende, de modo prático, auxiliar e orientar a devida avaliação clínica de possíveis casos de TOC e transtornos relacionados, procurando focar no refinamento diagnóstico desses casos. Para isso, serão abordados os diagnósticos categoriais, de acordo com CID-11 (WHO, 2021), e dimensionais, a avaliação da gravidade dos sintomas obsessivo-compulsivos (SOC), o reconhecimento e avaliação de sintomas complementares que podem interferir nos resultados dos tratamentos (p. ex., fenômenos sensoriais, comportamentos evitativos, capacidade de *insight*, rituais mentais, funcionalidade do paciente, sintomas ansiosos e depressivos, suicidalidade) e a investigação detalhada de características clínicas (p. ex., história familiar, acomodação familiar, idade de início, duração e curso dos sintomas). Também é nosso objetivo apresentar de que forma as comorbidades psiquiátricas, neurológicas e clínicas podem confundir o diagnóstico e interferir nos tratamentos, ressaltar o papel de tratamentos anteriores (psicoterapias, psicofármacos, etc.) na apresentação clínica atual e sua interferência em tratamentos vindouros, e, finalmente, destacar como exames complementares (bioquímicos, eletrofisiológicos, de neuroimagem e genéticos) podem ajudar na adequada avaliação do TOC. Muitos dos tópicos descritos para avaliação e diagnóstico adequados e completos do TOC são necessários para a avaliação dos TEOC. Portanto, eles serão mais bem detalhados na seção relativa ao TOC – apenas destacaremos alguma eventual particularidade nos TEOC quando cabível.

TRANSTORNO OBSESSIVO--COMPULSIVO (6B20)

DIAGNÓSTICO CATEGORIAL

Para facilitar o refinamento diagnóstico das doenças e melhorar a comunicação entre profissionais da saúde, existem sistemas que permitem classificá-las de acordo com determinados critérios. Ambos os manuais de classificação diagnóstica atuais, o DSM-5 (American Psychiatric Association [APA], 2013) e a CID-11 (WHO, 2021), enquadram o TOC dentro do conjunto de TEOC. A Tabela 10.1 apresenta os transtornos agrupados no capítulo 6 da CID-11.

Uma característica comum dos transtornos nessa categoria é a presença de comportamentos repetitivos. Esse modo de classificar os TEOC tem implicações na prática clínica, pois os profissionais ficam encorajados a investigar a presença de outros transtornos do grupo e atentos a demais sintomas que podem sugerir sobreposições fenomenológicas ou diagnósticos adicionais. São reconhecidos como especificadores a qualidade do *insight* (crítica) sobre o conteúdo dos sintomas e o diagnóstico concomitante de transtornos de tique. Além deles, características como o tipo de sintoma e a idade de início precoce do aparecimento dos primeiros sintomas já se mostraram associadas a padrões específicos de achados em neuropsicologia, neurobiologia e de resposta ao tratamento.

Para haver o diagnóstico de TOC, de acordo com os critérios atuais da APA (2013), é necessário que os sintomas estejam presentes por pelo menos uma hora por dia, causem sofrimento ao paciente e/ou a seus familiares e interfiram no desempenho acadêmico ou profissional ou no convívio familiar e social do indivíduo. Orientações diagnósticas semelhantes são apresentadas na CID-11 (WHO, 2021). Algumas modificações específicas nas diretrizes da CID-11, em relação à CID-10, foram recomendadas, incluindo: esclarecer a definição de obsessões (ou seja, que elas podem ser pensamentos, imagens ou impulsos) e compulsões (ou seja, que elas podem ser comportamentos ou atos mentais e não chamá-las de estereotipadas); afirmar que as compulsões estão frequentemente associadas a obsessões; e remover o requisito de duração mínima de duas semanas. Além disso, um diagnóstico de TOC não deve mais ser excluído se houver comorbidade com transtorno de Tourette, esquizofrenia ou transtornos depressivos. Além disso, os especificadores da CID-10 (ou seja, pensamentos predominantemente obsessivos, atos compulsivos ou mistos) foram substituídos por um especificador para *insight* (quando o *insight* é de razoável a bom, é acrescentado ".0" ao código original; quando não há *insight*, é acrescentado ".1"). Em ambos os sistemas classificatórios, não existem diferenças nos critérios para o diagnóstico de crianças, adolescentes e adultos.

DIAGNÓSTICO DIMENSIONAL DOS SINTOMAS OBSESSIVO-COMPULSIVOS

A avaliação dimensional por conteúdo do sintoma pode ajudar a manejar o impacto da heterogeneidade do TOC e auxiliar em tratamentos personalizados mais eficazes para cada dimensão específica. Com base na lista

TABELA 10.1

CARACTERIZAÇÃO DO GRUPO DE TRANSTORNO OBSESSIVO-COMPULSIVO E TRANSTORNOS RELACIONADOS DA CID-11

TRANSTORNO	CÓDIGO	BREVE DEFINIÇÃO	INCLUSÕES	EXCLUSÕES
Transtorno obsessivo-compulsivo	6B20	O transtorno obsessivo-compulsivo é caracterizado pela presença de obsessões ou de compulsões persistentes, ou mais comumente ambas. As obsessões são pensamentos, imagens ou impulsos repetitivos e persistentes que são intrusivos, indesejados e comumente associados à ansiedade. O indivíduo tenta ignorá-las, suprimi-las, ou neutralizá-las realizando compulsões, que são comportamentos repetitivos, incluindo atos mentais que o indivíduo se sente impelido a realizar em resposta a uma obsessão, de acordo com regras rígidas, ou para alcançar uma sensação de "completude". Para que o transtorno obsessivo-compulsivo seja diagnosticado, as obsessões e compulsões devem consumir muito tempo (p. ex., levar mais de uma hora por dia) ou resultar em sofrimento ou prejuízo psicossocial significativos.	• Neurose anancástica • Neurose obsessivo-compulsiva	• Comportamento obsessivo-compulsivo (MB23.4)
Transtorno dismórfico corporal	6B21	O transtorno dismórfico corporal é caracterizado pela preocupação persistente com um ou mais defeitos ou falhas percebidas na aparência que são imperceptíveis ou apenas levemente perceptíveis aos outros. Os indivíduos experimentam uma autoconsciência excessiva, muitas vezes com ideias de referência (ou seja, a convicção de que as pessoas estão percebendo, julgando ou falando sobre o defeito ou falha percebida). Em resposta à sua preocupação, envolvem-se em comportamentos repetitivos e excessivos, que incluem o exame repetido da aparência ou da gravidade do defeito ou falha percebida, tentativas excessivas de camuflar ou alterar o defeito ou falha percebida ou evitação acentuada de situações sociais ou gatilhos que aumentam o sofrimento sobre o defeito ou falha percebida.		• Anorexia nervosa (6B80) • Transtorno de angústia corporal (6C20) • Preocupação com a aparência do corpo (QD30-QD3Z)

▶▶

TABELA 10.1

CARACTERIZAÇÃO DO GRUPO DE TRANSTORNO OBSESSIVO-COMPULSIVO E TRANSTORNOS RELACIONADOS DA CID-11

TRANSTORNO	CÓDIGO	BREVE DEFINIÇÃO	INCLUSÕES	EXCLUSÕES
Transtorno de referência olfativa	6B22	O transtorno de referência olfativa é caracterizado pela preocupação persistente com a crença de que se está emitindo um odor corporal ou hálito desagradável que é imperceptível ou apenas levemente perceptível para os outros. Os indivíduos experimentam uma autoconsciência excessiva sobre o odor percebido, muitas vezes com ideias de referência (ou seja, a convicção de que as pessoas estão percebendo, julgando ou falando sobre o odor). Em resposta à sua preocupação, envolvem-se em comportamentos repetitivos e excessivos (p. ex., verificar repetidamente o odor corporal ou a fonte percebida do cheiro, buscar repetidamente reafirmação, tentar excessivamente camuflar, alterar ou impedir o odor percebido ou esquivar-se acentuadamente de situações sociais ou gatilhos que aumentam a angústia sobre o odor desagradável percebido).	• Associação com manifestações sintomáticas de transtornos psicóticos primários (6A25)	
Hipocondria	6B23	A hipocondria é caracterizada por preocupação persistente ou medo sobre a possibilidade de ter uma ou mais doenças graves, progressivas ou com risco de vida. A preocupação é acompanhada por: 1) comportamentos repetitivos e excessivos relacionados à saúde, como checar repetidamente o corpo em busca de evidências de doença, gastar quantidades excessivas de tempo procurando informações sobre a doença temida, buscar repetidamente garantias (p. ex., organizar várias consultas médicas); ou 2) comportamento de evitação mal-adaptativo relacionado à saúde (p. ex., evitar consultas médicas).	• Neurose hipocondríaca • Transtorno de ansiedade de doença • Associação com ataque de pânico (MB23.H)	• Transtorno dismórfico corporal (6B21) • Transtorno de angústia corporal (6C20) • Medo de câncer (MG24.0)

▶▶

TABELA 10.1

CARACTERIZAÇÃO DO GRUPO DE TRANSTORNO OBSESSIVO-COMPULSIVO E TRANSTORNOS RELACIONADOS DA CID-11

TRANSTORNO	CÓDIGO	BREVE DEFINIÇÃO	INCLUSÕES	EXCLUSÕES
Transtorno de acumulação	6B24	O transtorno de acumulação é caracterizado pelo acúmulo de bens que resulta em desordem dos espaços de vida, a ponto de comprometer seu uso ou segurança. A acumulação ocorre devido a impulsos ou comportamentos repetitivos relacionados a acumular itens e à dificuldade em descartar bens, devido a uma necessidade percebida de salvar itens e à angústia associada ao seu descarte. Se as áreas de convivência estiverem organizadas, isso se deve apenas à intervenção de terceiros (p. ex., familiares, faxineiros, autoridades). A acumulação pode ser passiva (p. ex., acúmulo de panfletos ou correspondência recebida) ou ativa (p. ex., aquisição excessiva de itens gratuitos, comprados ou roubados).		
Transtornos de comportamentos repetitivos focados no corpo	6B25	Os transtornos de comportamento repetitivo focados no corpo são caracterizados por ações recorrentes e habituais direcionadas ao tegumento (p. ex., remoção de cabelo, lesões na pele, abrasões nos lábios). O comportamento pode ocorrer em breves episódios dispersos ao longo do dia ou em períodos menos frequentes, porém, mais sustentados.		• Tricotilomania • Transtorno de movimento estereotipado de arrancar o cabelo (6A06)
Tricotilomania	6B25.0	A tricotilomania é caracterizada pelo ato de puxar recorrentemente o próprio cabelo, levando a uma perda significativa de fios, acompanhado de tentativas malsucedidas de diminuir ou interromper o comportamento. O puxão dos pelos pode ocorrer em qualquer região do corpo em que eles crescem, mas os locais mais comuns são o couro cabeludo, as sobrancelhas e as pálpebras. Pode ocorrer em breves episódios dispersos ao longo do dia ou em períodos menos frequentes, porém, mais prolongados.	• Tricotilomania • Depilação compulsiva de cabelo	• Transtorno de movimento estereotipado (6A06)

▶▶

TABELA 10.1

CARACTERIZAÇÃO DO GRUPO DE TRANSTORNO OBSESSIVO-COMPULSIVO E TRANSTORNOS RELACIONADOS DA CID-11

TRANSTORNO	CÓDIGO	BREVE DEFINIÇÃO	INCLUSÕES	EXCLUSÕES
Transtorno de escoriação	6B25.1	O transtorno de escoriação é caracterizado por cutucar recorrentemente a própria pele, levando a lesões cutâneas, acompanhado de tentativas malsucedidas de diminuir ou interromper o comportamento. Os locais mais comumente escolhidos são o rosto, os braços e as mãos, porém, muitos indivíduos escolhem múltiplos locais do corpo. A escoriação da pele pode ocorrer em breves episódios dispersos ao longo do dia ou em períodos menos frequentes, porém, mais prolongados.	• Transtorno de escoriação • Picadura/ machucadura de pele	• Transtorno de escoriação • Escoriação aguda da pele (ME62.9) • Escoriação crônica da pele (ME63.7)
Transtornos obsessivo--compulsivos ou relacionados induzidos por substâncias	6C45.72 6C46.72 6C47.72 6C4E.72 6C4G.72 6C4F.72	Cocaína Estimulantes (anfetaminas, metanfetamina ou metacatinona) Catinona sintética Outra substância psicoativa especificada Substância psicoativa desconhecida ou não especificada Múltiplas substâncias psicoativas especificadas		
Transtorno obsessivo--compulsivo ou transtornos relacionados secundários	6E64	Síndrome caracterizada pela presença de obsessões proeminentes, compulsões, acumulação e comportamentos repetitivos focados no corpo (p. ex., cutucar a pele, puxar o cabelo) ou outros sintomas característicos de transtorno obsessivo-compulsivo e transtorno relacionado, que é considerado a consequência fisiopatológica direta de um transtorno ou doença não classificada em transtornos mentais e comportamentais, com base em evidências da história, exame físico ou achados laboratoriais. Os sintomas não são explicados por *delirium* ou por outro transtorno mental e comportamental e não são uma resposta psicologicamente mediada a uma condição médica grave (p. ex., ruminações repetitivas em resposta		• *Delirium* (6D70) • Transtorno obsessivo-compulsivo ou relacionado induzido por outra substância psicoativa especificada (6C4E.72) • Distúrbios de tiques (8A05)

▸▸

TABELA 10.1

CARACTERIZAÇÃO DO GRUPO DE TRANSTORNO OBSESSIVO-COMPULSIVO E TRANSTORNOS RELACIONADOS DA CID-11

TRANSTORNO	CÓDIGO	BREVE DEFINIÇÃO	INCLUSÕES	EXCLUSÕES
		a um diagnóstico de risco de vida). Esta categoria deve ser usada em adição ao diagnóstico para o suposto distúrbio ou doença subjacente quando os sintomas obsessivo-compulsivos ou relacionados são suficientemente graves para justificar atenção clínica específica.		
Transtorno de Tourette	8A05.00	Transtorno de tique crônico caracterizado pela presença de tiques motores crônicos e tiques vocais (fônicos), com início durante o período de desenvolvimento. Tiques motores e vocais são definidos como movimentos ou vocalizações súbitos, rápidos, não rítmicos e recorrentes, respectivamente. Para haver o diagnóstico de síndrome de Tourette, os tiques motores e vocais devem estar presentes há pelo menos um ano, embora possam não se manifestar concomitante ou consistentemente ao longo do curso sintomático.	• Transtorno combinado de tiques vocais e motores múltiplos	
Outros transtornos obsessivo-compulsivos ou relacionados especificados	6B2Y			
Transtornos obsessivo-compulsivos ou relacionados, não especificados	6B2Z			

Fonte: World Health Organization (2021).

de SOC possíveis, análises fatoriais ajudam a identificar agrupamentos (fatores) de sintomas com características semelhantes ou que ocorrem concomitantemente (p. ex., simetria/arranjo, sexo/religião, contaminação/limpeza e acumulação). A limitação desse modelo é que alguns sintomas estariam classificados como obsessões e compulsões diversas, sendo excluídos da maior parte das análises baseadas em categorias. Alguns modelos fatoriais são até mesmo apoiados por padrões de herdabilidade, achados genéticos e de neuroimagem. Por exemplo, a dimensão de acumulação se destaca como um fator distinto das demais, pois esses sintomas estão menos correlacionados com outros SOC ou de ansiedade.

MÉTODOS E TÉCNICAS DE AVALIAÇÃO DO TRANSTORNO OBSESSIVO-COMPULSIVO: REFINANDO O DIAGNÓSTICO

Além do diagnóstico de sintomas psicopatológicos nucleares de modo categorial e dimensional, outros métodos e técnicas de avaliação, especialmente com relação a sintomas complementares, são essenciais para a melhor compreensão do TOC e, assim, para a personalização do tratamento. A seguir, descrevemos esses sintomas complementares e sua avaliação, de modo a identificá-los adequadamente e a mensurá-los. Além disso, abordamos também instrumentos de avaliação dos sintomas nucleares do TOC.

Fenômeno sensorial

Aproximadamente 65% dos pacientes com TOC apresentam compulsões que são precedidas não por obsessões, mas por experiências subjetivas conhecidas como fenômenos sensoriais (FS), a exemplo do que acontece com os tiques no transtorno de Tourette. Essa expressão abrange uma variedade de experiências subjetivas, também conhecidas por impulsos premonitórios, tiques sensoriais, percepções de perfeição, experiências sensoriais, sentimentos de incompletude e sensação de que não está correto (Ferrão et al., 2012; Leckman et al., 1994). Essas sensações corporais podem ser táteis, visuais, auditivas, gustativas, viscerais ou proprioceptivas (músculos, articulações), porém, às vezes, são de difícil descrição (p. ex., incompletude ou vazio, energia interna, urgência ou premência). Os FS podem coocorrer com as obsessões, sendo que aproximadamente 40% dos pacientes os consideram como tão ou mais determinantes do que as obsessões na realização das compulsões (Ferrão et al., 2012; Miguel et al., 2000). A investigação detalhada (tipos e gravidade dos FS) pode requerer usar instrumentos como a Escala de Fenômenos Sensoriais da Universidade de São Paulo (Rosario et al., 2009).

Os FS parecem estar associados a um início mais precoce e ao conteúdo de simetria, organizações e arranjos, podendo levar a maior gravidade dos SOC e de sintomas ansiosos e depressivos, bem como de menor capacidade de *insight*. A existência de tiques motores e/ou vocais, assim como a ocorrência de tiques em familiares, pode ser indicativo da sua presença. Assim, os FS podem impactar o tratamento e o prognóstico do TOC, já que podem influenciar na escolha de estratégias para melhorar a resposta aos tratamentos, como técnicas de reversão de hábitos e/ou aumento com agentes dopaminérgicos.

Comportamentos evitativos

Comportamentos evitativos são atos executados com o intuito de evitar ou impedir o contato imaginário ou direto com conteúdo, situações, locais, objetos, imagens ou algo que esteja relacionado com as obsessões. Esse contato, percebido como perigoso ou ruim, é evitado pelo indivíduo, que acredita que, dessa forma, estará livre de medo ou ansiedade por não "provocar" os sintomas. Os comportamentos de evitação foram observados em mais de 25% dos pacientes com TOC e costumam estar associados às obsessões com conteúdos relacionados à contaminação e à agressividade e, raramente, às obsessões de simetria, ordem, arranjo e colecionismo (McGuire et al., 2012).

Essa estratégia tem a finalidade de afastar ou diminuir o medo, o desconforto ou a ansiedade, e no momento do comportamento de evitação ela parece "funcionar", porque de fato a pessoa sente um alívio imediato. No entanto, as obsessões e os sintomas reaparecem, e a pessoa volta a utilizar a mesma estratégia de esquiva buscando o alívio. A partir disso, inicia um novo ciclo (obsessão, medo, desconforto e comportamento de esquiva), que se retroalimenta (mantendo a mente ativada constantemente para novas obsessões ou pensamentos disfuncionais). Isso atrapalha o enfrentamento por meio de exposição e prevenção de rituais (EPR), padrão-ouro no tratamento para TOC, e impede que o paciente se dê conta de crenças distorcidas e melhore o *insight*, prejudicando as relações familiares, sociais e interpessoais como um todo.

Os comportamentos evitativos de um indivíduo com TOC estão relacionados às suas obsessões, que variam muito de pessoa para pessoa, assim como as estratégias utilizadas. Na Tabela 10.2, descrevemos alguns exemplos de estratégias utilizadas pelos pacientes com TOC, pois podem servir de base para ajudar o clínico a entender a diversidade dos SOC e a traçar um plano de realizar as perguntas da forma mais adequada possível durante a consulta, facilitando a compressão por parte do paciente do que se quer saber exatamente.

TABELA 10.2

EXEMPLOS COMUNS DE COMPORTAMENTOS EVITATIVOS EM PACIENTES COM TRANSTORNO OBSESSIVO-COMPULSIVO

- Evitar sair de casa para não ter que checar janelas, portas, botijão de gás.
- Evitar lavar a louça para não entrar em contato com sujeira.
- Não passar na frente de cemitério ou funerária por medo de que algo ruim aconteça consigo ou sua família.
- Evitar tomar banho, por causa de demora no chuveiro com rituais.
- Não passar na frente ou entrar em hospital por medo de pegar uma doença.
- Evitar cumprimentar, tocar ou olhar certas pessoas (p. ex., homossexuais, pessoas com doenças contagiosas), por medo de se transformar no que assusta ou ter a mesma doença.
- Evitar trocar de roupa por ter lentificação ao se vestir.
- Não ir a restaurantes ou na casa de familiares, por acreditar que os pratos e talheres podem estar mal lavados.
- Evitar doar coisas por ser acumulador.
- Evitar vestir roupas de cor vermelho ou preto por considerar que algo de ruim acontecerá.
- Evitar contato íntimo (p. ex., beijo, sexo) com outras pessoas para não sentir nojo.
- Evitar ficar próximo de objetos pontiagudos, por acreditar que pode ter um impulso de agredir alguém querido.
- Evitar contato com familiares, por temer obsessões de conteúdo sexual (p. ex., molestar crianças ou fazer sexo com pessoas próximas).
- Deixar de cortar alimentos viscosos como carne, frango ou peixe para não sentir nojo.
- Abrir portas de locais públicos ou de banheiro com os pés ou utilizar papéis para evitar "contaminar" as mãos.

Insight

O termo *insight* tem sido utilizado pela psicanálise para referir-se a clareza e compreensão súbita sobre uma situação, solução de um problema ou algo que envolva a capacidade de o indivíduo se dar conta e, com isso, adquirir um novo aprendizado ou entendimento. Há outras perspectivas desse conceito, trazendo uma visão transdiagnóstica, o que auxilia na avaliação dos transtornos psiquiátricos. Existem três componentes do *insight*: o reconhecimento da própria doença, a habilidade de reconhecer os sintomas e o cumprimento do tratamento (David, 1990).

Embora exista um vasto número de publicações sobre *insight*, incluindo exames de neuroimagem em pacientes com transtornos psicóticos (p. ex., transtornos delirantes, esquizofrenia e transtorno bipolar), comportamento suicida e condições neurológicas, alguns profissionais da saúde mental já sabem que não é um fator associado somente a delírios e alucinações ou restrito aos transtornos psicóticos.

Nos capítulos destinados ao TOC e transtornos relacionados do DSM-5 (APA, 2013) e da CID-11 (WHO, 2021), indica-se que o avaliador observe e avalie a capacidade de *insight* do paciente ao fazer o diagnóstico do TOC, conferindo intensidades para o *insight*. São elas: *insight* bom ou razoável, quando o indivíduo reconhece que as crenças do TOC são definitivas ou provavelmente não verdadeiras ou que podem ou não ser verdadeiras; *insight* pobre, quando o indivíduo acredita que as crenças do TOC são provavelmente verdadeiras; e o *insight* ausente/crenças delirantes, quando o indivíduo está completamente convencido de que as crenças do TOC são verdadeiras (Benatti et al., 2021; WHO, 2021). Essa avaliação é muito importante e precisa ser criteriosa, pois sabe-se que os pacientes com *insight* bom ou razoável têm mais chance de melhora durante o tratamento com terapia cognitivo-comportamental (TCC) e EPR, em comparação com os pacientes que têm *insight* ausente. Estes, pela dificuldade de perceber sua condição, em geral, não conseguem realizar o enfrentamento das tarefas de exposição relacionadas aos SOC e, por isso, mostram pior prognóstico, podendo ser considerados resistentes ao tratamento (Raffin et al., 2008).

Para proporcionar mais qualidade à avaliação do *insight* e torná-la mais objetiva, podem ser utlizados instrumentos como a Brown Assessment of Beliefs Scale (BABS) (Eisen et al., 1998) ou a Nepean Beliefs Scale (NBS) (Brakoulias et al., 2018). Ambas objetivam quantificar a capacidade de *insight* do paciente, podendo ser utilizadas em pesquisas ou no ambiente clínico-assistencial.

Um estudo mostrou que pacientes com TOC com *insight* pobre parecem apresentar algumas especificidades, como maior presença de qualquer FS, maior prevalência de uso de neurolépticos e maior gravidade dos sintomas de acumulação. Além disso, indivíduos com *insight* pobre aparentemente iniciam o tratamento mais tardiamente, permanecendo mais tempo sem tratamento, quando comparados àqueles com bom *insight* (Avila et al., 2019). Tal característica parece influenciar diretamente o prognóstico, pois um erro na avaliação pode conduzir a um tratamento inadequado ou mais prolongado e dispendioso. Investigar adequadamente o *insight* do paciente torna possível utilizar intervenções mais apropriadas para melhorar o *insight* (p. ex., psicoeducação e entrevistas motivacionais), aumentando sobremaneira o engajamento no tratamento.

Rituais mentais

Os rituais ou compulsões mentais são atos mentais repetitivos, voluntários e intencionais (comportamentos compulsivos) que o paciente faz “dentro da sua cabeça”, com o intuito de aliviar a ansiedade, medo ou desconforto causado pelas obsessões. Nem todos os sujeitos com TOC têm compulsões mentais, e, entre os que as apresentam, nem todos se dão conta de que isso é um ritual (executado dentro da mente) mantenedor do TOC. Dessa forma, é papel do clínico, durante a avaliação, perguntar sobre tais características dos sintomas. Para facilitar o entendimento sobre rituais mentais, descrevemos, na Tabela 10.3, alguns dos mais comuns.

As compulsões mentais funcionam de maneira semelhante às compulsões comumente observadas em pacientes com TOC (Benatti et al., 2021; WHO, 2021). Por isso, sugere-se que os clínicos investiguem os rituais com perguntas diretas e objetivas, para diferenciar obsessões de rituais mentais. Um exemplo seria: “É um pensamento intencional que reduz a ansiedade? Se sim, é um ri-

TABELA 10.3

EXEMPLOS DE RITUAIS MENTAIS MAIS COMUNS EM PACIENTES COM TRANSTORNO OBSESSIVO-COMPULSIVO

- Necessidade de fazer listas mentais e lembrá-las em uma certa ordem.
- Repassar mentalmente várias vezes um texto lido para checar se está ok.
- Colocar um "bom" pensamento em cima de um "mal" pensamento.
- Visualizar repetidas vezes uma mesma cena ou filme (dentro da mente).
- Repassar uma conversa com detalhes (dentro da mente) para garantir que nada tenha ficado para trás.
- Rezar (dentro da mente) porque acredita que fazendo isso nada de ruim acontecerá consigo ou com um familiar.
- Refazer um caminho ou trajeto (dentro da cabeça) para certificar-se de que não atropelou alguém.
- Repetir palavras ou fazer contagens (dentro da mente) com o objetivo de aliviar a ansiedade.

tual mental, ou é um pensamento indesejável que provoca a ansiedade? Se sim, é uma obsessão?".

Até o momento, não há instrumentos específicos para avaliar somente os rituais mentais. A Escala Obsessivo-Compulsiva de Yale-Brown (Y-BOCS, do inglês Yale-Brown Obsessive-Compulsive Scale) (Goodman et al., 1989) e a Escala Dimensional Obsessivo-Compulsiva de Yale-Brown (DY-BOCS, do inglês Dimensional Yale-Brown Obsessive-Compulsive Scale) (Rosario-Campos et al., 2006) apresentam perguntas relacionadas às compulsões mentais.

No caso dos rituais mentais, as técnicas de exposição utilizadas envolvem o exercício do "Para!". Por meio dele, o paciente pode: identificar antecipadamente as situações gatilho; identificar possíveis manobras; repetir em voz alta "pare!" ou "chega!", para tentar interromper a compulsão; desviar o foco da atenção para estímulos externos (ouvir música, ver televisão, ligar para um amigo, ler jornal, fazer uma tarefa); bater palmas ou dar uma batida forte para cortar o fluxo do pensamento; não repetir qualquer palavra ou frase para si mesmo; expor-se à obsessão imaginária ou situacional. Como os rituais mentais são preditivos de maior severidade e cronicidade, é necessária a detecção precoce desses sintomas em específico, pois isso ajudará também nas relações interpessoais e na melhora na qualidade de vida dos indivíduos com TOC.

Funcionalidade

Uma parte importante da avaliação é verificar a duração, a frequência e a intensidade dos SOC, porque isso indica a funcionalidade do paciente. No caso do TOC, devem ser verificadas quantas horas o paciente fica envolvido com pensamentos intrusivos e rituais (estratégias de evitação ou outras manobras mantenedoras do TOC como, por exemplo, deixar de receber visitas por medo de contrair alguma doença). A atenção aqui deve ser redobrada, porque, em geral, não é comum que o paciente diga espontaneamente, por exemplo, se faz algum ritual mental – às vezes, ele não sabe o que é um ritual mental.

Outra questão fundamental que envolve a funcionalidade, e deve ser observada, tem relação com as redes de apoio (amigos, família, colegas de trabalho ou escola, namorado(a), esposo(a), entre outros). Trata-se de uma análise muito relevante, pois fornece informações valiosas sobre os relacionamentos interpessoais do paciente e sua capacidade para exercer tarefas cotidianas (demandas domésticas ou que envolvam deslocamentos), autocuidado (asseio, alimentação, saúde) e compromissos (estudos, trabalhos, eventos).

Sabe-se que a pessoa com TOC costuma demorar mais tempo para buscar tratamento (entre 15 e 20 anos) e, às vezes, o faz apenas quando já está incapacitada ou pela cobrança da família. Não encontramos, até o momento, instrumentos específicos para avaliar a funcionalidade no TOC. No entanto, um grupo de trabalho em qualidade de vida da OMS desenvolveu a versão abreviada do WHO-QOL-100, o WHOQOL-bref, disponível em língua portuguesa (Brasil), sendo uma escala de qualidade de vida com 26 questões divididas em quatro domínios: físico, psicológico, relações sociais e meio ambiente (Kluthcovsky & Kluthcovsky, 2009). Além disso, a Escala de Avaliação de Incapacidades da OMS (WHO-DAS 2.0) foi desenhada para avaliar o nível de funcionalidade em seis domínios de vida (cognição, mobilidade, autocuidado, convivência social, atividades de vida e participação na sociedade) e abrange os domínios da Classificação Internacional de Funcionalidade, Incapacidade e Saúde (CIF) – há uma versão traduzida para o português (Brasil) (Silveira et al., 2013).

Ansiedade

Os sintomas de ansiedade podem e costumam ocorrer junto com os dos TEOC. Vale lembrar que até a quarta edição do DSM, o TOC pertencia ao grupo de transtornos de ansiedade, juntamente com os transtornos de pânico, de ansiedade generalizada, de estresse pós-traumático (TEPT) e fobias social e específica. Todos eles apresentam a ansiedade como uma característica importante. Dessa forma, analisar a gravidade e os tipos de sintomas de ansiedade mostra-se necessário na avaliação clínica do paciente, podendo-se utilizar quaisquer escalas disponíveis na literatura. Os instrumentos ofertados podem medir a mudança proporcionada pelo tratamento, comparar a gravidade dos diversos sintomas, motivar os pacientes a desafiarem a extensão de seus sintomas e seu comprometimento e informar ao médico as distintas apresentações de sintomas e áreas deficientes de cada paciente.

Depressão

De forma similar aos sintomas de ansiedade, pacientes com TOC podem apresentar sintomas depressivos, na maior parte das vezes, secundários ao TOC. Sua avaliação, também por meio de escalas, pode ser muito útil, especialmente para a escolha de medicamentos. Assim, ao tratar dos sintomas do TOC, os sintomas depressivos também são tratados. Além disso, é comum observar melhora nos sintomas depressivos quando o paciente observa uma melhora no quadro obsessivo-compulsivo. A avaliação minuciosa dos sintomas depressivos pode facilitar o engajamento no tratamento psicoterápico, pois o paciente precisará de energia para desafiar o TOC.

Suicidalidade

A prevalência de fenômenos relacionados ao suicídio é bastante frequente em pacientes com TOC. Ideação suicida corrente foi descrita em quase 30% dos pacientes, podendo chegar a cerca de 50% ao longo da vida. As tentativas de suicídio ao longo da vida, contudo, atingem aproximadamente 15% dessa população (Pellegrini et al., 2021; Torres et al., 2011), e as mortes relacionadas ao suicídio ocorrem em 1% dos casos (Treolar & Mayet, 2021). Em pacientes com TOC, as tentativas de suicídio foram associadas ao aumento na gravidade das obsessões, ao uso de substâncias e à gravidade dos sintomas depressivos/ansiosos. Já a ideação suicida foi associada a gravidade das obsessões, menor escolaridade, maiores taxas de desemprego, uso/abuso de álcool, transtornos da personalidade e história familiar de suicídio (Pellegrini et al., 2021)

Em uma amostra brasileira, constatou-se que 36% dos pacientes relataram pensamentos suicidas ao longo da vida, 20% tinham feito planos suicidas, 11% já haviam tentado suicídio e 10% apresentaram pensamentos suicidas atuais (Torres et al., 2011). Foi observado que uma maior suicidalidade estava associada a sintomas de conteúdo sexual/religioso/moral, comorbidade com transtorno depressivo maior, TEPT, transtornos por uso de substâncias e transtorno do controle de impulsos (Torres et al., 2011). Explorando essa mesma amostra com técnicas de aprendizado de máquina, Agne et al. (2022) encontraram que planejamento de suicídio anterior, pensamentos suicidas anteriores, episódio depressivo ao longo da vida e transtorno explosivo intermitente são importantes preditores de novas tentativas de suicídio. Em pacientes com TEOC, as taxas de ideação suicida também são altas, variando em torno de 13% para os *grooming behaviors* (tricotilomania e escoriação neurótica), 24% para transtorno de acumulação e 35% para transtorno dismórfico corporal (Pellegrini et al., 2021).

A implicação clínica desses resultados é que os profissionais devem ter em mente que os pacientes com TOC e TEOC correm um risco relativamente alto de comportamento suicida. Por isso, devem ser investigados ativamente a ideação suicida, os planos e a história pessoal (e familiar) de tentativas anteriores de suicídio.

História familiar

A investigação da história familiar de TOC ou de TEOC pode dar uma ideia não apenas dos aspectos genéticos, mas também de gravidade e das possibilidades terapêuticas, pois se um familiar responde a um determinado fármaco, há mais chance de o paciente também responder ao medicamento. A história familiar de tiques ou transtorno de Tourette, por exemplo, pode indicar o uso de fármacos adjuvantes aos inibidores de recaptação da serotonina (IRS), com ação dopaminérgica, como os antipsicóticos atípicos. A chance de um paciente com TOC ter um familiar com TOC é em torno de 5 vezes maior do que na população geral (Browne et al., 2015).

Acomodação familiar

O termo acomodação familiar descreve o comportamento dos familiares de pessoas com TOC, que, ao perceberem o sofrimento devido à doença, sentem vontade de ajudá-las a se sentirem melhor e manifestam comportamentos de reasseguramento (p. ex., deixar tudo organizado para o ente querido não ficar ansioso, checar portas e janelas para que ele não fique cansado ou ansioso, repetir combinações para acalmá-lo). Esses comportamentos acabam acomodando os sintomas da pessoa acometida pelo TOC, dando uma sensação de alívio. Porém, esse reasseguramento oferecido pelo familiar, além de não resolver o problema, mantém o TOC ativo.

A acomodação familiar pode se manifestar de forma lenta e gradativa, e, às vezes, ocorre desde o início dos sintomas (na infância ou adolescência) ou à medida que eles vão se tornando mais graves. Tanto a pessoa com TOC quanto o familiar acabam assumindo comportamentos com o intuito de obter alívio (deixar de sentir ansiedade, medo, nojo, raiva, etc.), sem se dar conta de que esse não é o caminho resolutivo e adequado para vencer o transtorno.

Essa estratégia aprendida e repetida por muito tempo, tanto pelo familiar (de acomodar os sintomas) quanto pelo paciente (de solicitar o reasseguramento), retroalimenta os sintomas do TOC. A prevalência dos comportamentos de acomodação pelos familiares e as ações mais comuns foram investigadas em um estudo conduzido no Sul do Brasil com 114 familiares de pacientes com TOC. Concluiu-se que 98,2% realizavam algum tipo de acomodação ao menos uma vez na semana, e 69,3% realizavam alguma acomodação diariamente (Gomes et al., 2014).

A alteração na rotina, ocasionada pelo tempo gasto com esses comportamentos e o desgaste emocional, ocasionado pelos sentimentos desagradáveis despertados, interferem de forma intensa nas relações interpessoais e familiares, nas atividades diárias (p. ex., quando o paciente perde muito tempo no banho, quando pressiona o familiar a dar respostas) e, com isso, na qualidade de vida. O fenômeno de acomodação familiar é um fator de risco para separações e divórcios, em razão dos constantes conflitos e brigas que os sintomas provocam na família, e demissões no trabalho, por causa da interferência na produtividade – ou seja, compromete a vida do indivíduo e de sua família.

No estudo mencionado, o ato de "tolerar comportamentos do TOC" foi realizado por 86% dos familiares, o de "prover reasseguramento" ocorreu em 65% da amostra, o de "modificar a rotina da família" esteve presente em 63,2% dos familiares e o "modificar a rotina pessoal" foi relatado por 56,1% dos familiares (Gomes et al., 2014). A Figura 10.1 explica o impacto negativo do TOC na família.

Para a entrevista com os familiares, sugere-se a Escala de Acomodação Familiar (traduzida e validada para o Brasil da Family Accommodation Scale for Obsessive-Compulsive Disorder – Interviewer-Rated) (Calvocoressi et al., 1999), que permite reconhecer o impacto do transtorno sobre a família e a potencial influência da acomodação familiar na manutenção dos sintomas. Vários fatores influenciam na acomodação dos familiares em relação ao TOC, como a gravidade dos sintomas, a baixa tolerância a incertezas e o excesso de perfeccionismo. Esses aspectos ocasionam vergonha e constrangimento ao paciente e familiares, por isso, é fundamental aproximar a família do tratamento de indivíduos com TOC, pois ela é coadjuvante no processo de mudança, podendo contribuir ou limitar os avanços (Gomes et al., 2014), devendo ser devidamente treinada e educada para entender e ajudar o paciente.

Idade de início dos sintomas

A idade de início dos SOC impacta no nível de *insight* e padrão de comorbidades. O longo tempo entre início de sintomas (quanto mais precoce, pior) e busca por tratamento (quanto mais tardio, pior) dificulta um prognóstico positivo. Pode-se considerar como início pre-

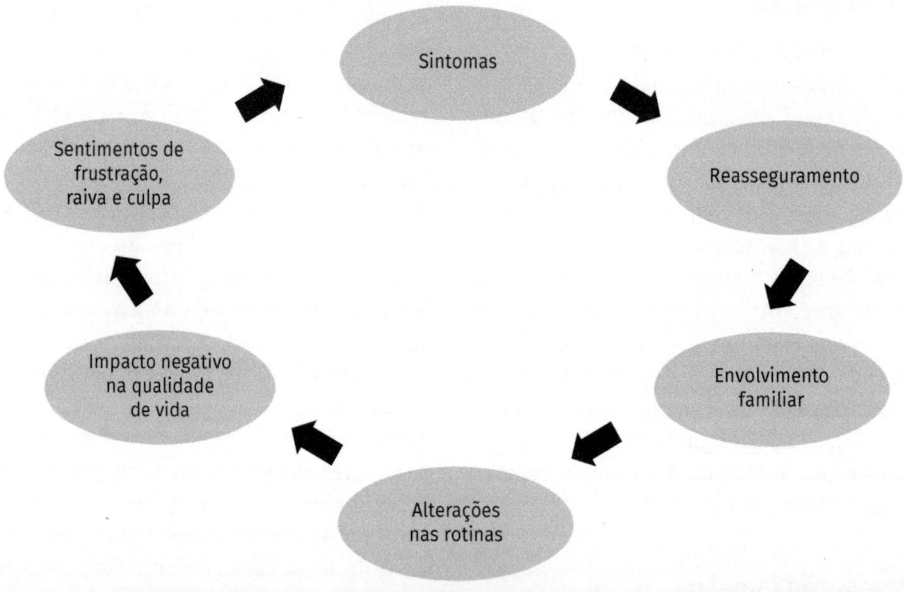

FIGURA 10.1

Transtorno obsessivo-compulsivo e acomodação familiar.
Fonte: Elaborada com base em Gomes et al. (2014).

coce quando os SOC se manifestam antes dos 10 anos, (Mathis et al., 2008) e início tardio após os 40 anos (Fontenelle et al., 2003).

Curso dos sintomas

O TOC é descrito classicamente como um transtorno crônico, com períodos de melhora e piora, sendo que o início dos sintomas pode ser agudo ou insidioso, não havendo, até o momento, um único padrão de evolução determinado. Em grande parte dos casos, o TOC inicia-se apenas com uma obsessão e/ou compulsão, havendo posteriormente uma sobreposição dos sintomas. É bastante comum o aparecimento de sintomas leves que não trazem sofrimento ou interferência na vida do indivíduo antes do aparecimento do quadro clínico completo. Dificilmente há períodos assintomáticos. Os sintomas aparecem, geralmente, no início da idade adulta, com quase 50% dos casos (Sharma et al., 2021) se apresentando durante a infância ou adolescência. Os homens tendem a ter uma idade de início mais precoce do que as mulheres, porém, na idade adulta, a prevalência nas mulheres é, em pequena margem, superior. Alguns autores descrevem baixas taxas de remissão completa em estudos de seguimento, ocorrendo apenas entre 10% e 20% dos indivíduos (Albert et al., 2018). Outros 5% a 10% experimentam piora progressiva de seus sintomas. Alguns casos na infância podem seguir um curso episódico (Albert et al., 2018).

Comorbidades psiquiátricas

O conceito de comorbidade passou a ser utilizado em estudos clínicos para se referir à coexistência de transtornos diagnosticados em um mesmo indivíduo. A presença de pelo menos um transtorno psiquiátrico adicional é comum para a maioria dos pacientes com TOC, com taxas de comorbidade chegando a até 92%. Em um estudo epidemiológico, Torres et al. (2006) encontraram altas taxas de comorbidade psiquiátrica (62%) em pacientes com diagnóstico de TOC: 37% apresentaram episódio depressivo maior, 31%, transtorno de ansiedade generalizada, 22%, agorafobia ou transtorno de pânico, 20%, dependência de álcool, 17%, fobia social e 15%, fobia específica (Torres et al., 2006). A presença de pelo menos mais um diagnóstico psiquiátrico (ou, pelo menos, de sintomas adicionais) no indivíduo com TOC aumenta a gravidade do quadro e dificulta o prognóstico, sendo fator preditivo de baixa resposta à farmacoterapia.

Estudos epidemiológicos sugerem que a comorbidade com transtornos ansiosos ou de humor é a mais comum. É sugerido que essa associação poderia ser resultado da expressão de uma vulnerabilidade comum aos dois transtornos, e o fenótipo resultante seria secundário à combinação de fatores genéticos e ambientais. O transtorno depressivo é a comorbidade mais comum em pacientes com TOC, tanto em adultos como em crianças, especialmente quando o início é precoce (Hong et al., 2004).

Comorbidades neurológicas e clínicas

Sendo o TOC e transtornos relacionados predominantemente manifestações de alterações dos neurocircuitos córtico-estriado-tálamo-corticais, a comorbidade desses transtornos com doenças neurológicas não é incomum, constituindo o que alguns autores chamam de espectro obsessivo-compulsivo (Russel et al., 2013). Entre os transtornos que atuam em comorbidade ao TOC com mais frequência são: coreia de Sydenham, doença de Huntington, autismo e transtorno de tique ou Tourette e doença de Parkinson.

Tanto o TOC quanto os transtornos relacionados podem ser decorrentes de condições clínicas, uma vez que o início é dado como agudo e temporalmente associado a eventos causais. Um exemplo seria o desenvolvimento de transtornos pediátricos neuropsiquiátricos autoimunes associados a infecções estreptocócicas, conhecidos pela sigla PANDAS (do inglês, *Pediatric autoimmune neuropsychia-*

tric disorders associated with streptococcus). As lesões cerebrais pós-trauma cranioencefálico e o uso de agentes neurolépticos atípicos, como a clozapina, durante o tratamento da esquizofrenia também são exemplos de condições clínicas que podem ser considerados eventos causais de TOC. O início após os 40 anos, considerado tardio, pode ser indicativo de algum processo demencial, especialmente doença de Alzheimer ou demência vascular.

Há poucos estudos exploratórios sobre condições clínicas gerais em pacientes com TOC. E como elas podem interferir na resposta ao tratamento (p. ex., incrementando crenças disfuncionais ou impedindo o uso de determinados fármacos), deve ser dada especial importância a esses fatores clínicos, como alterações de sono decorrentes de SOC (especialmente quando associadas a sintomas depressivos) e alterações alimentares (obsessões, compulsões, dúvidas, perfeccionismo e outras características desafiadoras que podem afetar drasticamente o processo de alimentação). Também pode haver medos envolvendo a ideia de magicamente ser machucado ou de machucar outra pessoa se um determinado alimento for selecionado ou não for consumido de uma maneira específica. Algumas formas típicas do TOC, para neutralizar o desconforto, são mastigar os alimentos em um número de vezes determinado, ter rituais para manipulação de utensílios, lavar as mãos ou alimentos excessivamente e só ser capaz de comer de acordo com horários ou lugares designados. Os comportamentos alimentares vinculados ao TOC também podem levar a obesidade, síndrome metabólica, diabetes melito e condições cardiovasculares, independentemente do uso crônico de medicamentos.

Em relação às gestantes, o transtorno afeta cerca de 1 a cada 100 mulheres. O TOC perinatal é mais comum após o nascimento do que na gravidez – cerca de 2 a 3 a cada 100 mulheres são afetadas no ano após o parto. Tanto o TOC como os transtornos relacionados parecem se intensificar nas mulheres durante a gravidez, talvez devido ao aumento dramático da progesterona e de outros hormônios. É comum, por exemplo, que mulheres grávidas e puérperas afetadas por TOC tenham pensamentos intrusivos sobre danos aos bebês, a elas mesmas ou a outros membros da família (Russell et al., 2013).

Tratamentos prévios

Psicoterápicos

O tratamento psicoterápico de primeira linha para TEOC é a TCC, e especificamente para o TOC é recomendada a técnica de EPR (Ferrão et al., 2007; McKay et al., 2015). A intervenção consiste no reconhecimento dos estímulos desencadeadores de ansiedade (no caso do TOC, as obsessões), na exposição controlada a esses estímulos e na prevenção das respostas que costumam produzir alívio da ansiedade como consequência (no caso do TOC, as compulsões). A EPR proporciona aos pacientes com TOC um processo de habituação aos estímulos aversivos e, consequentemente, com o passar do tempo e da repetição dos exercícios, esses estímulos tendem a enfraquecer e a causar menos ansiedade ou desconforto. Com o intuito de reduzir a ansiedade gerada por essa intervenção, foram agregadas outras técnicas aos protocolos de terapia, incluindo componentes cognitivos e outras intervenções comportamentais, como a exposição não sistemática. Entre as técnicas cognitivas utilizadas no TOC, podemos citar a reestruturação cognitiva para pensamentos de hiper-responsabilização do indivíduo, superestimação do perigo, perfeccionismo e supervalorização da importância dos pensamentos.

Além das técnicas já consagradas de EPR, duas novas modalidades de intervenção terapêutica foram adicionadas aos tratamentos com evidência de eficácia para os transtornos ansiosos (incluindo TOC): a terapia de aceitação e compromisso (ACT, do inglês *acceptance and committment therapy*) e técnicas de mente plena (do inglês *mindfulness*).

A avaliação pormenorizada de quais técnicas psicoterápicas foram previamente utilizadas, o tempo de psicoterapia, o grau de resposta, a motivação e disponibilidade para fazer psicoterapia no momento (que podem ser influenciadas por certas comorbidades ou até mesmo por questões financeiras ou de acesso) e a qualificação do profissional que realizou a TCC devem ser investigadas no momento da avaliação.

Farmacológicos

A avaliação de tratamentos farmacológicos prévios é especialmente importante para determinar a resistência e refratariedade do quadro. Ter informações a respeito de medicamentos e dosagens prévias, bem como tempo de uso, apesar de importante, pode ser um desafio, pois nem sempre os pacientes memorizam esses dados (especialmente se o quadro é de longa data). É útil oferecer exemplos dos nomes comerciais dos medicamentos. A primeira escolha farmacológica no tratamento do TOC são os IRS, geralmente em doses mais altas do que as utilizadas em depressão ou outros transtornos ansiosos. Pacientes que não respondem a uma tentativa de primeira linha seriam resistentes ao tratamento. Cerca de 30% dos indivíduos não obtêm resposta adequada a diversas tentativas de tratamento, sendo, então, refratários (Ferrão et al., 2007). A resposta parcial ao tratamento é definida como uma redução entre 25% e 35% do escore em alguma escala, e a resposta completa, uma redução de 35% ou mais (Bloch & Storch, 2015).

Ainda não há consenso, porém, um paciente pode ser considerado refratário quando apresenta melhora inferior a 25%, apesar de receber um curso adequado de tratamento com TCC (EPR) e pelo menos dois cursos adequados de medicamentos IRS (incluindo clomipramina) por pelo menos 12 semanas (sendo ao menos oito semanas em dose máxima tolerada) (Bloch & Storch, 2015).

A adesão adequada ao uso dos medicamentos deve ser cuidadosamente avaliada, de preferência com a informação de um familiar. A não adesão ao tratamento é comum em pacientes com TOC, uma vez que efeitos adversos são frequentes (devido ao mecanismo de ação típico desses medicamentos e à dosagem utilizada) e sintomas residuais podem desacreditar os resultados parciais obtidos. Fazer uma lista de medicamentos e dosagens máximas toleradas, bem como o grau de resposta a cada medicamento (ou a cada estratégia de sinergismo medicamentoso – medicações concomitantes) pode auxiliar na tomada de decisão do próximo tratamento a ser instituído.

Outros tratamentos

Uma opção de tratamento para pacientes refratários é a neurocirurgia, que só é indicada em casos muito restritos (pessoas que não se beneficiam com a farmacoterapia nem com a psicoterapia comportamental, que tenham sintomas muito graves por pelo menos cinco anos e que estejam muito incapacitadas ou apresentando comportamentos suicidas). As taxas de melhora com a neurocirurgia variam de 27% a 100%, sendo difícil determinar a técnica cirúrgica mais efetiva. Os eventos adversos mais frequentes são fadiga, ganho de peso, lentificação mental, irritabilidade, apatia e convulsões transitórias (Hariz, 2021).

A estimulação cerebral profunda (ECP) é outra opção para casos refratários. Trata-se de um implante de eletrodos em regiões específicas do cérebro, que possibilitam transmissão e recepção de um estímulo elétrico contínuo de alta frequência a partir de um gerador de pulso externo similar a um marca-passo cardíaco. O procedimento é menos invasivo do que a neurocirurgia convencional, porém, existem riscos na colocação do eletrodo (p. ex., de infecções, hemorragia cerebral e crises convulsivas após a intervenção). A ECP é bem tolerada pela maioria dos pacientes, todavia, podem surgir alterações discretas no paladar e olfato, mudanças autonômicas, sudorese, náusea, etc. Se o tratamento não trouxer benefícios, todo o aparelho pode ser removido sem grandes consequências para o paciente. Sua principal desvantagem em relação à neurocirurgia convencional é o custo elevado. De toda forma, esse custo pode ser justificável, em razão da incapacitação causada pela doença em casos graves e da boa resposta à intervenção.

Uma terceira opção de tratamento é a estimulação magnética transcraniana repetitiva (EMTr), uma técnica neurofisiológica que permite a indução de um campo magnético no cérebro de maneira indolor e não invasiva. A EMTr é realizada colocando-se uma bobina sobre a cabeça do paciente para a emissão de pulsos magnéticos que atuam sobre o cérebro de maneira focalizada. Dependendo da frequência utilizada, os estímulos podem aumentar ou diminuir a atividade da área cerebral atingida. Assim, é possível aplicar os pulsos magnéticos terapeuticamente, modulando (equilibrando) o funcionamento neuronal na região-alvo.

Essa técnica tem um perfil minimamente invasivo, e seus efeitos adversos são de baixo significado clínico. A Food and Drug Administration (FDA) aprovou o uso de EMTr profunda no córtex pré-frontal medial e cingulado anterior como um adjunto para o tratamento de pacientes adultos com TOC (Lefaucheur et al., 2020). No Brasil, há aprovação para uso clínico pela Agência Nacional de Vigilância Sanitária (Anvisa).

Se, na avaliação, o paciente mencionar que já realizou algum desses procedimentos, provavelmente a gravidade e a complexidade do caso são notórias, e pode ser necessário contatar os profissionais que atendiam o paciente e realizaram tais procedimentos, para uma compreensão mais completa do caso. Nessas situações, recomenda-se a composição de uma equipe de atendimento, com psiquiatra, psicólogo, neurologista e, às vezes, outros profissionais da área da saúde (terapeutas ocupacionais, acompanhantes terapêuticos, educadores físicos, etc.), bem como o atendimento e suporte aos familiares ou cuidadores.

MÉTODOS E TÉCNICAS DE AVALIAÇÃO DO TRANSTORNO OBSESSIVO-COMPULSIVO: EXAMES COMPLEMENTARES

Análise bioquímica

Não há evidências de quaisquer exames de sangue para diagnosticar TOC. Alguns, contudo, podem auxiliar nas condutas terapêuticas, especialmente a psicofarmacológica, e fazer parte da rotina de investigação complementar. Alguns deles são:

- Exames de função hepática e renal: grande parte dos medicamentos é metabolizada no fígado, mas outros são de metabolização renal. Então, é relevante identificar insuficiências ou disfunções hepáticas/renais, que podem interferir no metabolismo de algumas substâncias, e ajustar dosagens quando necessário.
- Exames de função tireoidiana: a presença de hipotireoidismo pode simular quadros depressivos e ansiosos leves; o hipertireoidismo pode causar crises de ansiedade.
- Cortisol/ACTH/CRH: o cortisol é liberado pela adrenal em resposta a um aumento nos níveis sanguíneos do hormônio adrenocorticotrófico (ACTH), liberado pela hipófise anterior devido ao estímulo do hormônio liberador de corticotrofina (CRH), do hipotálamo. O estresse crônico causado pelo TOC pode elevar as taxas desses hormônios, causando disfunção em neurocircuitos específicos, principalmente aqueles que envolvem o hipocampo e o córtex pré-frontal. Assim, a avaliação desses hormônios, apesar de não ser patognomônica de TOC, auxilia no entendimento do sofrimento do paciente.
- ASO/Anti-DNAase B (na investigação de PANDAS): os títulos de antiestreptolisina O (ASO) e antidesoxirribonuclease B (anti-DNase B) começam a aumentar cerca de 1 semana após a infecção por estreptococos beta-hemolíticos do grupo A e alcançam o pico cerca de 1 a 2 meses após a infecção.

Ambos os títulos podem permanecer elevados por vários meses, mesmo após infecções não complicadas.

Exames eletrofisiológicos - eletroencefalograma

Apesar dos avanços tecnológicos recentes, estudos com eletroencefalograma (EEG) para investigar TOC são relativamente esparsos. A aplicação de EEG qualitativo em pacientes com TOC pode identificar alterações eletrencefalográficas ainda não específicas, como o aumento da potência bipolar na faixa alfa em regiões centrais ou aumento da potência em teta, principalmente nas áreas frontais, devendo-se levar em conta o uso de medicamentos e o grau de resposta a eles. Investigações mais acuradas e com amostras suficientes estão em andamento, porém, sua utilidade clínica ainda é questionável.

Exames de neuroimagem

Modelos baseados em neurocircuitos do TOC podem fornecer uma ponte importante entre os aspectos da fenomenologia clínica (sintomas e perfis clínicos), das alterações neurocognitivas específicas e das disfunções neurobiológicas subjacentes, que podem, por sua vez, ser alvo de tratamentos personalizados e mais eficazes. Várias técnicas de neuroimagem têm ajudado nessa investigação, porém, a aplicação clínica ainda é restrita, não havendo, até o momento, achados patognomônicos que indiquem o diagnóstico de TOC (Shephard et al., 2021).

Neuroimagem estrutural

Exames de neuroimagem estrutural podem mostrar alterações anatômicas que, de modo geral, são consequência de disfunções de neurocircuitos, ou causas talvez inatas de algumas dessas alterações. As alterações anatômicas precisam ser correlacionadas com as alterações clínicas apresentadas pelo paciente para que tenham significado.

- Tomografia computadorizada e ressonância magnética: os principais achados são a diminuição significativa do volume do núcleo caudado e as anormalidades nos circuitos fronto-estriato-talâmicos, especialmente alterações no núcleo caudado, putâmen, globo pálido e região estriatal (Parmar & Sarkar, 2016).
- Morfometria baseada em voxel: os principais achados são o aumento do volume da substância cinzenta nas regiões orbitofrontal e para-hipocampal, a redução do volume de substância cinzenta no giro frontal inferior e medial, giro cingulado, giro temporal superior e ínsula (papel do córtex parietal na fisiopatologia do TOC), os volumes menores de substância cinzenta e branca frontal bilateralmente, incluindo córtex pré-frontal dorsomedial, córtex cingulado anterior e giro frontal inferior. Mudanças relacionadas ao tratamento também foram sugeridas nessas áreas (Parmar & Sarkar, 2016).

Neuroimagem funcional

As técnicas de imagem funcional medem indiretamente os níveis de atividade em áreas cerebrais específicas e têm sido usadas para determinar se as estruturas envolvidas no TOC estão anormalmente ativas.

- Tomografia computadorizada por emissão de pósitrons (PET-TC): os principais achados são o metabolismo aumentado no córtex orbitofrontal, núcleo caudado, córtex cingulado anterior, núcleo lenticular, tálamo e córtex parietal. Estudos PET também têm sido aplicados para avaliar a alteração nas taxas metabólicas locais de glicose (LMRGlc) antes e após o tratamento. Os achados relatados de forma mais consistente após o tratamento são a diminuição de LMRGlc no córtex orbitofrontal, giro frontal anterior e núcleo caudado (Parmar & Sarkar, 2016).
- Ressonância magnética funcional: os principais achados são a ativação diminuída

em várias estruturas corticais e subcorticais, incluindo córtex caudado e orbitofrontal, e a diminuição da ativação cerebral durante o planejamento em córtex pré-frontal dorsolateral, tálamo e córtex parietal, não apenas em pacientes com TOC, mas também em seus gêmeos monozigóticos. Estudos procuraram, ainda, possíveis mudanças nos padrões de ativação do cérebro antes e depois dos tratamentos com medicamentos e com psicoterapia. De modo geral, as pesquisas apontam para o papel das várias regiões do circuito do circuito talâmico cortico-estriatal envolvidas na fisiopatologia do TOC e a possível normalização de tais alterações após um tratamento eficaz (Parmar & Sarkar, 2016).

Modalidades de neuroimagem mais recentes

- Espectroscopia de ressonância magnética: os principais achados são a redução nos níveis de N-acetil-aspartato em várias regiões do cérebro envolvidas no circuito talâmico cortico-estriatal (incluindo corpo estriado, tálamo, gânglios da base e córtex cingulado anterior), os níveis elevados de glutamina e glutamato em pacientes com TOC (p. ex., núcleo caudado e córtex cingulado anterior – estado hiperglutaminérgico). Alguns estudos também relatam um aumento nos níveis de Mio-inositol, indicando crescimento compensatório na síntese de fosfolipídios, renovação da membrana e mielinização nas regiões do cérebro envolvidas na fisiopatologia do TOC. Aumento nos níveis de N-acetil-aspartato e diminuição nos níveis de glutamina e Mio-inositol após o tratamento bem-sucedido com IRS e com TCC tambem foram observados. Em resumo, estudos de espectroscopia de ressonância magnética sugerem redução da viabilidade neuronal e do estado hiperglutaminérgico nas áreas do circuito talâmico cortico-estriatal, que são potencialmente reversíveis após o tratamento bem-sucedido (Parmar & Sarkar, 2016).
- Tensor de difusão: os principais achados são a alteração da conectividade da substância branca, especialmente no corpo caloso e feixe cingulado, e a radiação talâmica anterior e parietal (Parmar & Sarkar, 2016).

Exames genéticos

Os exames de avaliação genética para uso clínico ainda são limitados. A avaliação genética etiológica para TOC só tem indicação no caso de comorbidade com outros sinais e sintomas sugestivos de doença genética (p. ex., distúrbio do desenvolvimento neuropsicomotor ou crescimento, transtorno do espectro autista [TEA], dismorfias complexas, distrofia muscular). Nesses casos, a avaliação de um geneticista é o ideal. Pode ser feito o exame CGH-array, que avalia variações nos números de cópias (deleções, transposições ou inserções) ou o painel para transtornos do desenvolvimento (Sociedade Brasileira de Genética Médica [SBGM], 2011). Já o sequenciamento de exoma completo deve ser reservado para casos sem conclusão pelos exames anteriores.

A avaliação farmacogenética dos psicofármacos (genes da família *CYP450*) pode ser útil para um direcionamento na escolha dos medicamentos, a fim de reduzir o tempo em tentativas terapêuticas, ou para pacientes com história de intolerância a diversas medicações (Zai, 2021). O custo, contudo, continua sendo um fator que limita seu uso na prática clínica.

MÉTODOS E TÉCNICAS DE AVALIAÇÃO DO TRANSTORNO OBSESSIVO-COMPULSIVO: MEDIDAS DE GRAVIDADE

A maior gravidade dos SOC está associada à refratariedade, a taxas mais altas de comorbidades (p. ex., depressão maior) e a maiores prevalências de suicidalidade (Benatti et al., 2021).

A Y-BOCS (Goodman et al., 1989) é considerada padrão-ouro para avaliação de sintomas e de gravidade do TOC. A lista da escala determina quais sintomas incomodam o paciente, e, então, a gravidade é avaliada separadamente para obsessões e para compulsões, com uma pontuação de 0 a 4. São avaliados o tempo ocupado pelos sintomas, a interferência no funcionamento do indivíduo, o incômodo causado, o grau de resistência relativa aos sintomas e o grau de controle obtido. Recentemente uma segunda versão foi publicada (para adultos, Y-BOCS II, e para crianças, CY-BOCS II), alterando a avaliação de gravidade em cada item para de 0 a 5, na tentativa de separar quadros graves de extremos. Entre os aspectos envolvidos na avaliação de gravidade das obsessões, foi removido o item resistência e incluído o tempo livre de obsessões (Storch et al., 2010). Outras medidas de gravidade, autoaplicáveis, e em versão reduzida, estão listadas na Tabela 10.4.

Outros instrumentos ainda carecem de versão validada em língua portuguesa, como Schedule of Compulsions, Obsessions, and Pathological Impulses (SCOPI); Clark-Beck Obsessive-Compulsive Inventory (CBOCI); Leyton Obsessional Inventory (LOI); Short Leyton Obsessional Inventory Survey Form (Short LOI-CV Survey Form); Short OCD Screener (SOCS) e Vancouver Obsessive-Compulsive Inventory (VOCI).

Observações importantes para a avaliação e o diagnóstico do transtorno obsessivo-compulsivo

A Tabela 10.5, a seguir, sumariza alguns itens importantes a serem considerados na avaliação do TOC.

TRANSTORNO DISMÓRFICO CORPORAL (6B21)

Pessoas com transtorno dismórfico corporal (TDC) em geral experimentam um alto grau de autoconsciência, bem como ideias de autorreferência. Com frequência, os indivíduos experimentam uma imagem corporal distorcida ou uma impressão de que parecem feios, imperfeitos, assimétricos, desproporcionais ou defeituosos para os outros. Não toleram adequadamente a rejeição ou humilhação. Qualquer parte do corpo pode ser foco do defeito percebido, porém, é mais comumente observado em aspectos relacionados ao rosto (especialmente pele, nariz, cabelo, olhos, dentes, lábios, queixo). Com frequência, há múltiplos defeitos falsamente percebidos pelo paciente. A queixa pode ser queda de cabelo, e na pele, acne, rugas, cicatrizes, marcas vasculares, palidez, rubor e flacidez. Às vezes, a preocupação é vaga, ou consiste em uma percepção geral de feiura ou de "não estar certo" ou de ser muito masculino/feminino. Essas pessoas podem verificar repetidamente essas características em espelhos, buscar reasseguramento questionando os outros ou tentar camuflar ou alterar suas características. Alternativamente, há a tentativa de evitar situações públicas ou sociais para livrar-se das consequências temidas. É pouco identificado em populações psiquiátricas onde, por vergonha e estigma, os pacientes aparentemente escondem suas dificuldades ou apresentam sintomas de depressão, ansiedade social ou TOC quando seu principal problema é o TDC. Indivíduos com TDC podem passar por procedimentos dermatológicos e cirurgias estéticas desnecessárias, que desperdiçam recursos ao não abordar o problema subjacente.

O grupo de trabalho da CID-11 incluiu o TDC no agrupamento de TEOC com base na semelhança da fenomenologia com outros transtornos da mesma seção (Reed et. al., 2013). Sua descrição clara na CID-11 (em comparação com a CID-10) deve ajudar os profissionais da saúde de outras áreas, como clínicos gerais, dermatologistas, dentistas ou cirurgiões plásticos, a reconhecer suas características clínicas e a ajudar a reduzir o risco de tratamento inadequado. Assim, a CID-11 indica que a característica principal do transtorno é a preocupação exagerada (p. ex., pe-

TABELA 10.4

INSTRUMENTOS PARA AVALIAÇÃO DE SINTOMAS E GRAVIDADE DO TRANSTORNO OBSESSIVO-COMPULSIVO

MEDIDA	FORMA DE APLICAÇÃO	EXTENSÃO OU DURAÇÃO	FAIXA ETÁRIA	DESCRIÇÃO
Child Behavior Checklist – Obsessive-Compulsive Subscale (CBCL-OCS)	Heterorrelato	20 min	4 a 18 anos	Triagem para transtornos emocionais e comportamentais na infância. Módulo com questões para triagem de TOC.
Children's Florida Obsessive-Compulsive Inventory (C-FOCI)	Autorrelato	5 a 10 min	Crianças e adolescentes	Triagem e gravidade de sintomas de TOC.
Escala de Obsessões e Compulsões para Adolescentes	Autorrelato	67 itens	Adolescentes	Triagem e lista de sintomas com dois fatores: cognitivos e sensoriais/compulsões.
Postpartum Thougths and Behavior Checklist (PTBC)	Autorrelato	10 a 15 min	Adolescentes e adultas puérperas	Triagem e lista de sintomas: 35 pensamentos intrusivos com sete temas relacionados ao pós-parto; 13 questões sobre compulsões ou rituais mentais.
Obsessional Beliefs Questionnaire (OBQ-44)	Autorrelato	44 itens	Adultos	Três domínios de pensamentos disfuncionais no TOC: 1) responsabilidade e estimativa de ameaça; 2) importância e controle dos pensamentos; e 3) perfeccionismo/certeza.
Obsessive-Compulsive Inventory (OCI)	Autorrelato	42 itens	Adultos	Triagem, gravidade e sete dimensões: limpeza, checagem, dúvida, organização, pensamentos intrusivos, colecionismo e neutralização mental.
OCI-R (OCI – revisado)	Autorrelato	18 itens	Adultos	Lista de sintomas com seis dimensões: limpeza, obsessão, acumulação, organização, checagem e neutralização.
OCI-CV (OCI – versão para crianças)	Autorrelato	21 itens	7 a 17 anos	Triagem, gravidade e seis dimensões: limpeza, obsessão, acumulação, organização, checagem e neutralização.

▶▶

TABELA 10.4

INSTRUMENTOS PARA AVALIAÇÃO DE SINTOMAS E GRAVIDADE DO TRANSTORNO OBSESSIVO-COMPULSIVO

MEDIDA	FORMA DE APLICAÇÃO	EXTENSÃO OU DURAÇÃO	FAIXA ETÁRIA	DESCRIÇÃO
Escala Obsessivo-Compulsiva de Yale-Brown (CY-BOCS, versão para crianças)	Entrevistador, autorrelato para a criança e heterorrelato para os pais	50 itens	Crianças e adolescentes	Lista de sintomas, gravidade e quatro dimensões: obsessão/verificação, simetria/ordem, limpeza/lavagem e colecionismo. Gravidade das obsessões e compulsões verificada separadamente.
CY-BOCS II (versão para crianças – segunda edição)	Entrevistador	50 itens	Crianças e adolescentes	Lista de sintomas, dimensões e gravidade adequados ao DSM-5.
Revised Child Anxiety and Depression Scale (RCADS-47)	Autorrelato	47 itens	6 a 17 anos	Triagem e gravidade de transtornos de ansiedade. Os itens 10, 16, 23, 31, 42, 44 se referem a sintomas obsessivo-compulsivos.
OCI-4 (item 4 do OCI)	Autorrelato	4 itens	Adultos	Triagem e gravidade, quatro dimensões: limpeza, obsessão, organização, checagem e neutralização (acumulação foi eliminada após o DSM-5).
Maudsley Obsessional-Compulsive Inventory (MOCI)	Autorrelato	30 itens	Crianças, adolescentes e adultos	Principais sintomas obsessivo-compulsivos para pacientes com rituais compulsivos: checagem, limpeza, lentidão e dúvida.
Escala Dimensional Obsessivo-Compulsiva de Yale-Brown (DY-BOCS)	Entrevistador	40 min	Adultos	Lista de sintomas já agrupados em dimensões: agressão; sexuais/religiosas; simetria/contagem; contaminação e limpeza, acumulação, miscelânea. Medida de gravidade separada por dimensão de sintoma.
Dimensional Obsessive-Compulsive Scale (DOCS)	Autorrelato	20 itens	Adultos	Gravidade avaliada por cinco critérios em quatro dimensões de sintomas.

▸▸

TABELA 10.4

INSTRUMENTOS PARA AVALIAÇÃO DE SINTOMAS E GRAVIDADE DO TRANSTORNO OBSESSIVO-COMPULSIVO

MEDIDA	FORMA DE APLICAÇÃO	EXTENSÃO OU DURAÇÃO	FAIXA ETÁRIA	DESCRIÇÃO
Padua Inventory (PI)	Autorrelato	60 itens	Adultos	Quatro dimensões: checagem, limpeza, ruminação e precisão.
Padua Inventory – short version (PI-SV)	Autorrelato	21 itens	Adultos	Cinco subescalas: dúvida, pensamento mágico, contaminação/limpeza, checagem e ordem/simetria.
National Mental Health Obsessive--compulsive Scale (NIMH-OC)	Entrevistador	1 item	Versão adulto e infantil	Questão única de gravidade pacientes com TOC em escala Likert de 1 a 15.
Escala Obsessivo-Compulsiva de Yale-Brown (YBOCS)	Entrevistador (existe versão autorrelato)	40 min	Adultos	Lista de sintomas com mais de 50 exemplos referentes a 15 categorias distribuídos em quatro dimensões: obsessão/verificação, simetria/ordem, limpeza/lavagem e colecionismo. Gravidade das obsessões e compulsões verificada separadamente.
Inventário Obsessivo de Coimbra (IOC)	Autorrelato	100 itens	Adultos	Duas listas de sintomas e gravidade com 50 itens cada. Avalia 12 categorias de sintomas: contaminação/limpeza, checagem, dúvida, pensamentos intrusivos/rituais mentais, pensamento mágico, lentidão, necessidade de controle, ordem/simetria, colecionismo, obsessões religiosas, obsessões somáticas e agressão.
IOC-R (IOC – versão reduzida)	Autorrelato	19 itens	Adultos	Lista de sintomas e gravidade com cinco fatores: contaminação/limpeza, indecisão/lentidão, checagem/acumulação, conteúdos imorais, pensamento mágico.

Fonte: Elaborada com base em Abramowitz (2022) e Grabill et al. (2008).

TABELA 10.5

CHECKLIST DE ASPECTOS PARA AVALIAR E DIAGNOSTICAR ADEQUADAMENTE PACIENTES COM TRANSTORNO OBSESSIVO-COMPULSIVO

PRESENÇA DO ITEM	CARACTERÍSTICAS DESCRITIVAS	POSSÍVEIS CAUSAS	RESPOSTA A TRATAMENTO(S) PRÉVIO(S)
Obsessões ☐ Não ☐ Sim	Idade de início, curso, tipos (conteúdos), gravidade (escalas), etc.	História familiar (genética), uso de substâncias, doenças clínicas, eventos traumáticos, gatilhos	☐ Não ☐ Sim
Compulsões ☐ Não ☐ Sim	Idade de início, curso, tipos (conteúdos), rituais mentais, gravidade (escalas), etc.	História familiar (genética), uso de substâncias, doenças clínicas, eventos traumáticos, gatilhos	☐ Não ☐ Sim
Fenômeno sensorial ☐ Não ☐ Sim	Idade de início, curso, tipos, gravidade (escalas), etc. O fenômeno sensorial é mais importante do que as obsessões para realizar compulsões?	História familiar (genética), uso de substâncias, doenças clínicas, eventos traumáticos, gatilhos, presença de tiques	☐ Não ☐ Sim
Comportamento evitativo ☐ Não ☐ Sim	Idade de início, curso, gravidade (escalas). Que prejuízos ocasiona?	Eventos traumáticos, gatilhos, motivo da evitação	☐ Não ☐ Sim
Insight ☐ Não ☐ Sim	Gravidade (escalas). Que prejuízos ocasiona?	Crenças errôneas	☐ Não ☐ Sim
Rituais mentais ☐ Não ☐ Sim	Idade de início, curso, tipos (conteúdos), gravidade (escalas), etc.	História familiar (genética), uso de substâncias, doenças clínicas, eventos traumáticos, gatilhos	☐ Não ☐ Sim
Funcionalidade ☐ Não ☐ Sim	Verificar área profissional/acadêmica, relacionamentos familiares, sociais e afetivos, autocuidado.	História pessoal de funcionamento	☐ Não ☐ Sim
Ansiedade ☐ Não ☐ Sim	Idade de início, curso, sintomas predominantes, gravidade (escalas), etc.	História familiar (genética), uso de substâncias, doenças clínicas, eventos traumáticos, gatilhos	☐ Não ☐ Sim
Depressão ☐ Não ☐ Sim	Idade de início, curso, sintomas predominantes, gravidade (escalas), etc.	História familiar (genética), uso de substâncias, doenças clínicas, eventos traumáticos, gatilhos	☐ Não ☐ Sim

▶▶

TABELA 10.5

***CHECKLIST* DE ASPECTOS PARA AVALIAR E DIAGNOSTICAR ADEQUADAMENTE PACIENTES COM TRANSTORNO OBSESSIVO-COMPULSIVO**

PRESENÇA DO ITEM	CARACTERÍSTICAS DESCRITIVAS	POSSÍVEIS CAUSAS	RESPOSTA A TRATAMENTO(S) PRÉVIO(S)
Suicidalidade ☐ Não ☐ Sim	Idade de início, curso, sintomas predominantes, gravidade (escalas), etc.	História familiar (genética), uso de substâncias, doenças clínicas, eventos traumáticos, gatilhos	☐ Não ☐ Sim
História familiar do transtorno ☐ Não ☐ Sim	Tipos de SOC e gravidade para as pessoas com história da doença na família.		
Acomodação familiar ☐ Não ☐ Sim	Há quanto tempo? Quais familiares envolvidos? Repercussões e gravidade da acomodação.	Gravidade dos SOC, reação do paciente, *insight* do paciente	☐ Não ☐ Sim
Comorbidades psiquiátricas, clínicas e neurológicas ☐ Não ☐ Sim	Idade de início, gravidade (escalas), etc. Especificação das comorbidades.	História familiar (genética), uso de substâncias, eventos traumáticos, gatilhos	☐ Não ☐ Sim
Presença de tique ☐ Não ☐ Sim	Idade de início, tipos, gravidade (escalas), etc.	História familiar (genética), uso de substâncias, eventos traumáticos, gatilhos	☐ Não ☐ Sim
Exames e avaliações complementares ☐ Não ☐ Sim	Tipos e resultados.		

lo menos 1 hora por dia) com um defeito ou falha percebida na aparência ou feiura, que, em geral, é imperceptível para os outros ou apenas ligeiramente perceptível. Também foi recomendado incluir a característica de uma autoconsciência excessiva, tipicamente com ideias de autorreferência, e uma descrição de como o comportamento de enfrentamento se manifesta (Reed et. al., 2013). A autoconsciência excessiva ocorre pela verificação repetitiva da aparência da pessoa ou o quão ruim é o seu defeito – também se manifesta por tentativas de camuflagem ou alteração do defeito e de esquiva de situações públicas, entre outras situações. Os comportamentos de enfrentamento em resposta ao defeito percebido eram, na CID-10, comportamentos repetitivos ou de evitação ou ambos (em vez de apenas comportamentos repetitivos), e os comportamentos também podiam ser atos ou rituais mentais (p. ex., comparar na imaginação). Da mesma forma que no TOC, a CID-11 sugere a identificação do nível de *insight* do paciente, no que se refere às crenças sobre sua aparência (ou seja, essas crenças podem parecer delirantes em fixidez e intensidade) – apresentando, assim, os códigos 6B21.0 (*insight* razoável e bom) e 6B21.1 (*insight* pobre ou sem *insight*). A CID-11 não propõe um especificador para a dismorfia muscular, apontando que as preocupações com o tamanho e a definição muscular não são suficientemente diferentes de outros defeitos percebidos no TDC para justificar a utilidade clínica de um especificador adicional.

O TDC pode se apresentar tanto em jovens quanto em adultos, sendo as repercussões mais graves nos jovens (suicidalidade, comportamentos repetitivos, evasão escolar, distanciamento social, menor funcionalidade).

MÉTODOS E TÉCNICAS DE AVALIAÇÃO DO TRANSTORNO DISMÓRFICO CORPORAL

A avaliação e julgamento clínico ainda é o quesito fundamental para o diagnóstico. O esclarecimento do diagnóstico e de suas repercussões no sofrimento do paciente pode ser fundamental para sua adesão ao tratamento, embora, pela natureza deliroide do TDC, muitos pacientes não aceitem o diagnóstico e abandonem o tratamento psiquiátrico ou psicológico. A realização de uma entrevista estruturada baseada nos instrumentos diagnósticos (CID-11 e DSM-5) pode ajudar nesse processo. A aplicação de escalas, inventários e questionários sobre TDC pode mostrar ao paciente que o transtorno é uma entidade nosológica real e que outras pessoas apresentam os mesmos sintomas. Assim, alguns instrumentos (nem todos traduzidos e validados para a língua portuguesa) estão listados a seguir:

- Body Dysmorphic Disorder Examination: entrevista clínica semiestruturada de 34 itens criada para diagnosticar o transtorno e avaliar seus sintomas.
- Body Dysmorphic Disorder Questionnaire: autoaplicado, baseado nos critérios diagnósticos do DSM-IV.
- Body Image Disturbance Questionnaire: autoaplicado, composto por sete questões que versam sobre as preocupações com determinados aspectos da aparência.
- Dysmorphic Concern Questionnaire: autoaplicado, avalia a preocupação dismórfica do paciente, independentemente do diagnóstico de TDC.

Observações importantes para a avaliação e o diagnóstico do transtorno dismórfico corporal

A Tabela 10.6 sumariza alguns itens importantes a serem considerados na avaliação do TDC.

TRANSTORNO DE REFERÊNCIA OLFATÓRIA (6B22)

Por definição da CID-11 (WHO, 2021), o transtorno da referência olfatória (TRO) é caracterizado por uma preocupação persistente ou crença do paciente de que está exalando um odor corporal ou um hálito desagradável ou ofensivo, quando, na verdade, esses cheiros são totalmente imperceptíveis ou apenas levemente apontados pelos outros. A condição produz sofrimento significativo, bem como interferência considerável na vida. Os indivíduos sofrem um alto grau de autoconsciência e em geral experimentam ideias de referência. Eles verificam repetidamente quão ruim é o odor – analisando seu corpo ou roupas – ou tentam camuflar o odor percebido (p. ex., com o uso excessivo de perfume, chiclete, desodorante, balas ou enxaguante bucal, com banhos frequentes, lavagem de roupas, dieta/ingestão alimentar incomum ou higiene bucal). Pessoas com TRO evitam estar perto de outras pessoas e situações públicas ou sociais, o que acarreta prejuízos substanciais na funcionalidade (ocupacional, acadêmica, afetiva e relacional).

TABELA 10.6

***CHECKLIST* DE ASPECTOS PARA AVALIAR E DIAGNOSTICAR ADEQUADAMENTE PACIENTES COM TRANSTORNO DISMÓRFICO CORPORAL**

PRESENÇA DO ITEM	CARACTERÍSTICAS DESCRITIVAS	POSSÍVEIS CAUSAS	RESPOSTA A TRATAMENTO(S) PRÉVIO(S)
Imagem corporal distorcida ☐ Não ☐ Sim	Idade de início, curso, área corporal, gravidade (escalas), etc.	História familiar (genética), uso de substâncias, doenças clínicas, eventos traumáticos, gatilhos, contextos familiar e cultural	☐ Não ☐ Sim
Verificações/ asseguramento repetitivo ☐ Não ☐ Sim	Idade de início, curso, método, rituais mentais, gravidade (escalas), etc.	História familiar (genética), uso de substâncias, doenças clínicas, eventos traumáticos, gatilhos, contextos familiar e cultural	☐ Não ☐ Sim
Importância excessiva da opinião dos outros ☐ Não ☐ Sim	Idade de início, curso, gravidade (escalas). A opinião alheia é mais importante do que a imagem corporal?	História familiar (genética), contextos familiar e cultural, eventos traumáticos, gatilhos	☐ Não ☐ Sim
Comportamento evitativo ☐ Não ☐ Sim	Idade de início, curso, gravidade (escalas). Que prejuízos ocasiona?	Eventos traumáticos, gatilhos, motivo da evitação?	☐ Não ☐ Sim
Camuflagem ☐ Não ☐ Sim	Idade de início, curso, método, situações, gravidade (escalas), etc.	História familiar (genética), eventos traumáticos, gatilhos, contextos familiar e cultural	☐ Não ☐ Sim
Insight ☐ Não ☐ Sim	Gravidade (escalas). Que prejuízos ocasiona?	Crenças errôneas	☐ Não ☐ Sim
Verificações mentais ☐ Não ☐ Sim	Idade de início, curso, tipos (conteúdos), gravidade (escalas), etc.	História familiar (genética), uso de substâncias, doenças clínicas, eventos traumáticos, gatilhos	☐ Não ☐ Sim
Funcionalidade ☐ Não ☐ Sim	Área profissional/ acadêmica, relacionamentos familiares, sociais e afetivos, autocuidado.	História pessoal de funcionamento	☐ Não ☐ Sim
Ansiedade ☐ Não ☐ Sim	Idade de início, curso, sintomas predominantes, gravidade (escalas), etc.	História familiar (genética), uso de substâncias, doenças clínicas, eventos traumáticos, gatilhos	☐ Não ☐ Sim

▶▶

TABELA 10.6

CHECKLIST DE ASPECTOS PARA AVALIAR E DIAGNOSTICAR ADEQUADAMENTE PACIENTES COM TRANSTORNO DISMÓRFICO CORPORAL

PRESENÇA DO ITEM	CARACTERÍSTICAS DESCRITIVAS	POSSÍVEIS CAUSAS	RESPOSTA A TRATAMENTO(S) PRÉVIO(S)
Depressão ☐ Não ☐ Sim	Idade de início, curso, sintomas predominantes, gravidade (escalas), etc.	História familiar (genética), uso de substâncias, doenças clínicas, eventos traumáticos, gatilhos	☐ Não ☐ Sim
Suicidalidade ☐ Não ☐ Sim	Idade de início, curso, sintomas predominantes, gravidade (escalas), etc.	História familiar (genética), uso de substâncias, doenças clínicas, eventos traumáticos, gatilhos	☐ Não ☐ Sim
História familiar de TOC/TDC ☐ Não ☐ Sim	Tipos de SOC e gravidade para as pessoas com história da doença na família.		
Acomodação familiar ☐ Não ☐ Sim	Há quanto tempo? Quais familiares envolvidos? Repercussões e gravidade da acomodação.	Gravidade dos SOC, reação do paciente, *insight* do paciente	☐ Não ☐ Sim
Comorbidades psiquiátricas, clínicas e neurológicas ☐ Não ☐ Sim	Idade de início, gravidade (escalas), etc. Especificação das comorbidades.	História familiar (genética), uso de substâncias, eventos traumáticos, gatilhos	☐ Não ☐ Sim
Exames complementares ☐ Não ☐ Sim	Tipos e resultados.		

Fonte: Elaborada pelos autores.

O transtorno não consta no DSM-5. Para alguns, deve ser considerado como uma apresentação do TOC não especificado (citado como *jikoshi-kyofu*, uma variante do *taijin kyofusho*, que é uma síndrome cultural característica de países asiáticos). Entretanto, o grupo de trabalho da CID-11 sugeriu a inclusão do TRO nos TEOC. O *insight* é especificador importante, pois está, em geral, ausente (6B22.1).

MÉTODOS E TÉCNICAS DE AVALIAÇÃO DO TRANSTORNO DE REFERÊNCIA OLFATÓRIA

Assim como no TDC, a clínica ainda é imperiosa no diagnóstico. O esclarecimento e a psicoeducação podem ser fundamentais para o engajamento no tratamento. Todavia, pela ausência de *insight*, muitos pacientes não aceitam o diagnóstico e abandonam o tratamento psiquiátrico ou psicológico, indo em busca de causas orgânicas para os sintomas, consultando neurologistas, odontologistas, otorrinolaringologistas, gastrenterologistas, entre outros. A realização de uma entrevista estruturada baseada nos instrumentos diagnósticos (WHO, 2021) pode ajudar nesse processo. Não encontramos instrumentos específicos que avaliem de forma sistemática o TRO, porém, alguns autores adaptaram escalas e questionários, como a Y-BOCS.

Observações importantes para a avaliação e o diagnóstico do transtorno de referência olfatória

É importante considerar o diagnóstico diferencial com TOC e TDC, podendo ser feito, também, o diagnóstico de comorbidade, caso o paciente apresente sintomas que a justifiquem. Além disso, é imprescindível avaliar o nível de *insight*, que indicará a gravidade do caso, a qualidade do prognóstico e o tipo de tratamento.

HIPOCONDRIA (6B23)

A preocupação com sintomas corporais e o medo de sofrer de uma doença grave são inerentes ao ser humano e, até certo ponto, incentivados pela cultura médica vigente de verificações (*checkups*) anuais do estado de saúde geral dos indivíduos – utilizada como estratégia de prevenção e identificação precoce de doenças. Contudo, quando há uma sensação ou observação corporal incomuns ou uma preocupação exagerada, medo ou convicção de ter ou desenvolver uma doença grave com risco de vida em indivíduos nos quais pensamentos e ações estão centrados em torno do risco superestimado, podemos estar diante de um quadro de hipocondria. Nesse caso, há sofrimento e interferência na vida cotidiana. Na CID-10 (World Health Organization [WHO], 2015), o transtorno hipocondríaco era classificado como um transtorno somatoforme, sendo suas características: 1) a crença persistente na presença de pelo menos uma doença física grave subjacente ao(s) sintoma(s) apresentado(s), mesmo que repetidas investigações e exames não tenham identificado explicação física adequada, ou uma preocupação persistente com uma suposta deformidade ou desfiguração; e 2) a recusa persistente em aceitar o conselho e a garantia de vários médicos diferentes de que não há doença física ou anormalidade subjacente aos sintomas.

No DSM-5, o conceito de hipocondria é parcialmente descrito em dois transtornos separados dentro do agrupamento de sintomas somáticos e transtornos relacionados (anteriormente conhecidos como transtornos somatoformes): nos transtornos de ansiedade de doença e nos de sintomas somáticos (APA, 2013). A definição de transtorno de ansiedade de doença é específica e inclui um componente cognitivo (preocupação), um componente afetivo (ansiedade substancial) e um componente comportamental (comportamentos relacionados à saúde que evitam e procuram cuidados). A definição de transtorno de sintomas somáticos, por sua vez, é mais ampla, envolvendo pensamentos, sentimentos e comportamentos relacionados aos sintomas somáticos presentes. A definição do transtorno de ansiedade de doença não inclui hipervigilância a sintomas corporais como critério diagnóstico, mas menciona que "o indivíduo fica facilmente alarmado com o estado de saúde pessoal". Como há certa falta de clareza que diferencie esses dois transtornos, o conceito de hipocondria pode se encaixar em qualquer um deles. Na hipocondria, o fenótipo é caracterizado por quatro domínios principais de disfunção: preocupação e interpretação distorcida (componente cognitivo), medo/ansiedade (componente afetivo), hipervigilância a sintomas corporais (componente atencional) e evitação e comportamentos repetitivos (componente comportamental). Dessa forma, os sintomas nucleares podem se sobrepor também ao diagnóstico de transtorno de ansiedade generalizada, de transtorno de pânico e de TEOC. Na maioria dos pacientes com hipocondria, os sintomas oscilam ao longo do tempo. Tanto os comportamentos quanto o *insight* associado podem mudar significativamente durante o curso de vida. Além disso, em casos com *insight* pobre, é importante diferenciá-la do transtorno delirante e outros transtornos psicóticos.

MÉTODOS E TÉCNICAS DE AVALIAÇÃO DA HIPOCONDRIA

O Health Anxiety Inventory é um instrumento autoaplicável confiável e de alta consistência interna, que auxilia na diferenciação dimensional da gama completa de intensidade (de preocupação leve a hipocondria franca). Seu objetivo é diferenciar as pessoas que sofrem de ansiedade com a saúde daquelas que têm uma doença física real, porém, não estão excessivamente preocupadas com sua saúde. Deve também abranger toda a gama de sintomas clínicos característicos da hipocondria clínica.

Observações importantes para a avaliação e o diagnóstico da hipocondria

Para o diagnóstico de hipocondria, é preciso excluir causas orgânicas reais das possíveis queixas listadas pelo paciente, atentando para não se deixar levar por queixas reincidentes repetitivas. A psicoeducação tende a ser uma intervenção muito útil, e é preciso reforçar que sofrimentos psicológicos podem se transformar em preocupações acerca de doenças, gerando preocupações exageradas e distorcidas (hipocondria). Por fim, é preciso ficar alerta para não encorajar inúmeros e infundados encaminhamentos a especialistas e realização de exames desnecessários.

TRANSTORNO DE ACUMULAÇÃO (6B24)

O colecionismo, ou acumulação patológica, por muito tempo foi considerado um sintoma tanto do TOC quanto do transtorno da personalidade obsessivo-compulsiva (TPOC). Porém, recentemente, surgiram evidências de que esse transtorno (sugerido de ser chamado de transtorno de acumulação [TAc]) pode representar uma forma distinta de psicopatologia (Shavitt et al., 2014). A diferença básica do TAc é apresentar sintomas centrais que diferem daqueles dos TEOC, bem como distintos correlatos neurobiológicos e respostas ao tratamento. A utilidade clínica, a aplicabilidade global e a adequação do conceito de TAc para outras especialidades médicas, que não as de saúde mental, reforçaram sua inclusão na CID-11.

Em contraste com a abordagem da CID-10 (American Psychiatric Association [APA], 1994), o DSM-IV sugeria que o TAc fosse um sintoma de TOC, quando é grave, ou de TPOC, quando a acumulação é mais leve. Contudo, essa abordagem foi modificada no DSM-5 (APA, 2013), no qual o transtorno passou a ser uma condição independente do TOC – porém, mantido no capítulo sobre TOC. O TAc, entretanto, pode surgir em diferentes condições, incluindo transtorno depressivo maior, esquizofrenia ou outro transtorno psicótico, demência, TEA e síndrome de Prader-Willi.

As abordagens atuais do TAc sugerem que, além dos aspectos psicopatológicos nucleares de acumulação, existem outros dois fatores importantes para seu entendimento: dificuldade de descartar pertences e, em alguns casos, aquisição excessiva de objetos.

MÉTODOS E TÉCNICAS DE AVALIAÇÃO DO TRANSTORNO DE ACUMULAÇÃO

As principais e mais prevalentes alterações cognitivas do TAc são:

- Preocupações exacerbadas: não necessariamente com os pertences, mas com o risco de perdê-los.
- Obsessões: embora se assemelhe às obsessões do TOC em alguns casos, nem sempre apresentam o caráter invasivo/intrusivo.
- Ideias supervalorizadas ou *insight* pobre: pacientes quase delirantes, às vezes; podem apresentar certa flexibilidade e aceitar que há excesso na acumulação dos pertences, porém, mostram mais rigidez em relação ao seu descarte.
- Apego emocional excessivo: os pacientes frequentemente atribuem aos seus pertences, de modo exagerado, significado emocional (p. ex., associação com um evento significativo, pessoa, lugar ou tempo), senso de utilidade (que pode ser identificado em frases como "Quem guarda o que não presta, sempre tem o que precisa") ou valores subjetivos inquestionáveis (p. ex., qualidades estéticas).
- Déficits cognitivos: alguns déficits cognitivos podem levar a dificuldades na tomada de decisões e ao comportamento de procrastinação.

O principal instrumento de diagnóstico para TAc é a Hoarding Rating Scale (HRS), escala de cinco itens que avaliam a desordem gerada, a dificuldade de descartar, a aquisição excessiva e as consequências dessas atitudes. As opções de resposta são apresentadas em uma escala de 0 (nenhuma dificuldade) a 8 (extremamente difícil).

Observações importantes para a avaliação e o diagnóstico do transtorno de acumulação

O processo diagnóstico do TAc demanda uma identificação das especificidades das questões cognitivas do paciente. Ainda, recomenda-se que seja feito um detalhamento dos aspectos comportamentais decorrentes do TAc, como aquisição/gastos excessivos e residência disfuncional (a casa/lar pode tornar-se excessivamente bagunçada, confusa, suja e anti-higiênica; sujeira e resíduos encontram-se em todos os cômodos, oportunizando o aparecimento de insetos e vermes; alimentos podres, excrementos e certos odores podem tornar insuportável o convívio; por vezes, pode haver acúmulo de itens a ponto de interferir na ocupação ou limpeza adequada da residência). Outro aspecto importante para ser analisado na residência é com relação aos animais, como cães e gatos, pois pode haver acúmulo. Ainda, é necessário realizar a diferenciação dos sintomas de TOC, esquizofrenia, processos demenciais e quadros depressivos.

TRICOTILOMANIA (6B25.0)

A tricotilomania é uma entidade bem consolidada como parte dos TEOC, e consta no capítulo da CID-11 (WHO, 2021) de transtorno de comportamento repetitivo focado no corpo (*grooming*), assim como o transtorno de escoriação (6B25.1). Caracteriza-se pelo arrancamento repetitivo e exagerado de cabelo ou pelos corporais, resultando em sofrimento ou prejuízo em áreas importantes do funcionamento (baixa autoestima, em razão da aparência da alopecia, isolamento social). É mais prevalente em mulheres e se apresenta de modo semelhante em todas as culturas. O couro cabeludo é o local mais comumente acometido, seguido pelas sobrancelhas. Os pacientes descrevem os mais diversos gatilhos: sensoriais (sensações físicas no couro cabeludo, espessura, comprimento e localização do cabelo), emocionais (ansiedade, tédio, tensão, raiva) e cognitivos (pensamentos intrusivos sobre o cabelo ou pelo e sua aparência).

Na CID-10 (WHO, 2015), a tricotilomania era classificada como um dos transtornos de hábitos e impulsos. Já no DSM-5, está classificada em um novo capítulo sobre TEOC, e houve modificações nos critérios (p. ex., a perda de cabelo não precisa ser, necessariamente, perceptível, pois os pacientes podem tentar escondê-la ou camuflá-la, usando maquiagem, lenços ou perucas). Além disso, o DSM-5 (APA, 2013) adicionou o critério de necessidade de repetidas tentativas de diminuir ou parar o processo de puxar o cabelo. O critério do DSM-IV de que "puxar é precedido por tensão, e há alívio ou gratificação após o puxão" foi retirado. O transtorno não deve ser diagnosticado se o puxão ou a queda de cabelo for devido a outra condição médica (p. ex., inflamação da pele ou outras condições dermatológicas) ou psiquiátrica (p. ex., indivíduos com TDC que removem pelos corporais por os considerarem feios ou anormais, pessoas com TOC que arrancam cabelos como parte de seus rituais de simetria, e indivíduos com psicoses que arrancam cabelos em resposta a delírios ou alucinações).

MÉTODOS E TÉCNICAS DE AVALIAÇÃO DA TRICOTILOMANIA

O diagnóstico da tricotilomania é realizado por meio de uma entrevista e de um exame físico detalhado. O médico deve realizar uma ectoscopia corporal ou tricoscopia (dermatoscopia do cabelo e do couro cabeludo) completa ou encaminhar o paciente para um dermatologista. Nesse processo, é importante identificar manchas focais não cicatriciais da perda de cabelo ou de pelos no paciente. Durante a anamnese, podem ser aplicados questionários ou entrevistas estruturadas, como a Trichotillomania Diagnostic Interview (TDI-R), que foi construída com os critérios diagnósticos do DSM-IV-TR, e adaptada com base nos critérios do DSM-5, tal como foi feito em um questionário que incluía questões adicionais à Structured Clinical Interview for DSM-IV Axis I Disorders (SCID-I).

Observações importantes para a avaliação e o diagnóstico da tricotilomania

Recomenda-se identificar os gatilhos e estratégias alternativas de enfrentamento ao comportamento de arrancar os cabelos. É importante identificar as comorbidades e fazer o diagnóstico diferencial com TOC, transtornos de neurodesenvolvimento (p. ex., TEA) e transtornos psicóticos. Ainda, é imprescindível verificar se existem possíveis aspectos orgânicos/clínicos que estejam causando ou mantendo o comportamento tricotilomaníaco.

TRANSTORNO DE ESCORIAÇÃO (6B25.1)

O transtorno de escoriação (TE) da pele, também conhecido como picadura ou arrancamento patológico da pele, escoriação neurótica, dermatotilexomania ou escoriação psicogênica, é caracterizado pelo arrancamento repetitivo e compulsivo da pele, levando a danos nos tecidos, além de angústia ou prejuízos pessoais importantes. A fenomenologia do TE apresenta semelhanças impressionantes com a da tricotilomania. Indivíduos com esse transtorno gastam uma quantidade significativa de tempo por dia beliscando ou coçando a pele. Como na tricotilomania, estresse, ansiedade, afastamento das atividades programadas, tédio e sensação de cansaço ou raiva foram relatados como gatilhos.

O TE não era descrito especificamente na CID-10, sendo incorporado como entidade independente apenas no DSM-5 (APA, 2013). O manual destaca que drogas estimulantes, como cocaína e anfetaminas, podem levar ao comportamento de cutucar a pele e devem ser descartadas como causa. Além disso, existem muitas condições dermatológicas que resultam em arranhões ou escoriações (p. ex., sarna, dermatite atópica, psoríase e distúrbios da pele com bolhas). Indivíduos com o transtorno são menos propensos a relatar pensamentos obsessivos sobre sua pele e podem até não estar cientes de seu comportamento devido à sua natureza automática. Pessoas com TDC cutucam sua pele para melhorar sua aparência, mas isso não justifica o diagnóstico de

TE. No DSM-5, está classificado com a tricotilomania no capítulo de TEOC. Na CID-11 (WHO, 2021), consta no capítulo de transtorno de comportamento repetitivo focado no corpo (*grooming*), assim como a tricotilomania (6B25.0).

MÉTODOS E TÉCNICAS DE AVALIAÇÃO DO TRANSTORNO DE ESCORIAÇÃO

No caso do TE, o diagnóstico é eminentemente clínico, e, havendo complicações cutâneas, deve ser feito um exame dermatológico. Pacientes com lesões visíveis na pele podem sentir vergonha ou constrangimento, por isso, é preciso adotar uma postura empática, ou haverá o risco de não adesão ao tratamento. Também é importante avaliar o contexto de vida e clínico do paciente, buscando possíveis gatilhos (p. ex., ansiedade, depressão). Para auxiliar no diagnóstico, podem ser aplicadas ferramentas como a The Keuthen Diagnostic Inventory for Skin-Picking (K-DISP) e, para avaliar a gravidade ou o prejuízo causado pelo quadro do paciente, existem questionários como a Skin-Picking Scale e a Skin-Picking Impact Scale (SPIS).

Observações importantes para a avaliação e o diagnóstico do transtorno de escoriação

Assim como no caso da tricotilomania, também é importante identificar os gatilhos e possíveis estratégias alternativas de enfrentamento ao comportamento de escoriação. Na avaliação, é fundamental identificar as comorbidades e fazer o diagnóstico diferencial com TOC, transtornos de neurodesenvolvimento (p. ex., TEA), transtornos psicóticos, transtornos da personalidade (nos quais os comportamentos automutilatórios sejam praxe, como o transtorno da personalidade limítrofe) ou mesmo quadros depressivos (especialmente em crianças e adolescentes, nos quais quadros de humor podem se manifestar como *cutting*). É preciso, ainda, identificar possíveis aspectos orgânicos/clínicos que causam ou mantenham o comportamento de escoriação, bem como aspectos culturais e estéticos que possam contribuir para o fenômeno.

CONSIDERAÇÕES FINAIS

A avaliação completa e minuciosa do TOC pode ser trabalhosa e demorada, uma vez que a heterogeneidade apresentada torna complexa a psicopatologia desse transtorno. Fatores intrínsecos (p. ex., obsessões, compulsões, fenômenos sensoriais, comportamentos evitativos, rituais mentais) e extrínsecos (p. ex., história familiar de transtornos psiquiátricos, acomodação familiar, comorbidades clínicas e psiquiátricas, resposta aos tratamentos convencionais) ao núcleo psicopatológico repercutem em uma diversidade de possibilidades clínicas que o uso de instrumentos objetivos de avaliação (escalas e inventários de sintomas) torna-se imperativo, não apenas para organizar a avaliação, mas também para psicoeducar o paciente no entendimento de sua doença. Recursos complementares de avaliação, como entrevista com familiares, aplicação de escalas para medir comorbidade com sintomas depressivos e ansiosos ou suicidalidade, e exames adicionais (p. ex., imunológicos ou de neuroimagem) podem ajudar na compreensão do caso, especialmente para indivíduos que apresentam resistência ou refratariedade aos tratamentos convencionais. Vale destacar que a avaliação clínica sugerida neste capítulo não deve ser apenas pontual, precisando ser periodicamente revista com o paciente e seus familiares. Isso porque, da mesma forma que as pessoas se desenvolvem e amadurecem, os sintomas de TOC também podem se modificar e se adaptar às novas fases e contextos de vida, apresentando novas sintomatologias, causando sofrimento e interferindo na funcionalidade individual e familiar.

REFERÊNCIAS

Abramowitz, J. S. (2022). OCD and comorbid depression: assessment, conceptualization, and cognitive behavioral treatment. *Journal of Cognitive Psychothererapy, 36*(3), 191-206.

Agne, N. A., Tisott, C. G., Ballester, P., Passos, I. C., & Ferrão, Y. A. (2022). Predictors of suicide attempt in patients with obsessive-compulsive disorder: An exploratory study with machine learning analysis. *Psychological Medicine, 52*(4), 715-725.

Albert, U., Marazziti, D., Di Salvo, G., Solia, F., Rosso, G., Maina, G. (2018). A systematic review of evidence-based treatment strategies for obsessive- compulsive disorder resistant to first-line pharmacotherapy. *Current Medicinal Chemistry, 25*(41), 5647-5661.

American Psychiatric Association (APA). (1994). *DSM-IV: Diagnostic and Statistical Manual of Mental Disorders* (4th ed.).

American Psychiatric Association (APA). (2013). *Diagnostic and statistical manual of mental disorders (DSM-5)* (5th ed.).

Avila, R. C. S., Nascimento, L. G., Porto, R. L. M., Fontenelle, L., Miguel, E. C., Filho, Brakoulias, V., & Ferrão, Y. A. (2019). Level of insight in patients with OCD: an exploratory comparative study between patients with "good insight" and "poor insight". *Frontiers in Psychiatry, 10*, 413.

Benatti, B., Dell'Osso, B., Shen, H., Filippou-Frye, M., Varias, A., Sanchez, C., ... Rodriguez, C. I. (2021). Prevalence and correlates of current suicide risk in an international sample of OCD adults: A report from the International College of Obsessive-Compulsive Spectrum Disorders (ICOCS) network and Obsessive Compulsive and Related Disorders Network (OCRN) of the European College of Neuropsychopharmacology. *Journal of Psychiatric Research, 140*, 357-363.

Bloch, M. H., & Storch, E. A. (2015). Assessment and management of treatment-refractory obsessive-compulsive disorder in children. *Journal of the American Academy of Child and Adolescent Psychiatry, 54*(4), 251-262.

Brakoulias, V., Starcevic, V., Milicevic, D., Hannan, A., Viswasam, K., & Brown, C. (2018). The Nepean Belief Scale: Preliminary reliability and validity in obsessive-compulsive disorder. *International Journal of Psychiatry in Clinical Practice, 22*(2), 84-88.

Browne, H. A., Hansen, S. N., Buxbaum, J. D., Gair, S. L., Nissen, J. B., Nikolajsen, K. H., ... Grice, D. E. (2015). Familial clustering of tic disorders and obsessive-compulsive disorder. *JAMA Psychiatry, 72*(4), 359-366.

Calvocoressi, L., Mazure, C. M., Kasl, S. V., Skolnick, J., Fisk, D., Vegso, S. J., ... Price, L. H. (1999). Family accommodation of obsessive-compulsive symptoms: Instrument development and assessment of family behavior. *The Journal of Nervous and Mental Disease, 187*(10), 636-642.

David A. S. (1990). Insight and psychosis. *The British Journal of Psychiatry: The Journal of Mental Science, 156*, 798-808.

Eisen, J. L., Phillips, K. A., Baer, L., Beer, D. A., Atala, K. D., & Rasmussen, S. A. (1998). The Brown Assessment of Beliefs Scale: Reliability and validity. *The American Journal of Psychiatry, 155*(1), 102-108.

Ferrão, Y. A., Diniz, J. B., Lopes, A. C., Shavitt, R. G., Greenberg, B., Miguel, E. (2007). Resistência e refratariedade no transtorno obsessivo-compulsivo. *Brazilian Journal of Psychiatry, 29*(2), 66-76.

Ferrão, Y. A., Shavitt, R. G., Prado, H., Fontenelle, L. F., Malavazzi, D. M., de Mathis, M. A., ... Rosário, M. C. (2012). Sensory phenomena associated with repetitive behaviors in obsessive-compulsive disorder: An exploratory study of 1001 patients. *Psychiatry Research, 197*(3), 253-258.

Fontenelle, L. F., Mendlowicz, M. V., Marques, C., & Versiani, M. (2003). Early- and late-onset obsessive-compulsive disorder in adult patients: An exploratory clinical and therapeutic study. *Journal of Psychiatric Research, 37*(2), 127-133.

Gomes, J. B., Van Noppen, B., Pato, M., Braga, D. T., Meyer, E., Bortoncello, C. F., & Cordioli, A. V. (2014). Patient and family factors associated with family accommodation in obsessive-compulsive disorder. *Psychiatry and Clinical Neurosciences, 68*(8), 621-630.

Goodman, W. K., Price, L. H., Rasmussen, S. A., Mazure, C., Fleischmann, R. L., Hill, C. L., ... Charney, D. S. (1989). The Yale-Brown Obsessive Compulsive Scale. I. Development, use, and reliability. *Archives of General Psychiatry, 46*(11), 1006-1011.

Grabill, K., Merlo, L., Duke, D., Harford, K. L., Keeley, M. L., Geffken, G. R., & Storch, E. A. (2008). Assessment of obsessive-compulsive disorder: A review. *Journal of Anxiety Disorders, 22*(1), 1-17.

Hariz M. (2021). Renaissance for anterior capsulotomy for obsessive-compulsive disorder? *Journal of Neurology, Neurosurgery, and Psychiatry, 93*(3), 229.

Hong, J. P., Samuels, J., Bienvenu, O. J., III, Cannistraro, P., Grados, M., Riddle, M. A., ... Nestadt, G. (2004). Clinical correlates of recurrent major depression in obsessive–compulsive disorder. *Depress Anxiety, 20*(2), 86-91.

Kluthcovsky, A. C., & Kluthcovsky, F. A. (2009). O WHOQOL-bref, um instrumento para avaliar qualidade de vida: Uma revisão sistemática. *Revista de Psiquiatria do Rio Grande do Sul, 31*(3), 1-12.

Leckman, J. F., Walker, D. E., Goodman, W. K., Pauls, D. L., & Cohen, D. J. (1994). "Just right" perceptions associated with compulsive behavior in Tourette's syndrome. *The American Journal of Psychiatry, 151*(5), 675-680.

Lefaucheur, J. P., Aleman, A., Baeken, C., Benninger, D. H., Brunelin, J., Di Lazzaro, V., ... Ziemann, U. (2020). Evidence-based guidelines on the therapeutic use of repetitive transcranial magnetic stimulation (rTMS): An update (2014-2018). *Clinical Neurophysiology, 131*(2), 474-528.

Mathis, M. A., Rosario, M. C., Diniz, J. B., Torres, A. R., Shavitt, R. G., Ferrão, Y. A., ... Miguel, E. C. (2008). Obsessive-compulsive disorder: Influence of age at onset on comorbidity patterns. *European Psychiatry, 23*(3), 187-194.

McGuire, J. F., Storch, E. A., Lewin, A. B., Price, L. H., Rasmussen, S. A., & Goodman, W. K. (2012). The role of avoidance in the phenomenology of obsessive-compulsive disorder. *Comprehensive Psychiatry, 53*(2), 187-194.

McKay, D., Sookman, D., Neziroglu, F., Wilhelm, S., Stein, D. J., Kyrios, M.., ... Veale D. (2015). Efficacy of cognitive-behavioral therapy for obsessive-compulsive disorder. *Psychiatry Research, 225*(3), 236-246.

Miguel, E. C., Rosário-Campos, M. C., Prado, H. S., Valle, R., Rauch, S. L., Coffey, B. J., ... Leckman, J. F. (2000). Sensory phenomena in obsessive-compulsive disorder and Tourette's disorder. *The Journal of Clinical Psychiatry, 61*(2), 150-157.

Parmar, A., & Sarkar, S. (2016). Neuroimaging studies in obsessive compulsive disorder: A narrative review. *Indian Journal of Psychological Medicine, 38*(5), 386-394.

Pellegrini, L., Maietti, E., Rucci, P., Burato, S., Menchetti, M., Berardi, D., ... Albert, U. (2021). Suicidality in patients with obsessive-compulsive and related disorders (OCRDs): A meta-analysis. *Comprehensive Psychiatry, 108*, 152246.

Raffin, A. L., Ferrão, Y. A., Souza, F. P. D., & Cordioli, A. V. (2008). Fatores preditores de resultados no tratamento do transtorno obsessivo-compulsivo com as terapias comportamental e cognitivo-comportamental: Uma visão sistemática. *Revista de Psiquiatria do Rio Grande do Sul, 30*(1), 1-20.

Reed, G. M., Roberts, M. C., Keeley, J., Hooppell, C., Matsumoto, C., Sharan, P., ... Medina-Mora, M. E. (2013). Mental health professionals' natural taxonomies of mental disorders: implications for the clinical utility of the ICD-11 and the DSM-5. *Journal of Clinical Psychology, 69*(12), 1191-1212.

Rosario-Campos, M. C., Miguel, E. C., Quatrano, S., Chacon, P., Ferrao, Y., Findley, D., ... Leckman, J. F. (2006). The Dimensional Yale-Brown Obsessive--Compulsive Scale (DY-BOCS): An instrument for assessing obsessive-compulsive symptom dimensions. *Molecular Psychiatry, 11*(5), 495-504.

Rosario, M. C., Prado, H. S., Borcato, S., Diniz, J. B., Shavitt, R. G., Hounie, A. G., ... Miguel, E. (2009). Validation of the University of São Paulo Sensory Phenomena Scale: Initial psychometric properties. *CNS Spectrums, 14*(6), 315-323.

Russell, E. J., Fawcett, J. M., & Mazmanian, D. (2013). Risk of obsessive-compulsive disorder in pregnant and postpartum women: A meta-analysis. *Journal of Clinical Psychiatry, 74*(4), 377-385.

Sharma, E., Jacob, P, Dharmendra, A., Reddy, Y. C. J., Seshadri, S. P., Girimaji, S. C., & Vijaysagar, K. J. (2021). Preschool-onset OCD: A review of literature and clinical experience. *Bulletin of the Menninger Clinic, 85*(3), 298-315.

Shavitt, R. .G, de Mathis, M. A., Oki, F., Ferrao, Y. A., Fontenelle, L. F., Torres, A. R., ... Simpson H. B. (2014). Phenomenology of OCD: Lessons from a large multicenter study and implications for ICD-11. *Journal of Psychiatric Research, 57*, 141-148.

Shephard, E., Stern, E. R., van den Heuvel, O. A., Costa, D., Batistuzzo, M. C., Godoy, P., ... Miguel, E. C. (2021). Toward a neurocircuit-based taxonomy to guide treatment of obsessive-compulsive disorder. *Molecular Psychiatry, 26*(9), 4583-4604.

Silveira, C., Parpinelli, M. A., Pacagnella, R. C., Camargo, R. S., Costa, M. L., Zanard, D. M., ... Andreucci, C. B. (2013). Adaptacão transcultural da Escala de Avaliacão de Incapacidades da Organizacão Mundial de Saúde (WHODAS 2.0) para o Português. *Revista da Associação Médica Brasileira, 59*(3), 234-240.

Sociedade Brasileira de Genética Médica (SBGM). (2011). Alterações genéticas submicroscópicas: Parte I. In Raskin, S., Souza, J., Pilotto, R. F., Perez, A. B. A., & Simões, R. (Orgs.), *Alterações genéticas submicroscópicas* (pp. 1-15). AMB/CFM.

Storch, E. A., Rasmussen, S. A., Price, L. H., Larson, M. J., Murphy, T. K., & Goodman, W. K. (2010). Development and psychometric evaluation of the Yale--Brown Obsessive-Compulsive Scale: Second edition. *Psychological Assessment, 22*(2), 223-232.

Torres, A. R., Prince, M. J., Bebbington, P. E., Bhugra, D., Brugha, T. S., Farrell, M., ... Singleton, N. (2006). Obsessive-compulsive disorder: Prevalence, comorbidity, impact, and help-seeking in the British National Psychiatric Morbidity Survey of 2000. *The American Journal of Psychiatry, 163*(11), 1978-1985.

Torres, A. R., Ramos-Cerqueira, A. T., Ferrão, Y. A., Fontenelle, L. F., Rosário, M. C., & Miguel, E. C. (2011). Suicidality in obsessive-compulsive disorder: Prevalence and relation to symptom dimensions and comorbid conditions. *The Journal of Clinical Psychiatry, 72*(1), 17-120.

Treloar, D., & Mayet, S. (2021). Telemedicine in addictions feasibility RCT: Staff and patient qualitative satisfaction. *BJPsych Open, 7*(S1), S297-S297.

World Health Organization (WHO). (2015). ICD-10: International statistical classification of diseases and related health problems. https://apps.who.int/iris/handle/10665/246208

World Health Organization (WHO) (2021). ICD-11 for Mortality and Morbidity Statistics. Retrieved from: https://icd.who.int/browse11/l-m/en

Zai G. (2021). Pharmacogenetics of obsessive-compulsive disorder: An evidence-update. *Current Topics in Behavioral Neurosciences, 49*, 385-398.

11

TÉCNICAS DE AVALIAÇÃO EM CASOS DE SUSPEITA DE TRANSTORNOS ESPECIFICAMENTE ASSOCIADOS AO ESTRESSE

LAURA TEIXEIRA BOLASÉLL
ALICE ABADI
ALICE EINLOFT BRUNNET
CHRISTIAN HAAG KRISTENSEN

Este capítulo aborda o grupo diagnóstico que envolve os transtornos associados ao estresse. Conforme a *Classificação internacional de doenças*, em sua 11ª edição (CID-11) (World Health Organization [WHO], 2019a), em vigor desde 1 de janeiro de 2022, fazem parte desse grupo transtornos cujo desenvolvimento está ligado, imperiosamente, à exposição a um (ou a vários) evento(s) traumático(s) ou estressantes(s). Trata-se de uma característica-chave para essa categoria diagnóstica na nova versão da classificação, a qual exige a presença de um estressor identificável. Alguns transtornos do grupo englobam eventos estressantes que podem ser considerados normais dentro das experiências da vida, como luto ou divórcio, enquanto outros demandam a vivência de um evento ameaçador à vida e com potencial traumático. Para o diagnóstico diferencial entre os transtornos do grupo, é necessário observar, além do comprometimento funcional do indivíduo, a natureza de cada um dos transtornos, seu padrão e a duração dos sintomas. Fazem parte desse agrupamento os transtornos de estresse pós-traumático (TEPT), de TEPT complexo, de luto prolongado (TLP), de adaptação ou ajustamento, de apego reativo e de interação social desinibida, bem como as categorias de outros transtornos especificamente associados ao estresse especificado e não especificado.

É importante pontuar algumas diferenças e mudanças realizadas na CID-11 em relação à CID-10. A nova edição mantém a abordagem categórica da anterior, com a tradicional lista de sintomas característicos e um número predefinido de sintomas para a realização do diagnóstico, porém, também acrescenta uma abordagem dimensional, que engloba a gravidade, o curso e os sintomas específicos para alguns diagnósticos, o que aproxima a utilização da classificação da prática clínica (Gaebel et al., 2020). Em relação ao antigo grupo F43 (reações ao *stress* grave e transtornos de adaptação), por exemplo, podemos observar que houve a exclusão do diagnóstico de reação aguda ao estresse, passando a ser compreendida como uma reação normal e, por isso, classificada como um fator que influencia o estado de saúde. Ao novo grupo de transtornos associados ao estresse, foram adicionados dois novos transtornos: TEPT complexo e TLP. Por sua vez, os diagnósticos de TEPT e de adaptação/ajustamento, presentes na CID-10, tiveram seus critérios significativamente alterados.

A evidência de que transtornos especificamente relacionados ao estresse, desenvolvidos a partir da exposição a um evento traumático, encontram-se em uma categoria distinta de outras reações apresentadas pelo ser humano é validada não só pela CID-11 como também pela quinta edição do *Manual diagnóstico e estatístico de transtornos mentais* (DSM-5) (American Psychiatric Association [APA], 2013). É importante diferenciar esse tipo de transtorno de outros que também podem ser precipitados por eventos estressantes (p. ex., depressão e uso de substâncias), mas que não se desenvolvem exclusivamente por conta deles (Maercker et al., 2013). O DSM-5 (APA, 2013) conta com a seção de transtornos relacionados a trauma e a estressores, que indica a exposição a um evento traumático ou estressante, explicitamente, na lista de critérios diagnósticos. A seção foi desenvolvida a partir do entendimento de que, frente à exposição, muitos indivíduos manifestarão sintomas que se diferenciam significativamente de ansiedade ou medo, que podem ser apresentados concomitantemente pelos pacientes. De forma semelhante, ambos os manuais incluem TEPT, transtornos de adaptação, de apego reativo e de interação social desinibida. No entanto, algumas diferenças podem ser constatadas, como a presença do transtorno de estresse agudo apenas no DSM-5. Sobre o luto, também no DSM-5, não há um diagnóstico específico; a condição, chamada de transtorno de luto complexo persistente (TLCP), está localizada na seção de condições para estudos posteriores. Por fim, uma importante diferença entre DSM-5 e CID-11 no que tange ao grupo de transtornos associados ao estresse está nas definições de evento traumático e estressor utilizadas: a CID-11 indica que alguns transtornos deste grupo podem estar relacionados a estressores que estão dentro da faixa normal das experiências de vida (p. ex., divórcio, problemas socioeconômicos) enquanto outros transtornos requerem a exposição a um estressor que é extremamente ameaçador ou de natureza terrível (ou seja, eventos potencialmente traumáticos; (WHO, 2019a). Já o DSM-5 compreende como evento estressor (critério A) apenas episódios em que há uma exposição direta ou indireta à morte ou ameaça de morte, lesão real ou ameaça ou violência sexual real ou ameaçada (APA, 2013).

TRANSTORNO DE ESTRESSE PÓS-TRAUMÁTICO (6B40)

O transtorno de estresse pós-traumático (TEPT) é uma psicopatologia que se desenvolve após a exposição a um, ou a mais, eventos traumáticos. Sua estrutura diagnóstica foi modificada nas últimas versões do DSM e da CID, e, atualmente, os dois manuais diagnósticos apresentam critérios substancialmente diferentes. A própria definição de evento traumático difere de um manual para o outro. No DSM-5, um evento traumático (critério A) é caracterizado por:

> **Exposição a episódio concreto ou ameaça de morte, lesão grave ou violência sexual em uma (ou mais) das seguintes formas: 1) vivenciar diretamente o evento traumático; 2) testemunhar pessoalmente o evento traumático ocorrido com outras pessoas; 3) saber que o evento traumático ocorreu com familiar ou amigo**

> próximo. Nos casos de episódio concreto ou ameaça de morte envolvendo um familiar ou amigo, é preciso que o evento tenha sido violento ou acidental; 4) ser exposto de forma repetida ou extrema a detalhes aversivos do evento traumático. (APA, 2013, p. 271).

Na CID-10, um evento traumático é definido como "uma situação de natureza excepcionalmente ameaçadora ou catastrófica, que poderia causar uma importante resposta de estresse em quase qualquer pessoa" (World Health Organization [WHO], 2019b, documento *on-line*, tradução nossa). A CID-11 não descreve critérios específicos que caracterizem um evento traumático, porém, fornece uma orientação indicando que o TEPT e o TEPT complexo "podem se desenvolver após a exposição a um ou a uma série de eventos ameaçadores e horríveis" (WHO, 2019a, documento *on-line*, tradução nossa).

Com relação aos critérios diagnósticos do TEPT, o DSM-5 apresenta 20 sintomas, três a mais do que no DSM-IV, distribuídos em quatro agrupamentos (*clusters*): intrusão, evitação persistente, alterações negativas em cognição e humor, e alterações marcantes em alerta e reatividade. O agrupamento de alterações negativas em cognição e humor não estava presente na quarta edição do DSM. Adicionalmente, no DSM-5, os sintomas dos dois últimos agrupamentos podem iniciar ou piorar após a exposição ao evento, sugerindo que a preexistência de algumas manifestações afetivas, cognitivas, comportamentais ou fisiológicas possam ser fatores de risco para o TEPT. Na 11ª edição da CID, por sua vez, as diretrizes diagnósticas foram simplificadas, sendo divididas em três agrupamentos (reexperiência, evitação e sensação persistente de ameaça) com apenas dois sintomas cada. Além disso, enquanto o DSM-5 estabelece um critério de duração mínima dos sintomas (um mês), na CID-11 a variável tempo é menos precisa (diversas semanas). O transtorno é descrito da seguinte maneira:

> O transtorno de estresse pós-traumático (TEPT) pode se desenvolver após a exposição a um evento ou a uma série de eventos extremamente ameaçadores ou horríveis. É caracterizado por: 1) reviver o evento ou eventos traumáticos no momento presente na forma de memórias intrusivas vívidas, *flashbacks* ou pesadelos. A revivescência pode ocorrer por meio de uma ou múltiplas modalidades sensoriais e é tipicamente acompanhada por emoções fortes ou avassaladoras, particularmente medo ou horror, e fortes sensações físicas; 2) evitação de pensamentos e memórias do evento ou eventos, ou evitação de atividades, situações ou pessoas que lembrem o(s) evento(s); e 3) percepções persistentes de ameaça atual elevada, por exemplo, conforme indicado por hipervigilância ou uma reação de sobressalto aumentada a estímulos, como ruídos inesperados. Os sintomas persistem por pelo menos várias semanas e causam prejuízo significativo na vida pessoal, familiar, social, educacional, ocupacional ou em outras áreas importantes do funcionamento. (WHO, 2019a, documento *on-line*, tradução nossa).

Na CID-10, os critérios diagnósticos de TEPT também são divididos nos mesmos três agrupamentos, porém, as diretrizes são mais abrangentes, contendo sintomas que não são específicos do transtorno (p. ex., insônia e anedonia). A redução de diretrizes na CID-11 foi realizada com o objetivo de facilitar o diagnóstico, assim como diminuir o grande número de falso-positivos em comorbidade, principalmente com transtornos de ansiedade e depressão. Os sintomas incluídos na CID-11 representam os sintomas centrais e específicos do TEPT (Brewin, 2013, 2017; Kuester et al., 2017). Além disso, também foi incluída uma orientação de identificação de prejuízo funcional ocasionado pelos sintomas do transtorno, a qual não existia na CID-10.

No que se refere à validade da estrutura fatorial dos dois modelos diagnósticos, o modelo da CID-11 vem se mostrando superior ao do DSM-5, mesmo quando ambos mostram resultados adequados (Brunnet et al., 2020; Hansen et al., 2015; Hyland et al., 2017; Tay et al., 2015, 2017). As diferenças entre eles são refletidas nas pesquisas de prevalência de TEPT: os estudos encontraram sistematicamente uma prevalência inferior de TEPT nas análises consoantes à CID-11, em comparação com aquelas baseadas no DSM-5 (Hansen et al., 2015; Hyland et al., 2016; Kuester et al., 2017; Shevlin et al., 2018). Tendo em vista que as alterações nos critérios diagnósticos para o TEPT na CID são recentes, poucos estudos de prevalência na população geral foram realizados com os critérios da CID-11 para o transtorno. Em um estudo realizado na Alemanha, com uma amostra representativa da população do país, a prevalência de TEPT encontrada foi de 1,5% (Maercker et al., 2018). Outros estudos verificaram a prevalência do transtorno de acordo com a CID-11 em amostras menores e diretamente expostas a eventos traumáticos, como vítimas de abuso sexual na infância (22%) (Hansen et al., 2015), refugiados internos na Ucrânia (48%) (Shevlin et al., 2018), e indivíduos expostos a guerra civil e genocídio na Colômbia (44,4%) e no Camboja (8,1%), respectivamente (Stammel et al., 2015).

MÉTODOS E TÉCNICAS DE AVALIAÇÃO DO TRANSTORNO DE ESTRESSE PÓS-TRAUMÁTICO

O principal instrumento para avaliar o TEPT de acordo com a definição da CID-11 (WHO, 2019a) é o International Trauma Questionnaire (ITQ). Trata-se de um questionário de livre acesso que está disponível em diversos idiomas no *site* do International Trauma Consortium (www.traumameasuresglobal.com). Ele foi traduzido e adaptado para o contexto brasileiro por Donat et al. (2019). O instrumento, desenvolvido por Cloitre et al. (2018), foi inicialmente testado em dois tipos de populações: uma amostra comunitária de indivíduos expostos a situações traumáticas e uma amostra clínica também composta por participantes que foram expostos a situações traumáticas. A estrutura latente capturou a diferença entre TEPT e TEPT complexo e mostrou excelente adequação aos dados nas duas amostras. Com relação à consistência interna, todas as escalas de TEPT e de TEPT complexo apresentaram um coeficiente alfa de Cronbach (α) superior ou igual a 0,77, com exceção da escala de evitação (α = 0,67).

O ITQ é composto por dois questionários diagnósticos, um de TEPT e outro de TEPT complexo (descrito na próxima seção, Transtorno de estresse pós-traumático complexo). O questionário para o TEPT é composto por seis questões que avaliam os sintomas dos três agrupamentos (revivência, evitação e sensação de ameaça atual) e três questões que avaliam o prejuízo funcional. A escala de resposta é do tipo Likert, com 5 pontos, variando entre 0 (nem um pouco) a 4 (extremamente). Para o diagnóstico de TEPT, é necessário o endosso de ao menos um sintoma de cada um dos três agrupamentos, mais o endosso de ao menos um dos três itens que mensuram o prejuízo funcional. O endosso de um sintoma é uma pontuação maior ou igual a 2.

Observações importantes para a avaliação e o diagnóstico do transtorno de estresse pós-traumático

A exposição a um evento traumático é um critério *sine qua non* para o diagnóstico do TEPT, no entanto, nem toda pessoa exposta a um evento traumático desenvolve o transtorno. De fato, a resiliência, aqui definida como a capacidade de manutenção de níveis relativamente estáveis e saudáveis de funcionamento psicológico e físico, é uma resposta comum a um evento traumático (Bonanno, 2008). Além disso, outros transtornos mentais podem se desenvolver após a exposição a um evento traumático e devem ser avaliados pelo clínico. A literatura mostra que os transtornos comumente desenvolvidos após um evento traumático são os de ansiedade e os relacionados ao uso de substâncias, bem como a depressão (Breslau, 2009).

Outro ponto importante na avaliação do TEPT é o curso da sintomatologia pós-traumática. Na CID-11, a reação aguda ao estresse (QE84) não é definida como um transtorno, diferentemente do DSM-5, que considera como transtorno os quadros em que os sintomas duram mais de três dias e menos de um mês. Na CID-11, a reação aguda ao estresse está classificada na seção de problemas associados com eventos nocivos ou traumáticos (incluída na seção de fatores que influenciam o estado de saúde ou o contato com os serviços de saúde) e é definida como:

> **A reação de estresse agudo refere-se ao desenvolvimento de sintomas transitórios emocionais, somáticos, cognitivos ou comportamentais como resultado da exposição a um evento ou situação (de curta ou longa duração) de natureza extremamente ameaçadora ou horrível (p. ex., natural ou humana – desastres provocados, combates, acidentes graves, violência sexual, agressão). Os sintomas podem incluir sinais autonômicos de ansiedade (p. ex., taquicardia, sudorese, rubor), confusão, tristeza, ansiedade, raiva, desespero, hiperatividade, inatividade, retraimento social ou estupor. A resposta ao estressor é considerada normal, dada a gravidade do estressor, e geralmente começa a diminuir alguns dias após o evento ou após a remoção da situação ameaçadora. (WHO, 2019a, documento *on-line*, tradução nossa).**

O clínico deve estar atento, portanto, ao tempo decorrido após o evento e ao curso dos sintomas (p. ex., se há uma diminuição importante dos sintomas nos últimos dias), a fim de não patologizar reações normais a um evento traumático.

TRANSTORNO DE ESTRESSE PÓS-TRAUMÁTICO COMPLEXO (6B41)

Uma importante inovação da CID-11 foi o reconhecimento de formas complexas de estresse pós-traumático, com o acréscimo da categoria transtorno de estresse pós-traumático complexo (TEPT complexo). Esse termo já era citado em estudos dos anos 1990 que criticavam o modelo diagnóstico de TEPT por não abarcar sintomas presentes em vítimas de eventos traumáticos prolongados ou repetidos. De acordo com Herman (1992), o modelo de TEPT não é adequado nesses casos porque foi desenvolvido e testado unicamente em vítimas de alguns tipos específicos de eventos traumáticos, como sobreviventes de combates, estupro e desastres naturais. Em seu estudo, Herman citou um transtorno mental, que seria possivelmente incluído no DSM-IV, chamado transtorno de extremo estresse não especificado (DESNOS, do inglês *disorder of extreme stress not otherwise specified*). O modelo do transtorno inclui dificuldades nos comportamentos externalizantes (p. ex., impulsividade, agressividade, automutilação), desregulação emocional, sintomas dissociativos, dificuldades interpessoais e somatização (Friedman, 2013; Herman, 1992). No entanto, como os estudos indicavam que a maioria das pessoas que fechavam critérios para o DESNOS também apresentava os sintomas necessários para o diagnóstico de TEPT, os transtornos não foram considerados suficientemente distintos para que o DESNOS fosse incluído como um novo transtorno no DSM-IV. Dessa forma, os sintomas foram considerados no manual como características associadas ao TEPT (Friedman, 2013; Resick et al., 2012).

De acordo com Friedman (2013), o DESNOS também não foi incluído no DSM-5 porque o grupo de trabalho considerou que ele não tinha um suporte empírico sólido. O autor considera, porém, que muitos dos sintomas incluídos no DESNOS estão presentes no modelo de TEPT do DSM-5, a exemplo do *cluster* de alterações negativas na cognição e no humor (p. ex., sentimento de culpa persistente e visão negativa do futuro) e do *cluster* excitabilidade aumentada (p. ex., irritabilidade, impulsividade, agressividade). Além disso, foi adicionado no DSM-5 um subtipo dissociativo de TEPT, o que também aproxima o modelo dos sintomas incluídos no modelo do DESNOS.

Na CID-11 optou-se por outro caminho: a simplificação dos critérios para o TEPT e a inclusão do diagnóstico de TEPT complexo. Essa inclusão é, na verdade, uma modificação de um diagnóstico já existente na CID-10, que mencionava a alteração duradoura da personalidade após uma experiência catastrófica (F62.0). No entanto, mesmo que o TEPT complexo inclua sintomas de desorganização pessoal (*disturbance in self-organization*), eles não são descritos como modificação da personalidade (Brewin et al., 2017).

O TEPT complexo descrito na CID-11 inclui os três *clusters* de sintomas do TEPT (reexperiência, evitação e sensação persistente de ameaça) e os três *clusters* de sintomas de desorganização pessoal (*disturbance in self-organization*): 1) desregulação do afeto; 2) autoconceito negativo; e 3) perturbações nos relacionamentos. Especificamente, a condição é definida da seguinte maneira:

> **O transtorno de estresse pós-traumático complexo (TEPT complexo) é um transtorno que pode se desenvolver após a exposição a um evento ou série de eventos de natureza extremamente ameaçadora ou horrível, mais comumente eventos prolongados ou repetitivos dos quais escapar é difícil ou impossível (p. ex., tortura, escravidão, genocídio, violência doméstica prolongada, abuso sexual ou físico repetido na infância). Todos os requisitos de diagnóstico para TEPT devem ser atendidos. Além disso, o TEPT complexo é caracterizado por 1) problemas graves e persistentes na regulação do afeto; 2) crenças sobre si mesmo como diminuído, derrotado ou sem valor, acompanhadas de sentimentos de vergonha, culpa ou fracasso relacionados ao evento traumático; e 3) dificuldades em manter relacionamentos e sentir-se próximo dos outros. Esses sintomas causam prejuízo significativo pessoal, familiar, social, educacional, ocupacional ou em outras áreas importantes do funcionamento. (WHO, 2019a, documento *on-line*, tradução nossa).**

Nos últimos anos, um número crescente de estudos internacionais vem avaliando a estrutura fatorial do TEPT complexo de acordo com a proposta da CID-11. Estudos realizados em diversos países confirmaram a validade do modelo de TEPT complexo em adultos, adolescentes e jovens adultos (Böttche et al., 2018; Ho et al., 2020; Hyland et al., 2018; Kazlauskas et al., 2018a; Vallières et al., 2018). Com relação à prevalência do TEPT complexo, estudos com amostras representativas da população da Alemanha e de Israel mostraram uma prevalência de 0,5% e de 2,6%, respectivamente. A prevalência de TEPT foi mais alta do que a de TEPT complexo nesses estudos (1,5% na Alemanha; 9% em Israel) (Ben-Ezra et al., 2018a; Maercker et al., 2018). Em amostras clínicas, o TEPT complexo tem apresentado prevalência mais elevada do que o TEPT (Brewin et al., 2017; Karatzias et al., 2017; Vallières et al., 2018).

MÉTODOS E TÉCNICAS DE AVALIAÇÃO DO TRANSTORNO DE ESTRESSE PÓS-TRAUMÁTICO COMPLEXO

O instrumento mais utilizado para a avaliação de TEPT e TEPT complexo de acordo com o modelo da CID-11 é o ITQ. As informações sobre a criação, a validação e a tradução do instrumento para o português do Brasil estão descritas na seção anterior (Transtorno de estresse pós-traumático).

O ITQ é composto por duas escalas: uma para avaliar TEPT e outra para avaliar TEPT complexo. Para a avaliação do TEPT complexo, os dois questionários devem ser utilizados. O questionário para o TEPT complexo é composto por seis questões que avaliam os sintomas de dificuldades na auto-organização, distribuídos em três agrupamentos (desregulação do afeto, autoconceito negativo e perturbação dos relacionamentos) e três questões que avaliam o prejuízo funcional. A escala de resposta é do tipo Likert, com 5 pontos, variando entre 0 (nem um pouco) a 4 (extremamente). O diagnóstico de TEPT complexo requer que os critérios para TEPT sejam satisfeitos, e o endosso (no questionário de TEPT complexo) de ao menos um sintoma de cada um dos três agrupamentos, mais o endosso de ao menos um dos três itens que mensuram o prejuízo funcional. O endosso de um sintoma é uma pontuação maior ou igual a 2. Como apresentar sintomas de TEPT é um critério para TEPT complexo, os dois transtornos não podem ser diagnosticados em uma mesma pessoa.

Outra opção de instrumento de avaliação é a Structured Interview for Disorders of Extreme Stress – Revised (SIDES-R), que avalia os sintomas propostos no modelo DESNOS. A entrevista possui 37 questões divididas em sete categorias: 1) alterações na regulação dos afetos e dos impulsos; 2) alterações na atenção e na consciência; 3) alterações na autopercepção; 4) percepções alteradas sobre o perpetuador; 5) alterações nas relações interpessoais; 6) somatização; e 7) alterações nos sistemas de significados. A SIDES-R foi traduzida para o português do Brasil por Camargo et al. (2013).

Observações importantes para a avaliação e o diagnóstico do transtorno de estresse pós-traumático complexo

É importante para o diagnóstico do TEPT complexo diferenciá-lo do TEPT e do transtorno da personalidade *borderline* (TPB). Como citado anteriormente, um mesmo indivíduo não pode ser diagnosticado concomitantemente, de acordo com os critérios da CID-11, com TEPT e TEPT complexo, pois este último também inclui os critérios de TEPT. A utilização do ITQ é de grande auxílio para realizar esse diagnóstico diferencial, porém, outro aspecto relevante é a natureza do evento traumático. Como descrito na CID-11 e nas pesquisas realizadas sobre o TEPT complexo/DESNOS, os eventos traumáticos frequentemente associados a apresentações mais complexas do transtorno são os eventos repetidos e prolongados, dos quais a pessoa não consegue fugir e/ou fica sob o controle de um perpetrador (p. ex., prisões, campos de concentração, campos de trabalho escravo forçado, situações de exploração sexual, violência intrafamiliar, violência conjugal) (Herman, 1992). O tipo de evento traumático é, então, um primeiro indicador de diagnóstico diferencial entre TEPT ou TEPT complexo. No entanto, uma pessoa exposta a eventos traumáticos prolongados e repetidos pode também desenvolver TEPT e não apresentar os sintomas de TEPT complexo.

Um segundo diagnóstico diferencial importante é entre TEPT complexo e TPB, principalmente quando há comorbidade entre eles. De acordo com Cloitre et al. (2014), quatro sintomas estão fortemente relacionados com o TPB, em comparação com o TEPT complexo: esforços frenéticos para evitar o abandono, instabilidade identitária, relações interpessoais intensas e instáveis, e impulsividade. Os autores enfatizam que embora sejam encontrados distúrbios ligados à identidade tanto no TEPT complexo quanto no TPB, no primeiro, a identidade é constantemente percebida como negativa, e, no segundo, instável. Verifica-se também, de acordo com a pesquisa, uma grande instabilidade nos relacionamentos no TPB, enquanto no TEPT complexo percebe-se, em geral, uma evitação crônica dos relacionamentos (Cloitre et al., 2014).

TRANSTORNO DE LUTO PROLONGADO (6B42)

A inclusão do transtorno de luto prolongado (TLP) é o resultado de um grande esforço empreendido no meio acadêmico com o objetivo de padronizar o diagnóstico de uma patologia do luto frente à evidência de uma condição distinta de outros transtornos mentais – que não esteve contemplada na CID-10 (Maercker et al., 2013). A definição de TLP foi inicialmente desenvolvida por Prigerson et al. (2009) e inserida com modificações na CID-11. Outra definição diagnóstica que também obteve reconhecimento acadêmico foi a de TLCP do DSM-5. Mais recentemente, a American Psychiatry Association ([APA], 2022) divulgou a inserção da proposta de TLP na edição *text revision* do DSM-5 (DSM-5-TR).

O TLP é definido pela nova edição da CID como uma reação de luto persistente e abrangente após a morte de um ente querido, que é caracterizada por 12 sintomas. Entre eles, o enlutado necessariamente precisa apresentar pelo menos um de dois sintomas representativos de uma angústia de separação, a qual envolve preocupações persistentes com o falecido e/ou intensa saudade/anseio pelo falecido. Além disso, é imperativo manifestar pelo menos uma reação de uma lista de 10 possíveis reações de dor emocional, a qual pode incluir sentimentos de culpa, raiva, tristeza, negação, dificuldade de aceitar a realidade da morte, sensação de ter perdido uma parte de si mesmo, incapacidade de experimentar humor positivo, entorpecimento emocional, arrependimento e dificuldade para engajar-se em atividades como aquelas de cunho social (WHO, 2019a). Considera-se necessária a persistência desses sintomas por pelo menos seis meses após a perda, em um grau que gere sofrimento e prejuízo na funcionalidade em áreas pessoais, familiares, ocupacionais, sociais, educacionais ou outras igualmente importantes para a realização do diagnóstico. A classificação reforça a importância de considerar os contextos social, cultural e religioso no momento de avaliação para a correta diferenciação entre uma resposta normativa de luto ou uma resposta prolongada.

A recomendação da CID-11 de TLP assemelha-se à proposta de TLCP, que também é caracterizada por sintomas de saudade, tristeza e dor emocional, preocupação com o falecido, vivência de um distúrbio de identidade e dificuldade em aceitar a morte. No entanto, o TLCP considera, ainda, a dificuldade para acessar memórias positivas com o falecido, assim como a evitação de memórias, como importantes sintomas. Outra diferença que marca esses dois conjuntos é o critério de tempo: para o TLCP é necessário que os sintomas persistam por 12 meses após a perda (APA, 2013). É possível observar que o DSM-5 retrata uma lista mais longa de sintomas, enquanto a CID-11 evidencia uma mais curta, o que representa um importante objetivo desse sistema, que é justamente simplificar a classificação e aumentar sua utilidade clínica (Maercker et al., 2013). No entanto, isso pode vir a refletir uma futura prevalência maior de TLP na população, como já observado no estudo de Boelen et al. (2018).

A proposta do DSM-5-TR (APA, 2022) é ainda mais equivalente com a da CID-11 (WHO, 2019a), não apenas pelo nome, mas também pelos sintomas. A nova definição diagnóstica do manual estipula ser necessário pelo menos a apresentação de um sintoma de "angústia de separação", tal como a CID-11 preconiza (intensa saudade e/ou anseio pelo falecido e/ou preocupação com pensamentos e memórias da pessoa falecida). Além disso, é preciso que o enlutado apresente três sintomas dentro de um grupo que corresponde, em parte, ao que a CID-11 intitula dor emocional, que contempla a sensação de ruptura da identidade, sensação de descrença sobre a morte, evitação de lembranças, dificuldade de reintegrar-se em atividades e relações sociais, entorpecimento emocional, sentimento de que a vida não tem sentido sem a pessoa que morreu e solidão intensa. Apesar das semelhanças com a definição de TLP da CID-11, a APA mantém o critério de 12 meses para a realização do diagnóstico.

A importância da inserção do TLP na CID-11 também reside no fato de o sofrimento do luto ter sido constatado apenas recentemente, tendo sido inclusive excluído no DSM-IV por ser considerado uma reação culturalmente esperada e classificada como condição que pode ser foco de atenção clínica (American Psychiatric Association [APA], 1995). De forma semelhante, a CID-10 também julgou reações de luto com mais de seis meses como merecedoras de atenção clínica e apenas aprofundou a diferenciação entre luto normal e transtorno depressivo maior, não conceituando a possibilidade de um diagnóstico formal de luto desadaptativo (Prigerson et al., 2009). No entanto, há evidências de uma desordem do luto, sendo observada na literatura internacional uma estimativa de que entre 5% e 10% dos enlutados apresentarão uma reação de luto desadaptativa acompanhada de significativa redução na funcionalidade (Lundorff et al., 2017). Quanto ao cenário brasileiro, poucos estudos avaliaram transtornos de luto na população, e apenas dois utilizaram medidas que avaliavam TLP de acordo com a proposta de Prigerson et al. (2009), que deu origem à definição e TLP da CID-11. Estudos nacionais encontraram prevalências de 10,4% (Delalibera et al., 2017) e 43,6% (Bolaséll, 2021). Além disso, pesquisas apontam para uma alta prevalência de TLP associado a outras comorbidades de saúde mental, especialmente o TEPT, a depressão e a ansiedade (Boelen et al., 2018; Komischke-Konnerup et al., 2021).

Apesar dos consideráveis avanços realizados, ainda existe uma marcante preocupação dos profissionais da saúde em relação aos diagnósticos formais de TLP e TLCP e, como consequência, a uma possível medicalização e patologização do luto. No entanto, conjuntos diagnósticos formais são elaborados para guiar os profissionais da saúde de forma que possam atentar para os sintomas e ofertar tratamentos mais pertinentes ao transtorno identificado, além de contribuir para a diminuição do estigma e ampliar a compreensão desse tipo de sofrimento (Lichtenthal et al., 2018; Maercker et al., 2013).

MÉTODOS E TÉCNICAS DE AVALIAÇÃO DO TRANSTORNO DE LUTO PROLONGADO

Existem alguns instrumentos reconhecidos internacionalmente para avaliar o TLP, porém, nenhum dos que foram adaptados e validados para o português do Brasil abrangem a definição proposta na CID-11. Uma das exceções, a Prolonged Grief Disorder-13 (PG-13) (Delalibera et al. 2017), avalia sintomas de TLP a partir dos critérios propostos por Prigerson et al. (2009). A escala possui 13 itens descritivos divididos em três partes: avaliação da frequência do sentimento de angústia e de separação, sintomas cognitivos, emocionais e comportamentais, e avaliação da funcionalidade. O instrumento utiliza uma escala de resposta do tipo Likert para 11 dos seus 13 itens. Sua validação no Brasil contou com 115 familiares enlutados e apresentou boa consistência interna ($\alpha > 0{,}94$).

Já o Traumatic Grief Inventory Self-Report (TGI-SR), desenvolvido originalmente por Boelen e Smid (2017) avalia tanto o TLCP como o TLP proposto por Prigerson et al. (2009) e foi adaptado e validado para uso no Brasil por Bolaséll et al. (2021). O TGI-SR possui 18 itens, incluindo todos os 16 sintomas de TLCP, um sintoma adicional de TLP, que não faz parte dos critérios de TLCP, e um item de comprometimento funcional incorporado nos critérios das duas definições. Ao responder o inventário, é solicitado que o enlutado escolha a sua principal perda em termos de estresse ou de frequência com que essa perda surge em sua mente. Após, é solicitado que classifique, em uma escala Likert, o quanto os sintomas descritos nos itens foram experimentados no último mês. A versão do instrumento apresentou ótima acurácia preditiva para distinguir entre sujeitos com diagnóstico provisório de TLCP (Area Under Curve [AUC] = 0,90) e TLP (AUC = 0,89). De forma interessante, um estudo de validação da versão brasileira do TGI-SR identificou, por meio de uma análise das respostas, os itens referentes aos sintomas "dificuldade de seguir adiante" (p. ex., fazer novos amigos e procurar novos interesses) e "sentir que a vida é insatisfatória ou sem sentido sem a pessoa que morreu" como os mais discriminativos e, portanto, sintomas-chave para avaliar e diagnosticar um enlutado.

Observações importantes para a avaliação e o diagnóstico do transtorno de luto prolongado

Durante a avaliação de um sujeito enlutado, é importante que o profissional tenha clareza sobre outras comorbidades comuns nesse público, como o TEPT e a depressão. É essencial que também tenha conhecimento sobre a sintomatologia desses quadros e que atente para a realização do diagnóstico diferencial. No entanto, conduzir o diagnóstico diferencial pode ser um desafio, visto que alguns sintomas, às vezes, se sobrepõem entre as três patologias, como tristeza, choro e pensamento suicida (para diferenciar TLP e depressão), ou pensamentos intrusivos (para diferenciar TLP, TEPT ou mesmo luto normal).

Ao diferenciar TEPT de TLP, é importante lembrar que o TEPT é desenvolvido a partir de um evento que ameaça a vida e gera perigo para a vida do indivíduo, enquanto o gatilho no TLP é a perda. Portanto, pode-se considerar que a emoção primária no TEPT é o medo, e no TLP, é a saudade e/ou o anseio. Assim, um primeiro passo seria distinguir o conteúdo dos pensamentos intrusivos apresentados pelo paciente. No TEPT, eles estão associados ao evento traumático em si e aos *flashbacks* do evento, enquanto, tanto em um luto normal quanto no TLP, estão relacionados a pensamentos e memórias com o ente querido falecido ou com o que foi perdido – memórias que não são necessariamente assustadoras.

Na depressão, a anedonia, a tristeza e a esperança prejudicada constituem um humor deprimido voltado para si próprio, enquanto o TLP é caracterizado por ondas de dor emocional e por sensação de saudade e anseio. Além disso, na depressão, a culpa é generalizada e abrangente, e, no luto prolongado, a culpa gira em torno da sobrevivência ou do cuidado (ou falta de) que foi despendido pelo enlutado para com o seu ente querido. Da mesma forma, a avaliação desadaptativa sobre si na depressão é marcada por ruminações a respeito da capacidade do indivíduo para obter sucesso na vida e atingir seus objetivos, enquanto no TLP essa avaliação foca na incapacidade de viver sem a pessoa que morreu (p. ex., inaptidão para assumir papéis que antes eram realizados pelo falecido), na necessidade de executar tarefas sem a companhia do ente amado e em uma ruminação contrafactual. Em relação à ideação suicida, é ligada a uma visão negativa sobre si e/ou desesperança, nos quadros de depressão, e à falta de desejo de viver em um mundo sem a pessoa que morreu, nos quadros de TLP.

Por fim, o avaliador deve fornecer uma escuta ativa e empática e empregar uma postura acolhedora e validante em todos os momentos da avaliação. Pacientes enlutados geralmente encontram espaços limitados de escuta, pois a morte e a perda ainda são um tabu muito forte em nossa sociedade, que não se encontra preparada para uma correta validação da dor e do sofrimento gerados por essa experiência tão inerente à vida. Assim, é essencial que o paciente sinta que está sendo escutado. Também é importante que o avaliador se mantenha atento ao impacto gerado, em si, pelo relato do paciente, e observe a condição de seus recursos internos, tão necessários para se trabalhar com um tema delicado como o do luto.

TRANSTORNO DE ADAPTAÇÃO (6B43)

O transtorno de adaptação (TA) representa um quadro clínico de prejuízo emocional em resposta ao estresse, desencadeado após ou durante um evento estressor específico (WHO, 2019a). Foi incluído na CID em sua 9ª edição (WHO, 1978) e, em relação ao DSM, o diagnóstico pode ser observado a partir da 3ª edição. Desde sua primeira classificação, o diagnóstico de TA vinha sofrendo críticas relacionadas à descrição evasiva de sintomas, sendo considerado por pesquisadores um transtorno genérico e diagnosticável em múltiplas situações (Casey & Bailey, 2011). Assim, sua inclusão na CID-11 visa uma definição mais clara e específica, quando comparado ao conjunto sintomático descrito na versão anterior.

Na nova versão da classificação, o TA está descrito como uma resposta mal-adaptativa a um ou a mais estressores identificáveis, a qual, geralmente, surge um mês após o evento. A dificuldade de adaptação a um novo contexto estressor gera prejuízo significativo, impactando no funcionamento diário dos indivíduos e contribuindo para distúrbios do sono, problemas de concentração e de desempenho (Mahat-Shamir et al., 2017). Na CID-11 (WHO, 2019a), o TA caracteriza-se por: 1) preocupação excessiva, pensamentos angustiantes e ruminação envolvendo o estressor ou suas consequências; e 2) uma falha de adaptação que resulta em comprometimento em áreas centrais da vida (social, familiar ou ocupacional). Além dessas diretrizes, o transtorno conta com um desequilíbrio orgânico do funcionamento psíquico que imprime a busca por recursos psicofisiológicos para lidar com os eventos.

A proposta do DSM-5 para o TA assemelha-se à da CID-11, contudo, em função da preocupação excessiva com o estressor, não conta com a diretriz de sofrimento (First et al., 2021). No DSM-5, o transtorno é caracterizado por respostas sintomatológicas a um estressor identificável que deve ocorrer dentro de um mês após o evento. Além disso, os sintomas do TA são classificados em: 1) intrusivos (lembranças involuntárias angustiantes e pensamentos repetitivos sobre o evento); e 2) evitativos (esquiva de situações, pensamentos e sentimentos associados ao evento) e mal-adaptativos (redução do interesse por atividades cotidianas, dificuldade de concentração, distúrbios no sono e menor autoconfiança).

Na relação do TA com outras comorbidades, entende-se que seu diagnóstico está circunscrito a eventos estressores na vida, enquanto no TEPT e no TEPT complexo o foco são os eventos traumáticos. A literatura sugere que existe alto grau de comorbidade entre TA e TEPT complexo (Karatzias et al., 2020). Contudo, a CID-11 segue um sistema hierárquico de classificação dos transtornos, justificando, assim, que, caso existam sintomas confundidores para o diagnóstico de outro transtorno, o de TA deve ser preterido (Maercker et al., 2013). Estudos que testem os diferentes transtornos associados ao estresse são necessários para explorar de maneira mais apropriada a comorbidade entre eles.

MÉTODOS E TÉCNICAS DE AVALIAÇÃO DO TRANSTORNO DE ADAPTAÇÃO

No que se refere aos métodos de avaliação, a literatura nacional não conta com medidas de TA alinhadas à nova conceitualização da CID-11 e validadas para o contexto brasileiro. Quanto às escalas para avaliação em amostras internacionais, a Adjustment Disorder – New Module (ADNM) é uma medida de autorrelato que vem sendo revisada e abreviada para medir sintomas centrais de preocupação e falha na adaptação aos estressores (Einsle et al., 2010). Sua versão abreviada com oito itens foi validada por Kazlauskas et al. (2018b), enquanto Ben-Ezra et al. (2018b) evidenciaram a validade da versão ultrabreve, composta por quatro itens.

Observações importantes para a avaliação e o diagnóstico do transtorno de adaptação

Ao avaliar e diagnosticar TA, os sintomas não devem ter especificidade ou gravidades equivalentes ao diagnóstico de outro transtorno mental ou comportamental descritos na CID-11 (WHO, 2019a).

TRANSTORNO DE APEGO REATIVO (6B44)

Enquanto os transtornos descritos nas seções anteriores caracterizam quadros observados na vida adulta, o transtorno de apego reativo caracteriza um quadro comportamental presente no período da infância. É originário de uma definição de transtorno de apego, subdividida nos especificadores inibido e desinibido no DSM-IV (APA, 1995) e localizado na subseção de transtornos comportamentais e emocionais com início habitualmente na infância e adolescência na CID-10. As modificações realizadas, tanto no DSM-5 como na CID-11, deram origem a dois transtornos diferentes: transtorno de apego reativo (TAR) e transtorno de interação social desinibida (TISD). Apesar desse desmembramento, têm o seu desenvolvimento atrelado a contextos de vulnerabilidade física e emocional, em que há presença de maus-tratos e/ou ausência de cuidados adequados, configurando negligência. É importante notar que essas propostas diagnósticas foram fortemente influenciadas por estudos empíricos com crianças em alto grau de institucionalização, em condições de grande privação. Dessa forma, é necessário cautela em generalizar esses achados diretamente a outros contextos de desenvolvimento infantil (Glowinski, 2011; Lehmann et al., 2020).

O TAR é descrito pela CID-11 como um padrão de comportamentos de apego incomum, diferente do que se considera normativo durante a primeira infância, e verificado juntamente com um histórico de cuidados inadequados (p. ex., negligência, maus-tratos e privação institucional). O manual ainda acrescenta a descrição da manutenção dos comportamentos mesmo diante da presença de um cuidador principal adequado e descreve os comportamentos de apego reativo como a não procura da criança por segurança junto ao adulto, falta de resposta quando é oferecido conforto e a não recorrência ao cuidador para obtenção de conforto, apoio e nutrição. A idade mínima estipulada como critério para realização do diagnóstico é de 1 ano ou de uma idade desenvolvimental superior a 9 meses, visto que nos períodos anteriores a criança ainda não tem capacidade de apego seletivo plenamente elaborada. Ademais, a nova versão estipula a exclusão da hipótese diagnóstica de TAR quando já existe o diagnóstico de um quadro do espectro autista (WHO, 2019a).

O DSM-5 caracteriza o TAR como um padrão consistente de comportamento inibido e emocionalmente retraído em relação ao cuidador adulto (APA, 2013), que pode envolver uma rara busca de conforto e/ou rara resposta frente a medidas de conforto. O manual apresenta uma lista de três perturbações, entre as quais a criança, imperativamente, necessita apresentar pelo menos duas: 1) responsividade emocional e social mínima; 2) afeto positivo limitado; e 3) episódios de irritabilidade, tristeza ou temor inexplicados, mesmo diante de situações não ameaçadoras, com cuidadores adultos. Além disso, considera necessária a experiência de um padrão de cuidados insuficientes caracterizados por: 1) negligência ou privação social; 2) mudanças repetidas de cuidadores com limitações nas oportunidades de formação de vínculo; e/ou 3) criação em contextos peculiares (p. ex., instituições). O DSM-5, igualmente à CID-11, considera idade mínima de 9 meses e a necessidade de os sintomas serem observados antes dos 5 anos.

Sendo a ausência de cuidados adequados durante a infância o principal fator de risco ligado ao desenvolvimento do TAR, comorbidades com esse quadro clínico estarão, muito possivelmente, ligadas a experiências de negligência, como no caso dos transtornos do desenvolvimento cognitivo e da linguagem e de condições físicas de saúde, como desnutrição (APA, 2013).

MÉTODOS E TÉCNICAS DE AVALIAÇÃO DO TRANSTORNO DE APEGO REATIVO

Sendo um transtorno de rara ocorrência e observado em amostras específicas de crianças, a avaliação e o diagnóstico de TAR compreendem um processo complexo. Atualmente, ainda não há disponibilidade de instrumentos de avaliação e escalas diagnósticas adaptados e validados ao contexto brasileiro. O comportamento inibido e emocionalmente retraído, ou até mesmo inexistente, na interação com cuidadores adequados é a principal característica do TAR. Por isso, a avaliação de uma criança com suspeita do transtorno deve, imprescindivelmente, envolver técnicas de observação da interação da criança com adultos. Na literatura internacional, é possível identificar protocolos estruturados de observação (como o Waiting Room Observation) e questionários de rastreio (como o Relationship Problems Questionnaire) para avaliação do TAR (Minnis et al., 2009).

Ademais, como se trata de uma avaliação infantil, é necessário que haja, além da observação e avaliação da criança, encontros de entrevista e anamnese com os adultos responsáveis por ela. Nesse momento, é importante que o profissional colha a maior quantidade possível de informações sobre o histórico de desenvolvimento da criança, história de maus-tratos, abuso ou negligência e primeiros sinais de sintomatologia de TAR. Por se tratar de um transtorno com maior prevalência em crianças institucionalizadas, o profissional pode encontrar dificuldades para obter dados completos sobre a criança. Assim, é fundamental despender esforços para contatar e entrevistar indivíduos que tenham acesso aos registros e história da criança, como assistentes sociais, conselheiros tutelares e monitores das instituições de abrigo.

Observações importantes para a avaliação e o diagnóstico do transtorno de apego reativo

O TAR possui sua base no reconhecimento de um padrão de vinculação inseguro, e, portanto, o estudo e conhecimento da teoria do apego de Bowlby (1990) torna-se indispensável para sua compreensão e avaliação. Por ser característico da infância, deve-se lembrar o quão importante é um diagnóstico preciso e uma intervenção precoce para que seja possível modificar o prognóstico de saúde mental da criança.

Destaca-se a importância do pleno conhecimento das teorias do desenvolvimento infantil por parte dos profissionais que trabalham com avaliação e tratamento de crianças e adolescentes. É crucial compreender os conflitos e crises enfrentados ao longo do desenvolvimento, bem como conhecer os comportamentos esperados e adequados em cada etapa. Além disso, entrevistas com professores e outros cuidadores presentes na vida da criança devem ser realizadas com frequência.

TRANSTORNO DE INTERAÇÃO SOCIAL DESINIBIDA (6B45)

O transtorno de interação social desinibida (TISD), juntamente com o TAR, consiste em um padrão de comportamentos anormais, manifestado no período da infância, e que tem como substrato da sua etiologia a experiência de negligência. Enquanto no TAR a criança manifesta sintomas mais internalizantes, com um comportamento retraído, no TISD os sintomas são externalizantes, por meio de um padrão de interação desinibida diante de adultos estranhos (APA, 2013; WHO, 2019a).

Anteriormente denominado transtorno do apego desinibido, localizado na subseção de transtornos comportamentais e emocionais com início habitualmente na infância e adolescência da CID-10, o TISD, na nova versão do manual, retrata um padrão de comportamento social que não se enquadra no parâmetro cultural e social esperado. No TISD, o comportamento da criança é marcado por aproximações indiscriminadas, em que a criança não demonstra receio ou reticência com relação a adultos desconhecidos, inclusive em acompanhá-los para longe dos seus cuidadores, exibindo comportamento de significativa familiaridade com estranhos (WHO, 2019a). Esse transtorno pode ser diagnosticado apenas em crianças e suas características desenvolvem-se nos primeiros cinco anos de vida. Possui o mesmo critério do TAR no que tange à idade mínima de 1 ano ou a idade desenvolvimental superior a 9 meses e também à exclusão da hipótese diagnóstica quando já existe o diagnóstico de um quadro do espectro autista.

O DSM-5 também conta com uma proposta de TISD na sua seção de transtornos relacionados a trauma e a estressores (APA, 2013). Nele, o transtorno é caracterizado, de forma semelhante à CID-11, como um padrão de comportamento de abordar e interagir com adultos desconhecidos. É exigida a presença de pelo menos dois comportamentos, entre: 1) discrição reduzida ou ausente na abordagem e interação com adultos; 2) comportamento verbal ou físico excessivamente familiar e não condizente com padrões culturais para a idade; 3) diminuição ou ausência de retorno ao cuidador; e 4) pouca ou nenhuma hesitação ao sair com um adulto estranho. Além disso, o DSM indica que o comportamento desinibido não pode ser explicado ou limitado por impulsividade e exige a vivência de pelo menos um tipo de padrão insuficiente de cuidados, entre: 1) negligência ou privação social; 2) mudanças repetidas de cuidadores, com limitada oportunidade de formação de vínculos estáveis; e 3) criação em contextos peculiares, como lares adotivos temporários e instituições. O DSM-5 emprega o mesmo critério de idade mínima de 9 meses e utiliza o especificador "persistente" para caracterizar quadros em que o transtorno está presente por um período superior a 12 meses e o especificador "grave" quando a criança exibe todos os sintomas do transtorno.

Quanto a possíveis comorbidades, a literatura aponta para a concomitante presença do diagnóstico de TISD e do transtorno de déficit de atenção/hiperatividade (TDAH), bem como quadros de TEPT, em função da exposição a situações de vulnerabilidade, maus-tratos e negligência (APA, 2013).

MÉTODOS E TÉCNICAS DE AVALIAÇÃO DO TRANSTORNO DE INTERAÇÃO SOCIAL DESINIBIDA

Assim como o TAR, o TISD é um transtorno raramente observado na prática clínica, o que dificulta o seu processo de avaliação diagnóstica. Até o momento, não foram encontradas escalas ou outros instrumentos diagnósticos específicos para o TISD validados para o contexto brasileiro. A literatura internacional aponta para práticas de observação como importante recurso de avaliação do TISD. Diferentes protocolos têm sido empregados em pesquisa, incluindo a observação da interação social entre a criança e um adulto estranho à criança (Bruce et al., 2009). É importante que o avaliador realize uma quantidade variada de observações da criança em diferentes contextos para obter um parâmetro fidedigno do seu funcionamento.

De forma semelhante aos procedimentos de avaliação do TAR, também é imprescindível que o profissional inclua na sua estratégia a entrevista com cuidadores, familiares e outros profissionais da rede de saúde e de cuidados da criança que possam fornecer informações importantes sobre a história de vida, funcionamento e aparecimento dos sintomas.

Observações importantes para a avaliação e o diagnóstico do transtorno de interação social desinibida

Para este transtorno, valem as mesmas recomendações e observações descritas na seção anterior (Transtorno de apego reativo).

CONSIDERAÇÕES FINAIS

É possível observar, no que tange à categoria de transtornos relacionados ao estresse, que a CID-11 fundamenta os seus diagnósticos por meio de critérios simplificados, quando comparados àqueles retratados no DSM-5, o que de fato aproxima e facilita a sua utilização em diversos contextos clínicos, internacionalmente (Gaebel et al., 2020). Além disso, as importantes modificações realizadas na CID-11 (WHO, 2019a), como o acréscimo do diagnóstico de TEPT complexo e a inclusão da reação de estresse agudo como um problema associado com eventos traumáticos ou nocivos e não como um transtorno mental, terão um impacto importante na pesquisa e na prática clínica na área do trauma.

Por fim, é preciso lembrar que eventos estressores e traumáticos muitas vezes rompem com crenças e ideias acerca do mundo e de quem se é, gerando mudanças e impactos bruscos para quem os vivencia. Portanto, para além da classificação em critérios, é primordial que se busque compreender o impacto da vivência traumática na história de vida do avaliado.

REFERÊNCIAS

American Psychiatric Association (APA). (1995). *Diagnostic and statistical manual of mental disorders* (4th ed.).

American Psychiatric Association (APA). (2013). *Diagnostic and statistical manual of mental disorders* (5th ed.).

American Psychiatric Association (APA). (2022). *Diagnostic and statistical manual of mental disorders* (5th ed., Text rev.).

Ben-Ezra, M., Karatzias, T., Hyland, P., Brewin, C. R., Cloitre, M., Bisson, J. I., ... Shevlin, M. (2018a). Posttraumatic stress disorder (PTSD) and complex PTSD (CPTSD) as per ICD-11 proposals: A population study in Israel. *Depression and Anxiety, 35*(3), 264-274.

Ben-Ezra, M.; Mahat-Shamir, M.; Lorenz, L.; Lavenda, O.; & Maercker, A. (2018b). Screening of adjustment disorder: Scale based on the ICD-11 and the Adjustment Disorder New Module. *Journal of Psychiatric Research, 103*, 91-96.

Boelen, P. A., Lenferink, L. I. M., Nickerson, A., & Smid, G. E. (2018). Evaluation of the factor structure, prevalence, and validity of disturbed grief in DSM-5 and ICD-11. *Journal of Affective Disorders, 240*, 79-87.

Boelen, P., & Smid, G. (2017). The Traumatic Grief Inventory Self-Report Version (TGI-SR): Introduction and preliminary psychometric evaluation. *Journal of Loss and Trauma, 22*(3), 196-212.

Bolaséll, L. T. (2021). *Grief, post-traumatic stress disorder and depression: Validation of the TGI-SR and investigation of associated factors* [Dissertação de mestrado não publicada]. Pontifícia Universidade Católica do Rio Grande do Sul.

Boleséll, L., Oliveira, V., & Kristensen, C. (2021). The effects of exposure to factors related to death in mental health. *Journal of Loss and Trauma, 27*(4), 318-334.

Bonanno, G. A. (2008). Loss, trauma, and human resilience: Have we underestimated the human capacity to thrive after extremely aversive events? *Psychological Trauma: Theory, Research, Practice, and Policy, S*(1), 101-113.

Böttche, M., Ehring, T., Krüger-Gottschalk, A., Rau, H., Schäfer, I., Schellong, J., ... Knaevelsrud, C. (2018). Testing the ICD-11 proposal for complex PTSD in trauma-exposed adults: Factor structure and symptom profiles. *European Journal of Psychotraumatology, 9*(1), 1512264.

Bowlby, J. (1990). *Apego e perda: Apego: A natureza do vínculo*. Martins Fontes.

Breslau, N. (2009). The epidemiology of trauma, PTSD, and other posttrauma disorders. *Trauma, Violence & Abuse, 10*(3), 198-210.

Brewin, C. R. (2013). "I Wouldn't Start From Here": An alternative perspective on PTSD from the ICD-11: Comment on Friedman (2013). *Journal of Traumatic Stress, 26*(5), 557-559.

Brewin, C. R., Cloitre, M., Hyland, P., Shevlin, M., Maercker, A., Bryant, R. A., ... Reed, G. M. (2017). A review of current evidence regarding the ICD-11 proposals for diagnosing PTSD and complex PTSD. *Clinical Psychology Review, 58*, 1-15.

Bruce, J., Tarullo, A. R., & Gunnar, M. R. (2009). Disinhibited social behavior among internationally adopted children. *Development and Psychopathology, 21*(1), 157-171.

Brunnet, A. E., Derivois, D., Machado, W. D. L., & Haag Kristensen, C. (2020). The posttraumatic stress disorder factorial structure: Findings from a multicultural sample. *Journal of Aggression, Maltreatment and Trauma, 30*(10), 1-15.

Camargo, J., Kluwe-Schiavon, B., Sanvicente-Vieira, B., Levandowski, M. L., & Grassi-Oliveira, R. (2013). Versão brasileira da Structured Interview for Disorders of Extreme Stress: Revised (SIDES-R): Processo de adaptação e validação. *Trends in Psychiatry and Psychotherapy, 35*(4), 292-298.

Casey, P., & Bailey, S. (2011). Adjustment disorders: The state of the art. *World Psychiatry, 10*(1), 11-18.

Cloitre, M., Shevlin, M., Brewin, C. R., Bisson, J. I., Roberts, N. P., Maercker, A., ... Hyland, P. (2018). The International Trauma Questionnaire: Development of a self-report measure of ICD-11 PTSD and complex PTSD. *Acta Psychiatrica Scandinavica, 138*(6), 536-546.

Cloitre, M., Garvert, D. W., Weiss, B., Carlson, E. B., & Bryant, R. A. (2014). Distinguishing PTSD, complex PTSD, and borderline personality disorder: A latent class analysis. *European Journal of Psychotraumatology, 5*, 1-10.

Delalibera, M., Delalibera, T., Franco, M., Barbosa, A., & Leal, I. (2017). Adaptação e validação brasileira do instrument de avaliação do luto prolongado: PG-13. *Revista Psicologia: Teoria e Prática, 19*(1), 94-106.

Donat, J. C., Lobo, N. S., Jacobsen, G. S., Guimarães, E. R., Kristensen, C. H., Berger, W., ... Nascimento, E. (2019). Translation and cross-cultural adaptation of the international trauma questionnaire for use in Brazilian Portuguese. *Sao Paulo Medical Journal, 137*(3), 270-277.

Einsle, F., Köllner, V., Dannemann, S., & Maercker, A. (2010). Development and validation of a self-report for the assessment of adjustment disorders. *Psychology, Health & Medicine, 15*(5), 584-595.

First, M. B., Gaebel, W., Maj, M., Stein, D. J., Kogan, C. S., Saunders, J. B., ... Reed, G. M. (2021). An organization- and category-level comparison of diagnostic requirements for mental disorders in ICD -11 and DSM-5. *World Psychiatry, 20*(1), 34-51.

Friedman, M. J. (2013). Finalizing PTSD in DSM-5: Getting here from there and where to go next. *Journal of Traumatic Stress, 26*(5), 548-556.

Gaebel, W., Stricker, J., & Kerst, A. (2020). Changes from ICD-10 to ICD-11 and future directions in psychiatric classification. *Dialogues in Clinical Neuroscience, 22*(1), 7-15.

Glowinski, A. L. (2011). Reactive attachment disorder: An evolving entity. *Journal of the American Academy of Child & Adolescent Psychiatry, 50*(3), 210-212.

Hansen, M., Hyland, P., Armour, C., Shevlin, M., & Elklit, A. (2015). Less is more? Assessing the validity of the ICD-11 model of PTSD across multiple trauma samples. *European Journal of Psychotraumatology, 6*, 28766.

Herman, J. L. (1992). Complex PTSD: A syndrome in survivors of prolonged and repeted trauma. *Journal of Traumatic Stress, 5*(3), 377-392.

Ho, G. W. K., Hyland, P., Shevlin, M., Chien, W. T., Inoue, S., Yang, P. J., ... Karatzias, T. (2020). The validity of ICD-11 PTSD and Complex PTSD in East Asian cultures: Findings with young adults from China, Hong Kong, Japan, and Taiwan. *European Journal of Psychotraumatology, 11*(1), 1717826.

Hyland, P., Shevlin, M., Mcnally, S., Murphy, J., & Hansen, M. (2016). Exploring differences between the ICD-11 and DSM-5 models of PTSD: Does it matter which model is used ? *Journal of Anxiety Disorders, 37*, 48-53.

Hyland, P., Shevlin, M., Brewin, C. R., Cloitre, M., Downes, A. J., Jumbe, S., ... Roberts, N. P. (2017). Validation of post-traumatic stress disorder (PTSD) and complex PTSD using the International Trauma Questionnaire. *Acta Psychiatrica Scandinavica, 136*(3), 313-322.

Hyland, P., Ceannt, R., Daccache, F., Abou Daher, R., Sleiman, J., Gilmore, B., ... Vallières, F. (2018). Are posttraumatic stress disorder (PTSD) and complex-PTSD distinguishable within a treatment-seeking sample of Syrian refugees living in Lebanon? *Global Mental Health, 5*, e14.

Karatzias, T., Cloitre, M., Maercker, A., Kazlauskas, E., Shevlin, M., Hyland, P., ... Brewin, C. R. (2017). PTSD and Complex PTSD: ICD-11 updates on concept and measurement in the UK, USA, Germany and Lithuania. *European Journal of Psychotraumatology, 8*(Suppl 7), 1418103.

Karatzias, T., Shevlin, M., Hyland, P., Fyvie, C., Grandison, G., & Ben-Ezra, M. (2020). ICD-11 posttraumatic stress disorder, complex PTSD and adjustment disorder: the importance of stressors and traumatic life events. *Anxiety, Stress, & Coping*, 1, 1-12.

Kazlauskas, E., Gegieckaite, G., Hyland, P., Zelviene, P., & Cloitre, M. (2018a). The structure of ICD-11 PTSD and complex PTSD in Lithuanian mental health services. *European Journal of Psychotraumatology, 9*(1), 1414559.

Kazlauskas, E., Gegieckaite, G., Maercker, A., Eimontas, J., & Zelviene, P. (2018b). A brief measure of the ICD-11 Adjustment Disorder: Investigation of psychometric properties in adults help-seeking sample. *Psychopathology, 51*(1), 10-5.

Komischke-Konnerup, K., Zachariae, R., Johannsen, M., Nielsen, L. D., & O'Connor, M. (2021). Co-occurrence of prolonged grief symptoms and symptoms of depression, anxiety, and posttraumatic stress in bereaved adults: A systematic review and meta-analysis. *Journal of Affective Disorders*, 4, 1-11.

Kuester, A., Köhler, K., Ehring, T., Knaevelsrud, C., Kober, L., Krüger-Gottschalk, A., ... Rau, H. (2017). Comparison of DSM-5 and proposed ICD-11 criteria for PTSD with DSM-IV and ICD-10: Changes in PTSD prevalence in military personnel. *European Journal of Psychotraumatology, 8*(1), 1386988.

Lehmann, S., Monette, S., Egger, H., Breivik, K., Young, D., Davidson, C., & Minnis, H. (2020). Development and examination of the reactive attachment disorder and disinhibited social engagement disorder assessment interview. *Asessment, 27*(4), 749-765.

Lichtenthal, W., Maciejewski, P., Demirjian, C., Roberts, K., First, M, Kissane, D., ... Prigerson, H. (2018). Evidence of the clinical utility of a prolonged grief disorder diagnosis. *World Psychiatry, 17*(3), 364-365.

Lundorff, M., Holmgren, H., Zachariae, R., Farver-Vestergaard, I., & O'Connor, M. (2017). Prevalence of prolonged grief disorder in adult bereavement: A systematic review and meta-analysis. *Journal of Affective Disorders, 212*(1), 138-149.

Maercker, A., Brewin, C. R., Bryant, R. A., Cloitre, M., van Ommeren, M., Jones, L. M., ... Reed, G. M. (2013). Diagnosis and classification of disorders specifically associated with stress: proposals for ICD-11. *World Psychiatry, 12*(3), 198-206.

Maercker, A., Hecker, T., Augsburger, M., & Kliem, S. (2018). ICD-11 Prevalence rates of posttraumatic stress disorder and complex posttraumatic stress disorder in a German Nationwide Sample. *Journal of Nervous and Mental Disease, 206*(4), 270-276.

Mahat-Shamir, M., Ring, L., Hamama-Raz, Y., Ben-Ezra, M., Pitcho-Prelorentzos, S., David, U. Y., ... Lavenda, O. (2017). Do previous experience and geographic proximity matter? Possible predictors for diagnosing Adjustment disorder vs. PTSD. *Psychiatry Research, 258*, 438-443.

Minnis, H., Green, J., O'Connor, T. G., Liew, A., Glaser, D., Taylor, E., & Sadiq, F. A. (2009). An exploratory study of the association between reactive attachment disorder and attachment narratives in early schoolage children. *Journal of Child Psychology & Psychiatry & Allied Disciplines*, 50(8), 931-942.

Prigerson, H., Horowitz, M., Jacobs, S., Parkes, C., Aslan, M., Goodkin, K., ... Maciejewski, P. (2009). Prolonged grief disorder: Psychometric validation of criteria proposed for DSM-V and ICD-11. *PLoS Med, 6*(8), e1000121.

Resick, P. A., Bovin, M. J., Calloway, A. L., Dick, A. M., King, M. W., Mitchell, K. S., ... Wolf, E. J. (2012). A critical evaluation of the complex PTSD literature: Implications for DSM-5. *Journal of Traumatic Stress, 25*(3), 241-251.

Shevlin, M., Hyland, P., Vallières, F., Bisson, J., Makhashvili, N., Javakhishvili, J., ... Roberts, B. (2018). A comparison of DSM-5 and ICD-11 PTSD prevalence, comorbidity and disability: An analysis of the Ukrainian Internally Displaced Person's Mental Health Survey. *Acta Psychiatrica Scandinavica, 137*(2), 138-147.

Stammel, N., Abbing, E. M., Heeke, C., & Knaevelsrud, C. (2015). Applicability of the ICD-11 proposal for PTSD: A comparison of prevalence and comorbidity rates with the DSM-IV PTSD classification in two post-conflict samples. *European Journal of Psychotraumatology, 6*, 27070.

Tay, A. K., Rees, S., Chen, J., Kareth, M., & Silove, D. (2015). The structure of post-traumatic stress disorder and complex post-traumatic stress disorder amongst West Papuan refugees. *BMC Psychiatry, 15*(1), 111.

Tay, A. K., Mohsin, M., Rees, S., Steel, Z., Tam, N., Soares, Z., ... Silove, D. (2017). The factor structures and correlates of PTSD in post-conflict Timor-Leste: An analysis of the Harvard Trauma Questionnaire. *BMC Psychiatry, 17*(1), 1-11.

Vallières, F., Ceannt, R., Daccache, F., Abou Daher, R., Sleiman, J., Gilmore, B., ... Hyland, P. (2018). ICD-11 PTSD and complex PTSD amongst Syrian refugees in Lebanon: The factor structure and the clinical utility of the International Trauma Questionnaire. *Acta Psychiatrica Scandinavica, 138*(6), 547-557.

World Health Organization (WHO). (1978). *The ICD-9 classification of mental and behavioral disorders: Clinical description and diagnostic guidelines.*

World Health Organization (WHO). (2019a). *International statistical classification of diseased and related health problems (ICD-11)* (11th ed.).

World Health Organization (WHO). (2019b). *International statistical classification of diseased and related health problems (ICD-10)* (10th ed.). https://icd.who.int/browse10/2019/en#/

12

TÉCNICAS DE AVALIAÇÃO EM CASOS DE SUSPEITA DE TRANSTORNOS ALIMENTARES

JULIANA BERTOLETTI
LUCIANA C. ANTUNES

A prevalência, a gravidade e os índices de mortalidade decorrentes dos transtornos alimentares (TAs), assim como o aumento de suas taxas ao redor do mundo, justificam a necessidade de se desenvolver critérios diagnósticos e instrumentos mais precisos e que facilitem a identificação precoce dessas condições, promovendo um tratamento mais eficaz. Para a elaboração do capítulo sobre transtornos mentais, comportamentais e do neurodesenvolvimento da 11ª edição da *Classificação internacional de doenças* (CID-11) (World Health Organization [WHO], 2021), o Departamento de Saúde Mental e Abuso de Substâncias da Organização Mundial da Saúde (OMS) traçou como princípios norteadores a utilidade clínica e a aplicabilidade global (International Advisory Group for the Revision of ICD-10 Mental and Behavioural Disorders, 2011), uma vez que a adoção desses parâmetros viabiliza o trabalho dos profissionais da saúde em distintos cenários clínicos. Desse modo, alcança-se uma validade intercultural global e a adequação às necessidades dos profissionais da saúde oriundos de países de média e baixa rendas.

A fim de assegurar a utilidade clínica, o grupo de trabalho convocado pela OMS revisou as evidências disponíveis na literatura científica sobre TAs para embasar as mudanças propostas nas diretrizes da CID-10. Os objetivos do projeto foram: a) melhorar a comunicação entre os usuários (médicos, pacientes, famílias e gestores); b) promover a conceitualização e compreensão dos TAs e da alimentação; c) descrever as reais apresentações clínicas de forma precisa e fácil; d) auxiliar no manejo clínico; e e) melhorar os resultados clínicos em níveis individual e populacional (First et al., 2015).

Pesquisadores encontraram três limitações gerais inerentes às diretrizes de TAs presentes na CID-10 (Al-Adawi et al., 2013; Uher & Rutter, 2012): 1) a separação de TAs e transtornos da alimentação em dois grupos, comumente descritos nas seções de infância e adolescência, não é consistente com os dados empíricos e a prática clínica atual que mostra a manifestação de tais transtornos ao longo do desenvolvimento; 2) as diretrizes resultam em uma falta de consistência nos diagnósticos atribuídos para TAs, com uma grande proporção classificada nas categorias atípicas disponíveis ou nas categorias residuais (outro transtorno especificado ou não especificado); e 3) as diretrizes falham em reconhecer explicitamente toda a gama de diferenças culturais nas manifestações clínicas dos TAs e transtornos da alimentação.

Segundo a definição da CID-11, os TAs e da alimentação envolvem comportamentos alimentares ou da alimentação que não são explicados por outras condições de saúde, além de não serem apropriados ao nível de desenvolvimento do indivíduo ou validados culturalmente. Existe uma diferenciação das características que compõem o conceito de TAs e da alimentação segundo a CID-11. Os transtornos da alimentação incluem distúrbios do comportamento que não se relacionam com preocupações sobre a forma e o peso corporal (p. ex., relacionados ao consumo de substâncias não alimentares ou à regurgitação voluntária de alimentos). Já os TAs se referem ao comportamento alimentar anormal que envolve a preocupação com a comida, assim como uma preocupação marcante com a forma e o peso corporal (WHO, 2021).

Assim como ocorreu na atualização do *Manual diagnóstico e estatístico de transtornos mentais* (DSM-5), a CID-11 apresenta uma categoria única dos TAs, revisa as características diagnósticas nas categorias já existentes, anorexia nervosa (AN) e bulimia nervosa (BN), além de introduzir duas novas categorias específicas, o transtorno de compulsão alimentar (TCA) e o transtorno alimentar restritivo-evitativo (TARE). Somam-se a essas categorias, a pica e o transtorno de ruminação-regurgitação (TR), que na CID-10 eram descritos na seção de transtornos de alimentação na infância, além de duas categorias adicionais que abarcam outros transtornos alimentares especificados (OTAE) e transtornos alimentares não especificados (OTANE). A Tabela 12.1 apresenta os achados diagnósticos predominantes dos principais TAs segundo as classificações atuais.

Há uma extensa gama de instrumentos planejados para rastrear indivíduos em risco para TAs, para mensurar as características comportamentais e atitudinais específicas da psicopatologia alimentar e para analisar os aspectos relativos à qualidade de vida e à distorção de imagem corporal. Os instrumentos também podem auxiliar no diagnóstico e monitorar o curso e o progresso terapêutico (Túry et al., 2010). De fato, as ferramentas de avaliação, se apropriadas para capturar mecanismos etiológicos e/ou de manutenção relevantes dos TAs, podem direcionar, com precisão, os esforços de profissionais da saúde e pesquisadores a alvos de intervenção específicos.

Apesar da inquestionável necessidade do uso de instrumentos de rastreio, avaliação e monitoramento em TAs, tanto na prática clínica quanto na pesquisa, é pertinente enfatizar que determinados fatores de distorção podem diminuir a fidedignidade das ferramentas de avaliação adotadas. Problemas dessa natureza surgem a partir da definição de alguns construtos, visto que outras características psicopatológicas costumam coocorrer nos TAs (p. ex., impulsividade e/ou perfeccionismo), justificando a necessidade de avaliação de outros fenômenos psicológicos (Túry et al., 2010). Geralmente, os sinais e sintomas comportamentais de um transtorno podem parecer os aspectos mais simples de se mensurar; contudo, eles nem sempre estão evidentes nos pacientes com TAs (Mairs &

TABELA 12.1

ACHADOS DIAGNÓSTICOS PREDOMINANTES DOS PRINCIPAIS TRANSTORNOS ALIMENTARES

	ANOREXIA NERVOSA	BULIMIA NERVOSA	TRANSTORNO DE COMPULSÃO ALIMENTAR	TRANSTORNO ALIMENTAR RESTRITIVO--EVITATIVO
Padrão e comportamento alimentar	Restrição severa	Irregular – é comum pular refeições, bem como apresentar períodos de restrição	Irregular, sem restrição extrema	Restrição severa de todos os alimentos ou alimentos específicos
Peso corporal	Baixo peso	Normal ou acima do peso	Normal ou acima do peso	Abaixo do peso e/ou com deficiências nutricionais
Imagem corporal	Supervalorizada (podendo apresentar, ou não, medo de engordar)	Supervalorizada	Supervalorizada (porém, não obrigatoriamente)	Não supervalorizada
Episódios de compulsão alimentar	Podem ocorrer, a depender do subtipo	Regular, com comportamentos compensatórios associados	Regular, sem compensação	Não há
Comportamentos compensatórios	Um ou mais presentes	Regular, com a finalidade de comportamentos compensatórios	Incomum	Nenhum

Fonte: Hay (2020).

Nicholls, 2016). Outros importantes desafios a serem enfrentados são os fenômenos de negação e ocultação, a relutância dos pacientes em cooperar, a baixa adesão e o comportamento manipulador, bem como sinais e sintomas ocultos – frequentemente apresentados entre indivíduos com TAs e responsáveis por criar obstáculos à prática diária (Túry et al., 2010).

A avaliação inicial do paciente com TA requer um completo exame médico (incluindo exames laboratoriais) e uma detalhada avaliação da história da doença. As análises subsequentes, rotineiramente, envolvem questionários e métodos de entrevista cujas propriedades psicométricas podem variar substancialmente (Túry et al., 2010). Todavia, independentemente do instrumento selecionado, sua aplicação não dispensa a realização de uma entrevista clínica, que inclua o indivíduo e sua família (sobretudo no caso de crianças e adolescentes), por profissional da saúde experiente. A adequada seleção da ferramenta a ser empregada dependerá de uma série de fatores, como o ambiente clínico, o tempo disponível e o acesso a treinamento (Mairs & Nicholls, 2016).

ANOREXIA NERVOSA (6B80)

A anorexia nervosa (AN) é um grave transtorno psiquiátrico que se caracteriza por um peso corporal significativamente baixo para a altura, idade e estágio do desenvolvimento, não decorrente de outra condição de saúde ou devido à indisponibilidade de alimentos (WHO, 2021). A preocupação com a forma e o baixo peso corporal é um aspecto central na autoavaliação do indivíduo com AN, juntamente com uma distorção da autoimagem corporal (percepção do peso como normal ou até mesmo excessivo). Esses fatores levam à adoção de comportamentos que interferem no ganho de peso (American Psychiatric Association [APA], 2014), e os indivíduos, além de apresentarem funcionamentos cognitivo e emocional marcadamente prejudicados, demonstram um *insight* pobre acerca da gravidade da doença.

O perfeccionismo em pessoas com AN é um traço frequente e caracteriza-se pela autoimposição de padrões extremamente exigentes, que afetam todos os domínios da vida, o que é particularmente evidente nos esforços feitos para restringir a ingestão calórica. O traço perfeccionista tem relação com a natureza egossintônica do transtorno e contribui para a crítica limitada acerca do estado de saúde nesses indivíduos. Outra consequência desfavorável resultante desse traço é que, para a maior parte dos pacientes, a falha no cumprimento de seus elevados padrões pessoais pode prejudicar severamente sua autoestima (Dalle Grave et al., 2021; Solmi et al., 2019).

A AN distingue-se entre dois subtipos: tipo restritivo e tipo compulsão alimentar purgativa (o segundo é associado a maior risco de complicações clínicas e apresenta pior prognóstico) (Academy for Eating Disorders, 2021). Comorbidades psiquiátricas, como transtornos bipolares, depressivos e de ansiedade, geralmente ocorrem de forma associada ao quadro de AN, não sendo infrequente a presença desses transtornos e/ou sintomas previamente ao início do TA. O transtorno obsessivo-compulsivo (TOC) é outra comorbidade psiquiátrica descrita, sobretudo em pessoas que apresentam o tipo restritivo. Em contrapartida, indivíduos com o tipo compulsão alimentar purgativa tendem a apresentar mais frequentemente comorbidade com o transtorno por uso de álcool e outras substâncias (APA, 2014; Treasure et al., 2020).

A AN apresenta a segunda maior taxa de mortalidade em comparação a qualquer outro transtorno psiquiátrico (Academy for Eating Disorders, 2021), e o tipo compulsão alimentar purgativa apresenta, em particular, maior risco quando comparado ao tipo restritivo (APA, 2014). Uma metanálise incluindo 2.611 estudos longitudinais reportou uma significativa associação entre o diagnóstico de TA e o risco elevado para tentativa de suicídio (Smith et al., 2019). A prevalência de tentativa de suicídio em amostras clínicas de pacientes com AN variou de 3% a 20%, possivelmente devido à substancial variabilidade entre as pesquisas (Franko & Keel, 2006).

Um recente estudo epidemiológico estimou a prevalência de tentativa de suicídio em indivíduos com AN, incluindo os subtipos restritivo e compulsão alimentar purgativa, em 24,9%, 5,7% e 44,1%, respectivamente. Fatores como maior tempo de duração da doença e maior prejuízo psicossocial foram significativamente associados à tentativa de suicídio em pacientes com AN (Udo et al., 2019). A história de tentativa de suicídio tem sido associada a perfis clínicos diversos, englobando maior risco de comprometimento psicossocial e presença de comorbidade psiquiátrica, achados que apoiam a necessidade de melhorar o rastreio para AN e risco de suicídio.

A partir do reconhecimento das limitações apresentadas nos critérios da CID-10, a CID-11 propôs a ampliação da categoria diagnóstica de AN, com a amenorreia não sendo mais um critério necessário, estendendo o critério de peso a qualquer peso insuficiente significativo e expandindo o componente cognitivo de modo a incluir apresentações relevantes para o desenvolvimento e cultura. O DSM-5 já não havia incluído a amenorreia como critério diagnóstico, e o baixo peso foi definido como abaixo do mínimo normal/esperado. Apesar de a amenorreia ser uma manifestação clínica decorrente da desnutrição e, por consequência, um achado comum na prática clínica, a sua exclusão como critério obrigatório para o diagnóstico de AN representa uma melhora na aplicabilidade clínica tanto da CID-11 quanto do DSM-5, já que muitos indivíduos fazem uso de terapia hormonal (Hay, 2020).

Segundo a definição da WHO (2021), um limiar comumente utilizado para casos de AN é um índice de massa corporal (IMC, kg/m^2), em adultos, abaixo de 18,5 kg/m^2 e, para crianças e adolescentes, IMC por idade abaixo do quinto percentil. Crianças e adolescentes podem ter dificuldade em ganhar peso de acordo com o esperado para a trajetória de desenvolvimento, mesmo sem apresentar perda de peso. Uma perda de peso rápida (p. ex., mais de 20% do peso corporal total dentro de seis meses), para crianças, adolescentes e adultos, pode substituir as diretrizes para peso corporal baixo, desde que outros requisitos diagnósticos sejam contemplados. O peso corporal baixo deve ser acompanhado, portanto, de um padrão persistente de comportamentos para prevenir a restauração do peso normal, incluindo restrição alimentar, comportamentos de purgação (vômito induzido e uso de laxativos) e comportamentos para aumentar o gasto de energia (exercícios excessivos) (WHO, 2021). Tais definições representam uma atualização das diretrizes da CID-10 para AN, em que a perda e manutenção do peso abaixo do normal tinha como limiar um IMC igual ou menor que 17,5 kg/m^2.

A CID-11 apresenta uma variedade de códigos e subcódigos que especificam as características e a gravidade da apresentação clínica da AN (ver Tabela 12.2). O especificador de gravidade com peso corporal perigosamente baixo deve ser capaz de distinguir os casos mais severos, cujo prognóstico é mais reservado. Tal subdivisão elucida de forma mais precisa as apresentações clínicas, em comparação à CID-10: AN (F50.0) e AN atípica (F50.1, na qual um ou mais requisitos não estão presentes ou se apresentam em grau mais leve). A maior especificidade das subdivisões adotadas na CID-11 permite a realização de pesquisas com amostras clínicas mais homogêneas, assim como o uso de estratégias terapêuticas adequadas de acordo com o curso e o prognóstico da doença. No DSM-5, também existem critérios de gravidade com base nos níveis de IMC (leve, moderado, grave e extremo) ou seu equivalente em crianças, mas sem IMC superior, e se uma pessoa está abaixo do peso (necessário para um diagnóstico de AN) é um julgamento clínico. Assim, pessoas com IMC na faixa normal, mas que de outra forma se assemelham àquelas com AN, podem receber o diagnóstico de AN atípica – um tipo de transtorno alimentar ou alimentar específico (OTAE) (Hay, 2020).

Outra importante mudança em ambos os sistemas diagnósticos é a dispensa da exigência de relato de medo de engordar ou de ganhar peso, já que tal narrativa pode, frequentemente, ser considerada um fenômeno culturalmente específico. No entanto, se isso não for relatado, evidências de comportamentos destinados à prevenção e/ou à perda de peso fazem-se necessárias para a confirmação diagnóstica de AN (Hay, 2020).

MÉTODOS E TÉCNICAS DE AVALIAÇÃO DA ANOREXIA NERVOSA

A maior parte dos instrumentos desenvolvidos não avalia um TA específico, mas as dimensões e características que compõem os TAs em geral. A maioria das medidas de avaliação tem capacidade de detectar a presença de um TA e diferenciá-los. A seguir, serão apresentadas algumas medidas desenvolvi-

TABELA 12.2

CÓDIGOS E SUBCÓDIGOS PARA ANOREXIA NERVOSA SEGUNDO AS ORIENTAÇÕES DIAGNÓSTICAS DA CID-11

ANOREXIA NERVOSA (6B80)	REQUISITOS
Anorexia nervosa com peso corporal significativamente baixo (6B80.0)	IMC entre 18,5 kg/m² e 14 kg/m² para adultos, ou entre o percentil 5 e 0,3 para o IMC por idade em crianças e adolescentes.
• Anorexia nervosa com peso corporal significativamente baixo, com padrão restritivo (6B80.00)	Ingestão alimentar restritiva ou somente jejum ou em combinação com o aumento do gasto energético. Não apresenta comportamentos de compulsão alimentar ou purgação.
• Anorexia nervosa com peso corporal significativamente baixo, com padrão compulsão-purgação (6B80.01)	Indução de perda de peso por meio de restrição alimentar comumente acompanhada por comportamentos de purgação significativos com o objetivo de se livrar da comida ingerida (p. ex., vômito autoinduzido ou enemas). Também inclui indivíduos que apresentam episódios de compulsão alimentar sem purgação.
• Anorexia nervosa com peso corporal significativamente baixo, não especificado (6B80.0Z)	Categoria residual não especificada.
Anorexia nervosa com peso corporal perigosamente baixo (6B80.1)	IMC abaixo de 14 kg/m² em adultos ou abaixo do percentil 0,3 para o IMC por idade em crianças e adolescentes. A severidade do *status* nutricional representa um fator prognóstico associado com um alto risco de complicações físicas e mortalidade aumentada.
• Anorexia nervosa com peso corporal perigosamente baixo, com padrão restritivo (6B80.10)	Ingestão alimentar restritiva ou somente jejum ou em combinação com o aumento do gasto energético. Não apresenta comportamentos de compulsão alimentar ou purgação.
• Anorexia nervosa com peso corporal perigosamente baixo, com padrão compulsão-purgação (6B80.11)	Indução de perda de peso por meio de restrição alimentar comumente acompanhada por comportamentos de purgação significativos com o objetivo de se livrar da comida ingerida (p. ex., vômito autoinduzido ou enemas). Também inclui indivíduos que apresentam episódios de compulsão alimentar sem purgação.
• Anorexia nervosa com peso corporal perigosamente baixo, não especificado (6B80.1Z)	Categoria residual não especificada.
Anorexia nervosa em recuperação com peso corporal normal (6B80.2)	Indivíduos que estão se recuperando do transtorno e com IMC maior que 18,5 kg/m² em adultos e acima do percentil 5 para o IMC por idade em crianças

▶▶

TABELA 12.2

CÓDIGOS E SUBCÓDIGOS PARA ANOREXIA NERVOSA SEGUNDO AS ORIENTAÇÕES DIAGNÓSTICAS DA CID-11

ANOREXIA NERVOSA (6B80)	REQUISITOS
	e adolescentes. Diagnóstico deve ser mantido até que a recuperação completa seja atingida (manutenção do peso saudável e cessação de comportamentos compensatórios por pelo menos um ano depois do tratamento intensivo).
Anorexia nervosa, outra especificada (6B80.Y)	Categoria residual.
Anorexia nervosa, não especificada (6B80.Z)	Categoria residual não especificada.
ASSOCIADO COM (USAR CÓDIGO ADICIONAL):	
5B50 Baixo peso em bebês, crianças ou adolescentes. 5B51 Desperdício em bebês, crianças ou adolescentes. 5B52 Desnutrição aguda em bebês, crianças ou adolescentes. 5B53 Nanismo em bebês, crianças ou adolescentes. 5B54 Baixo peso em adultos.	

Fonte: Elaborada com base em World Health Organization (2021).

das para os TAs em geral – entrevistas clínicas e instrumentos autoaplicáveis que são utilizados para a avaliação e o diagnóstico de AN, assim como dos outros principais diagnósticos, BN e TCA. Existem ainda instrumentos que avaliam construtos importantes associados à AN (p. ex., imagem corporal) e que trazem informações que auxiliam na avaliação e no diagnóstico.

Eating Disorders Examination

A entrevista Eating Disorders Examination (EDE) foi originalmente desenvolvida para avaliar a psicopatologia da AN e da BN. Atualmente é a entrevista clínica padrão-ouro para fornecer diagnósticos operacionais de TAs em geral, sendo amplamente utilizada como medida de desfecho em estudos clínicos. Fornece informações descritivas acerca da psicopatologia da AN, provendo uma medida da extensão e gravidade das suas características. A EDE foca no período dos últimos 28 dias, também abordando questões diagnósticas que avaliam a frequência de comportamentos nos últimos três meses.

O instrumento é composto por quatro subescalas ligadas às características cognitivas dos TAs que se relacionam com os aspectos principais da AN: restrição alimentar, preocupação com a alimentação, com a forma e com o peso corporal. Apresenta também itens que avaliam sintomas comportamentais específicos (p. ex., frequência dos episódios de compulsão alimentar, vômitos autoinduzidos, uso indevido de laxantes, diuréticos e prática excessiva de exercícios), que permitem a diferenciação entre os transtornos.

Estudos confirmaram a sua validade diagnóstica em adultos, adolescentes e em crianças abaixo dos 9 anos, apesar de a versão infantil ser rotineiramente utilizada em crianças e adolescentes a partir dos 7 anos. Em amostras pediátricas, faz-se necessário, para corroborar o diagnóstico, que a entrevista seja também estendida a pais e cuidadores. Sabe-se que crianças e adolescentes tendem a produzir escores inferiores à população adulta, sendo que jovens com AN e crianças do sexo masculino tendem a produzir escores mais baixos do que os indivíduos com BN. Logo, é indispensável comparar as pontuações com os dados normativos apropriados para a idade (Mairs & Nicholls, 2016).

A entrevista foi projetada para ser administrada por um profissional da saúde com treinamento prévio, de forma a assegurar que todos os conceitos avaliados sejam compreendidos (Fairburn & Beglin, 1994). Estudos de tradução, adaptação e validação foram conduzidos em inúmeros países, sendo que a versão original em língua inglesa encontra-se disponível para *download* gratuito em https://www.credo-oxford.com/pdfs/EDE_17.0D.pdf. No Brasil, a tradução e validação da EDE 17.OD (versão mais recente do instrumento) foram realizadas por pesquisadores do Grupo de Obesidade e Transtornos Alimentares (GOTA) e do Núcleo de Atenção aos Transtornos Alimentares (PROATA) e está em processo de submissão (Freitas, 2022).

Apesar de ser considerada a entrevista diagnóstica padrão-ouro em TAs, a EDE apresenta algumas limitações, entre as quais se destacam o viés para avaliar a psicopatologia da BN e o enfoque nos conceitos mais relevantes para a terapia cognitivo-comportamental (TCC) (Thomas et al., 2014). Além disso, o tempo necessário para conduzir a entrevista é considerável, representando uma limitação logística importante, o que levou ao desenvolvimento da sua versão mais breve em forma de questionário (ver adiante).

Eating Disorder Examination Questionnaire

O Eating Disorder Examination Questionnaire (EDE-Q), adaptado da entrevista clínica EDE, é um instrumento de autorrelato com 28 itens que avaliam comportamentos alimentares nos últimos 28 dias. É mais rapidamente efetuado e não requer treinamento para sua aplicação (Carter et al., 2001; Fairburn & Beglin, 1994; Mond et al., 2008). Um formulário curto (15 itens) também foi desenvolvido a partir do EDE-Q.

Diferenças entre a EDE e o EDE-Q podem ser atenuadas com instruções. Algumas características clínicas, como a compulsão alimentar, são relatadas com mais precisão por questionário do que por entrevista, sendo o inverso verdadeiro no caso de comportamentos alimentares restritivos como na AN, que tendem a ser minimizados no autorrelato. O EDE-Q não foi validado para crianças menores de 12 anos (Mairs & Nicholls, 2016).

O instrumento produz uma pontuação global, bem como quatro pontuações de subescalas: preocupação alimentar, preocupação com a forma, preocupação com o peso e contenção. O EDE-Q é pontuado em uma escala Likert de 7 pontos, exceto para os itens relacionados à frequência de comportamentos, que são avaliados em função do número de episódios ocorridos nas últimas quatro semanas. A pontuação da escala global consiste na média das quatro pontuações da subescala. Pontuações mais altas são indicativas de patologia alimentar mais severa (Moser et al., 2020).

Entrevista Clínica Estruturada para os Transtornos do DSM-5

A Entrevista Clínica Estruturada para os Transtornos do DSM-5 (SCID-5) é o instrumento diagnóstico estruturado mais amplamente empregado para avaliar os transtornos do DSM-5. Consiste em um método geral de entrevista psiquiátrica com base nos critérios do manual, incluindo itens para avaliação de sintomas de TAs e para o diagnóstico de AN, BN e TCA (First et al., 2017). Sua aplicação exige o julgamento clínico do entrevistador sobre as respostas do entrevistado e, portanto, o profissional deve ter conhecimento e experiência clínica no campo da psicopatologia, nos critérios diagnósticos e classificações do DSM.

A SCID-5 foi dividida em três versões: a versão clínica (SCID-5-CV), a versão de pesquisa (SCID-5-RV) e uma versão para ensaios clínicos (SCID-5-CT). A versão clínica abrange os diagnósticos mais comumente vistos na prática clínica, incluindo AN, BN e TCA, o que não exclui seu uso para pesquisas envolvendo esses transtornos. A SCID-5-CV está disponível para o português do Brasil, e suas propriedades psicométricas, aplicadas por entrevista face a face e por telefone, confirmaram sua validade clínica e demonstraram excelente confiabilidade ($k > 0,70$) e alta especificidade para a maioria dos diagnósticos (Osório et al., 2019). A SCID-5 conta com a adição de perguntas específicas, em relação a sua versão anterior, que auxiliam o avaliador a distinguir entre um diagnóstico de TA ou não alimentar, além de trazer orientações específicas sobre a atribuição de categorias de gravidade para AN (com base em uma tabela de altura e peso de adultos para cada categoria de gravidade).

Eating Disorder Inventory

O Eating Disorder Inventory, terceira edição (EDI-3), é um instrumento de autorrelato criado para avaliar aspectos comportamentais e cognitivos subjacentes a AN, BN e TCA. Tem sido utilizado para rastrear TAs na população geral, para medir efeitos e desfechos de tratamento e também para avaliações clínicas. Apresenta 91 itens divididos em 12 escalas que avaliam seis domínios: risco para TAs, ineficácia, problemas interpessoais, problemas afetivos, controle excessivo e desajuste psicológico. Os escores das escalas podem ser usados em separado ou, para produzir um escore global, somados. O EDI-3 apresenta evidências de validade e normatização em amostras de diferentes países com valores de alfa de Cronbach maiores que 0,80. É capaz de discriminar entre pacientes com TAs e controles não clínicos e, em algum grau, distinguir grupos de pacientes (Túry et al., 2010). O EDI-3 foi traduzido e adaptado para o português do Brasil e está em processo de validação (Penha, 2019).

Sick Control One Stone Fat Food Questionnaire

Para fornecer aos não especialistas em TAs uma ferramenta de triagem simples e curta, foi delineado o Sick Control One Stone Fat Food Questionnaire (SCOFF) (Morgan et al., 1999). O questionário é composto por cinco questões que abordam os principais recursos de AN e BN, compondo o acrônimo que leva o nome do instrumento. A presença de duas ou mais respostas positivas são recomendadas como ponto de corte, indicando um provável caso de AN ou BN. Como toda ferramenta destinada ao rastreio, seu objetivo é levantar a suspeita de um caso provável, em vez de diagnosticar. Dados prévios à publicação do DSM-5 evidenciaram alta correlação entre o questionário e uma entrevista clínica com base nos critérios do DSM-IV. Todavia, a taxa de sensibilidade reportada de 100% não foi replicada em outros estudos (Walsh et al., 2016). O SCOFF foi traduzido e adaptado para o português do Brasil (Moser et al., 2020).

Clinical Impairment Assessment

O questionário Clinical Impairment Assessment (CIA), composto por 16 itens, é uma medida breve de autorrelato unidimensional concebida para avaliar o impacto do TA nos funcionamentos pessoal, cognitivo e social do indivíduo nos últimos 28 dias. O questionário foi projetado para ser aplicado logo após o EDE-Q, fornecendo uma medida contínua da gravidade do prejuízo psicossocial secundário ao TA, bem como um ponto de corte para distinguir casos de não casos (Bohn et al., 2008). O alfa de Cronbach para o instrumento foi de 0,97 e a confiabilidade teste-reteste (ICC) foi de 0,86. Os escores do CIA associaram-se positivamente com os escores de uma medida estabelecida de psicopatologia alimentar. O ponto de corte de 16 na escala discriminou indivíduos com e sem TA (Schaefer et al., 2021). O instrumento foi adaptado e traduzido para o português do Brasil (Moser et al., 2020). Contudo, estudos de validação e avaliação de suas propriedades psicométricas na versão brasileira ainda não foram publicados.

Eating Attitudes Test

O Eating Attitudes Test (EAT-26) (Garner et al., 1982) é um instrumento autoaplicável utilizado para o rastreamento de AN e BN em estudos clínicos e populacionais, sendo indicado como uma medida geral em amostras não clínicas. É composto por 26 itens que abrangem três dimensões: dieta, bulimia e preocupação com os alimentos, e controle oral. Cada item oferece seis opções de resposta com pontuação de 0 a 3. A pontuação total maior ou igual a 21 indica padrão alimentar alterado e um possível caso de TA. O EAT-26 é de domínio público e está traduzido e validado para a população brasileira.

Em relação à avaliação da imagem corporal na AN, alguns instrumentos são bem utilizados em nosso contexto, como o Body Shape Questionnaire (BSQ) (Caetano, 2011) e as escalas de silhuetas (Scagliusi et al, 2006; Kakeshita et al. 2008). Ambos avaliam aspectos da (in)satisfação corporal, que se refere a uma avaliação global ou específica de alguma área do corpo e compõe a dimensão atitudinal da imagem corporal (que envolve pensamentos, sentimentos e comportamentos em relação ao próprio corpo). As escalas de silhuetas também são capazes de estimar a dimensão perceptiva da imagem corporal, que se refere à precisão com que o indivíduo é capaz de estimar o seu tamanho corporal.

A escala de Kakeshita et al. (2008) é composta por 15 figuras masculinas e femininas que correspondem a IMCs que variam de 12,5 a 47,5 kg/m^2, com intervalo de 2,5 kg/m^2 entre cada uma delas. É possível avaliar se há distorção da percepção da imagem corporal por meio da discrepância entre a figura escolhida pelo indivíduo (silhueta percebida) e a figura que corresponde ao seu IMC real, calculado com os dados de peso e altura. Considerando que as alterações de imagem corporal são características transdiagnósticas cognitivas que constituem o cerne da AN e de outros TAs, é importante avaliar o construto para dar suporte a intervenções voltadas para comportamentos de evitação e checagem corporal, além de entender a amplitude das alterações no componente perceptivo – quando a representação mental do corpo não corresponde à realidade (Coelho & Portugal, 2022).

Observações importantes para a avaliação e o diagnóstico da anorexia nervosa

Diante da suspeita de AN, é importante considerar as vantagens e desvantagens de utilizar os métodos de avaliação por entrevista estruturada, questionários autoaplicáveis ou a combinação de ambos, pois os indivíduos com AN costumam negar a doença e ocultar informações sobre seu padrão alimentar, além de ter baixo *insight* a respeito de seus sintomas. Por isso, é necessário incluir entrevistas com pais e familiares na avaliação inicial. A avaliação ainda inclui, além do panorama do estado nutricional do indivíduo, frequência das oscilações de peso, prática de exercícios e métodos para controlar o peso, avaliação do funcionamento cognitivo e de traços de personalidade, e história psiquiátrica.

É essencial reconhecer a ansiedade e o temor ligado ao aumento de peso em indivíduos com AN, assim como as falhas de verbalização dos seus afetos e percepção das sensações corporais. Sentimentos de inadequação e baixa autoestima são frequentes, porém, costumam melhorar com a remissão do quadro psicopatológico e recuperação do estado nutricional. Entretanto, em certos casos, tais sentimentos apresentam-se como expressões de traços de personalidade próprios, precedendo o início do transtorno.

Em suma, fatores comumente presentes em pacientes com AN e relacionados ao curso e desenvolvimento da doença são traços de personalidade (p. ex., o perfeccionismo e a necessidade de controle), inabilidade interpessoal, dificuldade de regulação dos afetos e emoções, e insegurança e vulnerabilidade a estressores ambientais e socioculturais (p. ex., críticas de familiares e colegas, *bullying* e exposição a imagens idealizadas das mídias sociais, que refletem um déficit no senso de identidade). Atualmente a AN tem sofrido mudanças em suas manifestações pela expansão das influências culturais ocidentais, observando-se o aumento da prevalência em homens, crianças e adultos em países da Ásia, África e América Latina, o que implica maior variação em suas apresentações clínicas (Claudino et al., 2022). As atualizações propostas pela CID-11 refletem essa diversidade, com especificadores de gravidade que dão maior embasamento para o diagnóstico e para a escolha de intervenções e recursos terapêuticos mais precisos e adequados.

BULIMIA NERVOSA (6B81)

A bulimia nervosa (BN) pode ocorrer em indivíduos que apresentem peso normal ou elevado – em casos em que o peso é menor do que o limite para BN, deve ser realizado o diagnóstico de AN com o subtipo compulsão-purgação como especificador. A BN caracteriza-se pela presença de episódios recorrentes de compulsão alimentar (definido como a ingestão de grandes quantidades de alimentos associada à sensação de perda de controle) seguidos de comportamentos compensatórios inapropriados, cuja finalidade é prevenir o ganho de peso. Cerca de 10% a 15% dos casos podem exibir uma mudança de categoria diagnóstica inicial de BN para AN, fenômeno denominado migração. Frequentemente, esses indivíduos apresentam reversão para BN ou exibirão um padrão de alternância entre os dois transtornos.

Diferentemente do DSM-5, em que o sofrimento ou angústia do indivíduo em relação ao comportamento de compulsão-purgação não é um critério diagnóstico, a CID-11 enfatiza a existência de sofrimento significativo em relação a esse padrão de comportamento ou prejuízo importante nas áreas de funcionamento geral. Além disso, a CID-11 estabelece o período de pelo menos um mês de episódios de compulsão alimentar, ocorrendo uma vez por semana ou mais, enquanto o DSM-5 considera os últimos três meses para o diagnóstico (APA, 2014). Nesse sentido, a recomendação da CID-11 parece ser mais conservadora e busca identificar os casos mais precocemente, favorecendo um melhor prognóstico. Outra diferença entre os sistemas classificatórios diz respeito aos critérios de remissão e gravidade para BN, que na CID-11 estão ausentes. Em relação à CID-10, observa-se a exclusão da categoria BN atípica (F50.3) na atualização da CID-11 e a caracterização da BN em uma única categoria.

O comportamento compensatório mais comumente apresentado na BN são vômitos autoinduzidos, mas uso inadequado de medicamentos (laxantes, diuréticos ou anfetaminas), jejum ou exercícios extenuantes também são observados. Indivíduos com diabetes melito (DM) tipo 1 podem utilizar a omissão do uso de insulina como comportamento compensatório, o que está associado a um risco aumentado de complicações clínicas associadas, incluindo morte prematura (Treasure et al., 2020). Esses comportamentos são motivados por uma autoavaliação negativa relacionada ao peso e/ou forma corporal ou aparência.

Os alimentos consumidos durante os episódios de compulsão alimentar apresentam certa variabilidade, tanto individual quanto situacional. Contudo, em geral, as pessoas tendem a ingerir alimentos restritos em sua dieta habitual, como os hiperpalatáveis, caracterizados pelo elevado teor de açúcar e/ou gordura. Esses episódios costumam ocorrer de forma secreta ou extremamente discreta, uma vez que esses indivíduos se envergonham de seu problema com a alimentação (APA, 2014). O afeto negativo é descrito como o antecedente mais frequente da compulsão alimentar, entretanto, situações de estresse interpessoais, comportamento alimentar restritivo, tédio e autoavaliação negativa relacionada ao peso corporal, à forma corporal e aos alimentos são igualmente reconhecidos como possíveis gatilhos.

As comorbidades psiquiátricas são comuns, incluindo transtornos do humor, de ansiedade, do neurodesenvolvimento, da personalidade e por uso de álcool e outras substâncias (APA, 2014). Apesar de ser possível que os indivíduos com BN apresentem uma série de limitações funcionais associadas, apenas uma pequena parte deles refere um prejuízo grave ao desempenhar seus papéis – o mais comprometido parece ser o do domínio social da vida (APA, 2014).

O risco de suicídio é alto na BN, sendo que a prevalência de tentativas de suicídio foi estimada em 31,4%. Fatores como início precoce do transtorno, mas duração mais curta e maior prejuízo psicossocial foram significativamente associados à tentativa de suicídio (Udo et al., 2019). Portanto, recomenda-se uma cautelosa avaliação desses pacientes, contemplando aspectos que investiguem o risco (p. ex., determinação de ideação, apresentação de comportamentos suicidas e história de tentativas de suicídio).

MÉTODOS E TÉCNICAS DE AVALIAÇÃO DA BULIMIA NERVOSA

Todos os instrumentos descritos na seção sobre AN podem ser utilizados para rastrear e avaliar indivíduos com BN. Como instrumento específico para identificar e avaliar aspectos cognitivos e comportamentais da compulsão alimentar relacionada à BN, o Bulimic Investigatory Test of Edinburgh (BITE) (Henderson & Freeman, 1987) é bastante utilizado em pesquisas epidemiológicas e clínicas. O BITE é composto por 33 itens: 30 deles exploram a presença de sintomas de BN e três avaliam a gravidade da compulsão alimentar (frequência da compulsão e dos comportamentos compensatórios). Esses dois escores podem ser adicionados para produzir um escore total.

Para a escala de sintomas, uma pontuação abaixo de 10 pontos representa um padrão alimentar dentro da normalidade; de 10 a 19 pontos, um padrão alimentar que necessita de avaliação por meio de entrevista clínica; e maior ou igual a 20 pontos, um padrão alimentar muito alterado e presença de compulsão alimentar. Para a escala de gravidade, uma pontuação maior ou igual a 5 indica a presença de sintomas clinicamente significativos, e pontuação maior ou igual a 10, um elevado grau de gravidade. Uma alta pontuação apenas na escala de gravidade pode identificar a presença de vômitos ou abuso de laxativos na ausência de compulsão alimentar. A escala em sua versão original mostrou forte consistência interna para a escala de sintomas (alfa de Cronbach = 0,96) (Freitas, 2022). O BITE possui versões traduzidas e validadas para a população brasileira de adultos e adolescentes.

Observações importantes para a avaliação e o diagnóstico da bulimia nervosa

As orientações diagnósticas para BN foram ampliadas por meio de modificações na frequência dos episódios de compulsão alimentar associados a comportamentos compensatórios para prevenir/neutralizar o ganho de peso – comportamentos que podem ocorrer no mínimo uma vez por semana, durante um mês, de acordo com a CID-11, e por três meses, de acordo com o DSM-5 –, o que denota uma preocupação com a evolução e a cronicidade da doença.

Diferentemente do DSM-5, a CID-11 ampliou o componente de compulsão, incluindo a compulsão alimentar subjetiva, fenômeno que não exige a ingestão de grande quantidade de alimentos em um episódio de compulsão – ou seja, o componente da sensação de falta de controle é mais importante do que o de volume ingerido (Claudino et al., 2019). Cogita-se que a ampliação dessa orientação diagnóstica possa aumentar a utilidade clínica da CDI-11 em comparação ao DSM-5, uma vez que relatos de episódios de compulsão alimentar subjetivos são achados frequentes na prática clínica e estão igualmente associados a prejuízo e sofrimento (Hay, 2020).

É importante mencionar que a evolução do peso de pessoas com BN costuma oscilar durante o curso da doença. Geralmente, no início do quadro, o peso fica dentro da faixa normal, e, com o avanço do transtorno, a tendência é de sobrepeso. Assim, o diagnóstico de BN deve ser considerado também em pessoas acima do peso. Algumas complicações médicas manifestadas por esses pacientes podem denunciar a presença do transtorno, como o sinal de Russel (calos nas mãos decorrentes da frequente indução do vômito), cáries, erosão do esmalte dentário, rouquidão, epigastralgia, arritmias e convulsões (Claudino et al., 2022).

Apesar de sutis, as modificações nas orientações diagnósticas, tanto para AN quanto para BN, na CID-11 e no DSM-5, são de grande impacto, pois suprimem importantes lacunas no que tange à aplicabilidade clínica. As pesquisas destinadas a avaliar o efeito da adoção das novas orientações diagnósticas propostas nos novos manuais têm revelado que ambas as diretrizes melhoraram a precisão e a consistência diagnóstica, repercutindo a utilidade na prática clínica em comparação às diretrizes pregressas, representando um avanço significativo tanto em relação à CID-10 quanto ao DSM-IV-TR na categoria de TAs (Al-Adawi et al., 2013; Claudino et al., 2019; Hay, 2020; Uher & Rutter, 2012).

TRANSTORNO DE COMPULSÃO ALIMENTAR (6B82)

O transtorno de compulsão alimentar (TCA) é caracterizado por episódios frequentes e recorrentes de compulsão alimentar (p. ex., uma vez por semana ou mais durante um período de vários meses). Durante o episódio, o indivíduo experimenta uma perda subjetiva de controle sobre o que ingere, comendo significativamente mais ou de forma diferente do habitual (p. ex., fazendo as refeições sozinho por medo do constrangimento ou ingerindo certos tipos de alimentos que não fazem parte de sua alimentação regular) por um determinado período. Além disso, uma sensação de incapacidade de parar de comer ou limitar o tipo ou a quantidade dos alimentos ingeridos está presente. A compulsão alimentar, geralmente, vem acompanhada de intensas emoções negativas, como culpa, repulsa e vergonha após os episódios, que podem, ao longo do tempo, trazer como consequência o aumento da disforia e autoestima rebaixada. Diferentemente do que ocorre na BN, os episódios de compulsão alimentar não são seguidos diretamente por comportamentos compensatórios inadequados (p. ex., vômitos autoinduzidos, uso de laxantes ou enemas e prática de exercícios extenuantes) como forma de prevenir o ganho de peso.

A principal mudança em relação às categorias diagnósticas dos TAs, da CID-10 para a CID-11, refere-se à inclusão da compulsão alimentar como um transtorno específico. Extensivas pesquisas realizadas nos últimos 25 anos têm apoiado a validade e a utilidade clínica de se classificar a compulsão alimentar como uma categoria única de transtorno alimentar, dada a sua alta ocorrência entre adolescentes e adultos – pacientes que acabavam recebendo um diagnóstico de OTANE, ou transtorno atípico, conforme a CID-10 (Le Grange et al., 2012; Sysko & Walsh, 2011). A ampliação da orientação diagnóstica referente à compulsão, com a introdução da compulsão alimentar subjetiva, aumentou sobremaneira a utilidade clínica da CID-11 em relação ao DSM-5.

Estima-se que a compulsão alimentar periódica afete atualmente 1,5% das mulheres e 0,3% dos homens ao redor do mundo (Keski-Rahkonen, 2021), com uma forte coocorrência do transtorno com condições relacionadas ao sobrepeso e obesidade, ao diabetes tipo 2, à hipertensão e a outras condições de saúde decorrentes do excesso de peso. Dados de um estudo estadunidense de base nacional evidenciaram a alta correlação do TCA com outros diagnósticos, como os de transtornos do humor (70%), por uso de substâncias (68%), de ansiedade (59%), da personalidade *borderline* (49%) e do estresse pós-traumático (32%) (Keski-Rahkonen, 2021).

As pesquisas sobre associação do TCA com as características psicológicas dos pacientes têm mostrado que eles podem carecer de habilidades de enfrentamento saudáveis diante de diferentes situações, especialmente aquelas que exigem o manejo de emoções como raiva, tristeza, tédio e ansiedade. Existem ainda evidências sobre características neurobiológicas do TCA, com a constatação de hipoatividade em regiões do córtex pré-frontal que regulam o controle dos impulsos e os processos de tomada de decisão, corroborando as dificuldades cognitivas de autorregulação observadas em indivíduos com compulsão alimentar (Balodis et al., 2013).

MÉTODOS E TÉCNICAS DE AVALIAÇÃO DO TRANSTORNO DE COMPULSÃO ALIMENTAR

Em uma recente revisão sistemática sobre instrumentos para avaliar a compulsão alimentar, o método mais utilizado entre os 93 estudos incluídos foi a combinação dos critérios diagnósticos do DSM-IV ou do DSM-5 com um instrumento de avaliação, seguida de estudos que utilizaram somente um instrumento de avaliação e de estudos que utilizaram somente os critérios diagnósticos do DSM-IV ou do DSM-5. Entre os instrumentos de avaliação, os mais utilizados foram o EDE-Q (47,3% dos estudos), a EDE (38,7%) e a Binge Eating Scale (BES) (19,35%) (Escobar et al., 2021).

A entrevista EDE depende essencialmente do relato retrospectivo do indivíduo, o que pode ser esclarecido por um entrevistador treinado que faça uso de procedimentos para facilitar a recordação de eventos. O questionário EDE-Q, por ser um instrumento de autopreenchimento, tende a apresentar pontuações mais altas que a EDE, principalmente nas questões referentes à compulsão alimentar e à preocupação com o corpo.

Binge Eating Scale

Denominada no Brasil de Escala de Compulsão Alimentar (ECA), a BES (Gormally et al., 1982) é uma das mais conhecidas e utilizadas no contexto nacional. Trata-se de uma escala autoaplicável de 16 itens, originalmente desenvolvida para acessar aspectos afetivos/cognitivos e as manifestações comportamentais em indivíduos obesos. Tem sido largamente utilizada como uma medida dimensional que rastreia a gravidade da compulsão alimentar, sendo útil na avaliação de desfechos de tratamentos e pré-operatória de candidatos à cirurgia bariátrica. A pontuação varia de 0 a 46 pontos, sendo que o escore abaixo de 17 representa ausência de compulsão; entre 18 e 26, compulsão de nível moderado; e acima de 27, compulsão de nível grave. O ponto de corte recomendado para o rastreamento de TCA em vários estudos, incluindo a validação em população brasileira da ECA, é o 17 (Freitas, 2022).

Questionnaire on Eating and Weight Patterns

O Questionnaire on Eating and Weight Patterns (QEWP) (Spitzer et al., 1992) foi desenvolvido especialmente para o diagnóstico de

TCA com base no DSM-IV; posteriormente, foi revisado (QEWP-5) para atender integralmente aos critérios do transtorno segundo o DSM-5. Contém 26 questões sobre episódios de compulsão subjetiva e objetiva, métodos compensatórios de controle do peso, história de peso e dieta, grau de preocupação com o peso e com o corpo e dados demográficos básicos (Freitas et al., 2002). O QEWP-5 fornece, de forma dicotômica, os possíveis diagnósticos de TCA e BN. Sua versão brasileira foi recentemente revisada, bem como suas propriedades psicométricas foram avaliadas, mostrando-se moderadamente estável na confiabilidade teste-reteste (k = 0,48) para avaliar TCA e significativamente estável (k = 0,71) para o rastreamento de BN entre estudantes universitários.

Three Factor Eating Questionnaire

O Three Factor Eating Questionnaire (TFEQ-R21) (Cappelleri et al., 2009) avalia componentes cognitivos e comportamentais da alimentação de pessoas obesas. Contém 21 itens divididos em três escalas: 1) restrição cognitiva (6 itens); 2) alimentação emocional (6 itens); e 3) descontrole alimentar (9 itens). O TFEQ-R21 possui uma versão traduzida para o português brasileiro (Natacci & Ferreira, 2011), com resultados indicando boa adequação do instrumento (alfa de Cronbach de 0,85) e demonstrando adequada capacidade de expressar o comportamento dos brasileiros. Embora tenha sido desenvolvido para analisar o comportamento alimentar de indivíduos obesos, já existem evidências de sua validade em populações eutróficas (de Lauzon et al., 2004).

Observações importantes para a avaliação e o diagnóstico do transtorno de compulsão alimentar

A combinação de diferentes métodos de avaliação para diagnosticar o TCA é recomendado, visto que os instrumentos disponíveis e validados têm suas particularidades e acessam diferentes aspectos da condição. Tanto a BES quanto o QEWP, por exemplo, caracterizam-se por serem medidas de rastreamento da compulsão na população geral, sendo indicado, portanto, que a confirmação de um transtorno seja feita por meio de entrevista clínica e com a utilização das orientações diagnósticas disponíveis.

Resultados de uma metanálise sobre os escores das versões entrevista e questionário da EDE confirmaram a pontuação mais alta do questionário, o que sugere que os participantes tendem a subestimar seus sintomas quando são defrontados em situações de entrevista, ao passo que a situação de autopreenchimento possibilitada pelo questionário aumenta a percepção do anonimato dos respondentes. Outras inconsistências encontradas entre as duas versões referem-se à frequência da compulsão alimentar, possivelmente pela definição um tanto vaga ou ambígua desse construto. Essa percepção pode ser atenuada com a utilização do EDE-Q, apoiada em instruções como a de especificar a quantidade de alimentos ingeridos e a perda de controle a ela associada (Berg et al., 2012).

Como já mencionado, a grande mudança da CID-11 (WHO, 2021) foi a inclusão do TCA como uma entidade diagnóstica única. Porém, diferentemente dos critérios do DSM-5, que enfatizam algumas particularidades (p. ex., comer grandes quantidades de alimento em um intervalo de tempo específico), a CID-11 enfatizou a experiência de perda de controle subjetiva sobre a alimentação, tornando as orientações mais abrangentes e aplicáveis.

TRANSTORNO ALIMENTAR RESTRITIVO-EVITATIVO (6B83)

O transtorno alimentar restritivo-evitativo (TARE) substitui o transtorno de alimentação na infância ou primeira infância da CID-10, que também era um diagnóstico do DSM-IV restrito a crianças de até 6 anos. Em consistência com as mudanças feitas no DSM-5, a CID-11 incluiu o TARE como entidade diagnóstica única e ampliou sua aplicação a crianças, adolescentes e adultos, dada a sua apresentação em diferentes faixas etárias.

Segundo a CID-11, o TARE é caracterizado pela evitação ou restrição em ingerir alimentos, o que tem como resultado: 1) a insuficiência no atendimento das necessidades energéticas ou nutricionais do indivíduo, com perda de peso significativa e/ou deficiências nutricionais que podem levar à dependência de suplementos nutricionais orais ou à alimentação por sonda, afetando sobremaneira a saúde física; ou 2) um prejuízo importante em áreas do funcionamento pessoal, social, familiar, educacional, ocupacional ou outras, devido ao marcante estresse relacionado à participação em situações sociais que envolvam comida e o ato de comer (WHO, 2021). Em 2018, a APA havia sugerido uma revisão na redação do critério A4 do DSM-5 sobre o funcionamento psicossocial, de forma a abranger e destacar o sofrimento marcante, o prejuízo nas relações familiares e a dificuldade de ir à escola ou ao trabalho em função do comportamento alimentar restritivo (Becker et al., 2019). Na CID-11, essa orientação sobre o prejuízo no funcionamento psicossocial ficou mais clara e pode ser considerada suficiente para a realização do diagnóstico de TARE.

É importante destacar que o TARE, segundo a CID-11 (WHO, 2021), não ocorre devido à indisponibilidade de alimentos, como manifestação de outras condições médicas (p. ex., alergias, hipotireoidismo e transtorno mental) ou devido ao efeito de substâncias ou medicações no sistema nervoso central. Os critérios do DSM-5 incluem todos esses aspectos mencionados na CID-11 e ainda destaca que o TARE não se relaciona com práticas alimentares culturalmente aceitas (p. ex., jejum religioso). Como critério de exclusão diagnóstica na CID-11, é preciso considerar que o padrão comportamental do indivíduo com TARE não tem como motivação a preocupação com o peso ou a forma corporal, como ocorre na AN (6B80), nem se trata de um problema de alimentação da criança (MG43.30) ou do recém-nascido (KD32).

O DSM-5 destaca três funções comuns da alimentação restritiva-evitativa: a aparente falta de interesse na alimentação ou em alimentos; uma esquiva/evitação baseada nas características sensoriais do alimento; e a preocupação acerca de uma consequência aversiva após ingerir o alimento (APA, 2014). Embora alguns pesquisadores entendam essas apresentações como subtipos distintos do TARE, muitos pacientes referem sintomas relacionados a mais de um subtipo, sugerindo que diferentes padrões da alimentação restritiva têm etiologias subjacentes que não se excluem mutuamente (Bryant-Waugh, 2019). A compreensão de que existem fenótipos comportamentais distintos, porém correlacionados, do TARE, é importante para uma abordagem de tratamento adequada (Norris et al., 2018).

Fatores de risco para o desenvolvimento do TARE incluem TOC, transtornos de ansiedade, transtorno do espectro autista (TEA), transtorno de déficit de atenção/hiperatividade (TDAH), além de condições médicas associadas a transtornos gastrintestinais, doença do refluxo gastroesofágico e vômitos (APA, 2014). Crianças com TARE que buscam tratamento em clínicas especializadas em TAs são, em sua maioria, do sexo masculino e comparativamente mais jovens do que aquelas com AN; além disso, têm peso similar ou um pouco mais elevado do que aquelas com AN e apresentam alta comorbidade com transtornos de ansiedade (Fisher et al., 2014).

MÉTODOS E TÉCNICAS DE AVALIAÇÃO DO TRANSTORNO ALIMENTAR RESTRITIVO-EVITATIVO

Com a inclusão do TARE como novo diagnóstico que abrange uma faixa etária mais ampla tanto na CID-11 quanto no DSM-5, os instrumentos específicos para avaliar o transtorno ainda são escassos. Existem outras medidas para avaliar TAs na infância, porém, a maioria é baseada nos critérios do DSM-IV e no formato de questionários que avaliam a alimentação seletiva ou restritiva de forma mais ampla e não tão específica para os critérios do TARE. Dadas essas limitações, os estudos de prevalência do TARE na população geral se baseiam essencialmente em medidas de autorrelato e entrevistas clínicas não validadas, com estimativas que variam entre 0,3% e 5,5% (Bryant-Waugh et al., 2019; Dinkler et al., 2022).

Um módulo para a avaliação do TARE foi desenvolvido e validado na EDE em suas versões para crianças e para os pais, em um estudo-piloto com amostra não clínica de indivíduos entre 8 e 13 anos, abaixo do peso e/ou com comportamentos de alimentação restritiva. O módulo TARE da EDE demonstrou altos índices de confiabilidade e validade, bem como condições de discriminar crianças com e sem TARE de acordo com características antropométricas e clínicas (Schmidt et al., 2019). Na SCID-5, o módulo para TARE é opcional, o que possivelmente repercutirá na limitada geração de informações acerca do transtorno e, por consequência, comprometerá o aprofundado entendimento desta nova categoria diagnóstica.

Nine-Item ARFID Screen

O Nine-Item ARFID Screen (NIAS) é um instrumento multidimensional e de autorrelato para adultos, que avalia a restrição alimentar associada aos três principais padrões comportamentais do TARE conforme os critérios do DSM-5. Os nove itens são divididos em três subescalas (alimentação restritiva, apetite e medo) e pontuados em uma escala Likert de 6 pontos, que gera um escore total de 0 a 45 pontos. As subescalas demonstraram consistência interna alta, confiabilidades teste-reteste e validade convergente/discriminante com outras medidas de alimentação seletiva, apetite, medo de consequências negativas e psicopatologia. O NIAS foi desenvolvido para ser uma medida de rastreamento de alimentação potencialmente problemática, portanto, é uma medida breve. Ainda não há registro de sua tradução e validação para a população brasileira (Zickgraf & Ellis, 2018).

Pica, ARFID, and Rumination Disorder Interview

A Pica, ARFID, and Rumination Disorder Interview (PARDI) inclui itens de rastreio, diagnóstico e gravidade para TARE, pica e TR (Bryant-Waugh et al., 2019). O propósito do rastreamento é descartar a presença de outros TAs, mais especificamente AN, BN e TCA. Para o TARE, a PARDI contém três perfis com uma gradação contínua da gravidade de cada um deles (sensibilidade sensorial, falta de interesse em comer e medo de consequências aversivas), o que confere uma avaliação mais dimensional do que categórica a esses perfis. A maioria dos itens é mensurada em uma escala Likert de 7 pontos, variando de 0 (sem sintomas) a 6 (sintomas graves). A PARDI caracteriza-se como uma avaliação de múltiplos formatos e apresenta quatro versões: 1) para pais/cuidadores (de crianças de 2 a 3 anos); 2) para pais/cuidadores (crianças de 4 anos ou mais); 3) para crianças (de 8 a 13 anos); 4) para jovens e adultos (14 anos ou mais). Quando a aplicação de duas versões se faz necessária, é recomendada que a administração seja feita separadamente. Após a administração da PARDI, o algoritmo diagnóstico pode ser aplicado para gerar os respectivos diagnósticos, de forma que o treinamento para utilizar essa medida é recomendado para maximizar a sua confiabilidade (Bryant-Waugh et al., 2019). Não há tradução da PARDI para o português do Brasil.

Eating Disorders in Youth-Questionnaire

O Eating Disorders in Youth-Questionnaire (EDY-Q) é um instrumento para avaliar o início de distúrbios alimentares em crianças de 8 a 13 anos por meio de autorrelato. Os itens cobrem os critérios do TARE de acordo com o DSM-5, incluindo a sintomatologia de evitação da comida, a alimentação seletiva e a disfagia funcional (medo de engolir e engasgar) – e dois itens adicionais são direcionados à pica e ao TR. Também são avaliados os problemas de peso percebidos, relacionados às deficiências nutricionais associadas ao transtorno, e são acessadas como critérios de exclusão do TARE as distorções cognitivas relacionadas ao peso e à forma. A versão em inglês foi traduzida da versão em alemão (Van Dyck & Hilbert, 2016).

Observações importantes para a avaliação e o diagnóstico do transtorno alimentar restritivo-evitativo

Ainda existe uma lacuna nas pesquisas e são necessários mais estudos para a compreensão da epidemiologia e da avaliação do TARE em adultos. Pesquisas baseadas em amostras comunitárias mostram uma prevalência em adultos entre 30% e 46% para alimentação seletiva e de 17% para neofobia alimentar (medo de experimentar alimentos não familiares). Os novos instrumentos específicos para TARE, tanto de rastreamento quanto de diagnóstico, e com formatos que contemplam múltiplos informantes (crianças, pais e cuidadores, jovens e adultos) carecem de mais pesquisas, porém, parecem promissores em seu potencial de avaliação.

Similarmente, os tratamentos para TARE também necessitam da validação de mais pesquisas, de forma que recomendações específicas para o transtorno nas diretrizes internacionais são inexistentes até o momento. A inclusão do TARE como TA é recente tanto na CID-11 quanto no DSM-5; por isso, os estudos sobre a eficácia das abordagens de tratamento seguem em andamento. As abordagens psicológicas em pacientes com TARE incluem a TCC e os tratamentos com base familiar adaptados dos tratamentos para AN (Thomas et al., 2018). Assim como nos outros TAs, recomenda-se uma atuação multidisciplinar, com a avaliação de comorbidades psiquiátricas e a atenção à saúde nutricional e física dos indivíduos.

PICA (6B84)

A pica é um transtorno que se caracteriza pela ingestão de substâncias não nutritivas e não alimentares em um estágio de desenvolvimento no qual o indivíduo tem condições de discernir o que é comestível (segundo a CID-11, em torno dos 2 anos) (WHO, 2021). A ingestão intencional de materiais como cimento, terra, plástico, metal ou papel, e também de ingredientes como sal ou amido de milho em grandes quantidades, são descritos na pica, que ocorre com maior frequência em crianças pequenas e adultos. Esses pacientes costumam se apresentar em unidades hospitalares com obstruções e perfurações intestinais decorrentes da ingestão dessas substâncias, além de sofrer com infecções por protozoários ou bactérias (Claudino et al., 2022).

Na CID-10, a pica era classificada como pica do lactante ou da criança (F98.3), sendo incluída na categoria dos TAs na CID-11, sem mudanças significativas nas diretrizes diagnósticas. No DSM-5 é destacado que a pica não deve estar relacionada a práticas religiosas ou culturalmente aceitas. Ainda, o diagnóstico de pica é o único que pode ser atribuído na presença de qualquer outro TA (APA, 2014). Os transtornos do desenvolvimento intelectual e do espectro autista são alguns dos transtornos psiquiátricos que podem se apresentar em comorbidade à pica. Dados epidemiológicos da pica são raros e, geralmente, descritos em indivíduos com deficiência intelectual (Claudino et al., 2022).

MÉTODOS E TÉCNICAS DE AVALIAÇÃO DA PICA

A Eating Disorder Assessment for DSM-5 (EDA-5) (Sysko et al., 2015) é uma entrevista breve e semiestruturada desenhada para avaliar todos os critérios diagnósticos dos TAs do DSM-5. É conhecida pela amplitude do seu alcance diagnóstico, que inclui pica, TARE e TR, além de OTANE e todos os diagnósticos incluídos em OTAE. A entrevista impressa foi alterada para uma versão digital e está disponível sem custos no *site* www.eda5.org. A validade e a confiabilidade teste-reteste da EDA-5 nas versões impressa e digital foram confirmadas em estudos comparativos com questões da EDE e entrevista clínica (Dahlgren et al., 2020) – entretanto, as propriedades psicométricas para pica, TARE e TR ainda são desconhecidas. Além disso, a EDA-5 é adequada somente para adolescentes e adultos, sendo que a pica é comumente vista em crianças (APA, 2014). A Diagnostic Interview Schedule for Children – Version IV (DISC-IV) (Shaffer et al., 2000), por sua vez, é uma entrevista psiquiátrica estruturada adequada para populações pediátricas, e uma das poucas que gera diagnóstico para pica.

Medidas de rastreio para o TARE, como o NIAS e o EDE-Q, incluem itens de rastreio tanto para pica quanto para o TR, além da entrevista PARDI que inclui itens de rastreio, diagnóstico e gravidade para os três TAs.

Observações importantes para a avaliação e o diagnóstico da pica

A ingestão de substâncias não nutritivas pode ocorrer no curso de outros transtornos mentais, como a esquizofrenia ou o TEA, de forma que o diagnóstico adicional de pica deve ser feito se o comportamento for suficientemente persistente e grave para justificar a atenção clínica. Algumas apresentações de AN incluem a ingestão de substâncias não nutritivas, como lenços de papel, na tentativa de controlar o apetite. Nos casos em que a ingestão de substâncias serve apenas como meio de controle do peso, a AN deve ser o diagnóstico primário. A pica pode também estar associada ao TARE, especialmente em indivíduos com forte componente sensorial em sua apresentação (APA, 2014).

TRANSTORNO DE RUMINAÇÃO-REGURGITAÇÃO (6B8Y)

O transtorno de ruminação-regurgitação (TR) caracteriza-se pela regurgitação repetida de comida durante ou logo após as refeições, fato que não é decorrente de alguma condição médica ou exclusiva do curso de outro TA. Assim como a pica, o TR era descrito na CID-10 em seções de transtorno de alimentação na infância, sendo incluído, na CID-11, no capítulo de TAs (Bryant-Waugh et al., 2010).

Indivíduos com TR trazem o alimento engolido para a boca (regurgitação), e tanto podem mastigá-lo novamente e voltar a engoli-lo (ruminação) em seguida, quanto podem cuspi-lo deliberadamente. Observa-se um caráter voluntário do comportamento, pois o indivíduo com TR pode contrair a língua ou o abdome intencionalmente ou tossir para induzir a regurgitação, demonstrando facilidade nessas ações, associadas ao prazer ou ao alívio da ansiedade. Alguns pacientes relatam que a contração abdominal é precedida por estresse, história de TA ou um problema médico, como infecção respiratória ou gastrenterite (Claudino et al., 2022).

No DSM-5, o TR é denominado transtorno de ruminação, enquanto que na CID-11 ganhou nova nomenclatura com a adição do termo regurgitação. De acordo com o DSM-5, o quadro de TR deve se manifestar por pelo menos um mês para que haja diagnóstico, já na CID-11 pode se apresentar por período prolongado (várias semanas). Em geral, os indivíduos manifestam os comportamentos relacionados ao TR várias vezes, e o transtorno pode ter curso episódico ou crônico. Pacientes também descrevem preocupação com a forma e o peso corporal, sensação de prazer após regurgitar e alívio de sintomas de ansiedade (Claudino et al., 2022).

MÉTODOS E TÉCNICAS DE AVALIAÇÃO DO TRANSTORNO DE RUMINAÇÃO-REGURGITAÇÃO

As entrevistas semiestruturadas utilizadas para a avaliação de TR (EDA-5 e PARDI) ainda não foram validadas para capturar as diferentes apresentações do transtorno. Recomenda-se aos clínicos que façam a avaliação do TR quando os pacientes apresentarem refluxo, vômitos ou regurgitação. Quando não há clareza do diagnóstico, é possível realizar uma observação comportamental, solicitando que o indivíduo consuma os alimentos que ele associa à regurgitação, uma medida especialmente importante na avaliação de crianças. A história clínica embasada em questões das entrevistas semiestruturadas disponíveis é o principal instrumento diagnóstico. Segundo o DSM-5, recomenda-se conduzir avaliações físicas e testes laboratoriais para descartar condições gastrintestinais e confirmar o diagnóstico de TR (Murray et al., 2019).

Observações importantes para a avaliação e o diagnóstico do transtorno de ruminação-regurgitação

Para o diagnóstico de TR, é importante diferenciar, por meio de exames complementares apropriados, a regurgitação de outras condições caracterizadas pelo refluxo gastroesofágico ou vômitos. Além disso, há associação do TR em pacientes com BN que apresentam história de vômitos autoinduzidos, porém, o diagnóstico de TR não pode ser dado concomitantemente ao de BN, AN ou TCA.

OUTROS TRANSTORNOS NÃO ESPECIFICADOS (6B8Y E 6B8Z)

Esta categoria diagnóstica aplica-se a apresentações nas quais os sintomas característicos de um TA, que causam sofrimento clinicamente significativo ou prejuízo nos funcionamentos social, profissional ou em outras áreas importantes da vida do indivíduo, apesar de predominarem, não satisfazem as diretrizes diagnósticas para qualquer transtorno na classificação de TAs. A categoria TA não especificado é usada nas situações em que o clínico opta por não especificar a razão pela qual as diretrizes para um TA específico não são satisfeitas e inclui apresentações para as quais não há informações suficientes para que seja feito um diagnóstico mais específico (p. ex., em salas de emergência).

CONSIDERAÇÕES FINAIS

A prevalência, gravidade, carga de doença e risco de morbimortalidade fazem dos TAs prioridades globais de saúde. Logo, o estabelecimento de diagnósticos precisos é central para adaptar o tratamento ao indivíduo, bem como monitorar sua resposta terapêutica. As modificações efetuadas nas atuais diretrizes de classificação diagnóstica dos TAs na CID-11 apresentaram benefícios que transpõem a prévia barreira da aplicabilidade clínica, com possíveis implicações benéficas no tratamento dessas condições.

O pleno entendimento das características psicopatológicas do TA, bem como das suas consequências, é um pré-requisito indispensável para realizar uma avaliação precisa de cada paciente, tanto no início quanto no curso do tratamento, uma vez que cada indivíduo pode apresentar uma gama variável de sintomas (Dalle Grave et al., 2007). Outro importante ponto no processo de avaliação consiste na habilidade em distinguir entre manifestações que surgem como parte do TA e aquelas que estão relacionadas a outros transtornos psiquiátricos e/ou doenças médicas gerais.

A disponibilidade de avaliações sensíveis, capazes de detectar mudanças nos alvos terapêuticos, é necessária para agir no cenário clínico e, igualmente, para garantir a condução de pesquisas metodologicamente robustas. Ademais, ferramentas com maior acurácia e utilidade clínica auxiliam os profissionais da saúde a identificar os TAs de maneira precoce. Critérios diagnósticos embasados na utilidade clínica e aliados a instrumentos com adequadas propriedades psicométricas consistem, indubitavelmente, em um caminho facilitador para a prevenção, no caso das populações em risco, e para a promoção de intervenções eficazes. Todavia, instrumentos específicos para o diagnóstico dos TAs, assim como instrumentos diagnósticos psiquiátricos gerais, apresentam limitações na avaliação dos construtos da CID-11 e do DSM-5.

Portanto, o desenvolvimento de instrumentos de aferição mais abrangentes, capazes de abarcar a complexa natureza subjacente aos TAs, mostra-se imperativo, uma vez que as medidas de autorrelato disponíveis hoje não avaliam toda a constelação de sintomas comportamentais e atitudinais. Nesse contexto, a fusão dos TAs e transtornos da alimentação tanto na CID-11 quanto no DSM-5, apesar de poder configurar um novo desafio, traz à tona uma oportunidade única nesse campo, podendo impulsionar a criação de novas avaliações para melhor definir esses fenótipos emergentes.

REFERÊNCIAS

Academy for Eating Disorders. (2021). *AED Report 2021 Eating Disorders: A guide to medical care* (4th ed.).

Al-Adawi, S., Bax, B., Bryant-Waugh, R., Claudino, A. M., Hay, P., Monteleone, P., ... Uher, R. (2013). Revision of ICD: Status update on feeding and eating disorders. *Advances in Eating Disorders, 1*(1), 10-20.

American Psychiatric Association (APA). (2014). *DSM-5: Manual diagnóstico e estatístico de transtornos mentais.* Artmed.

Balodis, I. M., Molina, N. D., Kober, H., Worhunsky, P. D., White, M. A., Sinha, R., ... Potenza, M. N. (2013). Divergent neural substrates of inhibitory control in binge eating disorder relative to other manifestations of obesity. *Obesity (Silver Spring, Md.), 21*(2), 367-377.

Becker, K. R., Keshishian, A. C., Liebman, R. E., Coniglio, K. A., Wang, S. B., Franko, D. L., ... Thomas, J. J. (2019). Impact of expanded diagnostic criteria for avoidant/restrictive food intake disorder on clinical comparisons with anorexia nervosa. *The International Journal of Eating Disorders, 52*(3), 230-238.

Berg, K. C., Peterson, C. B., Frazier, P., & Crow, S. J. (2012). Psychometric evaluation of the eating disorder examination and eating disorder examination-questionnaire: A systematic review of the literature. *The International Journal of Eating Disorders, 45*(3), 428-438.

Bohn, K., Doll, H. A., Cooper, Z., O'Connor, M., Palmer, R. L., & Fairburn, C. G. (2008). The measurement of impairment due to eating disorder psychopathology. *Behaviour Research and Therapy, 46*(10), 1105-1110.

Bryant-Waugh, R. (2019). Avoidant/restrictive food intake disorder. *Child and Adolescent Psychiatric Clinics of North America, 28*(4), 557-565.

Bryant-Waugh, R., Markham, L., Kreipe, R. E., & Walsh, B. T. (2010). Feeding and eating disorders in childhood. *The International Journal of Eating Disorders, 43*(2), 98-111.

Bryant-Waugh, R., Micali, N., Cooke, L., Lawson, E. A., Eddy, K. T., & Thomas, J. J. (2019). Development of the Pica, ARFID, and Rumination Disorder Interview, a multi-informant, semi-structured interview of feeding disorders across the lifespan: A pilot study for ages 10-22. *The International Journal of Eating Disorders, 52*(4), 378-387.

Caetano, A. S. (2011). Tradução, adaptação cultural e estrutura fatorial do Body Shape Questionnaire, Body Esteem Scale e Body Appreciation Scale para mulheres brasileiras na meia-idade [Tesse de doutorado não publicada]. Universidade Estadual de Campinas.

Cappelleri, J. C., Bushmakin, A. G., Gerber, R. A., Leidy, N. K., Sexton, C. C., Lowe, M. R., & Karlsson, J. (2009). Psychometric analysis of the Three-Factor Eating Questionnaire-R21: Results from a large diverse sample of obese and non-obese participants. *International Journal of Obesity (2005), 33*(6), 611-620.

Carter, J. C., Stewart, D. A., & Fairburn, C. G. (2001). Eating disorder examination questionnaire: Norms for young adolescent girls. *Behaviour Research and Therapy, 39*(5), 625-632.

Claudino, A. M., Almeida, M. C., Claudino, D. A., & Palavras, M. A. (2022). Diagnóstico e classificação dos transtornos alimentares. In Appolinario, J. C., Nunes, M. A., & Cordás, T. A. (Orgs.), *Transtornos alimentares: Diagnóstico e manejo* (pp. 11-30). Artmed.

Claudino, A. M., Pike, K. M., Hay, P., Keeley, J. W., Evans, S. C., Rebello, T. J., ... Reed, G. M. (2019). The classification of feeding and eating disorders in the ICD-11: Results of a field study comparing proposed ICD-11 guidelines with existing ICD-10 guidelines. *BMC Medicine, 17*(1), 93.

Coelho, G. M. O., & Portugal, M. R. C. (2022). Imagem corporal e transtornos alimentares. In Appolinario, J. C.,

Nunes, M. A., & Cordás, T. A. (Orgs.), *Transtornos alimentares: Diagnóstico e manejo* (pp. 71-96). Artmed.

Dahlgren, C. L., Walsh, B. T., Vrabel, K., Siegwarth, C., & Rø, Ø. (2020). Eating disorder diagnostics in the digital era: Validation of the Norwegian version of the Eating Disorder Assessment for DSM-5 (EDA-5). *Journal of Eating Disorders, 8*, 30.

Dalle Grave, R., Calugi, S., & Sartirana, M. (2021). *Complex cases and comorbidity in eating disorders assessment and management*. Springer.

Dalle Grave, R., Di Pauli, D., Sartirana, M., Calugi, S., & Shafran, R. (2007). The interpretation of symptoms of starvation/severe dietary restraint in eating disorder patients. *Eating and Weight Disorders: EWD, 12*(3), 108-113.

de Lauzon, B., Romon, M., Deschamps, V., Lafay, L., Borys, J.-M., Karlsson, J., ... The Fleurbaix Laventie Ville Sante (FLVS) Study Group. (2004). The Three-Factor Eating Questionnaire-R18 is able to distinguish among different eating patterns in a general population. *The Journal of Nutrition, 134*(9), 2372-2380.

Dinkler, L., Yasumitsu-Lovell, K., Eitoku, M., Fujieda, M., Suganuma, N., Hatakenaka, Y., ... Gillberg, C. (2021). Development of a parent-reported screening tool for avoidant/restrictive food intake disorder (ARFID): Initial validation and prevalence in 4-7-year-old Japanese children. *Appetite, 168*, 105735.

Escobar, M., Franzosi, O. S., Coelho, N., Halpern, S., Scherer, J., Ornell, F., ... Rocha, N. (2021). Instruments and diagnostic criteria for binge eating assessment in adults: A systematic review. *Revista Da Associação Brasileira De Nutrição: RASBRAN, 12*(1), 242-259.

Fairburn, C. G., & Beglin, S. J. (1994). Assessment of eating disorders: Interview or self-report questionnaire? *The International Journal of Eating Disorders, 16*(4), 363-370.

First, M. B., Reed, G. M., Hyman, S. E., & Saxena, S. (2015). The development of the ICD-11 Clinical Descriptions and Diagnostic Guidelines for Mental and Behavioural Disorders. *World Psychiatry, 14*(1), 82-90.

First, M. B., Williams, J., Karg, R., & Spitzer, R. (2017). *Entrevista clínica estruturada para os transtornos do DSM-5: SCID-5-CV versão clínica*. Artmed.

Fisher, M. M., Rosen, D. S., Ornstein, R. M., Mammel, K. A., Katzman, D. K., Rome, E. S., ... Walsh, B. T. (2014). Characteristics of avoidant/restrictive food intake disorder in children and adolescents: A "new disorder" in DSM-5. *The Journal of Adolescent Health, 55*(1), 49-52.

Franko, D. L., & Keel, P. K. (2006). Suicidality in eating disorders: occurrence, correlates, and clinical implications. *Clinical Psychology Review, 26*(6), 769-782.

Freitas, S. (2022). Instrumentos para a avaliação dos transtornos alimentares. In Appolinario, J. C., Nunes, M. A., & Cordás, T. A. (Orgs.), *Transtornos alimentares: Diagnóstico e manejo* (pp. 43-60). Artmed.

Freitas, S., Gorenstein, C., & Appolinario, J. C. (2002). Instrumentos para a avaliação dos transtornos alimentares. *Brazilian Journal of Psychiatry, 24*(3), 34-38.

Garner, D. M., Olmsted, M. P., Bohr, Y., & Garfinkel, P. E. (1982). The eating attitudes test: Psychometric features and clinical correlates. *Psychological Medicine, 12*(4), 871-878.

Gormally, J., Black, S., Daston, S., & Rardin, D. (1982). The assessment of binge eating severity among obese persons. *Addictive Behaviors, 7*(1), 47-55.

Hay, P. (2020). Current approach to eating disorders: A clinical update. *Internal Medicine Journal, 50*(1), 24-29.

Henderson, M., & Freeman, C. P. (1987). A self-rating scale for bulimia. The 'BITE'. *The British Journal of Psychiatry: The Journal of Mental Science, 150*, 18-24.

International Advisory Group for the Revision of ICD-10 Mental and Behavioural Disorders. (2011). A conceptual framework for the revision of the ICD-10 classification of mental and behavioural disorders. *World Psychiatry, 10*(2), 86-92.

Kakeshita, I. S. (2008). Adaptação e validação de Escalas de Silhuetas patra crianças e adultos brasileiros [Tesse de doutorado não publicada]. Universidade de São Paulo.

Keski-Rahkonen, A. (2021). Epidemiology of binge eating disorder: Prevalence, course, comorbidity, and risk factors. *Current Opinion in Psychiatry, 34*(6), 525-531.

Le Grange, D., Swanson, S. A., Crow, S. J., & Merikangas, K. R. (2012). Eating disorder not otherwise specified presentation in the US population. *The International Journal of Eating Disorders, 45*(5), 711-718.

Mairs, R., & Nicholls, D. (2016). Assessment and treatment of eating disorders in children and adolescents. *Archives of Disease in Childhood, 101*(12), 1168-1175.

Mond, J. M., Myers, T. C., Crosby, R. D., Hay, P. J., Rodgers, B., Morgan, J. F., ... Mitchell, J. E. (2008). Screening for eating disorders in primary care: EDE-Q versus SCOFF. *Behaviour Research and Therapy, 46*(5), 612-622.

Morgan, J. F., Reid, F., & Lacey, J. H. (1999). The SCOFF questionnaire: Assessment of a new screening tool for eating disorders. *BMJ (Clinical Research Ed.), 319*(7223), 1467-1468.

Moser, C. M., Terra, L., Behenck, A. da S., Brunstein, M. G., & Hauck, S. (2020). Cross-cultural adaptation and translation into Brazilian Portuguese of the instruments Sick Control One Stone Fat Food Questionnaire (SCOFF), Eating Disorder Examination Questionnaire (EDE-Q) and Clinical Impairment Assessment Questionnaire (CIA). *Trends in Psychiatry and Psychotherapy, 42*(3), 267-271.

Murray, H. B., Juarascio, A. S., Di Lorenzo, C., Drossman, D. A., & Thomas, J. J. (2019). Diagnosis and treatment of rumination syndrome: A critical review. *The American Journal of Gastroenterology, 114*(4), 562-578.

Natacci, L., & Ferreira, M. (2011). The three factor eating questionnaire – R21: Tradução para o português e aplicação em mulheres brasileiras. *Revista de Nutrição, 24*(3), 383-394.

Norris, M. L., Spettigue, W., Hammond, N. G., Katzman, D. K., Zucker, N., Yelle, K., ... Obeid, N. (2018). Building evidence for the use of descriptive subtypes in youth with avoidant restrictive food intake disorder. *The International Journal of Eating Disorders*, *51*(2), 170-173.

Osório, F. L., Loureiro, S. R., Hallak, J. E. C., Machado--de-Sousa, J. P., Ushirohira, J. M., Baes, C. V. W., ... Crippa, J. A. S. (2019). Clinical validity and intrarater and test-retest reliability of the Structured Clinical Interview for DSM-5: Clinician version (SCID--5-CV). *Psychiatry and Clinical Neurosciences*, *73*(12), 754-760.

Penha, M. (2019). *Adaptação brasileira do Eating Disorder Inventory-3 (EDI-3) e evidências iniciais de validade e fidedignidade*. Universidade de Brasília.

Scagliusi, F. B., Alvarenga, M., Polacow, V. O., Cordás, T. A., Queiroz, G. K. O., Coelho, D., ... Lancha, A. H., Jr. (2006). Concurrent and discriminant validity of the Stunkard's figure rating scale adapted into Portuguese. *Appetite*, *47*(1), 77-82.

Schaefer, L. M., Crosby, R. D., & Machado, P. P. P. (2021). A systematic review of instruments for the assessment of eating disorders among adults. *Current Opinion in Psychiatry*, *34*(6), 543-562.

Schmidt, R., Kirsten, T., Hiemisch, A., Kiess, W., & Hilbert, A. (2019). Interview-based assessment of avoidant/restrictive food intake disorder (ARFID): A pilot study evaluating an ARFID module for the Eating Disorder Examination. *The International Journal of Eating Disorders*, *52*(4), 388-397.

Shaffer, D., Fisher, P., Lucas, C. P., Dulcan, M. K., & Schwab-Stone, M. E. (2000). NIMH Diagnostic Interview Schedule for Children Version IV (NIMH DISC-IV): Description, differences from previous versions, and reliability of some common diagnoses. *Journal of the American Academy of Child and Adolescent Psychiatry*, *39*(1), 28-38.

Smith, A. R., Velkoff, E. A., Ribeiro, J. D., & Franklin, J. (2019). Are eating disorders and related symptoms risk factors for suicidal thoughts and behaviors? A meta-analysis. *Suicide & Life-Threatening Behavior*, *49*(1), 221-239.

Solmi, M., Collantoni, E., Meneguzzo, P., Tenconi, E., & Favaro, A. (2019). Network analysis of specific psychopathology and psychiatric symptoms in patients with anorexia nervosa. *European Eating Disorders Review: The Journal of the Eating Disorders Association*, *27*(1), 2433.

Spitzer, R., Devlin, M., Waish, B., Hasin, D., Wing, R., & Marcus, M. (1992). Binge eating disorder: A multisite field trial of the diagnostic criteria. *International Journal of Eating Disorders*, (11), 191-203.

Sysko, R., Glasofer, D. R., Hildebrandt, T., Klimek, P., Mitchell, J. E., Berg, K. C., ... Walsh, B. T. (2015). The eating disorder assessment for DSM-5 (EDA-5): Development and validation of a structured interview for feeding and eating disorders. *The International Journal of Eating Disorders*, *48*(5), 452-463.

Sysko, R., & Walsh, B. T. (2011). Does the broad categories for the diagnosis of eating disorders (BCD-ED) scheme reduce the frequency of eating disorder not otherwise specified? *The International Journal of Eating Disorders*, *44*(7), 625-629.

Thomas, J. J., Roberto, C. A., & Berg, K. C. (2014). The eating disorder examination: A semi-structured interview for the assessment of the specific psychopathology of eating disorders. *Advances in Eating Disorders*, *2*(2), 190-203.

Thomas, J. J., Wons, O. B., & Eddy, K. T. (2018). Cognitive-behavioral treatment of avoidant/restrictive food intake disorder. *Current Opinion in Psychiatry*, *31*(6), 425-430.

Treasure, J., Duarte, T. A., & Schmidt, U. (2020). Eating disorders. *Lancet (London, England)*, *395*(10227), 899-911.

Túry, F., Güleç, H., & Kohls, E. (2010). Assessment methods for eating disorders and body image disorders. *Journal of Psychosomatic Research*, *69*(6), 601-611.

Udo, T., Bitley, S., & Grilo, C. M. (2019). Suicide attempts in US adults with lifetime DSM-5 eating disorders. *BMC Medicine*, *17*(1), 120.

Uher, R., & Rutter, M. (2012). Classification of feeding and eating disorders: Review of evidence and proposals for ICD-11. *World Psychiatry*, *11*(2), 80-92.

Van Dyck, Z., & Hilbert, A. (2016). *Eating disorder in youth-questionnaire*. University of Leipzig.

Walsh, B., Attia, E., Glasofer, D., & Sysko, R. (2016). *Handbook of assessment and treatment of eating disorders*. American Psychiatric Association.

World Health Organization (WHO). (2021). *ICD-11 for Mortality and Morbidity Statistics. https://icd.who.int/browse11/l-m/en*

Zickgraf, H. F., & Ellis, J. M. (2018). Initial validation of the Nine Item Avoidant/Restrictive Food Intake disorder screen (NIAS): A measure of three restrictive eating patterns. *Appetite*, *123*, 32-42.

13

TÉCNICAS DE AVALIAÇÃO EM CASOS DE SUSPEITA DE TRANSTORNOS DEVIDOS AO USO DE SUBSTÂNCIAS OU A COMPORTAMENTOS ADITIVOS

ADRIANA MOKWA ZANINI
MAISA DOS SANTOS RIGONI
FELIPE ORNELL
FERNANDA MACHADO LOPES

Os transtornos devidos ao uso de substâncias ou a comportamentos aditivos são caracterizados por sintomas cognitivos, comportamentais e fisiológicos desenvolvidos pelo uso de substâncias predominantemente psicoativas ou por comportamentos repetitivos específicos (American Psychiatric Association [APA], 2014; 2022), que ativam os circuitos cerebrais de recompensa, inclusive gerando mudanças que podem persistir após a desintoxicação, especialmente em pessoas com quadros em níveis severos (APA, 2022; Stahl, 2017). O tratamento para esses transtornos é multidisciplinar, e conhecer os sistemas de classificação diagnóstica facilita a uniformidade da comunicação entre a equipe. Por questões didáticas, este capítulo subdividiu essa classe de transtornos em três grupos: transtornos devidos ao uso de substâncias (relacionados aos padrões de uso), transtornos mentais induzidos por substâncias e transtornos devidos a comportamentos aditivos. Cabe salientar que, nos sistemas de classificação, o segundo grupo está incluso no primeiro.

TRANSTORNOS DEVIDOS AO USO DE SUBSTÂNCIAS (6C40-6C4H)

O início do uso de substâncias psicoativas pode se dar por diferentes motivos, como a automedicação, o desejo de alterar o estado mental ou de pertencer a um grupo (p. ex., alguns adolescentes) ou a busca por sensações de prazer. O uso recorrente pode ser explicado pela tendência do ser humano de repetir condutas que produzem prazer, uma vez que, inicialmente, as drogas propiciam uma sensação agradável de bem-estar, resultado de sua ação direta ou indireta sobre a via dopaminérgica mesolímbica (ou via do reforço, da gratificação ou do prazer), que é responsável pelas sensações prazerosas em diferentes situações (Stahl, 2017). Na sequência, com o aumento do consumo, o indivíduo pode passar a desenvolver sintomas de abstinência, o que o faz retomar consecutivamente o uso para aliviar os sintomas, sendo necessárias doses maiores da substância para gerar a sensação de prazer, configurando o efeito de tolerância (APA, 2022; Stalh, 2017).

Muitas pessoas que consomem substâncias lícitas (p. ex., álcool e tabaco) e ilícitas (p. ex., maconha e cocaína) já passaram, ou podem vir a passar, por algum problema grave, como envolvimento com a justiça, acidente de trânsito, exposição a riscos contra si ou aos demais. A depender do padrão de uso dessas substâncias, a repercussão pode configurar um problema de saúde pública (Sartes et al., 2021) – a dependência de álcool, por exemplo, é um transtorno crônico e progressivo de grande poder destrutivo (Caetano, 2019).

Entre as drogas lícitas, o tabaco e o álcool são as mais consumidas no mundo (Peacock et al., 2018), e o Brasil segue essa tendência (Bastos et al., 2017). Estima-se que existam 1,14 bilhão de fumantes no mundo, dos quais 80% vivem em países de baixa renda (GBD 2019 Tobacco Collaborators, 2021). O tabaco é um dos principais fatores de risco para doenças não transmissíveis e a principal causa global de morte evitável. A Organização Mundial da Saúde (OMS) estima que ocorram mais de 7 milhões de óbitos diretos e 1,2 milhões de indiretos (fumo passivo) decorrentes do consumo de tabaco a cada ano. Além disso, destaca-se o custo econômico decorrente dos recursos direcionados para tratamento médico e da perda de capital humano resultante da morbidade e mortalidade associada ao uso do tabaco (World Health Organization [WHO], 2021a). Segundo dados da Vigilância de Fatores de Risco e Proteção para Doenças Crônicas por Inquérito Telefônico (Vigitel Brasil, 2020), o percentual total de fumantes com 18 anos ou mais no Brasil é de 9,5%, sendo de 11,7% para os homens e de 7,6 % para as mulheres (Vigitel Brasil, 2020).

O álcool é consumido por 38,3% da população mundial, havendo diferenças nas prevalências entre as regiões. A substância é responsável por 5,1% da carga global de doenças e lesões, aumenta o risco de desenvolver mais de 200 doenças, incluindo cirrose hepática e alguns tipos de câncer, e está associado à violência e a acidentes (GBD 2018 Alcohol Collaborators, 2018). Estima-se que em 2016 tenha ocorrido mais de 3 milhões de mortes por uso nocivo do álcool, representando mais de 5% de todas as mortes ocorridas no mundo (World Health Organization [WHO], 2020; 2021b). No Brasil, 50% da população consome bebidas alcoólicas, e estima-se que 10,4% dos homens e 3,6% das mulheres apresentem critérios para dependência (Laranjeira & Madruga, 2012).

Quanto às drogas ilícitas, as mais utilizadas no mundo são, respectivamente: *Cannabis* (maconha), opioides, anfetaminas (inclusive estimulantes prescritos), *ecstasy*, opiáceos e cocaínicos (United Nation Office on Drugs and Crime [UNODC], 2022). No Brasil, a maconha é a substância ilícita mais utilizada, tanto na população adulta quanto adolescente; 6,8% dos adultos e 4,3% dos adolescentes referiram uso na vida, dos quais 2,5% e 3,4%, respectivamente, referiram uso no último ano. A cocaína inalada ocupa a segunda posição; o uso na vida foi relatado por 3,8% dos adultos e 2,3% dos adolescentes, dos quais 1,7% e 1,6%, respectivamente, referiram uso no último ano. O uso de *crack* na vida foi relatado por 1,3% dos adultos e 0,8% dos adolescentes, sendo que 0,7% e 0,1% deles fizeram uso no último ano (Laranjeira & Madruga, 2012).

Mesmo diante dos riscos comprovados, o uso de substâncias psicoativas persiste e, em alguns contextos, vem aumentando, conforme estimativa realizada pelo United Nations Office on Drug and Crime ([UNODC], 2021). Em 2020, cerca de 275 milhões de pessoas usaram drogas, um aumento de 22% em relação a 2010. Há uma projeção de que, em 2030, esse número aumente em 11% em todo o mundo (UNODC, 2021).

Os profissionais que trabalham com pessoas que consomem substâncias psicoativas precisam avaliar a severidade desse consumo e, para isso, analisar os prejuízos acarretados. É necessário identificar os tipos de drogas consumidas, bem como o padrão típico de consumo. Nesse sentido, uma avaliação formal dessa categoria de transtornos exige o conhecimento de especificidades dos sistemas classificatórios, seja com base na *Classificação internacional de doenças* (CID), desenvolvida pela OMS, que é um sistema mais sucinto e voltado para profissionais da saúde em geral, seja no *Manual diagnóstico e estatístico de transtornos mentais* (DSM), desenvolvido pela American Psychiatric Association (APA), que costuma ser mais utilizado por profissionais da saúde mental. A 11ª edição da CID (World Health Organization [WHO], 2022) mantém a lógica de classificação da edição anterior e utiliza a nomenclatura "transtornos devidos ao uso de substâncias (TDUS)".

A CID-11 (WHO, 2022) considera 14 classes de substâncias psicoativas especificadas, ou seja, cinco a mais do que a edição anterior. Cada classe engloba diagnósticos sobre o uso propriamente dito (episódio de uso nocivo e padrão de uso prejudicial, além de dependência) e transtornos induzidos (intoxicação, abstinência e outros transtornos mentais). Assim, esse grupo de transtornos compreende diversos diagnósticos associados ao uso de substâncias com propriedades psicoativas, incluindo certos medicamentos (Saunders, 2017). O aumento de classes de substâncias é decorrente de estudos que evidenciam propriedades farmacológicas, efeitos clínicos e prejuízos específicos das diferentes substâncias, bem como da identificação do consumo significativo (e, em alguns casos, problemático) na sociedade (Basu & Ghosh, 2018). A Figura 13.1 ilustra as classes constantes na CID-11 (WHO, 2022), na CID-10 (World Health Organization [WHO], 1993) e no DSM-5 (APA, 2014), que manteve as classes especificadas em sua versão revisada (DSM-5-TR; APA, 2022).

Por exemplo, os canabinoides sintéticos (nova classe na CID-11), substâncias produzidas em laboratório, apesar de terem o mesmo princípio ativo da *Cannabis* (tetra-hidrocanabinol), costumam ser mais potentes e causar mais prejuízos, e a identificação de seu consumo na sociedade tem aumentado (Rodrigues et al., 2021). O mesmo se observa em relação aos estimulantes, que eram diferenciados em duas classes na CID-10 (WHO, 1993) e passaram a ser classificados em cinco na CID-11 (WHO, 2022). De forma similar, a classe dos alucinógenos foi desmembrada em duas (WHO, 2022). Ainda, a CID-11 (WHO, 2022) passou a contemplar três classes abrangentes, enquanto a CID-10 considerava somente a classe abrangente "múltiplas e outras (F19)". Apesar dessas possibilidades, a especificação dos diagnósticos referentes ao uso de cada substância é útil clinicamente, pois contribui para a elaboração de planos de tratamento personalizados. No entanto, caso a substância utilizada não conste entre as classes previstas, o profissional pode considerar um transtorno devido a uma substância desconhecida ou não especificada (Saunders, 2017).

Por fim, cabe sinalizar que a CID-11 (WHO, 2022) acrescentou a classe de substâncias não psicoativas (código 6C4H), como laxantes, hormônio do crescimento, eritropoietina e anti-inflamatórios não esteroides, quando usadas sem propósito médico e de maneira prejudicial. Essas substâncias são remédios populares, vendidos livremente, o que favorece o uso indiscriminado. Apesar de não acarretarem intoxicação, dependência, síndrome de abstinência, nem induzirem a transtornos mentais, essas substâncias podem afetar órgãos e sistemas do corpo. Um exemplo desse tipo de situação é o uso não médico de laxantes por pessoas com bulimia nervosa.

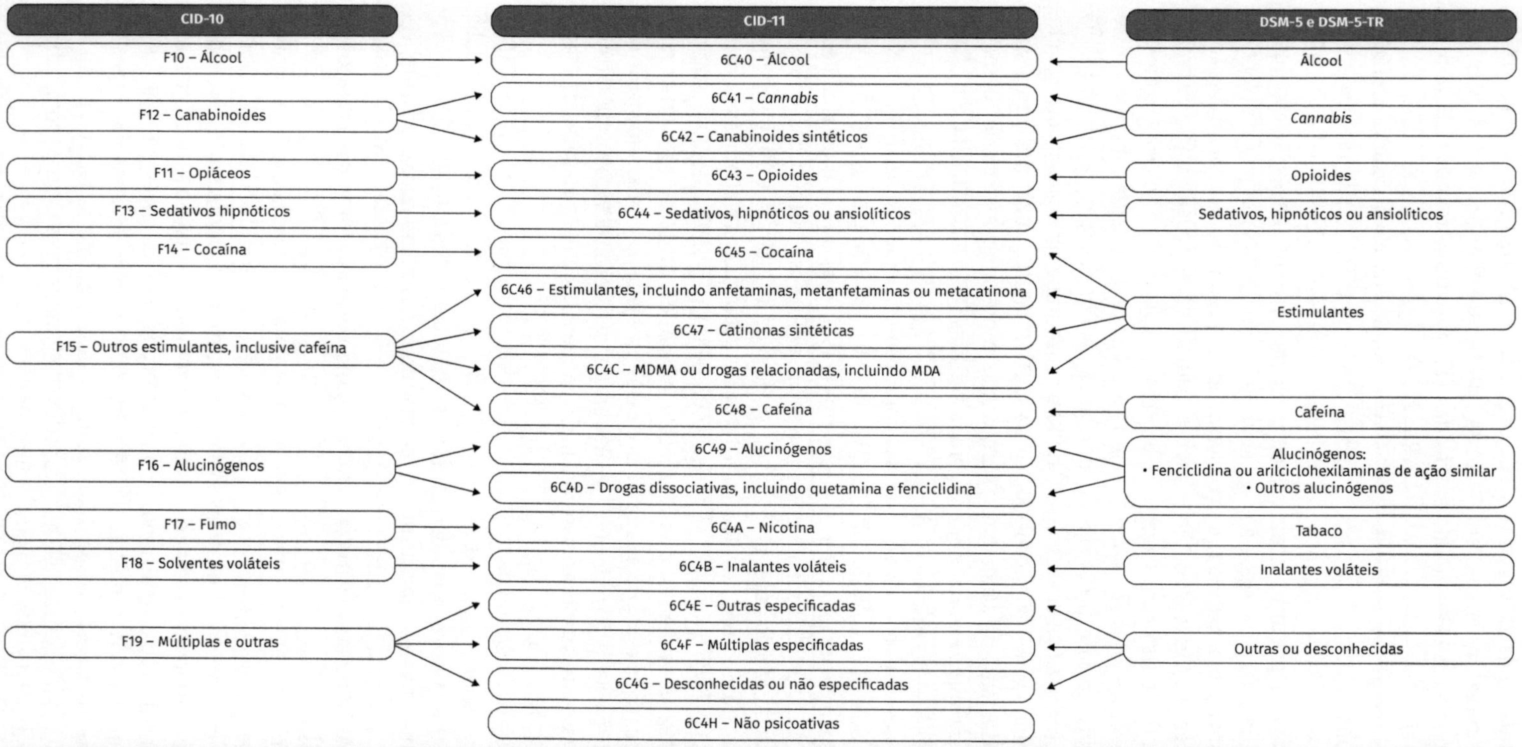

FIGURA 13.1

Comparação entre CID-10, CID-11, DSM-5 e DSM-5-TR quanto às classes de substâncias e seus respectivos códigos

Nota: os códigos do DSM-5 não foram inseridos, pois variam conforme a gravidade do transtorno (leve, moderada ou grave), e o DSM-5-TR adotou os mesmos códigos da CID-10=, adicionando dígitos conforme os níveis de gravidade.

*MDMA = metilenodioximetanfetamina. **MDA = metilenodioxianfetamina.

CLASSIFICAÇÃO DOS TIPOS DE USO DE SUBSTÂNCIAS

Conforme mencionado, a CID-11 (WHO, 2022) classifica os TDUS em três grandes tipos: episódio de uso nocivo, padrão prejudicial de uso e dependência. Ainda, há possibilidade de classificações mais específicas, permitindo, por exemplo, que o padrão nocivo de uso seja considerado episódico ou contínuo. Assim, há muitos códigos e possibilidades classificatórias para os tipos de uso. A Tabela 13.1 ilustra as três grandes concepções, contendo os respectivos códigos para o uso de cada classe de substâncias. Diferentemente da CID-11 (WHO, 2022), o DSM-5 (APA, 2014, 2022) apresentou uma visão ampliada dos problemas referentes ao consumo de substâncias, adotando a ideia de espectro, com modificações significativas em comparação ao DSM-IV-TR (American Psychiatric Association [APA], 2003). Enquanto a edição anterior do manual adotou uma classificação dicotomizada entre abuso e dependência, o DSM-5 (APA, 2014) utiliza a nomenclatura "Transtornos relacionados a substâncias", mantida na versão revisada (DSM-5-TR) (APA, 2022). A tendência de compreender os transtornos mentais a partir de espectros é vista como um avanço pelos profissionais da área. Portanto, o fato de a CID-11 (WHO, 2022) manter a visão dicotômica nessa categoria de transtornos pode ser alvo de discussões (Saunders, 2017).

A categoria de transtornos relacionados a substâncias do DSM-5 (APA, 2014, 2022) abrange os transtornos por uso de substâncias (TUS), que podem ocorrer em uma ampla gama de gravidade, dependendo da quantidade de critérios diagnósticos preenchidos. Um TUS pode ser classificado como leve (2 a 3 critérios), moderado (4 a 5 critérios) ou grave (6 ou mais). Os critérios considerados para essa avaliação envolvem baixo controle sobre o uso da substância, prejuízos sociais, critérios farmacológicos e uso em situações de risco, abrangendo nove classes distintas de substâncias especificadas (APA, 2014, 2022).

Análises estatísticas quanto ao nível de concordância entre os sistemas de classificação indicam divergências, bem como entre as diferentes edições de cada manual (DSM-IV-TR, CID-10, DSM-5, CID-11). Há estudos que apontam correlações excelentes, enquanto outros encontram apenas correlações moderadas, com dados indicando que os critérios diagnósticos da CID-11 (WHO, 2022) resultam em um aumento da prevalência dessa categoria diagnóstica (Chung et al., 2017; Degenhardt et al., 2019; Lundin et al., 2021). Essas variações podem ter relação com os grupos de pacientes incluídos nos estudos ou com questões culturais e são motivo de preocupação, já que a comunicação é um propósito importante dos sistemas classificatórios (Basu & Ghosh, 2018). Assim, o conhecimento oriundo de experiência profissional prática com esse público é essencial para o estabelecimento de diagnósticos precisos com relevância clínica.

MÉTODOS E TÉCNICAS DE AVALIAÇÃO DOS TRANSTORNOS DEVIDOS AO USO DE SUBSTÂNCIAS

Esta seção apresenta os principais instrumentos usados no Brasil para triagem ou avaliação do padrão de consumo de substâncias psicoativas, nível de prejuízos, expectativas e fissura, entre outras questões relacionadas, agrupados conforme tipo de substância. A maioria foi adaptada para uso em diversos países e é direcionada a drogas como álcool, tabaco, maconha e cocaína/*crack*. São de baixo custo, fácil acesso e aplicação e com possibilidade de utilização em diversos contextos da área da saúde (p. ex., hospitais, clínicas públicas e privadas, ambulatórios). A Tabela 13.2 sintetiza esses instrumentos, que são especificados em sua sequência.

Para avaliar questões relacionadas ao álcool, pode-se utilizar instrumentos como o Cut down, Annoyed, Guilty and Eye-opener (CAGE), o Short-form Alcohol Dependence Data (SADD) e o Alcohol Use Disorder Identifi-

TABELA 13.1

CLASSIFICAÇÃO DOS TIPOS DE USO POR CLASSE DE SUBSTÂNCIA PREVISTA NA CID-11 E SEUS RESPECTIVOS CÓDIGOS

CLASSE DA SUBSTÂNCIA	EPISÓDIO DE USO NOCIVO	PADRÃO PREJUDICIAL DE USO	DEPENDÊNCIA
Álcool	6C40.0	6C40.1	6C40.2
Cannabis	6C41.0	6C41.1	6C41.2
Canabinoides sintéticos	6C42.0	6C42.1	6C42.2
Opioides	6C43.0	6C43.1	6C43.2
Sedativos, hipnóticos ou ansiolíticos	6C44.0	6C44.1	6C44.2
Cocaína	6C45.0	6C45.1	6C45.2
Estimulantes, incluindo anfetaminas, metanfetaminas ou metacatinona	6C46.0	6C46.1	6C46.2
Catinonas sintéticas	6C47.0	6C47.1	6C47.42
Cafeína	6C48.0	6C48.1	–
Alucinógenos	6C49.0	6C49.1	6C49.2
Nicotina	6C4A.0	6C4A.1	6C4A.2
Inalantes voláteis	6C4B.0	6C4B.1	6C4B.2
MDMA ou drogas relacionadas, incluindo MDA	6C4C.0	6C4C.1	6C4C.2
Drogas dissociativas, incluindo quetamina e fenciclidina	6C4D.0	6C4D.1	6C4D.2
Outras substâncias psicoativas especificadas	6C4E.0	6C4E.1	6C4E.2
Múltiplas substâncias psicoativas especificadas	6C4F.0	6C4F.1	6C4F.2
Substâncias psicoativas desconhecidas ou não especificadas	6C4G.0	6C4G.1	6C4G.2
Substâncias não psicoativas	6C4H.0	6C4H.1	–

cation Test (AUDIT). O CAGE foi adaptado no Brasil por Gaya (2011) na forma de um questionário simples de triagem para uso problemático de álcool que contém as quatro questões a seguir, com opção de respostas de sim ou não: 1) "Alguma vez o(a) senhor(a) sentiu que deveria diminuir a quantidade de bebida alcoólica ou parar de beber (*Cut down*)?"; 2) "As pessoas o(a) aborrecem porque criticam o seu modo de tomar bebida alcoólica (*Annoyed*

TABELA 13.2

INSTRUMENTOS DE AVALIAÇÃO PARA QUESTÕES RELACIONADAS AO USO DE SUBSTÂNCIA, CONFORME O TIPO

SUBSTÂNCIA	INSTRUMENTOS
Álcool	• Cut down, Annoyed, Guilty and Eye-opener (CAGE) • Short-form Alcohol Dependence Data (SADD) • Alcohol Use Disorder Identification Test (AUDIT)
Tabaco	• Fagerström Test for Nicotine Dependence (FTND) • Questionnaire of Smoking Urges-Brief (QSU-B) • Escala Razões para Fumar Modificada (EMF)
Maconha	• Marijuana Expectancy Questionnaire (MEQ) • Inventário de Expectativas de Resultados em Usuários de Maconha (IERUM)
Cocaína/*crack*	• Cocaine Craving Questionnaire-Brief (CCQ-B) • Cocaine Selective Severity Assessment (CSSA) • Inventário de Expectativas de Resultados em Usuários de Crack (IERUC)
Substâncias diversas	• Alcohol, Smoking and Substance Involvement Screening Test (ASSIST) • Addiction Severity Index (ASI-6) • Drug Use Screening Inventory (DUSI)

by criticism)?"; 3) "O(a) senhor(a) se sente chateado(a) consigo mesmo(a) pela maneira como costuma tomar bebidas alcoólicas (*Guilty*)?"; e 4) "O(a) senhor(a) costuma tomar bebidas alcoólicas pela manhã para diminuir o nervosismo ou ressaca (*Eye-opener*)?". Para a interpretação, considera-se que para duas ou mais respostas afirmativas é recomendada uma investigação mais detalhada, pois o resultado é sugestivo de padrão de abuso ou dependência de álcool.

Já o SADD foi adaptado para uso no Brasil por Jorge e Mansur (1986) e tem como objetivo avaliar a gravidade do nível de dependência de álcool. É autoaplicável e composto por 15 perguntas sobre o hábito de beber (p. ex., "Você bebe de manhã, de tarde e de noite?") com quatro alternativas de respostas: "nunca = 0", "às vezes = 1", "frequentemente = 2" e "sempre = 3". Para os resultados, o escore dos 15 itens deve ser somado, e o total pode variar de 0 a 45 pontos. Para a interpretação, considera-se a pontuação de 1 a 9 como baixa dependência, de 10 a 19 como dependência moderada e de 20 ou mais como dependência grave.

O AUDIT, por sua vez, foi adaptado no Brasil por Santos et al. (2012) e tem como objetivo fazer o rastreamento do uso problemático de álcool a partir dos critérios diagnósticos da CID-10. É direcionado ao rastreio do consumo recente, sintomas de dependência e consequências pessoais e sociais do consumo excessivo de álcool. O AUDIT é composto por 10 perguntas (p. ex., "Com que frequência você toma seis ou mais doses em uma ocasião?") com cinco alternativas de respostas: "nunca = 0", "uma vez por mês ou menos = 1", "duas a quatro vezes por mês = 2", "duas a três vezes por semana = 3" e "quatro ou mais vezes por semana = 4". O escore dos 10 itens deve ser somado, e o total pode variar de 0 a 40 pontos. Para a interpretação, considera-se como baixo risco o resultado entre 0 e 7 pontos, uso de risco para resultado entre 8 e 15 pontos, uso nocivo para 16 a 19 pontos e provável dependência no resultado de 20 pontos ou mais.

Entre os instrumentos disponíveis para avaliação do uso de tabaco, estão o Fagerström Test for Nicotine Dependence (FTND), o Questionnaire of Smoking Urges-Brief (QSU-B) e a Escala Razões para Fumar Modificada (EMF). O FTND foi adaptado para a população brasileira por Carmo e Pueyo (2002) e busca avaliar a gravidade do nível de dependência de nicotina. Contém seis perguntas, sendo que quatro variam o escore de 0 a 1 (respostas de sim ou não), e duas variam o escore de 0 a 3 (número de cigarros consumidos e a duração do intervalo entre acordar e fumar o primeiro cigarro). Para os resultados, o escore dos seis itens deve ser somado, e o total pode variar de 0 a 10 pontos. Para a interpretação, considera-se de 0 a 4 pontos como baixo nível de dependência, 5 ou 6 como nível moderado e escores maiores do que 6 indicam alta dependência de nicotina.

Adaptado para uso no Brasil por Araújo et al. (2007), o QSU-B tem como objetivo avaliar a fissura em tabagistas. É composto por 10 questões afirmativas (p. ex., "Desejo fumar um cigarro agora"), que variam em uma escala Likert de 7 pontos, de "discordo totalmente = 1" até "concordo totalmente = 7". Para os resultados, o escore dos 10 itens deve ser somado, e o total pode variar de 10 a 70 pontos. Para a interpretação, considera-se de 10 a 13 pontos como fissura mínima, de 14 a 26 como fissura leve, de 27 a 42 como fissura moderada e de 43 ou mais pontos como fissura intensa.

A EMF foi adaptada para uso no Brasil por Souza et al. (2009) e tem como objetivo investigar os motivos pelos quais as pessoas fumam. Busca avaliar sete domínios: dependência, prazer de fumar, redução da tensão ou relaxamento, interação social, ativação ou excitabilidade, hábito ou automatismo e movimento mão-boca. Contém 21 afirmações (p. ex., "Fumar dá prazer e é relaxante"), com cinco possibilidades de resposta: "nunca = 1", "raramente = 2", "às vezes = 3", "frequentemente = 4" e "sempre = 5". Para os resultados, o escore dos 21 itens deve ser somado, e o total pode variar de 21 a 105 pontos.

Quanto ao uso da maconha, seguem as descrições de dois instrumentos. O Marijuana Expectancy Questionnaire (MEQ) foi traduzido e adaptado para uso no Brasil por Pedroso et al. (2004) e busca investigar as crenças em relação ao uso da maconha. É composto por 78 afirmações (p. ex., "Quando fumo maconha me sinto relaxado"), distribuídas em seis subescalas que avaliam: 1) prejuízo cognitivo e comportamental (13 itens); 2) redução de relaxamento e tensão (9 itens); 3) facilitação social e sexual (10 itens); 4) aumento de percepção e cognição (9 itens); 5) efeitos negativos globais (10 itens); e 6) fissura/efeitos físicos (6 itens). É utilizada uma escala Likert de 5 pontos com as seguintes opções de resposta: "discordo totalmente = 1", "discordo parcialmente = 2", "não tenho certeza = 3", "concordo parcialmente = 4" e "concordo totalmente = 5". Para os resultados, os escores dos 78 itens devem ser somados, considerando 1 ponto para cada "concordo" e 0 ponto para cada "discordo", com o cuidado de que os itens 50, 56 e 60 devem ser invertidos ("discordo = 1" e "concordo = 0"). Para a interpretação, quanto maior o escore total, maior o número de crenças positivas em relação ao uso da maconha.

O Inventário de Expectativas de Resultados em Usuários de Maconha (IERUM) foi desenvolvido e validado no Brasil por Pedroso et al. (2010) e tem como objetivo avaliar as expectativas de resultados em relação ao uso de maconha. É composto por 17 afirmações relacionadas ao uso da substância (p. ex., "Quando fumo maconha aproveito mais as festas, e a diversão é maior"), distribuídas em cinco subescalas que avaliam: 1) aspectos emocionais (5 itens); 2) percepção (5 itens); 3) sexualidade (2 itens); 4) aspectos cognitivos (3 itens); e 5) fissura (2 itens). As respostas são dadas por meio de uma escala Likert, de 7 pontos, que varia de "discordo totalmente (1)" a "concordo totalmente (7)". Para a interpretação, quanto maior o escore total, maiores as expectativas de resultados positivos relacionados ao uso de maconha.

Para o uso da cocaína/*crack*, seguem três exemplos de escalas avaliativas. O Cocaine Craving Questionnaire-Brief (CCQ-B) é uma delas, e foi adaptado e validado para uso no Brasil por Araújo et al. (2011). Seu objetivo é verificar a intensidade do desejo (fissura) de usar cocaína/*crack*. É composto por 10 afirmações que avaliam a intensidade (p. ex., "Eu tenho um desejo muito forte por cocaína/*crack*") e/ou resistência à fissura (p. ex. "Vou usar cocaína/fumar *crack* assim que puder"). As respostas são registradas via escala Likert de 7 pontos, variando de "discordo totalmente (1)" a "concordo totalmente (7)". Para a interpretação, os pontos são somados, e, quanto maior o escore total, maior a fissura.

Também com o objetivo de avaliar a fissura de cocaína/*crack*, há a Cocaine Selective Severity Assessment (CSSA), traduzida, adaptada (Rego et al., 2013) e validada para uso no Brasil (Kluwe-Schiavon et al., 2015). A avaliação é composta por 18 itens que investigam sintomas relacionados à abstinência de cocaína/*crack*, tais como alterações de humor (p. ex., "Você se sentiu irritado durante as últimas 24 horas?"), alterações alimentares/de sono (p. ex., "Como tem sido o seu apetite/sono durante as últimas 24 horas?"), sintomas de ansiedade (p. ex., "Você se sentiu tenso ou pouco relaxado durante as últimas 24 horas?"), dificuldade de concentração (p. ex., "Como tem sido sua capacidade de manter-se atento durante as últimas 24 horas?"), ideação suicida (p. ex., "Você teve algum pensamento sobre morte nas últimas 24 horas?") e fissura (p. ex., "Classifique a maior intensidade da fissura por cocaína que você se sentiu nas últimas 24 horas"). Cada item tem opções de respostas que geralmente indicam intensidades que variam de 0 (p. ex., apetite normal) a 7 (p. ex., come duas vezes mais do que o usual ou não tem apetite), podendo somar um total de 112 pontos. Para a interpretação, quanto maior a pontuação, mais graves são os sintomas de abstinência da cocaína/*crack*.

Desenvolvido e validado no Brasil por Pedroso et al. (2012), o Inventário de Expectativas de Resultados em Usuários de *Crack* (IERUC) tem como objetivo avaliar as expectativas de resultados em relação ao uso de *crack*. É composto por 14 afirmações relacionadas ao uso da substância (p. ex., "Fico atento a tudo quando fumo *crack*"), distribuídas em quatro fatores que avaliam: 1) percepção (4 itens); 2) comportamento (4 itens); 3) fissura (3 itens); e 4) aspectos emocionais (2 itens). As respostas são dadas por meio de uma escala Likert de 7 pontos, que variam de "discordo totalmente (1)" a "concordo totalmente (7)". Para a interpretação, quanto maior o escore total, maiores as expectativas relacionadas ao uso de *crack*.

Por fim, há instrumentos que avaliam o uso de substâncias e seu prejuízo de forma abrangente. Entre eles, o Alcohol, Smoking and Substance Involvement Screening Test (ASSIST) foi desenvolvido por pesquisadores de vários países sob a coordenação da OMS e foi validado para uso no Brasil (Henrique et al., 2004). Trata-se de um questionário fechado contendo oito itens que investigam a frequência e os problemas relacionados ao uso de nove classes de substâncias psicoativas (tabaco, álcool, maconha, cocaína, estimulantes, sedativos, inalantes, alucinógenos e opiáceos), com foco no uso na vida e nos últimos três meses. As opções de respostas para cada substância são registradas por meio da seguinte escala: "nunca = 0", "uma ou duas vezes = 1", "mensalmente = 2", "semanalmente = 3", ou "quase diariamente = 0". A soma total pode variar de 0 a 20 pontos, e para a interpretação dos resultados sobre o padrão de consumo de cada substância investigada, escores de 0 a 3 são indicativos de uso ocasional, de 4 a 15, de abuso, e de 16 ou mais são sugestivos de dependência (Henrique et al., 2004).

Já o Addiction Severity Index (ASI-6) avalia a gravidade da dependência de drogas de forma multidimensional. Trata-se de uma entrevista semiestruturada, adaptada e validada por Kessler (2011) para uso no Brasil. O roteiro da entrevista busca analisar sete áreas da vida do entrevistado: 1) médica; 2) ocupação/sustento; 3) uso de álcool; 4) uso de outras drogas; 5) envolvimento com questões legais; 6) familiar/social; e 7) psiquiátrica. Algumas questões podem ser respondidas por meio de respostas dicotômicas (sim/não) (p. ex., "Por causa do seu beber, você teve algum problema médico ou psicológico?" ou "Teve problemas no emprego (escola) ou em casa, teve discussões"? ou "Teve problema com a lei?"), enquanto outras são de múltipla escolha, como as que investigam a frequência de uso de substâncias (p. ex., "Nos últimos 30 dias, em quantos dias você usou qualquer tipo de droga ou abusou de medicações prescritas?"), e outras são abertas (p. ex., "Quantas noites você passou em um abrigo para moradores de rua nos últimos 6 meses?"). Para a interpretação, existe um conjunto de escores disponíveis, e quanto maior a pontuação, maior a gravidade do problema.

O Drug Use Screening Inventory (DUSI) avalia problemas associados ao uso de álcool e outras drogas em adolescentes a partir de 12 anos. Ele foi adaptado e validado para uso no Brasil por De Micheli e Formigoni (2000). Trata-se de um conjunto de 149 perguntas, a serem respondidas por meio de respostas dicotômicas (sim = 1/não = 0), distribuídas em 10 áreas que investigam: 1) uso de substâncias psicoativas (p. ex., "Alguma vez você sentiu que não poderia controlar o uso de álcool ou drogas?"); 2) padrões de comportamento (p. ex., "Você é muito tímido?"); 3) aspectos de saúde (p. ex., "Você tem problemas de respiração ou de tosse?"); 4) transtornos psiquiátricos (p. ex., "Você se sente triste muitas vezes?"); 5) competência social (p. ex., "É difícil fazer amizades num grupo novo?"); 6) sistema familiar (p. ex., "Sua família dificilmente faz coisas juntas?"); 7) desempenho escolar (p. ex., "Você falta muito à escola?"); 8) ajustamento ao trabalho (p. ex., "Você acha difícil concluir tarefas no seu trabalho?"); 9) relacionamento com amigos (p. ex., "Seus amigos costumam faltar muito à escola?"); e 10) lazer ou recreação (p. ex., "Você se sente entediado a maior parte do tempo?"). Para a interpretação, somam-se os pontos das respostas afirmativas (um ponto para cada) e calculam-se quatro índices: densidade absoluta de problemas (intensidade de problemas em cada área específica), densidade relativa de problemas (contribuição de cada área no total de problemas), densidade global de problema (intensidade geral de problemas) e escala de mentira (confiabilidade das respostas) (Fidalgo & De Micheli, 2016).

Cabe ressaltar que existem diversos outros instrumentos que investigam comportamentos relacionados ao uso de substâncias psicoativas e, portanto, não pretendemos esgotar o tema, e sim apresentar alguns dos mais utilizados no Brasil. O comportamento de uso de substâncias é extremamente complexo e envolve variáveis biológicas, como genética, hereditariedade, neurobiologia, psicológicas, como expectativas, crenças e emoções, sociais, como exposição na família, influência de pares e facilidade de acesso a drogas, e culturais, como tradições e valores (Reichert et al., 2021; Santos et al., 2018). Por isso, além da aplicação desses instrumentos, realizada por profissionais devidamente treinados, uma avaliação psicológica completa deve incluir entrevista clínica que investigue os fatores predisponentes, precipitantes e mantenedores do hábito, considerando os aspectos biopsicossociais citados (Petry et al., 2011; Reichert et al., 2021).

Observações importantes para a avaliação e o diagnóstico dos transtornos devidos ao uso de substâncias

A avaliação e o diagnóstico de comorbidades psiquiátricas é um processo complexo e muito importante para o tratamento adequado dos TDUS. Estima-se que cerca de 1/3 dos indivíduos com TDUS apresentam comorbidade com pelo menos um transtorno psiquiátrico ao longo da vida (Regier et al., 1990), o que, em geral, acarreta maior gravidade (Langas et al., 2011), maior envolvimento em comportamentos de risco, maiores taxas de infecção por doenças infectocontagiosas (Khalsa et al., 2008) e maior envolvimento com crimes (DeLorenze et al., 2014; Greenberg & Rosenheck, 2014). Além disso, a ocorrência de comorbidades está associada a menor adesão terapêutica, agravamento de ambas as condições e piora do prognóstico (Tiet & Mausbach, 2007).

Os sinais e sintomas desencadeados pelo uso de substâncias (durante a fissura, intoxicação ou síndrome de abstinência) podem ser compatíveis com os decorrentes de condições neuropsiquiátricas (ou clínicas) coexistentes. Muitas vezes, os profissionais da saúde (principalmente aqueles que não costumam trabalhar com TDUS) não estão suficientemente treinados para realizar o diagnóstico diferencial, o que interfere negativamente na compreensão ampliada do caso, na escolha das intervenções e na definição do planejamento terapêutico (Tiet & Mausbach, 2007), ocasionando possível negligência a aspectos importantes do quadro.

Quando se aborda a relação entre TDUS e outro transtorno psiquiátrico, não há um consenso sobre a etiologia. Isso pode ser, em parte, decorrente da dificuldade de se identificar cronologicamente o surgimento dos sinais e sintomas, o que com frequência impossibilita definir o transtorno que se configurou antes. O National Institute on Drug Abuse (NIDA) sintetiza três possibilidades que precisam ser consideradas na compreensão etiológica do diagnóstico dual (National Institute on Drug Abuse [NIDA], 2018; Ornell et al., 2021):

- Os transtornos mentais podem contribuir para o desenvolvimento de TDUS secundários, o que está em consonância com a hipótese da automedicação.
- O uso de substâncias pode desencadear transtornos psiquiátricos secundários, passando a haver comorbidades.
- Fatores de risco comuns (genéticos e ambientais) podem contribuir para a ocorrência de transtornos psiquiátricos em geral, inclusive TDUS.

Considerando a complexidade desse processo avaliativo, cabe sinalizar os transtornos mais prevalentes em comorbidade com o TDUS, conforme o uso de determinadas substâncias.

- **Álcool**: risco aumentado de transtornos do humor (três vezes maior), transtornos de ansiedade (duas vezes maior), ansiedade generalizada (quatro vezes maior), transtornos de pânico (quase duas vezes maior) e transtorno de estresse pós-traumático (TEPT; duas vezes maior) (Gimeno et al., 2017).
- **Alucinógenos**: alterações na percepção e sintomas psicóticos transitórios (geralmente, até 12 horas após o uso, mas que podem se prolongar) são frequentes após o uso de dietilamina do ácido lisérgico (LSD) e de MDMA (*ecstasy*). Sintomas prolongados são mais frequentes em pessoas com comorbidades prévias. Nesses casos, pode haver a ocorrência de alucinações, distúrbios visuais, pensamento desorganizado, paranoia e perturbações do humor duradouras (isso precisa ser diferenciado dos transtornos mentais com sintomas psicóticos). Há alta prevalência de transtornos do humor (disforia, 21,98%; mania, 5,05%), transtornos de ansiedade (19,72%), transtornos alimentares (1,57%), TEPT (9,08%), transtornos da personalidade (31,40%) e TUS (álcool, 35,71%; maconha, 9,93%; e tabaco, 45,73%) (Shalit et al., 2019). O uso de alucinógenos também foi associado a impulsividade, comportamento sexual de risco,

problemas de saúde mental e uso de várias outras drogas (Grant et al., 2019).

- **Maconha**: a ocorrência de comorbidades em usuários de maconha é superior à estimada na população geral. Indivíduos com histórico de transtorno por uso de maconha têm mais chances de desenvolver transtornos da personalidade, transtornos de ansiedade, episódio depressivo maior, transtorno bipolar tipo I, tabagismo, transtorno por uso de outras substâncias e TEPT. Em usuários com transtorno grave, a chance de desenvolver essas comorbidades é consideravelmente aumentada (Hasin et al., 2016). Além disso, também há estudos sustentando o aumento do risco de comportamentos suicidas (Gobbi et al., 2019). Indivíduos com quadros depressivos são mais propensos a usar maconha (Feingold et al., 2015) e, consequentemente, a desenvolver outro transtorno mental (Pacek et al., 2013). A relação entre maconha e psicoses também tem sido bem documentada (Gage et al., 2016), e parece haver uma relação dose-resposta entre o nível de consumo e o risco de psicose (Colizzi & Murray, 2018). Ainda, existem evidências substanciais de que o uso de maconha aumenta o risco para utilização de outras drogas ilícitas e para o desenvolvimento de ansiedade e transtorno bipolar (em especial em quadros semelhantes à distimia) (Livne et al., 2018).
- **Sedativos, hipnóticos ou ansiolíticos**: essa classe de substâncias costuma ser usada para amenizar efeitos indesejáveis de outras substâncias (APA, 2022). Especialmente quanto aos benzodiazepínicos, muitas vezes são usados para manejar sintomas de condições psiquiátricas prévias, porém, durante o período de abstinência esses sintomas são exacerbados, o que dificulta o tratamento (Petursson, 1994). Os sintomas de abstinência podem persistir por anos após a interrupção do uso, incluindo insônia, ansiedade, comprometimento da memória e da concentração, ataxia e, em estados graves, sintomas psicóticos, delírio e convulsões epilépticas (Savaskan, 2016). Os transtornos devidos ao uso dessa classe comumente se manifestam em comorbidade com transtornos depressivos, bipolares e de ansiedade. A intoxicação severa ou recorrente por esses medicamentos costuma estar associada com transtorno depressivo maior, podendo levar a tentativas de suicídio ou suicídio propriamente dito (APA, 2022). Em pacientes com trauma recente, o uso de benzodiazepínicos acarreta maior risco de desenvolvimento de TEPT, piores resultados em psicoterapia, conduta agressiva, depressão e uso de outras substâncias (Guina et al., 2015).
- **Cocaína/*crack***: o uso dessas substâncias pode estar associado a TEPT, transtorno de déficit de atenção/hiperatividade, transtorno da personalidade antissocial e transtornos do jogo (APA, 2022). Usuários de *crack* apresentam maior prevalência de sintomas de ansiedade, depressão, paranoia e psicose, quando comparados a usuários de cocaína inalada (Gossop et al., 2002). O uso concomitante de outras substâncias psicoativas também é amplamente observado (APA, 2022; Narvaez et al., 2014).
- **Opiáceos e opioides**: os opioides não prescritos são as substâncias ilícitas mais consumidas nos Estados Unidos, junto com a maconha. Em uma amostra de usuários estadunidenses, a ocorrência de comorbidades foi verificada em 62% dos pacientes com dor crônica e em 46,3% dos pacientes sem dor crônica (Higgins et al., 2019). Os transtornos do humor e de ansiedade são frequentes, independentemente de o uso ser prescrito (Gros et al., 2013). Em contrapartida, a literatura tem demonstrado baixos índices de psicose em dependentes de opioides (entre 4% e 7%) (Torrentset al., 2015). Estima-se uma taxa de mortalidade diária de mais de 180 mortes por *overdose* de opioides (prescritos ou

não) nos Estados Unidos (National Institute on Drug Abuse, 2022).

TRANSTORNOS MENTAIS INDUZIDOS POR SUBSTÂNCIAS

Conforme sinalizado no início do capítulo, esse grupo de transtornos foi separado por questões didáticas, além da tamanha importância que possui para a atuação prática de diversos profissionais da área da saúde. O uso de substâncias psicoativas pode desenvolver outros transtornos mentais. Além do episódio de uso nocivo, do padrão de uso prejudicial e da dependência de cada classe de substâncias, a CID-11 (WHO, 2022) prevê a intoxicação, a abstinência e outros transtornos mentais induzidos pelas diversas substâncias. Especificamente quanto ao álcool, pode induzir a diagnósticos incluídos originalmente na classe de transtornos neurocognitivos. Na Tabela 13.3, constam os principais transtornos induzidos pelo uso de cada classe de substância prevista na CID-11 (WHO, 2022).

A intoxicação é uma condição transitória clinicamente significativa que se desenvolve durante ou logo após o consumo da substância e se caracteriza por alterações nas funções mentais (p. ex., percepção, juízo crítico, afeto, comportamento, coordenação motora). Essas alterações são causadas pelos efeitos farmacológicos da substância, variando de acordo com cada uma, e sua intensidade costuma estar relacionada à quantidade consumida. As perturbações diminuem na medida em que a substância é eliminada do organismo. Em níveis mais graves de intoxicação, podem ocorrer crises convulsivas, estupor, coma ou *overdose*, dependendo das propriedades de cada substância (APA, 2014, 2022; WHO, 2022).

A abstinência é um conjunto clinicamente significativo de sintomas, comportamentos e/ou características fisiológicas, variando em nível de gravidade e duração, que ocorre após a cessação ou redução do uso em indivíduos que desenvolveram dependência ou usaram uma substância por um período prolongado ou em grandes quantidades. Assim como na intoxicação, os sinais da abstinência variam conforme as propriedades farmacológicas das substâncias, podendo incluir hiperatividade autonômica (p. ex., taquicardia, hipertensão, transpiração), tremores, insônia, ansiedade, agitação psicomotora, humor deprimido ou disfórico, alterações de sensopercepção e *delirium* (APA, 2014, 2022; WHO, 2022).

O DSM-5 e o DSM-5-TR (APA, 2014, 2022) preveem mais transtornos causados por substâncias do que a CID-11 (WHO, 2022), incluindo a indução de diversos transtornos mentais pelos quadros de intoxicação e abstinência (ou seja, secundários aos efeitos das substâncias), além do desencadeamento de transtornos persistentes, que passam a ser classificados como comórbidos (sem remissão após os efeitos de intoxicação ou abstinência). A CID-11 (WHO, 2022) aborda essas possibilidades nas descrições dos transtornos, mas não tem um código específico para tal. Ainda, o DSM-5 (APA, 2014, 2022) considera em seu rol as disfunções sexuais e os transtornos do sono induzidos por intoxicação ou por abstinência de determinadas classes de substâncias, o que não é mencionado na CID-11 (WHO, 2022). Especificamente, o DSM-5-TR (APA, 2022) apresenta a possibilidade de codificar os transtornos induzidos pelas diferentes classes de substâncias e de acordo com a gravidade do TUS. Por exemplo, há códigos para identificar qual classe de substâncias induziu a um *delirium*, bem como se o uso foi leve, moderado/grave ou se não houve uso. Esse detalhamento está no capítulo sobre transtornos neurocognitivos (e não no capítulo sobre TUS). Da mesma forma, as demais categorias de transtornos contêm o detalhamento sobre a substância que induziu ao quadro, bem como sobre a intensidade do uso. Assim, cabe reto-

TABELA 13.3

TRANSTORNOS INDUZIDOS POR CLASSE DE SUBSTÂNCIA PREVISTA NA CID-11 E SEUS RESPECTIVOS CÓDIGOS

	INTOXICAÇÃO	ABSTINÊNCIA	*DELIRIUM*	TRANSTORNO PSICÓTICO	TRANSTORNO DO HUMOR	TRANSTORNO DE ANSIEDADE	TRANSTORNO OBSESSIVO-COMPULSIVO	TRANSTORNO DO CONTROLE DE IMPULSOS	TRANSTORNO AMNÉSICO	DEMÊNCIA
Álcool	6C40.3	6C40.4	6C40.5	6C40.6	6C40.70	6C40.71	–	–	6D72.10	6D84.0
Cannabis	6C41.3	6C41.4	6C41.5	6C41.6	6C41.70	6C41.71	–	–	–	–
Canabinoides sintéticos	6C42.3	6C42.4	6C42.5	6C42.6	6C42.70	6C42.71	–	–	–	–
Opioides	6C43.3	6C43.4	6C43.5	6C43.6	6C43.70	6C43.71	–	–	–	–
Sedativos, hipnóticos ou ansiolíticos	6C44.3	6C44.4	6C44.5	6C44.6	6C44.70	6C44.71	–	–	–	–
Cocaína	6C45.3	6C45.4	6C45.5	6C45.6	6C45.70	6C45.71	6C45.72	6C45.73	–	–
Estimulantes, incluindo anfetaminas, metanfetaminas ou metacatinona	6C46.3	6C46.4	6C46.5	6C46.6	6C46.70	6C46.71	6C46.72	6C46.73	–	–
Catinonas sintéticas	6C47.3	6C47.4	6C47.5	6C47.6	6C47.70	6C47.71	6C47.72	6C47.73	–	–
Cafeína	6C48.2	6C48.3	–	–	–	6C48.40	–	–	–	–
Alucinógenos	6C49.3	–	6C49.4	6C49.5	6C49.60	6C49.61	–	–	–	–
Nicotina	6C4A.3	6C4A.4	–	--	–	–	–	–	–	–
Inalantes voláteis	6C4B.3	6C4B.4	6C4B.5	6C4B.6	6C4B.70	6C4B.71	–	–	–	–

▶▶

TABELA 13.3

TRANSTORNOS INDUZIDOS POR CLASSE DE SUBSTÂNCIA PREVISTA NA CID-11 E SEUS RESPECTIVOS CÓDIGOS

	INTOXICAÇÃO	ABSTINÊNCIA	*DELIRIUM*	TRANSTORNO PSICÓTICO	TRANSTORNO DO HUMOR	TRANSTORNO DE ANSIEDADE	TRANSTORNO OBSESSIVO-COMPULSIVO	TRANSTORNO DO CONTROLE DE IMPULSOS	TRANSTORNO AMNÉSICO	DEMÊNCIA
MDMA ou drogas relacionadas, incluindo MDA	6C4C.3	6C4C.4	6C4C.5	6C4C.6	6C4C.70	6C4C.71	–	–	–	–
Drogas dissociativas, incluindo quetamina e fenciclidina	6C4D.3	–	6C4D.4	6C4D.5	6C4D.60	6C4D.61	–	–	–	–
Outras substâncias psicoativas especificadas	6C4E.3	6C4E.4	6C4E.5	6C4E.6	6C4E.70	6C4E.71	6C4E.72	6C4E.73	–	–
Múltiplas substâncias psicoativas especificadas	6C4F.3	6C4F.4	6C4F.5	6C4F.6	6C4F.70	6C4F.71	6C4F.72	6C4F.73	–	–
Substâncias psicoativas desconhecidas ou não especificadas	6C4G.3	6C4G.4	6C4G.5	6C4G.6	6C4G.70	6C4G.71	6C4G.72	6C4G.73	–	–
Substâncias não psicoativas	–	–	–	–	–	–	–	–	–	–

Nota: quanto aos transtornos induzidos pela classe de substâncias não psicoativas, a CID-11 prevê outros transtornos especificados (6C4H.Y) e não especificados (6C4H.Z).
MDMA = metilenodioximetanfetamina; MDA = metilenodioxianfetamina.

mar a relevância do conhecimento prático dos profissionais da saúde sobre a área, expandindo o saber para além dos manuais de classificação, de forma a estabelecer um diagnóstico e, assim, nortear um plano de tratamento.

MÉTODOS E TÉCNICAS DE AVALIAÇÃO DOS TRANSTORNOS MENTAIS INDUZIDOS POR SUBSTÂNCIAS

O uso de substâncias psicoativas pode ocasionar alterações psicofisiológicas e comportamentais em diversos níveis de intensidade, gravidade e tempo de duração. Além disso, os sinais e sintomas não se restringem à intoxicação, pois também ocorrem durante as fases de fissura e de síndrome de abstinência (Koob & Volkow, 2016).

A familiaridade com as alterações ocasionadas nos indivíduos por tipo ou classe de substância (depressora, perturbadora ou estimulante do sistema nervoso central) é fundamental, já que isso pode intensificar, atenuar ou mascarar condições clínicas e psiquiátricas coexistentes (incluindo o policonsumo de drogas). A repercussão disso tem implicações diretas no diagnóstico diferencial, na escolha da intervenção e no planejamento do tratamento (Pasha et al., 2020).

Assim como em outros transtornos mentais, o diagnóstico dos TDUS é realizado predominantemente a partir da entrevista clínica, considerando-se os critérios diagnósticos explicitados nos sistemas de classificação. Entretanto, é bastante frequente o paciente não relatar o uso de substâncias, portanto, isso precisa ser considerado pelo clínico (Vitale & Van de Mheen, 2006). A forma mais assertiva de comprovar ou refutar o autorrelato é por meio dos testes de *screening* para detecção de drogas ou de seus metabólitos no organismo (Kirsh et al., 2015; Zanini et al., 2021). Os testes toxicológicos fornecem informações relevantes para complementar a história clínica ou monitorar pacientes em tratamento (Hadland & Levy, 2016). Há diversos testes disponíveis no mercado, e os mais utilizados são os realizados a partir do sangue, suor, urina, fluido oral (saliva), unhas, cabelos e respiração (etilômetro) (Dolan et al., 2004). Cada método tem um tempo de detecção específico, que varia de minutos a meses. Assim, a escolha do teste deve considerar suas particularidades, vantagens, desvantagens e indicações (p. ex., triagem, detecção de intoxicação ou consumo recente, monitoramento da abstinência, uso contínuo) (Hadland & Levy, 2016; Scherer, 2017). O exame de sangue geralmente é o padrão-ouro, todavia, há métodos menos invasivos e com boa sensibilidade. A urina e o fluido oral, por exemplo, são os mais utilizados, pois sua coleta é simples, e o resultado é imediato (Dolan et al., 2004; Hadland & Levy, 2016; Vearrier et al., 2010). Também há testes que permitem a detecção de múltiplas drogas simultaneamente a partir de uma única amostra (p. ex., anfetaminas, maconha/tetra-hidrocanabinol, cocaínicos, opiáceos, fenciclidina, benzodiazepínicos, barbitúricos e opiáceos adicionais) (Hadland & Levy, 2016; Scherer, 2017).

Observações importantes para a avaliação e o diagnóstico dos transtornos mentais induzidos por substâncias

O diagnóstico diferencial entre um transtorno induzido ou comórbido é determinante para a condução terapêutica adequada. Portanto, nessa avaliação, também é importante considerar que o TDUS pode desencadear um transtorno persistente. Ou seja, é possível que um transtorno psicótico tenha início com o uso de uma substância psicoativa e prevaleça após a interrupção do consumo e a remissão dos sintomas de abstinência. Os profissionais devem estar atentos a essa hipótese diagnóstica, pois, nesse caso, o transtorno desencadeado deve ser tratado devidamente (APA, 2022).

TRANSTORNOS DEVIDOS A COMPORTAMENTOS ADITIVOS (6C50-6C51)

Os transtornos devidos a comportamentos aditivos desenvolvem-se a partir de condutas repetitivas que ativam o sistema cerebral de recompensa, gerando sensações de prazer (não estão incluídas nesta categoria os transtornos por uso de substâncias produtoras de dependência). A CID-11 (WHO, 2022) integrou esses transtornos aos TDUS, pela similaridade dos efeitos no cérebro, bem como à possível ocorrência de fissura, tolerância e sintomas de abstinência, entre outros aspectos comuns (APA, 2022; Beirão et al., 2019). Assim como a CID-10 (WHO, 1993), a CID-11 (WHO, 2022) considera o jogo patológico[1], porém, acrescenta o transtorno dos jogos eletrônicos (não incluído no DSM-5-TR) (APA, 2022). O jogo patológico é comum em jogos que envolvem apostas, como bingos, cassinos e caça-níqueis (código 6C50), e o transtorno dos jogos eletrônicos decorre do uso disfuncional de aparelhos celulares, *videogames*, computadores e outros dispositivos eletrônicos (código 6C51). Ambos são divididos em predominantemente *on-line* ou *off-line*.

O DSM-5 (APA, 2014) foi o primeiro a ampliar a classe, denominando-a "transtornos relacionados a substâncias e transtornos aditivos", para incluir o transtorno do jogo – ou seja, reconheceu o funcionamento similar desses transtornos. Ainda, entre as condições para estudos posteriores, estava proposto o transtorno do jogo pela internet, mantido na edição revisada (APA, 2022). Essa organização das versões mais recentes dos manuais é alvo de questionamentos, pois apesar da inclusão de outros transtornos aditivos na classe, ambos consideram apenas os transtornos relacionados aos jogos. Há indícios de que outros comportamentos compulsivos têm funcionamentos similares aos TDUS (p. ex., comprar compulsivamente, comer, praticar atos sexuais, além de cleptomania e piromaina); no entanto, os manuais consideram alguns desses comportamentos compulsivos na classe de transtornos do controle de impulsos. Assim, é necessário mais investimento em pesquisas nessas categorias de transtornos, no intuito de compreender melhor a relação entre esses comportamentos (Grant & Chamberlain, 2016).

Quanto à CID-11 (WHO, 2022), em linhas gerais, o jogo patológico e o transtorno dos jogos eletrônicos são descritos como um padrão de comportamento persistente ou recorrente, no qual o indivíduo pode ficar, *on-line* ou *off-line*, jogando, sem ter o controle de quando parar. O jogo passa a ser uma prioridade na vida do indivíduo, levando ao abandono das atividades diárias ou de outros interesses, gerando consequências negativas, afetando de forma prejudicial os funcionamentos pessoal, familiar, social e educacional, entre outras áreas importantes. Esse comportamento pode ser contínuo, recorrente ou episódico.

MÉTODOS E TÉCNICAS DE AVALIAÇÃO DOS TRANSTORNOS DEVIDOS A COMPORTAMENTOS ADITIVOS

Para muitas pessoas, o hábito de jogar é recreacional, representando um meio de lazer e socialização, influenciado pela cultura na qual estão inseridas. Porém, esse hábito pode ser considerado um transtorno, na medida em que o indivíduo perde o controle e passa a priorizá-lo em detrimento de outras atividades, incluindo suas obrigações (Afe et al., 2021). Para avaliar os transtornos devidos a comportamentos aditivos, a entrevista diagnóstica e a anamnese são ferramentas fundamentais para dimensionar o grau de envolvi-

[1] Nesta obra, para esta condição específica, optamos por utilizar a mesma nomenclatura usada na CID-10, já que ainda não há tradução oficial da CID-11.

mento do indivíduo com o jogo e, dessa forma, identificar se o comportamento é realmente disfuncional. Além da entrevista, é possível contar com o auxílio de instrumentos padronizados que complementam a avaliação. Assim, apresentamos dois instrumentos voltados aos transtornos de jogos, o South Oaks Gambling Screen (SOGS) e a University of Rhode Island Change Assessment Scale (URICA).

O SOGS foi validado e adaptado para a população brasileira, por Oliveira et al. (2002), com o objetivo de discriminar jogadores patológicos de jogadores não patológicos, podendo diferenciar grupos clínicos de não clínicos e identificar diferentes graus de gravidade do hábito de jogar (jogador patológico, jogador social e aqueles que não têm problemas com esse hábito). O instrumento original é composto por 20 itens relacionados aos comportamentos de jogar e apresenta uma tabela cuja aplicação permite conhecer os tipos de jogos que cada indivíduo habitualmente joga. Sua pontuação varia entre 0 e 20, sendo que o sujeito que responder afirmativamente a 5 questões (5 é o ponto de corte) é um possível jogador patológico.

Ao se constatar que as condutas do indivíduo estão desadaptativas, é possível verificar o estágio motivacional para mudança no qual ele se encontra, o que pode auxiliar bastante na condução do tratamento. A URICA (McConnaughy et al., 1983) é um instrumento que facilita essa identificação. Trata-se de uma escala de autorrelato composta por 32 itens na versão original e por 24 itens na versão reduzida. Inicialmente, foi desenvolvida para medir a prontidão para mudança e o estágio motivacional no qual o sujeito se encontra em relação ao uso de álcool. Posteriormente, foi adaptada no Brasil para outros comportamentos, como compulsão alimentar, tabagismo e jogo patológico (Souza et al., 2011). A pontuação é medida em uma escala Likert, na qual são atribuídos pontos de 1 para "discordo totalmente" a 5 para "concordo totalmente". Os pontos são distribuídos nas subescalas de pré-contemplação, contemplação, ação e manutenção. A pontuação é obtida pela soma de pontos de cada subescala, e o escore de prontidão para mudança é avaliado por uma equação (média de pontos da contemplação (C) + média de pontos da ação (A) + média de pontos da manutenção (M) – média de pontos da pré-contemplação (PC) = escore de prontidão [EP]). O conceito de EP é mais genérico do que o de estágio, compondo um só escore (DiClemente et al., 2004).

O estágio da pré-contemplação é aquele em que a pessoa nem sequer consegue identificar que tem um problema. Já o estágio da contemplação seria aquele em que ela começa a apresentar alguma consciência do problema, mostrando alto nível de ambivalência. Quando chega no estágio da ação, o indivíduo já consegue fazer ações específicas para chegar à mudança. O objetivo do estágio da manutenção é conseguir manter a mudança obtida no estágio anterior e evitar a recaída. Nesse estágio, é necessário que sejam desenvolvidas estratégias e habilidades diferentes daquelas usadas para obter a mudança (Miller & Rollnick, 2001). No estudo de Souza et al. (2011), os resultados apontaram que o grupo de jogadores que estavam em tratamento ambulatorial apresentou escore médio maior do que o do grupo de jogadores anônimos, tanto no estágio de pré-contemplação quanto no estágio de ação.

A avaliação criteriosa do hábito de jogar favorece a realização de encaminhamentos adequados, impactando na adesão ao tratamento proposto. Cabe sinalizar que o tratamento desses transtornos, assim como a maioria dos transtornos mentais, tende a incluir psicoterapia e uso de psicofármacos, entre outras indicações (Beirão et al., 2019; Van den Brink, 2017).

Observações importantes para a avaliação dos transtornos devidos a comportamentos aditivos

Os transtornos devidos a comportamentos aditivos muitas vezes são subdiagnosticados, muitas vezes por questões culturais. Como exemplo, os jogos eletrônicos estão cada vez mais comuns no dia a dia da sociedade, especialmente entre os jovens. Cabe sinalizar a importância de investigar se essa prática, que pode ser lúdica, tornou-se prejudicial para a rotina do indivíduo, principalmente interferindo em suas obrigações educacionais ou profissionais. Comorbidades como depressão, ansiedade e risco de suicídio também devem ser investigadas (APA, 2022). Entre aqueles que fazem uso de substâncias psicoativas, também é relevante investigar sobre os jogos, pois os ambientes onde eles se realizam, em geral, costumam estar associados ao uso de tabaco, álcool e cafeína, entre outras substâncias. Nesse sentido, o hábito dificultaria o tratamento dos TDUS e favoreceria recaídas.

CONSIDERAÇÕES FINAIS

A classe dos transtornos devidos ao uso de substâncias e comportamentos aditivos envolve uma alta complexidade, desde o diagnóstico até o tratamento. Além das complicações clínicas (incluindo as consequências do uso direto das substâncias, das medicações e o *deterioro* geral), os profissionais que atuam nessa área devem considerar complicações sociais (p. ex., dificuldades financeiras geradas pelos gastos com a aquisição das substâncias, envolvimento com tráfico/crimes e outras questões legais). Trata-se de uma área que exige muito estudo e atualização constante, envolvendo conhecimento de diversos outros campos do conhecimento.

Há categorias correlatas com os transtornos devidos ao uso de substâncias e comportamentos aditivos. Conforme abordado neste capítulo, pode-se destacar os transtornos do controle de impulsos, que envolvem aspectos similares – porém, é preciso cuidado para que essas categorias não sejam percebidas como pertencentes ao mesmo espectro. As seções de diagnóstico diferencial dos manuais apresentam informações bastante úteis para compreender as similaridades e diferenças entre os transtornos, visando a uma definição mais assertiva do plano terapêutico.

REFERÊNCIAS

Afe, T., Ogunsemi, O., Daniel, O., Ale, A., & Adeleye, O. (2021). Prevalence of and factors associated with disordered gambling disorder, and use of DSM-5 Based Sports Betting Questionnaire, in a Southwest Nigerian Community. *Indian Journal of Psychological Medicine, 44*(3), 265-271.

American Psychiatric Association (APA). (2022). *Diagnostic and statistical manual of mental disorders (DSM-5-TR)* (5 ed., Text rev.).

American Psychiatric Association (APA). (2003). *DSM IV-TR: Manual diagnóstico e estatístico de transtornos mentais*. Artmed.

American Psychiatric Association (APA). (2014). *DSM-5: Manual diagnóstico e estatístico de transtornos mentais*. Artmed.

Araújo, R., Castro, M., Pedroso, R., Santos, P., Leite, L., Rocha, M., & Marques, A. C. (2011). Validação psicométrica do Cocaine Craving Questionnaire-Brief: Versão brasileira adaptada para o *Crack* para dependentes hospitalizados. *Jornal Brasileiro de Psiquiatria, 60*(4), 233-239.

Araújo, R., Oliveira, M., Moraes, J., Pedroso, R., Port, F., & Castro, M. G. (2007). Validação da versão brasileira do Questionnaire of Smoking Urges-Brief. *Archives of Clinical Psychiatry, 34*(4), 166-175.

Bastos, F., Vasconcellos, M. T. L., De-Boni, R. B., Reis, N. B., & Coutinho, C. F. (2017). *III Levantamento Nacional sobre o uso de drogas pela população brasileira*. Fiocruz/ICICT.

Basu D., & Ghosh, A. (2018). Substance use and other addictive disorders in international classification of Diseases-11, and their relationship with diagnostic and statistical Manual-5 and international classification of Diseases-10. *Indian Journal of Society Psychiatry, 34*(S1), 54-62.

Beirão, D., Sousa, T., Assunção, P., Malheiro, A., & Gonzaga, D. (2019). Perturbação de jogos de internet: Revisão da evidência científica. *Gazeta Médica*, 6(3), 169-178.

Caetano, R. (2019). Epidemiologia do uso de substâncias no Brasil. In A. Diehl, D. C. Cordeiro, & R. Laranjeira (Eds.), *Dependência química: Prevenção, tratamento e políticas públicas*. Artmed.

Carmo, J. T., & Pueyo, A. A. (2002). A adaptação ao português do Fagerström Test for Nicotine Dependence (FTND) para avaliar a dependência e tolerância à nicotina em fumantes brasileiros. *Revista Brasileira de Medicina, 59*(1/2), 73-80.

Chung, T., Cornelius, J., Clark, D., & Martin, C. (2017). Greater prevalence of proposed ICD-11 alcohol and *Cannabis* dependence compared to ICD-10, DSM-IV, and DSM-5 in treated adolescents. *Alcoholism: Clinical and Experimental Research*, 41(9), 1584-1592.

Colizzi, M., & Murray, R. (2018). *Cannabis* and psychosis: What do we know and what should we do? *Br J Psychiatry, 212*(4), 195-196.

De Micheli, D., & Formigoni, M. L. (2000). Screening of drug use in a teenage Brazilian sample using the Drug Use Screening Inventory (DUSI). *Addictive Behaviors, 25*(5), 683-691.

Degenhardt, L., Bharat, C., Bruno, R., Glantz, M.D., Sampson, N.A., Lago, L., ... WHO World Mental Health Survey Collaborators. (2019). Concordance between the diagnostic guidelines for alcohol and *cannabis* use disorders in the draft ICD-11 and other classification systems: Analysis of data from the WHO's World Mental Health Surveys. *Addiction*, 114(3), 534-552.

DeLorenze, G. N., Tsai, A.-L., Horberg, M. A., & Quesenberry, C. P., Jr. (2014). Cost of care for HIV-infected patients with co-occurring substance use disorder or psychiatric disease: Report from a large, integrated health plan. *AIDS Research and Treatment, 2014*, 570546-570546.

DiClemente, C. C., Schlundt, D., & Gemmell, L. (2004). Readiness and stages of change in addiction treatment. *The American Journal Addictions, 13*(2), 103-119.

Dolan, K., Rouen, D., & Kimber, J. (2004). An overview of the use of urine, hair, sweat and saliva to detect drug use. *Drug and Alcohol Review, 23*(2), 213-217.

Feingold, D., Weiser, M., Rehm, J., & Lev-Ran, S. (2015). The association between *cannabis* use and mood disorders: A longitudinal study. *Journal Affective Disorder, 172*, 211-218.

Fidalgo, T. M., & De Micheli, D. (2016). Drug use screening inventory. In C. Gorestein, Y. P. Wang, & I. Hungerbühler (Orgs.), *Instrumentos de avaliação em saúde mental* (pp. 234-242). Artmed.

Gage, S. H., Hickman, M., & Zammit, S. (2016). Association between *Cannabis* and psychosis: Epidemiologic evidence. *Biological Psychiatry, 79*(7), 549-556.

Gaya, C. M. (2011). *Estudo de validação de instrumentos de rastreamento para transtornos depressivos, abuso e dependência de álcool e tabaco* (Tese de doutorado não publicada). Universidade Federal de São Paulo.

GBD 2018 Alcohol Collaborators. (2018). Alcohol use and burden for 195 countries and territories, 1990-2016: A systematic analysis for the Global Burden of Disease Study 2016. *Lancet, 392*(10152), 1015-1035.

GBD 2019 Tobacco Collaborators. (2021). Spatial, temporal, and demographic patterns in prevalence of smoking tobacco use and attributable disease burden in 204 countries and territories, 1990-2019: A systematic analysis from the Global Burden of Disease Study 2019. *Lancet, 397*(10292), 2337-2360.

Gimeno, C., Dorado, M. L., Roncero, C., Szerman, N., Vega, P., Balanza-Martinez, V., & Alvarez, F. J. (2017). Treatment of comorbid alcohol dependence and anxiety disorder: Review of the scientific evidence and recommendations for treatment. *Front Psychiatry, 8*, 173.

Gobbi, G., Atkin, T., Zytynski, T., Wang, S., Askari, S., Boruff, J., & Mayo, N. (2019). Association of *Cannabis* use in adolescence and risk of depression, anxiety, and suicidality in young adulthood: A systematic review and meta-analysis. *JAMA Psychiatry, 76*(4), 426-434.

Gossop, M., Marsden, J., Stewart, D., & Kidd, T. (2002). Changes in use of crack cocaine after drug misuse treatment: 4-5 year follow-up results from the National Treatment Outcome Research Study (NTORS). *Drug Alcohol Depend, 66*(1), 21-28.

Grant, J. E., Lust, K., & Chamberlain, S. R. (2019). Hallucinogen use is associated with mental health and addictive problems and impulsivity in university students. *Addictive Behaviors Reports, 10*, 100228.

Grant, J. E., & Chamberlain, S. R. (2016). Expanding the definition of addiction: DSM-5 vs. ICD-11. *CNS Spectrums, 21*(4), 300-303.

Greenberg, G. A., & Rosenheck, R. A. (2014). Psychiatric correlates of past incarceration in the national co-morbidity study replication. *Criminal Behaviour and Mental Health, 24*(1), 18-35.

Gros, D. F., Milanak, M. E., Brady, K. T., & Back, S. E. (2013). Frequency and severity of comorbid mood and anxiety disorders in prescription opioid dependence. *The American Journal on Addiction, 22*(3), 261-265.

Guina, J., Rossetter, S. R., De, R. B., Nahhas, R. W., & Welton, R. S. (2015). Benzodiazepines for PTSD: A systematic review and meta-analysis. *Journal of Psychiatric Practice, 21*(4), 281-303.

Hadland, S. E., & Levy, S. (2016). Objective testing: Urine and other drug tests. *Child and Adolescent Psychiatric Clinics of North America, 25*(3), 549-565.

Hasin, D. S., Kerridge, B. T., Saha, T. D., Huang, B., Pickering, R., Smith, S. M., . . . Grant, B. F. (2016). Prevalence and correlates of DSM-5 *Cannabis* use disorder, 2012-2013: Findings from the National Epidemiologic Survey on Alcohol and Related Conditions-III. *The American Journal of Psychiatry, 173*(6), 588-599.

Henrique, I., Micheli, D., Lacerda, R., Lacerda, L., & Formigoni, M. L. (2004). Validação da versão brasileira do teste de triagem do envolvimento com álcool, cigarro e outras substâncias (ASSIST). *Revista da Associação Médica Brasileira, 50*(2), 199-206.

Higgins, C., Smith, B. H., & Matthews, K. (2019). Comparison of psychiatric comorbidity in treatment-seeking, opioid-dependent patients with versus without chronic pain. *Addiction, 115*(2), 249-258.

Jorge, M. R., & Mansur, J. (1986). Questionários padronizados para avaliação do grau de severidade da Síndrome de Dependência do Álcool. *Jornal Brasileiro de Psiquiatria, 35*(5), 287-292.

Kessler, F. (2011). *Desenvolvimento e validação da sexta versão da Addiction Severity Index (ASI6) para o Brasil e outras análises em uma amostra multicêntrica de usuários de drogas que buscam tratamento no país* (Tese de doutorado não publicada). Universidade Federal do Rio Grande do Sul.

Khalsa, J. H., Treisman, G., McCance-Katz, E., & Tedaldi, E. (2008). Medical consequences of drug abuse and co-occurring infections: Research at the National Institute on Drug Abuse. *Substance Abuse, 29*(3), 5-16.

Kirsh, K. L., Christo, P. J., Heit, H., Steffel, K., & Passik, S. D. (2015). Specimen validity testing in urine drug monitoring of medications and illicit drugs: Clinical implications. *Journal of Opioid Management, 11*(1), 53-59.

Kluwe-Schiavon, B., Tractenberg, S., Sanvicente-Vieira, B., Rosa, C., Arteche, A., Pezzi, J. C., & Grassi-Oliveira, R. (2015). Propriedades psicométricas da Cocaine Selective Severity Assessment (CSSA) em mulheres usuárias de *crack*. *Jornal Brasileiro de Psiquiatria, 64*(2), 115-121.

Koob, G. F., & Volkow, N. D. (2016). Neurobiology of addiction: A neurocircuitry analysis. *Lancet Psychiatry, 3*(8), 760-773.

Langas, A. M., Malt, U. F., & Opjordsmoen, S. (2011). Comorbid mental disorders in substance users from a single catchment área: A clinical study. *BMC Psychiatry, 11*, 25.

Laranjeira, R., & Madruga, C. S. (2012). *II Levantamento Nacional de Álcool e Drogas (LENAD)*. Cromosete.

Livne, O., Razon, L., Rehm, J., Hasin, D. S., & Lev-Ran, S. (2018). The association between lifetime *cannabis* use and dysthymia across six birth decades. *Journal of Affective Disorder, 234*, 327-334.

Lundin, A., Waern, M., Löve, J., Lövestad, S., Hensing, G., & Danielsson, A. K. (2021). Towards ICD-11 for alcohol dependence: Diagnostic agreement with ICD-10, DSM-5, DSM-IV, DSM-III-R and DSM-III diagnoses in a Swedish general population of women. *Drug and Alcohol Dependence, 227*, 108925.

McConnaughy, E. A., Prochaska, J. O., Velicer, W. E. (1983). Stages of change in psychotherapy: Measurement and sample profiles. *Psychotherapy: Theory, Research, and Practice, 20*, 368-375.

Miller, W. R., & Rollnick, S. (2001). *Entrevista motivacional: Preparando as pessoas para a mudança de comportamentos adictivos*. Artmed.

Narvaez, J. C., Jansen, K., Pinheiro, R. T., Kapczinski, F., Silva, R. A., Pechansky, F., & Magalhães, P. V. (2014). Psychiatric and substance-use comorbidities associated with lifetime crack cocaine use in young adults in the general population. *Comprehensive Psychiatry, 55*(6), 1369-1376.

National Institute on Drug Abuse (NIDA). 2022. *Comorbidity: Overdose death rates*. https://nida.nih.gov/research-topics/trends-statistics/overdose-death-rates

Oliveira, M. P., Silva, M. T., & Silveira, D. X. (2002). Validity study of the South Oaks Gambling Screen (SOGS) among distinct groups of Brazilian Gamblers. *Revista Brasileira Psiquiatra, 24*(4), 170-176.

Ornell, F., Halpern, S. C., & von Diemen, L. (2021). Transtornos por uso de substâncias e comorbidades psiquiátricas. In F. M. Lopes, A. L. M. Andrade, R. A. Reichert, B. O. Pinheiro, E. A. Silva, & D. De Micheli (Orgs.), *Psicoterapias e abuso de drogas: Uma análise a partir de diferentes perspectivas teórico-metodológicas* (pp. 97-114). CRV.

Pacek, L. R., Martins, S. S., & Crum, R. M. (2013). The bidirectional relationships between alcohol, *cannabis*, co-occurring alcohol and *cannabis* use disorders with major depressive disorder: Results from a national sample. *Journal of Affective Disorder, 148*(2-3), 188-195.

Pasha, A. K., Chowdhury, A., Sadiq, S., Fairbanks, J., & Sinha, S. (2020). Substance use disorders: Diagnosis and management for hospitalists. *Journal of Community Hospital Internal Medicine Perspectives, 10*(2), 117-126.

Peacock, A., Leung, J., Larney, S., Colledge, S., Hickman, M., Rehm, J., . . . Degenhardt, L. (2018). Global statistics on alcohol, tobacco and illicit drug use: 2017 status report. *Addiction, 113*(10), 1905-1926.

Pedroso, R. S., Freitas, P. B., Secco, K., Gonçalves, P. C., Alves, G. S. L., Leite, L., ... Castro, M. G. T. (2012). Inventário de expectativas de resultados em usuários de *crack* (IERUC): Construção e validação. *Clinical & Biomedical Research, 32*(2), 138-146.

Pedroso, R., Castro, M., & Araujo, R. (2010). Inventário de expectativas de resultados em usuários de maconha (IERUM): Construção e validação. *Revista de Psiquiatria do Rio Grande do Sul, 32*, 24-29.

Pedroso, R., Oliveira, M., Araujo, R., & Moraes, J. (2004). Tradução, equivalência semântica e adaptação cultural do Marijuana Expectancy Questionnaire (MEQ). *Psico (USF), 9*(2), 129-136.

Petry, M. C., Kolling, N. M., & Melo, W. V. (2011). Atualidade na dependência do crack. In R. Wainer, N. M. Piccoloto, & G. K. Pergher (Eds.), *Novas temáticas em terapia cognitiva* (pp. 39-60). Sinopsys.

Petursson, H. (1994). The benzodiazepine withdrawal syndrome. *Addiction, 89*(11), 1455-1459.

Regier, D. A., Farmer, M. E., Rae, D. S., Locke, B. Z., Keith, S. J., Judd, L. L., & Goodwin, F. K. (1990). Comorbidity of mental disorders with alcohol and other drug abuse: Results from the Epidemiologic Catchment Area (ECA) Study. *JAMA, 264*(19), 2511-2518.

Rego, L. C., Rego, A. F. R. Neto, Miranda, H. L. L., Melo, M. C. A., Feitosa, E. L. A., Montenegro, A. B., & Martíne, E. A. (2013). Translation and transcultural adaptation into Portuguese language of the Cocaine Selective Severity Assessment. *Revista Saúde e Desenvolvimento Humano, 1*(2), 7-16.

Reichert, R. A., Lopes, F. M., Pinho, J. C., Sardá, J. J. Jr., & Cruz, R. M. (2021). Psychological evaluation in users of psychoactive substances: the psychodiagnosis process. In D. De Micheli, A. L. M. Andrade, R. A. Reichert, E. A. Silva, B. Pinheiro, & F. M. Lopes (Orgs.), *Drugs and human behavior: Biopsychosocial aspects of psychotropic substances use* (pp. 173-192). SpringerNature.

Rodrigues, T. B., Souza, M. P., Barbosa, L. M., Ponce, J. C., Neves, L. F. Jr., Yonamine, M., & Costa, J. L. (2021). Synthetic cannabinoid receptor agonists profile in infused papers seized in Brazilian prisons. *Forensic Toxicology*, 40, 119-124.

Santos, I. M. S., Santiago, T. R. S., Oliveira, J. R. V., Lima, E. D., & Melo, M. R. A. (2018). Avaliação psicológica com usuários de substâncias psicoativas (SPA): Uma revisão sistemática da literatura. *PSI UNISC, 2*(1), 48.

Santos, W., Gouveia, V., Fernandes, D., Souza, S., & Grangeiro, A. (2012). Alcohol Use Disorder Identification Test (AUDIT): Explorando seus parâmetros psicométricos. *Jornal Brasileiro de Psiquiatria, 61*(3), 117-123.

Sartes, L. M. A.; Shigaeff, N., & Ribeiro, N. S. (2021). Neuropsicologia clínica e terapia cognitivo-comportamental no tratamento dos transtornos por uso de substâncias. In F. M. Lopes, N. M. Dias (Orgs.), *Neuropsicologia e terapia cognitivo-comportamental: Interfaces e contribuições* (pp. 164-183). Ampla.

Saunders, J. B. (2017). Substance use and addictive disorders in DSM-5 and ICD 10 and the draft ICD 11. *Current Opinion Psychiatry*, 30(4), 227-237.

Savaskan, E. (2016). [Benzodiazepine dependency in the elderly: How to deal with it]. *Praxis (Bern 1994), 105*(11), 637-641.

Scherer, J. N. (2017). Substâncias psicoativas no trânsito: Estudo sobre fatores de risco e tecnologias de detecção in loco [Tese de doutorado]. Universidade Federal do Rio Grande do Sul. https://www.lume.ufrgs.br/handle/10183/158226

Shalit, N., Rehm, J., & Lev-Ran, S. (2019). Epidemiology of hallucinogen use in the U.S. results from the National epidemiologic survey on alcohol and related conditions III. *Addictive Behaviours, 89*, 35-43.

Souza, C. C., Silva, J. G., & Oliveira, M. S. (2011). Motivação para mudança de comportamento em amostra de jogadores patológicos. *Jornal Brasileiro de Psiquiatria, 60*, 73-79.

Souza, E., Crippa, J. A., Pasian, S., & Martinez, J. A. (2009). Modified Reasons for Smoking Scale: translation to Portuguese, cross-cultural adaptation for use in Brazil and evaluation of test-retest reliability. *Jornal Brasileiro de Pneumologia, 35*(7), 683-689.

Stahl, S. M. (2017). Impulsividade, compulsividade e adição. In S. M. Stahl, *Psicofarmacologia: Bases neurocientíficas e aplicações práticas* (4. ed., pp. 495-531). Guanabara Koogan.

Tiet, Q. Q., & Mausbach, B. (2007). Treatments for patients with dual diagnosis: A review. *Alcohol Clinical and Experimental Research, 31*(4), 513-536.

Torrens, M., Mestre-Pintó, J. I., & Domingo-Salvany, A. (2015). Comorbidity of substance use and mental disorders in European Monitoring Centre for Drugs and Drug Addiction, https://www.emcdda.europa.eu/system/files/publications/1988/TDXD15019ENN.pdf

United Nations Office on Drug and Crime (UNODC). (2021). World drug report 2021. https://www.unodc.org/unodc/en/data-and-analysis/wdr2021.html

United Nations Office on Drug and Crime (UNODC). (2022). *Executive summary conclusions and policy implications*. https://www.unodc.org/wdr2018/prelaunch/WDR18_Booklet_1_EXSUM.pdf

van den Brink, W. (2017). ICD-11 gaming disorder: Needed and just in time or dangerous and much too early? *Journal of Behavioral Addictions*, 6(3), 290-292.

Vearrier, D., Curtis, J. A., & Greenberg, M. I. (2010). Biological testing for drugs of abuse. *Exs, 100*, 489-517.

Vigitel Brasil. (2020). *Vigitel Brasil 2020: Vigilância de fatores de risco e proteção para doenças crônicas por inquérito telefônico: Estimativas sobre frequência e distribuição sociodemográfica de fatores de risco e proteção para doenças crônicas nas capitais dos 26 estados brasileiros e no Distrito Federal em 2020*. https://www.gov.br/saude/pt-br/centrais-de-conteudo/publicacoes/publicacoes-svs/vigitel/relatorio-vigitel-2020-original.pdf/view

Vitale, S., & van de Mheen, D. (2006). Illicit drug use and injuries: A review of emergency room studies. *Drug and Alcohol Dependence, 82*(1), 1-9.

World Health Organization (WHO). (1993). *CID-10: Classificação internacional de doenças*. Artes Médicas.

World Health Organization (WHO). (2020). *Global status report on alcohol and health 2018*. https://apps.who.int/iris/bitstream/handle/10665/274603/9789241565639-eng.pdf?ua=1

World Health Organization (WHO). (2021a). *Tobacco*. https://www.who.int/news-room/fact-sheets/detail/tobacco#:~:text=Tobacco%20kills%20more%20than%208,%2D%20and%20middle%2Dincome%20countries

World Health Organization (WHO). (2021b). *Alcohol*. https://www.who.int/news-room/fact-sheets/detail/alcohol

World Health Organization (WHO). (2022). *International statistical classification of diseases and related health problems (ICD-11)* (11th rev.). https://icd.who.int/en

Zanini, A. M, Ornell, F., & Trentini, C. M. (2021). Avaliação neuropsicológica em usuários de substâncias psicotrópicas. In F. M. Lopes, A. L. M. Andrade, R. A. Reichert, B. O. Pinheiro, E. A. Silva, & D. De Micheli (Orgs.), *Psicoterapias e abuso de drogas: Uma análise a partir de diferentes perspectivas teórico-metodológicas* (pp. 97-114). CRV.

14

TÉCNICAS DE AVALIAÇÃO EM CASOS DE SUSPEITA DE TRANSTORNOS DO CONTROLE DE IMPULSOS

JAQUELINE PORTELLA GIORDANI
MICHAEL DE QUADROS DUARTE
CAROLINA PALMEIRO LIMA
FLÁVIA WAGNER
VALMIR DORN VASCONCELOS

A Organização Mundial da Saúde (OMS) inaugura uma das principais mudanças propostas na 11ª edição da *Classificação internacional de doenças* (CID-11), ao criar o subgrupo dos transtornos do controle de impulsos (TCI) (World Health Organization [WHO]), 2022). Anteriormente, esses diagnósticos eram chamados transtornos de hábitos e impulsos e pertenciam à família dos transtornos comportamentais e de personalidade adulta (CID-10) (World Health Organization [WHO], 2019). Os TCI eram definidos na CID-10 como uma categoria de transtornos que não podem ser codificados em outro agrupamento. Eram caracterizados, até aquele momento, por atos repetidos, sem motivação racional, incontroláveis e além dos interesses das pessoas, que poderiam envolver impulsos em sua ação. Incluía-se no mesmo eixo o jogo patológico, a piromania, o roubo patológico (cleptomania), a tricotilomania (que agora faz parte do grupo de transtornos repetitivos focados no corpo) e outros impulsos não identificados e não especificados.

Uma das principais mudanças propostas pela 11ª revisão da CID é reforçar as características compartilhadas entre os quadros de piromania e de cleptomania. Essas similaridades também são compartilhadas com novas categorias de transtorno, como o do comportamento sexual compulsivo e o explosivo intermitente. Codificação semelhante já era observada nos manuais da Associação American Psychiatric Association (APA, 2014), na quinta edição do *Manual diagnóstico e estatístico de transtornos mentais* (DSM-5), cujo grupo é o de transtornos disruptivos, do controle de impulsos e da conduta.

Em geral, os TCI são caracterizados pela falha repetida em resistir, pelo menos em curto prazo, a um impulso, necessidade ou desejo de realizar um ato que seja recompensador, apesar das consequências, como danos para si e para os outros, as quais causam sofrimento acentuado ou prejuízo significativo no funcionamento em várias áreas da vida. Ainda, esses transtornos envolvem uma série de comportamentos específicos, incluindo incendiar, roubar, apresentar comportamento sexual compulsivo e explosões de raiva/agressividade (WHO, 2022). Geralmente, esses comportamentos são seguidos por algum nível de prazer, alívio e gratificação, e também podem ser precedidos por culpa ou vergonha.

Apesar da nova categorização, alguns desses transtornos são reconhecidos pela literatura científica desde o século XIX (Rush, 1812; Torales et al., 2020). Eles têm em comum o fato de que a dificuldade de inibição de impulsos pode ocasionar consequências legais ou policiais devido a violações de códigos morais, danos à propriedade e agressões interpessoais. Porém, o principal fator que justifica a existência desses diagnósticos é o de que todas essas dificuldades de controle dos impulsos não podem ser explicadas exclusivamente por outros transtornos mentais, por efeitos diretos de uso ou de abstinência de substâncias ou medicações no sistema nervoso central ou por qualquer condição médica pertencente aos transtornos mentais, comportamentais e do neurodesenvolvimento (WHO, 2022). Os sintomas desses transtornos também não são mais bem explicados por questões culturais, comportamentos típicos do desenvolvimento, problemas sociais ou comportamento antissocial.

Diante disso, este capítulo propõe explicar e detalhar as principais mudanças/semelhanças entre a CID-11 e o DSM-5 no que se refere aos quatro diagnósticos que compõem esse agrupamento: piromania, cleptomania, transtorno do comportamento sexual compulsivo e transtorno explosivo intermitente. Também é objetivo deste capítulo sugerir ferramentas para aumentar a precisão da avaliação clínica e ampliar o conhecimento dessas condições psicopatológicas.

PIROMANIA (6C70)

A piromania pode ser caracterizada, segundo a CID-11 (WHO, 2022), por uma falha recorrente em controlar impulsos fortes para atear fogo (sejam atos ou tentativas de atear fogo em objetos ou propriedades) sem um motivo conhecido para tal comportamento. Ou seja, o ato de atear fogo não é motivado por qualquer ganho financeiro ou material, pela finalidade de ocultar algum crime, por delírio/alucinação ou por falta de compreensão do ocorrido. Há uma quantidade relativamente pequena de pesquisas investigando a piromania, tornando-a um transtorno de controle de impulsos possivelmente subnotificado (Allely, 2019).

Embora tenha sido reconhecida como uma questão de saúde mental há mais de dois séculos, sua prevalência permanece imprecisa (Allely, 2019; APA, 2014; Nanayakkara et al., 2015). Em pesquisas com incendiários, as taxas de prevalência de piromania variaram de 0,4% a 21%, porém, pesquisas metodologicamente mais robustas indicam que esse é um diagnóstico primário extremamente raro (Allely, 2019; APA, 2014; Nanayakkara et al., 2015).

Segundo a CID-11 (WHO, 2022), em casos de piromania, há uma sensação crescente de tensão ou excitação afetiva antes das ocorrências de incêndio, um fascínio ou preocupação persistente com o fogo ou com estímulos relacionados a ele e uma sensação de prazer, excitação, alívio ou gratificação durante e imediatamente após o ato de atear o fogo, testemunhar seus efeitos ou participar de suas consequências. Exemplo disso pode ser o fascínio pela observação de incêndios ou por equipamentos de combate a incêndios. O comportamento não deve ser mais bem explicado por deficiência intelectual, por outro transtorno mental e comportamental ou por intoxicação por substâncias. Os critérios de exclusão incluem os diagnósticos de transtorno da personalidade dissocial, de transtorno bipolar tipo I, de esquizofrenia ou outros transtornos psicóticos primários e de incêndio como motivo de observação para suspeita de transtornos mentais ou comportamentais.

A definição de piromania na CID-11 é bastante similar à anteriormente adotada pela CID-10, na qual o transtorno estava incluído no capítulo de transtornos mentais e comportamentais, sob a categoria de transtornos de hábitos e impulsos. Na CID-10, a piromania era definida por atos ou tentativas múltiplas visando a atear fogo em objetos e bens sem motivo aparente, pelas preocupações persistentes com relação a fogo ou incêndio e, frequentemente, por um estado de tensão crescente antes do ato e uma excitação intensa imediatamente após sua realização. Já os critérios de exclusão envolviam adultos que apresentassem personalidade dissocial, esquizofrenia, intoxicação alcoólica ou por substâncias psicoativas, transtornos da conduta ou transtornos mentais orgânicos, ou como razão para comprovação diagnóstica (observação) por suspeita de transtorno mental (WHO, 2019).

No DSM-5 (APA, 2014), a piromania está incluída nos transtornos disruptivos, do controle de impulsos e da conduta e seis critérios são propostos para seu diagnóstico: 1) incêndio provocado de forma deliberada e proposital em mais de uma ocasião; 2) tensão ou excitação afetiva antes do ato; 3) fascinação, interesse, curiosidade ou atração por fogo e seu contexto situacional (p. ex., equipamentos, usos, consequências); 4) prazer, gratificação ou alívio ao provocar incêndios ou quando testemunhando ou participando de suas consequências; 5) o incêndio não é provocado com fins monetários, como expressão de uma ideologia sociopolítica, para ocultar atividades criminosas, para expressar raiva ou vingança, para melhorar as circunstâncias de vida de uma pessoa, em resposta a um delírio ou alucinação ou como resultado de julgamento alterado (p. ex., no transtorno neurocognitivo maior, na deficiência intelectual [transtorno do desenvolvimento intelectual], na intoxicação por substâncias); e 6) a provocação de incêndios não é mais bem explicada por transtorno da conduta, por um episódio maníaco ou por transtorno da personalidade antissocial.

MÉTODOS E TÉCNICAS DE AVALIAÇÃO DE PIROMANIA

Até o momento, não são utilizados instrumentos padronizados para a avaliação de piromania. Há evidências crescentes na literatura destacando as taxas mais altas de transtornos mentais em incendiários, sendo os mais comuns: esquizofrenia, transtornos do humor, ansiedade, depressão, transtornos da personalidade, abuso de álcool e deficiência intelectual (Tyler & Gannon, 2012). Ou seja, a avaliação diagnóstica de piromania deve passar inicialmente pela exclusão de outras condições de saúde mental que melhor expliquem o ato de incendiar. Em relação a comorbidades, há alta associação com transtornos por uso de substâncias, transtorno do jogo, transtornos depressivo e bipolar e outros transtornos disruptivos, do controle de impulsos e da conduta. Nesse último caso, não é feito o diagnóstico diferencial.

Na última década, foram desenvolvidas duas escalas, sem tradução ou adaptação para a população brasileira. A Fire Setting Scale foi delineada para avaliar os fatores antissociais e de interesse pelo fogo associados a incendiários; já Fire Proclivity Scale foi desenvolvida com o objetivo de examinar a propensão dos incendiários a serem atraídos, sentirem prazer, ficarem fascinados, serem inclinados comportamentalmente e/ou apresentarem motivação antissocial para provocar incêndios (Gannon & Barrowcliffe, 2012). Ambas as escalas apresentaram boas propriedades psicométricas e discriminam claramente incendiários autodeclarados de não incendiários. Elas parecem ser úteis para detectar indivíduos na comunidade que exigem trabalho preventivo de incêndio e para medir a necessidade clínica e o impacto da intervenção associados a incendiários.

Apesar das dificuldades que envolvem a diferenciação diagnóstica da piromania, tanto a teoria quanto a pesquisa existente sobre o tema sugerem que o interesse não patológico ou a fascinação pelo fogo, isoladamente, podem representar um fator que aumenta a probabilidade de um indivíduo provocar um incêndio em algum momento (Dickens et al., 2009; Gannon & Barrowcliffe, 2012). A verificação da motivação intrínseca ou extrínseca ao ato incendiário parece ser o ponto essencial de atenção do profissional que avalia o caso (Allely, 2019; APA, 2014; Nanayakkara et al., 2015).

Observações importantes para a avaliação e o diagnóstico de piromania

A prevalência de piromania na população é desconhecida, já que provocar incêndios ao longo da vida não é um dado suficiente para a conclusão diagnóstica, e, como diagnóstico primário, a piromania é bastante incomum (Allely, 2019; APA, 2014). O transtorno parece ser mais prevalente entre os homens em comparação com as mulheres (APA, 2014; Nanayakkara et al., 2015), especialmente em indivíduos com habilidades sociais mais pobres e com dificuldades de aprendizagem (APA, 2014).

O curso longitudinal desse transtorno não é bem conhecido (APA, 2014). Entretanto, pesquisas que realizaram esse acompanhamento ao longo do tempo com algumas pessoas diagnosticadas com piromania indicam que elas podem não preencher mais critérios para esse transtorno em algum ponto, o que tende a ocorrer quando adotam algum outro comportamento impulsivo ou compulsivo (Grant & Kim, 2007). Ou seja, parece que a patologia reside principalmente nos antecedentes internos do comportamento, e não no comportamento em si.

A distinção desse diagnóstico raro em relação a incêndios motivados por outras questões é necessária para que a psicopatologia associada a esse comportamento seja identificada e tratada adequadamente. A avaliação dos antecedentes internos e externos em casos de incendiários pode ser um passo importante para uma compreensão mais profunda da piromania, que ainda carece de maior entendimento mesmo após dois séculos de sua descrição inicial como transtorno mental.

CLEPTOMANIA (6C71)

A cleptomania é um transtorno relacionado ao controle dos impulsos e causa prejuízos importantes na vida das pessoas que a apresentam, impactando nas esferas legal, familiar, profissional e pessoal (APA, 2014). Em geral, os sintomas iniciam no final da adolescência, desenvolvem-se gradualmente e podem persistir por um longo período de tempo (Zhang et al., 2018). A prevalência da cleptomania na população geral é muito pequena, ficando em torno de 0,3% a 0,6%, sendo mais comum em mulheres. Em indivíduos presos por furtos em lojas, 4% a 24% deles podem apresentar cleptomania (APA, 2014). Apesar dos prejuízos causados pelo transtorno, clínicos e pesquisadores têm investido pouco no entendimento da cleptomania, embora o conhecimento sobre essa condição tenha se amplificado em meados do século XIX (Torales et al., 2020; Zhang et al., 2018).

As definições mais recentes propostas para a cleptomania são apresentadas no DSM-5 (APA, 2014) e na CID-11 (WHO, 2022). Na CID-11, é caracterizada por uma falha recorrente em controlar impulsos fortes para roubar objetos, na ausência de um motivo aparente, ou seja, os objetos não são furtados para uso pessoal ou para obter algum ganho financeiro. Também está presente uma sensação crescente de tensão ou excitação afetiva antes das ocorrências de roubo, bem como uma sensação de prazer, excitação, alívio ou gratificação durante e imediatamente após o ato de roubar. Além da descrição da cleptomania, a CID-11 (WHO, 2022) ainda apresenta uma lista com as características principais que devem estar presentes para que o diagnóstico seja realizado:

- Falha recorrente em controlar impulsos fortes para roubar objetos.
- Não há um motivo aparente para roubar objetos (p. ex., não são adquiridos para uso pessoal ou ganho monetário).
- O indivíduo experimenta aumento da tensão ou excitação afetiva antes das ocorrências de roubo ou tentativa de roubo.
- O indivíduo experimenta prazer, excitação, alívio ou gratificação durante e imediatamente após o ato de roubar.
- O comportamento ou tentativa de roubo não são mais bem explicados por um transtorno do desenvolvimento intelectual, por outro transtorno mental (p. ex., um episódio maníaco) ou por intoxicação por substância.

Na CID-10 (WHO, 2019), o roubo patológico estava classificado na categoria dos transtornos de hábitos e impulsos. A descrição da cleptomania é muito semelhante na CID-10 e na CID-11, porém, nesta última, aparece de forma muito mais detalhada. Em ambos os manuais, o diagnóstico de cleptomania exclui o furto como motivo de observação para suspeita de transtorno mental (QA02.3). Esse código inclui pessoas que apresentam alguns sintomas ou condições anormais que requerem estudo, mas que, após exame e observação, não mostram necessidade de tratamento ou cuidados médicos adicionais porque a condição suspeita foi descartada. A CID-10 (WHO, 2019) trazia ainda dois outros critérios de exclusão (transtorno depressivo com roubo e transtornos mentais orgânicos), que agora, na CID-11, se somam ao critério de que a cleptomania não deve ser mais bem explicada por outro transtorno mental e comportamental (WHO, 2022). Adicionalmente, a CID-11 destaca que, se o roubo ocorrer no contexto de transtorno de conduta-dissocial ou episódio maníaco, a cleptomania não deve ser diagnosticada separadamente. Por fim, o diagnóstico de cleptomania na CID-11 (WHO, 2022) inclui o roubo patológico, nomenclatura oficial adotada na CID-10 (WHO, 2019).

A CID-11 (WHO, 2022) ainda destaca a diferença entre a cleptomania e o comportamento de roubo comum. Nele, a maioria das pessoas que roubam o fazem por precisar ou desejar algo que não pode pagar, por um ato de maldade ou por expressão de raiva ou vingança. Já na cleptomania, o indivíduo não precisa ou pode comprar os itens roubados, porém, não consegue resistir ao desejo de roubar. A sensação de tensão antes de cometer o ato e a sensação de gratificação, prazer ou alívio durante e imediatamente após o ato só ocorrem na cleptomania. O diagnóstico também não deve ser feito quando indivíduos roubam por dificuldades financeiras, decorrentes do uso de substâncias ou de jogos de azar. A CID-11 (WHO, 2022) também aborda os limites (ou diagnóstico diferencial) entre a cleptomania e outros transtornos, conforme apresentados na Tabela 14.1.

No DSM-5 (APA, 2014), a cleptomania faz parte da categoria de transtornos disruptivos, do controle de impulsos e da conduta, e sua descrição é muito semelhante à da CID-11 (WHO, 2022). O manual da APA destaca que o ato de furtar não é cometido para expressar raiva ou vingança e não ocorre em resposta a um delírio ou a uma alucinação. Além disso, especifica que o ato de roubar não é mais bem explicado por transtorno da conduta, por um episódio maníaco ou por transtorno da personalidade antissocial.

Com relação ao diagnóstico diferencial, o DSM-5 também alerta para a diferença entre a cleptomania e o furto comum, o qual é deliberado e motivado pela utilidade do objeto e por seu valor monetário (APA, 2014). De acordo com o manual, o furto também pode

TABELA 14.1
DIAGNÓSTICO DIFERENCIAL DE CLEPTOMANIA

TRANSTORNO OU CONDIÇÃO	PRINCIPAIS DIFERENÇAS
Transtorno de déficit de atenção/hiperatividade	Pode haver roubos por impulso, porém eles não estão presentes em múltiplos contextos e situações. Não há excitação antes do roubo ou gratificação/alívio após o ato.
Transtorno bipolar tipo I e esquizofrenia ou outros transtornos psicóticos primários	O roubo ocorre durante estados maníacos ou mistos, cessando no momento em que esses sintomas desaparecem. Roubos que ocorrem durante o curso de uma alucinação ou de um quadro delirante não devem ser classificados como cleptomania.
Transtorno obsessivo-compulsivo	O roubo na cleptomania às vezes pode ser descrito como "compulsivo", porém, as compulsões presentes no transtorno obsessivo-compulsivo ocorrem em resposta a obsessões intrusivas, indesejadas e tipicamente causadoras de ansiedade. Sentimentos de prazer, excitação ou gratificação após o roubo não estão presentes.
Transtorno de acumulação	Pode haver roubos de objetos como parte de um padrão de acumulação excessiva, e indivíduos com cleptomania podem acumular objetos roubados. No transtorno de acumulação, porém, o acúmulo de posses compromete a vida e a segurança dos indivíduos.
Transtorno de conduta-dissocial e transtorno da personalidade com traços dissociais proeminentes	Indivíduos com esses transtornos podem cometer roubo como parte de um padrão mais abrangente de comportamento antissocial, com motivação relacionada, geralmente, a ganho financeiro ou vingança. Já na cleptomania, a motivação é a redução de tensão, e o roubo é o único comportamento antissocial presente.
Efeitos de substâncias psicoativas, incluindo medicamentos	A cleptomania não deve ser diagnosticada se o roubo for mais bem explicado por intoxicação ou por efeitos desinibidores de álcool, drogas ou medicamentos (p. ex., agonistas de dopamina). Na cleptomania, o uso de álcool e substâncias pode estar associado a atos de furto ou tentativa de furto, porém o comportamento também está presente fora dos episódios de intoxicação.
Desinibição na demência e mudança secundária de personalidade	Pode haver roubos de objetos como parte de um padrão mais geral de desinibição do controle de impulsos devido a danos cerebrais. Nesses casos, a cleptomania não deve ser diagnosticada.
Distúrbios associados ao comprometimento do funcionamento cognitivo ou intelectual	Indivíduos com demência, distúrbios do desenvolvimento intelectual ou comprometimento cognitivo ou intelectual associado a outras condições podem roubar objetos devido ao seu julgamento prejudicado, porém outras características da cleptomania não estão presentes.

Fonte: Elaborada com base em World Health Organization (2022).

ocorrer como um ato de rebeldia em adolescentes ou como parte de uma simulação dos sintomas da cleptomania, na tentativa de um indivíduo, por exemplo, evitar uma eventual condenação criminal. Já o transtorno da personalidade antissocial e o transtorno da conduta distinguem-se da cleptomania por um padrão geral de comportamento antissocial. Por fim, a cleptomania deve ser distinguida de furtos não intencionais ou inadvertidos que possam ocorrer durante um episódio maníaco, em resposta a delírios ou alucinações ou como resultado de um transtorno neurocognitivo maior.

MÉTODOS E TÉCNICAS DE AVALIAÇÃO DA CLEPTOMANIA

Assim como o investimento em pesquisa sobre a cleptomania, o desenvolvimento e a adaptação de escalas e métodos de avaliação desse transtorno também são limitados. A Entrevista Clínica Estruturada para os Transtornos do DSM-5, versão clínica (SCID-5-CV) (First et al., 2017) aborda o diagnóstico dos transtornos psiquiátricos mais comumente encontrados no contexto clínico, não incluindo, portanto, a cleptomania. Também não há menção à cleptomania no módulo I, que apresenta um rastreamento para a presença de outros transtornos atuais.

Na literatura internacional, podemos encontrar a Structured Clinical Interview for Kleptomania (SCI-K), um instrumento de diagnóstico baseado nas definições do DSM-IV para cleptomania, cujas diretrizes diagnósticas são semelhantes às da CID-11 e do DSM-5. Há evidências de adequadas propriedades psicométricas desse instrumento para identificação de cleptomania em indivíduos que apresentam comorbidade com outros transtornos psiquiátricos (Grant et al., 2006). Até o momento da edição deste capítulo, não foram encontrados estudos de adaptação da SCI-K para o português do Brasil.

Para o contexto brasileiro, a Kleptomania Symptom Assessment Scale (K-SAS) (Grant & Kim, 2002) foi submetida a um processo de tradução e adaptação, resultando na Portuguese language version of the Kleptomania Symptom Assessment Scale (P-K-SAS) (Christianini et al., 2015). A K-SAS é uma escala de autorrelato composta por 11 itens desenvolvidos para medir a gravidade, a frequência e a duração dos sintomas de cleptomania experimentados nos últimos sete dias. Também investiga o nível de sofrimento e os problemas pessoais causados pelo comportamento de roubar (Grant & Kim, 2002). A P-K-SAS apresentou adequados parâmetros psicométricos para que seja utilizada em estudos que avaliam a gravidade da cleptomania e suas respostas ao tratamento (Christianini et al., 2015), não sendo, portanto, um instrumento desenvolvido para o diagnóstico, mas para avaliação do nível de gravidade dos sintomas e do prejuízo causado por eles.

Diante da escassez de instrumentos disponíveis tanto no contexto internacional quanto no nacional, o diagnóstico clínico torna-se a alternativa viável para a identificação da cleptomania. Embora o diagnóstico clínico e as dificuldades em relação ao diagnóstico diferencial representem desafios importantes (Grant et al., 2006), os principais manuais de classificação investiram em textos que descrevem de forma muito objetiva os pontos essenciais para sua realização. O diagnóstico diferencial também é discutido com maior profundidade, em especial na CID-11 (WHO, 2022), instrumentalizando o clínico para uma investigação mais detalhada e assertiva. Na próxima seção, discutiremos os aspectos que podem auxiliar o clínico na realização desse diagnóstico.

Observações importantes para a avaliação e o diagnóstico de cleptomania

A cleptomania é um transtorno mental pouco comum, e em função disso, pouco presente no cotidiano de profissionais da saúde mental. Os vieses do próprio clínico em relação ao roubo, que pode associá-lo somente a um padrão de comportamento antissocial, também devem ser considerados, bem como as dificuldades que os pacientes apresentam em falar sobre esse comportamento – tendo em vista o estigma social e o sentimento de vergonha associados a ele (Torales et al., 2020). Diante disso, muitas vezes a presença da cleptomania pode passar despercebida ou, então, o comportamento de roubo acaba sendo explicado como parte de algum outro transtorno.

De fato, o comportamento de roubo pode estar presente em outras psicopatologias, sendo relacionado à impulsividade, à desinibição ou ao comportamento antissocial. O diagnóstico diferencial nesses casos deve considerar que, na cleptomania, estão presentes uma sensação de excitação afetiva antes das ocorrências de roubo e uma sensação de prazer, excitação, alívio ou gratificação durante e imediatamente após o ato de roubar. O comportamento também não ocorre com o objetivo de ganho pessoal ou vingança.

A alta taxa de comorbidades também pode ser um fator que dificulta a identificação da cleptomania (Torales et al., 2020). Os principais transtornos que costumam coocorrer com a cleptomania são o obsessivo-compulsivo, os do humor, incluindo depressão e bipolaridade, o de ansiedade, o alimentar, os da personalidade e outros transtornos disruptivos, do controle de impulsos e da conduta, bem como o abuso de substâncias (APA, 2014; Zhang et al., 2018). Entre os transtornos citados, os do humor são os mais prevalentes, havendo inclusive um padrão de variação do comportamento de roubo em função das variações do humor (Baylé et al., 2003). Um histórico detalhado dos eventos que envolvem o comportamento de roubo e sua relação com os estados de humor pode ajudar no diagnóstico nesses casos, auxiliando a compreender se o roubo está relacionado ao humor ou se a cleptomania pode ser considerada como uma comorbidade (Torales et al., 2020).

A cleptomania é considerada um transtorno pouco compreendido ou até mesmo negligenciado. Muitas das pesquisas disponíveis utilizam um delineamento de estudo de caso ou são baseadas em amostras pequenas (Baylé et al., 2003; Torales et al., 2020), o que pode ser explicado pela baixa prevalência da cleptomania, pelo estigma associado ao comportamento de roubo e por um treinamento limitado dos clínicos para identificar o transtorno. Um maior conhecimento sobre esse diagnóstico poderá assegurar a identificação dos indivíduos acometidos, contribuindo tanto para a implementação de tratamentos mais adequados quanto para o avanço na compreensão dessa condição, que causa importantes prejuízos em diferentes esferas da vida do paciente.

TRANSTORNO DO COMPORTAMENTO SEXUAL COMPULSIVO (6C72)

O primeiro relato registrado de problemas relacionados ao comportamento sexual compulsivo pode ser considerado o de Benjamin Rush. Em 1812, no livro *Consultas e observações médicas sobre as doenças da mente*, ele registrou o caso de um paciente que apresentava sofrimento psicológico relacionado ao seu excessivo apetite sexual. Nesse caso relatado por Rush, o paciente havia inclusive solicitado ao médico que lhe recomendasse um medicamento que o tornasse impotente (Rush, 1812).

Algo que pode surpreender os profissionais que não têm muito contato com pacientes que sofrem de comportamento sexual compulsivo é o fato de que eles geralmente têm problemas relacionados ao sexo, apresentando desempenho sexual abaixo do esperado ou não tendo a sensação de prazer esperada. Alguns dos problemas mais comuns são: dificuldade de intimidade com os parceiros, baixa qualidade do sexo, relacionamentos instáveis, ejaculação precoce, disfunção erétil e anorgasmia (dificuldade em atingir o orgasmo) (Rosenberg et al., 2014).

O desejo sexual em maior ou menor grau faz parte do comportamento humano e, inclusive, contribui para indicadores de saúde mental. Ter o desejo não implica necessariamente na consumação do ato sexual, assim como desejar não significa satisfazer o desejo, seja pelas circunstâncias, padrões morais ou sociais, pois é possível exercer a capacidade de controle sobre esse impulso. Entretanto, quando há um padrão persistente de incapacidade de controlar o desejo sexual intenso e repetitivo, resultando em comportamento sexual frequente, por vezes gerando até exposição a riscos, temos um sinal de alerta. Esse transtorno também é comumente chamado de ninfomania, quando apresentado por mulheres, ou satiromania, quando manifestado por homens.

Embora não haja um estudo epidemiológico de grandes proporções, a literatura sobre a temática tem apontado uma prevalência de 3% a 6% da população, sendo que a maioria dos pacientes diagnosticados e em tratamento é do sexo masculino. Apesar disso, pesquisas mais recentes têm apontado sintomas de comportamento sexual compulsivo em mulheres em percentuais similares aos encontrados nos homens. Acredita-se que a falta de representatividade nas amostras clínicas possa ser um dos fatores que dificulta a compreensão desse transtorno em mulheres (Derbyshire & Grant, 2015).

Conforme a CID-11 (WHO, 2022), o transtorno do comportamento sexual compulsivo é caracterizado principalmente pela falha no controle de impulsos sexuais, que são muitas vezes intensos e repetitivos. Ainda, pode ser que essas urgências sexuais resultem em comportamentos sexuais repetitivos. As orientações diagnósticas da CID-11 incluem a atividade sexual como componente central da vida da pessoa, negligenciando outras áreas, fracassos em interromper os comportamentos sexuais repetitivos e manutenção de comportamentos sexuais mesmo diante de consequências negativas para si. Esses sintomas tendem a estar presentes por seis meses ou mais e causam importante sofrimento ou prejuízos psicossociais.

MÉTODOS E TÉCNICAS DE AVALIAÇÃO DO TRANSTORNO DO COMPORTAMENTO SEXUAL COMPULSIVO

O Instituto de Psiquiatria do Hospital das Clínicas da Faculdade de Medicina da Universidade de São Paulo (IPq-HCFMUSP, 2022), principalmente por meio do Ambulatório de Impulso Sexual Excessivo e de Prevenção aos Desfechos Negativos Associados ao Comportamento Sexual (AISEP), vem estudando o transtorno e adaptando instrumentos de medida para o diagnóstico. O ambulatório, que há mais de 10 anos investiga os principais sintomas e prejuízos do transtorno do comportamento sexual compulsivo, busca propor estratégias baseadas em evidências para o diagnóstico e tratamento. O AISEP recentemente validou para o Brasil a Escala de Compulsividade Sexual (SCS, do inglês Sexual Compulsivity Scale), o Inventário de Comportamento Sexual Compulsivo (CSBI-22, do inglês Compulsive Sexual Behavior Inventory) e o Inventário de Rastreamento do Transtorno da Hipersexualidade (HDSI, do inglês Hypersexual Disorder Screening Inventory).

A SCS, que possui 10 itens, avalia a intensidade do desejo, da cognição e do comportamento hipersexual com uma escala de quatro pontos, sendo unidimensional, ou seja, avalia a compulsão sexual (alfa de Cronbach [α] de 0,70 a 0,92). Os escores variam de 10 a 40 pontos, e quanto maior o escore, mais elevada a sintomatologia sexual compulsiva – tem-se usado, nacional e internacionalmente, o ponto de corte de 24 pontos ou mais para o diagnóstico de comportamento sexual compulsivo (Hook et al., 2010; Scanavino et al., 2016).

O CSBI-22 surgiu de um instrumento desenvolvido por Coleman et al. (2001) e foi baseado nas experiências clínicas de pacientes com comportamento sexual compulsivo. A versão de 22 itens (Miner et al., 2007; Muench et al., 2007) é respondida em uma escala Likert de 5 pontos, com escores variando de 22 a 110, sendo que menores escores representam níveis mais severos de comportamento sexual compulsivo. O inventário possui dois fatores: o controle, que avalia a habilidade de controlar o comportamento sexual, e a violência, que avalia a experiência de violência sexual, com ambos apresentando boas propriedades psicométricas (α = 0,75) (Scanavino et al., 2016).

O HDSI, por fim, foi construído a partir de critérios do DSM-5 (α > 0,77), descreve sete critérios diagnósticos que são pontuados em uma escala de 5 pontos (variando de 0 a 4). Assim, o escore final varia de 0 a 28 pontos, e quanto maior o escore, maior a severidade dos sintomas (Scanavino et al., 2016).

Esses são apenas alguns instrumentos que, conjuntamente com as entrevistas diagnósticas e a consideração do contexto, cultura e história pessoal dos pacientes, podem contribuir para uma melhor compreensão do sofrimento, bem como para a confirmação da presença da psicopatologia. Mais do que o diagnóstico em si, a avaliação contribui para que o paciente compreenda melhor a sua condição e para que os profissionais da saúde identifiquem a psicopatologia e forneçam o correto tratamento e encaminhamento. O diagnóstico deve ser sempre o ponto de partida e nunca o fim em si mesmo, pois a partir dele é que se pode compreender os melhores caminhos e os tratamentos mais indicados em cada situação.

Observações importantes para a avaliação e o diagnóstico do transtorno do comportamento sexual compulsivo

Um dos principais sintomas desse transtorno são as atividades sexuais repetitivas que se tornam centrais na vida da pessoa. Os sintomas podem ser de tal forma acentuados que os cuidados pessoais e de saúde são negligenciados. Outras consequências são a exposição a comportamentos sexuais de risco e os prejuízos em outras áreas da vida, como atividades acadêmicas e de trabalho e responsabilidades em geral.

O comportamento compulsivo se dá justamente pelas numerosas tentativas fracassadas de reduzir a continuidade e a repetição do comportamento. O que provoca sofrimento são as diversas consequências e prejuízos causados pela compulsão, que persiste apesar de, em alguns momentos, o indivíduo ter pouca ou nenhuma satisfação com o ato sexual. Para que esse comportamento possa ser considerado um transtorno, esses sinais e sintomas devem persistir por um período de pelo menos seis meses e, como todos os transtornos mentais, causar sofrimento e prejuízo em outras áreas da vida, como na família, no trabalho e na vida em comunidade. Ao mesmo tempo, o julgamento moral ou a desaprovação, por terceiros, do comportamento sexual de um indivíduo, sem que haja a presença e a persistência desses sintomas, não é suficiente para que o diagnóstico do transtorno seja considerado. O transtorno do comportamento sexual compulsivo pode causar importantes prejuízos na funcionalidade dos pacientes, sendo necessários o apoio e a busca de ajuda especializada para o correto tratamento.

A distinção entre este transtorno e os transtornos parafílicos (série de transtornos do comportamento sexual que envolvem fantasias ou sexualidade particular) é importante, pois, no transtorno do comportamento sexual compulsivo, com exceção dos casos de comorbidades, não há o desejo por objetos inanimados e por crianças ou a relação não consensual entre adultos (como nos casos de sadismo, masoquismo ou pedofilia). Outro importante ponto a ser destacado é que o transtorno também pode estar presente independentemente do ato sexual em si, como na masturbação, no uso de pornografia, no sexo virtual (pela internet ou telefone) ou em qualquer outra manifestação de comportamento sexual repetitivo.

Uma pista que pode ajudar os profissionais da saúde a identificar a origem dessa psicopatologia são transtornos mentais anteriores, que podem ter como resposta o comportamento sexual compulsivo. Algumas psicopatologias comuns que precedem o comportamento sexual compulsivo são sentimentos relacionados a transtornos depressivos, ansiedade, solidão, tédio ou outros sentimentos relacionados a afetos negativos. Apesar de não haver causalidade entre transtornos anteriores e o comportamento sexual compulsivo, as informações sobre sinais e sintomas de outros adoecimentos mentais podem ajudar no planejamento do tratamento dos pacientes.

Uma questão cultural, geralmente relacionada a julgamentos morais ou religiosos, pode fazer as pessoas se identificarem com a figura do "viciado(a) em sexo", justamente por julgarem os seus desejos e fantasias como imorais ou proibidos. Nesses casos, é sempre importante avaliar com cautela quais são os julgamentos internos e externos e quais são os outros sinais ou sintomas que podem indicar a presença ou ausência do transtorno. Outro ponto importante diz respeito às etapas do desenvolvimento humano, como a adolescência. É considerado normal, com o aumento dos hormônios e as mudanças do corpo e das relações sociais nessa fase da vida, que haja maior interesse e aumento do desejo e dos comportamentos sexuais na adolescência. Não se pode patologizar o comportamento ou o desejo sexual sem que haja sinais e sintomas claros de falta de controle dos impulsos que causem sofrimento, dano e prejuízo à pessoa.

Alguns estudos têm apontado que o comportamento sexual compulsivo na vida adulta pode estar associado com a presença de traumas na infância, especialmente os relacionados ao abuso sexual (Kowalewska et al., 2020; Slavin et al., 2020). Como grande parte das vítimas de abuso infantil é do sexo feminino, os maiores índices de severidade dos casos do transtorno do comportamento sexual compulsivo são observados em mulheres. Apesar disso, os maiores índices de relatos do transtorno são observados em pacientes do sexo masculino. Geralmente, outros transtornos mentais, comportamentais e do neurodesenvolvimento e por uso de substâncias são encontrados em comorbidade com a compulsão sexual. Dessa forma, é fundamental estar atento ao contexto, à história de vida e à presença de outros transtornos mentais relacionados ao comportamento sexual compulsivo.

Questões culturais, que podem variar conforme a tradição religiosa dos países, diferentes formas de organização social e arranjos familiares, podem influenciar na forma como é feito o diagnóstico. Essas questões não podem ser suprimidas, uma vez que fazem parte de um contexto fundamental para qualquer diagnóstico.

Existe uma série de transtornos mentais que apresentam em maior ou menor grau episódios de compulsão sexual e comportamento sexual de risco, porém, esses episódios não se mantêm por tempo suficiente ou não causam prejuízos impactantes em longo prazo. Um deles é o transtorno bipolar, que, durante as fases de mania ou hipomania, pode incluir o comportamento sexual compulsivo e de risco. Contudo, o transtorno do comportamento sexual compulsivo não é necessariamente comórbido. Nesses casos, é importante avaliar a frequência e a permanência dos sintomas, bem como se eles ocorrem apenas durante as fases de mania ou hipomania.

Os transtornos obsessivo-compulsivos, embora tragam o termo compulsivo, se diferenciam do transtorno do comportamento sexual compulsivo justamente porque estão ligados a pensamentos intrusivos e persistentes, acionados, geralmente, por pensamentos ansiosos – e não estão ligados a comportamentos sexuais compulsivos ou de risco. O mesmo acontece com alguns transtornos da personalidade, que podem incluir sintomas de comportamento sexual como uma estratégia mal-adaptativa de regulação emocional, ou seja, a utilização do comportamento sexual objetiva reduzir os sintomas negativos sem que isso represente uma compulsão ou que sua conduta gire em torno do desejo e do comportamento sexual.

Esses transtornos podem apresentar como comorbidade o comportamento sexual compulsivo, assim como qualquer outro transtorno mental. Porém, sempre devem ser observados os diferenciais diagnósticos para garantir ao paciente o melhor plano terapêutico e o tratamento adequado. O trabalho de investigação diagnóstica deve sempre contar com todas as ferramentas possíveis para garantir o melhor caminho para o diagnóstico e o tratamento, seja por meio da entrevista clínica, da anamnese ou do conjunto dessas técnicas aliadas ao uso de instrumentos psicométricos, como testes, questionários e escalas (desde que possuam evidências de validade e fidedignidade para o que se propõem a medir).

O comportamento sexual compulsivo tem sido tratado a partir de três elementos clínicos: fantasias sexuais repetitivas, desejo sexual persistente e comportamento sexual frequente (Derbyshire & Grant, 2015). Como comorbidades são comuns nos casos de comportamento sexual compulsivo, é importante conhecer o histórico do paciente e estar atento a relatos de sinais e sintomas de outros transtornos. Destacam-se possíveis diagnósticos anteriores de depressão ou transtornos de controle de impulsos, relacionados a compras ou jogos, por exemplo. Em relação ao histórico familiar, casos de abuso de substâncias por parte dos pais, adição sexual, transtorno alimentar ou dependência química também são comumente encontrados nas amostras clínicas (Derbyshire & Grant, 2015).

O primeiro e mais importante passo para o tratamento está relacionado a um diagnóstico acurado, descartando qualquer outra possibilidade de transtorno psicológico, neurológico ou biológico que apresente sinais e sintomas relacionados ao comportamento sexual.

Os tratamentos psicológicos que têm apontado evidências de melhora nos sinais e sintomas são a terapia psicodinâmica e as terapias cognitivo-comportamentais, embora haja poucos estudos e casos reportados na literatura (Derbyshire & Grant, 2015). Um estudo randomizado de 1985, realizado com 20 pacientes que recebiam tratamentos relacionados a dessensibilização sistemática, mostrou que as intervenções reduziam os comportamentos sexuais compulsivos em até um mês, com efeitos ainda duradouros em visitas de *follow-up* realizadas um ano após o estudo (McConaghy et al., 1985). A identificação dos gatilhos, o manejo do desejo compulsivo e o uso de exercícios e estratégias para o controle do comportamento sexual são algumas das práticas mais comuns nos planos terapêuticos para o tratamento do transtorno (Rosenberg et al., 2014).

Grupos terapêuticos têm ajudado aqueles que sofrem do transtorno, oferecendo a percepção de que eles não estão sozinhos e reduzindo a sensação de vergonha causada pelos sintomas (Briken, 2020; Efrati & Gola, 2018). As terapias em grupo e familiares têm sido sugeridas em conjunto com os atendimentos individuais, contribuindo para o suporte daqueles que fazem parte do convívio social dos pacientes e são uma parte importante do tratamento.

Alguns tratamentos farmacológicos com o uso de citalopram e naltrexona em conjunto com os tratamentos psicológicos apontam redução significativa do desejo sexual, bem como comportamentos sexuais como a masturbação e o uso de pornografia (Wainberg et al., 2006). Por último, alguns grupos de suporte entre pares, baseados no programa de 12 passos do modelo dos Alcoólicos Anônimos (AA), também são comuns e indicados como mais uma fonte de apoio. O tratamento concomitante das demais comorbidades também tem um efeito positivo na melhora dos pacientes; por isso, um olhar global sobre a vida, história e cultura daqueles que estão sob tratamento é essencial.

Em síntese, o transtorno do comportamento sexual compulsivo, embora cause prejuízos pessoais, sociais e de relacionamentos significativos, ainda tem sido pouco estudado e explorado no campo da ciência e da clínica. Por esse motivo, todo cuidado e atenção na primeira etapa do processo, que é o diagnóstico, são fundamentais para que se garanta o melhor encaminhamento e tratamento para os pacientes. Tambem é importante pontuar que mesmo que boa parte dos tratamentos indicados seja similar aos orientados para os transtornos de adição, o transtorno do comportamento sexual compulsivo não se encontra nesse campo da classificação justamente pela lacuna e fragilidade dos dados e evidências, que precisam ser mais robustos para uma melhor compreensão da sua etiologia (Camargo, 2018). Portanto, torna-se torna necessário o constante investimento no campo da pesquisa e da clínica, documentando os casos, os tratamentos e a influência do contexto, da cultura, da comorbidades e da história de vida dos pacientes, para que seja possível seguir avançando na compreensão do transtorno, assim como se evolui em cada nova versão dos manuais diagnósticos.

TRANSTORNO EXPLOSIVO INTERMITENTE (6C73)

Os comportamentos agressivos fazem parte das relações humanas e são comuns em diversos contextos. São caracterizados por atos físicos ou verbais direcionados a pessoas, objetos ou propriedades com potencial para causar algum tipo de dano ou prejuízo (Coccaro & McCloskey, 2010). Esses comportamentos são influenciados por variáveis (biológicas, sociais, culturais e ambientais) que atuam aumentando a predisposição a emiti-los ou figuram como fatores eliciadores.

Estudos empíricos classificam os comportamentos agressivos de duas maneiras (bimodais). Uma delas os diferencia em reativos ou afetivos, que ocorrem por falta de controle, e proativos ou predatórios, cuja atitude de violência demanda menos ativação emocional (Babcock et al., 2014). A outra classificação é parecida, porém, o foco está especialmente no momento do ato agressivo e no seu planejamento, diferenciando os atos impulsivos daqueles que são premeditados (Coccaro et al., 2014). Existem evidências de que comportamentos agressivos reativos diferem daqueles impulsivos, e que os proativos diferem dos premeditados em diferentes desfechos relacionados, no âmbito social, nos tratamentos e na probabilidade de praticar comportamento criminoso (Babcock et al., 2014). Diferentes respostas neurofisiológicas também estão associadas a cada um dos tipos (Babcock et al., 2014).

Em relação aos comportamentos agressivos do tipo impulsivo, de interesse particular para este capítulo, tem-se observado que estão relacionados a baixos níveis de serotonina, com influência de fatores genéticos, e à maior ativação emocional, com importante papel da amígdala e outras estruturas, já que se tratam de respostas à percepção de ameaça (McCloskey et al., 2016). No caso do transtorno explosivo intermitente (TEI), comportamentos impulsivos agressivos, recorrentes e problemáticos são a principal característica clínica apontada pelo DSM-5 (APA, 2014). O TEI, desde a primeira edição do DSM, é considerado uma categoria diagnóstica, tendo sido denominado de personalidade passivo-agressiva e de personalidade explosiva antes de receber, na terceira edição do manual, a nomenclatura atual. A reatividade excessiva a ameaças já era indicada como aspecto importante do transtorno nas primeiras edições do DSM. Porém, poucos eram os diagnósticos de TEI à época, visto que eram enfatizados os comportamentos de alta intensidade em detrimento dos impulsos agressivos generalizados – estes últimos eram apresentados por pacientes que, assim, ficavam sem diagnóstico (Coccaro et al., 2014)

Com as mudanças decorrentes das pesquisas neurobiológicas, verificou-se que indivíduos com TEI poderiam apresentar dois tipos de comportamentos agressivos impulsivos: de baixa frequência e alta intensidade ou de alta frequência e baixa intensidade. Assim, no DSM-5, o primeiro critério (critério A) para TEI diz respeito à presença de explosões comportamentais recorrentes que indicam falha no controle dos impulsos agressivos, manifestando-se como: 1) agressão verbal ou física, contra pessoas, animais ou propriedades, ocorrendo em média duas vezes na semana, de forma regular por pelo menos três meses; ou, 2) ocorrência de três ou mais crises de raiva de maior intensidade, envolvendo danos de diversas naturezas, as quais são manifestadas em um período de um ano (APA, 2014). Já o critério B, refere que as explosões ou agressões são desproporcionais em relação ao motivo que as causou (p. ex., provocações ou estressores psicossociais). O critério C, por sua vez, diz respeito à ausência de intencionalidade e planejamento das explosões ou agressões (nesse caso, elas não são planejadas/premeditadas e não ocorrem como forma de obtenção de itens tangíveis como dinheiro, objetos ou poder) (APA, 2014). O critério D enfatiza a necessidade de haver prejuízo, consequências negativas legais ou financeiras ou sofrimento clinicamente significativo em alguma esfera da vida da pessoa. Já o critério E refere que a idade cronológica do indivíduo deve ser de pelo menos 6 anos. Por último, o critério F estabelece que é necessário realizar diagnóstico diferencial, ou seja, os sinais e sintomas apresentados não podem ser mais bem explicados por outro transtorno mental ou serem devidos aos efeitos fisiológicos decorrentes do uso de substâncias (APA, 2014).

Na CID-10 (WHO, 2019), o TEI não existia. Sua definição mais próxima estava relacionada com o diagnóstico de outros hábitos e transtornos dos impulsos, caracterizando indivíduos que exibiam um padrão desadaptativo de comportamento, que consistia em dificuldade de controle de atos e impulsos. Com a recente publicação e implementação da CID-11, o TEI foi, então, incluído como um transtorno com características clínicas distintas, com validade diagnóstica, e sua definição é muito semelhante à que consta no DSM. De acordo com a descrição do manual, o transtorno é caracterizado por episódios repetitivos de descontrole na forma de destruição de propriedade, agressão verbal ou física. Ainda, existe marcada dificuldade para frear impulsos agressivos, sendo que a resposta agressiva é desproporcional à provocação ou aos eventos precipitantes e ocorre, pelo menos, regularmente, a cada três meses (WHO, 2022). Assim como no DSM, para comportamentos de agressividade de menor intensidade, é preciso observar uma média de dois ou mais episódios por semana. Já para comportamentos agressivos impulsivos de alta intensidade, que repercutem em maior prejuízo, pode-se considerar a orientação de diversas vezes ao longo de um ano (WHO, 2022).

Com relação aos aspectos clínicos complementares, os episódios agressivos são causados, em geral, por uma percepção (pouco acurada) de que o outro é hostil. Geralmente, os comportamentos agressivos têm início súbito, porém, podem ser precedidos por tremores ou percepção de aumento da atividade emocional. Depois do episódio, o indivíduo pode ter sentimentos de culpa, tristeza, arrependimento, entre outros. Nas pessoas com esse diagnóstico, existe maior prevalência de testemunho de violência e abusos ao longo do desenvolvimento, sendo que o início do transtorno ocorre, geralmente, entre os 10 e 16 anos – mais precoce em comparação com transtornos depressivos e ansiosos, por exemplo (WHO, 2022). Em relação a períodos desenvolvimentais, as crianças geralmente apresentam crises comportamentais associadas a ofensas verbais, e na adolescência, a apresentação do transtorno pode incluir aumento na frequência de destruição de objetos e de propriedades, bem como violência física (WHO, 2022).

No que se refere a comorbidades, os transtornos depressivos, bipolares, de ansiedade, por abuso de substâncias e relacionados com estresse pós-traumático são os mais comuns em pacientes com TEI. Entre os transtornos da personalidade, estudos têm demonstrado que há relação, especialmente, com o da personalidade social, o narcisista, o obsessivo-compulsivo e o *borderline*. Em algumas amostras, inclusive, comorbidades com os transtornos da personalidade chegam a mais de 90%. Entre os traços de personalidade, o TEI é mais frequentemente associado com traços de irritabilidade ou agressão, bem como aqueles que aumentam a percepção de ameaças advindas do ambiente do sujeito (p. ex., traços de rigidez, inflexibilidade, altivez) (Coccaro & Grant, 2019).

Sobre os prejuízos, o TEI tem sido associado a problemas no trabalho e nas atividades de vida diária e sociais – pessoas com TEI apresentam pior funcionamento social em comparação a controles sem o diagnóstico (Rynar & Coccaro, 2018). Os impulsos agressivos, característica central no transtorno, também têm sido relacionados a dificuldades no ajustamento social (p. ex., baixo comportamento pró-social ou dificuldade para ter amigos), a problemas atencionais (p. ex., relacionados a quadros de transtorno de déficit de atenção e ou hiperatividade/impulsividade), a desregulação e reatividade emocionais (p. ex., maiores níveis de afetividade negativa) e a alterações no processamento da informação social (p. ex., atribuir intenções hostis aos pares) (Babcock et al., 2014).

MÉTODOS E TÉCNICAS DE AVALIAÇÃO DO TRANSTORNO EXPLOSIVO INTERMITENTE

Em uma avaliação, é relevante, primeiramente, estabelecer adequado *rapport*, para que o paciente se sinta minimamente à vontade para conversar sobre seus sintomas. Comportamentos agressivos podem gerar culpa ou vergonha e, por esse motivo, pode ser importante assinalar ao paciente que comportamentos agressivos fazem parte da expressão humana e que, com a identificação de tais condutas que estão causando prejuízo, é possível auxiliar no diagnóstico e formular tratamentos.

Inúmeras fontes podem ser utilizadas no contexto de avaliação. Os métodos e técnicas dependem do profissional que está realizando a avaliação e dos recursos possíveis e disponíveis. Em relação a crianças e adolescentes, deve-se atentar às particularidades das fases do desenvolvimento para considerar as manifestações que se caracterizam por prejuízo significativo – já que, por vezes, comportamentos típicos podem ser considerados anormais por cuidadores, por exemplo. A avaliação também deve incluir múltiplos informantes, para que se possa formular uma compreensão mais acurada acerca das dificuldades da criança ou adolescente.

A entrevista pode ser utilizada especialmente com adolescentes e adultos avaliados ou, no caso de crianças, pode ser feita com informantes. O clínico pode perguntar sobre a frequência, na última semana, com que o paciente teve comportamentos agressivos (p. ex., na forma de discussões verbais, de explosões e/ou de comportamentos como o de quebrar objetos ou agredir fisicamente outras pessoas ou animais) (Coccaro & Grant, 2019). Assim, identifica evidências para o critério A. O clínico pode retroceder com relação à identificação dos comportamentos nos últimos três meses e, em especial no caso de comportamentos agressivos de alta intensidade, perguntar sobre a frequência no último ano.

Em caso afirmativo para o critério A, pode-se passar para a avaliação do critério B, que consiste em identificar se as explosões ou agressões são desproporcionais à causa do comportamento (Coccaro & McCloskey, 2019). É importante que o clínico observe as situações envolvidas, de forma que possa ponderar a desproporcionalidade da conduta. Por exemplo: o paciente pode ter respondido de forma agressiva a uma interação hostil (pode ter insultado alguém depois de ter sido, ele mesmo, insultado); nesse caso, a resposta não será considerada, necessariamente, desproporcional, diferentemente de um contexto no qual o paciente seja insultado e responda com maior magnitude, como por meio de agressões ou destruição de propriedade.

Com relação ao critério C, é importante identificar qual é o motivo para as explosões ou outras formas de agressividade. Muitos comportamentos são motivados tanto pela raiva como por outros fins (Coccaro & McCloskey, 2019). Nesse caso, é relevante identificar a razão principal, que deve ser impulsiva, ou seja, baseada em uma reação emocional intensa de raiva. Perguntas como "Que razão você considera a principal para discutir/brigar/quebrar os objetos?" ou "O que o motivou a fazer isso?" podem ser úteis. Da mesma forma, perguntas como "Você acha que se comportaria dessa maneira mesmo se o resultado fosse negativo para você?" podem auxiliar na compreensão acerca da capacidade de controle do paciente sobre seus comportamentos agressivos.

Posteriormente, passa-se à investigação do critério D, que se refere aos prejuízos desses comportamentos na vida do indivíduo. Esse é um critério de extrema importância em qualquer diagnóstico, pois é preciso haver prejuízo ou sofrimento em alguma esfera da vida do indivíduo ou de pessoas próximas para que o diagnóstico seja realizado. São exemplos de perguntas para investigação desse critério: "Como essas explosões/discussões/agressões têm afetado a sua vida e a de outras pessoas?" ou "Qual o impacto desses comportamentos na sua vida e na de outras pessoas?". Também em termos do critério D, o clínico deverá ponderar o nível e a extensão do prejuízo a partir de outras observações que não as opiniões dos informantes.

No que se refere a outros métodos e técnicas de avaliação, a literatura tem indicado entrevistas clínicas, como a Entrevista Clínica Estruturada para os Transtornos do DSM-5 (SCID-5) (Coccaro & McCloskey, 2019), como alternativa para a condução da avaliação por psiquiatras e psicólogos. Contudo, no Brasil, foi publicada apenas a versão clínica revisada para o DSM-5, na qual são apresentados os critérios diagnósticos para o TEI e é possível fazer duas perguntas no módulo de rastreamento de outros transtornos mentais (First et al., 2017). Essas perguntas não são suficientes para caracterizar o quadro clínico e servem, de forma geral, para direcionar a investigação nessa hipótese, quando do rastreamento inicial.

No Brasil, ainda não existem instrumentos específicos para avaliação de TEI. Contudo, alguns inventários, escalas e testes psicológicos (estes últimos de uso privativo de psicólogos) possibilitam auxílio na verificação dos níveis e da intensidade dos impulsos agressivos/raiva e podem ser fontes relevantes para a compreensão do padrão de funcionamento do paciente e de seus recursos. Para adultos, destacam-se instrumentos psicológicos como a Escala para Avaliação de Tendência à Agressividade (EATA) (Sisto, 2010), destinada a pessoas entre 18 e 65 anos e que engloba questões relacionadas a condutas agressivas. Essa escala fornece uma medida geral sobre a agressividade, bem como possibilita classificar os indivíduos com base em tipos de conduta agressiva. Outro instrumento, para pessoas a partir dos 17 anos, é o Inventário de Expressão de Raiva como Estado-Traço 2 (STAXI-2) (Spielberger, 2010), que avalia tanto o estado de raiva como o traço. Além disso, fornece um índice de expressão e controle da raiva.

Escalas não privativas têm sido utilizadas para avaliar dimensões da agressividade, como a intensidade e a magnitude da raiva e da agressão (Coccaro & McCloskey, 2019). Como alternativa, tem-se o Questionário Buss-Perry de Agressão (BPAQ, do inglês Buss-Perry Aggression Questionnaire) (Buss & Perry, 1992). Em sua versão traduzida e adaptada por Gouveia et al. (2008), o BPAQ avalia a disposição do indivíduo a se engajar em comportamentos agressivos. É composto pelos fatores agressão física, agressão verbal, hostilidade (componente cognitivo) e raiva (componente afetivo). O questionário apresentou adequadas evidências de validade, com adequada consistência interna e estabilidade (Gouveia et al., 2008). Outras escalas e inventários que avaliam características de impulsividade e histórico de comportamento impulsivo podem demonstram utilidade e, assim, serem incluídos na avaliação.

No contexto de transtornos disruptivos, do controle dos impulsos e da conduta em crianças e adolescentes, sistemas de avaliação, como o Achenbach System of Empirically Based Assessment (Aseba) (Achenbach & Rescorla, 2001), têm sido utilizados (Zanini et al., 2021). Em pesquisas, entrevistas como a Schedule for Affective Disorders and Schizophrenia for School-Children-Present and Lifetime Version (K-SADS-PL) também têm sido frequentes (Wendt & Koller, 2019). Para além da entrevista, podem ser utilizados testes psicológicos e escalas que avaliam componentes relacionados com impulsividade e afetividade, bem como técnicas como hora do jogo, no qual se realiza a avaliação das hipóteses diagnósticas a partir de estratégias lúdicas.

Observações importantes para a avaliação e o diagnóstico do transtorno explosivo intermitente

Com relação aos aspectos essenciais a um adequado diagnóstico e à condução da avaliação do TEI, uma questão a ser reforçada se refere aos altos níveis de comorbidade desse transtorno. Portanto, uma das chaves para a avaliação é ter conhecimento técnico e teórico para realizar um bom diagnóstico (Coccaro & McCloskey, 2019). É preciso identificar comorbidades, bem como analisar se o diagnóstico adicional de TEI é justificado. Também é relevante reconhecer categorias diagnósticas com características semelhantes, considerando se esses quadros são capazes de explicar, sozinhos, os sinais e sintomas compatíveis com TEI. Por exemplo, comportamentos impulsivos agressivos podem ocorrer no curso de um episódio maníaco em quadros bipolares tipo I. Nesse caso, se os impulsos agressivos ocorrem exclusivamente no curso da mania, não se deve diagnosticar TEI. Todavia, se é identificado que os comportamentos agressivos impulsivos também ocorrem em momentos nos quais o indivíduo apresenta-se eutímico, o diagnóstico pode ser dado, com atenção para todos os critérios necessários. Para quadros nos quais se observa aumento da frequência e intensidade da agressividade durante uso de substâncias, relações causais entre a substância e o comportamento devem ser estabelecidas ou descartadas (Coccaro & McCloskey, 2010). Porém, nem sempre é fácil identificar tais diferenças, considerando-se os dados obtidos e a cronicidade de muitos transtornos.

Em casos nos quais existem outras hipóteses de categorias diagnósticas cujas apresentações ou sintomas principais englobam componentes agressivos (p. ex., transtornos da personalidade antissocial e *borderline*), é necessário ponderar até que ponto os impulsos agressivos exacerbam o diagnóstico em questão e podem ser mais bem explicados pelo TEI (Coccaro & McCloskey, 2019). Havendo evidências suficientes que apoiam ambos os transtornos, são confirmados os dois diagnósticos, de transtorno da personalidade e de TEI. Para tanto, também pode ser útil incluir medidas de avaliação da personalidade para compreensão global do paciente.

É possível investigar, também, a história pregressa do indivíduo e de seus relacionamentos, em busca de um histórico de comportamentos agressivos e de risco ou impulsivos, embora estes não sejam critérios descritivos e fundamentais para identificação do transtorno. No caso de sinais e sintomas compatíveis com TEI, uma avaliação psicológica abrangente do quadro clínico pode auxiliar na compreensão dos prejuízos decorrentes do problema e na formulação dos encaminhamentos, a partir de uma hierarquia de necessidades.

CONSIDERAÇÕES FINAIS

Em geral, os TCI têm menor incidência se comparados com os outros transtornos mentais. De certa forma, eles podem ser subnotificados, devido ao estigma social (Allely, 2019; Torales et al., 2020), o que pode retardar a busca por ajuda clínica, devido a sentimentos de vergonha, culpa ou mesmo por falta de conhecimento sobre suas particularidades. Uma possível consequência da subnotificação é a dificuldade no desenvolvimento de pesquisas e ferramentas que auxiliam a população que sofre de TCI.

A CID-11 lança um olhar completamente diferente sobre os TCI. Essa nova visão não mais classifica as pessoas como portadoras de um transtorno irracional, repetido sem motivo claro e alheio aos interesses interpessoais, como fazia a CID-10 (WHO, 2019). Em linhas gerais, tratam-se de pessoas que sofrem por dificuldades de inibir os impulsos, apesar das possíveis consequências de suas atitudes (WHO, 2022), e cujo comportamento não é explicado exclusivamente por transtornos do humor, alterações neurobiológicas e relacionados a fases do desenvolvimento ou uso de medicamentos/substâncias. Essa modificação conceitual permite que a categoria saia do campo moral (pois os comportamentos antes eram vistos apenas como irracionais ou antissociais), sugerindo também a necessidade de reavaliação dos vieses dos clínicos ao atender esses pacientes.

Em síntese, o que caracteriza os TCI são sintomas e comportamentos não apropriados à fase do desenvolvimento do indivíduo e culturalmente não sancionados. Os sintomas resultam quase sempre em sofrimento significativo e prejuízo nos âmbitos pessoal, familiar, social, educacional, laboral e em outras áreas da vida. Em geral, caracterizam-se por comportamentos de atear fogo, roubo patológico, compulsões sexuais ou explosões de raiva. Quando são explicados por alguma substância, são categorizados como TCI induzidos por substância, que merecem maior estudo. Outros transtornos podem apresentar semelhanças, como os transtornos de comportamentos repetitivos focados no corpo, jogo patológico e transtorno dos jogos virtuais (ou *gaming disorder*). Contudo, essas condições de saúde pertencem, respectivamente, aos grupos dos transtornos obsessivo-compulsivos e dos transtornos relacionados à adição.

Cabe destacar, ainda, que pessoas que apresentam sintomas semelhantes aos dos TCI, porém insuficientes para o diagnóstico das categorias discutidas neste capítulo, podem ter seu diagnóstico registrado pelo clínico como "outro TCI especificado". Essa condição é caraterizada por não preencher critérios para TCI, mas apresentar sintomas e sinais clínicos de comportamentos repetitivos e permanentes – há falha para resistir a impulsos, vontades e necessidades apesar das consequências desses comportamentos. Para usar essa classificação, os sintomas não podem ser ações habituais e recorrentes direcionadas ao corpo (p. ex., pele, cabelo), caso dos transtornos de comportamentos repetitivos focados no corpo. Os sintomas também não podem configurar impulsos relacionados ao jogo patológico, bem como a outros comportamentos adictos, e não são explicados por demências, transtorno obsessivo-compulsivo, transtorno por uso de substância e outras condições médicas relacionadas a substâncias e medicamentos (WHO, 2022).

REFERÊNCIAS

Achenbach, T. M., & Rescorla, L. (2001). *Manual for the ASEBA school-age forms & profiles: An integrated system of multi-informant assessment*. ASEBA.

Allely, C. S. (2019). Fire-setting and psychopathology: A brief overview of prevalence, pathways and assessment. *Journal of Criminal Psychology*, 9(4), 149-154.

American Psychiatric Association (APA). (2014). *Manual diagnóstico e estatístico de transtornos mentais: DSM-5* (5. ed.). Artmed.

Babcock, J. C., Tharp, A. L. T., Sharp, C., Heppner, W., & Stanford, M. S. (2014). Similarities and differences in impulsive/premeditated and reactive/proactive bimodal classifications of aggression. *Aggression and Violent Behavior, 19*(3), 251-262.

Baylé, F. J., Caci, H., Millet, B., Richa, S., & Olié, J.-P. (2003). Psychopathology and comorbidity of psychiatric disorders in patients with kleptomania. *The American Journal of Psychiatry, 160*(8), 1509-1513.

Briken, P. (2020). An integrated model to assess and treat compulsive sexual behaviour disorder. *Nature Reviews Urology, 17*(7), 391-406.

Buss, A. H., & Perry, M. (1992). The Aggression Questionnaire. *Journal of Personality and Social Psychology, 63*(3), 452-459.

Camargo, O. K. (2018). International classification of functioning, disability and health core sets: Moving forward. *Developmental Medicine and Child Neurology, 60*(9), 857-858.

Christianini, A. R., Conti, M. A., Hearst, N., Cordás, T. A., Abreu, C. N., & Tavares, H. (2015). Treating kleptomania: Cross-cultural adaptation of the Kleptomania Symptom Assessment Scale and assessment of an outpatient program. *Comprehensive Psychiatry, 56*, 289-294.

Coccaro, E. F., & Grant, J. E. (2019). Pharmacological treatment of impulse control disorders. In S. M. Evans, & K. M. Carpenter (Orgs.), *APA handbook of psychopharmacology* (pp. 267-280). American Psychological Association.

Coccaro, E. F., Lee, R., & McCloskey, M. S. (2014). Relationship between psychopathy, aggression, anger, impulsivity, and intermittent explosive disorder: Relationship Between Psychopathy, Aggression, Anger, Impulsivity, and Intermittent Explosive Disorder. *Aggressive Behavior, 40*(6), 526-536.

Coccaro, E. F., & McCloskey, M. S. (2010). Intermittent explosive disorder: Clinical aspects. In E. Aboujaoude, & L. M. Koran (Orgs.), *Impulse control disorders* (pp. 221-232). Cambridge University Press.

Coccaro, E. F., & McCloskey, M. S. (Orgs.). (2019). *Intermittent explosive disorder: Etiology, assessment, and treatment*. Academic Press.

Coleman, E., Miner, M., Ohlerk F., Raymond, N. (2001). Compulsive sexual behavior inventory: A preliminary study of reliability and validity. *Journal of Sex & Marital Therapy, 27*(4), 325-332.

Derbyshire, K. L., & Grant, J. E. (2015). Compulsive sexual behavior: A review of the literature. *Journal of Behavioral Addictions, 4*(2), 37-43.

Dickens, G., Sugarman, P., Edgar, S., Hofberg, K., Tewari, S., & Ahmad, F. (2009). Recidivism and dangerousness in arsonists. *Journal of Forensic Psychiatry & Psychology, 20*(5), 621-639.

Efrati, Y., & Gola, M. (2018). Treating compulsive sexual behavior. *Current Sexual Health Reports, 10*(2), 57-64.

First, M. B., Williams, J. B. W., Karg, R. S., & Spitzer, R. L. (2017). *Entrevista clínica estruturada para os transtornos do DSM-5: SCID-5-CV versão clínica*. Artmed.

Gannon, T. A., & Barrowcliffe, E. (2012). Firesetting in the general population: The development and validation of the Fire Setting and Fire Proclivity Scales: Firesetting in the general population. *Legal and Criminological Psychology, 17*(1), 105-122.

Gouveia, V. V., Chaves, C. M. C. M., Peregrino, R. R., Castello Branco, A. O., & Gonçalves, M. P. (2008). Medindo a agressão: O Questionário de Buss-Perry. *Arquivos Brasileiros de Psicologia, 60*(3), 92-103.

Grant, J. E., & Kim, S. W. (2002). An open-label study of naltrexone in the treatment of kleptomania. *The Journal of Clinical Psychiatry, 63*(4), 349-356.

Grant, J. E., & Kim, S. W. (2007). Clinical characteristics and psychiatric comorbidity of pyromania. *The Journal of Clinical Psychiatry, 68*(11), 1717-1722.

Grant, J. E., Kim, S. W., & McCabe, J. S. (2006). A Structured Clinical Interview for Kleptomania (SCI-K): Preliminary validity and reliability testing. *International Journal of Methods in Psychiatric Research, 15*(2), 83-94.

Hook, J. N., Hook, J. P., Davis, D. E., Worthington, E. L., & Penberthy, J. K. (2010). Measuring sexual addiction and compulsivity: A critical review of instruments. *Journal of Sex & Marital Therapy, 36*(3), 227-260.

Instituto de Psiquiatria do Hospital das Clínicas da Faculdade de Medicina da Universidade de São Paulo (IPq-HCFMUSP. (2022). *Ambulatório do Impulso Sexual Excessivo e de Prevenção aos Desfechos Negativos Associados ao Comportamento Sexual* (AISEP). https://ipqhc.org.br/2020/04/06/comportamento-sexual-compulsivo/

Kowalewska, E., Gola, M., Kraus, S. W., & Lew-Starowicz, M. (2020). Spotlight on compulsive sexual behavior disorder: A systematic review of research on women. *Neuropsychiatric Disease and Treatment, 16*, 2025-2043.

McCloskey, M. S., Phan, K. L., Angstadt, M., Fettich, K. C., Keedy, S., & Coccaro, E. F. (2016). Amygdala hyperactivation to angry faces in intermittent explosive disorder. *Journal of Psychiatric Research, 79*, 34-41.

McConaghy, N., Armstrong, M. S., & Blaszczynski, A. (1985). Expectancy, covert sensitization and imaginal desensitization in compulsive sexuality. *Acta Psychiatrica Scandinavica, 72*(2), 176-187.

Miner, M. H., Coleman, E., Center, B. A., Ross, M., & Rosser, B. R. S. (2007). The compulsive sexual behavior inventory: Psychometric properties. *Archives of Sexual Behavior, 36*(4), 579-587.

Muench, F., Morgenstern, J., Hollander, E., Irwin, T., O'Leary, A., Parsons, J. T., ... Lai, B. (2007). The consequences of compulsive sexual behavior: The preliminary reliability and validity of the compulsive sexual behavior consequences scale. *Sexual Addiction & Compulsivity, 14*(3), 207-220.

Nanayakkara, V., Ogloff, J. R. P., & Thomas, S. D. M. (2015). From haystacks to hospitals: An evolving understanding of mental disorder and firesetting. *International Journal of Forensic Mental Health, 14*(1), 66-75.

Rosenberg, K. P., Carnes, P., & O'Connor, S. (2014). Evaluation and treatment of sex addiction. *Journal of Sex & Marital Therapy, 40*(2), 77-91.

Rush, B. (1812). *Medical inquiries and observations, upon the diseases of the mind.* Kimber & Richardson.

Rynar, L., & Coccaro, E. F. (2018). Psychosocial impairment in DSM-5 intermittent explosive disorder. *Psychiatry Research, 264*, 91-95.

Scanavino, M. T., Ventuneac, A., Rendina, H. J., Abdo, C. H. N., Tavares, H., Amaral, M. L. S., ... Parsons, J. T. (2016). Sexual compulsivity scale, compulsive sexual behavior inventory, and hypersexual disorder screening inventory: Translation, adaptation, and validation for use in Brazil. *Archives of Sexual Behavior, 45*(1), 207-217.

Sisto, F. F. (2010). *EATA: Escala para Avaliação de Tendência à Agressividade*. Pearson Clinical Brasil.

Slavin, M. N., Scoglio, A. A. J., Blycker, G. R., Potenza, M. N., & Kraus, S. W. (2020). Child sexual abuse and compulsive sexual behavior: A systematic literature review. *Current Addiction Reports, 7*(1), 76-88.

Spielberger, C. D. (2010). State-trait anxiety inventory. In I. B. Weiner, & W. E. Craighead (Orgs.), *The Corsini encyclopedia of psychology* (pp. corpsy0943). John Wiley & Sons.

Torales, J., González, I., Castaldelli-Maia, J. M., & Ventriglio, A. (2020). Kleptomania as a neglected disorder in psychiatry. *International Review of Psychiatry, 32*(5-6), 451-454.

Tyler, N., & Gannon, T. A. (2012). Explanations of firesetting in mentally disordered offenders: A review of the literature. *Psychiatry: Interpersonal and Biological Processes, 75*(2), 150-166.

Wainberg, M. L., Muench, F., Morgenstern, J., Hollander, E., Irwin, T. W., Parsons, J. T., ... O'Leary, A. (2006). A double-blind study of citalopram versus placebo in the treatment of compulsive sexual behaviors in gay and bisexual men. *The Journal of Clinical Psychiatry, 67*(12), 1968-1973.

Wendt, G. W., & Koller, S. (2019). Problemas de conduta em crianças e adolescentes: Evidências no Brasil. *Revista de Psicologia da IMED, 11*(2), 129.

Worl Health Organization (WHO). (2019). *International classification fo diseases for mortality and morbidity statistics (ICD-10)* (10th rev.). https://icd.who.int/browse10/2019/en#/

Worl Health Organization (WHO). (2022). *International classification fo diseases for mortality and morbidity statistics (ICD-11)* (11th rev.). https://icd.who.int/browse11/l-m/en

Zanini, D. S., Baptista, M. N., & Mansur-Alves, M. (2021). *Avaliação psicológica na infância e adolescência*. Vozes.

Zhang, Z., Huang, F., & Liu, D. (2018). Kleptomania: Recent advances in symptoms, etiology and treatment. *Current Medical Science, 38*(5), 937-940.

15

TÉCNICAS DE AVALIAÇÃO EM CASOS DE SUSPEITA DE TRANSTORNOS DE COMPORTAMENTO DISRUPTIVO OU DISSOCIAL

RAFAEL WELLAUSEN
BRUNO BONFÁ-ARAUJO
ANDRÉ PEREIRA GONÇALVES
NELSON HAUCK FILHO

Comportamento antissocial designa, em sua acepção mais intuitiva, a violação deliberada de regras sociais. Uma subdivisão clássica apresentada na literatura ocorre entre comportamentos antissociais encobertos, que abrangem atitudes de antagonismo e oposição, e abertos, que envolvem agressão física e destruição de propriedade (Achenbach, 1966; Burt, 2009). Na nova *Classificação internacional de doenças* (CID-11) (World Health Organization [WHO], 2022), esses dois domínios são denominados, respectivamente, de disruptivo e dissocial, e são representados por transtornos distintos, o transtorno desafiador opositor (TDO) e o transtorno dissocial de conduta (TDC). Esses dois transtornos aparecem, na 5ª edição do *Manual diagnóstico e estatístico de transtornos mentais* (DSM-5) (American Psychiatric Association [APA], 2013) como transtorno de oposição desafiante e transtorno da conduta, respectivamente.

A avaliação do comportamento disruptivo e dissocial na infância e adolescência reveste-se de importância clínica. Jovens com comportamentos disruptivos e dissociais podem não apenas se envolver em atividades criminosas, mas também causar prejuízos aos relacionamentos familiares e extrafamiliares, além de apresentar desempenho acadêmico ruim e prejudicar o ambiente escolar como um todo (Frick & Nigg, 2012). Outro aspecto importante é a conexão empírica entre essas condições e subsequentes patologias na fase adulta. Problemas de conduta na infância e adolescência podem evoluir para comportamentos antissociais persistentes ao longo da vida (Moffitt, 1993), especialmente quando ocorrem combinados à hiperatividade (Lynam, 1996). Por isso, a avaliação da conduta social e dos aspectos socioemocionais dos jovens apresenta um papel preventivo, que pode subsidiar a adequada intervenção junto àqueles com maiores dificuldades. Este capítulo oferece um panorama conceitual sobre a forma como esses dois transtornos são abordados na CID-11 (e no DSM-5) e descreve técnicas de avaliação disponíveis no cenário brasileiro. Algumas considerações teóricas e recomendações também são oferecidas.

Cabe destacar que o TDO e o TDC se diferenciam das manifestações típicas de birra e teimosia em geral apresentadas pelas crianças, e do antagonismo e da impulsividade adolescente. Em ambos os casos, é necessário considerar que os sinais e sintomas devem ocorrer com frequência e intensidade acima do observado na cultura e faixa etária do indivíduo, e não devem se restringir a interações com irmãos ou parentes próximos. Deve haver prejuízos e/ou sofrimento significativo em diversas áreas, incluindo pessoal, familiar, social, educacional e ocupacional. Dito em linguagem coloquial, essas categorias nosográficas não descrevem uma criança ou um jovem meramente travessos. As evidências revelam associações entre cada um desses transtornos e uma série de problemas de adaptação com variados níveis de severidade e que não devem ser negligenciados (Frick & Nigg, 2012).

TRANSTORNO DESAFIADOR OPOSITOR (6C90)

O TDO caracteriza-se por um padrão persistente de humor raivoso ou irritável, comportamento questionador, desafiante ou desobediente e índole vingativa. Esse padrão deve estar presente por pelo menos seis meses, acarretar sofrimento ou prejuízo ao indivíduo ou a outros, e não ocorrer exclusivamente durante o curso de outros transtornos mentais. Seguindo sugestões da literatura (ver Frick & Nigg, 2012), o correspondente a esse transtorno no DSM-5 (transtorno de oposição desafiante) foi elaborado de forma a diferenciar três domínios: 1) humor raivoso/irritável (três critérios: perder a calma, ser facilmente incomodado e ser raivoso); 2) comportamento questionador/desafiante (quatro critérios: afrontar autoridades, comportar-se desafiadoramente, incomodar deliberadamente e culpar os outros); e 3) índole vingativa (um critério: ser vingativo). No DSM-5, o diagnóstico se aplica quando quatro ou mais desses critérios estão presentes (APA, 2013).

Uma mudança importante na CID-11 e no DSM-5, em relação às respectivas edições anteriores, diz respeito à inclusão de aspectos relacionados à psicopatia. Está bem estabelecido que a psicopatia consiste em um quadro de personalidade mais grave e específico do que o transtorno da personalidade antissocial (consultar Patrick, 2019). Historicamente, o DSM enfatizou a impulsividade e o descontrole (conhecidos como psicopatia secundária) no transtorno da personalidade antissocial, porém, acabou negligenciando características como a insensibilidade, a falta de remorso e o desapego emocional (típicas da psicopatia primária). Isso causou um afastamento conceitual e empírico entre o transtorno da personalidade antissocial e a psicopatia. Por esse motivo, a seção III do DSM-5 acrescentou traços de psicopatia como um especificador psicopático para o transtorno da personalidade antissocial.

Mantendo o paralelo, algo similar ocorreu no que diz respeito à psicopatologia disruptiva e dissocial na infância e adolescência. Evidências acumuladas revelaram que a inclusão de aspectos de frieza e insensibilidade (*callous-unemotional*) ao transtorno da conduta ajudaria a delimitar um subgrupo de jovens em elevada situação de risco para a violência e desfechos de vida negativos (Frick & Nigg, 2012). Em virtude disso, no DSM-5, houve o acréscimo de um especificador denominado "com emoções pró-sociais limitadas". Esse especificador se aplica quando o jovem, além de cumprir os requisitos para transtorno da conduta, apresenta, nos últimos 12 meses e em diversos contextos, ao menos, dois dos seguintes aspectos: 1) ausência de remorso ou culpa; 2) insensibilidade ou falta de empatia; 3) despreocupação com o desempenho; e 4) afeto superficial ou deficiente.

Todavia, ainda que extremamente importante, tal especificador encontra-se vinculado exclusivamente ao transtorno da conduta no DSM-5. É possível, em contraste, que tais características de frieza e insensibilidade também sejam encontradas em outros jovens que não satisfaçam todos os critérios para transtorno da conduta, porém, mesmo assim, manifestem comportamentos disruptivos. Por isso, reconhecendo a importância prática de tais traços, a CID-11 incluiu as emoções pró-sociais limitadas sob a forma de subcategorias diagnósticas não só no TDO mas também no TDC. Assim, na CID-11, o TDO se subdivide em categorias: 6C90.00, se o paciente apresenta emoções pró-sociais limitadas; 6C90.01, se as emoções pró-sociais se encontram preservadas; e 6C90.0Z, se não é possível especificar o comprometimento das emoções pró-sociais.

MÉTODOS E TÉCNICAS DE AVALIAÇÃO DO TRANSTORNO DESAFIADOR OPOSITOR

O TDO, como descrito na CID-11, possui subdivisões de acordo com a presença ou a ausência de irritabilidade-raiva crônica (códigos 6C90.0 e 6C90.1), sendo as emoções pró-sociais limitadas o critério diferenciador. Além disso, sintomas como insensibilidade e afetividade restrita devem ser considerados para a diferenciação do diagnóstico entre emoções pró-sociais limitadas ou típicas (Evans et al., 2017; WHO, 2022). Durante o processo avaliativo desse transtorno, deve-se planejar uma avaliação que acesse comportamentos de desobediência, de provocação, de despeito e/ou desafiadores nos diferentes ambientes em que o indivíduo está inserido.

Em geral, o diagnóstico desse transtorno é feito por processos observacionais, entrevistas clínicas e uso de ferramentas avaliativas. Observações e entrevistas clínicas podem guiar o profissional na identificação de comorbidades e outros possíveis diagnósticos. Deve-se considerar possíveis comorbidades, em especial, os transtornos do neurodesenvolvimento e os transtornos do humor, uma vez que comportamentos agressivos e disruptivos são comumente presentes no transtorno de déficit de atenção/hiperatividade (TDAH) e nos transtornos depressivos, principalmente em crianças (Matthys & Lochman, 2017). Portanto, é necessário que se avalie comportamentos de hiperatividade, impulsividade, hostilidade, desregulação emocional e agressividade, os quais podem se manifestar como interrupções constantes na fala de outras pessoas, não obediência ao estabelecimento de regras ou normas, culpabilização de outros por erros e manuseio descuidado de objetos, além de falta de empatia, irritação e ausência de respostas negativas para punições (Matthys & Lochman, 2017).

No que diz respeito às ferramentas existentes, e que possuem propriedades psicométricas para a população brasileira, diferentes testes podem ser administrados. Relativo a instrumentos próprios para os transtornos disruptivos, do controle de impulsos e da conduta, uma revisão sistemática indicou que a Schedule for Affective Disorders and Schizophrenia for School Aged Children Present and Lifetime (K-SADS-PL) (Kaufman et al., 1997) em combinação com o módulo Disruptive Mood Dysregulation Disorder (DMDD) foram os instrumentos mais utilizados para a avaliação do TDO, e também do TDC, em crianças (Mürner-Lavanchy et al., 2021). O K-SADS-PL, que teve sua adaptação realizada para o português por Brasil (2003), é uma entrevista semiestruturada destinada a crianças e adolescentes entre 6 e 18 anos. A ferramenta é computada a partir do heterorrelato e do autorrelato, sendo o comportamento rastreado a partir de informações fornecidas pelos responsáveis, pela própria criança/adolescente e pelo entrevistador. Para o TDO, são avaliados aspectos da perda de controle, discussão com adultos e obediência a regras. Além disso, existe uma versão (K-SADS-PL--DSM-5) compatível com o DSM-5 e adaptada para o português do Brasil.

O Sistema de Avaliação Empiricamente Baseado de Achenbach (ASEBA, do inglês Achenbach System of Empirically Based Assessment) (Achenbach & Rescorla, 2001) é outra ferramenta útil para a avaliação de crianças e adolescentes, apresentando versões de heterorrelato e de autorrelato, além de evidências de validade para a versão brasileira. Tanto para o TDO quanto para o TDC, a ferramenta avalia aspectos relacionados à violação de regras e à agressividade (Rocha et al., 2008).

Relativo à avaliação de adultos, pode-se fazer uso de instrumentos psicológicos que tenham como enfoque a avaliação de comportamentos-chave, como o despeito – que indica indivíduos que causam danos a outros e consequentemente a si próprios no processo. A Spitefulness Scale (SS), desenvolvida por Marcus et al. (2014), tem como foco a avaliação de adultos. O instrumento tem 17 itens com opções de resposta em uma escala Likert de 5 pontos (sendo 1 = discordo totalmente e 5 = concordo totalmente), que avalia o despeito de maneira unidimensional, podendo ser aplicado individualmente ou em grupo. Alguns exemplos de itens são: "Talvez valha a pena arriscar minha reputação para espalhar uma fofoca sobre alguém que não gosto"; "Se eu tivesse a oportunidade, pagaria, alegremente, uma pequena quantia em dinheiro para ver um colega de classe do qual eu não gosto reprovar em sua prova final" (Marcus et al., 2014). A ferramenta possui evidências de validade baseadas na estrutura interna e na relação com outras variáveis, bem como confiabilidade adequada. Todavia, trata-se de um instrumento recém adaptado para o português do Brasil, sendo necessários novos estudos, em especial no contexto clínico.

Entre os instrumentos aprovados pelo Sistema de Avaliação de Testes Psicológicos (SATEPSI), são escassos os concernentes à avaliação de transtornos disruptivos ou dissociais. Contudo, é possível selecionar ferramentas que avaliam comportamentos específicos desses transtornos, como a impulsividade. A Escala de Avaliação da Impulsividade (EsAvI) (Rueda & Ávila-Batista, 2013), destinada a adultos, é uma delas e pode ser aplicada individualmente ou em grupo. O instrumento tem 31 itens, respondidos em uma escala Likert de 5 pontos (sendo 1 = nunca e 5 = sempre), que apresentam quatro fatores (falta de concentração e persistência, controle cognitivo, planejamento futuro, e audácia e temeridade). Comportamentos característicos da impulsividade são falta de perseverança em tarefas, baixo planejamento e alta busca por sensações. A escala tem evidências de validade baseadas no conteúdo, na estrutura interna e na relação com outras variáveis, bem como índices adequados de confiabilidade (Rueda & Ávila-Batista, 2013). É importante mencionar que instrumentos de autorrelato devem ser pareados com observações comportamentais a fim de obter um diagnóstico mais bem elaborado.

Observações importantes para a avaliação e o diagnóstico do transtorno desafiador opositor

Os primeiros sinais do TDO surgem na criança ainda na pré-escola, porém, devido à intensidade sutil, os comportamentos podem não ser percebidos facilmente pelos pais ou responsáveis (Hamilton & Armando, 2008). Apesar de aparecer na infância, é um transtorno que pode acometer o indivíduo também na vida adulta (Burke et al., 2018). É preciso procurar ajuda de um profissional quando a família, os responsáveis ou a escola identifica que o comportamento da criança está marcadamente destoante do padrão esperado (ou seja, a criança apresenta comportamento opositivo na maior parte do tempo, não obedece aos responsáveis e apresenta-se frequentemente agressiva e irritada), a fim de que ela seja avaliada e, se for o caso, diagnosticada (WHO, 2022).

Mesmo sendo um transtorno que pode perdurar pela idade adulta, o diagnóstico é comumente realizado na infância (Burke et al., 2018). Os comportamentos relacionados ao TDO precisam, necessariamente, estar presentes nos últimos seis meses (anteriores à avaliação) para que o diagnóstico seja realizado (WHO, 2022). O profissional que realiza a avaliação precisa atentar para o fato de que, para a configuração do transtorno, é necessário que o paciente nitidamente apresente prejuízos e/ou sofrimento, seja para ele, seja para as pessoas ao redor (Koch & Gross, 2005; WHO, 2022). Os comportamentos patológicos devem ser constantes, ou seja, precisam estar presentes em diferentes situações. Caso a queixa seja apenas em situações específicas (p. ex., comportamento agressivo e irritação apenas no ambiente escolar), outras condições precisam ser exploradas. Além disso, recomenda-se a investigação do início do surgimento dos sintomas, bem como a existência de algum fator que possa afetar o paciente e que justifique esses comportamentos como temporários (p. ex., separação dos pais, *bullying*). Essas informações podem ser obtidas logo na entrevista inicial ou, eventualmente, em entrevistas posteriores à criação da hipótese diagnóstica.

A melhor forma de identificar a presença do transtorno é por meio de entrevistas clínicas, que podem ser consideradas padrão-ouro no diagnóstico do TDO (Burke et al., 2018). Para a realização adequada das entrevistas, é necessário que a relação com o paciente seja boa, o que reforça a necessidade do estabelecimento de um *rapport* de qualidade antes de iniciar o procedimento (Silvares & Gongorra, 2006). Apesar de as entrevistas serem consideradas o padrão-ouro para diagnóstico, nem sempre é possível utilizá-las. Realizar uma entrevista requer conhecimento prévio e robusto sobre o funcionamento de um paciente com o transtorno, o que dificulta sua utilização por profissionais menos experientes. Além disso, os custos e o tempo necessários para sua realização inviabilizam seu uso em determinados contextos, nos quais é demandada uma avaliação rápida. Nesse cenário, os testes de autorrelato são bastante utilizados devido a baixo custo, agilidade e, quase sempre, facilidade de manuseio.

Considerando as limitações de cada técnica no processo diagnóstico, recomenda-se uma abordagem multimétodo, com uma estrutura de avaliação adequada para facilitar o trabalho do profissional. Uma configuração recomendada seria: fazer a anamnese com a família/paciente; descartar acontecimentos que podem estar causando determinados comportamentos em um recorte específico de tempo; verificar se as diretrizes diagnósticas indicadas na CID-11 estão sendo preenchidas pelo paciente (WHO, 2022); aplicar uma escala/*checklist* com altos níveis de sensibilidade para rastrear possível presença do TDO; e utilizar uma entrevista clínica mais aprofundada com os pacientes que apresentarem elevadas pontuações nas escalas/*checklists*. Com os cuidados necessários, essa estrutura de avaliação pode auxiliar na tomada de decisão diagnóstica com mais segurança por parte do profissional.

TRANSTORNO DA CONDUTA DISSOCIAL (6C91)

O TDC caracteriza-se por um padrão persistente de violação dos direitos dos outros ou das normas sociais, envolvendo agressão física, destruição de propriedade, roubo ou engano, entre outras violações sérias de regras sociais. Esse padrão deve estar presente por pelo menos 12 meses, acarretar sofrimento ou prejuízo ao indivíduo ou aos outros, e não ocorrer exclusivamente durante o curso de outros transtornos mentais. O correspondente a esse transtorno no DSM-5 (transtorno da conduta) foi elaborado de forma a diferenciar quatro domínios: 1) agressão a pessoas e animais (sete critérios: provocação, brigas, uso de arma, crueldade com pessoas, crueldade com animais, roubo com confronto e abuso sexual de outros); 2) destruição de propriedade (dois critérios: incêndios e destruição de propriedade); 3) falsidade ou furto (três critérios: invasão de propriedade privada, mentiras e furto); e 4) violações graves de regras (três critérios: ficar fora de casa à noite, fugir de casa e faltar às aulas). No DSM-5, o diagnóstico se aplica quando três ou mais dos critérios estão presentes. Vale ressaltar que o transtorno se aplica apenas a indivíduos menores de 18 anos, de modo que, para adultos, critérios do transtorno da personalidade antissocial devem ser consultados.

No DSM-5, o transtorno da conduta apresenta três subtipos e dois especificadores. Os subtipos se referem ao início do transtorno, que pode ser na infância, na adolescência ou não especificado. O primeiro especificador é se as emoções pró-sociais estão ou não preservadas, enquanto o segundo especificador aborda a gravidade do quadro, de modo que estão disponíveis as categorias leve, moderada ou grave. Na CID-11, as subcategorias são as seguintes: 6C91.0, se o início é na infância; 6C91.00, se o início é na infância e as emoções pró-sociais são limitadas; 6C91.01, se o início é na infância e as emoções pró-sociais estão preservadas; 6C91.0Z, se o início é na infância e não se pode determinar se as emoções pró-sociais estão preservadas; 6C91.1, se o início é na adolescência; 6C91.10, se o início é na adolescência e as emoções pró-sociais são limitadas; 6C91.11, se o início é na adolescência e as emoções pró-sociais estão preservadas; 6C91.1Z, se o início é na adolescência e não se pode determinar se as emoções pró-sociais estão preservadas; e 6C91.Z, se não se pode determinar o início do transtorno.

MÉTODOS E TÉCNICAS DE AVALIAÇÃO DO TRANSTORNO DA CONDUTA DISSOCIAL

O TDC, conforme descrito na CID-11, tem início na infância ou adolescência (códigos 6C91.0 e 6C91.1). Bastante similar ao TDO, possui as emoções pró-sociais como critério-chave, podendo estas ser limitadas ou típicas (Evans et al., 2017). Os critérios que o diferenciam do TDO são um padrão persistente de violação séria de normas, roubo e agressão direcionada a pessoas ou animais (WHO, 2022). O diagnóstico segue um modelo similar ao TDO, sendo necessário estar atento a padrões comportamentais de insensibilidade e agressividade. Comorbidades podem estar associadas aos transtornos do neurodesenvolvimento e aos transtornos do humor (Matthys & Lochman, 2017).

Quanto aos instrumentos para avaliação, além das escalas K-SADS-PL, DMDD e ASEBA, também utilizadas para avaliação de TDO (ver seção Métodos e técnicas de avaliação do transtorno desafiador opositor), sugere-se a aplicação de ferramentas específicas para caracterização de comportamentos de insensibilidade e agressividade. Para avaliação de adolescentes, há o Inventory of Callous-Unemotional Traits (ICU) (Kimonis et al., 2008), adaptado para o português do Brasil por Rigatti et al. (2017). O instrumento possui 24 itens, respondidos em uma escala tipo Likert de 4 pontos (sendo 0 = não é verdade e 3 = é totalmente verdade), e três fatores (insensibilidade, indiferença e afetividade restrita). O inventário pode ser aplicado em crianças e adolescentes de 10 a 17 anos, individualmente ou em grupo, e possui evidências de validade baseadas no conteúdo. Os principais comportamentos avaliados pela ferramenta são falta de empatia, baixa expressão de pró-sociabilidade e pobre repertório emocional (Rigatti et al., 2017). Apesar de ser uma excelente ferramenta em contexto internacional, ainda são necessários novos estudos na população brasileira, visando a um acúmulo maior de evidências de validade.

Além disso, sugere-se a Psychopathy Checklist-Youth Version (PCL-YV) (Forth et al., 1995). As Escalas Hare, consideradas padrão-ouro para a avaliação da psicopatia, são compostas por 20 itens em escala tipo Likert de 3 pontos (sendo 0 = não se aplica e 2 = definitivamente se aplica). A versão infantojuvenil é adequada para adolescentes de 12 a 18 anos, e o instrumento é respondido pelo profissional, que avalia os fatores interpessoal, afetivo, estilo de vida e antissocial. Por meio dessa ferramenta, é possível avaliar comportamentos como mentira patológica, manipulação, ausência de remorso, afeto superficial, irresponsabilidade e delinquência. O instrumento possui evidências de validade baseadas no conteúdo e na estrutura interna.

Por fim, a Escala para Avaliação de Tendência à Agressividade (EATA) avalia adultos de 18 a 65 anos, a partir de três subescalas: condutas agressivas comuns a ambos os sexos, ao sexo feminino e ao sexo masculino. É possível realizar a pontuação total da escala que, ao todo, possui 40 itens respondidos em uma escala tipo Likert de 4 pontos (sendo 0 = raramente ou nunca e 2 = muito frequente) (Sisto, 2013).

Observações importantes para a avaliação e o diagnóstico do transtorno da conduta dissocial

Assim como em todo processo de avaliação e diagnóstico, alguns cuidados devem ser tomados para que a identificação do TDC não traga mais malefícios do que benefícios para os pacientes. Como já indicado, a faixa etária, a duração dos comportamentos e a condição mental do indivíduo devem ser levados em consideração antes da realização do diagnóstico (WHO, 2022). Este é um transtorno que, em geral, manifesta-se durante um período muito complexo por si só, que é a adolescência, sendo fundamental que o profissional avalie se os comportamentos apresentados são notadamente desviantes, se persistem por mais de 12 meses e se existe algum outro transtorno mental associado.

O profissional responsável por esse tipo de avaliação deve, obrigatoriamente, verificar o contexto social no qual o indivíduo está inserido (p. ex., ocorrência de agressões em casa pode ter relação com os comportamentos demonstrados pelo paciente). Além disso, deve-se examinar se ele apresenta comportamento agressivo, desobediente e de desrespeito a regras e normas em situações nas quais está diretamente envolvido com os pais. Deve-se, ainda, investigar outros contextos (p. ex., escola, grupos de amigos, outros familiares), e, caso esses comportamentos não sejam replicados fora da relação com os pais, é possível criar diferentes hipóteses diagnósticas.

Outro procedimento que precisa ser realizado durante o processo avaliativo é o diagnóstico diferencial entre TDC e TDO. Ambos os transtornos compartilham características (p. ex., oposição às regras, desrespeitos aos outros) que podem levar o profissional ao erro. Porém, no TDC, o paciente tende a apresentar comportamentos mais arriscados e impulsivos, o que faz do transtorno um quadro mais grave, que gera mais sofrimento e prejuízo para o paciente e as pessoas ao seu redor.

CONSIDERAÇÕES FINAIS

Os desafios enfrentados no estabelecimento de diagnósticos psicológicos e psiquiátricos devem-se a muitas variáveis. A primeira delas é o caráter subjetivo da mente humana, para a qual ainda não temos instrumentos objetivos de avaliação. Em segundo lugar, podemos mencionar os desafios de diagnosticar indivíduos em desenvolvimento (crianças e adolescentes), cujos processos e funções mentais ainda estão em formação. Somadas a essas variáveis, existem ressalvas por parte de alguns profissionais da saúde mental em diagnosticar crianças e adolescentes, por medo de que sejam rotulados e prejudicados futuramente (Kernberg et al., 2003) – receio que tem fundamento, mas que jamais deve ser justificativa para a falta de tratamento de um evidente transtorno mental que traz sérios prejuízos. Além disso, muitas vezes, não há engajamento e aceitação genuína por parte de pais e responsáveis no processo de avaliação diagnóstica, bem como no tratamento de seus filhos.

Destacamos que a abordagem descritiva fenomenológica da CID-11 e do DSM-5 busca pormenorizar e refinar os aspectos mais evidentes dos transtornos mentais, diminuindo o impacto da subjetividade do avaliador, com vistas a uma maior acurácia diagnóstica. Todavia, essa abordagem não privilegia o desenvolvimento de teorias psicológicas explicativas das psicopatologias. Assim, outras abordagens psicológicas podem desenvolver modelos explicativos, como é o caso da perspectiva psicodinâmica, que propõe teorias do funcionamento psicopatológico para transtornos como o TDO e o TDC (American Psychological Association [APA], 2006).

Na perspectiva psicodinâmica, a qualidade das relações objetais que as crianças estabelecem é um fator central para a compreensão da psicopatologia (Mahler, 1982; Blanck & Blanck, 1986; Fonagy & Target, 2003). A moderna psicologia do ego-relações objetais (Kernberg, 1995) entende a centralidade da interação entre os aspectos inatos e as experiências vividas nas relações imediatas como sendo sinérgicas e complementares. Nesse sentido, desde as primeiras horas, o recém-nascido encontra-se em uma relação de mútua influência entre as forças inatas vividas por meio de urgências somato-orgânicas e um mundo externo capaz ou não de percebê-las e manejá-las. A sintonia fina entre as exigências do neonato e as capacidades, habilidades e competências da mãe (primeira representante do ambiente), ou cuidador principal, em correspondê-las, darão um colorido às autorrepresentações (autoimagem) e representações dos objetos (imagem dos outros e do mundo circundante). Conforme a qualidade dessas experiências interativas mãe-bebê, o mundo representacional (Sandler & Rosenblatt, 1990) aos poucos vai se construindo.

A oposição e, em certa medida, os comportamentos desafiantes de baixo impacto (se assim podemos dizer) podem estar a serviço da consolidação da autonomia e da individuação (Mahler, 1982), bem como atuar como precursores de uma sensação mais sólida de agência (Person, 2002), ou seja, de que se tem poder para agir sobre o mundo. Contudo, uma alta intensidade e gravidade desses comportamentos podem estar expressando batalhas por controle, domínio e poder (quem manda e quem obedece?). O *Psychodynamic diagnostic manual* (APA, 2006) destaca que, subjacente a esses comportamentos difíceis, disruptivos e opositores, podem estar presentes sentimentos de inadequação, ressentimentos, inseguranças e desvalor. Por isso, os problemas envolvendo modos patológicos de regulação da autoestima deveriam ser considerados na avaliação diagnóstica.

O diagnóstico de TDO e de TDC, seja em nível descritivo ou psicodinâmico, deve ser feito com cuidado e ética. O uso de instrumentos de avaliação e de outras técnicas psicológicas, como entrevista e observação, é fundamental para obtenção de evidências de que o padrão mal-adaptativo está presente e associado a sofrimento e/ou prejuízo clinicamente significativo. Essa etapa diagnóstica é essencial para a designação do melhor tratamento.

REFERÊNCIAS

Achenbach, T. M. (1966). The classification of children's psychiatric symptoms: A factor-analytic study. *Psychological Monographs: General and Applied, 80*(7), 1-37.

Achenbach, T. M., & Rescorla, L. A. (2001). *Manual for the ASEBA preschool forms and profiles* (Vol. 30). University of Vermont.

American Psychological Association (APA). (2006). *Psychodynamic diagnostic manual* (2006). Internacional Psychoanalitical Association.

American Psychiatric Association (APA). (2013). *Diagnostic and statistical manual of mental disorders: DSM-5* (5th ed.).

Blanck, R., & Blanck, G. (1986). *Beyond ego psychology: Developmental object relations theory.* Columbia University.

Brasil, H. H. A. (2003). *Desenvolvimento da versão brasileira da K-SADS-PL (Schudule for Affective Disorders and Schizophrenia for Scholl Aged Children Present and Lifetime Version) e estudo de suas propriedades psicométricas* (Tese de doutorado não publicada). Universidade Federal de São Paulo.

Burke, J. D., & Romano-Verthelyi, A. M. (2018). Oppositional defiant disorder. In M. M. Martel (Ed.), *Developmental pathways to disruptive, impulse-control and conduct disorders* (pp. 21-52). Academic Press.

Burt, S. A. (2009). Are there meaningful etiological differences within antisocial behavior? Results of a meta-analysis. *Clinical Psychology Review, 29*(2), 163-78.

Evans, S. C., Burke, J. D., Roberts, M. C., Fite, P. J., Lochman, J. E., Peña, F. R., & Reed, G. M. (2017). Irritability in child and adolescent psychopathology: An integrative review for ICD-11. *Clinical Psychology Review,* 53, 29-45.

Fonagy, P., & Target, M. (2003). *Psychoanalytic theories: Perspectives from developmental psychopathology*. Whurr.

Forth, A. E., Kosson, D. S., & Hare, R. D. (1995). *Hare psychopathy checklist: Youth version*. Multi-Health Systems.

Frick, P. J., & Nigg, J. T. (2012). Current issues in the diagnosis of attention deficit hyperactivity disorder, oppositional defiant disorder, and conduct disorder. *Annual Review of Clinical Psychology, 8*, 77-107.

Hamilton, S., & Armando, J. (2008). Oppositional defiant disorder. *American Family Physician, 78*(7), 861-866.

Kaufman, J., Birmaher, B., Brent, D., Rao, U. M. A., Flynn, C., Moreci, P., ... & Ryan, N. (1997). Schedule for affective disorders and schizophrenia for school-age children-present and lifetime version (K-SADS-PL): Initial reliability and validity data. *Journal of the American Academy of Child & Adolescent Psychiatry,* 36(7), 980-988.

Kernberg, O. (1995). *Agressão nos transtornos de personalidade e nas perversões*. Artes Médicas.

Kernberg, P., Weiner, A., & Bardenstein, K. (2003). *Transtornos de personalidade em crianças e adolescentes*. Artmed.

Kimonis, E. R., Frick, P. J., Skeem, J. L., Marsee, M. A., Cruise, K., Munoz, L. C., ... & Morris, A. S. (2008). Assessing callous-unemotional traits in adolescent offenders: Validation of the Inventory of Callous-Unemotional Traits. *International Journal of Law and Psychiatry, 31*(3), 241-252.

Koch, L. M., & Gross, A. M. (2005). Característica clínicas e tratamento do transtorno da conduta. In V. Caballo, & M. A. Simón (Orgs.), *Manual de psicologia clínica infantil e do adolescente: Transtornos específicos* (pp. 23-38). Santos.

Lynam, D. R. (1996). Early identification of chronic offenders: Who is the fledgling psychopath? *Psychological Bulletin, 120*(2), 209-34.

Mahler, M. (1982). *O processo de separação-individuação*. Artes Médicas.

Marcus, D. K., Zeigler-Hill, V., Mercer, S. H., & Norris, A. L. (2014). The psychology of spite and the measurement of spitefulness. *Psychological Assessment, 26*(2), 563-574.

Matthys, W., & Lochman, J. E. (2017). *Oppositional defiant disorder and conduct disorder in childhood* (2nd ed.). Wiley.

Moffitt, T. E. (1993). Adolescence-limited and life-course-persistent antisocial behavior: A developmental taxonomy. *Psychological Review, 100*(4), 674-701.

Mürner-Lavanchy, I., Kaess, M., & Koenig, J. (2021). Diagnostic instruments for the assessment of disruptive mood dysregulation disorder: A systematic review of the literature. *European Child & Adolescent Psychiatry.*

Patrick, C. J. (2019). *Handbook of psychopathy* (2nd ed.). Guilford.

Person, E. (2002). *Feeling strong: Achievement of authentic power*. William Morrow.

Rigatti, R., DeSouza, D. A., Salum, G., Alves, P. F. O., Bottan, G., & Heldt, E. (2017). Adaptação transcultural do *Inventory of Callous-Unemotional Traits* para avaliação de traços de insensibilidade e afetividade restrita de adolescentes no Brasil. *Revista Gaúcha de Enfermagem, 38*(3), 1-7.

Rocha, M. M., Araújo, L. G. S., & Silvares, E. F. M. (2008). Um estudo comparativo entre duas traduções brasileiras do Inventário de Auto-avaliação para Jovens (YSR). *Psicologia: Teoria e Prática, 10*(1), 14-24.

Rueda, F. J., & Ávila-Batista, A. C. (2013). *Escala de avaliação da impulsividade formas A-B*. Vetor.

Sandler, J., & Rosenblatt, B. (1990). O mundo representacional. In J. Sandler (Ed.), *Da segurança ao superego* (pp. 84-99). Artes Médicas.

Sisto, F. F. (2013). *Escala para avaliação de tendência à agressividade*. Casa do Psicólogo.

Silvares, E. F. M, & Gongora, M. A. N. (2006). *Psicologia clínica comportamental: A inserção da entrevista com adultos e crianças*. Edicon.

World Health Organization (WHO). (2022). *International classification of diseases for mortality and morbidity statistics (ICD-11)* (11th ed.). https://icd.who.int/icd11refguide/en/index.html

16

TÉCNICAS DE AVALIAÇÃO EM CASOS DE SUSPEITA DE TRANSTORNOS DA PERSONALIDADE E TRAÇOS RELACIONADOS

SÉRGIO EDUARDO SILVA DE OLIVEIRA
MARCELA MANSUR-ALVES
FERNANDA BARCELLOS SERRALTA
ISABELA SALLUM

O campo de estudo e classificação dos transtornos da personalidade é complexo e polêmico, sendo que discussões importantes permeiam sua evolução. Enquanto a clínica se orienta mais pela consideração de que há um *continnum* entre aspectos normais e patológicos da personalidade, no âmbito das classificações diagnósticas, houve, tradicionalmente, um predomínio do modelo categórico, que considera os transtornos mentais entidades isoladas, discretas, bem delimitadas. Não obstante, na atualidade, observa-se uma tendência de mudança de perspectiva, como evidenciada no modelo alternativo para os transtornos da personalidade (AMPD, do inglês *Alternative model for personality disorders*), apresentado na seção III do *Manual diagnóstico e estatístico de transtornos mentais* (DSM-5) (American Psychiatric Association [APA], 2014) e, mais recentemente, pela proposição da *Classificação internacional de doenças* (CID-11), cuja versão inicial foi liberada em junho de 2018 pela Organização Mundial da Saúde (OMS) (World Health Organization [WHO], 2021), entrando em vigor a partir de 1 de janeiro de 2022.[1] Em ambos os sistemas de classificação, é reconhecido (em maior ou menor grau) que na complexa função que constitui a personalidade, há um espectro ou dimensão variando entre o normal e o patológico e que aspectos do funcionamento do *self* e interpessoais são essenciais para a avaliação.

[1] Ver notícia completa em: https://www.who.int/news/item/18-06-2018-who-releases-new-international-classification-of-diseases-(icd-11). Vale destacar que a implementação da CID-11 nos países-membros da OMS ocorre à medida que os sistemas de registros de saúde são atualizados. No Brasil, a CID-10 foi implementada quase uma década após seu lançamento.

Um dos múltiplos problemas dos modelos categóricos de diagnóstico da personalidade é que eles, ao se basearem em uma dicotomia de presença ou ausência de sintomas, cuja natureza é dimensional, afastam-se da observação clínica. Outro problema associado é a heterogeneidade entre grupos, pois pessoas com o mesmo transtorno podem apresentar combinações completamente distintas de características e guardar pouca semelhança entre si. Além disso, as comorbidades são elevadas, com pacientes preenchendo critérios para múltiplos transtornos. E, ainda, indivíduos que procuram atendimento clínico por problemas de personalidade (p. ex., dificuldades com a intimidade ou sentimentos crônicos de vazio) muitas vezes não atingem nível clínico para o diagnóstico, mesmo que esses problemas causem sofrimento e prejuízos e/ou constituam diátese para outras condições clínicas (p. ex., depressão) (DeFife & Westen, 2012). A adoção de modelos dimensionais no campo das psicopatologias da personalidade, seguindo a mesma lógica utilizada para a caracterização da personalidade típica, contribui significativamente para a solução dessas questões fundamentais (Skodol, 2012; Widiger & Trull, 2007).

A nova versão da CID-11 inclui mudanças expressivas na classificação dos transtornos da personalidade, na medida em que a perspectiva categórica é substituída por uma lógica dimensional (Reed et al., 2019). A CID-11 é uma importante ferramenta para profissionais da saúde, funcionando, no contexto da saúde mental, sobretudo, como diretriz para identificação de pessoas que necessitam de atendimento em serviços de saúde mental e indicação de tratamentos mais efetivos. Considerando que sua adoção é obrigatória nos países-membros da OMS, caso do Brasil, este capítulo tem como objetivo apresentar as principais alterações na classificação dos transtornos da personalidade trazidas pela CID-11, comparar essas alterações com a proposta trazida pelo DSM-5 e abordar, ainda que de forma breve, métodos e técnicas que podem ser utilizados pelos profissionais da saúde para avaliação das patologias da personalidade, buscando oferecer observações e *insights* fundamentais para a avaliação e diagnóstico desses transtornos.

DEFINIÇÃO E CARACTERIZAÇÃO DOS TRANSTORNOS DA PERSONALIDADE NA CID-11

A proposta da CID-11 promove uma mudança expressiva e radical na forma como os transtornos da personalidade são conceitualizados, afastando-se de uma visão categórica e aproximando-se de uma classificação dimensional (Tyrer, 2014). Na concepção atual, as dez possibilidades de categorias diagnósticas de transtornos específicos da personalidade, presentes na CID-10 (paranoide, esquizoide, dissocial, histriônica, ansiosa, dependente, anancástica, com instabilidade emocional, não especificado e outros transtornos específicos de personalidade), foram substituídas por: a) um indicador geral de gravidade de disfunção da personalidade; b) um modelo dimensional contemplando cinco traços; e c) um descritor ou qualificador de padrão de funcionamento *borderline* (World Health Organization [WHO], 2017).

O primeiro passo, na proposta da CID-11, é determinar se um indivíduo apresenta funcionamento compatível com um diagnóstico mais geral de transtorno da personalidade, ao que é dado o nome de *indicador geral de gravidade do transtorno da personalidade* (Reed et al., 2019). Os níveis de gravidade para a disfunção de personalidade são três (leve, moderado e grave), além da possibilidade de identificar um grau subclínico (chamado de dificuldade de personalidade) ou a ausência de transtorno da personalidade (Hansen et al., 2019; Reed et al., 2019). A determinação dos níveis de gravidade da disfunção geral de personalidade está baseada em aspectos do funcionamento interpessoal (p. ex., compreender a perspectiva dos outros, desenvolver e manter relações de intimidade) e do *self* (p. ex., estabilidade e coerência da identidade, autodirecionamento e visão adequada de si). Além disso, são considerados a estabilidade, a severidade, a cronicidade de manifestações emocionais, cognitivas e comportamentais disfuncionais e o quanto essas perturbações causam sofrimento e prejudicam o funcionamento psicossocial do indivíduo (Bach et al., 2021; Reed et al., 2019).

O passo seguinte é qualificar o transtorno pela descrição do perfil psicopatológico a partir de cinco traços mal-adaptativos: afetividade negativa (*negative affectivity*), distanciamento (*detachment*), dissociabilidade (*dissociality*), desinibição (*disinhibition*) e anancastia (*anankastia*). O traço afetividade negativa refere-se à tendência a experimentar uma ampla variedade de emoções negativas (em frequência e intensidades desproporcionais à situação desencadeadora da experiência emocional), à instabilidade emocional e pobre capacidade de regulação das emoções, à baixa autoestima e autoconfiança e a um padrão geral de desconfiança. O domínio de distanciamento refere-se à tendência a manter distância interpessoal (evitar relacionamentos interpessoais e intimidade, não ter amizades mais próximas) e emocional (experiência e expressão emocional limitadas, indiferença e desinteresse). O traço de dissociabilidade diz respeito a uma falta de consideração pelos direitos e sentimentos das pessoas, associado à ausência de empatia e ao egocentrismo. Manifestações comuns em pessoas que apresentam altos níveis de dissociabilidade são sentimento de superioridade, expectativas de receber admiração dos outros, comportamentos de busca de atenção (positiva e negativa), manipulação, mentira e exploração alheio, indiferença com relação ao sofrimento alheio e agressividade física e psicológica. A desinibição associa-se à tendência a agir de modo imprudente, baseando-se em estímulos externos e internos (sensações corporais, emoções e pensamentos) imediatos, sem a devida consideração às consequências negativas potenciais. Falta de planejamento, impulsividade, irresponsabilidade e distração são algumas das manifestações associadas a esse traço. Por fim, a anancastia diz respeito à tendência a se comportar em função de rígidos padrões de perfeição, de certo e errado, além de um controle excessivo sobre o comportamento, próprio e dos outros, e sobre as situações. Manifestações comuns a esse traço são o perfeccionismo (p. ex., preocupação com regras sociais, obrigações e detalhes e excesso de planejamento, de rotinas, de organização, de ordem e de limpeza) e o rígido controle sobre as impressões emocionais, teimosia, inflexibilidade, aversão ao risco e perseveração (Reed et al., 2019; WHO, 2017). Faz-se necessário destacar que todos esses traços podem caracterizar o funcionamento de uma mesma pessoa, assim como apenas um ou dois deles podem ser atribuídos isoladamente.

Não obstante, a fim de buscar encontrar uma solução de compromisso entre os autores dos modelos de traço e aqueles que se opunham mais fortemente a essa proposta dimensional para a CID-11, os organizadores decidiram pela manutenção do que eles chamaram de padrão *borderline* (McCabe & Widiger, 2020; Reed et al., 2019). Esse qualificador opcional pode ser utilizado para descrever o funcionamento de indivíduos cuja perturbação da personalidade é marcada por um padrão generalizado de instabilidade nos relacionamentos interpessoais, na autoimagem e nos afetos, além de acentuada impulsividade e esforços exagerados para evitar abandono real ou imaginário. Estados dissociativos temporários em situações de elevada carga emocional também podem ser observados, assim como comportamentos autolesivos (ver mais em WHO, 2017). A inclusão desse qualificador assegura uma transição mais pacífica entre os modelos categóricos e dimensionais. Ademais, McCabe e Widiger (2020) apontam que existe atualmente um corpo considerável de interesse clínico e de pesquisa no transtorno *borderline*, sendo a única das categorias diagnósticas da personalidade para a qual existe tratamento eficazmente comprovado pela American Psychological Association (APA), o que justificaria sua manutenção na CID-11, ainda que temporariamente (Bagby & Widiger, 2020). Contudo, não se sabe ao certo se o padrão *borderline* contribui com variância explicativa adicional àquela que é fornecida pelos cinco traços mal-adaptativos (Reed et al., 2019), sinalizando para a importância da realização de novas pesquisas nos próximos anos.

COMPARAÇÃO ENTRE A CID-11 E O DSM-5

O tópico anterior enfatizou as extensivas e substanciais alterações na classificação dos transtornos da personalidade trazidas pela nova proposta da CID-11. Contudo, é necessário ressaltar que, para o diagnóstico dos transtornos da personalidade, a mudança do paradigma categorial para o dimensional apareceu pela primeira vez com o DSM-5, ainda que de forma mais tímida (Bagby & Widiger, 2020; McCabe & Widiger, 2020).

O AMPD, que consta na seção III do DSM-5, incorporou a proposta dimensional e compreende dois componentes: a) Critério A – prejuízos no funcionamento da personalidade (identidade, autodirecionamento, empatia e intimidade); e b) Critério B – avaliação da intensidade de apresentação de 25 traços patológicos da personalidade, organizados em cinco dimensões mais gerais (afetividade negativa, distanciamento, antagonismo, desinibição e psicoticismo) (Skodol, 2012; Tyrer, 2014; Widiger & McCabe, 2020). Ainda, o AMPD excluiu quatro dos dez transtornos da personalidade presentes no DSM-IV (dependente, paranoide, esquizoide e histriônico), mantendo apenas os transtornos *borderline*, narcisista, antissocial, evitativo, esquizotípico e obsessivo-compulsivo (Widiger & McCabe, 2020).

Assim como a proposta do AMPD, a CID-11 inclui uma avaliação da gravidade geral da disfunção na personalidade e um modelo dimensional de cinco traços mal-adaptativos da personalidade (Tyrer, 2014). Apesar das semelhanças entre as duas propostas, existem diferenças importantes. Uma primeira diferença marcante entre o DSM-5 e a CID-11 é que o primeiro mantém seis categorias diagnósticas para transtornos da personalidade, enquanto a proposta da CID-11 foi mais radical, eliminando todas as dez categorias anteriormente presentes na CID-10 (McCabe & Widiger, 2020).

Ainda que quatro (afetividade negativa, distanciamento, desinibição e dissocialidade) das cinco variáveis mal-adaptativas dos traços de personalidade propostos pela CID-11 apresentem considerável sobreposição conceitual com as dimensões de afetividade negativa, distanciamento, antagonismo e desinibição do DSM-5 (Bagby & Widiger, 2020), distinções devem ser ressaltadas no quinto traço proposto. As diferenças residem na dimensão de psicoticismo, presente no DSM-5 e ausente na CID-11, e na dimensão de anancastia, presente na CID-11 e ausente no DSM-5 (McCabe & Widiger, 2020). Segundo Bagby e Widiger (2020), a ausência da dimensão de psicoticismo na CID-11 é consistente com a concepção de transtorno da personalidade esquizotípica da CID-10 – uma variante da esquizofrenia em vez de um transtorno da personalidade. Sobre a ausência da dimensão de anancastia no DSM-5, McCabe e Widiger (2020) apontam que, na primeira versão do novo manual apresentada à APA, a dimensão de compulsividade estava presente. Entretanto, ela foi retirada da versão final em favor da parcimônia do modelo, decisão que deixou muitos pesquisadores perplexos, considerando a relevância teórico-conceitual e empírica dos componentes dessa dimensão na explicação de várias apresentações vistas em pacientes com transtornos da personalidade (Skodol, 2012). Ainda assim, conforme ressaltam McCabe e Widiger (2020), alguns estudos sugerem que as facetas de perfeccionismo rígido e perseveração permitiriam o reconhecimento da dimensão de anancastia no DSM-5, por mais que comparações diretas entre medidas que operacionalizam ambos os construtos sejam escassas. Por fim, outra diferença existente entre as duas propostas é a inexistência de facetas, claramente identificadas, na CID-11, relacionadas aos cinco domínios mais gerais de traços mal-adaptativos (Bagby & Widiger, 2020). De acordo com Bagby e Widiger (2020), a decisão de não incluir facetas específicas atreladas aos cinco traços estaria relacionada a uma tentativa de reduzir a complexidade da proposta nesse momento de profunda transição entre modelos diagnósticos. Essa decisão pode ser considerada controversa, uma vez que as facetas poderiam conferir mais especificidade e profundidade à descrição do perfil apresentado por um indivíduo com transtorno da personalidade, acrescentando informação que poderia ser de grande utilidade e relevância para a escolha, adesão e resposta ao tratamento (Oltmanns & Widiger, 2020).

Como visto, existem semelhanças e diferenças entre as propostas da CID-11 e do DSM-5 no que se refere ao diagnóstico de transtornos da personalidade. Por uma questão temporal, existe um conjunto de pesquisas mais extenso investigando a validade psicométrica e a utilidade clínica, a confiabilidade e o valor preditivo do AMPD do DSM-5, publicado em 2013, e das medidas criadas para operacionalização dos seus componentes, em comparação à proposta da CID-11, a qual foi lançada em 2019 (McCabe & Widiger, 2020).

Não apenas a proposta da CID-11 é mais nova, como também os instrumentos para operacionalização de cada um dos seus três componentes apenas recentemente foram desenvolvidos e vêm sendo investigados em estudos de validade convergente e discriminante com aquelas desenvolvidas para o DSM-5 – e, também, com instrumentos de avaliação das apresentações típicas dos traços de personalidade. Por exemplo, Oltmanns e Widiger (2018) desenvolveram o Inventário de Personalidade da CID-11 (PiCD, do inglês Personality Inventory for ICD-11), instrumento que possui 60 itens e tem como objetivo avaliar os cinco traços gerais do modelo dimensional. Olajide et al. (2017) desenvolveram, por sua vez, o Standardized Assessment of Severity of Personality Disorder (SASPD). O instrumento de nove itens objetiva avaliar a gravidade geral do transtorno da personalidade, conforme previsto na proposta da CID-11, como primeiro critério de avaliação. Bach et al. (2021) propuseram a Personality Disorder Severity Scale (PDS-ICD-11) como alternativa ao instrumento proposto por Olajide et al. (2017). Por fim, Oltmanns e Widiger (2019) construíram um instrumento para avaliação do padrão borderline, a Borderline Pattern Scale (BPS). A próxima seção apresenta, de forma mais pormenorizada, os métodos e técnicas de avaliação dos transtornos da personalidade, seguindo a proposta dos modelos dimensionais e, mais especificamente, da CID-11, aprofundando em questões de validade psicométrica e situação atual.

MÉTODOS E TÉCNICAS DE AVALIAÇÃO DOS TRANSTORNOS DA PERSONALIDADE

A avaliação da patologia da personalidade, de acordo com o modelo dimensional da CID-11, pode ser feita utilizando-se diferentes métodos e técnicas, como entrevistas, observação do comportamento, testes psicológicos, inventários, escalas, questionários e tarefas ecológicas e experimentais (Wellausen & Oliveira, 2016). Conforme descrito anteriormente, as orientações diagnósticas da CID-11 incluem a avaliação do nível de gravidade do transtorno da personalidade e a avaliação dos traços patológicos da personalidade, contando também com o qualificador de padrão *borderline*. Para servir à prática clínica, os procedimentos de avaliação diagnóstica da personalidade precisam gerar informações clinicamente relevantes, ao mesmo tempo que apresentem características de confiabilidade entre avaliadores, validade e estabilidade combinada com sensibilidade à mudança (DeFife & Westen, 2012). Dessa maneira, a seguir, são apresentadas e discutidas as formas de avaliação para esses três níveis: gravidade, traços patológicos e padrão *borderline*.

AVALIAÇÃO DA GRAVIDADE DO TRANSTORNO DA PERSONALIDADE

Avaliar a gravidade do transtorno da personalidade implica verificar os prejuízos nos funcionamentos intrapessoal (*self*) e interpessoal, conforme mencionado anteriormente. Os prejuízos no funcionamento do *self* dizem respeito a problemas na integração da identidade, na autoestima, na autoavaliação acurada e no autodirecionamento (Bach et al., 2021). Por sua vez, os prejuízos no funcionamento interpessoal incluem dificuldades em estabelecer e manter relações íntimas, em ter empatia, em manter relações mutuamente satisfatórias e em manejar conflitos (Bach et al., 2021). A gravidade da patologia da personalidade é determinada por meio de quatro elementos: 1) quantidade de aspectos disfuncionais dos domínios do funcionamento do *self* e interpessoal (p. ex., uma pessoa com problemas de autodirecionamento e sem dificuldades nos outros domínios do *self* pode ter gravidade mais leve do que uma pessoa que apresenta prejuízos em todas as dimensões do *self*); 2) quantidade de áreas da vida em que são manifestados os prejuízos no funcionamento da personalidade (p. ex., uma pessoa que manifesta a patologia da personalidade apenas em relacionamentos românticos pode ter um nível mais leve do transtorno do aquela que manifesta a patologia em mais tipos de relacionamentos); 3) quantidade de sofrimento ou prejuízo clinicamente significativos (p. ex., uma pessoa que apresenta prejuízos na vida social pode ter um nível mais leve do que uma pessoa que apresenta prejuízos em mais áreas da vida, como familiar, social e ocupacional); e 4) quantidade de ações danosas a si ou aos outros (p. ex., uma pessoa com distúrbios no funcionamento da personalidade e que não faz mal a si e aos outros pode ter um nível mais leve do que uma pessoa que faz mal a si e aos outros). A Tabela 16.1 apresenta resumidamente as orientações de severidade do modelo.

TABELA 16.1

ORIENTAÇÕES PARA DETERMINAÇÃO DE GRAVIDADE DA PATOLOGIA DA PERSONALIDADE

	LEVE	MODERADO	SEVERO
Domínios disfuncionais*	Poucos	Vários	Todos ou quase todos
Manifestações da patologia	Poucas áreas	Várias áreas	Todas ou quase todas as áreas
Sofrimento e/ou prejuízos	Poucas áreas	Várias áreas	Todas ou quase todas as áreas
Danos a si ou aos outros	Ausentes	Às vezes	Presentes

* Os domínios disfuncionais do funcionamento do *self* são: identidade, autoestima, autoavaliação e autodirecionamento. Os domínios disfuncionais do funcionamento interpessoal são: interesse em relacionamentos, empatia, estabelecimento de relações mutuamente satisfatórias e manejo de conflitos.

Fonte: Elaborada com base em World Health Organization (2021).

Além da gravidade, outras orientações importantes devem ser observadas na avaliação para o diagnóstico de transtorno da personalidade. São elas:

1 Tempo: os prejuízos no funcionamento da personalidade devem ocorrer por dois anos ou mais.
2 Pervasividade: os prejuízos no funcionamento da personalidade devem ser manifestados em diferentes situações pessoais e sociais.
3 Desenvolvimento e cultura: os prejuízos no funcionamento da personalidade não são manifestações típicas do período desenvolvimental e também não são explicados por fatores sociais e culturais, considerando, inclusive, conflitos sócio-políticos.
4 Sofrimento e prejuízos: os prejuízos no funcionamento da personalidade estão associados a um importante sofrimento ou danos significativos em diferentes áreas da vida (WHO, 2021).

Partindo dessas orientações gerais, a avaliação da severidade deve responder às seguintes perguntas:

1 Qual o nível de funcionamento do *self* da pessoa avaliada? (Como é seu senso de identidade? Como é sua autoestima? Ela é capaz de fazer uma autoavaliação acurada de suas forças e limitações? Ela tem objetivos de vida adequados e consegue planejar e perseguir esses objetivos?)
2 Qual o nível de funcionamento interpessoal da pessoa avaliada? (Ela tem interesse em engajar-se em relacionamentos interpessoais? Ela é capaz de entender e apreciar as perspectivas das outras pessoas? Como é seu nível de empatia? As relações que ela tem são íntimas e mutuamente satisfatórias? Ela consegue lidar com situações de conflito interpessoais?)
3 Os prejuízos no funcionamento da personalidade são expressos em quantas áreas da vida? (Como e quando são manifestados os problemas no *self*? Como e quando são manifestados os problemas interpessoais?)
4 Qual o nível de sofrimento e/ou prejuízos que a pessoa apresenta? (A pessoa se queixa de seu próprio jeito de ser? Ela foi demitida ou teve sanções ou conflitos no trabalho? Perdeu relacionamentos amorosos ou sociais, rompeu vínculos familiares, apresentou problemas com a polícia ou com a justiça, ou teve outros prejuízos em outras áreas da vida?)
5 A pessoa faz mal a si mesma ou a outras pessoas? (Ela pratica autossabotagem/automutilação ou apresenta comportamentos suicidas? Abusa emocionalmente ou fisicamente das pessoas? É agressiva, ou mesmo violenta? Ameaça ou atenta contra a vida das pessoas?)
6 Quando começaram os problemas no funcionamento da personalidade e qual é o curso desses problemas (são persistentes?)?
7 Os padrões de comportamento, sentimento e pensamento estão de acordo com o nível de desenvolvimento da pessoa ou com os contextos sociais, culturais e políticos?

Essas perguntas podem ser respondidas por diferentes métodos e técnicas de avaliação, incluindo os procedimentos estruturados e os de livre estruturação. Entre os procedimentos de livre estruturação, por exemplo, estão as técnicas de observação e de entrevista livre. A observação direta do comportamento durante o processo de avaliação pode gerar dados relacionados às atitudes que a pessoa tem em relação a si mesma, o que pode ajudar a responder à pergunta 5, por exemplo (para conhecer mais sobre as técnicas de observação na avaliação psicológica recomenda-se a leitura de Oliveira, 2019a). Ainda, técnicas comunicativas em entrevistas (Oliveira, 2019b) podem auxiliar na produção de narrativas que subsidiem informações suficientes para todas as sete perguntas descritas anteriormente.

Métodos sistemáticos e estruturados também podem subsidiar informações importantes para o diagnóstico da severidade da patologia da personalidade. São exemplos de técnicas sistemáticas as entrevistas estruturadas, os inventários, as escalas, os testes psicológicos, etc. A seguir, são apresentadas algumas técnicas de entrevistas estruturadas que podem ser usadas para esse fim; porém, ressalta-se que nenhuma entrevista delineada para cobrir o modelo da CID-11 foi encontrada até a publicação deste livro. Assim, dada a grande semelhança conceitual entre a dimensão de severidade da patologia da personalidade da CID-11 e o critério A de prejuízos no funcionamento da personalidade descrito no AMPD, em que ambos determinam a patologia da personalidade por disfunção dos domínios do *self* e interpessoal, relacionamos algumas entrevistas que podem ser úteis na avaliação da gravidade dessa patologia.

Clinical Assessment of the Level of Personality Functioning Scale

A Clinical Assessment of the Level of Personality Functioning Scale (CALF) (Thylstrup et al., 2016) é uma entrevista estruturada cujas interpretações baseiam-se fundamentalmente nas inferências dos processos subjacentes às respostas, e não no conteúdo explícito das respostas da pessoa avaliada. A escala inicia com questões demográficas gerais e sobre problemas atuais de saúde mental e de tratamento. Em seguida, existem quatro seções que investigam os domínios do funcionamento da personalidade: o *self* (nos domínios identidade e autodirecionamento) e o interpessoal (nos domínios empatia e intimidade). Para cada domínio, o clínico faz perguntas gerais sobre essas dimensões em situações da vida em geral considerando o período dos últimos três a cinco anos. Após as narrativas, o clínico faz uma pontuação global por dimensão que varia de 0 (sem prejuízo) a 4 (prejuízo severo). Até o momento, não se tem conhecimento de adaptação da escala para a língua e cultura do Brasil. Contudo, vale salientar que o estudo da CALF resultou em baixos índices de confiabilidade (Thylstrup et al., 2016).

Semi-Structured Interview for Personality Functioning DSM-5

Trata-se de uma entrevista delineada para avaliar os domínios do funcionamento da personalidade de acordo com o AMPD. A Semi-Structured Interview for Personality Functioning DSM-5 (STiP-5.1) (Hutsebaut et al., 2017) avalia 12 facetas do critério A (isto é, três aspectos para cada um dos quatro domínios: identidade, autodirecionamento, empatia e intimidade) em 12 seções (uma para cada faceta). Cada seção possui três colunas: a coluna da esquerda apresenta os critérios de pontuação da faceta (0 = sem prejuízo; a 4 = prejuízo extremo); a coluna do meio, as perguntas a serem feitas pelo entrevistador (28 questões abertas e outras, opcionais, de clarificação); e a coluna da direita, que traz informações essenciais a serem coletadas para a pontuação. A STiP-5.1 apresentou adequados coeficientes de consistência interna e de confiabilidade entre avaliadores, assim como evidências de validade na relação com outras medidas de psicopatologias (Heissler et al., 2021; Hutsebaut et al., 2017; Zettl et al., 2019). Algumas fragilidades psicométricas também foram reportadas, como a ausência de relação entre a entrevista e a avaliação clínica do nível de funcionamento da personalidade (Hutsebaut et al., 2021). Até o momento, não se tem notícias de adaptação dessa entrevista para o contexto brasileiro.

Structured Clinical Interview for the Level of Personality Functioning Scale

A Structured Clinical Interview for the Level of Personality Functioning Scale (SCID-5-AMPD-I; Bender et al., 2018) é uma entrevista semiestruturada que compreende os 12 subdomínios do critério A. O entrevistador inicia a avaliação com oito perguntas gerais que buscam examinar como a pessoa avaliada se percebe e se relaciona com as demais. Depois, cada um dos 12 subdomínios é avaliado com uma pergunta de rastreio, e, a partir da resposta obtida, o avaliador deve fazer uma pergunta referente ao nível de funcionamento da personalidade inferido para confirmação (ou não) do nível. Essa entrevista tem apresentado adequadas propriedades psicométricas, com evidências de fidedignidade e confiabilidade (Buer Christensen et al., 2018; Buer Christensen, Eikenaes et al., 2020; Buer Christensen, Hummelen et al., 2020; Hummelen et al., 2021; Kampe et al., 2018). Não há notícias, até o presente momento, de estudos com essa entrevista no Brasil.

Entrevista Diagnóstica para os Transtornos da Personalidade

Delineada para o auxílio diagnóstico dos transtornos da personalidade, a Entrevista Diagnóstica para os Transtornos da Personalidade (E-TRAP) (Carvalho et al., 2020) considera os modelos categórico e híbrido do DSM-5. O critério A é avaliado por meio de 12 perguntas principais, cada uma delas referente a uma faceta do modelo, e 12 perguntas-prova relativas ao nível de severidade identificado para cada faceta. A E-TRAP é uma entrevista computadorizada, desenvolvida no Brasil, e cada pergunta é apresentada de acordo com o nível determinado por meio da pergunta principal. Ainda não existem estudos de validade e fidedignidade publicados, porém, o manual da entrevista apresenta evidências de validade baseada no conteúdo (Carvalho et al., 2020).

Além da semelhança com o critério A do AMPD, o domínio de severidade da patologia da personalidade também possui uma estreita relação com o modelo estrutural da personalidade de Kernberg (Kernberg & Caligor, 2005). A partir dessa semelhança, a seguir é citada outra entrevista que pode ser útil.

Structured Interview of Personality Organization – Revised

A Structured Interview of Personality Organization – Revised (STIPO-R) (Clarkin et al., 2016) é uma entrevista clínica semiestruturada desenvolvida para o diagnóstico estrutural da personalidade sob o ponto de vista psicodinâmico. Ela é composta por 55 itens e contempla cinco domínios e 14 subdomínios: 1) identidade (capacidade de investimento no trabalho ou estudos, capacidade recreativa, senso de *self* e senso de outros); 2) relações objetais (relações interpessoais, relações íntimas/sexualidade e modelo interno de relacionamentos); 3) defesas (defesas imaturas, defesas primitivas e defesas maduras); 4) agressividade (agressividade autodirigida e agressividade dirigida aos outros); 5) valores morais (culpa e comportamento moral/imoral) (Clarkin et al., 2021). As questões dos domínios são avaliadas com escores que variam entre 0 e 2. Além dessa avaliação ancorada nos itens específicos dos domínios, com base na impressão clínica, pontua-se cada domínio em uma escala de 1 a 5. A primeira versão da entrevista teve adequados coeficientes de confiabilidade entre avaliadores (Hörz et al., 2009; Stern et al., 2010) e os estudos psicométricos da versão revisada ainda estão em andamento. Apesar de ainda não publicada, sabe-se que a versão brasileira da STIPO-R apresentou resultados psicométricos promissores (Luiz, 2021).

FORMULÁRIOS CLÍNICOS

Outra forma de estimar o grau de severidade da patologia da personalidade pode ser por meio de formulários clínicos. Esse método de avaliação caracteriza-se como um processo sistemático de registro das observações clínicas. Dois instrumentos baseados nesse método de avaliação são descritos a seguir. O primeiro está alinhado com o AMPD, e o segundo, com a teoria de Kernberg (Kernberg & Caligor, 2005).

Level of Personality Functioning Scale

A Level of Personality Functioning Scale (LPFS) (APA, 2014) consta no DSM-5 e consiste em um formulário no qual o clínico avalia os quatro domínios do funcionamento da personalidade (identidade, autodirecionamento, empatia e intimidade), com base na apreciação e conhecimentos sobre o paciente. Cada um dos domínios é avaliado em uma escala de cinco pontos (0 = ausência de prejuízo; e 4 = prejuízo extremo), sendo que para cada ponto existe um texto prototípico do nível. Estudos psicométricos da LPFS têm sido apresentados e indicam evidências de validade e confiabilidade (Morey et al., 2013; Morey & Skodol, 2013; Zimmermann et al., 2014, 2015).

Personality Organization Diagnostic Form-II

Trata-se de um formulário que sistematiza, em 21 itens, os principais domínios da teoria da organização da personalidade de Kernberg: difusão/integração da identidade; mecanismos de defesa (primitivos e maduros); teste de realidade; e qualidade das relações de objeto. Estudos psicométricos têm indicado evidências de validade e fidedignidade do Personality Organization Diagnostic Form-II (PODF-II) (Gamache et al., 2009). Existe uma versão brasileira do formulário, cujos resultados foram reportados em Oliveira e Bandeira (2020), embora ainda não existam estudos psicométricos no Brasil.

INSTRUMENTOS DE AUTORRELATO

Por fim, citam-se aqui instrumentos de autorrelato que podem ser usados para avaliar a severidade da patologia da personalidade. Nesse método de avaliação existem instrumentos desenvolvidos com base no modelo da CID-11, assim como aqueles baseados no AMPD e no modelo de Kernberg (Kernberg & Caligor, 2005).

Standardized Assessment of Severity of Personality Disorder

A Standardized Assessment of Severity of Personality Disorder (SASPD) é uma medida com nove itens selecionados para avaliar a gravidade da patologia da personalidade de acordo com o modelo da CID-11. Cada um dos itens é avaliado em uma escala de quatro pontos que varia de 0 (sem prejuízo) a 3 (prejuízo grave). Olajide et al. (2017) apresentaram evidências de fidedignidade e validade da SASPD. Contudo, pesquisas indicam fragilidades psicométricas dessa medida (Bach et al. 2021). A SASPD está adaptada para o Brasil, porém, ainda não há estudos publicados que apresentem suas propriedades psicométricas no país.

ICD-11 Personality Disorder Severity Scale

A PDS-ICD-11 (Bach et al., 2021) é um instrumento desenvolvido para aprimorar a SASPD. Apesar de o formato ser bastante semelhante entre os instrumentos, a PDS-ICD-11 tem 14 itens, sendo os 10 primeiros respondidos em uma escala bipolar de cinco pontos, sendo que o ponto médio (escore 0) indica um funcionamento sadio, e os polos opostos representam o contrário da disfunção avaliada (p. ex., falta de interesse social *versus* desconforto em estar só). Esses 10 itens avaliam aspectos do funcionamento do *self* e interpessoal. Os últimos quatro itens são unipolares, pontuados em uma escala de quatro pontos, variando de 0 (sem prejuízo) a 3 (prejuízo grave). Os itens de 11 a 13 avaliam as manifestações emocionais, cognitivas e comportamentais da disfunção da personalidade, e o item 14 avalia de forma global o nível de sofrimento e prejuízo das disfunções da personalidade. A PDS-ICD-11 apresentou adequadas evidências de fidedignidade e validade

(Bach et al., 2021) e está em fase de adaptação para o Brasil.

Level of Personality Functioning Scale-Self-Report

A Level of Personality Functioning Scale-Self-Report (LPFS-SR)(Morey, 2017) é uma medida de autorrelato com 80 itens que foi desenvolvida para avaliar as quatro dimensões do nível de funcionamento da personalidade de acordo com o AMPD. Os itens são respondidos em uma escala de quatro pontos, variando de 1 (totalmente falso) a 4 (absolutamente verdadeiro). Para o cômputo dos escores dos quatro domínios, os itens são ponderados de acordo com o nível de gravidade para o qual eles foram elaborados, com base na LPFS (APA, 2014). Os valores de ponderação são: -0,5 (para os itens que indicam pouco ou nenhum prejuízo); 0,5 (algum prejuízo); 1,5 (prejuízo moderado); 2,5 (prejuízo grave); e 3,5 (prejuízo extremo). Com isso, os itens passam a ter uma escala não linear. Por exemplo, uma pessoa que pontue 4 (absolutamente verdadeiro) para um item desenvolvido para representar o nível "pouco ou nenhum prejuízo" da LPFS terá um escore de -2 (resultado da multiplicação de 4 por -0,5), ao passo que uma resposta 4 (absolutamente verdadeiro) para um item elaborado para cobrir o nível "prejuízo extremo" terá um escore de 14 (resultado da multiplicação de 4 por 3,5). A LPFS-SR tem apresentado evidências de fidedignidade e validade (Hopwood et al., 2018; Morey, 2017). Não se tem conhecimentos, até o presente momento, se esse instrumento está sendo adaptado para o Brasil.

Level of Personality Functioning-Brief Form 2.0

Já a LPFS-Brief Form 2.0 (LPFS-BF 2.0) (Weekers et al., 2019) é um instrumento de 12 itens que são respondidos em uma escala de quatro pontos, com variação de 1 (completamente falso) a 4 (completamente verdadeiro). Cada um dos 12 itens representa uma faceta específica dos quatro domínios do funcionamento da personalidade do AMPD. Essa escala fornece estimativas válidas e confiáveis acerca das dimensões do funcionamento do *self* (6 itens) e interpessoal (6 itens). A LPFS-BF-2.0 tem apresentado adequadas evidências de fidedignidade e de validade (Bach & Hutsebaut, 2018; Weekers et al., 2019) e está adaptada para o Brasil (Oliveira et al., no prelo).

DSM-5 Levels of Personality Functioning Questionnaire

O DSM-5 Levels of Personality Functioning Questionnaire (DLOPFQ), composto por 66 itens (Huprich et al., 2018), e sua forma curta, o DLOPFQ-SF, com 23 itens (Siefert et al., 2020), são respondidos em dois contextos: relacionamentos próximos e trabalho/escola. Em sua forma completa, apresenta 132 itens e avalia os quatro domínios do funcionamento da personalidade de acordo com o AMPD nos dois contextos referidos. Os autores encontraram adequadas evidências de validade e confiabilidade (Huprich et al., 2018; Siefert et al., 2020). Não se tem notícias se esse questionário está sendo adaptado ao contexto brasileiro.

Levels of Personality Functioning Questionnaire for Adolescents from 12 to 18 Years

O Levels of Personality Functioning Questionnaire (LoPF-Q 12-18) (Goth et al., 2018) é um questionário com 97 itens respondidos em uma escala de cinco pontos, variando de 0 (completamente falso) a 4 (completamente verdadeiro). Os itens foram elaborados para cobrir os quatro domínios do funcionamento da personalidade de acordo com o AMPD e delineados para a avaliação de adolescentes. A literatura apresenta evidências de fidedignidade e validade (Cosgun et al., 2021; Goth et al., 2018) e não se tem conhecimentos, até o presente momento, se esse questionário está sendo adaptado para uso no Brasil.

Self and Interpersonal Functioning Scale (SIFS)

A Self and Interpersonal Functioning Scale (SIFS) (Gamache et al., 2019) é uma medida com 24 itens elaborados para avaliar os quatro domínios do funcionamento da personalidade de acordo com o AMPD. Os itens são respondidos em uma escala de cinco pontos, com variação de 0 ("Isso não me descreve de forma alguma") a 4 ("Isso descreve-me totalmente"). Evidências de fidedignidade e validade são reportadas (Gamache et al., 2019, 2021) e não se sabe se a escala está sendo adaptada para o Brasil.

Personality Functioning Scale (PFS)

A Personality Functioning Scale (PFS) (Stover et al., 2020) é composta por 28 itens que são respondidos em uma escala de quatro pontos, variando de 1 (completamente falso) a 4 (completamente verdadeiro). Oferece uma estimativa dos domínios do funcionamento do *self* e interpessoal de acordo com o AMPD. Stover et al. (2020) apresentaram adequadas evidências de fidedignidade e validade. Não se tem notícias de estudos de validação dessa escala para o Brasil.

Inventory of Personality Organization (IPO)

O Inventory of Personality Organization (IPO) (Lenzenweger et al., 2001) é um instrumento de 83 itens, respondidos em uma escala de cinco pontos, com variação de 1 (nunca verdadeiro) a 5 (sempre verdadeiro). Sua base teórica é a teoria da organização da personalidade de Kernberg, a mesma da STIPO-R. O IPO apresenta sete fatores: instabilidade do *self* e outros, instabilidade do comportamento, instabilidade nos objetivos, psicose, agressividade autodirigida, distorção dos valores morais e agressividade sádica. De acordo com o modelo da CID-11, são indicações de severidade da patologia a agressão dirigida a si e aos outros, além de prejuízos no funcionamento do *self* e outros, variáveis presentes no inventário. A versão brasileira do IPO (IPO-Br) (Oliveira & Bandeira, 2011) tem apresentado adequados coeficientes de fidedignidade e validade (Hessel et al., 2021; Silveira et al., 2018, 2021).

Operationalized Psychodynamic Diagnosis – Structure Questionnaire

Medida de autorrelato com 95 itens que são respondidos em uma escala de cinco pontos, variando de 0 (discordo totalmente) a 4 (concordo totalmente). O Operationalized Psychodynamic Diagnosis – Structure Questionnaire (OPD-SQ) avalia a integração estrutural da personalidade a partir de uma perspectiva psicodinâmica e inclui quatro dimensões (direcionadas a dois polos): habilidades cognitivas (autoperceção e percepção do objeto), habilidades de regulação (autorregulação e regulação dos relacionamentos), habilidades de comunicação (comunicação interna emocional e comunicação externa emocional) e habilidades de apego (apego a objetos internos e apego a objetos externos). A média dos escores de todos os itens é um indicador global do funcionamento estrutural da personalidade, sendo que quanto maior é o valor, menor é a integração estrutural da personalidade. Uma versão breve de 12 itens (OPD-SQS) (Ehrenthal et al., 2015) oferece uma estimativa de autopercepção, contato interpessoal e modelo de relacionamentos. O OPD-SQ e o OPD-SQS apresentaram adequados indicadores de fidedignidade e validade (Ehrenthal et al., 2012, 2015). A adaptação da versão OPD-2 foi realizada para o Brasil, com estudos preliminares de validade e confiabilidade (Krieger, 2013).

Nesta seção sobre avaliação da gravidade dos transtornos da personalidade foram listadas as medidas, indicadas na literatura, que têm sido usadas para essa finalidade e que têm interlocução com a proposta conceitual da dimensão de severidade do modelo da CID-11. Cabe aos pesquisadores e clínicos conhecerem os recursos técnicos disponíveis para proceder com suas pesquisas e avaliações.

AVALIAÇÃO DOS TRAÇOS PATOLÓGICOS DA PERSONALIDADE

Além do nível de severidade, o modelo de diagnóstico dos transtornos da personalidade da CID-11 inclui também uma proposta multidimensional de traços patológicos da personalidade. Trata-se de uma atividade suplementar e opcional ao diagnóstico que visa a uma descrição estilística da apresentação psicopatológica do transtorno. O modelo apresenta cinco dimensões: afetividade negativa, distanciamento, desinibição, dissociabilidade e anancastia. Para a avaliação desses traços, já existem modelos de mensuração elaborados com base no modelo da CID-11 e outros, principalmente, desenvolvidos para o AMPD. A seguir, destacamos os principais instrumentos apresentados na literatura, incluindo os métodos de entrevista, avaliação clínica e autorrelato.

Personality Inventory for ICD-11

É uma medida de autorrelato com 60 itens que são respondidos em uma escala de cinco pontos, sendo 1 (discordo totalmente) a 5 (concordo totalmente). O objetivo do Personality Inventory for ICD-11 (PiCD) é avaliar os cinco domínios da personalidade no modelo da CID-11. O instrumento tem apresentado adequadas propriedades psicométricas (Oltmanns & Widiger, 2018), inclusive na versão brasileira, que resultou em uma medida com 41 itens (Oliveira, 2021).

Five-Factor Personality Inventory for ICD-11

Trata-se de uma medida de autorrelato com 121 itens que são respondidos em uma escala de cinco pontos, variando de 1 (discordo totalmente) a 5 (concordo totalmente). O Five-Factor Personality Inventory for ICD-11 tem o objetivo de avaliar os traços patológicos da personalidade de acordo com o modelo da CID-11 por meio de 20 facetas agrupadas nos cinco domínios da CID-11. As facetas ainda são subdivididas em 47 nuances. Os estudos psicométricos indicaram adequada evidência de fidedignidade e validade (Oltmanns & Widiger, 2020) e a versão brasileira também resultou em adequadas propriedades psicométricas (Oliveira, 2021).

Personality Assessment Questionnaire for ICD-11

O Personality Assessment Questionnaire for ICD-11 (PAQ-11) é um instrumento curto, com 17 itens respondidos em uma escala de cinco pontos, variando de 0 (nunca) a 4 (sempre). O PAQ-11 foi delineado para mensurar os cinco domínios do modelo da CID-11. Os autores encontraram adequadas propriedades psicométricas dessa medida (Kim et al., 2021). Não se tem conhecimento da adaptação do instrumento para o Brasil.

Domain and Component Scales of the ICD-11 Personality Disorder Model

Trata-se de um instrumento de autorrelato que contém 300 itens, com respostas em uma escala de quatro pontos, variando de 1 (muito ou frequentemente falso) a 4 (muito ou frequentemente verdadeiro). Clark et al. (2021) propuseram um modelo compreensivo de mensuração que inclui tanto as duas dimensões de severidade (*self* e interpessoal) quanto as cinco dimensões de traços. Para cada dimensão, ainda há componentes específicos, totalizando 17 componentes (variando de dois a quatro por dimensão). Nota-se que esse instrumento não foi nomeado pelos autores no artigo (Clark et al., 2021) e que há evidências de validade e fidedignidade para os níveis das dimensões e componentes. Não se tem notícias da adaptação desse instrumento para o Brasil.

Personality Inventory for DSM-5

É uma medida de autorrelato com 220 itens, que são respondidos em uma escala de quatro pontos, variando de 0 (nada) a 3 (muito). Os itens cobrem as 25 facetas do modelo de traços patológicos da personalidade do AMPD, as quais se organizam nos cinco domínios (afetividade negativa, distanciamento, antagonismo, desinibição e psicoticismo). O Personality Inventory for DSM-5 (PID-5) (Krueger et al., 2012) tem suas propriedades psicométricas já reconhecidas internacionalmente (Al-Dajani et al., 2016) e no Brasil (Oliveira et al., 2021). Especificamente em relação ao modelo da CID-11, a versão do PID-5 nomeada Personality Inventory for DSM-5-Brief Form Plus Modified (PID-5-BF+M) (Bach et al., 2020) possui um algoritmo para cobrir os domínios do AMPD e da CID-11, por meio da inclusão da dimensão anancastia.

Para finalizar esta seção, trazemos duas entrevistas já citadas na seção anterior (ver Avaliação da gravidade do transtorno da personalidade): a SCID-5-AMPD-II (Skodol et al., 2018) e a E-TRAP Critério B (Carvalho et al., 2020). A diferença é que para a avaliação dos traços patológicos da personalidade, a SCID-5 implica no módulo II, e a E-TRAP no Critério B. As duas entrevistas têm o objetivo de avaliar as 25 facetas e os cinco traços patológicos da personalidade do AMPD. Conforme já mencionado, a importante sobreposição entre os modelos da CID-11 e do DSM-5 permite que esses instrumentos sejam úteis para a avaliação dos traços patológicos da personalidade no contexto da CID-11. Não se tem notícias da adaptação da SCID-5-AMPD-II para o Brasil, e vale relembrar que a E-TRAP é uma medida desenvolvida no Brasil.

Fora essas medidas, outros instrumentos que avaliam traços patológicos da personalidade podem ser usados. Um exemplo é o Inventário Dimensional Clínico da Personalidade (IDCP-2) (Carvalho & Primi, 2018), com 12 dimensões que se decompõem em 47 fatores, de modo que muitos deles refletem os traços patológicos da personalidade do modelo da CID-11.

AVALIAÇÃO DO QUALIFICADOR DE PADRÃO *BORDERLINE*

O modelo diagnóstico dos transtornos da personalidade da CID-11 inclui o qualificador de padrão *borderline*. Esse qualificador é um resquício do modelo categórico, sendo o único tipo patológico da personalidade mantido. A manutenção dessa categoria diagnóstica é controversa (Mulder et al., 2020), embora não traga prejuízos para o modelo e permita uma maior aceitação por parte dos pesquisadores e profissionais que trabalham com o transtorno da personalidade *borderline* (Tyrer et al., 2019). Considerando que toda e qualquer medida que avalie esse transtorno pode ser usada para esse qualificador e que existem inúmeros instrumentos para a avaliação dessa psicopatologia, serão citados aqui os únicos instrumentos específicos do modelo da CID-11 encontrados na literatura.

Borderline Patterns Scale

A Borderline Patterns Scale (BPS) é uma medida de autorrelato com 12 itens que são respondidos em uma escala de cinco pontos, variando de 1 (discordo totalmente) a 5 (concordo totalmente). Os itens cobrem os componentes descritivos do qualificador de padrão *borderline* do modelo diagnóstico dos transtornos da personalidade da CID-11: instabilidade afetiva, funcionamento mal-adaptativo do *self*, funcionamento interpessoal mal-adaptativo e estratégias mal-adaptativas de regulação. A BPS apresentou adequadas propriedades psicométricas no estudo original (Oltmanns & Widiger, 2019), assim como no estudo de adaptação para o Brasil (Oliveira, 2021).

Personality Assessment Questionnaire for ICD-11

O PAQ-11, apresentado anteriormente (ver seção Avaliação dos traços patológicos da personalidade), possui um conjunto de oito itens empiricamente selecionados para estimar o qualificador de padrão *borderline* (Kim et al., 2021).

OBSERVAÇÕES IMPORTANTES PARA A AVALIAÇÃO E O DIAGNÓSTICO DOS TRANSTORNOS DA PERSONALIDADE E TRAÇOS RELACIONADOS

O modelo de transtornos da personalidade da CID-11 tem recebido algumas críticas, especialmente em relação a sua aplicabilidade diagnóstica. Watts (2019) argumenta que os novos critérios diagnósticos propostos na classificação levam mais pacientes a serem diagnosticados com transtornos da personalidade, assim como há uma nova leva de classificação de pacientes com quadros de dificuldades da personalidade. Segundo o autor, não há evidências de que ampliar os critérios para tais diagnósticos seja vantajoso em termos de escolha de tratamento ou redução de estigma. De fato, Watts (2019) afirma que a expansão das definições dos transtornos da personalidade torna-se mais problemática na medida em que a OMS buscou desenvolver uma ferramenta para uso de profissionais com treinamento mínimo – e essa ampliação poderia gerar aumento de diagnósticos inadequados, especialmente em contextos com profissionais com pouca formação. O autor ainda analisa o possível impacto negativo de informar ao paciente sobre um quadro de transtorno da personalidade, dado que tanto os profissionais da saúde mental quanto os pacientes costumam expressar atitudes e crenças negativas frente a esses diagnósticos (Black et al., 2011; Perkins et al., 2018). Isso advogaria contra o uso dos novos critérios para esses diagnósticos, uma vez que eles supostamente ampliariam o número de pessoas diagnosticadas, possivelmente de maneira errônea. Por fim, Watts (2019) critica a presença do qualificador de padrão *borderline*, afirmando que não há evidências de validade desse qualificador, embora não relacione com clareza os dados que embasam sua crítica.

Embora as ressalvas apontadas por Watts (2019) sejam importantes, é relevante levar em conta evidências iniciais de que profissionais da saúde mental parecem considerar os critérios diagnósticos oferecidos pela CID-11 como mais proveitosos do que aqueles fornecidos pela CID-10, considerando sua utilidade para planejamento do tratamento, comunicação com pacientes, nível de compreensão dos critérios e facilidade de uso (Hansen et al., 2019). Ainda, segundo estudo utilizando tanto modelos categóricos quanto dimensionais (incluindo o proposto para a CID-11) de diagnóstico de transtorno da personalidade, não há grande discrepância no nível de informações obtidas por meio do modelo da CID-11 (Bach et al., 2018). O preparo de profissionais da saúde mental é uma questão cuja análise é muito importante, sendo que a utilização de instrumentos para auxílio diagnóstico pode ser vantajosa para reduzir a chance de resultados falso-positivos e falso-negativos nesses contextos. O aspecto do estigma de profissionais e pacientes frente aos transtornos da personalidade também tem grande relevância – porém, esse estigma está presente em uma gama de transtornos mentais, não apenas nos transtornos da personalidade (Henderson et al., 2014).

O determinante de que o quadro de transtorno da personalidade deve persistir por tempo prolongado (dois anos ou mais) é outro fator que vale ser analisado. Enquanto o DSM-5 requer que o início dos sintomas ocorra no final da adolescência e início da idade adulta, pela CID-11, os sintomas devem estar presentes por dois anos ou mais. Sabe-se que os traços de personalidade na fase adulta tendem a ser relativamente estáveis ao longo do tempo (Ferguson, 2010), o que pode tornar a exigência de presença de sintomas por dois anos para o diagnóstico do transtorno um fator mais determinante para crianças e adolescentes do que para adultos. No entanto, a proposta da CID-11 considera que os quadros de transtornos da personalidade são apenas relativamente estáveis e podem mudar ao longo do tempo, tanto para sua remissão em longo prazo quanto para sua emergência posterior na vida adulta (Bach & First, 2018).

Ainda em relação ao diagnóstico dos transtornos da personalidade, é relevante considerar aspectos associados aos diagnósticos diferenciais e comorbidades com outros transtornos mentais. Levando em conta o qualificador de padrão *borderline*, por exemplo, há bastante discussão quanto ao seu diagnóstico diferencial em relação a quadros de humor nos quais comumente são registradas variações de humor e comportamentos impulsivos, como o transtorno bipolar – ainda assim, existe uma significativa diferença quanto à estabilidade dos sintomas e aos prováveis desfechos em longo prazo, sendo esperado que os transtornos de humor apresentem uma tendência mais cíclica quanto aos episódios, enquanto os sintomas do quadro *borderline* mantêm-se de maneira mais contínua (Paris, 2018). Essa divergência entre o perfil de sintomas mais contínuos dos transtornos da personalidade em contrapartida a episódios cíclicos, mais presentes em outros transtornos mentais, pode auxiliar nos diagnósticos diferenciais, além de colaborar para a compreensão das particularidades dos demais transtornos. Nesse sentido, a exigência de presença do quadro de transtorno da personalidade por pelo menos dois anos pode ser um critério relevante a se considerar no momento de realização de diagnóstico diferencial.

A avaliação de possível presença de comorbidades em transtornos da personalidade é de extrema importância, pois pode afetar a escolha por tratamentos e a identificação de desfechos esperados. A prevalência de transtorno depressivo maior, por exemplo, varia entre os quadros de personalidade, podendo chegar a 90% (Zanarini et al., 2004). A presença de transtorno da personalidade é um dos preditores independentes mais significativos para desfecho de tratamento em saúde mental (Goddard et al., 2015), e o tratamento de pacientes com transtornos da personalidade e comorbidade com depressão costuma ser menos eficaz do que aqueles sem essa comorbidade (Hellersteine et al., 2010). Vale ressaltar que, assim como proposto para os transtornos da personalidade, novos modelos dimensionais vêm sendo estudados para o diagnóstico de outros quadros psiquiátricos, como o *Hierarchical Taxonomy of Psychopathology* (HiTOP) (Kotov et al., 2017), e possivelmente irão alterar os estudos de análise de comorbidade e diagnóstico diferencial no futuro.

Um fator importante ao considerar o diagnóstico de transtornos da personalidade é justamente a sua comunicação ao paciente, familiares e outros profissionais da saúde. Levando-se em conta a liberdade do cliente, é seu direito saber sobre seu diagnóstico; porém, há uma crença de que essa comunicação possa agravar estigmas e prejudicar o tratamento. De fato, profissionais da saúde mental apresentam atitudes mais negativas frente a pacientes com transtorno da personalidade *borderline*, por exemplo, tendendo a evitá-los (Black et al., 2011). Analisando, por outro lado, a literatura relacionada à comunicação de diagnósticos de transtornos mentais, trata-se de produção escassa e baseada em relatos experienciais e qualitativos. Segundo estudo de revisão sistemática de Perkins et al. (2018), informar sobre diagnósticos de quadros psicóticos e de transtornos da personalidade é percebido como algo que impacta negativamente o senso de identidade e a esperança quanto à recuperação. Além disso, problemas relacionados ao sigilo e ao fornecimento insuficiente de informações foram comumente relatados em pacientes com esses quadros. Ainda assim, nota-se que a psicoeducação para transtornos mentais, que inclui elementos de definição e explicação quanto ao diagnóstico do cliente, parece uma intervenção benéfica para a adesão ao tratamento e seu desfecho (Zhao et al., 2015), o que pode advogar pela comunicação desses diagnósticos, ao menos quando há uma função para o seu estabelecimento.

Perkins et al. (2018) identificaram, em sua revisão, que o modo como os diagnósticos são estabelecidos, comunicados e utilizados por serviços de saúde é importante. Entre os fatores mais proeminentes no processo de comunicação do diagnóstico estão o modo de apresentação, a maneira como a informação é entregue, o momento ou *timing* de estabelecimento da comunicação e o valor funcional para o tratamento do indivíduo. Nesse sentido, a decisão quanto à comunicação do diagnóstico deve ser individualizada; porém, como mostra a Tabela 16.2, existem alguns guias que podem servir de auxílio.

ASPECTOS IMPORTANTES PARA A COMUNICAÇÃO DE DIAGNÓSTICOS DE TRANSTORNOS DA PERSONALIDADE

Para a elaboração de laudos, é importante considerar que, caso sejam utilizados instrumentos de avaliação, a exposição dos resultados deve considerar os critérios estabelecidos pelos instrumentos; porém, na conclusão do laudo, é vantajoso apresentar o diagnóstico seguindo o padrão operacional apresentado neste capítulo (primeiro, definindo que há um quadro de transtorno da personalidade e sua gravidade; opcionalmente, identifi-

TABELA 16.2

ASPECTOS IMPORTANTES PARA A COMUNICAÇÃO DE DIAGNÓSTICOS DE TRANSTORNOS DA PERSONALIDADE

FATOR	CONSIDERAÇÕES E DICAS
Qualidade do diagnóstico	• Analise se o diagnóstico foi feito contemplando todo o histórico do paciente, se abarca os critérios exigidos e se houve tempo para realizar uma avaliação de qualidade. • Em caso de dúvidas, pode ser vantajosa a consulta com supervisores ou uma análise mais pormenorizada do caso.
Modo de comunicação e provisão de informação	• Informe o diagnóstico verbalmente. • Disponibilize tempo suficiente para explicar sobre o quadro diagnosticado. • Use materiais complementares, que permitam compreender a etiologia, o tratamento e outros fatores associados aos transtornos.
Valor funcional do diagnóstico	• Garanta que haja encaminhamento e orientação quanto ao tratamento. • A aceitação do diagnóstico, bem como uma percepção positiva a respeito dele, parece maior quando há um propósito na sua comunicação. O estabelecimento de diagnóstico sem fornecimento de possibilidade de tratamento é mais percebido como algo frustrante e associado à desesperança.
Continuidade e qualidade do suporte	• Demonstre-se disponível para acompanhamento longitudinal do cliente e para esclarecimento de dúvidas. A disponibilidade de acesso a esse serviço está ligada a maior aceitação do diagnóstico. • Demonstre empatia, colaboração e assertividade.

Fonte: Elaborada com base em Perkins (2018).

cando traços patológicos de personalidade; e, quando existente, relatando o qualificador de padrão de funcionamento *borderline*). Outra questão relevante na redação de documentos é que, caso sejam utilizados os especificadores de traços patológicos e de funcionamento *borderline*, pode ser interessante descrever o significado desses especificadores de maneira compreensiva, de modo a evitar a exposição de jargões sem sua definição.

Exemplos de casos clínicos

A seguir, são apresentados dois casos clínicos que podem ou não estar associados com transtornos da personalidade. Tente identificar se há ou não presença de diagnóstico e seus especificadores antes de ler os comentários dos autores. Como exercício extra, pense em como você relataria essa informação no laudo e como comunicaria os resultados.

CASO CLÍNICO 1

M. é uma mulher de 40 anos que buscou atendimento psicológico em novembro de 2020. A cliente já apresentava um longo histórico de atendimento em serviços de saúde mental, com relatos de extrema variação de humor. Relatou múltiplos episódios de comportamento autolesivo e tentativa de suicídio. As dificuldades em estabelecer relacionamentos em longo prazo constituíam uma grande queixa. Procurou psicoterapia após passar por situações de extremo conflito com o melhor amigo. Indicou ter apresentado explosões de raiva com ele em muitas ocasiões, bem como tentativas continuadas de contato quando ele passava a ignorá-la. O relato era similar quando se tratava de outras relações, havendo histórico de relacionamento abusivo. Em 2015, por exemplo, teve um episódio de fúria, no qual estrangulou a mãe do ex-namorado, tendo cumprido pena de prisão por dois anos. M. expressava muitas dificuldades quanto à aceitação do corpo, com variações frequentes de peso ao longo dos anos e episódios de compulsão alimentar. M. é atendida pelo psiquiatra O., que a acompanha há dez anos. Mantém uma relação conflituosa com o médico, com frequência enviando mensagens raivosas, chegando a quebrar objetos de seu consultório quando ele se recusou a receitar medicamentos para emagrecimento. M. vive com os pais e tem pouca renda própria, não consegue se estabelecer em um emprego ou manter a organização como autônoma no ramo de vendas *on-line*. Iniciou diversos cursos de graduação, mas não conseguiu concluí-los. Concluiu outros cursos curtos *on-line*. Demonstrava boa capacidade cognitiva e de aprendizagem, com bom repertório e vocabulário. Em março de 2021, a cliente tentou suicídio e permaneceu em internação hospitalar geral e, em seguida, em hospital psiquiátrico, por oito meses.

A seguir, marque os classificadores que você acredita que se associam ao quadro.

Nível de gravidade dos sintomas:				
Ausente ☐	Dificuldade ☐	Leve ☐	Moderado ☐	Severo ☐

Traços patológicos de personalidade:				
Afetividade negativa ☐	Distanciamento ☐	Dissociabilidade ☐	Desinibição ☐	Anancastia ☐

Presença de padrão de funcionamento *borderline*: ☐ Sim ☐ Não

Comentários:

Observamos que a presença dos sintomas é ininterrupta, e consta há mais de dois anos. O quadro impacta quase todos os domínios funcionais, interfere em todos os aspectos da vida de M., causando sofrimento intenso e danos significativos a si e aos outros, definindo quadro de transtorno da personalidade com nível de gravidade severo. Além disso, há presença de traços de afetividade negativa e desinibição, bem como padrão de funcionamento *borderline*.

CASO CLÍNICO 2

G. é um homem de 27 anos que buscou avaliação neuropsicológica em outubro de 2021. Relata baixo rendimento acadêmico desde a infância, dificuldades em relacionamentos interpessoais, humor instável, falhas atencionais e de memória. G. foi adotado aos três meses. Segundo os pais, quando criança, mesmo apresentando dificuldades escolares e sendo considerado esquisito pelos colegas, G. era sensível e demonstrava comportamento de liderança nos âmbitos familiar e social. Ainda assim, há relatos de comportamentos violentos contra animais na infância. A partir da adolescência, passou a apresentar isolamento social, além de passar muito tempo em uma mesma atividade sem conseguir mudar de foco, como jogar *videogame* ou assistir a vídeos continuamente, ignorando suas necessidades corporais (fome, sono) e demandas acadêmicas e de casa. Passou a apresentar impulsividade, dificuldades para seguir regras externas, desconforto para demonstrar afeto, apatia, desinteresse por socializar e agressividade verbal. G. relatou discussões verbais constantes com familiares, com estranhos e com autoridades. Atualmente, não tem amigos. Demonstra indiferença quanto às críticas dos demais, mas impõe suas exigências a eles. G. não apresenta rotina regular de tarefas e não trabalha ou estuda, mas auxilia nas tarefas domésticas quando solicitado. Não consegue se adequar às exigências da faculdade e trabalhou apenas em empresas de familiares. A avaliação neuropsicológica apontou para preservação dos domínios cognitivos avaliados.

A seguir, marque os classificadores que você acredita que se associam ao quadro.

Nível de gravidade dos sintomas:				
Ausente ☐	Dificuldade ☐	Leve ☐	Moderado ☐	Severo ☐

Traços patológicos de personalidade:				
Afetividade negativa ☐	Distanciamento ☐	Dissociabilidade ☐	Desinibição ☐	Anancastia ☐

Presença de padrão de funcionamento *borderline*: ☐ Sim ☐ Não

Comentários:

Para este caso, foi utilizada a entrevista E-TRAP. Embora ela se baseie no modelo AMPD presente no DSM-5, alguns critérios condizem com aqueles propostos pela CID-11. Na parte A da entrevista, verificou-se prejuízo moderado nos domínios de autodirecionamento, empatia e intimidade. A parte B apontou para presença de traços patológicos de prejuízo nos domínios de antagonismo, desinibição e, principalmente, distanciamento. Além disso, a entrevista indicou como prováveis tipos prototípicos o perfil *borderline* e evitativo. De fato, embora a CID-11 não considere diagnósticos categóricos, o perfil de G. é compatível com transtorno da personalidade com nível de gravidade moderado, presença de traços de distanciamento, dissociabilidade e desinibição. Embora a E-TRAP sugira a presença de padrão *borderline*, na história clínica não se identifica um padrão claro de perturbação da autoimagem ou de labilidade emocional relevantes. Também é importante frisar que, uma vez que os relatos de prejuízos constam desde a infância, incluindo dificuldades acadêmicas, seria importante investigar a possibilidade de comorbidades com quadros de transtornos do neurodesenvolvimento.

Exemplo de relato em laudo

Considerando o primeiro caso clínico, apresentamos a seguir apenas uma fração do que deve ser considerado na redação de laudos psicológicos ou neuropsicológicos em casos de pacientes com transtornos da personalidade. No momento da devolutiva, o uso de estratégias de psicoeducação pode ser vantajoso para a comunicação diagnóstica. Conforme relatado, o valor funcional do diagnóstico é muito importante para sua aceitação, justificando, portanto, a relevância de explanação quanto aos encaminhamentos e alvos terapêuticos.

Caso clínico 1
Exemplo de relato em laudo

Considerando a histórica clínica e o acompanhamento de M., observa-se a presença de quadro de transtorno da personalidade com nível de gravidade severo, com presença de traços de afetividade negativa e desinibição e padrão de funcionamento *borderline*. Os sintomas impactam de maneira significativa as principais áreas de funcionamento da cliente, com presença de nível de sofrimento considerável. O padrão de perfis de afetividade negativa e desinibição são evidenciados pela presença de vivência intensa de emoções desconfortáveis e labilidade emocional, além de dificuldades no controle de impulsos e de comportamento sem planejamento. Além disso, o padrão de instabilidade nas relações interpessoais, com presença de relações ambivalentes e preocupações com abandono, bem como alterações na autoimagem, caracterizam o perfil de funcionamento *borderline*.

CONSIDERAÇÕES FINAIS

Os critérios de classificação de transtornos da personalidade passaram por uma mudança significativa de paradigma, com a apresentação de modelos dimensionais e mais próximos da perspectiva observada na clínica. Simonsen et al. (2019) apontam que os guias para diagnóstico e intervenções dos transtornos da personalidade variam muito entre países, o que evidencia a falta de unidade e consenso prévio quanto a esses transtornos. A definição de novas orientações diagnósticas da CID-11 pode representar um avanço teórico e prático no estabelecimento do diagnóstico dos transtornos da personalidade e de suas intervenções. Nesse sentido, o investimento na atualização de profissionais da saúde mental quanto à versão atual da CID-11 e seus novos modelos parece essencial. O desenvolvimento, a adaptação, a validação e a normatização de instrumentos de auxílio diagnóstico para transtornos da personalidade com base na CID-11, com análise de sua especificidade e sensibilidade, podem oferecer maneiras mais operacionais para auxiliar no estabelecimento desses diagnósticos.

REFERÊNCIAS

Al-Dajani, N., Gralnick, T. M., & Bagby, R. M. (2016). A psychometric review of the Personality Inventory for DSM–5 (PID–5): Current status and future directions. *Journal of Personality Assessment, 98*(1), 62-81.

American Psychiatric Association (APA). (2014). *Manual diagnóstico e estatístico de transtornos mentais (DSM-5)* (5. ed.) Artmed.

Bach, B., Brown, T. A., Mulder, R. T., Newton-Howes, G., Simonsen, E., & Sellbom, M. (2021). Development and initial evaluation of the ICD-11 personality disorder severity scale: PDS-ICD-11. *Personality and Mental Health, 15*(3), 223-236.

Bach, B., & First, M. B. (2018). Application of the ICD-11 classification of personality disorders. *BMC Psychiatry, 18*(1), 1-14.

Bach, B., & Hutsebaut, J. (2018). Level of personality functioning Scale-Brief Form 2.0: Utility in capturing personality problems in psychiatric outpatients and incarcerated addicts. *Journal of Personality Assessment, 100*(6), 660-670.

Bach, B., Kerber, A., Aluja, A., Bastiaens, T., Keeley, J. W., Claes, L., ... Zimmermann, J. (2020). International assessment of DSM-5 and ICD-11 personality disorder traits: Toward a Common nosology in DSM-5.1. *Psychopathology, 53*(3-4), 179-188.

Bach, B., Sellbom, M., Skjernov, M., & Simonsen, E. (2018). ICD-11 and DSM-5 personality trait domains capture categorical personality disorders: Finding a common ground. *Australian & New Zealand Journal of Psychiatry*, 52(5), 425-434.

Bagby, R. M., & Widiger, T. A. (2020). Assessment of the ICD-11 dimensional trait model: An introduction to the special section. *Psychological Assessment,* 32(1), 1-7.

Bender, D. S., Skodol, A., First, M. B., & Oldham, J. (2018). Module I. Structured clinical interview for the level of personality functioning scale. In M. First, A. Skodol, D. Bender, & J. Oldham (Eds.), *Structured clinical interview for the DSM-5 alternative model for personality disorders (SCID-AMPD)*. American Psychiatric Association.

Black, D. W., Pfohl, B., Blum, N., McCormick, B., Allen, J., North, C. S., ... Zimmerman, M. (2011). Attitudes toward borderline personality disorder: A survey of 706 mental health clinicians. *CNS Spectrums, 16*(3), 67-74.

Buer Christensen, T., Eikenaes, I., Hummelen, B., Pedersen, G., Nysæter, T. E., Bender, D. S., ... Selvik, S. G. (2020). Level of personality functioning as a predictor of psychosocial functioning-concurrent validity of criterion A. *Personality Disorders, 11*(2), 79-90.

Buer Christensen, T., Hummelen, B., Paap, M. C. S., Eikenaes, I., Germans Selvik, S., Kvarstein, E., ... Nysæter, T. E. (2020). Evaluation of diagnostic thresholds for criterion A in the alternative DSM-5 model for personality disorders. *Journal of Personality Disorders, 34*, 40-61.

Buer Christensen, T., Paap, M., Arnesen, M., Koritzinsky, K., Nysaeter, T. E., Eikenaes, I., ... Hummelen, B. (2018). Interrater reliability of the structured clinical interview for the DSM-5 alternative model of personality disorders module I: Level of personality functioning scale. *Journal of Personality Assessment, 100*(6), 630-641.

Carvalho, L. F., Oliveira, S. E. S., & Pianowski, G. (2020). *E-TRAP: Entrevista diagnóstica para transtornos da personalidade*. Vetor.

Carvalho, L. F., & Primi, R. (2018). *IDCP-2 online e IDCP-2 triagem*. Pearson Clinical Brasil.

Clark, L. A., Corona-Espinosa, A., Khoo, S., Kotelnikova, Y., Levin-Aspenson, H. F., Serapio-García, G., & Watson, D. (2021). Preliminary scales for ICD-11 personality disorder: Self and interpersonal dysfunction plus five personality disorder trait domains. *Frontiers in Psychology, 12*, 668724.

Clarkin, J. F., Caligor, E., Stern, B., & Kernberg, O. F. (2016). *The Structured Interview of Personality Organization-Revised (STIPO-R)*. Weill Medical College of Cornell University.

Clarkin, J. F., Caligor, E., Stern, B., & Kernberg, O. F. (2021). *Manual for the Structured Interview of Personality Organization-Revised (STIPO-R)*. https://www.borderlinedisorders.com/assets/STIPORmanual.July-2019FINALMod.pdf

Cosgun, S., Goth, K., & Cakiroglu, S. (2021). Levels of personality functioning questionnaire (LoPF-Q) 12–18 Turkish version: Reliability, validity, factor structure and relationship with comorbid psychopathology in a Turkish adolescent sample. *Journal of Psychopathology and Behavioral Assessment, 43*(3), 620-631.

DeFife, J. A., & Westen, D. (2012). Empirically informed clinical interviewing for personality disorders. In R. Levy, J. S. Ablon, & H. Kachele (Eds.), *Psychodynamic psychotherapy research* (pp. 553-569). Humana.

Ehrenthal, J. C., Dinger, U., Horsch, L., Komo-Lang, M., Klinkerfuss, M., Grande, T., & Schauenburg, H. (2012). [The OPD Structure Questionnaire (OPD-SQ): first results on reliability and validity]. *Psychotherapie, Psychosomatik, Medizinische Psychologie, 62*(1), 25-32.

Ehrenthal, J. C., Dinger, U., Schauenburg, H., Horsch, L., Dahlbender, R. W., & Gierk, B. (2015). [Development of a 12-item version of the OPD-Structure Questionnaire (OPD-SQS)]. *Zeitschrift fur Psychosomatische Medizin und Psychotherapie, 61*(3), 262-274.

Ferguson, C. J. (2010). A meta-analysis of normal and disordered personality across the life span. *Journal of Personality and Social Psychology, 98*(4), 659-667.

Gamache, D., Laverdière, O., Diguer, L., Hébert, É., Larochelle, S., & Descôteaux, J. D. (2009). The personality organization diagnostic form: Development of a revised version. *The Journal of Nervous and Mental Disease, 197*(5), 368-377.

Gamache, D., Savard, C., Leclerc, P., & Côté, A. (2019). Introducing a short self-report for the assessment of DSM–5 level of personality functioning for personality disorders: The Self and Interpersonal Functioning Scale. *Personality Disorders: Theory, Research, and Treatment, 10*(5), 438-447.

Gamache, D., Savard, C., Leclerc, P., Payant, M., Berthelot, N., Côté, A., ... Tremblay, M. (2021). A proposed classification of ICD-11 severity degrees of personality pathology using the self and interpersonal functioning scale. *Frontiers in Psychiatry, 12*, 628057.

Goddard, E., Wingrove, J., & Moran, P. (2015). The impact of comorbid personality difficulties on response to IAPT treatment for depression and anxiety. *Behaviour Research and Therapy, 73*, 1-7.

Goth, K., Birkhölzer, M., & Schmeck, K. (2018). Assessment of personality functioning in adolescents with the LoPF-Q 12-18 self-report questionnaire. *Journal of Personality Assessment, 100*(6), 680-690.

Hansen, S. J., Christensen, S., Kongerslev, M. T., First, M. B., Widiger, T. A., Simonsen, E., & Bach, B. (2019). Mental health professionals' perceived clinical utility of the ICD-10 vs. ICD-11 classification of personality disorders. *Personality and Mental Health,* 13(2), 84-95.

Heissler, R., Doubková, N., Hutsebaut, J., & Preiss, M. (2021). Semi-structured interview for personality functioning DSM-5 (STiP-5.1): Psychometric evaluation of the Czech version. *Personality and Mental Health, 15*(3), 198-207.

Hellerstein, D. J., Skodol, A. E., Petkova, E., Xie, H., Markowitz, J. C., Yen, S., ... McGlashan, T. H. (2010). The impact of comorbid dysthymic disorder on outcome in personality disorders. *Comprehensive Psychiatry, 51*(5), 449-457.

Henderson, C., Noblett, J., Parke, H., Clement, S., Caffrey, A., Gale-Grant, O., ... Thornicroft, G. (2014). Mental health-related stigma in health care and mental health-care settings. *The Lancet Psychiatry, 1*(6), 467-482.

Hessel, C. R., Oliveira, S. E. S., Lugo, V. S., Volkmer, V., Marquetto, R. A., Motta, L. S., ... Spanemberg, L. (2021). Personality structure evaluation: Differences between clinical and non-clinical samples using the Inventory of Personality Organization (IPO). *Archives of Clinical Psychiatry, 48*(1), 45-50.

Hopwood, C. J., Good, E. W., & Morey, L. C. (2018). Validity of the DSM–5 levels of personality functioning scale–self report. *Journal of Personality Assessment, 100*(6), 650-659.

Hörz, S., Stern, B., Caligor, E., Critchfield, K., Kernberg, O.F., Mertens, W., & Clarkin, J.F. (2009). A prototypical profile of borderline personality organization using the Structural Interview of Personality Organization (STIPO). *Journal of the American Psychoanalytic Association, 57*(6), 1464-1468.

Hummelen, B., Braeken, J., Buer Christensen, T., Nysaeter, T. E., Germans Selvik, S., Walther, K., ... Paap, M. (2021). A psychometric analysis of the structured clinical interview for the DSM-5 alternative model for personality disorders module I (SCID-5-AMPD-I): Level of personality functioning scale. *Assessment, 28*(5), 1320-1333.

Huprich, S. K., Nelson, S. M., Meehan, K. B., Siefert, C. J., Haggerty, G., Sexton, J., ... Baade, L. (2018). Introduction of the DSM-5 levels of Personality Functioning Questionnaire. *Personality Disorders, 9*(6), 553-563.

Hutsebaut, J., Kamphuis, J. H., Feenstra, D. J., Weekers, L. C., & De Saeger, H. (2017). Assessing DSM-5-oriented level of personality functioning: Development and psychometric evaluation of the semi-structured interview for personality functioning DSM-5 (STiP-5.1). *Personality Disorders, 8*(1), 94-101.

Hutsebaut, J., Weekers, L. C., Tuin, N., Apeldoorn, J., & Bulten, E. (2021). Assessment of ICD-11 personality disorder severity in forensic patients using the semi-structured interview for personality functioning DSM-5 (STiP-5.1): Preliminary findings. *Frontiers in Psychiatry, 12*, 617702.

Kampe, L., Zimmermann, J., Bender, D., Caligor, E., Borowski, A.-L., Ehrenthal, J. C., ... Hörz-Sagstetter, S. (2018). Comparison of the structured DSM–5 clinical interview for the Level of Personality Functioning Scale with the Structured Interview of Personality Organization. *Journal of Personality Assessment, 100*(6), 642-649.

Kernberg, O. F., & Caligor, E. (2005). A psychoanalytic theory of personality disorders. In M. F. Lenzenweger, & J. F. Clarkin (Eds.), *Major theories of personality disorder* (2nd ed., pp. 114-156). Guilford.

Kim, Y. R., Tyrer, P., & Hwang, S. T. (2021). Personality Assessment Questionnaire for ICD-11 personality trait domains: Development and testing. *Personality and Mental Health, 15*(1), 58-71.

Kotov, R., Krueger, R. F., Watson, D., Achenbach, T. M., Althoff, R. R., Bagby, R. M., ... Zimmerman, M. (2017). The Hierarchical Taxonomy of Psychopathology (HiTOP): A dimensional alternative to traditional nosologies. *Journal of Abnormal Psychology, 126*(4), 454-477.

Krieger, D. V. (2013). *Operationalized Psychodynamic Diagnosis 2: Apresentação da versão brasileira e estudos preliminares de validade e confiabilidade* (Dissertação de mestrado). Universidade Federal do Rio Grande do Sul. https://lume.ufrgs.br/handle/10183/143052

Krueger, R., Derringer, J., Markon, K., Watson, D., & Skodol, A. (2012). Initial construction of a maladaptive personality trait model and inventory for DSM-5. *Psychological Medicine, 42*(9), 1879-1890.

Lenzenweger, M. F., Clarkin, J. F., Kernberg, O. F., & Foelsch, P. A. (2001). The Inventory of Personality Organization: Psychometric properties, factorial composition, and criterion relations with affect, aggressive dyscontrol, psychosis proneness, and self--domains in a nonclinical sample. *Psychological Assessment, 13*(4), 577-591.

Luiz, L.B. (2021). *Tradução, adaptação cultural e evidências de validade da versão brasileira da "Structure Interview of Personality Organization-Revised", STIPO-R Brasil* (Tese de doutorado). Pontifícia Universidade Católica do Rio Grande do Sul. https://repositorio.pucrs.br/dspace/bitstream/10923/20742/1/000501430-Texto%2bconfidencial-0.pdf

McCabe, G. A., & Widiger, T. A. (2020). A comprehensive comparison of the ICD-11 and DSM–5 section III personality disorder models. *Psychological Assessment, 32*(1), 72-84.

Morey, L. C. (2017). Development and initial evaluation of a self-report form of the DSM-5 level of personality functioning scale. *Psychological Assessment, 29*(10), 1302-1308.

Morey, L. C., Bender, D. S., & Skodol, A. E. (2013). Validating the proposed diagnostic and statistical manual of mental disorders, 5th edition, severity indicator for personality disorder. *The Journal of Nervous and Mental Disease, 201*(9), 729-735.

Morey, L. C., & Skodol, A. E. (2013). Convergence between DSM-IV-TR and DSM-5 diagnostic models for personality disorder: Evaluation of strategies for establishing diagnostic thresholds. *Journal of Psychiatric Practice, 19*(3), 179-193.

Mulder, R. T., Horwood, L. J., & Tyrer, P. (2020). The borderline pattern descriptor in the International Classification of Diseases, 11th Revision: A redundant addition to classification. *Australian & New Zealand Journal of Psychiatry, 54*(11), 1095-1100.

Olajide, K., Munjiza, J., Moran, P., O'Connell, L., Newton-Howes, G., Bassett, P., ... Crawford, M. J. (2017). Development and psychometric properties of the Standardized Assessment of Severity of Personality Disorder (SASPD). *Journal of Personality Disorders, 32*, 44-56.

Oliveira, N. P. (2021). *O modelo diagnóstico de transtornos da personalidade da CID-11: Estudos psicométricos* (Dissertação de mestrado). Universidade de Brasília. https://repositorio.unb.br/handle/10482/43228#:~:text=O%20diagn%C3%B3stico%20de%20TP%20no,da%20personalidade%20patol%C3%B3gica%20em%20cinco

Oliveira, S. E. S. (2019a). Técnicas de observação em avaliação psicológica clínica. In S. M. Barroso, F. Scosolini-Comin, & E. Nascimento (Eds.), *Avaliação psicológica: Contextos de atuação, teoria e modos de fazer* (pp. 69-89). Sinposys.

Oliveira, S. E. S. (2019b). Técnicas de entrevista e suas aplicações em avaliação psicológica clínica. In S. M. Barroso, F. Scosolini-Comin, & E. Nascimento (Eds.), *Avaliação psicológica: contextos de atuação, teoria e modos de fazer* (pp. 19-39). Sinposys.

Oliveira, S. E. S., & Bandeira, D. R. (2011). Linguistic and cultural adaptation of the Inventory of Personality Organization (IPO) for the Brazilian culture. *Journal of Depression & Anxiety, 1*(1), 1-7.

Oliveira, S. E. S., & Bandeira, D. R. (2020). Aplicação clínica dos modelos categórico, híbrido e estrutural de diagnóstico da personalidade. In E. R. Lazzarini, M. C. Maesso, P. H. A. Costa, & S. E. S. Oliveira. (Org.), *Psicologia clínica e cultura contemporânea 5* (pp. 143-163). CRV.

Oliveira, S. E. S., Bandeira, D. R., Primi, R., & Krueger, R. F. (2021). Psychometric properties of the personality inventory for DSM-5 (PID-5) in Brazilian samples. *Psico-USF*.

Oliveira, S. E. S., Zimmermann, J., Krueger, R. F., & Hutsebaut, J. (No prelo). Brazilian Version of the Level of Personality Functioning Scale - Brief Form 2.0: Evidence of Reliability and Validity. *Psicologia: Teoria e Prática*.

Oltmanns, J. R., & Widiger, T. A. (2020). The five-factor personality inventory for ICD-11: A facet-level assessment of the ICD-11 trait model. *Psychological Assessment, 32*, 60-71.

Oltmanns, J. R., & Widiger, T. A. (2018). A self-report measure for the ICD-11 dimensional trait model proposal: The personality inventory for ICD-11. *Psychological Assessment,* 30, 154-169.

Oltmanns, J. R., & Widiger, T. A. (2019). Evaluating the assessment of the ICD-11 personality disorder diagnostic system. *Psychological Assessment, 31*(5), 674.

Paris, J. (2018). Differential diagnosis of borderline personality disorder. *Psychiatric Clinics of North America, 41*(4), 575-582.

Perkins, A., Ridler, J., Browes, D., Peryer, G., Notley, C., & Hackmann, C. (2018). Experiencing mental health diagnosis: A systematic review of service user, clinician, and carer perspectives across clinical settings. *The Lancet Psychiatry, 5*(9), 747-764.

Reed, G. M., First, M. B., Kogan, C. S., Hyman, S. E., Gureje, O., Gaebel, W., ... Saxena, S. (2019). Innovations and changes in the ICD-11 classification of mental, behavioural and neurodevelopmental disorders. *World Psychiatry, 18*(1), 3-19.

Siefert, C. J., Sexton, J., Meehan, K., Nelson, S., Haggerty, G., Dauphin, B., & Huprich, S. (2020). Development of a short form for the *DSM-5* Levels of Personality Functioning Questionnaire. *Journal of Personality Assessment, 102*(4), 516-526.

Silveira, L. B., Oliveira, S. E. S., & Bandeira, D. R. (2018). Validity evidences of the Inventory of Personality Organization – Brasil (IPO-Br): Its relation with the five-factor model of personality. *Temas em Psicologia, 26*(4), 1891-1905.

Silveira, L. B., Oliveira, S. E. S., & Bandeira, D. R. (2021). Personality Organization Inventory – Brazil: evidence of validity based on external criteria. *Revista Família, Ciclos de Vida e Saúde no Contexto Social, 9*(1), 29-42.

Simonsen, S., Bateman, A., Bohus, M., Dalewijk, H. J., Doering, S., Kaera, A., ... Mehlum, L. (2019). European guidelines for personality disorders: Past, present and future. *Borderline Personality Disorder and Emotion Dysregulation, 6*, 9.

Skodol, A. E. (2012). Personality disorders in DSM-5. *Annual Review of Clinical Psychology, 8*, 317-344.

Skodol, A. E., First, M. B., Bender, D. S., & Oldham, J. M. (2018). Module II: Structured clinical interview for personality traits. In M. B. First, A. E. Skodol, D. S. Bender, & J. M.Oldham (Eds.), *Structured clinical interview for the DSM-5 alternative model for personality disorders (SCID-AMPD)*. American Psychiatric Association.

Stern, B. L., Caligor, E., Clarkin, J. F., Critchfield, C., Hörz, S., Maccornack, V., ... Kernberg, O.F. (2010). Structured Interview of Personality Organization (STIPO): Preliminary psychometrics in a clinical sample. *Journal of Personality Assessment, 92*(1), 35-44.

Stover, J. B., Liporace, M. F., & Solano, A. C. (2020). Personality Functioning Scale: A Scale to Assess DSM-5's Criterion A Personality Disorders. *Interpersona: An International Journal on Personal Relationships, 14*(1), 40-53. https://doi.org/10.5964/ijpr.v14i1.3925

Thylstrup, B., Simonsen, S., Nemery, C., Simonsen, E., Noll, J. F., Myatt, M. W., & Hesse, M. (2016). Assessment of personality-related levels of functioning: A pilot study of clinical assessment of the DSM-5 level of personality functioning based on a semi-structured interview. *BMC Psychiatry, 16*(1), 298.

Tyrer, P. (2014). Time to choose: DSM-5, ICD-11 or both? *Archives of Psychiatry and Psychotherapy, 16*(3), 5-8.

Tyrer, P., Mulder, R., Kim, Y. R., & Crawford, M. J. (2019). The development of the ICD-11 classification of personality disorders: An amalgam of science, pragmatism, and politics. *Annual Review of Clinical Psychology, 15*, 481-502.

Watts, J. (2019). Problems with the ICD-11 classification of personality disorder. *The Lancet Psychiatry, 6*(6), 461-463.

Weekers, L. C., Hutsebaut, J., & Kamphuis, J. H. (2019). The Level of Personality Functioning Scale-Brief Form 2.0: Update of a brief instrument for assessing level of personality functioning. *Personality and Mental Health, 13*(1), 3-14.

Wellausen, R. S., & Oliveira, S. E. S. (2016). Psicodiagnóstico e as patologias da personalidade. In C. S. Hutz, D. R. Bandeira, C. M. Trentini, & J. S. Krug (Eds.), *Psicodiagnóstico* (pp. 274-305). Artmed.

Widiger, T. A., & McCabe, G. A. (2020). The alternative model of personality disorders (AMPD) from the perspective of the five-factor model. *Psychopathology, 53*(3), 149-156.

Widiger, T. A., & Trull, T. J. (2007). Plate tectonics in the classification of personality disorder: shifting to a dimensional model. *American Psychologist, 62*, 71-83.

World Health Organization (WHO). (2017). *ICD-11 beta draft*. http://www.who.int/classifications/icd/revision/en/

World Health Organization (WHO). (2021). ICD-11 for mortality and morbidity statistics. https://icd.who.int/browse11/l-m/en

Zanarini, M. C., Frankenburg, F. R., Hennen, J., Reich, D. B., & Silk, K. R. (2004). Axis I comorbidity in patients with borderline personality disorder: 6-year follow-up and prediction of time to remission. *American Journal of Psychiatry, 161*(11), 2108-2114.

Zettl, M., Taubner, S., Hutsebaut, J., & Volkert, J. (2019). [Psychometric Evaluation of the German Version of the Semi-Structured Interview for Personality Functioning DSM-5 (STiP-5.1)]. *Psychotherapie, Psychosomatik, Medizinische Psychologie, 69*(12), 499-504.

Zhao, S., Sampson, S., Xia, J., & Jayaram, M. B. (2015). Psychoeducation (brief) for people with serious mental illness. *The Cochrane Database of Systematic Reviews*, (4), CD010823.

Zimmermann, J., Benecke, C., Bender, D. S., Skodol, A. E., Schauenburg, H., Cierpka, M., & Leising, D. (2014). Assessing DSM-5 level of personality functioning from videotaped clinical interviews: A pilot study with untrained and clinically inexperienced students. *Journal of Personality Assessment, 96*(4), 397-409.

Zimmermann, J., Böhnke, J. R., Eschstruth, R., Mathews, A., Wenzel, K., & Leising, D. (2015). The latent structure of personality functioning: Investigating criterion a from the alternative model for personality disorders in DSM-5. *Journal of Abnormal Psychology, 124*(3), 532-548.

17

TÉCNICAS DE AVALIAÇÃO EM CASOS DE SUSPEITA DE TRANSTORNOS NEUROCOGNITIVOS

MURILO R. ZIBETTI
ANDRESSA HERMES-PEREIRA
JAQUELINE DE CARVALHO RODRIGUES
PRISCILA SELINGARDI
MÔNICA SANCHES YASSUDA

A versão mais atual da *Classificação internacional de doenças* (CID-11) emprega o termo transtornos neurocognitivos (*neurocognitive disorders*) para designar um grupo de diagnósticos em que os déficits cognitivos são primários e acompanham a manifestação do transtorno mental. Esse grupo diferencia-se dos transtornos do neurodesenvolvimento, pois o surgimento dos prejuízos cognitivos ocorre tardiamente e, em geral, representam o declínio de habilidades adquiridas (World Health Organization [WHO], 2021).

Os diagnósticos do grupo dos transtornos neurocognitivos incluem *delirium*, transtorno neurocognitivo leve, transtorno amnéstico e demências. Esse agrupamento aproxima diagnósticos que, na CID-10, apresentavam manifestação cognitiva e estavam associados, em geral, à maior organicidade. Cabe salientar que a expressão *condições orgânicas* foi removida da CID-11, o que pode ser considerado um avanço no sistema classificatório, pois sua utilização implicaria uma concepção de que apenas esse grupo de transtornos apresentaria bases orgânicas, o que, atualmente, pode ser facilmente refutado. Adicionalmente, há maior precisão no termo neurocognitivo, ao indicar que as patologias causam impactos diretos no funcionamento cerebral (Jessen & Frölich, 2018).

A organização do capítulo de transtornos neurocognitivos proposta na CID-11 tem pontos convergentes e divergentes quando comparada a do capítulo homônimo na quinta edição do *Manual diagnóstico e estatístico de transtornos mentais* (DSM-5) (American Psychiatric Association [APA], 2014). O DSM-5, ainda que tenha mantido o diagnóstico de *delirium*, incluiu uma nova entidade diagnóstica denominada transtornos neurocognitivos, classificados como leve ou maior de acordo com a intensidade dos sintomas. Essa entidade engloba as classificações de transtorno amnéstico e das demências, que estão presentes na CID-11 (First et al., 2021). A opção pelo conceito de transtorno neurocognitivo, no DSM-5, foi justificada pelo fato que o termo demência não abrangeria apropriadamente alguns dos diagnósticos presentes na quarta edição do manual, o DSM-IV (APA, 2014). Nesse sentido, o conceito de transtorno neurocognitivo seria mais abrangente, incluindo manifestações cujo prejuízo poderia ocorrer em uma única função cognitiva (p. ex., transtorno amnésico) e quadros não derivados de doenças neurodegenerativas (transtorno neurocognitivo leve devido à lesão cerebral traumática) (APA, 2014). A manutenção do termo demência na CID-11 é, possivelmente, a maior distinção para com o DSM-5. No entanto, grande parte dos diagnósticos incluídos nos capítulos dos dois sistemas classificatórios apresenta características que se adéquam ao significado usual atribuído ao termo. Ou seja, são quadros progressivos, comumente diagnosticados em idosos e que atingem mais de uma função cognitiva simultaneamente. Além disso, o próprio DSM-5 apresenta a possibilidade do uso do termo para transtornos com essas características (APA, 2014). Portanto, quando se trata das demências/transtornos neurocognitivos maiores, apesar da diferença de nomeação, grande parte da estrutura diagnóstica é similar entre a CID-11 e o DSM-5.

Outra característica do capítulo de transtornos neurocognitivos da CID-11 é o reconhecimento ainda maior de que manifestações cognitivas leves das doenças podem ser detectadas antes da ocorrência de um impacto significativo na independência com relação à realização das atividades de vida diária. Essa entidade diagnóstica passou a ser denominada *transtorno neurocognitivo leve* (TNL), e seu emprego está atrelado à percepção subjetiva de declínio das capacidades cognitivas e à identificação de prejuízos objetivos na avaliação da cognição. Na CID-10, a designação equivalente era a de transtorno cognitivo leve, que pertencia a uma categoria diagnóstica mais ampla (Outros transtornos mentais devido à lesão e disfunção cerebral e à doença física) (World Health Organization [WHO], 2019). A classificação atual é similar à proposta anterior e, embora seu emprego não seja restrito a essas situações, seu reposicionamento no capítulo permite identificar mais facilmente a associação com doenças cerebrais que evoluem para quadros demenciais. Novamente, a proposta da CID-11 para o TNL aproxima-se do modelo usado no DSM-5. Ambos utilizam a percepção subjetiva, a testagem cognitiva e a avaliação da independência diária como critérios para estabelecer o diagnóstico de TNL (First et al., 2021).

Na CID-11, tanto o TNL quanto as demências seguem a tradição de independência entre a manifestação cognitiva (capítulo 6 – Transtornos mentais, comportamentais ou do neurodesenvolvimento) e a doença causadora (que constam, em sua maioria, no capítulo 8 – Doenças do sistema nervoso central) (Gaebel et al., 2018). Em ambas, a codificação diagnóstica pode ser feita de forma independente (p. ex., etiologia indeterminada) ou com etiologia provável (utilizando o mecanismo de pós-coordenação, com a inserção de código adicional representando a etiologia) (Jessen & Frölich, 2018). Assim, as fisiopatologias causadoras do TNL e das demências, mesmo que apenas prováveis, podem ser consideradas como um refinamento do diagnóstico (p. ex., TNL devido à doença de Alzheimer).

Por fim, o capítulo de transtornos neurocognitivos da CID-11 consolida o agrupamento de síndromes cognitivas com fisiopatologia estabelecidas, definidas anteriormente, na CID-10, como orgânicas. Alguns autores indicam que não houve um esforço maior na tentativa de implementar biomarcadores nessa codificação (Jessen & Frölich, 2018), e que esse aspecto, quando presente, fica mais restrito ao mecanismo de pós-coordenação (doenças do capítulo 8 da CID-11). Nesse sentido, salienta-se o zelo em manter a aplicabilidade da prática clínica atual, cujos critérios são calcados na avaliação de cada síndrome cognitiva, resultante, por sua vez, de importantes debates junto às entidades de saúde mental (Gaebel et al., 2018).

Nas próximas seções serão apresentados dados gerais de diagnósticos, segundo a CID-11 (WHO, 2021), de cada um dos transtornos neurocognitivos (*delirium*, TNL, transtorno amnéstico e demências) e seus respectivos critérios diagnósticos, bem como os instrumentos que colaboram para sua avaliação. Particularmente, para os diagnósticos de TNL e demência, que variam em intensidade do prejuízo cognitivo, existe uma sobreposição de instrumentos, que, por isso, serão descritos conjuntamente.

DELIRIUM (6D70)

Delirium é uma condição neuropsiquiátrica de etiologia multifatorial, definida como um estado confusional agudo em que há alteração de funções cognitivas, predominantemente atenção, orientação e consciência. Além disso, podem estar presentes, eventualmente, distúrbios comportamentais e emocionais, do ciclo sono-vigília, incluindo desde a redução abrupta dos níveis de alerta (início agudo) até a perda total do sono (WHO, 2021). Trata-se de um quadro com flutuação ao longo do dia (ou dos dias), que comumente se relaciona a uma condição médica geral. Todavia, essa condição não pode ser mais bem explicada por transtornos mentais, comportamentais ou do neurodesenvolvimento, por síndromes de abstinência de substâncias ou por múltiplos/desconhecidos fatores etiológicos.

Os dados sobre incidência de *delirium* variam de acordo com a população, os contextos avaliados e, também, a definição utilizada. A maioria dos estudos epidemiológicos exclui pacientes com diagnóstico prévio de demência, o que pode subestimar o real impacto dessa condição. Os dados demonstram que o *delirium* afeta cerca de 50% dos pacientes com 65 anos ou mais que ingressam em hospitais (Inouye et al., 2014). A incidência é maior no contexto de cuidados intensivos, visto que se estima que o *delirium* afete entre 60% e 80% dos pacientes críticos em ventilação mecânica e entre 20% e 50% dos pacientes críticos não ventilados mecanicamente (Ely et al., 2004). No pós-operatório, o risco de desenvolver *delirium* é ≥ 20% em pacientes de alto risco submetidos a cirurgias de grande porte, especialmente em condições de emergência (Wilson et al., 2020).

Pesquisas brasileiras sobre a epidemiologia do *delirium* são escassas; porém, ainda assim, um estudo realizado em hospital encontrou a frequência de 18,8% em pacientes em pós-operatório (Veiga et al., 2012). De toda forma, sua relevância clínica é bastante estabelecida no contexto hospitalar, o que possibilita identificar o quadro, imediatamente, e tratar sua causa orgânica.

MÉTODOS E TÉCNICAS DE AVALIAÇÃO DO *DELIRIUM*

A avaliação de pacientes com suspeita de *delirium* requer: 1) história e exame clínico detalhados: 2) anamnese objetiva, com familiar, acompanhante ou equipe assistencial; e 3) avaliação cognitiva objetiva. Esses procedimentos são importantes para identificar os diversos fatores associados, determinar a presença de quadro prévio de demência e capturar a sintomatologia flutuante e variável típica do *delirium*.

Diversos instrumentos estão descritos na literatura com o objetivo de sistematizar a avaliação de pacientes com *delirium*, e o instrumento mais frequentemente utilizado é a Confusion Assessment Method (CAM) (Inouye et al., 1990). A CAM é de fácil aplicação e elevada acurácia na identificação de casos, tanto em contexto clínico quanto de pesquisa. Ela também foi adaptada para ser utilizada em centros de tratamento intensivo, emergências e instituições geriátricas. Para estabelecer o perfil cognitivo do paciente, instrumentos de rastreio cognitivo têm sido utilizados eventualmente (ver seção Métodos e técnicas de avaliação nas demências e no transtorno neurocognitivo leve).

Observações importantes para a avaliação e o diagnóstico de *delirium*

Em internações não psiquiátricas, a primeira hipótese diagnóstica para alterações de consciência e demais queixas cognitivas deve ser *delirium*. Em ambulatórios, quando há hipótese diagnóstica de transtornos neurocognitivos, é importante considerar quadros de infecção recentemente diagnosticados, sendo essencial realizar exames biomédicos. Nesse sentido, o apoio multidisciplinar e o histórico do paciente são fundamentais para o diagnóstico. Portanto, uma avaliação cognitiva isolada não é recomendada para o diagnóstico de *delirium*.

TRANSTORNO NEUROCOGNITIVO LEVE (6D71)

Na CID-11 (WHO, 2021), o diagnóstico de TNL passa por três elementos essenciais: a) experiência subjetiva de declínio cognitivo; b) evidências de prejuízos na testagem cognitiva; e c) ausência de impacto significativo desses prejuízos na independência das atividades de vida diária (WHO, 2021). Excluem-se desse diagnóstico o declínio cognitivo atribuído ao envelhecimento normal ou a outras etiologias que não àquelas presentes no diagnóstico.

Assim, conforme a CID-11 (WHO, 2021), pode-se observar que o diagnóstico de TNL ocorre, prioritariamente, com base no funcionamento cognitivo e não apresenta, necessariamente, uma etiologia que o justifique. Em essência, esses critérios replicam a concepção inicial do conceito de comprometimento cognitivo leve (CCL) proposta ainda nos anos 1990 (para uma revisão, ver Petersen et al., 2014), que foi incorporada e aprimorada na CID-10 (Caetano, 1993) e no DSM-5 (APA, 2014). No entanto, tanto na CID-11 quanto no DSM-5, o termo TNL é mais abrangente do que o conceito inicial de CCL, ou seja, não é restrito à faixa etária de idosos e utiliza especificadores de etiologia diversificados.

A incorporação de etiologias subjacentes à condição de TNL pode ser considerada uma evolução na CID-11. Nessa edição do manual, é possível conferir ao TNL uma codificação adicional de acordo com a etiologia (ou provável etiologia) causadora da manifestação cognitiva (p. ex., TNL causado por doença de Parkinson). Nesse sentido, o diagnóstico do transtorno foi ampliado e pode ser originado por uma gama de patologias. O mecanismo adotado para rastrear cada uma dessas etiologias inclui a investigação da síndrome cognitiva presente e a avaliação dos critérios diagnósticos específicos para cada patologia (WHO, 2021).

Pesquisas que utilizam o diagnóstico de TNL a partir da perspectiva do DSM-5 mostram que a atribuição de uma condição de base diminui a prevalência e aumenta a especificidade do diagnóstico, permitindo identificar com mais precisão os casos que irão converter para demência, se comparados com o diagnóstico de CCL (Bermejo-Pareja et al., 2021). Esse dado é bastante interessante, e, dada a similaridade entre os dois sistemas diagnósticos, resultados semelhantes devem ser observados em pesquisas e na prática clínica com a CID-11.

MÉTODOS E TÉCNICAS DE AVALIAÇÃO DO TRANSTORNO NEUROCOGNITIVO LEVE

A avaliação em casos de suspeita de TNL segue o mesmo procedimento proposto para as demências, pois, em geral, esses diagnósticos mantêm o mesmo conjunto de sintomas, diferenciando-se apenas pela intensidade do prejuízo cognitivo e pelo impacto que causam na funcionalidade. Por isso, os instrumentos serão descritos conjuntamente na seção Métodos e técnicas de avaliação nas demências e no transtorno neurocognitivo leve.

Observações importantes para a avaliação e o diagnóstico do transtorno neurocognitivo leve

A avaliação de TNL é essencialmente marcada pela presença de prejuízos na testagem cognitiva. Para melhor interpretação dos resultados quantitativos (foco nomotético) do instrumento, é importante que o clínico esteja atento à precisão do método escolhido. Características demográficas, como idade e escolaridade, influenciam diversas funções cognitivas (Zibetti et al., 2010); portanto, sugere-se que a seleção de instrumentos considere essas variáveis nas tabelas de referência normativa para correção do teste. Além disso, aspectos idiográficos (qualitativos), como a forma de execução do teste, podem fornecer elementos que corroboram a avaliação do prejuízo cognitivo (p. ex., dificuldades atencionais tendem a ser demonstradas na execução de tarefas destinadas à avaliação de outras funções cognitivas). Por fim, aspectos pessoais – desde a disponibilidade para realizar a avaliação até o nível sociocultural – devem ser levados em conta no processo de avaliação para a identificação precisa dos prejuízos cognitivos.

TRANSTORNO AMNÉSTICO (6D72)

De acordo com a CID-11 (WHO, 2021), o transtorno amnéstico é caracterizado por um prejuízo significativo, específico e relativamente estável, nas habilidades de memória. Trata-se de um transtorno de etiologia multifatorial que apresenta duas principais formas de manifestação: a) dificuldades em reter e/ou recuperar novas informações; e b) não conseguir evocar informações que estão (ou estiveram) armazenadas na memória de longo prazo (p. ex., informações autobiográficas).

A etiologia do transtorno amnéstico pode estar associada ao uso de substâncias e medicações (6D72.1), como álcool (6D72.10), sedativos, hipnóticos e ansiolíticos (6D72.11), outra substância psicoativa (6D72.12) e inalantes (6D72.13). Pode estar associado a alguma doença (6D72.0), não ter etiologia conhecida ou não ser especificada (6D72.2) e apresentar outras causas específicas (6D72.Y) ou desconhecidas (6D72.Z) (WHO, 2021).

Não fazem parte do diagnóstico a perda de memória atribuída a um evento ou uma condição de saúde que afete áreas específicas do cérebro. Esse diagnóstico também é excluído quando há presença de *delirium*, TNL, demência e dificuldades temporárias de memória causadas pela intoxicação ou abstinência de substâncias psicoativas (exceto o consumo crônico dessas substâncias) (WHO, 2021).

MÉTODOS E TÉCNICAS DE AVALIAÇÃO DO TRANSTORNO AMNÉSTICO

O diagnóstico de transtorno amnéstico passa pela comprovação de prejuízo específico de memória na história clínica e, também, na testagem cognitiva. A história clínica pode demonstrar um declínio no desempenho do paciente em relação a um nível de funcionamento prévio. A avaliação cognitiva, em geral, mostra níveis inferiores de desempenho de memória em relação a pessoas de mesma idade sem outros prejuízos cognitivos.

Observações importantes para a avaliação e o diagnóstico do transtorno amnéstico

A detecção de prejuízos de memória compatíveis com transtorno amnéstico pode ser feita com instrumentos específicos de avaliação da memória. Alternativamente, alguns do instrumentos de rastreio cognitivo para demência podem, eventualmente, fornecer alguns indícios desse perfil. Salienta-se, no entanto, que, particularmente nos casos de dificuldades de recuperar informações remotas (autobiográficas), é preciso contar com o relato do paciente e/ou de familiares, procedimento importante na avaliação da precisão dos relatos dessas memórias.

DEMÊNCIAS (6D80-6D8Y)

As demências podem ser definidas como síndromes cerebrais adquiridas que se manifestam pelo declínio do nível de funcionamento cognitivo, com impactos na independência nas atividades diárias (WHO, 2021). Com o envelhecimento da população, o número de pessoas com alguma forma de demência tende a aumentar a ponto de sobrecarregar os sistemas de saúde pública (Garre-Olmo, 2018).

O tripé que sustenta o diagnóstico das demências é o mesmo que ancora o diagnóstico de TNL. Nesse sentido, em uma avaliação clínica de caso suspeito, é necessário explorar os seguintes aspectos: a) a percepção subjetiva de declínio por parte do paciente e dos familiares; b) o desempenho cognitivo/neuropsicológico; e c) a independência nas atividades de vida diária. A avaliação desses pontos permite o diagnóstico de demência e o contraste dessa entidade clínica com outros quadros que se manifestam por meio de queixas ou de prejuízos cognitivos. A Tabela 17.1 traz uma representação esquemática dessas diferenças, incluindo o envelhecimento cognitivamente saudável, o TNL e as demências típicas.

A presença de prejuízos cognitivos e os impactos na funcionalidade são essenciais para o diagnóstico de demência, conforme mostra a Tabela 17.1. Também é importante observar que não são consideradas demên-

TABELA 17.1

COMPARAÇÃO DOS DIAGNÓSTICOS DE ENVELHECIMENTO SAUDÁVEL, TRANSTORNO NEUROCOGNITIVO LEVE E DEMÊNCIAS

	PERCEPÇÃO SUBJETIVA DE DECLÍNIO	DESEMPENHO NEUROPSICOLÓGICO	INDEPENDÊNCIA NAS AVD E IAVD
Envelhecimento típico	Ausência (ou menor gravidade)	Preservado (declínios sutis)	Não prejudicada
Transtorno neurocognitivo leve	Prejuízo percebido	Prejuízo	Não prejudicada (impactos modestos)**
Demência	Prejuízo percebido*	Prejuízo	Prejudicada

AVD: atividades de vida diária; IAVD: atividades instrumentais da vida diária.

* Depende do estágio de evolução do quadro, pois, com o avançar dos prejuízos cognitivos, alguns pacientes podem apresentar falta de juízo crítico sobre seu desempenho. De todo modo, nesse caso, a percepção de declínio também pode ser mensurada por informantes.

** Eventualmente, são identificados prejuízos em atividades cognitivas de maior complexidade com impacto muito sutil na independência diária.

cias síndromes cognitivas, com impacto funcional, que possam ser mais bem explicadas por outras doenças ou condições de saúde, como distúrbios de consciência, *delirium*, intoxicação ou abstinência de substâncias e outros transtornos mentais, segundo a CID-11 (WHO, 2021).

Na prática clínica, a hipótese diagnóstica de demência passa pela apresentação de queixas espontâneas (do paciente ou de familiares) sobre um eventual declínio cognitivo que implica na busca por atendimento clínico. Nesse sentido, a avaliação neuropsicológica é um elemento-chave, tanto para verificar a congruência entre as queixas reportadas e o desempenho objetivo quanto para avaliar a intensidade de seus impactos no dia a dia (Dias & Melo, 2020).

A avaliação neuropsicológica no contexto das demências precisa ser abrangente e explorar uma ampla gama de funções cognitivas (Dias & Melo, 2020). Embora a perda de memória recente seja a manifestação cognitiva mais associada às demências, outras funções também podem ser prejudicadas, e existem demências que, em suas fases iniciais, cursam sem qualquer prejuízo dessa função. A atenção, a cognição social, as habilidades visuoconstrutivas, a linguagem, as funções executivas, a memória, o julgamento, a velocidade psicomotora e a percepção estão entre as funções que podem ser prejudicadas no contexto da demência, conforme a CID-11 (WHO, 2021).

O perfil cognitivo identificado na avaliação neuropsicológica associado às demais manifestações comportamentais e motoras auxiliam na determinação de uma hipótese de patogênese (provável) da demência. A depender das manifestações clínicas e da disponibilidade de biomarcadores, a patogênese pode ser totalmente definida ou apenas apoiada por exames clínicos (p. ex., de neuroimagem e de dosagem de proteínas no líquor). Contudo, apesar dos grandes avanços, ainda existem limitações e barreiras no emprego dos biomarcadores no diagnóstico diferencial entre as fisiopatologias (Maclin et al., 2019). Portanto, as manifestações cognitivas e comportamentais seguem sendo elementos essenciais na prática clínica, bem como de determinação da patogênese provável da demência.

A CID-11 apresenta critérios específicos para diversos quadros demenciais, desde os mais frequentes (p. ex., devido à doença cerebrovascular) até os menos prevalentes (p. ex., devido à exposição a metais pesados e outras toxinas). Para manter a brevidade do capítulo serão apresentadas quatro causas de demência mais frequentemente atribuídas: 1) devido à doença de Alzheimer (DA); 2) devido à doença cerebrovascular; 3) devido a corpos de Lewy; e 4) devido à degeneração frontotemporal (Garre-Olmo, 2018).

DEMÊNCIA DEVIDO À DOENÇA DE ALZHEIMER (6D80)

A demência devido à DA é a forma mais prevalente, correspondendo a 60% a 80% dos casos (Garre-Olmo, 2018). O comprometimento da memória é a queixa mais comum nas fases iniciais da demência. O quadro progride lentamente e de forma insidiosa, acometendo outras funções cognitivas à medida que evolui. Alterações mentais e comportamentais, como sintomas depressivos ou apatia, podem estar presentes no início da doença. Além disso, sintomas psicóticos, humor irritável, agressividade, confusão, prejuízos quanto à marcha e à mobilidade e convulsões podem fazer parte dos estágios posteriores (ver seção Distúrbios comportamentais ou psicológicos na demência). O histórico familiar, somado ao declínio gradual e a exames genéticos positivos são sugestivos desse diagnóstico (WHO, 2021).

A CID-11 menciona dois períodos de surgimento do quadro demencial, que recebem denominação e codificação diferentes a depender da idade de manifestação do quadro.

Assim, nos casos em que o diagnóstico ocorre até os 65 anos, a patologia passa a ser denominada demência na DA de início precoce (6D80.0). Esse subtipo de demência representa uma parcela ínfima do total de pessoas com DA e tem maior associação com marcadores genéticos. Já o acometimento em idades superiores a 65 anos, o que representa algo em torno de 95% dos casos, é denominado demência na DA de início tardio (6D80.1) (WHO, 2021).

É bastante comum ocorrer doenças cerebrovasculares associadas à demência devido à DA. Isso ocorre em virtude da suscetibilidade dos indivíduos com DA à angiopatia amiloide, o que, por sua vez, influencia no fluxo sanguíneo dentro de vasos e artérias, podendo gerar comprometimentos cognitivos específicos (Schrader et al., 2021). Assim, a CID-11 menciona o subtipo demência devido à DA, tipo misto, com doença cerebrovascular (6D80.2). Além disso, para comorbidade com outras patogêneses, há a classificação de demência devido à DA, tipo misto, com outras etiologias não vasculares (6D80.3). Por fim, em quadros em que o início de desenvolvimento não pode ser identificado, a expressão referida no novo código é demência devido à DA, início desconhecido ou não especificado (6D80.Z) (WHO, 2021). A CID-10 não fazia diferenciação quanto aos quadros mistos; dessa forma, tanto os quadros vasculares como os outros tipos de demência, quando associados à DA, enquadravam-se dentro da forma mista ou atípica. É importante mencionar que o DSM-5 cita a possibilidade de quadros vasculares serem comorbidades, uma vez que idosos com DA geralmente apresentam outras condições médicas, que, quando associadas, podem contribuir para o comprometimento cognitivo e precisam ser especificadas.

Atualmente, a DA é caracterizada pela presença de proteína beta-amiloide e de proteína tau no tecido cerebral. Portanto, exames no líquor e de neuroimagem, como a tomografia por emissão de pósitrons (PET, do inglês *positron emission tomography*) ou por emissão de fóton único (SPECT, do inglês *single photon emission computed tomography*), associados ao exame clínico e à avaliação neuropsicológica podem auxiliar na precisão diagnóstica da DA (Maclin et al., 2019).

Apesar do crescente número de estudos envolvendo os exames de biomarcadores, a fim de aumentar as chances de um diagnóstico mais preciso, o DSM-5, bem como a CID-10 e a CID-11, não fazem menção à necessidade de biomarcadores como critério diagnóstico. É provável que essa indicação se deva à necessidade de serem realizados mais estudos envolvendo os biomarcadores, de forma que sejam reduzidos os questionamentos sobre sua precisão diagnóstica.

DEMÊNCIA DEVIDO À DOENÇA CEREBROVASCULAR (6D81)

A doença cerebrovascular, consequência de lesões cerebrais devido a isquemias ou hemorragias, é a segunda causa mais prevalente de demência (Kalaria, 2018). Os distúrbios provenientes das doenças cerebrovasculares foram convencionados por Gorelick et al. (2011), que descreveram o comprometimento cognitivo vascular (CCV) como leve, provável, possível e instável e, a demência vascular, como provável e possível. O CCV abrange todos os distúrbios cognitivos associados à doença cerebrovascular. A demência vascular (DV) seria a forma mais grave desse tipo de alteração (Gorelick et al., 2011).

O início dos déficits cognitivos na DV, segundo a CID-11 (WHO, 2021), é temporalmente associado a um ou mais eventos vasculares, sendo os mais comuns o declínio na velocidade de processamento da informação, na atenção complexa e nas funções executivas. Os fatores que definem os subtipos de DV incluem a natureza e a extensão das lesões vasculares, o grau de envolvimento dos vasos extras e intracranianos e a localização anatômica das alterações do tecido, bem como o tempo após o evento vascular inicial (Kalaria, 2018). O diagnóstico preciso da suspeita de DV depende de uma ampla gama de medidas clínicas e neuropsicológicas e, mais importante, da confirmação patológica de doença vascular na neuroimagem (Kalaria, 2018). Portanto, é necessário que a evidência de doença cerebrovascular seja suficiente para considerar a hipótese de DV, e que seja realizada a documentação dos prejuízos neurocognitivos e funcionais na história, no exame físico e nos exames de neuroimagem (APA, 2014). De acordo com a CID-11, antes de investigar a DV, deve-se excluir a demência devido à DA e a do tipo misto (que envolve ambos os diagnósticos).

No diagnóstico de DV, segundo a CID-11 (WHO, 2021), deve-se acrescentar códigos adicionais, a fim de identificar os fatores (subtipos) desencadeantes da doença, entre os seguintes: hemorragia intracraniana, isquemia cerebral não especificada se isquêmica ou hemorrágica (8B20), doença cerebrovascular sem sintoma cerebral agudo (8B21), certas doenças cerebrovasculares especificadas (8B22), anormalidades cerebrovasculares (8B23), encefalopatia hipóxico-isquêmica (8B24), doença cerebrovascular de efeito tardio (8B25), síndromes vasculares do cérebro em doenças cerebrovasculares (8B26) e doenças cerebrovasculares não especificadas (8B2Z). Assim como nas demais demências, códigos são acrescentados para alterações comportamentais e psicológicas (ver subseção específica). Por fim, o clínico deve identificar o grau de gravidade do quadro de DV: leve (XS5W), moderado (XS0T) ou grave (XS25).

DEMÊNCIA DEVIDO À DOENÇA DE CORPOS DE LEWY (6D82)

Este tipo de demência é caracterizado pela presença de doença de corpos de Lewy em diversas áreas do sistema nervoso central (tronco cerebral, área límbica, prosencéfalo e neocórtex) (WHO, 2021). Do ponto de vista histopatológico, esses corpos são identificados pela presença de alguns marcadores intraneuronais (alfa-sinucleína e ubiquitina). A manifestação do quadro geralmente precede ou ocorre dentro de um ano depois do início dos sinais de parkinsonismo. O início é insidioso; frequentemente há prejuízos atencionais e nas funções executivas, acompanhados por alucinações visuais e sintomas de transtorno comportamental do sono REM. Alucinações em outras modalidades sensoriais, sintomas depressivos e delírios (alterações no pensamento que não condizem com a realidade) também podem estar presentes (WHO, 2021). A apresentação dos sintomas costuma variar significativamente no curso dos dias, o que demanda acompanhamento longitudinal para diferenciação de *delirium*.

DEMÊNCIA FRONTOTEMPORAL (6D83)

O diagnóstico de demência frontotemporal (DFT) é atribuído a um grupo de transtornos neurodegenerativos que atingem primariamente os lobos frontais e temporais do cérebro, de acordo com a CID-11 (WHO, 2021). Estudos populacionais indicam que a DFT é o segundo subtipo de demência mais prevalente até os 65 anos, atingindo 10,8 a cada 100 mil pessoas. Apesar disso, a prevalência em idosos (pessoas acima de 65 anos) é significativamente maior do que em grupos de pessoas mais jovens (Coyle-Gilchrist et al., 2016). A DFT apresenta alta herdabilidade com padrão familiar e, para alguns casos, mutações genéticas conhecidas. O curso tem início insidioso e progressão gradual (WHO, 2021). O prognóstico da DFT é bastante reservado, sendo que tempo de vida após o diagnóstico varia de 2 a 10 anos (Coyle-Gilchrist et al., 2016).

De acordo com a manifestação inicial, a CID-11 identifica três variações sindrômicas:

comportamental, linguística e motora. Com a evolução dos quadros, essas síndromes também podem se apresentar conjuntamente e manifestam-se, muito frequentemente, sem qualquer prejuízo de memória recente, em especial nas fases iniciais (WHO, 2021).

A síndrome predominantemente comportamental apresenta prejuízos em componentes das funções executivas (p. ex., iniciativa, planejamento, inibição) e em habilidades de cognição social (p. ex., teoria da mente, empatia). Por isso, é comum que sejam reportadas mudanças na personalidade do paciente. Além disso, são observadas estereotipias, comportamentos repetitivos e, eventualmente, alterações no padrão alimentar (CID-11). A prevalência dessa forma é de 13 a cada 100 mil pessoas (Coyle-Gilchrist et al., 2016).

A síndrome predominantemente linguística agrupa três subtipos de afasias progressivas primárias: semântica, agramática/não fluente e logopênica (CID-11). Em comum, todas impactam na capacidade do indivíduo de utilizar a linguagem de forma estruturada e efetiva (CID-11). Agrupando essas manifestações, a prevalência é similar à da síndrome comportamental (12 a cada 100 mil pessoas) (Coyle-Gilchrist et al., 2016).

Por fim, a síndrome prioritariamente motora inclui quadros como paralisia supranuclear progressiva, esclerose lateral amiotrófica, degeneração corticobasal e atrofia de múltiplos sistemas (CID-11). Se tomadas em conjunto, as manifestações motoras apresentam maior prevalência do que as demais síndromes frontotemporais (Coyle-Gilchrist et al., 2016). Tradicionalmente, a manifestação motora da degeneração lobar frontotemporal (DLFT) foi considerada uma entidade separada das demências e sem impactos cognitivos. No entanto, dados de uma revisão indicam que quase metade dos pacientes com síndromes motoras associadas à DLFT apresenta sintomas cognitivos e comportamentais que precedem sua manifestação; porém, grande parte dos pacientes diagnosticados com as demais síndromes apresenta sintomas motores, ainda que subclínicos (Hodges & Piguet, 2018). No entanto, apesar de estudos demonstrarem fisiopatologias similares, esse ponto ainda não é consenso na literatura (Hodges & Piguet, 2018), o que pode ser observado pelas diferenças nos critérios diagnósticos do DSM-5 que envolvem apenas as síndromes comportamentais e cognitivas.

OUTRAS DEMÊNCIAS (6D84, 6D85, 6D8Y, 6D8Z)

Na CID-11 (WHO, 2021), o clínico também encontra a descrição das demências devido ao uso de substâncias psicoativas, incluindo medicamentos (6D84), devido a outras doenças (6D85), por outras causas especificadas (6D8Y) e por outras causas não especificadas (6D8Z). O primeiro tipo é associado diretamente ao uso de substâncias e caracteriza-se pela manutenção de sintomas cognitivos apesar da cessação do uso e da síndrome de abstinência. A quantidade e a duração do consumo devem ser suficientes para causar prejuízos cognitivos, que não podem ser mais bem explicados por outros transtornos, como demência devido a outra condição médica.

A demência devido a outras doenças é codificada quando há declínio cognitivo presente devido à outra condição diagnosticada no manual. Portanto, esta categoria nunca deve ser usada na tabulação primária. Os códigos são fornecidos para uso suplementar ou adicional quando se deseja identificar a presença de demência devido a outras doenças. Do mesmo modo, as demências por causas especificadas e não especificadas têm seus códigos na CID-11 apenas para o clínico acrescentar essa informação no diagnóstico do paciente quando ainda não há informações suficientes para determinar o quadro etiológico do tipo de demência ou para uso em situações de emergência durante as investigações clínicas.

DISTÚRBIOS COMPORTAMENTAIS OU PSICOLÓGICOS NA DEMÊNCIA (6D86)

Em todos os diagnósticos de demência descritos na CID-11 são previstos códigos que podem ser atribuídos adicionalmente às demências, relativos à presença de algum distúrbio comportamental ou psicológico. Entre eles, podem ser identificados sintomas psicóticos (6D86.0), de humor (6D86.1), ansiosos (6D86.2), de apatia (6D86.3), de agitação e agressão (6D86.4), de desinibição (6D86.5), de perturbação motora (6D86.6) e outros especificados ou não especificados. Tais sintomas não são essenciais para o diagnóstico, porém, têm grande importância por serem preditores da sobrecarga dos cuidadores. Indicam a gravidade da manifestação e, principalmente, a imprevisibilidade do quadro de demência, prejudicando a criação de vínculo e a boa relação entre o cuidador e o paciente (Cheng, 2017).

Para avaliar alterações comportamentais nas demências, um dos instrumentos mais utilizados é o Inventário Neuropsiquiátrico (NPI, do inglês Neuropsychiatric Inventory) (para revisão consultar Cummings, 2020), que avalia a intensidade e a frequência desses sintomas clínicos. A versão em português do Brasil vem sendo utilizada como instrumento adicional na prática clínica (Camozatto et al., 2008).

MÉTODOS E TÉCNICAS DE AVALIAÇÃO NAS DEMÊNCIAS E NO TRANSTORNO NEUROCOGNITIVO LEVE

Para realizar a avaliação clínica de um caso com suspeita de TNL ou demência é preciso abordar um tripé diagnóstico que envolve: a) a queixa subjetiva sobre o desempenho; b) a aferição objetiva do desempenho cognitivo (com testes); e c) o impacto dos prejuízos nas atividades de vida diária (com entrevista clínica e questionários específicos). Nesta seção serão exploradas as principais formas de avaliação de cada uma dessas dimensões, tendo como prioridade os instrumentos disponíveis para a realidade brasileira.

Avaliação da queixa cognitiva

A percepção subjetiva de declínio do desempenho cognitivo é um critério diagnóstico para TNL e para as demências, de acordo com ambas as classificações, CID-11 (WHO, 2021) e DSM-5 (APA, 2014). Uma revisão da literatura mostra que a presença de queixas de memória em idosos é comumente associada a pior desempenho cognitivo na testagem objetiva (Brigola et al., 2015). Além disso, com menos frequência, a queixa está associada a impactos funcionais e a biomarcadores de demência (Brigola et al., 2015).

Borelli et al. (2021) revisaram os principais instrumentos utilizados em pesquisa para avaliação da percepção subjetiva de memória disponíveis em português. Entre as diversas opções estão o Memory Assessment Questionnaire (MAC-Q) (Crook et al., 1992) e a Memory Complaint Scale (MCS) (Vale et al., 2012). Essas medidas variam em relação à quantidade de itens e na abordagem sobre a percepção de prejuízos de memória. Por exemplo, o MAC-Q tem seis questões e solicita comparações do desempenho de memória do paciente aos 40 anos e na idade atual (Crook et al., 1992). Já a MCS utiliza questões diretas sobre dificuldades percebidas de memória e seus impactos nas atividades cotidianas (Vale et al., 2012). A revisão conduzida por Borelli et al. (2021) também indica que em muitos estudos a avaliação é feita por questões únicas (p. ex., "Como está sua memória?" ou "Você tem problemas de memória?"). Portanto, a forma de avaliar pode ser bastante diversa entre os instrumentos, impactando as pesquisas e, eventualmente, a clínica.

A prática clínica não difere significativamente no que tange à avaliação da percepção subjetiva de memória. Nesse sentido, a avaliação pode ser realizada por meio da entrevista clínica, ou por questões únicas e/ou instrumentos de autorrelato; porém, é preciso uma série de cuidados quanto à precisão do que é reportado pelo paciente. Por exemplo, indivíduos com demência podem apresentar dificuldades em compreender as questões ou em avaliar a própria memória, o que pode implicar em imprecisão na avaliação da queixa. Além disso, na presença de transtornos psiquiátricos, como a depressão, é possível que o paciente superestime as dificuldades de memória que enfrenta. Por isso, o clínico precisa estar atento ao relato, podendo consultar informantes (p. ex., familiares) e utilizar mais de um instrumento para que a informação recebida seja corroborada. Cabe salientar que foram apresentados apenas alguns dos instrumentos identificados por Borelli et al. (2021). Para uma revisão aprofundada, recomenda-se a leitura da revisão.

Por fim, a presença de queixas subjetivas sobre o desempenho de memória é a mais frequente nas suspeitas de TNL e demências. Isso ocorre tanto pela maior prevalência de transtornos com prejuízo de memória quanto por razões históricas (prejuízos de memória foram critérios diagnósticos para qualquer quadro demencial em versões prévias dos sistemas classificatórios). No entanto, na CID-11, existem síndromes demenciais sem queixas ou prejuízos de memória. Por isso, instrumentos de autorrelato do desempenho de outras funções cognitivas podem ser utilizados de acordo com as demandas apresentadas.

Rastreio cognitivo

Muitos são os instrumentos existentes para avaliar as diversas funções cognitivas, e alguns deles já têm adaptação, validação e normas de aplicação para a população brasileira. Contudo, é importante ressaltar que, no que tange à avaliação de indivíduos com idade mais avançada e, principalmente, baixa escolaridade (realidade de grande parte da população idosa no Brasil), ainda há muito a ser feito. A recomendação é que, diante de cenários como esse, e na falta de instrumentos ou de dados normativos específicos para interpretação, a análise dos resultados seja apenas sob a perspectiva qualitativa, buscando evitar o uso de tabelas normativas provenientes de outros países. É importante chamar atenção para a verificação da proximidade dos dados sociodemográficos (idade, gênero, escolaridade, região do país) da amostra utilizada para o estudo normativo e das características do avaliado – quanto mais próximas, mais fidedignos os resultados obtidos.

Quando se suspeita de déficit cognitivo, o primeiro passo é iniciar a avaliação por meio de instrumentos de rastreio (também conhecidos como *screenings* ou triagens), a fim de verificar a existência ou não do prejuízo sob o ponto de vista objetivo. Atualmente, no Brasil, há algumas opções que podem oferecer informações importantes sobre o perfil cognitivo de determinados quadros demenciais (Martins et al., 2019).

Um instrumento utilizado principalmente no meio médico e que oferece um panorama geral acerca do funcionamento cognitivo é o Mini-Exame do Estado Mental (MEEM) (Folstein et al., 1975; Brucki et al., 2003). A ferramenta avalia aspectos como orientação têmporo-espacial, memória de curta duração, atenção, linguagem e visuoconstrução. A partir de pontos de corte ajustados para escolaridade, o instrumento permite verificar a possibilidade de demência com sensibilidade de até 78% (Brucki et al., 2003). O MEEM também pode ser utilizado no contexto de comprometimentos mais leves, como no caso do TNL, porém, a sensibilidade é muito inferior. Uma opção, na tentativa de melhorar o rastreio cognitivo e a detecção de TNL, seria associar o MEEM com outros instrumentos, como as tarefas de fluência verbal (Mirandez et al., 2017).

Outro teste bastante utilizado e que fornece uma visão um pouco mais ampliada acerca do funcionamento executivo dos pacientes é a Montreal Avaliação Cognitiva (MoCA, do inglês Montreal Cognitive Assessement) (Cesar et al., 2019; Nasreddine et al., 2005;). A ferramenta pode ser mais sensível nos casos em que há prejuízo nas funções executivas, como nas demências causadas por degeneração frontotemporal ou pela doença de Parkinson (Cesar et al., 2019). Além das funções executivas, o MoCA avalia habilidades visuoespaciais, nomeação, memória, linguagem, raciocínio abstrato e orientação têmporo-espacial. O instrumento pode ser bastante útil inclusive para diferenciar indivíduos neurologicamente saudáveis, que tenham pelo menos quatro anos de escolaridade (Cesar et al., 2019), daqueles com TNL (sensibilidade de 90% e especificidade de 77%) e, ainda, daqueles com TNL e demência (sensibilidade de 84% e especificidade de 49%). Assim, esse instrumento pode não ser preciso com indivíduos de baixa escolaridade (Cesar et al., 2019).

Um instrumento de rastreio desenvolvido no Brasil para avaliar os déficits cognitivos em decorrência das doenças cerebrovasculares, sensível para a demência vascular, é a Triagem Cognitiva (TRIACOG). Ele avalia, em aproximadamente 25 minutos, diversas funções cognitivas relevantes para esses quadros clínicos, como orientação (tempo), memória verbal episódico-semântica (imediata e tardia), praxias (construtiva e ideomotora), memória visual, atenção/memória operacional, funções executivas (fluência verbal, inibição e alternância), velocidade de processamento, linguagem (compreensão oral e escrita, vocabulário, leitura, processamento de inferências, repetição e escrita ditada) e processamento numérico (transcodificação e habilidades aritméticas). A TRIACOG apresenta adequadas propriedades psicométricas, com capacidade para diferenciar adultos saudáveis de adultos com déficits cognitivos pós-doença cerebrovascular, com pontos de corte divididos por idade e escolaridade (a partir de três anos de escolaridade) (Rodrigues et al., 2020).

Com o intuito de avaliar aspectos da cognição de forma breve e com pouca influência da escolaridade, foi desenvolvida, também no Brasil, a Bateria Breve de Rastreio Cognitivo (BBRC). O instrumento é composto por um teste que avalia a memória imediata e tardia a partir de 10 figuras em preto e branco, pelo teste de fluência verbal semântica (animais) e pelo teste do desenho do relógio (Nitrini et al., 1994). A BBRC, que conta com dados normativos brasileiros, pode ser uma ferramenta importante para detectar prejuízos cognitivos, principalmente em idosos de baixa escolaridade (Yassuda et al., 2017).

A Addenbrooke's Cognitive Examination-Revised (ACE-R) também é uma bateria de avaliação breve que mede, separadamente, cinco domínios cognitivos: orientação e atenção, memória, fluência verbal, linguagem, e habilidade visuoespacial. Uma particularidade dessa escala é a possibilidade de auxílio no diagnóstico diferencial entre DA e DFT, a partir do cálculo da soma dos escores de alguns domínios (Carvalho, 2009). Uma pontuação abaixo de 78 no escore total indica sensibilidade de 100% e especificidade de 82,26% para diagnóstico de DA leve (Carvalho, 2009).

A Dementia Rating Scale (DRS), que ficou conhecida no Brasil como Escala Mattis de Avaliação da Demência, foi desenvolvida originalmente para avaliar habilidades cognitivas em pacientes com DA, porém, tem sido utilizada para detectar demência em estágios iniciais (Mattis, 1988). O instrumento conta com 36 tarefas divididas em cinco subescalas (atenção, iniciação/perseveração, construção, conceitualização e memória) que podem ser pontuadas de maneira independente. A soma total de pontos é 144, sendo que maior escore indica melhor desempenho. De acordo com um estudo desenvolvido com a população brasileira, a nota de corte (122) revelou sensibilidade de 91,7% e especificidade de 87,8% (Porto et al., 2003).

Por fim, existem diversos instrumentos para rastreio cognitivo breve que podem auxiliar no diagnóstico diferencial dos diferentes tipos de demência. Cabe ao clínico, portanto, selecionar o que se adéqua melhor ao contexto de avaliação e particularidades dos pacientes atendidos. Além disso, particularmente em casos leves, costuma ser necessário fazer uma exploração mais aprofundada das funções cognitivas, podendo ser utilizados instrumentos específicos para a avaliação da atenção, memória, linguagem, funções executivas e habilidades visuomotoras (Chaves et al., 2011). De maneira geral, prejuízos em poucas funções neuropsicológicas detectados por esses instrumentos específicos estão associados a impactos funcionais modestos e são considerados indicativos de TNC leve. Por sua vez, prejuízos em instrumentos de rastreio e em diversas funções cognitivas nos testes específicos estão associados a maior impacto na funcionalidade e, portanto, são considerados indicativos de demência.

Avaliação das atividades de vida diária

Além de mensurar as alterações cognitivas, é necessário avaliar suas implicações para a execução das atividades de vida diária (AVD). Esse é um dos critérios mais importantes para o diagnóstico diferencial entre o TNL e as demências (WHO, 2021). Essa avaliação, se realizada de forma indireta por meio de questionários, conta com um grau de subjetividade e tem relação com a complexidade da rotina do paciente. Em geral, a avaliação da funcionalidade é realizada a partir do relato de um informante que acompanha o paciente, sendo importante para a fidedignidade das informações que eles de fato convivam. Um estudo conduzido por Hackett et al. (2020), com amostra de mais de 4 mil informantes, demonstrou que as avaliações de pessoas que coabitam com o paciente, de cuidadores formais e de pessoas com maior escolaridade tendem a revelar maior impacto nas AVD.

No Brasil, muitos instrumentos estão disponíveis para avaliação das AVD (Yemm et al., 2021). Entre os diversos métodos, destacam-se o Índice de Katz (Katz et al., 1963), a Escala de Atividades Instrumentais de Vida Diária (Instrumental Activities of Daily Living-IADL-Scale) (Lawton & Brody, 1969) e o Questionário de Atividades Funcionais de Pfeffer (FAQ) (Pfeffer et al.,1982). Todos eles são curtos (têm entre 6 e 11 itens) e avaliam atividades rotineiras, embora contenham diferenças na forma como as mensuram. A escala desenvolvida por Katz et al. (1963), por exemplo, avalia predominantemente atividades básicas da vida diária, como tomar banho, comer e controlar os esfíncteres. Já a escala construída por Lawton e Brody (1969) foca em atividades instrumentais da vida diária, mediadas por aparelhos ou utensílios, como telefonar e utilizar meios de transporte. O FAQ, assim como a maioria dos outros questionários, apresenta itens para avaliação tanto das atividades básicas quanto das atividades instrumentais da vida diária (Pfeffer et al.,1982).

A identificação de prejuízos diários também deve ser complementada por meio de entrevista clínica com os principais cuidadores/familiares do paciente com suspeita de demência. Em casos mais brandos da doença (ou de indivíduos com TNL), uma autoavaliação do paciente pode ser complementar à observação de terceiros. Salienta-se que, apesar da evolução da CID-11, este critério diagnóstico permaneceu relativamente estável, permitindo a utilização de instrumentos desenvolvidos previamente à publicação do sistema classificatório.

CONSIDERAÇÕES FINAIS

Este capítulo descreveu os principais critérios diagnósticos para os transtornos neurocognitivos descritos pela CID-11, assim como abordou orientações para avaliação de pacientes com suspeita desses quadros. A CID-11 traz atualizações semelhantes às do DSM-5, como a diferenciação entre os transtornos leves e mais graves, além de considerar diversas etiologias que predispõem a déficits cognitivos, que devem ser codificados pelo clínico. Ainda, apresenta os especificadores de alterações comportamentais e gravidade, que auxiliam a orientar o melhor tratamento para cada caso. Contudo, a CID-11, ao contrário do DSM-5, mantém a terminologia demência para denominar o diagnóstico. Sabe-se que há um esforço da comunidade que pesquisa os transtornos mentais para retirar de suas nomenclaturas termos pejorativos, que estigmatizam os indivíduos que apresentam algum diagnóstico psicopatológico. Portanto, essa é uma questão que pode ser problematizada para as futuras revisões do manual.

Os critérios diagnósticos utilizados na CID-11 reforçam a importância de uma avaliação multidisciplinar envolvendo exames de neuroimagem, testes físico e cognitivo, entrevistas, observações, além de acompanhamento longitudinal do indivíduo. A avaliação diagnóstica dos critérios é uma tarefa complexa e envolve uma avaliação clínica da potencial etiologia, que pode contribuir com o prognóstico, tratamento e orientações ao paciente e seus familiares/cuidadores.

A maioria dos instrumentos descritos neste capítulo apresenta adequadas propriedades psicométricas para a população brasileira; porém, cada um tem sua especificidade e mostra-se mais sensível para um tipo de transtorno em relação a outro. Portanto, cabe ao clínico selecionar o mais adequado para os pacientes que avalia. Ressalta-se que nenhum instrumento de avaliação cognitiva, se utilizado isoladamente, é capaz de fornecer o diagnóstico para qualquer um dos transtornos neurocognitivos. O diagnóstico é baseado em uma avaliação multiprofissional, e diversos dados devem ser reunidos de forma quantitativa e qualitativa. Em consonância, foram apresentados instrumentos de rastreio cognitivo, de avaliação da queixa e das AVD. Essas ferramentas podem ser aplicadas por qualquer profissional da saúde com treinamento adequado (Tabela 17.2).

TABELA 17.2

INSTRUMENTOS E CONSTRUTO AVALIADO APLICADOS NOS TRANSTORNOS NEUROCOGNITIVOS

CONSTRUTO/INSTRUMENTO*	REFERÊNCIAS	FORMA DE AVALIAÇÃO	TRANSTORNO DE APLICAÇÃO USUAL
ALTERAÇÕES DE CONSCIÊNCIA E DE ATENÇÃO NO AMBIENTE HOSPITALAR			
Confusion Assessment Method (CAM)	Inouye et al., (1990)[o]	Avaliação pelo clínico	*Delirium*
COGNIÇÃO GERAL (RASTREIOS, TRIAGENS E BATERIAS BREVES)			
Mini-Exame do Estado Mental (MEEM)	Brucki et al. (2003)[b]	Tarefas cognitivas	TNL e demências
Addenbrooke's Cognitive Examination-Revised (ACE-R)	Carvalho (2009)[b]	Tarefas cognitivas	TNL e demências

▶▶

TABELA 17.2

INSTRUMENTOS E CONSTRUTO AVALIADO APLICADOS NOS TRANSTORNOS NEUROCOGNITIVOS

CONSTRUTO/INSTRUMENTO*	REFERÊNCIAS	FORMA DE AVALIAÇÃO	TRANSTORNO DE APLICAÇÃO USUAL
Bateria Breve de Rastreio Cognitivo (BBRC)	Nitrini et al. (1994)[b]	Tarefas cognitivas	TNL e demências
Escala Mattis de Avaliação de Demência (DRS)	Mattis (1988)[o]	Tarefas cognitivas	TNL e demências
Montreal Avaliação Cognitiva (MoCA)	Cesar et al. (2019)[b]	Tarefas cognitivas	TNL e demências
Triagem Cognitiva (TRIACOG)	Rodrigues et al. (2019)[b]	Tarefas cognitivas	TNL e Demências
DISTÚRBIOS COMPORTAMENTAIS E PSICOLÓGICOS NA DEMÊNCIA			
Inventário Neuropsiquiátrico (NPI)	Camozzatto et al. (2008)[b]	Avaliação pelo clínico	Demências (com alterações comportamentais)
INDEPENDÊNCIA NAS ATIVIDADES DE VIDA DIÁRIA (FUNCIONALIDADE)			
Índice de Katz	Katz et al. (1963)[o]	Relato de informante (com auxílio clínico)	TNL (ausência de prejuízos) e demências
Questionário de Atividades Funcionais de Pfeffer (FAQ)	Pfeffer et al. (1982)[o]	Relato de informante (com auxílio clínico)	TNL (ausência de prejuízos) e demências
Escala de Atividades Instrumentais de Vida Diária	Lawton e Brody (1969)[o]	Relato de informante (com auxílio clínico)	TNL (ausência de prejuízos) e demências
PERCEPÇÃO SUBJETIVA DE MEMÓRIA			
Memory Assessment Questionnaire (MAC-Q)	Crook et al. (1992)[o]	Autorrelato	TNL e demências
Memory Complaint Scale (MCS)	Vale et al. (2012)[b]	Autorrelato	TNL e demências
Perguntas abertas "Como está sua memória?" ou "Você tem problemas de memória?".	N/A	Autorrelato	TNL e demências

"o" indica que foi apresentada a referência original, e não foi encontrada, em nossa busca, estudo psicométrico para o Brasil; "b" indica que a referência apresentada é de um estudo psicométrico da versão brasileira do instrumento; "N/A"= não se aplica.

Nota: Todos os instrumentos apresentados têm versões em português, porém, nem todas elas apresentam processo de adaptação e estudos psicométricos.

Cabe ressaltar que, frequentemente, é requisitada uma avaliação cognitiva detalhada de forma a prover informações adicionais às apresentadas pelos instrumentos de rastreio. Essa avaliação envolve a aplicação de testes neurocognitivos que avaliam funções específicas, e que, para manter a brevidade do capítulo, não foram abordados.

REFERÊNCIAS

American Psychiatric Association (APA). (2014). *DSM-5: Manual diagnóstico e estatístico de transtornos mentais*. Artmed.

Bermejo-Pareja, F., Contador, I., Del Ser, T., Olazarán, J., Llamas-Velasco, S., Vega, S., & Benito-León, J. (2021). Predementia constructs: Mild cognitive impairment or mild neurocognitive disorder? A narrative review. *International Journal of Geriatric Psychiatry, 36*(5), 743-755.

Borelli, W. V., Labrea, V. N., Leal-Conceicao, E., Portuguez, M. W., & Costa, J. C. D. (2021). Evaluating subjective cognitive decline: A systematic review of tools available for evaluating cognitive complaints in Portuguese. *Arquivos de Neuro-Psiquiatria, 79*(3), 238-247.

Brigola, A. G., Manzini, C. S. S., Oliveira, G. B. S., Ottaviani, A. C., Sako, M. P., & Vale, F. A. C. (2015). Subjective memory complaints associated with depression and cognitive impairment in the elderly: A systematic review. *Dementia & Neuropsychologia, 9*(1), 51-57.

Brucki, S. M. D, Nitrini, R., Caramelli, P., Bertolucci, P. H. F., & Okamoto, I. H. (2003). Suggestions for utilization of the mini-mental state examination in Brazil. *Arquivos de Neuropsiquiatria, 61*(3B), 777-781

Caetano, D. (1993). *Classificação de transtornos mentais e de comportamento da CID-10: descrições clínicas e diretrizes diagnósticas*. Artes Médicas.

Camozzato, A. L., Kochhann, R., Simeoni, C., Konrath, C. A., Pedro Franz, A., Carvalho, A., & Chaves, M. L. (2008). Reliability of the Brazilian Portuguese version of the Neuropsychiatric Inventory (NPI) for patients with Alzheimer's disease and their caregivers. *International Psychogeriatrics, 20*(2), 383-393.

Carvalho, V. A. (2009). *Addenbrooke's Cognitive Examination – Revised (ACE-R): Adaptação transcultural, dados normativos de idosos cognitivamente saudáveis e de aplicabilidade como instrumento de avaliação cognitiva breve para pacientes com doença de Al*. (Dissertação de mestrado). Universidade de São Paulo. https://www.teses.usp.br/teses/disponiveis/5/5138/tde-09122009-153803/publico/VIVIANEAMARALCARVALHO.pdf

Cesar, K. G., Yassuda, M. S., Porto, F. H., Brucki, S., & Nitrini, R. (2019). MoCA Test: Normative and diagnostic accuracy data for seniors with heterogeneous educational levels in Brazil. *Arquivos de Neuro-Psiquiatria, 77*(11), 775-781

Chaves, M. L., Godinho, C. C., Porto, C. S., Mansur, L., Carthery-Goulart, M. T., Yassuda, M. S., & Beato, R. (2011). Cognitive, functional and behavioral assessment: Alzheimer's disease. *Dementia & Neuropsychologia, 5*(3),153-166.

Cheng S. T. (2017). Dementia caregiver burden: A research update and critical analysis. *Current Psychiatry Reports, 19*(9), 64.

Coyle-Gilchrist, I. T., Dick, K. M., Patterson, K., Vázquez Rodríquez, P., Wehmann, E., Wilcox, A., ... Rowe, J. B. (2016). Prevalence, characteristics, and survival of frontotemporal lobar degeneration syndromes. *Neurology, 86*(18), 1736-1743.

Crook, T. H., Feher, E. P., & Larrabee, G. J. (1992). Assessment of memory complaint in age-associated memory impairment: The MAC-Q. *International Psychogeriatrics, 4*(2), 165-176.

Cummings, J. (2020). The neuropsychiatric inventory: Development and applications. *Journal of Geriatric Psychiatry and Neurology, 33*(2), 73-84.

Dias, B. M., & Melo, D. M. (2020). Avaliação neuropsicológica e demências em idosos: Uma revisão da literatura. *Cadernos de Psicologia*, 2(3), 64-84.

First, M. B., Gaebel, W., Maj, M., Stein, D. J., Kogan, C. S., Saunders, J. B., ... Reed, G. M. (2021). An organization-and category-level comparison of diagnostic requirements for mental disorders in ICD-11 and DSM-5. *World Psychiatry*, 20(1), 34-51.

Folstein, M. F., Folstein, S. E., & McHugh, P. R. (1975). Mini-mental state examination. *Journal of Psychiatry Resources, 12*, 189-198.

Gaebel, W., Jessen, F., & Kanba, S. (2018). Neurocognitive disorders in ICD-11: The debate and its outcome. *World Psychiatry, 17*(2), 229-230.

Garre-Olmo, J. (2018). Epidemiología de la enfermedad de Alzheimer y otras demencias. *Revista de Neurología, 66*(11), 377-386.

Gorelick, P. B., Scuteri, A., Black, S. E., Decarli, C., Greenberg, S. M., Iadecola, C., ... Council on Cardiovascular Radiology and Intervention, and Council on Cardiovascular Surgery and Anesthesia (2011). Vascular contributions to cognitive impairment and dementia: a statement for healthcare professionals from the american heart association/american stroke association. Stroke, 42(9), 2672-2713.

Hackett, K., Mis, R., Drabick, D. A., & Giovannetti, T. (2020). Informant reporting in mild cognitive impairment: Sources of discrepancy on the functional activities questionnaire. *Journal of the International Neuropsychological Society, 26*(5), 503-514.

Hodges, J. R., & Piguet, O. (2018). Progress and challenges in frontotemporal dementia research: A 20-year review. *Journal of Alzheimer's Disease, 62*(3), 1467-1480.

Ely, E. W., Shintani, A., Truman, B., Speroff, T., Gordon, S. M., Harrell Jr, F. E., ... Dittus, R. S. (2004).

Delirium as a predictor of mortality in mechanically ventilated patients in the intensive care unit. *JAMA, 291*(14), 1753-1762.

Inouye, S. K., Dyck, C. H., Alessi, C. A., Balkin, S., Siegal, A. P., & Horwitz, R. I. (1990). Clarifying confusion: The confusion assessment method: a new method for detection of delirium. *Annals of Internal Medicine, 113*(12), 941-948.

Inouye, S. K., Westendorp, R. G., & Saczynski, J. S. (2014). Delirium in elderly people. *The Lancet, 383*(9920), 911-922.

Jessen, F. & Frölich, L. (2018). [ICD-11: neurocognitive disorders]. *Fortschritte der Neurologie-Psychiatrie, 86*(3), 172-177.

Kalaria, R. N. (2018). The pathology and pathophysiology of vascular dementia. *Neuropharmacology, 134*, 226-239.

Katz, S. (1963). Studies of illness in the aged. The index of ADL: A standardized measure of biologic and psychologic function. *JAMA, 185*, 94-99.

Lawton, M. P., & Brody, E. M. (1969). Assessment of older people: self-maintaining and instrumental activities of daily living. *The Gerontologist, 9*(3), 179-186.

Mattis, S. (1988). *DRS: Dementia Rating Scale: Professional manual.* Psychological Assessment Resources.

Mirandez, R. M., Aprahamian, I., Talib, L. L., Forlenza, O. V., & Radanovic, M. (2017). Multiple category verbal fluency in mild cognitive impairment and correlation with CSF biomarkers for Alzheimer's disease. *International Psychogeriatrics, 29*(6), 949-958.

Martins, N. I. M., Caldas, P. R., Cabral, E. D., Lins, C. C. D. S. A., & Coriolano, M. D. G. W. D. S. (2019). Instrumentos de avaliação cognitiva utilizados nos últimos cinco anos em idosos brasileiros. *Ciência & Saúde Coletiva, 24*(7), 2513-2530.

Maclin, J., Wang, T., & Xiao, S. (2019). Biomarkers for the diagnosis of Alzheimer's disease, dementia Lewy body, frontotemporal dementia and vascular dementia. *General Psychiatry, 32*(1), e100054.

Nasreddine, Z. S., Phillips, N. A., Bedirian, V., Charbonneau, S., Whitehead, V., Collin, I., ... Chertkow, H. (2005). The Montreal Cognitive Assessment, MoCA: A brief screening tool for mild cognitive impairment. *Journal of American Geriatry Society, 53(4)*, 695-699.

Nitrini, R., Helena Lefèvre, B., Mathias, S. C., Caramelli, P., Carrilho, P. E. M., Sauaia, N., ... Scaff, M. (1994). Testes neuropsicológicos de aplicação simples para o diagnóstico de demência. *Arquivos de Neuro-Psiquiatria, 52*(4), 457-465.

Petersen, R. C., Caracciolo, B., Brayne, C., Gauthier, S., Jelic, V., & Fratiglioni, L. (2014). Mild cognitive impairment: A concept in evolution. *Journal of Internal Medicine, 275*(3), 214-228.

Pfeffer, R. I., Kurosaki, T. T., Harrah Jr, C. H., Chance, J. M., & Filos, S. (1982). Measurement of functional activities in older adults in the community. *Journal of Gerontology*, 37(3), 323-329.

Porto, C. S., Fichman, H. C., Caramelli, P., Bahia, V. S., & Nitrini, R. (2003). Brazilian version of the Mattis Dementia Rating Scale. Diagnosis of mild dementia in Alzheimer's disease. *Arquivos de Neuro-Psiquiatria, 61*(2B), 339-345.

Rodrigues, J. C., Bandeira, D. R., & Salles, J. F. (2020). Cognitive Screening (TRIACOG) for adults with cerebrovascular diseases: Construction process and validity evidence. *Psychology & Neuroscience*, 13(2), 206-218.

Rodrigues, J. C., Bandeira, D. R., & Salles, J. F. (2019). *Triagem cognitiva – TRIACOG.* Vetor.

Schrader, J. M., Xu, F., & Van Nostrand, W. E. (2021). Distinct brain regional proteome changes in the rTg-DI rat model of cerebral amyloid angiopathy. *Journal of Neurochemistry, 159*(2), 273-291.

Vale, F., Balieiro, A. P., Jr., & Silva-Filho, J. H. (2012). Memory complaint scale (MCS): Proposed tool for active systematic search. *Dementia & Neuropsychologia*, 6(4), 212-218.

Veiga, D., Luis, C., Parente, D., Fernandes, V., Botelho, M., Santos, P., & Abelha, F. (2012). Delirium pós-operatório em pacientes críticos: Fatores de risco e resultados. *Revista Brasileira de Anestesiologia, 62*(4), 476-483.

Wilson, J. E., Mart, M. F., Cunningham, C., Shehabi, Y., Girard, T. D., MacLullich, A. M., ... Ely, E. W. (2020). Delirium. *Nature Reviews Disease Primers, 6*(1), 1-26.

Yassuda, M. S., Silva, H. S. D., Lima-Silva, T. B., Cachioni, M., Falcão, D. V. D. S., Lopes, A., ... Neri, A. L. (2017). Normative data for the Brief Cognitive Screening Battery stratified by age and education. *Dementia & Neuropsychologia, 11*(1), 48-53.

Yemm, H., Robinson, D. L., Paddick, S. M., Dotchin, C., Goodson, M. L., Narytnyk, A., ... Mc Ardle, R. (2021). Instrumental activities of daily living scales to detect cognitive impairment and dementia in low- and middle-income countries: A systematic review. *Journal of Alzheimer's Disease, 83*(1), 451-474.

Zibetti, M. R., Gindri, G., Pawlowski, J., Salles, J. F., Parente, M. A. D. M. P., Bandeira, D. R., ... Fonseca, R. P. (2010). Estudo comparativo de funções neuropsicológicas entre grupos etários de 21 a 90 anos. *Neuropsicologia Latinoamericana*, 2(1), 55-67.

World Health Organization (WHO). (2019). *International statistical classification of diseases and related health problems (ICD-10)* (10th rev.). https://icd.who.int/browse10/2019/en#/

World Health Organization (WHO). (2021). *International classification fo diseases for mortality and morbidity statistics (ICD-11)* (11th rev.) (Version 05/2021). https://icd.who.int/browse11.

PARTE III

PERSPECTIVAS DIMENSIONAIS DOS TRANSTORNOS MENTAIS

18

ABORDAGEM DIMENSIONAL HIERÁRQUICA PARA CLASSIFICAÇÃO DE TRANSTORNOS MENTAIS: O MODELO HiTOP

LUCAS DE FRANCISCO CARVALHO
GISELE MAGAROTTO MACHADO
ANDRÉ PEREIRA GONÇALVES
FABIANO KOICH MIGUEL
SÉRGIO EDUARDO SILVA DE OLIVEIRA

Os sistemas de classificação dos transtornos mentais, que visam a proposição de uma linguagem comum de descrição e de taxonomia das psicopatologias, vêm se transformando ao longo do tempo, tendo passado por fases com mais uso de modelos prototípicos, depois categóricos e agora caminhando na direção de modelos dimensionais. Conforme apresentado por Clark et al. (2017), três grandes instituições têm se destacado nos estudos acerca dos transtornos mentais, a American Psychiatric Association (APA), por meio do *Manual diagnóstico e estatístico de transtornos mentais* (DSM), a Organização Mundial da Saúde (OMS), por meio da *Classificação internacional de doenças* (CID), e o National Institute of Mental Health (NIMH), dos Estados Unidos, por meio do projeto *Research Domain Criteria* (RDoC). Além dessas iniciativas, um sistema taxonômico dos transtornos mentais em uma perspectiva puramente dimensional tem sido desenvolvido por meio de um consórcio de pesquisadores ao redor do mundo. Esse sistema tem sido chamado de *Hierarchical Taxonomy of Psychopathology* (HiTOP) (Kotov et al., 2017), em tradução livre Taxonomia Hieráquica da Psicopatologia.

De forma breve, antes de iniciar as questões pertinentes ao modelo HiTOP propriamente dito, objeto deste capítulo, fazemos aqui uma breve descrição dos modelos da APA, da OMS e do NIMH de modo a delimitá-los conceitualmente e contextualizar o cenário anterior à chegada do modelo HiTOP. O modelo diagnóstico proposto pela APA, nas últimas décadas, é fundamentalmente categórico. Cada categoria diagnóstica é descrita por meio de um conjunto de definições características de cada transtorno mental. Esse sistema compreende as psicopatologias como entidades qualitativamente independentes, e o método diagnóstico ocorre por meio da aplicação de algoritmos referentes à quantidade de definições características dos transtornos que é observada. O modelo da OMS assemelha-se ao da APA, contudo, baseia-se em uma abordagem prototípica. Desse modo, cada categoria diagnóstica é descrita em termos de sua apresentação sintomatológica típica. Esse sistema também compreende as psicopatologias como categorias independentes, e o método diagnóstico é realizado por meio da aproximação (ou combinação) entre a apresentação fenomenológica da psicopatologia dos pacientes com os perfis prototípicos descritos na CID (Jablensky, 2012; Maj, 2011). O RDoC não é um sistema diagnóstico em si, mas uma agenda de pesquisa acerca dos transtornos mentais. Diferentemente dos modelos da APA e da OMS, a proposta do NIMH é de uma compreensão dimensional dos transtornos mentais. O objetivo do RDoC é compreender a natureza do funcionamento mental, que varia do normal ao patológico, incluindo os papéis de sistemas biológicos e psicológicos/comportamentais nas diferentes psicopatologias (Zorzanelli et al., 2014).

A perspectiva dimensional que fundamenta o modelo HiTOP é a mesma do RDoC. Desse modo, as psicopatologias deixam de ser entendidas como classes independentes de transtornos (abordagem qualitativa) e passam a ser entendidas como níveis extremos de experiências comportamentais, afetivas, cognitivas e físicas (abordagem quantitativa). Assim, o sistema taxonômico deixa de ser baseado na classificação das pessoas e passa a ser fundamentado na organização das variáveis. Em outras palavras, o modelo HiTOP não resultará em diagnósticos categóricos (p. ex., transtorno depressivo maior, transtorno de ansiedade generalizada ou transtorno da personalidade *borderline*), e sim em diagnósticos dimensionais, resultando em perfis psicológicos representados por sinais, sintomas, padrões de comportamento, entre outros (Kotov et al., 2017).

O objetivo deste capítulo é apresentar o modelo HiTOP e discutir suas implicações clínicas na investigação científica e na prática clínica de diagnóstico de psicopatologias. Para tanto, abordaremos o contexto em que o HiTOP surgiu e os esforços que o consórcio de pesquisadores tem feito para desenvolver modelos de mensuração e, paralelamente, identificar a estrutura hierárquica da psicopatologia que seja empiricamente embasada. Por fim, apresentaremos um caso clínico para ilustrar a aplicabilidade do modelo.

A CONCEPÇÃO DOS TRANSTORNOS MENTAIS NO MODELO HiTOP

Os transtornos mentais são considerados um dos principais desafios na área da saúde no século XXI (Collins et al., 2011), devido ao seu impacto subjetivo e social. Estima-se que mais de 30% da população mundial sofra de algum transtorno mental (Kessler & Üstün, 2008). Nos Estados Unidos, por exemplo, encontrou-se que aproximadamente 46% da população atende a critérios para um ou mais transtornos mentais durante a vida (Kessler & Wang, 2008); dados similares foram observados na Europa (Wittchen et al., 2011). Em uma revisão sistemática incluindo dados do Brasil (Steel et al., 2014), aproximadamente 30% dos participantes atingiram critérios para transtornos mentais em algum momento da vida. Santos e Siqueira (2010) encontraram uma prevalência de 20% a 56% de transtornos mentais na população brasileira, a depender de características sociodemográficas. Esses dados refletem estudos que entendem, na maioria das vezes, os transtornos mentais como categorias diagnósticas. Quando se trata de modelos dimensionais e se estabelece pontos de corte, as estimativas tendem a ser maiores (Sahoo & Khess, 2010; Oliveira & Bandeira, 2020).

A presença de transtornos mentais na população mundial é uma preocupação imediata, principalmente devido a sua associação com prejuízos severos no funcionamento psicossocial. Os transtornos mentais estão entre as principais causas de perda de saúde, incapacidade e mortes por suicídio (Dattani et al., 2021; Nock et al., 2010; World Health Organization [WHO], 2017). Além disso, uma revisão sistemática conduzida por Walker et al. (2015) identificou que aproximadamente 14% das mortes no mundo são decorrentes de transtornos mentais. O cenário relativo à saúde mental mundial não apresenta perspectivas positivas para o futuro. Por exemplo, a OMS (WHO, 2017) indicou que transtornos como ansiedade e depressão vêm crescendo ao longo dos anos (respectivamente, 18% e 15% entre 2005 e 2015). A eficácia para intervenção nesses quadros depende de diversos fatores, incluindo a investigação de perguntas básicas e cruciais sobre sua própria natureza.

Determinar a natureza da estrutura latente dos transtornos mentais, isto é, se são entidades categóricas ou contínuas, é uma questão essencial, que impacta a concepção, a investigação e, em último caso, a intervenção na clínica de saúde mental. Meehl (1992, 1995) propôs métodos para investigar quais transtornos mentais implicam em tipos qualitativamente distintos de pessoas (categorias, classes latentes, *clusters* ou táxons), e quais se referem a um *continuum* (dimensões, fatores ou traços). É importante salientar que a maioria dos transtornos vem sendo compreendida oficialmente em manuais diagnósticos e operacionalizada a partir de perspectivas categóricas. No entanto, em um estudo de metanálise conduzido por Haslam et al. (2020), foi identificado que a maior parte dos transtornos mentais é mais bem explicada por estruturas latentes dimensionais e não por estruturas categóricas.

A migração de modelos categóricos para modelos dimensionais não é algo recente. Por exemplo, o DSM-IV-TR (American Psychiatric Association [APA], 2000) apresentava essa recomendação no eixo II dos transtornos da personalidade. Contudo, essa passagem demanda um agregado robusto e extenso de estudos empíricos, que sustente não apenas um modelo dimensional, mas aquele que melhor se adequar à realidade. Exemplo disso é o Modelo Alternativo dos Transtornos da Personalidade (MATP), proposto no DSM-5 (APA, 2013). Embora o MATP tenha apresentado, quando de sua proposição, elementos indicando sua robustez, ele ainda foi considerado em validação, demandando mais estudos e aprofundamento.

Uma das bases dos modelos dimensionais é a pesquisa sobre comorbidades. Por definição, o modelo categórico entende que as psicopatologias são entidades clínicas independentes. Contudo, tanto a pesquisa como a prática clínica revelam que é muito comum encontrar diversas pessoas que positivam para diferentes categorias de transtornos mentais simultaneamente. Assim, as entidades clínicas não são tão independentes como parece, e isso já tem sido observado há muito tempo (Krueger, 1999). A partir dos estudos de comorbidades entre categorias diagnósticas, foram sendo observadas dimensões consistentes que explicam a covariância (ou comorbidade) entre as categorias dos transtornos mentais. Inicialmente, Krueger (1999) encontrou um modelo de dois fatores com as dimensões de transtornos internalizantes e externalizantes. À medida que outras categorias diagnósticas foram incluídas nos estudos, novas dimensões foram surgindo, como a dimensão de transtorno do pensamento, a partir da inserção das categorias diagnósticas do espectro da esquizofrenia (Keyes et al., 2013). Avanços na avaliação de modelos dimensionais chegaram, inclusive, a evidenciar a existência de um fator geral de psicopatologia (fator p), que explica a variabilidade dos mais diversos quadros diagnósticos (Caspi et al., 2014). Em outras palavras, o fator p explica parte substancial da manifestação de diversos transtornos mentais.

Frente à necessidade de se estabelecer um modelo empírico e fundamentalmente robusto para concepção dos transtornos mentais a partir de uma perspectiva dimensional, em 2017 foi apresentado o modelo HiTOP (Kotov et al., 2017). O HiTOP é uma proposta baseada em evidências para classificação hierárquica dos sintomas e traços que compõem os transtornos psiquiátricos. Trata-se de um modelo fenotípico dimensional que fornece descrições informativas e úteis na pesquisa e prática clínica. É apresentado por meio de uma estrutura hierárquica constituída por cinco níveis, partindo de uma perspectiva mais ampla dos transtornos (superespectro e espectros) para níveis mais específicos e detalhados (subfatores, sintomas e traços) (Hengartner & Lehmann, 2017). Os níveis mais amplos cobrem aspectos heterogêneos e difusos da apresentação psicopatológica, ao passo que os níveis mais específicos descrevem padrões afetivos, cognitivos e comportamentais mais homogêneos (Kotov et al., 2017).

A proposta do HiTOP é abandonar completamente o sistema categórico de classificação dos transtornos mentais. Usuários desse modelo não mais darão aos seus pacientes diagnósticos de transtorno depressivo maior, transtorno de ansiedade generalizada, esquizofrenia ou transtorno da personalidade *borderline*, por exemplo. O diagnóstico não visa à nomeação de categorias, e sim de perfil de sintomas. As conclusões diagnósticas terão uma perspectiva dimensional; para tanto, o consórcio de pesquisadores está investigando empiricamente as dimensões que irão compor o modelo. Simms et al. (2022) apresentaram os procedimentos desenvolvidos para a construção dos modelos de mensuração do HiTOP. Watson, Forbes et al. (2022) descreveram a estrutura encontrada para o espectro internalizante, que se mostrou consistente em quatro dimensões: distresse, medo, dismorfia corporal e mania. Uma quinta dimensão com escalas de problemas sexuais foi observada e nomeada de disfunção sexual. Jonas et al. (2021) descreveram o processo de desenvolvimento das dimensões do espectro externalizante (desinibido e antagonista), sem apresentar resultados empíricos, em razão de os dados estarem em processo de coleta. Contudo, foram apresentados 64 potenciais construtos para cobrir esse espectro. Por sua vez, Cicero et al. (2022) analisaram o espectro do transtorno do pensamento, resultando em duas grandes dimensões, as quais refletem os sintomas positivos e os sintomas negativos. Finalmente, Zimmermann et al. (2022) apresentaram os construtos que cobrem o espectro externalizante, o qual resultou em uma única dimensão bipolar, variando da introversão patológica à extroversão patológica. A Tabela 18.1 reúne os construtos que apresentaram validade empírica na primeira fase de estudos do modelo HiTOP, conforme o método descrito em Simms et al. (2022).

TABELA 18.1

CONJUNTO DE CONSTRUTOS PROVISÓRIOS COM EVIDÊNCIAS EMPÍRICAS DO MODELO HiTOP

ESPECTRO	DIMENSÕES	CONSTRUTOS
Internalizante (Watson, Forbes et al., 2022)	Distresse	• Depressão anedônica • Suicidalidade • Insônia • Reações traumáticas • Preocupação ansiosa • Vergonha/culpa • Raiva hostil • Problemas cognitivos • Pânico fisiológico

▸▸

TABELA 18.1

CONJUNTO DE CONSTRUTOS PROVISÓRIOS COM EVIDÊNCIAS EMPÍRICAS DO MODELO HiTOP

ESPECTRO	DIMENSÕES	CONSTRUTOS
		• Perda de apetite • Pesadelos • Autolesão não suicida • Ansiedade social • Perseveração • Bem-estar
	Dismorfia corporal	• Insatisfação corporal • Foco no corpo • Indecisão • Insegurança de separação • Perfeccionismo • Ganho de apetite • Checagem
	Medo	• Fobia situacional • Fobia animal • Limpeza • Fobia de sangue/injeção • Agorafobia • Rituais compulsivos
	Mania	• Tricotilomania • Acumulação • Escoriação • Energia eufórica • Grandiosidade • Diminuição da necessidade de sono • Imprudência
	Disfunção sexual	• Distresse relacionado à disfunção sexual • Baixo desejo sexual • Dor sexual • Baixa função orgástica
Externalizante (desinibido e antagonista) (Jonas et al., 2021)	*	*
Transtornos do pensamento (Cicero et al., 2022)	Positivo	• Crenças incomuns • Distorção da realidade • Humor expansivo • Dissociação • Experiências incomuns • Grandiosidade • Experiências anômalas do *self* • Excentricidade • Desorganização • Imprudência

▶▶

TABELA 18.1

CONJUNTO DE CONSTRUTOS PROVISÓRIOS COM EVIDÊNCIAS EMPÍRICAS DO MODELO HiTOP

ESPECTRO	DIMENSÕES	CONSTRUTOS
		• Diminuição da necessidade de sono • Hiperatividade cognitiva • Propensão à fantasia • Aumento de atividade direcionada ao objetivo • Labilidade emocional • Desconfiança
	Negativo	• Avolição • Retraimento social • Anedonia • Desinteresse romântico • Distanciamento emocional • Apatia • Afetividade restrita • Inexpressividade • Exibicionismo
Espectro somatoforme e transtornos da alimentação (Selbom et al., 2022)	Somatoforme	• Sintomas de distresse corporal • Ansiedade de saúde • Convicção de doença • Preocupação somática
	Transtornos da alimentação	• Imagem corporal e preocupação com o peso • Compulsão alimentar • Restrição alimentar e purgação • Restrição cognitiva • Exercício excessivo • Construção de músculos • Atitudes negativas em relação à obesidade • Transtorno de ingestão alimentar restritiva/evitativa
Espectro de distanciamento (Zimmermann et al., 2022)	Distanciamento	• Anedonia • Desconfiança • Retraimento social • Evitação da intimidade • Inassertividade • Aversão ao risco • Afetividade restrita • Busca de atenção • Busca de sensação • Dominação

* Ainda não há resultados empíricos disponíveis.

Fonte: Elaborada com base nos artigos citados na primeira coluna da tabela. Parte dos termos foram traduzidos livremente pelos autores deste capítulo.

O HiTOP pode ser detalhado partindo do nível específico (sintomas e traços) até o nível mais amplo (superespectro). A Figura 18.1 apresenta um esquema ilustrativo do modelo HiTOP. O nível mais específico (à direita, na Figura 18.1) refere-se aos sintomas e traços, isto é, características mais homogêneas (p. ex., o uso de substâncias seria um sintoma, e a impulsividade, um traço). Esse nível diz respeito aos agrupamentos de sintomas e traços que formam síndromes empiricamente delineadas. Diferentemente das categorias dos transtornos mentais, como descritas no DSM-5 (APA, 2013) e na CID-11 (World Health Organization [WHO], 2021), que foram estabelecidas com base na autoridade psiquiátrica, no modelo HiTOP, essas síndromes serão estabelecidas empiricamente. Como o modelo ainda está em desenvolvimento, essas síndromes encontram-se sob investigação científica. No nível seguinte, são encontrados os subfatores, que, por um lado, agrupam síndromes e, por outro, detalham componentes do nível superior dos espectros. Até o momento, estão descritos os seguintes subfatores: problemas sexuais, transtornos alimentares, medo, distresse, mania, abuso de substância e comportamento antissocial. Já o nível dos espectros organizam as síndromes e os subfatores em domínios mais amplos. Nesse nível são descritas seis amplas dimensões: somatoforme, internalizante, transtorno do pensamento, distanciamento, externalizante desinibido e externalizante antagonista. No nível com destaque em cinza, encontram-se as três amplas dimensões que estão sendo estudadas, nomeadas de disfunção emocional, psicose e externalizante. Por fim, no topo da hierarquia (nível mais à esquerda), encontra-se o superespectro, nível mais heterogêneo do modelo, indicando o fator p (Kotov et al., 2021; Waszczuk et al., 2020).

Os superespectros são domínios amplos que explicam a comunalidade de espectros do modelo HiTOP. Em outras palavras, conceitualmente, podemos dizer que os superespectros explicam os aspectos comuns de espectros da psicopatologia. Por exemplo, o superespectro da disfunção emocional inclui os espectros internalizante e somatoforme, cuja validade e utilidade clínica são discutidas por Watson, Levin-Aspenson et al. (2022). Pessoas com sintomas e traços patológicos difusos relacionados a problemas internalizantes e somatoformes poderão ser descritas no nível do superespectro disfunção emocional. Desse modo, é esperado que um indivíduo com elevado nível desse superespectro tenha frequentes e intensas experiências de medo e angústia, problemas sexuais e alimentares e queixas somáticas. O superespectro psicose, por sua vez, explica a comunalidade dos espectros do transtorno do pensamento e do distanciamento. Kotov et al. (2020) descreveram a utilidade clínica e a validade desse superespectro. Pessoas com altos níveis desse superespectro tendem a apresentar tanto os sintomas positivos quanto os sintomas negativos típicos da esquizofrenia. Por fim, o superespectro externalizante explica a comunalidade dos espectros externalizante desinibido e externalizante antagonista. Krueger et al. (2021) apresentaram evidências de utilidade clínica e de validade desse superespectro. Em termos práticos, pessoas com elevados níveis desse superespectro tendem a apresentar padrões de comportamento impulsivos, abusivos de substâncias, hostis nas relações interpessoais e de violação de direitos. Esses níveis mais amplos da hierarquia taxonômica dos transtornos mentais servem para descrever pacientes com níveis mais severos de psicopatologia, os quais apresentam diversos padrões mal-adaptativos de funcionamento psicossocial.

Os espectros, por sua vez, também englobam características psicopatológicas amplas, mas não tanto quanto os superespectros. Kotov et al. (2017) apresentaram as definições desses espectros, as quais permitem compreender os componentes que caracterizam cada um deles. De forma bem resumida: o es-

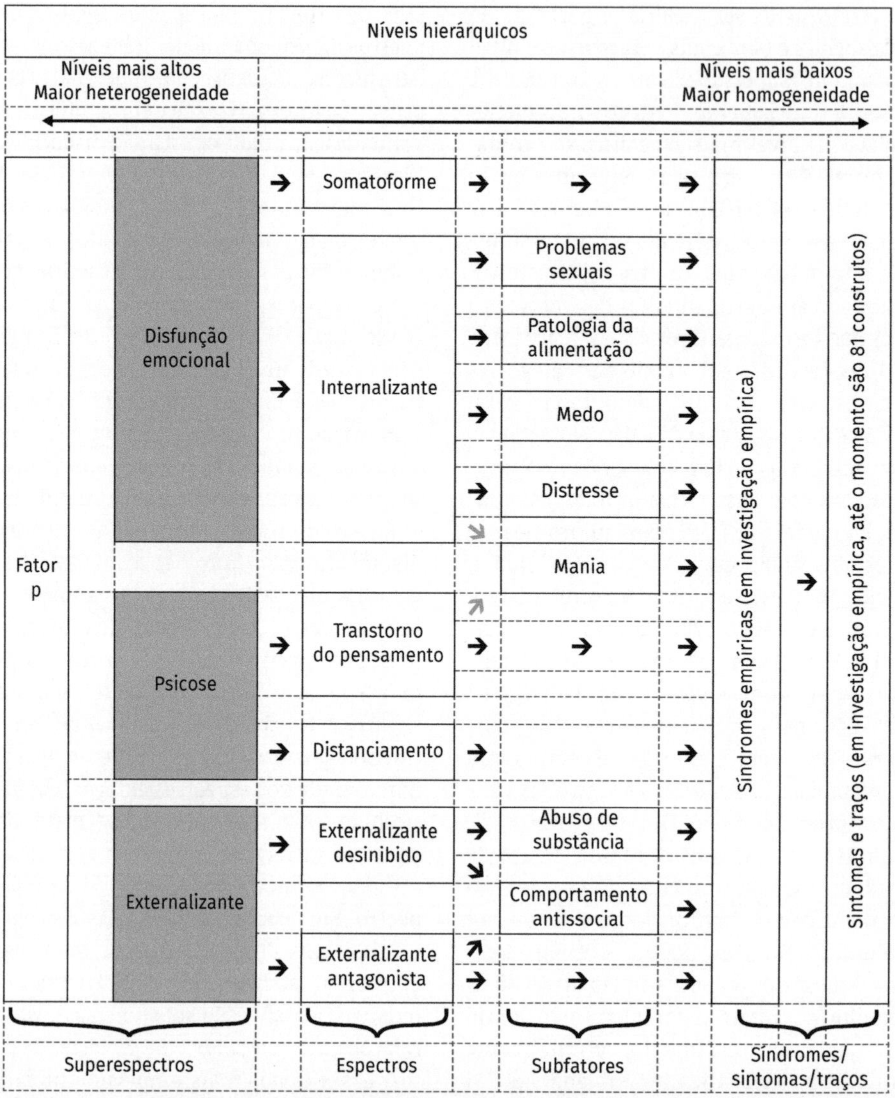

FIGURA 18.1

Representação hierárquica das relações entre as dimensões do modelo HiTOP.

Nota: Os superespectros destacados em cinza são hipotéticos e demandam validação empírica. As variâncias do subfator mania são explicadas pelos espectros do transtorno do pensamento e internalizante, e isso está sendo mais bem analisado empiricamente (razão das setas estarem em cinza). Parte dos sintomas e traços delineados é apresentada na terceira coluna da Tabela 18.1.

Fonte: Elaborada com base em Kotov et al. (2021).

pectro internalizante reflete uma tendência geral a experienciar humor deprimido e medo; o espectro transtorno do pensamento engloba sintomas ligados a psicoticismo, excentricidade, crenças incomuns e comportamento desorganizado; o espectro externalizante antagonista inclui tendências a manipulação, insensibilidade e agressividade; o espectro externalizante desinibido descreve dificuldades em autocontrole e autorregulação, incluindo problemas com uso de substâncias e impulsividade; o espectro distanciamento descreve os distanciamentos emocional e social; e, por fim, o espectro somatoforme refere-se a preocupações ligadas à saúde, à ansiedade e a sintomas somáticos que não são explicadas por outras condições médicas ou fatores associados (Kotov et al., 2017).

A partir dos espectros é possível descrever as manifestações psicopatológicas dos mais diversos transtornos. Descrições mais detalhadas são possíveis utilizando os níveis mais baixos da hierarquia. Segundo Kotov et al. (2017), a abordagem hierárquica supera as limitações dos sistemas de classificação tradicionais, como o categórico do DSM-5 (APA, 2013). Isso ocorre porque o HiTOP considera a heterogeneidade no agrupamento dos sintomas relacionados aos transtornos, atribuindo-os a diferentes componentes que são avaliados em conjunto. A abordagem quantitativa incorporada no HiTOP enquadra os sintomas e traços relacionados à saúde mental como fenômenos contínuos, eliminando as principais limitações da classificação categórica, incluindo fronteiras arbitrárias entre o patológico e o saudável, instabilidade diagnóstica, incapacidade de explicar casos subclínicos e grande ocorrência de comorbidades (Waszczuk et al., 2020). Em um estudo de metanálise recente, Ringwald et al. (2021) encontraram evidências de que o modelo HiTOP conceitualiza e organiza as psicopatologias com bons índices de ajuste, favorecendo o uso de medidas dimensionais e avaliando uma gama maior de traços patológicos.

O modelo HiTOP vem agregando evidências de validade provindas de diferentes fontes. Por exemplo, estudos demonstraram relações dos espectros de distanciamento e de transtorno do pensamento com a genética, os fatores de risco ambientais, as anormalidades no processamento cognitivo e emocional, os substratos neurais, os biomarcadores, os antecedentes no temperamento infantil, o curso da doença e a resposta ao tratamento (Kotov et al., 2020). Resultados similares foram encontrados para os espectros externalizante desinibido e externalizante antagonista (Krueger et al., 2021).

O sistema que embasa o HiTOP é dinâmico e flexível, pois acomoda atualizações à medida que o campo se desenvolve e que mais dados estruturais são disponibilizados (Waszczuk et al., 2020). Assim, embora já tenha uma estrutura delimitada e proposições concisas, o modelo está em contínuo desenvolvimento. Exemplo disso é que, inicialmente, o HiTOP era composto por apenas um superspectro de psicopatologia geral; porém, atualizações do modelo (Kotov et al., 2021) incluíram os superespectros disfunção emocional, psicose e externalizante. A flexibilidade do HiTOP permite investimentos em grupos específicos de transtornos psiquiátricos (p. ex., Widiger & Crego, 2019).

AVALIAÇÃO COM BASE NO HiTOP: CASO ILUSTRATIVO

Conforme Jonas et al. (2021), a aplicação prática do HiTOP a) é baseada na perspectiva dimensional e, por isso, depende do uso de escalas com escores contínuos; b) é hierárquica, auxiliando na compreensão de comorbidades e heterogeneidade; e c) preconiza que sintomas nem sempre são prejudiciais. Também deve-se ter em mente que o HiTOP não propõe novos construtos ou transtornos. De fato, ele utiliza conceitos já conhecidos pelos clínicos e baseados em evidências, organizados, porém, de uma nova forma, em um modelo dimensional e empírico (Conway et al., 2021).

Uma avaliação com base no HiTOP não considera a existência de categorias diagnósticas, isto é, não utiliza o princípio dicotômico de presença *versus* ausência. Isso não significa que é proibitivo o uso de categorias diagnósticas. Ao contrário, elas podem ser usadas como guias ou hipóteses iniciais para auxiliar o profissional. Contudo, o objetivo final é descrever a estrutura do funcionamento mental patológico da pessoa avaliada.

O uso da hierarquia do HiTOP indica que, para alguns pacientes, é mais importante o foco em níveis inferiores do modelo, como o de sintomas (p. ex., alucinações, ansiedade), enquanto outros beneficiam-se mais de uma avaliação ampla no nível dos espectros. Além disso, nos casos em que o objetivo é uma avaliação completa, é possível utilizar a abordagem *top-down*, iniciando pela triagem (p. ex., fator p), passando pelos superespectros, espectros, subfatores e síndromes, e chegando nos grupos específicos de sintomas.

Considerar que sintomas não são sinônimos de prejuízo significa que, sob a ótica do HiTOP, avaliar a presença deles é algo a se considerar de forma separada do seu nível de prejuízo. Em outras palavras, dois pacientes podem apresentar os mesmos sintomas, porém, com níveis de prejuízo muito distintos. Por exemplo, um paciente pode apresentar apego ao outro sem grandes prejuízos; já outra pessoa pode apresentar apego de forma excessiva, a ponto de desenvolver comportamentos suicidas ao ficar sem o outro em sua vida.

As características que compõem uma avaliação pelo HiTOP podem ser observadas em um exemplo clínico hipotético. Um clínico pode receber um paciente em seu consultório com queixas relativas a uma dificuldade importante para tomar decisões cruciais em sua vida. De acordo com o paciente, essas dificuldades têm sido prejudiciais há anos, impedindo que ele busque um emprego que goste e faça cursos profissionalizantes que deseje, por exemplo. O profissional pode optar por não aplicar no paciente um *screening* geral de psicopatologia, já que o próprio paciente relatou a presença de sintomas que o incomodam e o prejudicam. Assim, ele pode escolher avaliar tendências do paciente via superespectros. Foge do escopo deste capítulo a indicação de medidas de avaliação específicas para essa finalidade, por isso o detalhamento ficará restrito à indicação de que o profissional deve administrar ferramentas relativas a disfunção emocional (p. ex., vulnerabilidade, ansiedade e depressão), psicose (p. ex., distanciamento interpessoal e alucinação) e externalizante (p. ex., uso de substâncias, hostilidade e impulsividade).

Em nosso exemplo, o paciente apresentou pontuações sem relevância clínica para tendências externalizantes e disfunção emocional. Entretanto, apresentou altas pontuações para o polo oposto do espectro distanciamento (superespectro psicose). Essas pontuações indicam que o paciente pode apresentar uma necessidade patológica de estar com outras pessoas, sentindo-se seguro somente quando amparado concreta e emocionalmente por outras pessoas, demandando atenção exagerada dos demais, etc. Cabe ressaltar que também não foi observada pontuação clinicamente relevante para o espectro transtorno do pensamento.

Para que o profissional estabeleça um planejamento interventivo eficaz, é necessário aprofundar-se nos sintomas típicos do paciente, entre o amplo conjunto que compõe o espectro distanciamento. Assim, o clínico deve administrar escalas dimensionais que possibilitem a investigação de sintomas e traços, como insegurança, evitação de abandono, evitação social e anedonia interpessoal. No caso ilustrativo, o profissional encontrou um perfil de dependência emocional e interpessoal severa no paciente, similar ao que se observa em pessoas com transtorno da personalidade dependente (APA, 2013). É importante salientar que há uma semelhança fenomenológica; porém, o modelo HiTOP não busca manter equivalência entre dimensões e tipos psicopatológicos, até mesmo porque essa correspondência não apresenta adequadas evidências de validade (ver, por exemplo, Oliveira et al., 2020). A partir disso, o profissional deve estabelecer o melhor curso de tratamento possível.

A Figura 18.2 ilustra um caso fictício de um homem adulto (32 anos), cor branca, de classe socioeconômica média e casado. Nele, estão sendo aplicados os construtos descritos nos artigos publicados acerca dos modelos de mensuração do HiTOP (ver obras citadas na primeira coluna da Tabela 18.1). Salienta-se que não foram incluídos os construtos em relação ao espectro externalizante, por ainda estarem em fase de estudo, e que esses construtos são provisórios, uma vez que os estudos ainda avançarão para a fase 2 (Simms et al., 2022). Considerando uma ordem de gravidade decrescente (Figura 18.2), os sintomas que o paciente apresenta no nível mais grave são desinteresse romântico (T = 82), retraimento social (T = 81), suicidabilidade (T = 80), vergonha/culpa (T = 80), depressão anedônica (T = 79), avolição (T = 79), evitação da intimidade (T = 77), baixo desejo sexual (T = 77), anedonia (T = 76), aversão ao risco (T = 75), imagem corporal e preocupação com o peso (T = 75), ansiedade social (T = 73), insônia (T = 72), insegurança de separação (T = 72), escoriação (T = 72), apatia (T = 70) e pesadelos (T = 70). Os sintomas em nível moderado são preocupação ansiosa (T = 69), perda de apetite (T = 69), labilidade emocional (T = 69), distanciamento emocional (T = 69), perseveração (T = 68), insatisfação corporal (T = 68) e agorafobia (T = 67). No nível leve, os sintomas são autolesão não suicida (T = 63), desconfiança (T = 63), propensão à fantasia (T = 62) e fobia situacional (T = 61).

Nota-se que o perfil psicopatológico do paciente apresenta sintomas de três espectros (internalizante, transtorno do pensamento e distanciamento), podendo o paciente ser descrito basicamente com sintomas do espectro internalizante. Não há necessidade, no modelo HiTOP, de se falar em diagnósticos de transtorno depressivo maior, transtorno ansioso ou outros. Ainda, pode ser que os sintomas relacionados a problemas com o peso não resultassem em diagnósticos categóricos de transtornos alimentares; porém, no HiTOP, vê-se uma clara necessidade de intervenção nesse sentido.

Como ilustrado, o HiTOP não só apresenta um sistema taxonômico, como também favorece o trabalho clínico ao se endereçar os níveis do modelo em momentos distintos do processo avaliativo. Informações coletadas na avaliação de certo nível direcionam para outras estratégias avaliativas do nível seguinte, permitindo uma compreensão mais integrada do indivíduo.

A grande vantagem desse modelo é a identificação das mais variadas formas de expressão psicopatológica. Enquanto o modelo categórico exclui pessoas que não fecham critérios específicos para um transtorno mental, ou ainda resulta em múltiplos diagnósticos para um mesmo sujeito, a proposta do HiTOP é descrever o perfil psicopatológico independentemente de categorias, o que resulta em planejamento de terapêuticas específicas para os pacientes.

DIREÇÕES FUTURAS PARA O HiTOP

O modelo HiTOP está ainda em fase de estruturação. Considerando que se trata de uma proposta empiricamente baseada, estão sendo conduzidos estudos que buscam evidências da melhor estrutura. A superioridade dos modelos dimensionais sobre os categóricos em psicopatologia já está documentada (ver, p. ex., Shankman et al., 2018). Os próximos passos consistem em verificar a estrutura dos transtornos mentais que melhor representa as expressões de sintomas e traços psicopatológicos, assim como investigar a utilidade clínica e alcances práticos e científicos do modelo. Por exemplo, Oliveira et al. (2021)

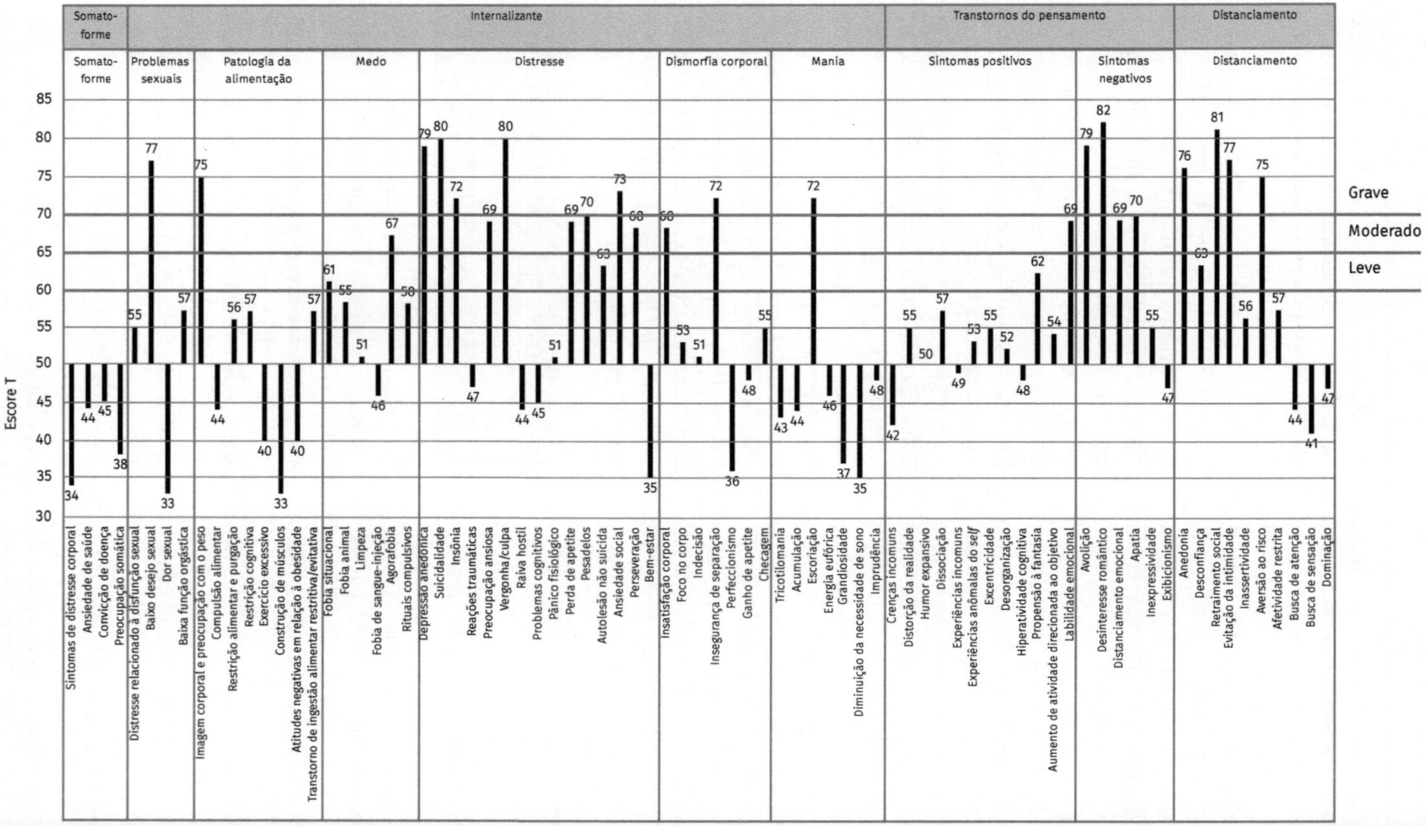

FIGURA 18.2

Exemplo ilustrativo de avaliação no modelo HiTOP.

Nota: Os escores são fictícios, sendo a interpretação realizada via Escore T (média = 50; desvio padrão = 10). Os sintomas e traços do espectro externalizante não são apresentados porque os respectivos estudos iniciais ainda não haviam sido concluídos. A apresentação dos traços segue o disposto na Tabela 18.1, excluindo as repetições (p. ex., o construto anedonia aparece nos sintomas negativos do espectro do transtorno de pensamento e no espectro do distanciamento).

propuseram uma articulação teórica de saúde e doença, envolvendo as dimensões do funcionamento psicológico saudável (operacionalizados conforme a psicologia positiva) em contraponto às dimensões do funcionamento patológico. Contudo, não existem estudos empíricos que verificam os padrões de convergência e discriminação entre os domínios da psicologia positiva com os domínios do HiTOP. A identificação dessas correspondências pode auxiliar no estabelecimento de indicadores de proteção, bem como subsidiar programas de intervenção focados na promoção dos recursos psicológicos positivos.

O consórcio de pesquisadores do modelo HiTOP é organizado em grupos de trabalho focados no desenvolvimento de pesquisas que ajudam no delineamento e aprimoramento do modelo. Na Tabela 18.2 são apresentados esses grupos, com a indicação de seus líderes e uma breve descrição de suas propostas. Nota-se que eles trabalham de forma independente, mas também de maneira interdependente. As publicações relativas ao modelo circulam entre os membros do consórcio, de modo que as investigações e os procedimentos vão sendo alinhados e desenvolvidos de modo consistente e iterativo.

TABELA 18.2

DESCRIÇÃO DOS GRUPOS DE TRABALHO DO CONSÓRCIO DE PESQUISADORES DO MODELO HiTOP

GRUPOS DE TRABALHO	LÍDERES	DESCRIÇÃO
Métodos quantitativos	Robert F. Krueger Irwin D. Waldman	Estudar métodos empíricos para testar e explorar modelos quantitativos de psicopatologia, por meio de dados reais e simulados.
Personalidade normal	Thomas A. Widiger	Verificar o papel da personalidade normal, cruzando os domínios da personalidade normal com os domínios do HiTOP.
Utilidade	Christopher Conway Nicholas R. Eaton	Examinar a capacidade preditiva e explicativa do HiTOP na pesquisa em saúde mental, considerando etiologia, curso, tratamento e desfechos em áreas da vida.
Tradução para a clínica	David Cicero Camilo Ruggero	Investigar a viabilidade e utilidade da avaliação dimensional na prática clínica, incluindo a elaboração de medidas dimensionais computadorizadas.
Desenvolvimento de medidas	Leonard J. Simms	Desenvolver ferramentas de mensuração das dimensões do HiTOP com estratégias de multi-informantes e multimétodos.
Bases neurobiológicas	Colin G. DeYoung Robert D. Latzman	Caracterizar dimensões transdiagnósticas e relacioná-las com abordagens da neurobiologia, associando os desfechos fenotípicos com a variação neurobiológica.

▶▶

TABELA 18.2

DESCRIÇÃO DOS GRUPOS DE TRABALHO DO CONSÓRCIO DE PESQUISADORES DO MODELO HiTOP

GRUPOS DE TRABALHO	LÍDERES	DESCRIÇÃO
Genética	Monika Waszczuk	Relacionar a pesquisa genética com o modelo HiTOP, examinando a relação das dimensões psicopatológicas com a arquitetura genética transdiagnóstica.
Revisão	Miriam Forbes Aidan G. C. Wright	Conceber as melhores práticas para validar e revisar o modelo HiTOP, reunindo tópicos importantes para esclarecimentos do modelo e pesquisas futuras.
Desenvolvimento	Michael Hallquist	Incorporar aspectos relacionados ao desenvolvimento humano na criação das medidas do HiTOP e investigar como o modelo se apresenta ao longo da vida.

Fonte: Elaborada com base em Renaissance School of Medicine (2022).

Como o modelo hierárquico foi oficialmente lançado em 2017, por meio da obra de Kotov et al. (2017), muito tem sido publicado sobre o tema; porém, ainda há muito mais para ser estudado. Existem diversas perguntas não respondidas, entre as quais podemos citar algumas para reflexão. Qual é, de fato, a estrutura dimensional da psicopatologia? Existem dimensões não consideradas nessa estrutura? Sintomas raros ou de menor frequência serão incluídos no modelo, considerando os desafios de realizar pesquisas quantitativas com casos incomuns? Como se dará a diferenciação entre o funcionamento normal e o patológico? O modelo vai incluir dimensões cognitivas como inteligência, memória, atenção, funções executivas, linguagem, etc.? Essas e outras tantas questões ainda precisam ser respondidas, e acreditamos que os esforços dos próximos anos serão dedicados a clarificar esse sistema de taxonomia dimensional dos transtornos mentais.

REFERÊNCIAS

American Psychiatric Association (APA). (2000). *Diagnostic and statistical manual of mental disorders (DSM-IV)* (4th ed., text rev.).

American Psychiatric Association (APA). (2013). *Diagnostic and statistical manual of mental disorders (DSM-5)* (5th ed.).

Caspi, A., Houts, R. M., Belsky, D. W., Goldman-Mellor, S. J., Harrington, H., Israel, S., ... Moffitt, T. E. (2014). The p factor: One general psychopathology factor in the structure of psychiatric disorders? *Clinical Psychological Science, 2*(2), 119-137.

Cicero, D. C., Jonas, K. G., Chmielewski, M., Martin, E. A., Docherty, A. R., Berzon, J., ... Kotov, R. (2022). Development of the thought disorder measure for the hierarchical taxonomy of psychopathology. *Assessment, 29*(1), 46-61.

Clark, L. A., Cuthbert, B., Lewis-Fernández, R., Narrow, W. E., & Reed, G. M. (2017). Three approaches to understanding and classifying mental disorder: ICD-11, DSM-5, and the National Institute of Mental Health's Research Domain Criteria (RDoC). *Psychological Science in the Public Interest, 18*(2), 72-145.

Collins, P. Y., Patel, V., Joestl, S. S., March, D., Insel, T. R., Daar, A. S., ... Stein, D. J. (2011). Grand challenges in global mental health. *Nature, 475*(7354), 27-30.

Conway, C. C., Forbes, M. K., & South, S. C. (2021). A Hierarchical Taxonomy of Psychopathology (HiTOP) primer for mental health researchers. *Clinical Psychological Science, 10*(2), 236-258.

Dattani, S., Ritchie, H., & Roser, M. (2021). *Mental health*. Our World in Data. https://ourworldindata.org/mental-health

Haslam, N., McGrath, M. J., Viechtbauer, W., & Kuppens, P. (2020). Dimensions over categories: A meta-analysis of taxometric research. *Psychological Medicine, 50*(9), 1418-1432.

Hengartner, M. P., & Lehmann, S. N. (2017). Why psychiatric research must abandon traditional diagnostic classification and adopt a fully dimensional scope: Two solutions to a persistent problem. *Frontiers in Psychiatry, 8*, 101.

Jablensky, A. (2012). Prototypes, syndromes and dimensions of psychopathology: An open agenda for research. *World Psychiatry, 11*(1), 22-23.

Jonas, K., Stanton, K., Simms, L., Mullins-Sweatt, S., Gillett, D., Dainer, E., ... Ruggero, C. (2021). *HiTOP Digital Assessment and Tracker (HiTOP-DAT) manual*. https://osf.io/gmeak/

Kessler, R. C., & Üstün, T. B. (2008). *The WHO world mental health surveys: Global perspectives on the epidemiology of mental disorders*. Cambridge University Press.

Kessler, R. C., & Wang, P. S. (2008). The descriptive epidemiology of commonly occurring mental disorders in the United States. *Annual Review of Public Health, 29*, 115-129.

Keyes, K. M., Eaton, N. R., Krueger, R. F., Skodol, A. E., Wall, M. M., Grant, B., ... Hasin, D. S. (2013). Thought disorder in the meta-structure of psychopathology. *Psychological Medicine, 43*(8), 1673-1683.

Kotov, R., Jonas, K. G., Carpenter, W. T., Dretsch, M. N., Eaton, N. R., Forbes, M. K., ... HiTOP Utility Workgroup. (2020). Validity and utility of Hierarchical Taxonomy of Psychopathology (HiTOP): I. Psychosis superspectrum. *World Psychiatry, 19*(2), 151-172.

Kotov, R., Krueger, R. F., Watson, D., Achenbach, T. M., Althoff, R. R., Bagby, R. M., . . . Zimmerman, M. (2017). The Hierarchical Taxonomy of Psychopathology (HiTOP): A dimensional alternative to traditional nosologies. *Journal of Abnormal Psychology, 126*(4), 454-477.

Kotov, R., Krueger, R. F., Watson, D., Cicero, D. C., Conway, C. C., DeYoung, C. G., ... Wright, A. (2021). The Hierarchical Taxonomy of Psychopathology (HiTOP): A quantitative nosology based on consensus of evidence. *Annual Review of Clinical Psychology, 17*, 83-108.

Krueger, R. F. (1999). The structure of common mental disorders. *Archives of General Psychiatry, 56*(10), 921-926.

Krueger, R. F., Hobbs, K. A., Conway, C. C., Dick, D. M., Dretsch, M. N., Eaton, N. R., ... HiTOP Utility Workgroup. (2021). Validity and utility of Hierarchical Taxonomy of Psychopathology (HiTOP): II. Externalizing superspectrum. *World Psychiatry, 20*(2), 171-193.

Maj, M. (2011). Psychiatric diagnosis: Pros and cons of prototypes vs. operational criteria. *World Psychiatry, 10*(2), 81-82.

Meehl, P. E. (1992). Factors and taxa, traits and types, differences of degree and differences in kind. *Journal of Personality, 60*(1), 117-174.

Meehl, P. E. (1995). Bootstraps taxometrics: Solving the classification problem in psychopathology. *The American Psychologist, 50*(4), 266-275.

Nock, M. K., Hwang, I., Sampson, N. A., & Kessler, R. C. (2010). Mental disorders, comorbidity and suicidal behavior: Results from the National Comorbidity Survey Replication. *Molecular Psychiatry, 15*(8), 868-876.

Oliveira, S. E. S., & Bandeira, D. R. (2020). Aplicação clínica dos modelos categórico, híbrido e estrutural de diagnóstico da personalidade. In E. R. Lazzarini, M. C. Maesso, P. H. A. Costa, & S. E. S. Oliveira (Orgs.), *Psicologia clínica e cultura contemporânea* (Vol. 5, pp. 141-163). CRV.

Oliveira, S. E. S., Oliveira, T. C. D., Bandeira, D. R., & Krueger, R. F. (2020). Personality types and personality traits in DSM-5: Do they really match? *Psicologia: Teoria e Pesquisa, 36*(Spe), e36nspe15.

Oliveira, S., Corrêa, F., Fonseca, W., Zanini, D., Esteves, G., Melo, G., ... Faiad, C. (2021). Theoretical-conceptual articulation between the HiTOP model and positive psychology constructs. *Psicologia, Saúde & Doenças, 22*(1), 252-269.

Renaissance School of Medicine. (2022). The Hierarchical Taxonomy of Psychopathology (HiTOP). https://renaissance.stonybrookmedicine.edu/HITOP/workgroups

Ringwald, W., Forbes, M., & Wright, A. (2021). Meta-analysis of structural evidence for the Hierarchical Taxonomy of Psychopathology (HiTOP) model. *Psychological Medicine*, 1-14.

Sahoo, S., & Khess, C. R. (2010). Prevalence of depression, anxiety, and stress among young male adults in India: A dimensional and categorical diagnoses-based study. *The Journal of Nervous and Mental Disease, 198*(12), 901-904.

Santos, E. G., & Siqueira, M. M. (2010). Prevalence of mental disorders in the Brazilian adult population: A systematic review from 1997 to 2009. *Jornal Brasileiro de Psiquiatria, 59*(3), 238-246.

Sellbom, M., Forbush, K. T., Gould, S. R., Markon, K. E., Watson, D., & Witthöft, M. (2022). HiTOP assessment of the somatoform spectrum and eating disorders. *Assessment, 29*(1), 62-74.

Shankman, S. A., Funkhouser, C. J., Klein, D. N., Davila, J., Lerner, D., & Hee, D. (2018). Reliability and validity of severity dimensions of psychopathology assessed using the Structured Clinical Interview for DSM-5 (SCID). *International Journal of Methods in Psychiatric Research, 27*(1), e1590.

Simms, L. J., Wright, A., Cicero, D., Kotov, R., Mullins--Sweatt, S. N., Sellbom, M., ... Zimmermann, J. (2022). Development of measures for the Hierarchical Taxonomy of Psychopathology (HiTOP): A collaborative scale development project. *Assessment, 29*(1), 3-16.

Steel, Z., Marnane, C., Iranpour, C., Chey, T., Jackson, J. W., Patel, V., & Silove, D. (2014). The global prevalence of common mental disorders: A systematic review and meta-analysis 1980-2013. *International Journal of Epidemiology, 43*(2), 476-493.

Walker, E. R., McGee, R. E., & Druss, B. G. (2015). Mortality in mental disorders and global disease burden implications: A systematic review and meta-analysis. *JAMA Psychiatry, 72*(4), 334-341.

Waszczuk, M. A., Eaton, N. R., Krueger, R. F., Shackman, A. J., Waldman, I. D., Zald, D. H., ... Kotov, R. (2020). Redefining phenotypes to advance psychiatric genetics: Implications from hierarchical taxonomy of psychopathology. *Journal of Abnormal Psychology, 129*(2), 143-161.

Watson, D., Forbes, M. K., Levin-Aspenson, H. F., Ruggero, C. J., Kotelnikova, Y., Khoo, S., ... Kotov, R. (2022). The development of preliminary HiTOP internalizing spectrum scales. *Assessment, 29*(1), 17-33.

Watson, D., Levin-Aspenson, H. F., Waszczuk, M. A., Conway, C. C., Dalgleish, T., Dretsch, M. N., ... HiTOP Utility Workgroup. (2022). Validity and utility of Hierarchical Taxonomy of Psychopathology (HiTOP): III. Emotional dysfunction superspectrum. *World Psychiatry, 21*(1), 26-54.

Widiger, T. A., & Crego, C. (2019). HiTOP thought disorder, DSM-5 psychoticism, and five factor model openness. *Journal of Research in Personality, 80*, 72-77.

Wittchen, H. U., Jacobi, F., Rehm, J., Gustavsson, A., Svensson, M., Jönsson, B., ... Steinhausen, H. C. (2011). The size and burden of mental disorders and other disorders of the brain in Europe 2010. European Neuropsychopharmacology, 21(9), 655-679.

World Health Organization. (2017). *Depression and other common mental disorders: Global health estimates*. https://apps.who.int/iris/handle/10665/254610

World Health Organization (WHO). (2021). *International classification fo diseases for mortality and morbidity statistics (ICD-11)* (11th rev.). https://icd.who.int/browse11/l-m/en

Zimmermann, J., Widiger, T. A., Oeltjen, L., Conway, C. C., & Morey, L. C. (2022). Developing preliminary scales for assessing the HiTOP detachment spectrum. *Assessment, 29*(1), 75-87.

Zorzanelli, R., Dalgalarrondo, P., & Banzato, C. E. (2014). O projeto Research Domain Criteria e o abandono da tradição psicopatológica. *Revista Latinoamericana de Psicopatologia Fundamental, 17*(2), 328-341.

19

PESQUISA EM PSICOPATOLOGIA PELA ABORDAGEM RDoC

DAIANE ROCHA DE OLIVEIRA
ANA MARIA FROTA LISBÔA PEREIRA DE SOUZA
ANDRÉ LUIZ MORENO
MURILO R. ZIBETTI

Em 2019, a prevalência de indivíduos que sofriam de algum transtorno mental era estimada em 970 milhões de pessoas (GBD 2019 Mental Disorders Collaborators, 2022). Muitos desses quadros são incapacitantes, evidenciando um problema em saúde pública (GBD 2019 Mental Disorders Collaborators, 2022). Um estudo epidemiológico publicado por Kohn et al. (2018) apontou que a prevalência dos transtornos mentais entre os países do continente americano varia de 7,2% a 29,6%, sendo o último índice o mesmo do Brasil. Ao extrapolar esses dados para o atual cenário populacional do país, mais de 50 milhões de brasileiros apresentariam algum transtorno mental (Instituto Brasileiro de Geografia e Estatística [IBGE], 2021). A alta prevalência dos transtornos mentais na população geral é conhecida há muito tempo; ainda assim, constitui-se como um fenômeno complexo não totalmente compreendido (Sadock et al., 2016). Portanto, os estudos sobre o diagnóstico dos transtornos mentais têm recebido atenção da comunidade científica, e os modelos de psicopatologia seguem sendo, permanentemente, revisados e atualizados.

Assim como os demais saberes em saúde, a abordagem sobre psicopatologia foi diretamente impactada pelo estabelecimento da ciência como um novo paradigma para a compreensão do mundo natural e seus respectivos fenômenos (Francelin, 2004). Nesse sentido, a compreensão científica dos transtornos mentais passa pelos trabalhos seminais conduzidos por Kraepelin (1856-1926), os quais calcaram a estrutura diagnóstica no método clínico que, a partir da observação cuidadosa e descrição precisa dos sintomas, impulsionou os sistemas classificatórios desenvolvidos posteriormente. Nesse período, portanto, foram iniciadas as pesquisas que definiram padrões para a avaliação e a construção de diagnósticos sindrômicos com base em parâmetros mensuráveis (Caponi, 2011).

Em 1949, os avanços dos estudos em psicopatologia culminaram na inclusão do capítulo intitulado Transtornos mentais, psiconeuróticos e de personalidade na sexta edição da *Classificação internacional de doenças* (CID-6) (Clark et al., 2017). Três anos depois, ocorreu o lançamento da primeira edição do *Manual diagnóstico e estatístico de transtornos mentais* (DSM). Esse sistema classificatório foi apresentado como um manual para aplicação clínica, servindo basicamente como um catálogo de diagnósticos (Clark et al., 2017).

Ao longo do tempo, os sistemas classificatórios foram sendo revisados para que as categorias diagnósticas obtivessem maior precisão e utilidade clínica. Os principais avanços a serem destacados foram: a) aumento de critérios observacionais em detrimento de aspectos teóricos na classificação dos transtornos; b) operacionalização dos sinais e dos sintomas, bem como da mensuração de sua intensidade e frequência; e c) indicação do curso do transtorno (Clark et al., 2017). Essas mudanças visavam a facilitar a comunicação entre profissionais, dar consistência à classificação entre avaliadores e embasar pesquisas a partir das categorias diagnósticas (Clark et al., 2017). Além disso, como qualquer classificação de doenças, também visavam, em longo prazo, ao estabelecimento da etiologia correta desses diagnósticos e, por consequência, seu tratamento (Insel, 2013). Com objetivos similares, houve um esforço colaborativo entre as entidades que propõem esses manuais, particularmente na formulação do DSM-IV e da CID-10 (Clark et al., 2017).

A despeito da evolução desses manuais, a validade e a confiabilidade das categorias diagnósticas seguiram sendo alvo de críticas. Dessa forma, muitas expectativas foram depositadas na elaboração do DSM-5. Porém, a manutenção de um modelo categórico, ainda centralizado em sinais e sintomas, gerou críticas de importantes instituições na área da saúde mental, que esperavam uma reorganização desse sistema em torno dos novos avanços da ciência (Insel, 2013). Esperava-se que, refletindo a crescente interdisciplinaridade em outras áreas da medicina, o sistema diagnóstico em saúde mental incorporasse a evolução da genética, das medidas laboratoriais objetivas, da ciência cognitiva e das neurociências e, com isso, criasse um novo sistema de classificação (Insel, 2013; Casey et al., 2013).

Diante da crítica à quinta edição do DSM, o National Institute of Mental Health (NIMH), dos Estados Unidos, redirecionou suas linhas de fomento em pesquisas de saúde mental para um modelo baseado em critérios de pesquisa por domínio (RDoC, do inglês *Research Domain Criteria*) (Insel, 2013). Cabe salientar que o RDoC, embora tenha se desenvolvido a partir das lacunas do modelo categórico e rompa com a visão tradicional de psicopatologia, não se configura como um manual diagnóstico, mas como uma diretriz para o delineamento de pesquisas científicas e, potencialmente, para a formulação de casos. Portanto, o RDoC é um projeto que se propõe a orientar pesquisas científicas na área da saúde mental, a partir de critérios que favorecem uma abordagem biológica da psicopatologia, com ênfase em aspectos genéticos e das neurociências (Cuthbert, 2014).

O objetivo deste capítulo é apresentar a abordagem da iniciativa RDoC sobre a psicopatologia. Para isso, são descritas algumas das principais lacunas dos sistemas classificatórios atuais, bem como as respostas fornecidas pelo RDoC. Para melhor ilustrar essas diferenças, ao final do capítulo, serão apresentados casos paralelos que permitem comparar e compreender essa nova abordagem. Por fim, também serão discutidas potencialidades e eventuais limitações do modelo.

LIMITES DOS SISTEMAS CLASSIFICATÓRIOS E IMPACTOS NO ESTUDO DA PSICOPATOLOGIA

A construção de um sistema de classificação dos transtornos mentais é uma tarefa complexa, pois envolve a incorporação de avanços científicos e, concomitantemente, a permanência da aplicabilidade clínica da proposta. Clark et al. (2017) apresentaram quatro principais desafios na compreensão da psicopatologia implicados na classificação dos transtornos mentais: comorbidade, limiares, dimensionalidade e etiologia. Esses desafios são apresentados brevemente a seguir, adicionados à heterogeneidade dos quadros psicopatológicos, para a compreensão do contexto de criação do RDoC.

A comorbidade pode ser definida pela apresentação de critérios diagnósticos suficientes para mais de um transtorno mental (Clark et al., 2017), fenômeno frequentemente observado na prática clínica dos profissionais da saúde mental (Sadock et al., 2016). Um estudo reportou que, em média, 10% dos indivíduos com algum transtorno mental são considerados graves e até 40% apresentam comorbidade de dois ou mais transtornos mentais (Andrade et al., 2012). Além disso, em alguns deles, como depressão e ansiedade, os índices apontam uma ocorrência conjunta que pode chegar a 90% (Sadock et al., 2016). Apesar dos esforços em contrário, a evolução dos manuais diagnósticos ao longo dos anos tem tornado as comorbidades cada vez mais frequentes (Dell'Osso & Pini, 2012). Diante do elevado número de ocorrências conjuntas e do compartilhamento de diversas características entre diferentes transtornos, passou-se a questionar se os transtornos mentais realmente representam categorias diagnósticas distintas e, assim, mecanismos fisiopatológicos independentes.

Outra dificuldade na classificação dos transtornos mentais refere-se aos limiares que estabelecem a quantidade de sintomas para contemplar um diagnóstico e, por consequência, determinam se uma pessoa tem ou não um transtorno mental (Clark et al., 2017). Na prática, observa-se a existência de diversos casos subclínicos que acabam não cumprindo critérios suficientes para enquadramento em uma categoria diagnóstica específica, mas merecem atenção clínica. Essa característica revela uma provável natureza dimensional dessas psicopatologias (Dell'Osso & Pini, 2012).

Portanto, as apresentações subclínicas também denotam a dimensionalidade, outra dificuldade no estudo da psicopatologia, conforme apontado por Clark et al. (2017). Nesse sentido, um corpo de evidências cada vez mais robusto indica que as psicopatologias são mais precisamente definidas e descritas a partir de um *continuum* de intensidade (quantitativo), em detrimento de modelos qualitativos, ou seja, categóricos (Haslam et al., 2017). Por exemplo, existem apenas diferenças quantitativas em um paciente com traços subclínicos de ansiedade se comparado a um paciente que cumpre os critérios para o diagnóstico de transtorno de ansiedade generalizada, o que não justificaria uma classificação distinta (pessoa sem *versus* pessoa com transtorno).

Outro questionamento trata da heterogeneidade de manifestação dos sintomas em uma mesma categoria diagnóstica. Por exemplo, em um exercício de análise combinatória, Salum et al. (2018) demonstraram que, entre os sintomas descritos no DSM-5, há mais de 100 mil possibilidades de arranjos para a classificação diagnóstica de transtorno de déficit de atenção/hiperatividade. Esse tipo de heterogeneidade é comum em diversos transtornos mentais, repercutindo em um questionamento, ainda mais importante, sobre a validade das categorias (Casey et al., 2013; Insel, 2013).

Até o momento, as limitações apresentadas convergem para questionamentos sobre a validade do diagnóstico categórico (Insel, 2013). Porém, nesse ponto, também é possível refletir sobre as dificuldades em identificar a etiologia dos transtornos mentais quando as pesquisas são baseadas na estrutura categórica (Clark et al., 2017). Essa fragilidade também fica exposta na heterogeneidade e nos baixos índices de eficácia de alguns tratamentos propostos para os transtornos mentais. Nesse sentido, é pertinente supor que os avanços de pesquisa sobre um determinado transtorno sejam limitados, considerando a existência de uma grande heterogeneidade de manifestações clínicas e uma sobreposição de sintomas, tanto com manifestações não clínicas quanto com outras patologias. Dessa forma, o RDoC sustenta que, na busca de uma psiquiatria biológica e de precisão, as pesquisas científicas não devem ser pautadas nos sistemas classificatórios dos transtornos mentais atuais (Zorzanelli et al., 2014). A carência de avanços significativos nas pesquisas sobre a etiologia das psicopatologias foi um ponto nevrálgico para que o NIMH propusesse o modelo RDoC como diretriz para as pesquisas sobre saúde mental.

A ABORDAGEM RDoC PARA O ESTUDO DA PSICOPATOLOGIA

Conforme descrito anteriormente, a alta prevalência das comorbidades psiquiátricas e a heterogeneidade presente nos transtornos podem ser consideradas algumas das principais lacunas existentes para o avanço no diagnóstico e no tratamento em saúde mental (Casey et al., 2013; Insel, 2013). Consequentemente, o NIMH observou a necessidade de aprofundar os conhecimentos sobre a etiologia, o desenvolvimento e a manutenção dos transtornos mentais, além de subsidiar uma futura reformulação do modelo diagnóstico vigente ao criar uma diretriz de compreensão dimensional da psicopatologia (Casey et al., 2013; Insel, 2013).

O projeto RDoC busca sanar as lacunas mencionadas guiando pesquisas que visam a atingir quatro objetivos principais: a) compreender e integrar processos cerebrais e comportamentais; b) identificar fatores genéticos e ambientais que se associam aos transtornos mentais; c) identificar e integrar marcadores biológicos que se associam aos transtornos mentais; e, em longo prazo; d) desenvolver novas classificações dos transtornos mentais. Esses objetivos seriam baseados em dimensões comportamentais observáveis e em medidas neurobiológicas criadas para fins de pesquisa (Zorzanelli et al., 2014).

A iniciativa RDoC visa a conhecer e a explorar o funcionamento biológico da psicopatologia. Por isso, estrutura-se em seis dimensões específicas (ou domínios) de investigação: sistema de valência negativa, sistema de valência positiva, sistema cognitivo, sistema de processamento social, sistema de excitação e regulação e, adicionado posteriormente, sistema sensório-motor (Cuthbert, 2014; National Institute of Mental Health [NIMH], 2019). Cada um desses domínios pode ainda ser subdividido em construtos e subconstrutos. Na Tabela 19.1 estão apresentadas as definições de cada um dos domínios, bem como de seus principais construtos.

Os domínios apresentados na Tabela 19.1, segundo o NIMH, refletem os avanços no conhecimento sobre os sistemas neurobiológicos que perpassam diversos dos transtornos mentais (NIMH, 2021). Embora a abordagem do RDoC seja criticada por uma visão essencialmente biológica da psicopatologia (Zorzanelli et al., 2017), alguns autores sustentam que a investigação a partir dos domínios estabelecidos também pode permitir uma maior compreensão da interação entre os sistemas neurobiológicos e genéticos com o ambiente e suas influências ao longo do tempo (Clark et al., 2017).

A fim de manejar a complexidade e a multicausalidade dos transtornos mentais, a ini-

TABELA 19.1

APRESENTAÇÃO E DEFINIÇÃO DOS DOMÍNIOS E CONSTRUTOS DO RDoC

DOMÍNIOS	DEFINIÇÃO	CONSTRUTOS*
Sistema de valência negativa	Responsável por respostas em situações aversivas	Medo (ameaça aguda), ansiedade (ameaça potencial), ameaça sustentada, perdas e luto, frustração de não recompensa
Sistema de valência positiva	Responsável por respostas em contextos positivos e motivacionais	Responsividade e valoração às recompensas, aprendizado a partir de recompensas
Sistema cognitivo	Responsável pelos processos neuropsicológicos	Atenção, percepção, memória declarativa e operacional, controle cognitivo
Sistema de processamento social	Responsável por mediar respostas em contextos interpessoais	Afiliação e apego, comunicação social, compreensão dos estados mentais próprios e dos outros
Sistema de excitação e regulação	Responsável pela ativação dos sistemas neurais, promovendo homeostase, como equilíbrio da energia e sono	Alerta, ritmo circadiano, padrões de sono e vigília
Sistema sensório-motor	Responsável pelo controle dos comportamentos motores e seu refinamento no desenvolvimento	Atos motores, agência e domínio, hábitos motores

* Tradução livre dos termos.
Fonte: Elaborada com base em National Institute of Mental Health (2021).

ciativa RDoC apresentou unidades de análise que especificam em que nível (ou níveis) o fenômeno psicopatológico está sendo abordado (Clark et al., 2017). Nesse sentido, as unidades de análise representam níveis para o estudo da psicopatologia, sendo divididas em genes, moléculas, células, circuitos cerebrais, fisiologia, comportamento observado, instrumentos de autorrelato e paradigmas experimentais (Cuthbert, 2014; National Institute of Mental Health [NIMH], 2019). Ou seja, diversas fontes de informação podem contribuir para a compreensão de um fenômeno psicopatológico. A apresentação simultânea dos domínios de pesquisa e unidades de análise ficou conhecida com matriz RDoC (Tabela 19.2).

A matriz apresentada na Tabela 19.2 pode ser utilizada para o delineamento de estudos, indicando quais aspectos serão investigados ou correlacionados. O NIMH reforça que as pesquisas sob a perspectiva do RDoC devem promover a integração entre as diferentes unidades de análise e construtos avaliados. Além disso, estudos devem apresentar as seguintes características: a) foco nos construtos e domínios, em vez de transtornos; b) análise dimensional dos construtos; e c) ên-

TABELA 19.2

MATRIZ RDoC

NÍVEIS DE INVESTIGAÇÃO / SISTEMAS	GENES	MOLÉCULAS	CÉLULAS	CIRCUITOS CEREBRAIS	FISIOLOGIA	COMPORTAMENTO OBSERVADO	INSTRUMENTO DE AUTORRELATO	PARADIGMAS EXPERIMENTAIS
Sistema de valência negativa								
Sistema de valência positiva								
Sistema cognitivo								
Sistema de processamento social								
Sistema de excitação e regulação								
Sistema sensório-motor								

Fonte: Adaptada de National Institute of Mental Health (2021).

fase em trajetórias desenvolvimentais que integrem influências ambientais e sistemas neurobiológicos (NIMH, 2021).

Apesar de relativamente simples, o uso da matriz RDoC ainda é um desafio, particularmente para os profissionais formados sob a perspectiva categórica de psicopatologia. Entretanto, grandes avanços têm sido observados a partir da integração das unidades de análise e dos diferentes construtos.

CASOS PARALELOS

Para apresentar de forma mais didática as diferenças entre o modelo tradicional e o proposto pelo RDoC, foram elaborados dois casos fictícios que, quando analisados de forma comparativa e paralela, auxiliam na compreensão dos modelos (ver Casos Clínicos 1 e 2, a seguir).

Carlos e Júlia sob a perspectiva do DSM-5

Primeiramente, é importante analisar os casos de Carlos e Júlia à luz do DSM-5. Isso possibilita visualizar um quadro detalhado de cada transtorno para, após, haver um entendimento sobre a abordagem que seria mais produtiva a partir do RDoC.

Problemas com o modelo diagnóstico proposto pelo DSM-5

Os casos de Carlos e Júlia exemplificam as dificuldades encontradas por clínicos que utilizam exclusivamente o DSM-5 para a formulação de planos de tratamento. Em primeiro lugar, percebe-se a não especificidade do DSM (Insel, 2014), dado que Carlos é diagnosticado com um transtorno que não incorpora a sua queixa de ataques de raiva, ao passo que Júlia, nitidamente afetada por sintomas de ansiedade, não cumpre os critérios diagnósticos para tanto. Em segundo lugar, vê-se dois indivíduos claramente distintos no que cerne à apresentação sintomática sendo tratados com o mesmo medicamento (fluoxetina). Ainda que inibidores seletivos de recaptação de serotonina (ISRS) sejam a primeira linha de tratamento para transtornos de ansiedade (Strawn et al., 2018) e depressão (Clevenger et al., 2018), essa classe de medicamentos apresenta diferenças importantes, com drogas específicas sendo mais ou menos recomendadas para cada transtorno. De fato, uma metanálise recente demonstrou que a fluoxetina é um dos medicamentos menos efetivos no tratamento do transtorno depressivo maior (Cipriani et al., 2018), o que pode explicar a não remissão dos sintomas de Carlos. Em contrapartida, a fluoxetina apresentou excelente eficácia no caso de Júlia, com diminuição significativa dos sintomas em seis semanas de tratamento e poucos efeitos colaterais, corroborando resultados de uma metanálise publicada em 2019 (Slee et al., 2019). Dessa forma, ainda que as prescrições medicamentosas para Carlos e Júlia tenham respeitado as diretrizes para ambos os transtornos (Fleck et al., 2009), um dos pacientes não se beneficiou do tratamento, corroborando estudos que apontam a fluoxetina como inferior no tratamento para depressão em comparação com outras drogas (Cipriani et al., 2018).

Carlos e Júlia sob a perspectiva do RDoC

Em primeiro lugar, é importante enfatizar que a abordagem RDoC ainda é incipiente e não adequada para a realização de diagnósticos clínicos (Sanislow et al., 2010). Não obstante, seu uso poderá beneficiar a formulação de planos de tratamento e aprimorar sua predição de resposta (Cuthbert & Insel, 2013).

Conforme descrito anteriormente, a matriz RDoC é composta por seis domínios e oito unidades de análise. Entre os domínios, a literatura aponta ansiedade e depressão com marcadores essencialmente baseados nos sistemas de valência negativa (Paulus et al., 2017), ainda que existam componentes pre-

CASO CLÍNICO 1

Carlos tem 45 anos, é contador, casado, pai de dois filhos. Ele relata que há cerca de seis meses voltou a se sentir incomodado por sensações que não vivia desde que era um jovem adulto. Refere estar se sentindo desmotivado, desanimado e tem tido dificuldade em fazer atividades rotineiras. Comenta que tem se irritado com coisas consideradas sem importância, sendo que nessas situações tem tido ataques de raiva e agressões verbais. Após esses ataques, Carlos se sente culpado, pensando que é uma pessoa ruim por não conseguir se controlar e por se importar demais com coisas pequenas. Outro fator que o tem incomodado bastante são as alterações de sono observadas nos últimos meses. Ele dorme com certa facilidade, cansado das atividades do dia; porém, tem interrupções do sono durante a noite e frequentemente tem perdido o sono ainda de madrugada, não conseguindo retomá-lo. Ele ainda relata que perdeu muito do interesse que tinha em comer: não busca os pratos especiais que sempre gostou, tem deixado de fazer refeições por não ter fome e utiliza seu horário de almoço para recuperar as noites mal dormidas. Essas mudanças o fizeram perder cinco quilos nos últimos meses. Em vários momentos, no trabalho, tem dificuldade em permanecer sentado, em prosseguir nas atividades que exigem atenção e se sente extremamente agitado. Carlos passa uma parte importante do seu dia buscando entender o que está acontecendo com ele, e experencia culpa por não estar conseguindo ser diferente. Percebe-se como ingrato, e diz que uma pessoa que tem tudo o que ele tem não deveria ter tantos problemas na vida.

A primeira vez que Carlos se sentiu assim foi há mais de 20 anos, antes de começar os estudos na faculdade. Na época, entendeu que o que sentia era efeito das dificuldades que sua família passava, do fato de se sentir incompreendido, e esperava que quando encontrasse uma pessoa para constituir uma nova família aconteceriam as mudanças que desejava. Nessa ocasião, Carlos fez as primeiras tentativas de tratamento medicamentoso; porém, enfrentou bastante dificuldade na adaptação aos paraefeitos do medicamento (sintomas colaterais). O paciente relata que, nessa época, passou quase dois anos em sofrimento e só obteve uma melhora significativa quando passou a utilizar fluoxetina. Porém, mesmo com a melhora de alguns sintomas, e tendo continuado o uso do medicamento até os dias de hoje, relata que percebe que nunca se recuperou completamente e que em alguns momentos volta a ter importantes prejuízos com esses sintomas. Seus escores na Escala de Afetos Positivos e Afetos Negativos (PANAS) (Zanon et al., 2013) seguem praticamente inalterados (33 para afetos negativos e 11 para afetos positivos). Atualmente, pensa que não terá nenhuma melhora, uma vez que considera já ter alcançado tudo que almejava na vida e, mesmo assim, os sintomas continuam presentes.

A descrição dos sintomas de Carlos sugere a classificação de transtorno depressivo maior (F32). Esse diagnóstico depende da presença de cinco ou mais sintomas do critério A, pelo período mínimo de duas semanas, representando funcionamento nitidamente distinto do estado anterior. A presença de ao menos um entre os sintomas humor deprimido ou perda de interesse/prazer é imperativa (American Psychiatric Association [APA], 2013). No caso de Carlos, o sintoma humor deprimido é predominante, o que é corroborado pelos relatos de desânimo e desmotivação. Demais sintomas que completam o quadro diagnóstico são: a) perda significativa de peso; b) insônia; c) agitação psicomotora; d) culpa excessiva; e e) dificuldade de concentração. Vale ressaltar, entretanto, que os relatos de ataques de raiva e agressões verbais não estão representados na lista de sintomas do transtorno depressivo maior, sendo, portanto, negligenciados em uma abordagem puramente baseada nessa categoria diagnóstica. Essa lacuna na descrição do transtorno pode ocasionar prejuízo em termos de intervenção, dado que diretrizes para o tratamento de transtorno depressivo maior (Fleck et al., 2009) são baseadas no DSM-5 e em estudos que o utilizam como referência.

CASO CLÍNICO 2

Júlia tem 29 anos, é cheia de energia e dificilmente fica sentada por muito tempo. Ela toma decisões impulsivas, que às vezes até são produtivas, mas que geralmente têm consequências ruins. Esse comportamento a deixou muito endividada: compra coisas de baixa qualidade que estragam facilmente e pagou por um plano de academia anual que usa com pouca frequência e é muito desvantajoso. Quando está frente a uma decisão, prefere agir rápido do que ficar pensando na incerteza.

Ela tem bom desempenho em seu trabalho, conseguindo executar suas tarefas. Porém, relata ter bastante dificuldade em iniciar as atividades, geralmente procrastinando seu início. Júlia nunca se atrasa para o trabalho, mas durante todo o percurso fica pensando no que acontecerá se isso acontecer: "E se eu me atrasar? Eu vou perder essa reunião e perder o emprego.". A ansiedade faz ela se preocupar ainda mais e, nesse ciclo, começa a pensar se vai perder sua parada de ônibus. Ela faz o percurso ouvindo música, mas frequentemente tira os fones para garantir que não está perdendo nada do que está acontecendo. Ela confere com outras pessoas se pegou o ônibus certo, mesmo sabendo que havia entrado no ônibus que queria. Quando chega ao trabalho, já está exausta. As preocupações a acompanham o dia todo, no escritório, nas reuniões, nos telefonemas, na hora do almoço e no intervalo. Ela recusou uma promoção no trabalho por achar que poderia não conseguir lidar com as dificuldades do novo cargo. Recentemente, começou a se preocupar com acidentes de trânsito. Assim, evita ao máximo sair com seu carro e pede que seus amigos também evitem fazê-lo. Ela se odeia por se preocupar tanto, mas também pensa que a preocupação ajuda a evitar perigos, o que a deixa segura e a auxilia a resolver problemas.

Após um grande pico de ansiedade que aconteceu durante uma semana difícil no trabalho, Júlia resolveu buscar auxílio para suas dificuldades. Inicialmente, a pedido de seu psiquiatra, completou a PANAS (Zanon et al., 2013), obtendo escores iguais a 37 em ambos os fatores. Em seguida, passou a utilizar fluoxetina. Após seis semanas, Júlia relata ter percebido uma diminuição importante em seus sintomas de ansiedade. Menciona que ainda costuma se preocupar, mas percebe que hoje conseguiu retomar um pouco do controle sobre quando vai se preocupar.

O caso de Júlia é menos claro e de mais difícil diagnóstico. Ainda que o sintoma principal (preocupação) seja sugestivo de transtorno de ansiedade generalizada (F41.1), Júlia apresenta sintomas de impulsividade (gasto de dinheiro em excesso, decisões inapropriadas) e não demonstra o número mínimo de sintomas para o diagnóstico clínico de transtorno de ansiedade generalizada de acordo com o DSM-5. Essas manifestações constam no critério C do DSM-5, segundo o qual a ansiedade e a preocupação devem estar associadas a pelo menos três entre seis sintomas: a) inquietação; b) fatigabilidade; c) dificuldade em concentrar-se; d) irritabilidade; e) tensão muscular; e f) perturbação do sono. Júlia, entretanto, apresenta apenas sintomas de inquietação e fatigabilidade, de forma que, em uma abordagem puramente baseada em critérios do DSM, não poderia ser diagnosticada com transtornos de ansiedade especificados, dificultando o tratamento adequado.

sentes em outros domínios. A título de ilustração, apenas algumas das unidades de análise pertencentes ao sistema de valência negativa serão retratados.

Com base nos construtos pertencentes ao domínio dos sistemas de valência negativa (Tabela 19.1), já é possível diferenciar os casos de Carlos e Júlia, sendo o diagnóstico de Carlos mais associado ao subdomínio de perda, ao passo que Júlia apresenta características mais bem representadas pelo construto ameaça potencial (ansiedade). Nesse sentido, é possível, então, ilustrar ambos os casos conforme a matriz RDoC, de forma a expressar as razões (diferentes circuitos e fisiologia) subjacentes à distinta resposta medicamentosa e à apresentação sintomática (Tabela 19.3).

Uma análise detalhada da Tabela 19.3 reflete poucas, porém substanciais, diferenças entre os dois casos. De fato, estudos apontam dificuldades na diferenciação entre o transtorno depressivo maior e o transtorno de ansiedade generalizada a nível neurobiológico, a despeito da distinção sintomática (Hui, 2020). Ainda, quatro sintomas são compartilhados entre ambas as características diagnósticas, o que pode resultar em dois casos de categorias distintas, com apresentações idênticas (Zbozinek et al., 2012). Diante de situações como essa, como saber qual é a melhor estratégia para tratamento?

Casos como os de Carlos e Júlia refletem a frágil capacidade preditiva de tratamento do DSM-5. Ainda que de aparente fácil distinção a nível de autorrelato, o diagnóstico realizado pela abordagem do DSM-5 é limitado no que cerne aos sintomas extras de Carlos (ataques de raiva), e aos sintomas abaixo dos limiares, como os de Júlia. Soma-se a isso a negligência a fatores biológicos, característica dos sistemas categóricos, prioritariamente informados por observação clínica e autorrelato (Cuthbert & Insel, 2013). Tais medidas, infelizmente, são aquelas em que há maior possibilidade de viés e, subsequentemente, de informações inválidas (Jeong et al., 2018). Em contrapartida, vale ressaltar que o autorrelato é apenas uma das oito unidades de análise do RdoC, que abrange uma vasta gama de informações menos sujeitas a viés.

Em casos como os de Carlos e Júlia, a realização de uma tarefa simples, como o paradigma de viés atencional, poderia auxiliar na formulação de um diagnóstico diferencial entre ansiedade e depressão, em nível biológico e comportamental. Pacientes com transtornos de ansiedade têm a tendência a atentar para estímulos negativos, ao passo que esse processo não acontece da mesma forma nos casos de transtornos depressivos. Ainda que indivíduos com depressão tendam a observar estímulos negativos com maior frequência, sua dificuldade é relativa ao desengajamento, condição que se relaciona a como esses estímulos são processados, e não a um inerente foco direcionado a eles (Lichtenstein-Vidne et al., 2017). Ainda, pessoas com depressão tendem à ruminação (foco no passado), mais do que à preocupação (foco no futuro), o que possivelmente justifica o interesse de Carlos em compreender o porquê de suas ações, e o de Júlia em se preparar para o futuro (Eysenck & Fajkowska, 2018). Tais resultados são corroborados por dados de negatividade relacionada a erro, um componente do eletroencefalograma que marca atitudes individuais quando erros são cometidos (Moser et al., 2013). Estudos apontam redução desse marcador em depressão, em detrimento de seu aumento em transtornos de ansiedade (Olvet & Hajcak, 2008).

Outra distinção importante entre Carlos e Júlia refere-se ao nível de ativação comportamental. Carlos apresenta baixos níveis de estimulação, corroborando seu comportamento menos vigoroso, anedonia e sua dificuldade em experimentar afetos positivos. Júlia, por sua vez, apresenta altos níveis de excitação, condizentes com vigilância excessiva e resposta de sobressalto (Craske et al., 2009), o que pode explicar suas queixas de agitação e inquietude e sua alta capacidade de experienciar afetos positivos.

TABELA 19.3

APRESENTAÇÃO DOS CASOS DE CARLOS E JÚLIA SOB A MATRIZ RDoC

	SISTEMA/ CONSTRUTO	GENES	MOLÉCULAS	CÉLULAS	CIRCUITOS	FISIOLOGIA	COMPORTAMENTO	PARADIGMA	AUTORRELATO
Carlos	Sistema de valência negativa/ perda	Não especificado	Hormônio liberador de corticotrofina	Não especificado	Baixa ativação do cingulado anterior	Reduzida negatividade relacionada a erro	Desmotivação Anedonia Culpa Ruminação Irritabilidade	Viés atencional (dificuldade em desengajar de estímulos negativos)	PANAS
Júlia	Sistema de valência negativa/ ameaça potencial	Não especificado	Hormônio liberador de corticotrofina	Não especificado	Alta ativação do cingulado anterior	Excessiva negatividade relacionada a erro	Vigilância excessiva Preocupação Reação de sobressalto	Viés atencional (acentuado para estímulos ameaçadores)	PANAS

PANAS: Escala de Afetos Positivos e Negativos.

Ainda que tais diferenciações possam parecer irrelevantes a um clínico, distintas manifestações neurobiológicas podem auxiliar na seleção de tratamentos mais precisos. Estudos apontam correlações entre estruturas cerebrais e melhor predição de resposta medicamentosa, com regiões como o córtex cingulado anterior (CCA) sendo essenciais (Preuss et al., 2020). Vale lembrar que essa área é responsável pelo controle cognitivo e processos inibitórios (Shenhav et al., 2013), o que possivelmente justifica a incapacidade de Carlos em controlar seus ataques de raiva, dada a hipoativação do CCA. Indubitavelmente, uma análise de neuroimagem não parece ser uma alternativa viável para a formulação de diagnósticos, em especial na saúde pública. Não obstante, paradigmas e questionários de controle inibitório podem ser realizados por clínicos, com resultados indicativos de déficits e, por consequência, em correlatos cerebrais. Essa avaliação, como já é realizada em contextos neuropsicológicos, provavelmente apontaria para uma medicação como cloridrato de sertralina para Carlos, uma droga mais eficiente no controle de depressão com episódios de irritabilidade e falta de controle de impulsos (Romero-Martínez et al., 2019).

Em suma, dado o alto nível de comorbidade entre ansiedade e depressão, a falta de especificidade do modelo do DSM-5 acarreta prejuízos substanciais, com a exposição a diversas tentativas medicamentosas, o que, por sua vez, eleva custos e taxas de abandono de tratamento. Uma análise em nível dimensional e que extrapole o autorrelato é capaz de contribuir para a redução do abandono prematuro do tratamento, que hoje atinge aproximadamente 21% da população mundial (Wells et al., 2013). Cabe salientar que, em alguns momentos da apresentação dos casos, utilizamos a nomenclatura sob a perspectiva categórica a fim de facilitar a comparação entre os modelos – no entanto, elas são totalmente prescindíveis, uma vez que poderiam ser transcritas para os elementos das unidades de análise e sistemas.

CONSIDERAÇÕES FINAIS

Em 2013, frente às críticas aos sistemas categóricos de classificação dos transtornos mentais, foi lançada a iniciativa RDoC (Insel, 2013). O projeto reforçou a abordagem neurobiológica da psicopatologia, fomentando a incorporação de diferentes medidas (p. ex., laboratoriais e cognitivas) para a compreensão dos quadros de transtorno mental (Casey et al., 2013). Nesse sentido, a estrutura do RDoC agrupa alguns dos principais conhecimentos da neurociência, sendo composta por uma matriz com diversos domínios, construtos/subconstrutos e unidades de análise. O projeto incentiva estudos que utilizem abordagens dimensionais e métodos multidisciplinares voltados para a compreensão do desenvolvimento e da manutenção dos transtornos mentais (Cuthbert, 2014; NIMH, 2019).

Após o lançamento, a matriz RDoC influenciou aspectos metodológicos de estudos em neurociência, com implicações sobre a seleção de amostras, focos de análise e mensuração de resultados de intervenção, sendo que para alguns construtos e unidades de análise houve a necessidade de operacionalização para *settings* naturalísticos de pesquisa (Sharp et al., 2016). Apesar disso, uma revisão das primeiras pesquisas utilizando essa perspectiva indicou que a nova abordagem permitiu uma maior associação entre os domínios e as unidades de análise, proporcionando novos conhecimentos sobre as patologias (Carcone & Ruocco, 2017).

A criação do RDoC foi cercada de controvérsia devido a sua marcada oposição em relação ao DSM-5 (Sharp et al., 2016). No entanto, o objetivo de sua criação não foi substituir o DSM ou tornar-se um novo manual diagnóstico (NIMH, 2021), tampouco o NIMH interrompeu o financiamento de pesquisas sob essa abordagem. A proposta do RDoC baseia-se inicialmente na utilização de uma matriz para pesquisas científicas, servindo como um guia na identificação, aferição e integração de fatores transdiagnósticos que se relacionam e impactam nos principais mecanismos psicopatológicos, complementando, assim, a atual abordagem e classificação dos transtornos mentais (Cuthbert, 2014). Em última instância, é possível afirmar que o foco do RDoC é construir uma assinatura biológica dos transtornos mentais (Zorzanelli et al., 2014).

A abordagem dos transtornos mentais proposta pelo RDoC também tem sido alvo de críticas. Particularmente, Frances (2014) reporta o excesso de otimismo com relação aos conhecimentos de neurociência, traçando paralelos com doenças em sistemas mais simples, cujo mecanismo biológico não está completamente conhecido (p. ex., câncer de mama). Em consonância, Zorzanelli et al. (2014) indicam que há grande expectativa sobre o exame dos sistemas neurobiológicos e que a abordagem, do ponto de vista clínico, precisará ser associada à avaliação de sofrimento.

A transposição do RDoC para a prática clínica ainda se configura em um desafio maior do que para a pesquisa. Assim como qualquer modelo dimensional, apesar da compreensão da psicopatologia por meio de um *continuum*, será necessário estabelecer limites para a tomada de decisão referente à adoção de práticas terapêuticas. Outro questionamento passa por quão tangíveis serão os resultados obtidos nas pesquisas para a prática clínica atual – a tangibilidade é, justamente, o ponto forte dos modelos categóricos (Frances, 2014). Em resposta, os apoiadores do RDoC expressam que uma parcela significativa dos pacientes não apresenta resposta aos tratamentos atuais, e que a utilização de modelos categóricos permitiu poucos avanços para esses indivíduos (Cuthbert, 2014).

Por fim, ainda que a matriz proposta pela iniciativa RDoC não consiga trazer todos os avanços prometidos na compreensão da psicopatologia, suas diretrizes para a pesquisa fomentaram uma nova forma de investigação. Além disso, sua implementação reforça um novo léxico sobre a psicopatologia, levando em consideração aspectos dimensionais e transdiagnósticos, bem como ressaltando a necessidade de interlocução com a neurobiologia.

REFERÊNCIAS

American Psychiatric Association. (2013). *Diagnostic and statistical manual of mental disorders (DSM-5)* (5th ed.).

Andrade, L. H., Wang, Y. P., Andreoni, S., Silveira, C. M., Alexandrino-Silva, C., Siu, E. R., ... Viana, M. C. (2012). Mental disorders in megacities: Findings from the São Paulo megacity mental health survey, Brazil. *PLoS ONE*, *7*(2).

Caponi, S. (2011). As classificações psiquiátricas e a herança mórbida. *Scientiae Studia*, *9*(1), 29-50.

Carcone, D., & Ruocco, A. C. (2017). Six years of research on the National Institute of Mental Health's Research Domain Criteria (RDoC) initiative: A systematic review. *Frontiers in Cellular Neuroscience*, *11*, 46.

Casey, B. J., Craddock, N., Cuthbert, B. N., Hyman, S. E., Lee, F. S., & Ressler, K. J. (2013). DSM-5 and RDoC: Progress in psychiatry research? *Nature Reviews Neuroscience*, *14*(11), 810-814.

Cipriani, A., Furukawa, T. A., Salanti, G., Chaimani, A., Atkinson, L. Z., Ogawa, Y., ... Geddes, J. R. (2018). Comparative efficacy and acceptability of 21 antidepressant drugs for the acute treatment of adults with major depressive disorder: A systematic review and network meta-analysis. *The Lancet*, *391*(10128), 1357-1366.

Clark, L. A., Cuthbert, B., Lewis-Fernández, R., Narrow, W. E., & Reed, G. M. (2017). Three approaches to understanding and classifying mental disorder: ICD-11, DSM-5, and the National Institute of Mental Health's Research Domain Criteria (RDoC). *Psychological Science in the Public Interest*, *18*(2), 72-145.

Clevenger, S. S., Malhotra, D., Dang, J., Vanle, B., & IsHak, W. W. (2018). The role of selective serotonin reuptake inhibitors in preventing relapse of major depressive disorder. *Therapeutic Advances in Psychopharmacology*, *8*(1), 49-58.

Craske, M. G., Rauch, S. L., Ursano, R., Prenoveau, J., Pine, D. S., & Zinbarg, R. E. (2009). What is an anxiety disorder? *Depression and Anxiety*, *26*(12), 1066-1085.

Cuthbert, B. N. (2014). The RDoC framework: Facilitating transition from ICD/DSM to dimensional approaches that integrate neuroscience and psychopathology. *World Psychiatry*, *13*(1), 28-35.

Cuthbert, B. N., & Insel, T. R. (2013). Toward the future of psychiatric diagnosis: The seven pillars of RDoC. *BMC Medicine*, *11*, 126.

Dell'Osso, L., & Pini, S. (2012). What did we learn from research on comorbidity in psychiatry? Advantages and limitations in the forthcoming DSM-V era. *Clinical Practice & Epidemiology in Mental Health, 8*(1), 180-184.

Eysenck, M. W., & Fajkowska, M. (2018). Anxiety and depression: Toward overlapping and distinctive features. *Cognition and Emotion, 32*(7), 1391-1400.

Fleck, M. P., Berlim, M. T., Lafer, B., Sougey, E. B., Porto, J. A. D., Brasil, M. A., ... Hetem, L. A. (2009). Revisão das diretrizes da Associação Médica Brasileira para o tratamento da depressão (versão integral). *Brazilian Journal of Psychiatry, 31*, S7-S17.

Francelin, M. M. (2004). Ciência, senso comum e revoluções científicas: Ressonâncias e paradoxos. *Ciência da Informação, 33*(3), 26-34.

Frances, A. (2014). RDoC is necessary, but very oversold. *World Psychiatry, 13*(1), 47-49.

GBD 2019 Mental Disorders Collaborators. (2022). Global, regional, and national burden of 12 mental disorders in 204 countries and territories, 1990–2019: A systematic analysis for the Global Burden of Disease Study 2019. *The Lancet Psychiatry, 9*(2), 137-150.

Haslam, N., McGrath, M. J., Viechtbauer, W., & Kuppens, P. (2020). Dimensions over categories: A meta-analysis of taxometric research. *Psychological Medicine, 50*(9), 1418-1432.

Hui, A. (2020). Exploring the utility of RDoC in differentiating effectiveness amongst antidepressants: A systematic review using proposed psychometrics as the unit of analysis for the Negative Valence Systems domain. *PloS One, 15*(12), e0243057.

Insel, T. R. (2013). NIMH Director's Blog: Transforming diagnosis. http://www.nimh.nih.gov/about/director/2013/ transforming-diagnosis.shtml

Insel, T. R. (2014). The NIMH Research Domain Criteria (RDoC) Project: Precision medicine for psychiatry. *American Journal of Psychiatry, 171*(4), 395-397.

Instituto Brasileiro de Geografia e Estatística (IBGE). (2021). Projeção da população do Brasil e das unidades da federação. https://www.ibge.gov.br/apps/populacao/projecao/

Jeong, H., Yim, H. W., Lee, S. Y., Lee, H. K., Potenza, M. N., Kwon, J. H., ... Choi, J. S. (2018). Discordance between self-report and clinical diagnosis of Internet gaming disorder in adolescents. *Scientific Reports, 8*(1), 10084.

Kohn, R., Ali, A. A., Puac-Polanco, V., Figueroa, C., López-Soto, V., Morgan, K., ... Vicente, B. (2018). Mental health in the Americas: An overview of the treatment gap. *Revista Panamericana de Salud Pública, 42*, e165.

Lichtenstein-Vidne, L., Okon-Singer, H., Cohen, N., Todder, D., Aue, T., Nemets, B., & Henik, A. (2017). Attentional bias in clinical depression and anxiety: The impact of emotional and non-emotional distracting information. *Biological Psychology, 122*, 4-12.

Moser, J. S., Moran, T. P., Schroder, H. S., Donnellan, M. B., & Yeung, N. (2013). On the relationship between anxiety and error monitoring: A meta-analysis and conceptual framework. *Frontiers in Human Neuroscience, 7*, 466.

National Institute of Mental Health (NIMH). (2019). *Sensorimotor domain added to the RDoC framework*. https://www.nimh.nih.gov/news/science-news/2019/sensorimotor-domain-added-to-the-rdoc-framework.shtml?utm_source=rss_readers.

National Institute of Mental Health (NIMH). (2021). *Definitions of the RDoC domains and constructs*. https://www.nimh.nih.gov/research/research-funded-by-nimh/rdoc/definitions-of-the-rdoc-domains-and-constructs.

Olvet, D. M., & Hajcak, G. (2008). The error-related negativity (ERN) and psychopathology: Toward an endophenotype. *Clinical Psychology Review, 28*(8), 1343-1354.

Paulus, M. P., Stein, M. B., Craske, M. G., Bookheimer, S., Taylor, C. T., Simmons, A. N., ... Fan, B. (2017). Latent variable analysis of positive and negative valence processing focused on symptom and behavioral units of analysis in mood and anxiety disorders. *Journal of Affective Disorders, 216*, 17-29.

Preuss, A., Bolliger, B., Schicho, W., Hättenschwiler, J., Seifritz, E., Brühl, A. B., & Herwig, U. (2020). SSRI treatment response prediction in depression based on brain activation by emotional stimuli. *Frontiers in Psychiatry, 11*, 538393.

Romero-Martínez, Á., Murciano-Martí, S., & Moya-Albiol, L. (2019). Is sertraline a good pharmacological strategy to control anger? Results of a systematic review. *Behavioral Sciences, 9*(5), 57.

Sadock, B. J., Sadock, V. A., & Ruiz, P. (2016). *Compêndio de psiquiatria: Ciência do comportamento e psiquiatria clínica*. Artmed.

Salum, G. A., Gadelha, A., Polanczyk, G. V., Miguel, E. C., & Rohde, L. A. (2018). Diagnostic operationalization and phenomenological heterogeneity in psychiatry: The case of attention deficit hyperactivity disorder. *Salud Mental, 41*(6), 249-259.

Sanislow, C. A., Pine, D. S., Quinn, K. J., Kozak, M. J., Garvey, M. A., Heinssen, R. K., ... Cuthbert, B. N. (2010). Developing constructs for psychopathology research: Research domain criteria. *Journal of Abnormal Psychology, 119*(4), 631-639.

Sharp, C., Fowler, J. C., Salas, R., Nielsen, D., Allen, J., Oldham, J., ... Fonagy, P. (2016). Operationalizing NIMH Research Domain Criteria (RDoC) in naturalistic clinical settings. *Bulletin of the Menninger Clinic, 80*(3), 187-212.

Shenhav, A., Botvinick, M. M., & Cohen, J. D. (2013). The expected value of control: An integrative theory of anterior cingulate cortex function. *Neuron, 79*(2), 217-240.

Slee, A., Nazareth, I., Bondaronek, P., Liu, Y., Cheng, Z., & Freemantle, N. (2019). Pharmacological treatments for generalised anxiety disorder: A systematic review and network meta-analysis. *The Lancet, 393*(10173), 768-777.

Strawn, J. R., Geracioti, L., Rajdev, N., Clemenza, K., & Levine, A. (2018). Pharmacotherapy for generalized anxiety disorder in adults and pediatric patients: An evidence-ased treatment review. *Expert Opinion on Pharmacotherapy, 19*(10), 1057-1070.

Wells, J. E., Browne, M. O., Aguilar-Gaxiola, S., Al-Hamzawi, A., Alonso, J., Angermeyer, M. C., ... Kessler, R. C. (2013). Drop out from out-patient mental healthcare in the World Health Organization's World Mental Health Survey initiative. *The British Journal of Psychiatry: The Journal of Mental Science, 202*(1), 42-49.

Zanon, C., Bastianello, M. R., Pacico, J. C., & Hutz, C. S. (2013). Desenvolvimento e validação de uma escala de afetos positivos e negativos. *Psico-USF, 18*, 193-201.

Zbozinek, T. D., Rose, R. D., Wolitzky-Taylor, K. B., Sherbourne, C., Sullivan, G., Stein, M. B., ... Craske, M. G. (2012). Diagnostic overlap of generalized anxiety disorder and major depressive disorder in a primary care sample. *Depression and Anxiety, 29*(12), 1065-1071.

Zorzanelli, R., Dalgalarrondo, P., & Banzato, C. E. M. (2014). O projeto Research Domain Criteria e o abandono da tradição psicopatológica. *Revista Latinoamericana de Psicopatologia Fundamental, 17*(2), 328-341.

ÍNDICE